Lonely Hundred Years

Zhang Xueliang's Thought Life

孤独百年

张学良的思想人生

王海晨◎著

当代中国出版社
Contemporary China Publishing House

图书在版编目(CIP)数据

孤独百年：张学良的思想人生 / 王海晨著. -- 北京：当代中国出版社，2016. 1 （2025. 5 重印）
ISBN 978-7-5154-0653-4

Ⅰ. ①孤… Ⅱ. ①王… Ⅲ. ①张学良(1901～2001)—人物研究 Ⅳ. ①K827=7

中国版本图书馆 CIP 数据核字(2015)第 307336 号

出 版 人　蔡继辉
责任编辑　姜楷杰
责任校对　康　莹
封面设计　彭莉莉
出版发行　当代中国出版社
地　　址　北京市地安门西大街旌勇里 8 号
网　　址　http://www.ddzg.net
邮政编码　100009
编 辑 部　(010)66572264
市 场 部　(010)66572281　66572157
印　　刷　北京润田金辉印刷有限公司
开　　本　720 毫米×1020 毫米　1/16
印　　张　30.25 印张　1 插页　408 千字
版　　次　2016 年 1 月第 1 版
印　　次　2025 年 5 月第 5 次印刷
定　　价　98.00 元

序一 令人耳目一新之作

王海晨同志的力作《孤独百年——张学良的思想人生》即将出版，可喜可贺！

早在1988年，我就读过他与胥波同志翻译的《一位民族英雄的悲剧——张学良的政治生涯》①，受益匪浅。2009年，我与胡玉海老师邀请他参与整理、主编哥伦比亚大学“毅荻书斋”存藏《张学良口述历史（访谈实录)》，从此相识，交往颇多，成为挚友。他是温州大学一名教书育人、桃李满天下的教授，也是一位研究张学良的学者；曾有《张学良与西安事变》、《张学良全传》、《张学良的政治生涯》、《九一八事变研究》（1—4卷）等专著出版，今又有新著呈现，足见他是一位研究张学良的专家。

众所周知：张学良出身于军阀家庭，弱冠之年即长方面。他经历了中国近代社会最动乱时期的所有重大事件。其世纪人生与中华民族的荣辱、国家兴衰的历史，紧密地联系在一起。他本个人之良心，尽个人之能力，努力救中国。他始终秉承“兄弟阋于墙外御其侮”之古训，竭力息内争御外侮；为促进国家和平统一，举行东北易帜；为结束新军阀混战，武装调停中原大战；为抗日救国，他与杨虎城将军力挽狂澜，发动震惊中外的西安事变（实为“兵谏”）。这些都充分体现了他视国家、民族利益如生命，不惜牺牲一切；为了民族大义，无私无畏，无怨无悔。

张学良的爱国人生可谓曲折、坎坷而又极富传奇。因此，不少学者、记者和艺术家都在研究他、追踪他、歌颂他，以至流传着“说不尽的张学良”这样的话。有关他的传记、论文、戏剧和影视作品之多、著书立论之广，在近代爱国将领中无人可与其媲美。

---

①〔美〕傅虹霖：《一位民族英雄的悲剧——张学良的政治生涯》，王海晨、胥波译，辽宁大学出版社1988年版。

张学良执政八年，西安事变使他的政绩达到了光辉的顶点，也是他蒙冤受屈、失去人身自由的起点。即便身遭“幽禁”，仍不改爱国初衷，耄耋之年，还想为祖国的和平统一做点贡献。

然而，海峡两岸学者对张学良及其西安事变的评价却分歧巨大，有个别学者认为，张学良是“花花公子”、“不抵抗将军”，是坏了蒋家江山的“千古罪人”等。而大多数学者认为，在日本侵略者步步进逼，全国抗日浪潮不断高涨的情况下，抗日是民族大义，是人心所向、大势所趋。蒋介石不顾民族大义和全国人民强烈要求抗日的呼声，调集数十万大军威逼西安，要张学良、杨虎城继续“剿共”，才逼出了西安事变。

至于西安事变的意义，当年国共两党的领导人和张学良自己都有很高评价：

毛泽东说：“西安事变的和平解决成了时局转换的枢纽：在新形势下的国内的合作形成了，全国的抗日战争发动了。”①

周恩来说：“历史应该公断，西安事变是蒋介石自己逼成的，蒋先生的抗战是张、杨两位将军顺应人民公意逼成的。”②

蒋介石在1936年12月26日的通电中称：“自经此次事变，我国同胞一致爱国家的热诚以显示无比伟大之力量。此种伟大，在今日为奠定危局之主因，在将来必为我民族复兴之保障，此则中正愧疚之余敢为国家称庆也。”③ 他钦定12月25日为民族复兴节，没有西安事变，何来此节？

张学良在1937年元旦《致东北军将士书》中称：“‘双十二’事件，是我们国家存亡绝续的分野，我们自相砍杀的内战，是要从此绝迹了，我们抗日复土的光荣战争，是马上就要见之行动了，我们的民族与国家已有了复兴的希望，这显然是我们中国划时代的一个事件，不独是我们可以期待着国策转变适合了民众的要求，且投下了一块巨石于国际深潭，忽然飞沫四溅惊醒了世界苟且偷安的人士与夫野心帝国主义的憧憬与迷梦。”④

中华人民共和国的诞生与国际地位的提高，一个正在崛起的中国已屹

---

①《毛泽东选集》第3卷，人民出版社1991年版，第1037页。

②《周恩来选集》下卷，人民出版社1980年版，第248页。

③《中央日报》1936年12月27日。

④ 周毅、张友坤主编：《张学良文集》下卷，香港同泽出版社1996年版，第477页。

立于世界民族之林的事实，凡是有良知的中国人都会为此而高兴。实践证明，西安事变具有重大现实与深远的历史意义。随着历史的发展，其光辉将更加灿烂！

金无足赤，人无完人。张学良也有自己的错误、缺点与不足。他奉父命参与军阀混战、执行蒋介石“攘外必先安内”的错误方针，“围剿”红军；还有过吸毒史和荒唐的私生活。对此，他从不文过饰非，对人可以坦诚相告，对己则责之堕落，并下定决心，彻底改过，改过前后，判若两人。瑕不掩瑜，过则无惮改。无论学术界有何争论，他作为一个伟大的爱国者，足可盖棺论定，其爱国爱民的思想品德与刚直不阿、光明磊落、开诚布公的立身处世之道，是华夏子孙永远学习的典范，并激励我们为海峡两岸的和平统一、祖国的繁荣昌盛而奋斗！他的爱国业绩和爱国精神对于中国的昨天、今天和明天都将是不朽的。中国共产党和中国人民将张学良誉为“千古功臣”、“民族英雄”、“伟大的爱国者”，他是当之无愧的。

“西安事变后的国共合作，促成蒋介石一时成为全国的抗日统帅和‘世界五强’（按：美、苏、英、法、中）中的一个领袖人物。八年抗战，这是他最受全国人民拥护的时期。”① 蒋介石之所以被共产党击败，是因为他对外投靠帝国主义，对内派系林立，互相倾轧，官员贪污腐败，从根本上背离了广大人民群众的根本利益。

1948 年，蒋介石就说，国民党的失败是自己造成的：“在古今中外任何革命都没有像我们今天这样颓唐腐败；也没有像我们今天这样没有精神、没有纪律、更没有是非标准，这样的党早就应该被消灭、被淘汰了。”②

美籍华人唐德刚教授说得好：“如果没有西安事变，没有全国的大统一，没有惨烈的武装抗战，则人事全非。一个独裁专制的领袖，和一个忍辱含羞的政党在历史舞台上以何种脸谱出现，我们写历史的人就很难妄猜了。……人必自侮而后人侮之。西安事变提早全民抗战是真，使反对派的中共因此壮大也不假；但是说它毁灭了国民党在大陆的政权，那就过甚其辞了。”③

---

① 张友坤：《伟大的爱国者张学良》，东北大学出版社 2006 年版，第 7 页。

②〔美〕易劳逸：《蒋介石与蒋经国》，王建朗、王贤知译，中国青年出版社 1989 年版，第 262 页。

③ 唐德刚：《论三位一体的张学良》，见〔美〕傅虹霖：《张学良的政治生涯》，王海晨、胥波译，辽宁大学出版社 1988 年版，第 14 页。

再说了，前些年国民党在台湾曾发生分裂，大选失败，由执政党变为在野党，自有多方面的原因，但主要者，又是谁之过？河南民间有一谚语：“手不溜（即手不利索），怨袄袖；袄袖长，怨他娘。”任何事情的发展变化，最终决定于内因。国民党若不从自身寻找更深层次的原因，只停留在寻找客观原因的怨天尤人上，都是难以有所作为的。国民党如此，其他任何党派也不会例外。

2014 年中国全国人大常委会首次决定把 9 月 3 日定为十四年抗战全面胜利纪念日。2015 年是抗日战争暨世界反法西斯战争胜利七十周年。我们纪念抗战胜利，千万不能忘记为此做出过特殊贡献的张、杨二将军。我想，新著出版，恰逢其时，是对张将军的最好纪念。

我有幸先阅书稿，收获多多。作者紧紧围绕张将军所处的时代背景、特殊地域、家庭出身、传统文化和西方民主主义思想的影响，运用国内外的大量历史档案、学术研究成果及最具权威的哥伦比亚大学“毅荻书斋”存藏《张学良口述历史（访谈实录）》，引经据典，多角度、全方位地详细论述张学良爱国思想的产生过程及表现。如果说过去的不少类似专著，只讲是什么，不讲或很少讲为什么，那么该著的独到之处则是史与论、情与理、叙与议紧密结合，从思想层面深刻地阐明了张学良的思想人生，它既是别具一格的张学良传记，也是张学良的思想史；具有新视角、新史料、新观点之特征，尤其是对张学良的国家观、日本观、战争观、两岸观、历史观、宗教观的研究，填补了张学良研究领域的空白，具有很高的学术价值，读者阅后一定会有耳目一新之感！

王海晨同志在张学良研究方面早就硕果累累，谨此新著出版之际，写了以上那些文字，意在为新著添加一点言外之意，是为序。

中国社会科学院民族学与人类学研究所　张友坤

2015 年 12 月于北京

序二 论张学良何以孤独

王海晨教授将他刚刚完成的《孤独百年——张学良的思想人生》文稿，发给了我，让我找毛病、提意见。作为多年的朋友与合作者，我只好从命。

一看书名，就知道这部专著的分量很重；再一读稿，知其学术价值非同一般。全书史料新，作者将张学良存藏在美国的145盘口述录音内容进行了系统爬梳并引用；框架搭建上，挑战了依人记事、依时展开的写作传统，突出了问题的系统性、人生的思想性和解读人物的方法论意识；行文轻巧，思辨色彩虽然很浓，但读起来不觉得沉重。预计此书出版后，不会泥牛入海，必将在学术界引起反响。

我把我的读稿体会向他述说之后，他要我为这部专著写个序，我有些为难，如果对这部专著归类，它既是一部人物传记，更是一部思想评传。以我对张学良的研究，为这部传记写个序，还敢承担。可为这部思想评传作序，真是让我有些不知所措。当我向王海晨教授流露这种为难情绪后，他嘱我随便写些什么都可以，这只能勉为其难了。

作者以"孤独百年"作为这部思想评传的主标题，并非只是匠心独具，而是他"走近张学良"后的准确把握和定位。"孤独不是慎独，慎独是一种自我约束的状态，而孤独的人是想摆脱他人的约束而无方，寻求他人的理解而不可得"。这样定位，是对传主深层次的理解，既知其然，又知其所以然。这种理解是走进张学良心灵的钥匙，是评论张学良思想的基本条件，是解读张学良人生行为的密码。

走近张学良，发现他的"孤独"

走近张学良，也只有走进张学良心灵，才能评论他的思想人生。但不是谁想"走近"就能"走进"的。王海晨教授既具备这样的主观愿望，同时又具备这样的能力和水平。

早在1987年，王海晨教授就翻译了由美国华裔学者傅虹霖博士撰写的《张学良的政治生涯》，在这部译著中，译者在尊重原著的基础作了大量的创作努力。该书出版后在国内外学术界产生很大影响，《人民日报》发表的书评说：“和国内以往行世的同类书籍相比，本书显得更有特色，更经得起咀嚼和引人思索。”也就是从这部译著起，王海晨教授开始一步步走近张学良，2001年12月，在张学良逝世两个月后，王教授与本人合作历经几年终于完成了《世纪情怀——张学良全传》一书。这部近百万字的专著一出版，就受到学术界和社会上的普遍好评。为了走近张学良，王教授还考察了张学良在大陆和台湾的囚禁地，通读《张学良赵一荻合集》和《张学良口述历史全集》。就是说，走近张学良应做的功课他全做了，做好这些功课，是走近张学良，完成这部“思想人生”的必备条件。

如果说完成这些功课，是走近张学良的必备条件，只要有主观愿望就可能实现；而走进张学良心灵，只有主观愿望是不够的，还必须具备一定的天赋和水平。在我们合作《世纪情怀——张学良全传》时，他就体现出这方面的天赋和水平。在研究大纲时，他十分注重这种心灵考古，如“闭锁的心扉第一次打开”，“俯仰终宇宙，不乐复何如”等；他善于宏观架构，更能通过细微发现心灵变化，如“放下《明史》，捧起《圣经》”，“三个师换来的一针清醒剂”等。

这种心灵考古在《世纪情怀——张学良全传》中，只是在个别章节上的体现，而在《孤独百年——张学良的思想人生》中，则通篇皆是心灵考古，在理清了张学良思想来源的基础上，考察了张学良的国家观、日本观、战争观、两岸观、历史观、宗教观，并最终得出结论，张学良思想人生的最大特点是“孤独”。“孤独”既是张学良思想人生的特点，也是他思想人生的背景。张学良思想人生的“六观”，都是在“孤独”中产生和形成的。

人们可能会问，作为奉天督军兼省长、东三省巡阅使张作霖的长子，奉系集团的核心成员，民国初年社会上公认的“四大公子”之一，同时也被看作最为耀眼的政治“明星”。他也会“孤独”？作为东三省政务委员会主席、东北边防军司令长官、国民革命军陆海空军副总司令，他怎能“孤独”？如果从张学良显赫的家庭出身，不凡的社会地位，诸多形而下地去看，他没有理由“孤独”，也不可能“孤独”。但是，当你如作者一样走近张学良，特别是走进张学良心灵，就会发现，他不仅“孤独”，而且是“百年孤独”。

外敌侵凌，令他不能不“孤独”

张学良的“百年孤独”，是中华民族百年屈辱的一个缩影。具有五千多年文明的中华民族，自 1840 年鸦片战争开始，就不断遭受帝国主义国家的欺凌。面对一个又一个耻辱条约的签订，一片又一片国土的被割让，一件又一件被外人欺凌事件的发生，一个又一个无辜百姓惨遭杀害，直至野蛮的大屠杀等等，又有哪一个有良知的中国人，不感到恐惧、悲惨和孤独？

张学良生活在这样一个时代里，而直接让他产生孤独无助感的，是日本在东北侵略势力的扩张。十四五岁的张学良，在奉天的大街上经常可以看到日本军人的蛮横，让他感到不公；在偷听父辈交谈与日人的关系中，让他感到日人的无理。特别是日本借第一次世界大战之机，派兵占领了德国于 1898 年租借中国的胶州湾地区。次年，又以武力相威胁，向袁世凯政府提出了旨在灭亡中国的“二十一条”。这些，让还是个少年的张学良感到非常悲愤，他说：“那时我很悲观，思想消极，为什么悲观？我看东北在日本的势力下，也没有什么发展了，‘二十一条’那一签，我们东北人差不多是半个亡国奴了。”①

张学良“孤独”的缘起，是源自于日本在东北的侵略势力，而让他“孤独”一生的，是日本对中国发动的武装侵略。日本发动“九一八”事变，张学良作为东北边防军司令、国民革命军陆海空副总司令，守土有责，本应奋起抗敌，而他却下令东北军不予抵抗，全线南撤，由此背上了“不抵抗将军”的骂名。人们骂他是“不抵抗将军”，没有骂错，因为是他下令不抵抗。一般人不会去想他为什么下令“不抵抗”，似乎也没有这个必要。有些知道内情的人，也可能会说，蒋介石于 1931 年 7 月 23 日发布的“攘外必先安内”国策，只是一个宏观方针，东北地方有相当的自主权，他张学良完全可以不顾忌这些呀！在大多数人看来，丢失东北的责任要归罪于他一个人。对此，张学良不争不辩，也没有理由争辩，只能承担这一责任。

---

① 参见《张学良口述历史（访谈实录）》，当代中国出版社 2014 年版，第 1693 页。

他说："东北不收复，东北军永远低着头，无颜见人。"① 永远低着头，让这位具有显赫地位身份的将军，心理承受极大的苦闷，精神陷入高度的"孤独"。

"九一八"事变，是国家的痛，是全中国人的痛，更是张学良永远的痛。"九一八"事变后，张学良率东北军退入关内后，有人往东北军这种亡省之伤口上撒盐，说他们是"亡国奴，讨饭吃"。张学良虽然对部下劝告说，这种话"出诸国人，毫无可羞"，"吾当以量大对之"。面对这种相互叠加的苦闷、孤独之痛，既不能怨天尤人，更不能一蹶不振，而是要摆脱苦闷，承担责任。张学良把个人的苦闷和孤独之痛苦，与国家的痛苦看成是一体的。他对东北军官兵说："我希望你们要深知国家的苦痛就是我们的苦痛，我们的苦痛是从国家的苦痛生出来的；要想根本解除我们个人的苦痛，则非从解除国家的苦痛上着手不可！"② 从"九一八"事变到西安事变，在这段时间内，张学良多次在公开场合，号召东北军官兵，我们"应当兴奋起来，打破一切苦闷"③。怎样打破这种苦闷，他认为唯一之良方，就是"坚确决心，把自己无条件的供献于社会和我的国家"。他不断向东北军官兵强调，要"坚定民族复兴信念"，为了民族和国家这个大我，不要自私，要肯于自我牺牲。

张学良在极为苦闷和"孤独"的状态下，积极寻求摆脱苦闷的良方，并找准了收复东北这一方向。只有收复了东北，他和他的东北军才能扬起头，才能一扫苦闷阴霾，走出"孤独"。

为此，他听从蒋介石的安排出任豫鄂皖三省"剿匪"总司令部副总司令，目的是尽快实现"安内"，以便尽快去"攘外"，打回老家去，收复东北失地。张学良是为了尽快实现"攘外"，才去"安内"的，但一年多的"剿共"实践，与他追求的目标却渐行渐远，他的东北军损失惨重，而日本的侵略势力，却越过了山海关进入了华北地区，不断进逼。是为了拯救民

---

① 张学良：《对东北各军送庐山军训团第一期军官的讲话》1934 年 7 月 27 日，毕万闻：《张学良赵一荻合集》第 5 部，第 18 页。

② 张学良：《对东北各军送庐山军训团第二期军官的讲话》1934 年 7 月 27 日，毕万闻：《张学良赵一荻合集》第 5 部，第 26 页。

③ 张学良：《下最大决心为民族争生存》1934 年 7 月 27 日，毕万闻主编：《张学良赵一荻合集》第 5 部，第 87 页。

族危机，才去“剿共”的，结果却遭致民族危机越加深重。严重的现实，让他再度陷入更深的苦闷之中。

在极为苦闷和“孤独”的状态下，不自暴、不沉沦、不放弃的性格特征，让张学良找到了实现“攘外”的正确途径，那就是停止内战，实现全民族共同抗战，这一途径与他原来主张的“全国抗战”论相一致。为了实现停止内战这个目标，他在内部进行调整，加大抗日的宣传；对外与红军协调关系，加强联系；对上不断做蒋介石的工作，劝蒋停止“剿共”，共同抗日；等等。

这个时期，张学良的极度苦闷和“孤独”的状态，与国家民族危机日益加重是同步的，张学良需要重新做出选择；每一个中国人都应正视民族危机的现实，重新做出选择。作为全国陆海空军总司令蒋介石的重新选择，具有决定意义，如他不改变内战政策，就不能实现全民族的共同抗战。对于这一点，张学良看得很清楚。因此，他在“苦谏”、“诤谏”、“哭谏”无果的情况下，实行“兵谏”，逼迫蒋介石停止内战，实行一致抗日的政治主张。

震惊中外的西安事变，是中国现代史上的一个重大转折点。西安事变和平解决，蒋介石接受停止内战、一致抗日的政治主张，结束了持续十年之久的内战局面，这是国人最值得庆幸的一件大事。

然而，这距打回老家去，收复东北失地，还有很远的路程。所以，作为推动实现这次历史转折的功臣张学良，还是不能扬起头来，他仍处于苦闷和“孤独”的状态中。

文化冲突，让他无法摆脱“孤独”

在张学良所生活的那个时代，中国正处于东西文明碰撞、交融的高潮期。尽管如此，出身于一般家庭的人，所受的文化影响仍是传统的。但张学良则不同，由于特殊家庭背景的原因，他几乎是在接受传统文化熏陶的同时，开始接受西方文化的影响。因此，张学良在中国传统的儒道释思想文化观念里，也渗进了一些西方文化的因子。异域文化或者说新旧文化间的冲突，让他很早就陷入“孤独”苦闷之中。

张学良在接受传统文化教育时，就表现出陷入这种“孤独”的苦闷。如他喜欢读四书五经和古诗词，但不愿意甚至反对死记硬背的学习方式；

他感谢老师对他学习生活的付出，但却反对和不服从老师对他严格、刻板的管教；他敬重老师的道德文化，但却不能接受老师的政治理念。为此还曾与老师发生了严重冲突：一次，老师让他作一篇论文，题目是“论民国之害甚于君主”。张学良一看到这个题目，就十分反感。于是，便写出了批驳这一观点的论文。他在文章开头就旗帜鲜明地写道：“‘民国之害甚于君主’这种话都是田舍翁说的话。”接着引经据典，按逻辑一一展开，观点极为鲜明，认为“非由于民主之弊，乃由于帝制余孽，不解民主为何之老朽昏庸作祟所致，待余孽死绝，民主之光自显”①。最后，下结论说：“这种思想就是不明中外大势，不懂古今历史，正所谓坐井观天之论！”由论文导致政治理念上的冲突，让老师尊严受损，提出辞馆。经其父张作霖找明白人秘书长袁金铠评判，袁认为这位杨老先生已不适合做张学良的老师，张作霖才同意老师辞馆，另请新的老师。

张学良到了十七八岁时，已有了自己的从业志向。他回忆说，“有一段时间，我立志学习制药，后来又很想学医，想当名医生。……可我父亲他不说同意，也不说不同意，也不说反对，就是不吱声，不表态，那我就没法子了。实际上他想让我当军人。可我实在是不想当军人”。② 为了能够实现自己学医的目的，他与身边的好朋友，做了很多的策划和努力，但最终还是遵从父意，进军校学习军事。张学良回忆说，“我的父亲非常信任我的老师，我又没有母亲，无法声诉我的志愿”③。由此可看出，这个青年人当时无助的苦闷心情。

在父命难违的传统力量高压下，使他本非所愿地成了军人后，这种苦闷“孤独”似乎让他难以摆脱。他崇尚民主自由，反对封建专制，但却必须在奉系军阀集团中扮演重要角色；他追求国家和平统一，反对内战和分裂，但又必须冲杀在内战的第一线。这种矛盾何人能解？这种苦闷“孤独”向谁诉说？1927 年春，张学良在河南对抗北伐军前线，收

---

①《杂忆随感漫录——张学良自传体遗著》，台北，历史智库出版有限公司 2002 年版，第 75 页。

② 参见《张学良口述历史（访谈实录）》，当代中国出版社 2014 年版，第 1867—1868 页。

③《杂忆随感漫录——张学良自传体遗著》，台北，历史智库出版有限公司 2002 年版，第 74 页。

到他二弟张学铭的来信，他借复信二弟之机流露心中的苦闷。说自己是“奉命讨之，但一念是同种，自相残杀，心中又怏怏焉，如有对外征战，则兄马革裹尸，死无恨也”①。这是他极度苦闷的心态和怀疑这场战争的自然反映。

对同种自相残杀的内战，张学良从始至终持反对立场，但他又无力独善其身，还必须冲在内战的第一线。长期处于这种矛盾心态的他，不能不有所流露。1924 年 12 月 1 日，他在北京大学欢迎大会上发言说，“良不过一军人，自己但知军事，他无所学。良不愿为军阀，军人所以成军阀，固不仅问分内事，且干预分外诸政”②。只有 24 岁的当红军官，敢公开批评军阀政治，支撑他有这种勇气的正是他内心矛盾的纠结。

生活在军阀政治之中的张学良，内心矛盾纠结的“孤独”，是很少有人能理解的。1928 年奉军攻克冯玉祥据守的南口后，京师警察总监等拟演剧庆功，张学良致函谢绝，指出：“战士暴骨，饿殍载途。衷且不遑，曷敢言庆。”“同根相煎，胜亦何足言功”。③ 作为奉军高级指挥官，打了胜仗，居然说出“胜亦何足言功”的话，流露了他对这场战争意义的否定，表现出他个人对“同根相煎”现实的无奈。

由此，我们可以断定当时张学良对持续不断的内战，是从内心表示反对的。然而，当郭松龄以反对内战相号召举旗反奉时，他却未能站在郭松龄一边，而是站在父亲张作霖一边，并由他亲自指挥打败了郭松龄。这次站在哪一边的抉择，是他人生中最痛苦的一次抉择。郭松龄反对军阀制度、反对内战、反对军人干政等政治主张，与他所追求政治理念相一致；而且在张学良心目中，郭松龄为人正直，知识丰富，有爱国思想，积极主张改革，是自己做人做事的老师；在共同治军和指挥作战中，他服从命令，勇于负责，刻苦耐劳，作风严谨，深受官兵爱戴，是辅佐自己成就大业的难得助手，最忠诚的部下；在多年与郭相交中，无话不说，推心置腹，互信互谅，互敬互爱，郭是他最真心的朋友。

论理、论义、论情，都应支持这位老师、部下、朋友；可这位老师、

---

①《北洋画报》第 94 期。

②《晨报》1924 年 12 月 2 日。

③《晨报》1926 年 8 月 22 日。

部下、朋友拥他上台，要打倒的却是他的父亲。这让张学良陷入极度痛苦之中。如果和郭松龄站在一起，以武力取代父亲的地位，舆论必以“叛逆”相加，失去部属的拥护，难于立足于社会。当郭松龄向张学良提出这一要求时，他不能立即做出正面回答，却陷入左右为难的极度痛苦之中。就在这时接到父亲以“汉卿先生阁下”为抬头的急电，这说明父亲已经怀疑他了。老师相逼，父亲误解，让他痛不欲生，只有蹈海一死了之，是卫士看得紧，才没死成。

张学良的最后抉择表明，封建伦理观念，在中国人的头脑里是根深蒂固的，“臣当忠，子当孝”，谁也不能摆脱这一思想束缚。尽管张学良思想中渗入了民主、自由、平等的西方文化因子，但在这场文化冲突的抉择中，“子当孝”的封建伦理仍然占据主导地位。

在张学良的一生中，这种因文化冲突让他陷入苦闷和“孤独”，几乎是贯穿他的一生，包括他执政时期和被囚禁时期。他长期陷入苦闷和“孤独”，是由三大因素决定的：（1）本人文化结构。他自身文化上的多元性，就导致他无法摆脱苦闷和“孤独”。（2）本人的社会角色。张学良一生中的社会角色分为两个大的阶段，一是“人上人”的高官阶段；二是“人下人”的囚禁时期。这两个截然不同的社会角色，都要求他不能随便讲话，而只有享受“孤独”的权利。（3）社会现实。一是中国近代社会长期被侵略，又内战不断的现实。二是他长期被囚禁的现实。处在这样残酷的社会现实之中，他怎能摆脱苦闷和“孤独”？

担当精神，使他选择了“孤独”

历史人物，能不能成为名垂千古的历史人物，要看他是否引导或推动了历史的进步。张学良作为历史人物，他的执政生涯只有八年时间，但却经历了东北易帜、“中东路事件”、中原大战、“九一八”事变、西安事变等重大历史转折事件，每一次转折都与现代中国的命运息息相关。

作为历史经历者和创造者，张学良在这些事件中都扮演主要角色。无论是担任主角或是导演，都表现出一种责无旁贷的担当精神。这种担当精神，有的让他获得荣誉、地位，如实现东北易帜后，被任命为东北边防军司令长官、东北政务委员会主席、国民政府委员和中央政治会议委员；有的则让他头上的光环更加耀眼，赞美声不断，如武力调停中原大战后，高升为国民革命军陆海空军副司令，一人之下，万人之上，权倾朝堂，炙手可热。人们更称赞他："巩固边防，劳苦功高!""是和平息戈的使者!""是国家统一的表率!"等等。然而，这种担当为他带来的光环，在不到一年的时间就全部脱落，对他的赞美声，则变成责骂声。

担当，更多的是让他遭受奇耻大辱，成为他永远的痛。"九一八"事变后，张学良背上了"不抵抗"的罪名，一背就是半个多世纪，在这期间他不争不辩，也没有条件争辩。他说"用不着跟他辩"，毁誉由人，说骂由你。① 这种承担更表现在蒋介石去世后，当张学良有权利开口说话时，"九一八"事变的主要责任人蒋介石不在世了，他可以讲出"不抵抗"政策形成的来龙去脉。然而他不仅没有这样做，还明确地说，"是我们东北军自己选择不抵抗的。……'打不还手，骂不还口'，是我下的指令，与蒋介石无关!"② 张学良不去讲蒋介石"攘外必先安内"的总政策，而强调是他下达的不抵抗命令。这样做既符合历史事实，同时，又（在人格上）保护了他自己，（在政治上）保护了蒋介石。不为自己的错误找客观理由，进行辩解，是这种担当行为，让他选择了承受"孤独"。

不管张学良主观上是否要洗清"不抵抗"的罪名，而在事实上也难以洗清。"罪名"让他"孤独"是必然的，而功名同样让他更加"孤独"。

西安事变，是中国社会矛盾激化的必然结果，张学良、杨虎城两位将军站在民族大义的立场，以兵谏的方式，逼迫蒋介石接受停止内战、一致抗日的主张。事变是以兵谏的方式开场，最终以和平的方式完成，体现了一个伟大民族的成熟与智慧。无论是以兵谏的开场式，还是和平的完成式，都展现了张学良的伟大担当精神。他冒死将天捅了个"窟窿"，又冒死去补这个"窟窿"。他捅"窟窿"和补"窟窿"，都是为了达到成就"大我"的目的。这种伟大的担当，成就了中华民族的"大我"，扭转了历史发展的方向。

毛泽东在《论联合政府》中指出："西安事变的和平解决成了时局转换

---

① 张学良口述，唐德刚著：《张学良口述历史》，台北，远流出版事业股份有限公司2010年版，第344页。

② 李明扬：《人之将死其言也善》，《香港信报》2001年10月16日。

的枢纽”①。也有的评论说，西安事变改变了一个国家、两个政党和三个人物的命运。对后者的评论，站在不同角度可能有不同的解读，但对张学良成就“大我”的目的都是持肯定的态度。

西安事变采取兵谏的方式，应该说不是最佳的途径，但却是当时不得已的唯一选择。选择这种非常的方式，改变国家近代以来混乱的惯性方向，制止了内战的继续；停止持续十年的内战，全民族共同抗战局面的出现，向世界展现了一个完整和统一的国家形象，一种团结和自觉的民族精神；避免了国家和民族滑向万劫不复的深渊。由此，张学良便成为中华民族当之无愧的“千古功臣”。

而这位“千古功臣”，却因此遭受“千古奇冤”，被囚禁长达半个多世纪，这在古今中外历史上都极为罕见。人们在评论这一问题时普遍认为，如张不去南京送蒋，就不会有这样的结果。但这不符合发动西安事变实现共同抗日的初衷，张学良对这种命运是有心理准备的，但又极力地向好的方面去想去设计。他说：“我这次冒生命危险，亲自送委员长回南京，原想扮演一出从来没有演出过的好戏。如果委员长能以大政治家的风度，放我回到西安，这出戏岂不可成为千古美谈！真可惜，一出极好戏竟演坏了！”

选择冒死抓蒋，是为了改变蒋的内战政策；选择冒死送蒋，是为了让蒋更好地领导抗战。这种忘我的担当行为，是一种崇高的道德理想，应该得到包括蒋介石在内的全中国人的理解。

然而，蒋介石没能和上张学良这“一送”、“一放”的“好戏”。这样，这种崇高的道德理想，让张学良陷入了长久的“孤独”之中；也正是这种崇高的道德理想，让他的人生展现出一种悲壮的辉煌。

总之，考察张学良的思想人生，立意“孤独”，切中了要害，抓住了本质。由表及里，拨云睹日，展现了一个真正的张学良；并告诉人们，张学良身上体现的崇高的道德理想和圣洁的爱国主义精神，是中华民族最为宝贵的精神财富。

辽宁大学历史学院　胡玉海

2015 年 12 月于沈阳

---

①《毛泽东选集》第 3 卷，人民出版社 1991 年版，第 1037 页。

目 录

绪论
飞沙不解流星泪

我这个人从来是任人褒贬，人家写什么我从不辩，一切毁誉由人。

明白的人啊，你用不着跟他辩，糊涂的人你跟他辩什么？

不求见谅于人，只求无愧于心。

——张学良

白山黑水是努尔哈赤的故乡，这片土地孕育出一个又一个个性极强的历史人物，张学良就是其中一位。

直观地看张学良的一生，其命运、其人生过程可用“流星”来形容。在那条日、俄两大列强夹击的窄缝中，在那四分五裂的动荡岁月里，有多少人意识到，那个草莽“大元帅”的后代是一个多么有思想的“少帅”。

张学良是一个“聪明绝顶”、激情四射和天生带有悲剧情结的历史人物：他的一生才华横溢，散文作家评价他说“将军本色是诗人”，但人们对他的诗文却所知甚少；他在他的八年政治生涯中数次扭转中国历史的发展方向，但所受到的政治排挤和打击却远远大于他之所得；他为中华民族的独立与自由献出了几乎全部个人财产和麾下的数十万大军，但所得到的回报却是五十多年的囚徒生涯；他在九十多岁“英雄复出”时抢时间口述历史，但这一百多万字的口述自2002年公开后，屡遭误解，直到今天也莫衷一是。甚至，有人在网上撰文攻击他为“历史罪人”。但具有讽刺意味的是，如果仔细读下去，就会发现，那些攻击者自觉不自觉地在重复着“历史罪人”的思想与主张（这里不作列举，看看张学良的思想主张就一目了然了）。

张学良的思想、个性，既带有鲜明的反叛传统的特性又带有浓重的历史传统底色。有时他站在传统的对立面，自己的身家性命都置之度外；有时他钻进了传统的象牙塔，拉都拉不回来（“捉蒋放蒋”）。因而，偏执于传统或偏执于反传统的人都会在张学良搭建的思想舞台前感到不知所措。严格说来，张学良既是历史传统的传承人，又是新时代的开拓者，这样，他在创造历史的过程中，必然要面对两种偏执者的反对，他必须与之奋力抗争，方可把自己的思想变成行动。

试想，我们要研究这样一位人物，或者想否定他，是不是应该走上他用一生搭建的思想舞台呢？就让我们拂去历史的尘封，做一次擦拭张学良思想心镜的尝试吧。

一、思想，人生的底色

每个人年轻的时候，都会产生许多带有梦幻色彩的人生计划，但随着岁月的流转，这些计划大多被时间的车轮碾成了碎片。数一数自己年轻时的梦想，至今已所剩无几，值得庆幸的是，至少还有一样躲过了奔向成熟的车轮，并和年轻时一样执着，一样纯情，一样令自己感到充实和满足，这就是“大胆”地写一写悲剧英雄张学良的思想人生。

之所以在这里用“大胆”一词，因为我知道，在这样一个“质疑一切、贬低一切”的时代，把张学良这样复杂的人物拉入英雄的行列，是多么的不合时宜。

人人平等成为人人追求的时代，也许人们更喜欢听的是：那些英雄的“孬事”，那些孬种的“勇敢”；那些豪杰的“平庸”，那些平庸者的“豪迈”；那些奉献者的“自私”，那些自私者的“公心”；那些智者的“蠢行”，那些蠢货的“巧诈”。也许许多人更愿意把张学良写成笨蛋，写成傻瓜，写成花花公子。

在受“满招损，谦受益”、“谦者众善之基，傲者众恶之魁”思想长期熏染的国度里，抬高自己是要遭人白眼的，于是有些人便想通过贬损他人来“曲线”达到目的，尤其把杰出人物不杰出的一面“掘地三尺”，更可以满足他们的心理。当然，杰出人物也有不杰出的一面，英雄也是常人，在书写英雄历史时要尽量根除对英雄的盲目崇拜心理，避免“虚高”，这是极为必要的。不过，人类创造出史学的主要目的是为了传承文明，规范社会，它也可以提供一些人们茶余饭后的谈资，满足人们的娱乐需求，但这绝不是史学的目的。

我坚持这样的理解，因为我在这样的理解中收获了心灵的愉悦，也找到了一些比年轻时对英雄的崇拜更迷人更恒定的魅力。

历史属于人民大众，也应该属于那些人类在向进步的阶梯攀爬中做出过非凡贡献的英雄们。19 世纪英国历史学家托马斯·卡莱尔坦率地声称：“可以公正地说，整个世界历史的灵魂就是这些伟人的历史。”他们“是自身有生命力的光源，我们能挨近他便是幸福和快乐。这光源灿烂夺目，照亮了黑暗的世界”。“如果我们虔诚地看待他们，他们身上便会显示出几点耐人寻味的意义。如果我们很好地理解他们，我们就会瞥见世界历史的精髓。”

历史是漫长的，但决定历史发展方向的时刻不是很多；人民群众是改变历史发展方向的决定性力量，但这决定性的力量常常是通过几双手，甚至是一双手在历史的关键时刻瞬间释放出来的。所以，让我们接近他们吧！探讨探讨他们的思想人生，研究研究释放“决定性力量”的那双手和支配那双手的心灵。因为一切历史都是思想史，我们所看到的英雄的外在世界是由内在世界里的思想支撑着的，所有我们看不懂的人生都可以在思想中找到其缘由和归宿。因为思想支配着人生的一切，而只有通过探讨其思想，才能对人生的一切行为有一个更加接近真实的描述和理解。

我们只有深入地挖掘张学良的思想，他的人生才能在我们心目中带着灵魂复活，而不只是看到他的躯体在活动。张学良的思想和他的所作所为之关系，我们可以做如此提炼：如果把他的行为比作火山，我们经常看到的是火山的安静期，看到的是火山周围的火山灰、黑色的石头和星星点点的片片青绿，看到的是一片贫瘠的土地。如平淡的人生，如“花花公子”的标贴，如“不抵抗将军”的帽子，如满身匪气的军阀头衔，等等。

如果我们回到当年，回到火山的活跃期，看到的将是火山喷发时升腾起的照亮一片天的火柱，看到的将是顺山而下、吞石没坑、摧枯拉朽的火流，听到的是震耳欲聋的声响，看到的是一幅带着声响效果的壮丽奇观。如传奇的人生，如结束 16 年北洋军阀混战的年轻将军，如一纸通电立刻让持续了200多天的国民党新军阀混战戛然而止的东北军统帅，如西安捉蒋一人，使四万万杆枪口一致对外的民族大英雄，等等。

如果我们再进一步，研究研究火山喷发的原因，看到的将是火山内部构造的复杂，岩石板块互相挤压、碰撞时的惨烈，岩浆喷涌时冲破各种阻碍时的勇敢与执着。如深沉的思想，如国家观内涵的丰富与亮丽，如日本观形成时的犹豫和形成后的坚守，如战争观树起时的苦痛与形成后的影响，如历史观在他解读人生、解读过去时所放射出的力量与光彩，如宗教观在缓解人生无奈和冰释仇情的功能与作用……

只看火山安静期，火山与其他的山没什么两样，张学良的人生平淡无奇，甚至人们看到的常常是个带有诸多污点的常人。

只看火山喷发时，火山是壮丽的山，张学良的人生是五光十色的，了不起的人生，他是个值得人们敬仰的中华大英雄。

只有我们走近火山，弯下腰去，用专业工具和专业知识探讨火山的内部构造，研究岩浆喷发原理，才能真正了解火山的真面目和此火山与其他火山有怎样的不同。

思想是“火山”喷发的原理，行为如同火山喷发时腾起的火柱、奔泻的火流、飘落下的尘埃和尘埃上长出的那片青绿。我们直接感受到的只是它的表面，它的终极秘密藏在表面之下。这就是思想。

研究思想人生，可以穿越时空，可以走近人生的核心部分，也可以解除许多人生的迷惑。我们要想解开张学良何以放弃“东北王”不做，而甘心做南京政府的地方长官的谜团；我们要想拨开日本和他有杀父之仇，他也最恨日本，上台之后为什么打苏联的迷雾；我们要想知道“九一八”时他统率数十万大军，面对一万多日军为何放弃抵抗的理由……就需要研究他的思想。因为思想决定人生。

思想，只有思想，才能辨别人生的是非。

张学良是个传奇人物，使他成为传奇的首先是他的思想，其后才是我们看到的传奇。

二、孤独，真正的百年孤独

悲剧的主人公都是孤独的，因为他们的生命如同一根蜡烛，本来是可以发光的，却在刚刚点燃不久就被移入了缺氧的时空。他们顽强地和命运抗争，奋力发出一些可以温暖和照亮别人的光，却又遭到命运更加残酷的捉弄，包括得到温暖和看到亮光的人不仅不感恩，还投以轻蔑、嘲笑，甚至是斥责，最后被锁在了强权的密室。

谁有他的孤独久？

翻开历史，这样的人很多。如汉代史家司马迁、魏晋玄学家嵇康、宋代孤独女神李清照，德国哲学家尼采和叔本华、荷兰印象派画家凡高等等，他们的人生都是孤独的，不幸的。他们的不幸来自于两方面，一是活着的时候因无人理解而孤独，为了释放孤独而创造，创造出来的思想、壮举又不被时人理解；二是他们作为有血有肉的人却没有享受到一般人都可以轻易得到的人间温情，想得到也应该得到的却得不到，这两点是他们人生中最大的不幸。

孤独不是慎独，慎独是一种自我约束的状态，而孤独的人是想摆脱他人的约束而无方，寻求他人的理解而不可得。因此，怎么说孤独都是痛苦的，痛苦是孤独的影子，孤独的生命延续得越长，遭受折磨的时间越久。

盼百之人众，人生足百鲜。也可能是出于尊重，当对历史有贡献且高寿之人走完人生之后，人们常常习惯称其为百年人生。如大师季羡林逝世那年出版的一本著作，书名就叫“百年人生”。可见，百年人生的“百年”，有时不是个确数。

然而，张学良不同，他的人生是真正的百年人生，而且是孤独百年的人生。真正称得上“孤独百年”的中外历史名人，恐怕极其少有，司马迁和尼采都不到60岁就去世了，嵇康和凡高的人生更短，还不到40岁，李清照和叔本华活的时间久一些，也刚过70岁，而张学良刚好100岁。

这些人对历史都做出了令人难忘的贡献，他们的名字不断地在世人眼前闪耀，而当品味他们的人生时，给人最突出的感觉却是苦涩，品到最深处，都让人不自觉地眼含泪水。

尤其是张学良，他的人生虽然足百，但有超过一半的时间生活在深山里、破庙中、孤岛上。即便在囚徒生涯之外的时间里，他的人生也很少离开孤独。

少年丧母，孤独从孤单开始

母亲是人生的第一保护神和人生的第一位老师。张学良回忆，辛亥革命那年的一天晚上，“我母亲把我找去了，她给我一个袋子，里面有几十块大洋，帮我系在腰上。她说：‘今天晚上恐怕有事，要是有事，有枪响，你就赶快跑，等稍微平息点儿呢，你看哪个老头好，跪下给人磕头，把袋子里的钱给人家，告诉你是谁的儿子，让他把你送到你爸爸那去。’‘妈，你呢？’我问。‘你别管我。’我说，‘你上哪去呀？’她说：‘你不用管我，你不要问我了。’后来我才明白：我妈妈预备着要自杀来着，要是乱军打进来，她把我放走，让我跑，她就在家自杀了。一说到这，我心里就难过啊。”

11岁，这是个刚懂事还不算太懂，正是需要母亲呵护和培养的关键年龄段，而他的母亲因病撒手人寰。再没有人在关键时刻舍命保护他了，他能不难过吗？

在古代，父殁称孤，母丧称哀，因哀伤甚于孤独，说明母亲在未成年儿女的成长过程中的地位重于父亲。张学良孤独百年的人生是从哀伤开始的。

青年丧父，家中顶梁柱断了

父亲是家庭的顶梁柱。28岁，这是个初出茅庐，不到而立之年，涉世不深，难擎重压的年龄，而张学良的父亲张作霖就在这一年突遭厄运，被日本人炸死在离家不远的三洞桥。

张学良自己说：“以前的家庭都是几代人住在一起，我家里人很多，是一个大家庭。我姑在我家里住，我姑还带个儿子。我二伯父死后，扔下好几个太太，一个大闺女，还有两个儿子，都住在我家。我舅舅被马踩死后，我的舅妈，我的外婆，我舅舅的儿子，一大家人都住在我家。”张作霖有六位夫人，各有子女，都住在一起。“我第五个母亲的妈妈也住在我家。”“我们在奉天的老家，分东、中、西三个大院落。”“除了奉天，在北京我们也有家。顺承王府①就是我们的家。院子里可以跑马。”“东北有一个很大的农庄，农庄有多大，我也搞不清楚，光马就有几百匹。”

张学良是家中长子，父亲离世，家中的一切重担都天然地落在了他的肩头。

一位28岁的年轻人，在家中顶梁柱突遭折断后，他能将这么复杂且已经坍塌的家庭重新撑起来吗？家人心中无底，连张作霖的把兄弟们也替这

---

① 顺承王府，即顺承郡王府。始建于顺治初年，位于今北京市西城区太平桥大街路西。北洋时期为张作霖购买，辟为大帅府。1949年后为全国政协办公地。

位“少帅”捏把汗。

不仅如此，还有更重的重压在他肩头之上。

手举“元帅旗”，脚踩钢丝绳

家庭即便能撑得起来，张作霖作为“东北王”留下的烂摊子，他能收拾得了吗？东北的当家人突遭不幸，军政内部人心不稳，关外战事吃紧，南军步步相逼，日本人不停地捣乱，中东路争端再起，整个东三省的乱局如同山一样压在了这位年轻军官稚嫩的肩头。

当时的情形，似可以这样形容，张学良背着整个东三省，手上举着“元帅旗”，脚下踩着钢丝绳，东北的前途和他个人的前途都命悬一线。

如果他挑不起东三省这副重担，收拾不了他父亲留下的烂摊子，日本人一定会乘人之危，落井下石，南方的北伐军也有可能乘胜追击，消灭东北集团。

乘人之危、落井下石，是日本军国主义的本性。“皇姑屯事件”本身就是日本乘人之危、落井下石。北伐军兵临北京城，张氏政权岌岌可危，正是日本看到了张作霖已经走进霉运谷底的时刻，它才掐脖子要好处，脖子没掐住，好处没要到手，这才有皇姑屯炸车案的发生。强盗为什么出招就坏，一是它坏习惯了，二是它骨子里就没什么好招。日本从骨子里就想坏中国，坏天下。从1868年明治维新开始，明治天皇就种下了“开拓万里波涛，布国威于四方”的坏种，直到今天，因为它的波涛开拓受阻，国威越布越弱，所以，这颗坏种至今未绝。

日本制造皇姑屯炸车案，也是这个思路，它想占领东北，张作霖成了它开拓疆土的障碍，它想树立国威，在中国“立棍”，张作霖把它的威灭了，把它的“棍”撅了，张作霖成了它的眼中钉，肉中刺，如今张作霖死了，钉子和刺拔除了，日本就会放心大胆地干了，它们没有在张作霖那里得到的好处，就会千方百计地向他儿子施压，或者找借口出兵东北，没有借口就会制造借口。如果张学良捂不住东北，局势乱了，日本一定会乘人之危。

张学良面临的最大任务，就是稳定东北大局，别让日本人看出东北之危。

不知人之危，乘危之心不生，不见人落井，下石之歹意不启。稳住了政局，就等于暂时捂住了日本乘人之危之坏心，捂住了日本落井下石之歹图。

关键是，只靠将断还连的一丝封建纽带和“老帅”身后的一点余威，勉强坐上“东北王”位置的张学良有能力稳住比他父亲在世时还岌岌可危的局面吗?

小马不识途，偏遇“十字路”

1928年既是决定中国命运的一年，也是决定张学良政治命运的一年。

决定命运的年份，常常是历史走到了十字路口。

“皇姑屯事件”后，东北处于十字路口，究竟东北走向何方，面临四种选择：

完全独立，帅死旗不倒，把北洋政府移都奉天，让中华民国的五色旗在帅府门前飘扬，不承认南京国民政府，继续与之对抗。直鲁联军总司令张宗昌在张作霖上车前就说过：“你们不干，我一个人干给你们看看。”

第二个选择，半独立，效仿1922年张作霖东北自治，关起门来，做自己的事，把山海关把住，自扫门前雪，不管关内瓦上霜。张作相等老派多持此见。

第三，与日本周旋，借助日本的力量，对抗南军。日本人频繁出入杨宇霆家门，目的就是诱惑东北走这条路。

第四，归顺南京。

能进入决策层的人物几乎每个人都有自己的主张，每种主张的主张者连自己都觉得理由不够充分，缺乏足够的自信。历史常常是在这种情况下需要拍板人，而拍板人也不是神，张学良也是权衡再三，相当于小马拉着一辆大破车坞在了十字路口长达半年。

完全独立，像张宗昌主张的那样，办不到，用张学良的话说，你要独立，不是被苏联拿去，就是被日本拿去，你立不住。

半独立，重演1922年东北自治，可以不可以，可以。但有一点，难。张学良反驳说，我不是我爸爸，我没他那个能耐，我爸爸软的硬的他都来。我应付不了日本。

倒向日本，日本驻奉天特务机关长秦真次、日本顾问土肥原贤二、日本政要林权助等人把行动路线图都为张学良画好了。但张学良告诉他们，别忘了，我是中国人。我是中国人，就要以中国为本位，以中国为本位，就不能使国家继续分裂下去，就不能让人民继续生灵涂炭；“东北不是一人之东北，也不是东北人之东北，是全体中国人之东北。”

选择走向南京，身边的日本人愤怒，亲日的将领反对；选择倒向日本，自己良心这道关又跨不过去；选择东北自治，南京政府反对，又难以摆脱日本的纠缠；选择在“南京和东京两边要”，于良心过不去，于理过不去，于情过不去，张学良自知，自己的能力也不行。

何去何从？

小马拉大车的张学良处于“四难之间”，坞在了十字路口。

当上“东北王”，也就成了“孤独狂”

他在“四难之间”，最终选择了服从中国人的“良心”，毅然归顺南京。却招来一片斥责，甚至自己的部属和同老帅征战的部将开始私结武装，购枪谋变。

> 我父亲突然一走，所有的担子都压在我的肩上了，而且这担子比我父亲那时重得多呀！我父亲有权又有威，人如果有威，别人轻易不敢乱动，如果没有威，就像庙里的偶像，人家不信你，你就是一堆泥巴。我那时充其量算是有权，但无威呀，别人不怕你，这小鬼都出来了。这个时候的人，就想杀人。
>
> 说实在的，战场上杀人很容易，甚至会杀红眼的。平时杀一个人就不同了，特别是杀一个和你共事的人，真下不了决心啊！
>
> 我想不干了，我想辞职。当时精神都快崩溃了，好多事情都让你拿主意，让你拿主意的没什么好事儿，好事儿、容易的事儿下边也不找你。
>
> 我压力太大了，实在受不了啦！我实在受不了啦！

人的地位越高越孤独，就像爬山一样，越往高处走，越缺氧，路越窄，到了最高处，都站不下几个人了，仅有的几个人也互相提防，因为一旦谁把谁挤下山去，和在山下跌跤不一样。

山尖上的人朋友少。

张学良当时遇到难事连商量的人都难找，只有一位比他父亲张作霖年龄还大的王树瀚①，还能说说话。“他说‘汉卿，我跟你讲，你今天干的这个角色，是东三省父老开会把你举出来的，你对东三省父老有什么好处？

---

① 王树翰（1874—1955），字维宙，辽宁沈阳人。清末举人。曾任奉天财政厅厅长、吉林省省长。东北易帜后任东北边防军司令长官公署秘书厅厅长。

他们不就是看你能够解决问题，能够维持东北这个大局才举你吗？你想不干，可以，你是不是得想想，目前还有没有人能代替你？有比你强的人吗？你想想，有没有？东三省举你，你得对得起父老乡亲啊！今天遇到这个局面，你扔下就不管了，这算怎么回事儿？'"“他劝我，要忍，要打掉门牙带血吞！能吞下去的这才是大丈夫。我说：不但门牙，大牙我都打掉了，我吞不下去了。‘我可要放炮啦！’他明白我这句话的意思。马上说：你可千万不要那样，还是要忍！忍！忍！”“所以，我说我那个时候还不算太孤独，至少还有一个人劝我忍。”

“放炮”也不是件容易事，杀了老帅的首辅重臣，人们会说他心太狠，不杀又有人说他心太软，他只好通过“丢铜钱”的方式求助于神明。

一个天不怕地不怕，不听邪，不信神的人，被逼到了乞求神灵的地步。

“九一八”是他永远的痛，痛得他改了公元纪年

人的一生，恐怕都有一些打不开、忘不掉的心结。常常这个心结既是人生苦海的底点，也是走向孤独的起点。对张学良而言，这个心结就是“九一八”。

幸福总和快乐手牵手，痛苦总是孤独的并蒂莲。“九一八”，是他人生中永远也洗刷不去的污点，也是他永远也无法治愈的痛点。从1939年开始，他把公元纪年的新年在日记中改成了“九一八”，以“九一八”为他新的一年日记的第一天。

他为什么改“九一八”为新年日记之始呢？

> 因为这天日本野心军阀之一弹，震荡了全世界，扯破了国际条约，暴露了国联无能，接连着德意法西斯的疯狂，灭亡了几个国家，残杀了多少人民。
>
> 我国丧失土地、生命、财产，其惨其苦，彼之心为之痛！
>
> 说到我自己呢，在责任上，国家民族负重大之罪恶，在个人名誉上，声望上，经济上，一切之一切，受无限的损失。
>
> 闻九一八之歌声，心中为之酸痛。①

---

① 张学良1939年9月18日日记。

> 九一八，啊呀！真快，又到了九一八了，中国人一到了今天，必然有些感触，我哪，比别人更要特别些。①

“九一八”使张学良无法忘记日本杀父之恨，占东北之仇，毁家之痛，还有那顶永远也摘不掉的帽子——“不抵抗将军”。

因为痛，因为污，因为“比别人更要特别些”，所以改纪年，这在小说里恐怕也难寻先例。

不抵抗时国人骂，抵抗了，“国王”却收回了他的兵权

“九一八”之后，他在举国痛骂声中，终于在长城脚下幡然醒悟，亲自下令向日本打响了东北军主力迟来的第一枪，用东北军将士的血在国人面前争得一点面子。紧接着，在热河抗战中，由于他父亲的拜把兄弟、承德守军汤玉麟不听指挥，导致承德失守，热河抗战虎头蛇尾。

实际上，在日本扬言要进攻热河时，蒋介石早就看清了热河抗战必败的结局，也看清了热河战败之后一定会激起全国要求抗战的怒潮，更看清了南京政府此时像一叶大海狂涛之中的扁舟，处于风雨飘摇之中。

在热河抗战之前，蒋介石已经决定推张学良下船，蒋介石身边的人早都心知肚明，只有张学良被蒙在鼓里，全然不知。

承德刚刚失守，蒋介石觉得下手的机会到了，便从南昌“剿共”前线来到华北保定。途经郑州时，对记者发表谈话：“承德失守，”我作为总司令，“自当独负其责，引咎自劾，以谢国人，惟国家失土，一日不能收复，则抗日之任，决不敢一日放弃。”就是说，他应该引咎辞职，但不能辞职，那由谁来承担责任呢？不言自明。

被蒙在鼓里的张学良猜测，蒋此次来华北一定是商讨反攻热河和向日本宣战的。他对部下说：“若是中央有决心抗日，应向日本宣战，动员全国力量与日本一拼。”“就怕南京假抵抗、真谋和。那就没办法了。”② 几分天真夹杂少许清醒。

张学良到了保定，见宋子文一人前来，意识到“这里大有文章”。但他怎么也没想到会让他交出兵权。宋子文转达蒋的意见：热河失守，张、蒋

---

① 张学良1941年9月18日日记。

② 王卓然：《日军侵热和张学良下野》，《文史资料选辑》第14辑，第72页。

如同两人同乘一只小船，目前风浪太大，需要一人先下船，以免同遭沉没，要张学良将兵权交给何应钦。张很镇静，坦然接受，让宋急告蒋不必烦心。①

清醒被塞进了糊涂庙

孤独者多为清醒而孤独，多为这份清醒被装在了糊涂的密封室里而痛苦。

从保定回北平的车上，张学良仰天狂笑，对顾问端纳、秘书王卓然说："我说蒋先生对日本仍以外交为主，并想用黄郛②到北平来主持政务，专办对外交涉。使我想起一个笑话：话说有一个财主，土匪夜里来抢，持刀要杀人。财主跪地求饶，边叩头边说要什么都行，请饶他一命。土匪一眼看见财主的老婆还好，说：'这样吧，我玩你的老婆，你跪在旁边叩头，头叩得好就饶你的命。'财主连声说好好好。等土匪兴尽而去，财主老婆起身整衣哭骂财主：'哪有你这样无耻的人！我被贼作践、糟蹋、侮辱，你不仅不拼命救我，还在旁边叩头？'财主说：'你哪知道啊，我们还占了他便宜呢？'妇人怒斥：'老婆被贼强奸了，你还有什么便宜占？'财主说：'当你们最紧张的时候，贼顾不得看我，我少叩了许多头，岂不是占了便宜！'"

张学良讲完这段寓意深刻的政治笑话，对呆立一旁的王卓然说，"老王，你好好翻译给端纳听，问他若有这样的便宜交涉，他干不干？我说这位财主最好当外交部长，好与黄郛唱双簧"。

车到北平站，张学良说："老王，你看我放弃兵权和地盘，像丢掉破鞋一样。别的军人能办到吗？但是中日问题，蒋先生以和为主，还不知演变到什么地步。大骂我不抵抗，我也不辩。但是下野后，天知道我这不抵抗的罪名要背到哪天呢，我记得仿佛林肯有几句话，说人民是欺骗不了的，你替我查查原文，最好能马上译出来给我。"王查出原文是这样三句话：你可以欺骗全体人民于一时，或欺骗部分人民于永久，但不能欺骗全体人民于永久。

背负责任越重的灵魂越难承其轻

不是所有人都配"孤独"这一词汇的，一个平庸的人，一个没有崇高

---

① 王卓然：《日军侵热和张学良下野》，《文史资料选辑》第14辑，第73页。

② 黄郛（1880—1936），字膺白，浙江绍兴人。1933年5月任北平政务整理委员会委员长，对日签订《塘沽协定》。

追求和责任意识的人，一个热心于玩弄权术的人，内心里没有值得别人崇敬和理解的灵魂，他的心里没有悔罪的十字架，这种人也有“得不到的”痛苦，也会遇上被人骂的窘境，但他有的只是寂寞和空虚，永远不会感受到真正孤独的滋味。

下野游欧，张学良徜徉在异国的风景之间。可风景越好，看到异国越发达，他越痛苦，越孤独。因为他身在异乡，心还在祖国。他放不下对国难的愁，对东北军的牵挂，对家乡父老的惦念。“现虽寄身海外，但有三事尚不敢忘：一曰国难，二曰乡患，三曰家仇。”①

越是情感丰满的灵魂，往往越对残缺敏感，背负责任越重的灵魂，往往越难承其轻。

想打日本，偏要让他打红军

从欧洲归来，一心想“打回老家去”的人，被安排在离老家更远的地方；一心想雪耻复仇的人，被安排去打与他不相干的红军。从湖北打到陕北，越打离老家越远，越打自己准备打日本的本钱越少。

> 日本人对我张学良有夺土之仇，杀父之恨。②
>
> 要讲抗日，没有谁比我的愿望更迫切，也没有谁的决心比我狠。③
>
> 我唯一的希望就是抗日。
>
> 红军是没有家的人，我们也是没有家的人，没家人不能打没家人，中国人不能打中国人！要停止一切内战！谁要打内战，谁就是我张学良的敌人！④

在数路“诸侯”和全国抗日的声浪中，他秘密地向抗日口号喊得最响的共产党靠近，经过几番会谈，他只身向“国王”哭谏，要求枪口一致对外，联共抗日，在数谏无效的情况下，和杨虎城在西安导演了一场“挟天子以令诸侯”的伟剧。

---

① 张学良：《致王树翰函》1933 年 5 月 12 日，意大利。

② 张学良与张治中谈话。

③ 张学良与警卫人员谈话。

④ 张学良：《在西安市民大会上的讲话》1936 年 12 月。

我不反蒋都反蒋，我反蒋了大家都不说话了

捉住蒋介石，八项主张一发表，他以为会得到各方的赞同，最起码一直嚷嚷反蒋抗日的人会表现出欢欣鼓舞。令他震惊的是："我不反蒋时，大家都反蒋；我反蒋了，大家都不说话了，甚至叫我的倒好。"

令张学良大惑不解的是，他把蒋介石都抓起来了，四处通报求援、揭竿响应的不是反蒋，而是拥蒋；雪片似飞来的电报不是对他的支持，而是对他的谴责！尤其是北方各将领，转弯90度，两面讨好。

冯玉祥刚听到西安事变的消息时，还夸赞张学良："汉卿这小子真行，敢干别人不敢干的事。"但他却公开谴责张学良"违法犯纪"、"少不更事"、"动摇国本"。

事变第二天，张派代表乘坐蒋介石座机飞往太原，阎锡山表态："停止内战，是件大好事。"张的代表还没离开太原，阎发表一个气得张学良七窍生烟的电报："兄等此举，增加抗战力量乎，减少抗战力量乎？移内战为对外战争乎，抑移对外战争为内战乎？兄等能保证不演成国内之极端残杀乎？"①

莫斯科的态度在所有人意料之外，苏联《真理报》、《消息报》同时发表社论，抨击张学良"起义"是"中国亲日派的阴谋"，目的是让"日本帝国主义奴役中国"。

张学良伤心、气恼、不解，他问中共代表刘鼎："苏联广播为什么骂我受日本人指使？"

一次，张学良手里拿着苏联评论的新闻记录下楼，自言自语地说："我待他们那么好，他们却这样对待我。"②

为了朋友负荆请罪，反被朋友指斥愚昧

伟剧落幕时，他在蒋介石以人格担保的情况下，亲自送蒋回宁，人们对此更不理解。包括杨虎城，说他是感情用事，江湖义气，共产党人博古说他是堂·吉诃德式的心理变态，周恩来说他是看旧戏中毒太深。

如果从感情出发，从爱护张学良的角度，历史已经证明，他们当时说得都有道理，他们看透了蒋介石，而张学良是愚蠢的，是失败的。如果把这段历史放得长一些，并从人格的角度去思考，我们更愿意这样去想，张

---

①《国闻周报》第13卷第5期。

② 宋黎在《西安事变史》编纂会议上的发言。

学良的失败无法遮掩他的思想境界和人格魅力，他的境界高出了同时代的人，他的眼光是理性的，人格是高尚的，但只因蒋介石不具备这些，或者说他不想具备，才导致了张学良个人的失败。

这使人们联想起历史上的项羽和刘邦，项羽的失败，主要失败在他犯了两个错误，一是鸿门宴上，他不该不听范增的劝阻，放跑了刘邦；第二个错误更致命，他和刘邦签订了鸿沟和议，他言而有信，率军撤兵，可刘邦却撕毁了协议。这样，项羽变成了失败者，但在人们的心目中，至今，他仍然是个大英雄；刘邦得到了天下，坐了皇帝，是个成功者，但人们一提起刘邦，恐怕都会想起四个字：政治流氓。

因此，成败不足论英雄。思想境界高出同时代的人，怎么能得到同时代的人理解呢？守信的人和言而无信的人打交道，岂有不败之理？不过，历史是公平的，项羽被刘邦算计了，后人仍称他为英雄；刘邦胜利了，人们斥他是流氓。从这个意义上说，项羽没有失败，张学良也没有失败。

“铁衣着尽着囚衣”

张学良捉蒋又送蒋，他当时是否预料到蒋会囚他？

> 我为什么送他回南京，难道我就不知道南京刀丛箭雨？我还不是为了他领袖的面子，为了他尊严？①
>
> 我早已想好去过囚犯的生活。中国历史上，为国为公而遭贬谪的人，何止我张学良一人。②
>
> 自古至今，向皇帝造反的，都不会有好下场，黄巢是“铁衣着尽着僧衣”，我张学良是“铁衣着尽着囚衣”。③

张学良一生百年，不算童年、少年，一共只穿过两件衣服：19 岁那年入东三省讲武堂，穿上了“铁衣”，他当时说，穿上这身军装就脱不下来了，没想到，1936 年底，这身军装被扒下来了，换上了囚衣，一穿就是 50 多年。90 多岁时，美国之音记者问张学良：您送蒋介石回南京，您想没想

---

① 张学良：《与戴笠的谈话》1937 年 7 月，浙江奉化。
② 张学良：《与戴笠的谈话》1937 年 7 月，浙江奉化。
③ 张学良：《与蒋经国的谈话》1937 年。

到一去会被软禁50年，软禁50年这日子不好过的，假如时光能倒流，您还会那样做吗？张学良答：

> 我还一样那么做！
>
> 我是军人，需要负责任，我做的事，我负责，没有什么后悔的，假使事是如此，我还是那么做，别说软禁50年，枪毙了，我都不在乎！①

在世人眼中，张学良的人生是悲剧性的人生，他的悲剧在于他是生活在复杂政治环境中的一个有良知、思想又相对纯粹的东北人。作为东北人，他的性格粗犷、固执、倔强，又长期生活在当时苦难最深的东北，从受苦受难的层面说，属于中国社会的底层。作为“剿匪”副总司令和东北军统帅，又处在当时社会的上层，他经历了许多人无法理解的底层苦难，看到了许多人看不到的上层政治黑幕，追求着许多人不愿追求的境界。这就难免悲哀和孤独。

恨天低，大鹏有翅愁难展

一个灵魂孤独的人，被封闭在一个只有看守晃动在周围的世界里，找不到倾诉的对象，周围都是用另一种眼神盯着他，这种生活一过就是半个世纪，他能不因此而更加孤独吗？

政治生活的痛苦和对国家民族前途的忧虑，想为国家做点什么整天又无事可做带来的折磨，已将他推入深深的苦海。但如果仅仅这些，还不算最痛最苦、最孤最寒。政治本身就是残酷的，历史上，多少忠臣因忠而身陷囹圄，多少仁人志士因志而身首相离，更何况他作为一个部将毕竟使“总司令”受到了一时的羞辱。问题在于他除了空有一腔热血无处可洒，满脑袋是仇是恨无力可报，满身是劲无事可做之外，就连想象一个普通人那样生活的机会都没有。判刑十年，十年刑期转为“严加管束”，“管束”十年也就罢了，十年又加十年，又加十年……

有话憋不住的人憋了一肚子话

说司马迁孤独，身受宫刑，只能在家里靠向朋友写信抒发被压抑的苦

---

① 张学良：《答美国之音记者问》1991年5月11日，台湾《联合报》1991年5月19日。

闷。张学良长期被锁在深山破庙里，他也想向朋友写信，缓解一下压抑的心情，他做得到吗？写的每一封信都得经过特务的检查，稍有不慎，就会招来更大的祸患。他没有写信的自由，即使写了，也没有往外发的自由。

孤灯不明思欲绝

说嵇康孤独，孤独得自由懒散，十天半月不洗头、不洗澡，经常在竹林里和朋友饮酒高歌，放纵自己。张学良怎敢在看守面前放纵自己？嵇康因自由懒散，十天半月不洗头、不洗澡，张学良在台湾期间，居住条件算是比大陆时期有了改善，但吃的水都得从山下往山上抬，一盆水早晨洗完脸，留到晚上洗脚，哪有条件洗澡呢？和朋友饮酒高歌更谈不上了，谁要见他，都得经过蒋家父子的特批。

本来儿孙满堂，却至死天各一方

说李清照孤独，没有孩子，没有亲人，守着一个孤清的小院，整天看着秋风扫着黄叶在门前盘旋。张学良二十多年连享受一个小院的孤清也做不到，整天看着荷枪实弹的看守在眼前晃来晃去；李清照没有孩子，没有亲人，张学良有四子一女，七个弟弟一个姐姐五个妹妹，五位庶母，当时都健在，可他想看一眼的权利都被剥夺了。有孩子、有亲人不能相见比没有孩子、没有亲人不更撕心裂肺吗？如果张学良是一个无情无义之人，也就算了；如果张学良的亲人因和他感情疏远，也就罢了。他偏偏是个有情有义的人，而且他们的亲人都视他为主心骨。

司马迁孤独，司马迁可以让孤独在《史记》里荡气回肠。

嵇康孤独，嵇康可以把孤独放在酒杯里，让竹林贤友为他分忧。

李清照孤独，李清照可以将孤独潜藏在杭州深秋的落叶黄花中，然后吟成《声声慢》。

张学良呢？他怎敢把他看见的政坛黑幕写成史书？他上哪找来自己的朋友为他分忧？他怎敢直抒胸臆，把自己的心情写成“怎一个愁字了得”？

他只有一种选择：将孤独深深地埋进心里。

然而，埋进心里的孤独是会膨胀的。

三、传奇，人走了还留下一串“密码”

大凡称得上传奇的人物，差不多都具备以下三个特点：（1）他们的生命历程充满了戏剧性、偶然性，所做的事情，被一般人认为不可能，出人意料的是，他们却做了，而且做到了，而且惊天动地，被称之为奇迹；（2）他们的人生轨迹曲折复杂，而且大起大落，特立独行，超然无侣，不被主流价值观所认同、所理解，但他们总是执着不改，奋然前行，被称之为奇特；（3）他们的周围好像罩着一层雾一样的谜团，这谜团藏有许多机关，每一个机关都被一把锁锁着，只有打开这一把把锁，才能走近他。可这些锁有着不同的密码，人们一时难以破解，所以，被称之为神秘。

传奇人物身上的这些密码，有的是因为在时空转换过程中许多历史真实被封在了岁月的尘埃之下，人们看不清，才成为密码；有的是因为受人们认识问题能力所限，人们无法把互相关联的复杂搞清楚，人们弄不明白，才以为是密码；有的是因为人走了，把人生的密码也带走了，就像主人把门锁上了，也带走了钥匙，出于对主人的尊重，人们不好破门而入。

科学是值得敬畏的，人们的智慧是有限的。历史属于科学，出于对科学的敬畏，出于对自己智慧能量有限的认知，史家都有行事谨慎的特点，不轻易使用有些科学门类常用的推断和猜测的方法。不可否认，史家已经为我们了解传奇人物做了很多事情，但不管怎么努力，有些传奇人物仍然是个谜，至少有许多谜仍处于待解状态。

这不是史家不努力，也不是史家的无能，在神秘的宇宙面前，任何科学都有可怜的一面。人类发展到今天，不用说宇宙，就是我们所在的地球，仍有许多不可知的领域。

人是万物之灵，传奇人物又是与常人不同的另类，多数另类人物都是充满悖论的综合矛盾体。人生的亮点常常与污点相含相连，激情常常与懦弱交替相杂，尊严常常与耻辱相纠相缠，它比自然世界中的任何事物都要复杂不知多少倍。

因此，19 世纪英国历史学家卡莱尔在谈到我们称之为“人生密码”，他称之为“包裹物”时说：“对任何思索它的人来说，它是令人惊奇的，不可思议的，神奇的，甚至更甚。”

无疑，张学良是位带有鲜明传奇色彩的人物。正如徐庆全先生所说：“在中国近现代历史上，张学良被称之为‘传奇人物’，这绝不是浪得虚名。”①

---

① 徐庆全：《张学良怕伤害谁》，《中国新闻周刊》2010 年第 30 期。

他在世时，不断有传奇传出，他人走了，又丢下一串谜团。这一串谜团中，有的像遮山的雾，有的像高天的云。这雾，引起人们的好奇，谁都想走近，因为谁都想知道这雾遮的是啥；这云，引发许多人的疑虑、不安，甚至是惊惧，因为不知道这云会带来什么风雨，尤其是不知道这云中的雷电会炸到谁。

他轻轻地走了，身后留下一串神秘莫测的数字和一堆难解的谜。

生在马车上：飘泊百年

张学良不是像今天的人们出生在医院里，也不像与他同时代出生的东北农村娃们生在自家的炕头上。“我们东北有三个马、两个马、五个马、六个马拉的大车。我妈正在逃难哪。她把我生在大马车上了。所以我是在咣当咣当行进中的大马车上下生的小孩。”

这是不是预示着他一生的颠沛流离？

他自从1930年离开东北，一直再未回过东北；1933年离开北平，1935年离开武汉，1936年离开西安，1937年离开南京，一路永别。此后，在幽居的岁月之中，更是永别一路，一直到1946年告别大陆，永别大陆。他于1993年离开台湾，也再未回过台湾，一直到终老夏威夷。可谓漂泊一生。

两个“01”年：“生命的密码”

他是世纪老人，地地道道的世纪老人。1901年出生，2001年逝世，人生的起点和终点都是“01”年，都是新世纪的起点。

谁都有生，谁也难免一死，但生死都在“01”年，而且赶上了一个千禧之年的第一年，这得多少个千年之中，多少个世纪老人之内，才能出现一个“01”的重合？

两个四月十七：过生日之谜

从1990年到2000年，每年都有人为他举办生日宴会，如果把这些宴会举办的日子罗列在一起，人们就会感到困惑，他的生日到底是哪一天呢？

九秩寿庆于1990年6月1日举行，张学良亲自出席并讲话。他妻子赵一荻还专门写了一篇文章：《张学良是怎样的一个人》，文中说：“今天是他的90岁生日”。

91岁华诞就复杂了，1991年5月31日、6月1日，旅美华侨先后两次为张学良举行祝寿宴会，张学良都亲自出席。

96岁生日在夏威夷中华第一基督教堂举行，时间是5月26日。

99岁生日庆典在夏威夷举行，时间是5月30日。

100岁生日在夏威夷家中举行，时间是6月3日。

他的生日到底是哪一天？一般人过生日，有过公历的，有过农历的，不管是公历还是农历只有一天。按公历，张学良的生日是6月3日，按农历是四月十七。但1990年6月1日农历是五月初九，1991年5月31日是农历四月十八，6月1日是四月十九，1996年5月26日农历是四月初十，1999年5月30日农历是四月十六，2000年6月3日农历是五月初六。

显然他过的生日不是公历，也不是农历。那他过的是什么生日？他按什么原则选择过生日的日子？

他过生日的原则是：一般不过。要过，有一条铁打不变的原则：绝对避开农历四月十七和公历6月4日。1928年的"皇姑屯事件"发生在6月4日，这一天的农历是四月十七，正是张学良农历生日这天。此后，张学良一般不过生日，有人问起他的生日是哪一天，他也总是设法回避。

后来年事渐高，不忍拂大家好意，就采取了一个折中的办法：过生日可以，但要避开父亲的祭日。所以，有上述5月31日、6月1日等。但没有在6月3日以后过的，因为按中国传统，祝寿只可提前不可后延。另外，还有两个因素：一是赵一荻的生日是5月28日，所以有时他的生日和赵一荻的生日合在一天过。二是选择5月份的最后一个礼拜日，和在教堂做礼拜合在一起。

每个人都有生日，每个人都得有祭日，但一喜一悲在一个日子里重合，而且都是叱咤风云的人物，父亲死时是国家元首，儿子成人后成为民族之功臣，查遍中外历史上的所有国家元首和民族功臣，未见一例。

两个"九一八"：一荣一辱

1930年的"九一八"，张学良一纸和平通电，使中原大战各方偃旗息鼓，随后，南京国民政府任命张学良为全国陆海空军副司令，位居一人之下，万人之上，跃向权力最高峰。

1931年的"九一八"，是众所周知的国耻日，更是张学良的耻辱日。从这天起，他被戴上了"不抵抗将军"的帽子，跌入名誉最低谷。

人生荣辱如草之荣枯，并没什么好稀奇的，但人生的荣之至，辱之极，仅隔一年，且发生在一个日子里，恐怕并不多见。

两个就职典礼：一个是丢了家的司令，一个是亡了国的皇帝

1934年3月1日，张学良戎装由汉口渡江赴武昌"剿匪"总部，宣誓就任豫鄂皖三省“剿匪”副司令职，各将领及各界代表参加典礼者600余人。

1934年3月1日清晨，在长春郊外一个用土垒起的“天坛”上，溥仪穿着龙袍告天，正式登基称帝，改年号康德。晚宴上，溥杰带头高呼：皇帝陛下万岁，万岁，万万岁！

东北三省自从1918年张作霖就任东三省巡阅使，直到“九一八”，13年间一直是张氏父子的天下。日本人几次鼓动张氏父子宣布东北独立，成立一个脱离中国的“独立王国”，张氏父子坚决不从，最后，张作霖因为不要这个“皇冠”被日本人炸死了，张学良因为不要这个“皇冠”被日本逼出东北。张学良离开后，日本制造了一个“满洲国”，将末代皇帝溥仪接到东北，于1932年3月就任“执政”，1934年改称皇帝。

最具讽刺意味的是两个就职典礼在同一天，两个典礼又有着那么密切的联系。如果张学良不是东北人，如果张学良没当过“东北王”，如果日本人没劝过让张学良做东北的“皇帝”，如果东北不是在张学良手里丢掉的，这两件事即使发生在同一天，也没有什么可值得写的。恰恰溥仪捡的“皇帝”帽子是张学良不要的，但溥仪“统治”的疆土正是张学良要夺回的；老家的房子、土地被人占了，又被别人改了姓（本来是中国的一部分，却变成了“满洲国”），他却在武汉就任豫鄂皖三省“剿匪”副司令，而且他要打的人正是想帮助他夺回老家的人。

东三省的司令跑到豫鄂皖三省当副司令，亡了国的皇帝捡个东三省“皇帝”，两人同在一天就职，悲哉！怪哉！

两个1月13日：夜幕降临的一天和天快亮的一天

1937年1月13日，张学良被武装押离南京，正式踏上了漫长的、颠沛流离的囚徒生涯，他的一切希望开始破灭，自己也意识到等待他的将是漫漫长夜。

1988年1月13日，台湾“总统”蒋经国逝世，他暗无天日的幽居岁月才正式开始逐渐解禁，他也清楚地意识到黑夜即将过去，因为“启明星”隐退了，离天亮也就不远了。

第一个1月13日，对于张学良来说，是最黑暗的一天。

第二个1月13日，是他看到光明的一天。

他因为扣押蒋介石而被囚，蒋家王朝不垮，就没有他重见天日的一天。张学良被囚和被放没有十分明确的日子为标记。如果从张学良送蒋到南京的那天（1936年12月26日）开始算，那时还没宣布他有罪；如果从1936年12月31日宣判那天开始算，1937年1月4日国民政府又发布特赦令。解禁也是这样，1959年蒋介石就给了他“自由”，但他并没有得到，蒋介石死了，蒋经国上台，他和“小蒋”个人关系不错，但“小蒋”给他的也只是“下小馆”、上教堂的自由而已。

最实际的起点应该是1937年1月13日张学良被押离南京。张学良也是在这一天真正明白了蒋介石不会放他了。不离开南京，他还有一线希望，一离开南京，说明蒋介石不允许任何人再替张学良“求情”了。

最实际的终点是1988年蒋经国死。因为张学良被囚，不是依据党规，不是依据国法，也不是军法，而是蒋家的家法。既然是家法，那只有蒋家人退出历史舞台，他才有希望。后来的情况也正是这样。

所以说，两个1月13日，是张学良幽居岁月的实际起点和终点，最起码在张学良的心理感受上应该是这样。

两个36年：72年真爱如歌，一半时间“非法”

张学良与赵一荻的爱情故事被人称为“世纪经典”、“世纪之恋”。

1928年开始，张学良与赵一荻就成了事实上的夫妻，但并不合法，他的合法妻子是于凤至。直到1964年，张学良才和于凤至解除婚约，和赵一荻正式结婚。

巧的是张学良与赵一荻生活了72年，以1964年为分界线，正好划分成前后两个36年：

1928年至1964年，属于非法同居，感情至上的36年。

1964年至2000年，才是名正言顺，情法相合的36年。

赵一荻与张学良非法同居了36年，同时代的人几乎无人不知无人不晓，不仅没有人去责怪，反而人人赞颂。赞颂者并不都是法盲。这给法律研究、社会史研究、人物研究提供了一个特殊的“案例”。

两个45年：大陆生活45年，一去未归乡；在台湾被囚45年，一步未离岛

1901年至1946年：张学良在大陆生活了45年，自离开大陆，即一去未归。

1946年至1991年：张学良在台湾这45年里，一天都没离开台湾岛一步。直到1991年去美国探亲，张学良才算走出台湾。有的台湾人说，张学良在台湾一直是自由的，不像大陆人说的那样，“什么幽居”。既然是自由的，为什么等到91岁才去美国走一趟呢？哪有一个无事可做的老人愿意在一个孤岛上一待就是45年呢？妻子病了，不能去照顾，儿子死了，不能去看上一眼，这“自由”的含义是什么？

两个8年：看着都自由，实际都不幸福

1928年至1936年是张学良执政的8年。

1993年至2001年是张学良在夏威夷漂泊的8年。

前一个8年以他父亲血溅皇姑屯为起点，其间，经历了枪毙杨常之难、中东路战争失败之羞、“九一八”日本占领东北之恨、华北下野之冤、奉命“剿匪”之痛，终点是西安事变，也是他政治生命的夭折，更是他身陷囹圄50多年的起点。这8年何来幸福?!

最后一个8年，说是闲云野鹤，却是一只满身伤痕的病鹤。天天面对着大海，想回家身体不做主，病魔缠身；盼亲人，亲人都远在大陆、台湾、美国本土。定居夏威夷是奔五弟而去，五弟先他而走，身边唯一的亲人是赵一荻，赵一荻又先他而去，百岁老人，整天坐在轮椅之上，孤悬海外，有何幸福可言?!

两个8年，其间之苦、之痛、之孤、之悽凉，只有张学良自己知道。

也正是这两个8年里，张学良的后脑勺上生出了两条政治“辫子”，被人抓住了。前一个8年被抓住一条，后一个8年又被抓住一条，之所以被抓住，大概都与他的自由度有关。

两条“辫子”：生前留下一条，死后留下一条

第一条是“不抵抗”的辫子。

第二条是不回大陆的辫子。

网上有一篇未注明作者的文章，题目是“张学良三问”，主要是抓住了这两条“辫子”。文章说：“东北军（奉系军阀张学良之私家军队）在不到两万日本侵略军面前一退再退，一让再让，在两月不到的时间内未放一枪一弹撤出山海关，将东三省大好河山拱手让出。”“如果说撤出东三省为蒋介石的不抵抗的命令，长城抗战为当时之中央政府之决断，那么背负家仇国恨的张学良将军为何不率领我东北军之健儿奋勇抗战收复失地呢，不要忘记无论作为军政首长，一名军人，还是一名中国人，炎黄子孙都有守土保民之责。”“张学良对促成全国一致抗日确有功劳，但其历史的污点也同样不能否认甚至加以美化。”

文章的第三个题目就是“张学良为什么不愿叶落归根?”“我们一直宣传说张学良如何爱国，那就有一点，爱国为什么不回国?”①

资深张学良研究专家毕万闻先生说：张学良带着未能回到家乡看一看的遗憾去见上帝，其原因很简单，其过程很复杂。张学良的红粉知己贝夫人蒋士云女士比较明确地讲了张未能回大陆的原因。“贝夫人透露，少帅居停纽约时，北京派不少人来看他，中共当局已经准备妥一架专机，只要少帅愿意返回大陆，专机即随时飞至纽约搭载少帅。贝夫人当时曾力劝少帅回大陆看看，并说这是他的‘大好机会’，少帅本人亦很想回东北老家瞧瞧。然终未成行。做事一向果断、爽快的少帅，为何舍弃良机，未回睽违40余载的故国？少帅向贝夫人解释说：李登辉只准许他到美国来，他不能借此机会就跑去大陆。这样做对李登辉不好交代。而他又是讲义气的人，不愿为难李登辉。贝夫人对少帅说不要管那么多，就利用这个好时机回去走走。少帅一直犹豫不决。他对贝夫人说，他回到台湾以后，将请示李登辉，批准他回大陆。贝夫人答道：‘你不用问他，问也白问。他一定不准。’少帅回去请示的结果，果如贝夫人所料，李劝张学良勿回大陆。贝夫人说，少帅上了李登辉的当，又说李是‘假圣人’。1993年底，少帅离台，定居檀岛，去年10月病逝，始终未赴大陆。据贝夫人和其他亲近少帅的人士说，张夫人赵一荻（赵四小姐）反对少帅回大陆，也是少帅终老海外、怅望神州的原因之一。贝夫人说：‘少帅后来嘴巴虽然不说，但心里一定很后悔没回大陆。’”②

郭冠英先生曾撰文透露，一位国民党高层人士说：“张学良死在外国，是我们这一代人的耻辱。”“我们没有把中国的事办好，弄得张学良不能回去（回大陆）。是我们拖着他，也拖着千千万万‘政府’来台老兵。我认为他最好死在大陆，次者也应死在台湾。”③

这两条辫子恐怕要被永远抓下去了。第一条辫子永远也洗不净，东北确实在他手里丢的。第二条则是千古遗憾。

---

①《张学良三问》，西祠胡同网页，2001年10月16日，www.xici.net/d3073000.htm。

② 林博文：《张学良口中最喜欢的女人蒋士云：怅望神州少帅应有悔》，《中国时报》2002年3月17日。

③ 郭冠英：《张学良死在外国，是我们这一代人的耻辱》。

两个关键的女人：一个是“情感鸳鸯”，一个是“生命护卫者”

张学良之所以能活到101岁，有两个女人起着至关重要的作用：

一是陪伴他走了72年人生的“情感鸳鸯”赵一荻。赵一荻以和家人断绝关系的代价于1928年只身投奔张学良，西安事变后，又放弃人间的一切，包括母子亲情，陪伴张学良软禁。牧师在悼词中说，这有如《圣经》里童女怀孕一样，是个不可能的使命。然而她去做了，而且做得那么真诚，那么让世人皆惊，那么流传青史。她这样做不为别的，纯粹是为了爱。这爱比《人间四月天》更专、更纯、更久远！

没有赵一荻的相知相伴，张学良可能活不到百年，他的百年孤独可能更孤更独更苦。张学良自己也向媒体直言，他能长寿，与夫人相伴，菜烧得好，照顾细心有很大关系。因此，他常说欠夫人太多。①

另一位是宋美龄，他生命的“护卫者”。

“五卅惨案”发生后，1925年6月11日，张学良率军“奉命调查沪案真相”②。他在上海停留时间不长，不到两周，却认识了他生命中最重要的一个女人，这就是宋美龄。两人一见倾心，约会数次，互为对方出众的气质和才华所吸引。张学良称她“绝顶聪明”；宋美龄称他为“莱茵河畔的骑士”。

六十多年后，回忆起这段美好的往事，张学良还慨叹：“蒋夫人很喜欢我，那时候她还没有出嫁呢，还是姑娘呢。她年轻的时候不是很好看，越老越好看。”“若不是当时已有太太（于凤至），我会猛追宋美龄。”③“我认识蒋夫人比认识蒋先生早哇。”1929年7月，因“中东路事件”，蒋介石在北平召见张学良，这是他们第一次见面，宋美龄也在场。当他看到夫人和张学良亲热地打招呼，“蒋先生还问：你怎么认识他呀？蒋夫人说，我认识他比认识你还早呢。”

西安事变后，张学良说，蒋先生没有杀他，主要是宋美龄保了他。“蒋夫人承认我，蒋夫人管我叫Gentleman。我认为蒋夫人是我的知己，蒋夫人

---

① 寇维勇、程川康：《张学良：我从不辩，一切毁誉由人》，台湾《联合报》1991年3月1日。

② 天津《大公报》1925年6月14日。

③ 傅依杰：《76年交情：“宋美龄活一天，我也能活一天”》，台湾《联合报》2001年10月25日。

对我这个人很认识。"①"宋美龄活着一天，我也能活一天。"②

张学良认为宋美龄是中国现当代了不起的女性。美国乔治城大学王冀教授曾说："在长达半个世纪的管束岁月中，如果没有蒋夫人的关照，我想张将军的日子会是很难过的。对此，张将军也是心领神会的。"③

宋美龄对张学良有保命之恩，张对宋很信服，宋对张很愧疚。在张学良长期幽禁期间，她经常给张写信，其中一封信里有这样一句："我向你保证：我没有忘记你。"事实证明，她没有食言。

张学良患眼疾，宋美龄特寄台灯一盏，因"余在美国用之，甚感满意"。

宋美龄要去美国，特意跑到高雄幽居地，告诉张学良马上写封家书，由她带给于凤至。

高雄居住条件不好，在宋美龄关照下，蒋经国允许他搬到台北，安排住在一招待所里。宋美龄看后，发现招待所太潮湿，斥责蒋经国，你怎么给他安排在这么破烂的地方？然后，告诉张学良可以自己选块地皮，建一栋属于自己的房子。

张学良与于凤至离婚，与赵一荻结婚，都受宋美龄指点。

张学良病逝的消息传到纽约，宋美龄异常悲痛，特委托辜振甫夫妇专程赶赴夏威夷，代表她吊祭。

为什么选定 2002 年公布他的口述历史

选定 2002 年公布张学良口述历史和他个人保存的资料，是张学良于 1992 年 1 月 16 日之前自己选定的。他选定公布的时间不是仓促的选择。

张学良口述包含着一些不为人知的内容，并具有一定伤害性。什么内容能具有神秘性和伤害性？那就是西安事变。

西安事变主要是停止内战、联共抗日问题。西安事变后，内战停止了，和共产党也联合了，也一致对外了。不具有什么神秘性和伤害性。如果蒋介石对共产党背信弃义，根据当时国共两党的关系，难以保密。涉及共产党的事不大可能。

---

① 郭冠英撰稿：《世纪行过——张学良传》，根据香港卫视中文台播出的节目整理。

② 傅依杰：《76 年交情："宋美龄活一天，我也能活一天"》，台湾《联合报》2001 年 10 月 25 日。另见《她活一天，我也能活一天》，《参考消息》2001 年 10 月 30 日。

③ 王朝柱：《说不尽的张学良》。王朝柱先生曾经亲自访问过张学良和王翼。

张学良说："我的没死，关键是蒋夫人帮我，蒋先生是要把我枪毙了，我不知道，这个情形我不知道，但是我看到一个东西我才知道。"是美国公使写的东西。"他写宋，决不是宋子文，对蒋先生说，说你对某人，他们都管我叫小家伙，她说你对那个小家伙要有不利的地方，我立刻走开台湾，我把你的事情都给你公布了。这句话很厉害。""她说我西安事变，她说他不要金钱，他也不要地盘，他要什么，他要的是牺牲。"①

当时，知道这些核心秘密的人五个人已经走了三个，只剩他和宋美龄两个人健在。那选定2002年主要是考虑他们两个人。两个人如果在2002年都作古了，最好。如果剩一个，不管剩谁，也无所谓了。正如张学良所说，"（人）都没了，还负什么责"。

所以他要选定在死后的时间公布。他推断自己生命结束的时间极限是2002年。

张学良神机妙算，真的在2002年到来之前的第76天走了。怪不得他走得那么平静，那么安详。

从表象上看，这一切都充满了神秘，充满了不可知的因子，当我们的思维刚刚接触这一串数字和问号时，似乎接触到了天国，似乎真的相信"人生就像一盘棋局"，命运负责洗牌和派牌，我们能做的只是出牌，而且在每次出牌的时候，又有一只看不见的手决定着究竟出哪张牌。"我们不能理解它，我们也不知道如何表达它。"于是，我们便真的认为他们是"谜中之谜，是上帝的不可思议的神秘之物"。

实际上，谁都清楚，那只"冥冥之中看不见的手"，只是道家所阐述的那个"寂兮寥兮"，深妙难识的"道"——规律。

如果我们认真思索，我们就会发现那些所谓的神秘，只是"诗意的自然"；所谓谜团，只是一扇未被人们捅破的纸糊的窗户。我们之所以不理解，不知道如何表达，是因为我们未曾认真考虑过这条格言："一条规律不可能放之四海而皆准。"

但只要是"雾"总会散去，不过，我们不要忽视，罩在人生上的"雾"不会自然消散，我们更不能等待，应该大胆仔细地去尝试，从那扇纸糊的窗户背后寻找可循的规律。

---

① 郭冠英撰稿：《世纪行过——张学良传》，根据香港卫视中文台播出的节目整理。

四、误读，白天难懂夜的黑

> 我这人自己现在九十多岁了，我常常想我自己，我是很奇怪的人。……我的性情举动、我的作为、我一切的经历，假如真是谁要写我一个传记，可以说是多彩多姿。假如我自己写自己，我自己是研究历史的，但我客观研究我自己，我是非常怪的一个人，很奇怪的一个脾气，人家想不到的事情，绝对想不到事情是我干的。那就是我，我做的，很奇怪。你比如说很简单的一个事情，我们跟直军在山海关打仗，秦皇岛在山海关后头，我就说我多少日子没洗澡了。英国兵舰上的人，他说好吧，到秦皇岛，你敢去吗？我说那我怎么不敢去？到秦皇岛去洗洗澡，完了在那儿还打网球，就是跟他们在打。他们回来，送我回来，坐小船回来，他们说，得把你眼睛给你蒙上，你不能看人家战场，我从人家战场后边来的嘛。也是开玩笑。我就说我这人，就是这样一个人，跑到敌人的后头去打网球了。
>
> 我自个儿年轻的时候，我这人思想特别，假如说我思想，我不愿意说我自个儿，我这人思想跟旁人不同，我是个特别怪的人啊，我自己承认我自己是个怪人，我有好多的事情非常怪。

什么是“怪人”？一般将言行非同寻常的人称之为“怪人”。北宋有位翰林学士，曾做过户部尚书，名叫叶梦得，他在《避暑录话》中说范仲淹是个“怪人”，怪在何处呢？因为“范文正公初数以言事动朝廷，当权者不喜，每目为怪人”。

从这个意义上说，张学良更是个怪人。范文正公只是“以言事动朝廷”，张学良身为下属，不仅“数以言事动朝廷”，还动用军队把南京“朝廷”的“皇帝”抓了起来，扣在了西安，扣就扣吧，一不做二不休，他又不顾下属和同僚的反对，冒着被杀头的危险，亲自将“皇帝”送回到南京。对此，不仅当时的“当权者不喜”，直到今天仍有人“不喜”，而且不解，“每目为怪人”。

1936 年，鲁迅在致唐弢的书信中说：编刊物决不会“‘绝对的自由’，而且人也决不会‘不属于任何一面’，一做事，要看出来的。如果真的不属于任何一面，那么，他是一个怪人，或是一个滑人，刊物一定办不好。”

无疑，鲁迅说的是对的，任何人都生存在一定的条件之下，自由是在一定条件下的自由，在这个意义上，“绝对的自由”是不存在的。另外，正因为任何人都在社会给予的条件下生活着，如果谁能突破社会给予的条件，说话、做事“不属于任何一面”，他不是怪人，就是滑人。张学良在晚年口述历史时，地点是在台湾，窗外是国民党的特务，大门外是国民党的宪兵，但他在屋内对着录音机，大谈国民党打不过共产党是因为失去了民心，之所以国民党跑到台湾来，是因为老百姓被逼到共产党那边去了，大陆老百姓不要国民党了；在谈到“九一八”事变时，他说不抵抗命令是他下的，与蒋介石无关，大陆人说蒋介石给他下了不抵抗命令，这是共产党为他解过。很显然，按照鲁迅的标准，张学良“不属于任何一面”，当属“怪人”之列。

张学良是个“怪人”，他的“心”离“圣”人不远，因为他“贱己”、“轻功”、“渺名”。

常人之心离“圣人”较远，难懂“圣心”，所以，“怪人”容易被误读。

如何读懂“怪人”心？

接近“怪人”，对“怪人”进行“心灵考古”，到“怪人”心中去找何以“怪”。

张学良是20世纪中国历史上的一颗“流星”，他在滑过20世纪政治星空的8年瞬间里，数次改变中国的发展方向，此后便是半个多世纪的沉寂。当他再次出现时，已是垂垂暮年，但他奋力用人生最后的一点能量释放成一部100多万字的口述历史。他以惊人的记忆力把滑过星空时的瞬间、沉寂后的长段空白，包括一些只有他才知道的历史细节、亲身感受讲得活灵活现、真真切切。任何一个人，在离开这个世界前还能从容地把自己的人生追忆成百余万字的“口述”，都堪称一种奇迹，何况他不是普通的老人。他是专以创造奇迹著称，“数以言事动朝廷”，“不属于任何一面”的“怪人”；“怪人”的口述记录的不仅仅是他个人的喜怒哀乐，也是整个20世纪中国跳动的脉搏。

历史由两部分人完成：创造历史的和书写历史的。杰出的历史作品主要由两种材料构成：“死”的真实和“活”的语言。在这个意义上说，张学良口述历史是一部杰出的历史作品，他用鲜活而极具个性化的语言复活了“死”的真实，而且是创造历史的人参与书写历史的典范。严格说来，张学良口述历史是史料，而且是尚待整理的史料，用什么方法来整理？傅斯年曾说："假如有人问我们整理史料的方法，我们要回答说：第一是比较不同的史料，第二是比较不同的史料，第三还是比较不同的史料。"傅先生将史料分为两种，将"未经中间人手修改或省略或转写的"称为直接史料，将"已经中间人手修改或省略或转写的"称为间接史料。笔者根据傅先生的定义，以"直接史料"张学良口述历史为底本，与其他记载作一比较，为行文方便，把有违张学良本意的解读称之为"误读"，并对"误读"的原因和怎样"正读"略陈管见。

1. 误读之举隅

"人像一块矿石，它在你手里暗淡无光，你只有从一定的角度才能看见它那深沉美丽的光芒。"① 张学良则如同矿石中的一块顶级钻石，站在不同的角度、在不同光线下，人们所看到的完全不同，越有不同，人们越要看。因此，他被新闻记者、文学家、旧部、崇拜者、愤恨者、"淘金者"、"好事者"，追逐了整整一个世纪，他的每一件事，接触过他的每一个人，哪怕是惊鸿一瞥，也成了"各国新闻的'花边'"，"有关张氏夫妇的著作汗牛充栋"，"各书中虽免不了瞎子摸象、人言言殊"②。

面对汗牛充栋的史书，张学良曾发出这样的感叹："我觉着历史上的记载疑案重重，就如我这个人还活着的，……我所听见外间记载、传闻我的事情，常使我大笑不止"。

他何以笑？从他口述历史中可以发现，他一笑编者乱编：这不是我说的，这是他（编者）说的。二笑"大家"乱评：我做的，没有他写得那么好，也不像他说得那么坏。三笑撰者胡猜：他又不是我，他怎么还能写我心里怎么想？四笑"大人物"有意隐瞒：他知道怎么回事，这是他故意不说。五笑自己受环境所迫说了假话：我是没办法，只能那么说。他更多的时候是生气，甚至以"放屁"嗤之以鼻。张学良在他的口述历史中说了85次"胡说八道"、"胡说"、"瞎说八道"，至于"不是这么回事"、"不对"之"评语"就更多了。

那么，张学良的口述历史究竟否定了以往哪些观点？纠正了哪些"胡说八道"？澄清了哪些"根本不是那回事"的事？揭开了哪些长期困扰史学

① 爱默生：《论文集·论经验》第2辑。
② 唐德刚：《论张学良将军的赤子之心》。

界的谜团？一句话，纠正了哪些误读？

误读之一：出生地

1992 年 6 月 9 日，张之丙女士为他选读大陆出版的一本书，当读到“您生于辽宁省台安县鄂家村张家堡屯”时，张学良说：“瞎说八道。”“我降生的地名叫八角台，我是在马车上生的。”

关于出生地，属于一个人最基本的信息，有关张学良的论著却对此至少有十几种说法。比较有影响的有四种：（1）辽宁省台安县鄂家村张家堡屯。（2）辽宁省广宁县桑林子镇詹家窝堡屯（今属台安县）。（3）奉天省八角台（今辽宁台安县城）西北 20 公里处的张家窝堡。（4）辽宁省海城县人。出生在大车上，养育于广宁县桑树林子镇詹家窝棚（今台安县九间乡鄂家村张家窝棚屯）。

上述四说实际上主要是两说，一是以今天的地名为准，一是以当时出生时的地名为依据。将历史人物出生地写成今天的地名不可取，因为行政区划、地名是变动的。如写孔子的出生地，历朝历代若均以著史者所处时代为准，那就会乱得一塌糊涂。所以张学良才指斥“瞎说八道”。若以张学良出生时为准，辽宁省、奉天省、台安县，以及下面的镇、乡、村都不准确。辽宁省之名始于 1929 年，奉天省设于光绪三十三年（1907 年），台安县建制始于 1913 年，包括镇、乡、村也都是张学良出生后的建制。《盛京通志》记载，顺治十四年（1657 年）“置奉天府。”康熙三年（1664 年）置锦州府，辖广宁县，锦州府隶于奉天府。《广宁县志》载：“康熙四年，改广宁为县。”“民国二年（1913 年）全国统一县名，因与湖南广宁县重名”而停止使用。1901 年八角台、詹家窝棚都属于广宁县。因此，依张学良本人的说法他的出生地应为“奉天府广宁县八角台”，若按传统习惯写作“奉天府广宁县詹家窝棚”更为科学。八角台是他出生时的地名不假，但中国人写出生地多以居住地为准。如现在的婴儿都在医院出生，写出生地却没有人写某某医院的。

误读二：张学良是“土匪崽子”

这种说法来源于对张作霖土匪出身的认定。长期以来，在各种著作中关于张作霖出身于土匪的说法，几乎已成定论。如加文·麦柯马克写的《张作霖在东北》一书的第一句话就是：“张作霖是偏僻的边疆地区一伙土匪的头子。”司马桑敦写道：“甲午后，作霖回家闲居一年，后经冯麟阁介绍，投董大虎伙为‘马贼’”。

张学良对此有不同看法：“说我父亲当过土匪，……其实不是。他们不是打劫，我父亲是做保险队。……日俄战争之后呀，那个地方政府没有能力保护地方。……都是地方自个儿自卫。……（我父亲负责）保护这个地方。外头对我父亲的事情好多都是乱说。”

胡玉海教授有一篇长文《张作霖出身考辨》，基本观点与张学良的说法吻合。他的结论是：张作霖在20岁到27岁的7年间，当了5年兵，“保险队”经历只有2年。因此，张作霖的出身应是清兵，或者说是行伍出身。

张作霖如果不是土匪，那“土匪崽子”的说法就属于误读了。

误读之三：东北易帜是“为了个人和小集团利益”

有学者撰文称：“虽然张学良一再声称爱国，但他毕竟是脱胎于旧军阀的地方实力派，首先看重的是个人和小集团的利益。”① 1928年张学良之所以改旗易帜，“只是为了对付日本。他要求中央政府支持他，并不是真想把东三省的控制权交给中央政府。”也有学者认为，热河易帜，不是为了与南京国民政府妥协，完全不是，非但不是，甚至可以说是背道而驰的。只是个借此巧妙控制热河的骗局。②

张学良说：我从无思求地盘之心。我一贯主张中国统一，所谓易帜，我的主要决定是中国统一，没旁的意思。

误读之四：“巧电”是“助蒋通电”

1928年6月至1937年1月，不到8年的时间里，我们能收集到的，以张学良的名义发表的电报、文件共计2000多件，而张学良在口述历史中不下20次提到“巧电”。这样一份重要的历史文献，史家自然给予了足够的关注，但多数史家将“巧电”解读为“助蒋通电”。

张学良则说：我并不是支持蒋先生独裁，我是拥护中央有一个集权政府，我们这个中国才能好，你四分五裂就没有希望。所以，我反对内战。广西出了事情，我都反对。比如说中原大战，我出名的事，所谓的“巧电”，武装调停，那我出兵，我那时候有力量，你们打吧，我出兵，当时仗也就不打了。我主要的中心思想是拥护统一。我爱这个国家，我要国家统

① 王剑华：《张学良“代蒋受过说”新论》，《唐都学刊》1999年第2期。

② 见《论一九二八的东北易帜》，《历史研究》2003年第2期。

一，四分五裂的国家不会强大起来。

误读之五：在军事上，蒋介石指挥不了张学良

自张学良自述“九一八”不抵抗命令是他下的公布后，有学者从多方考证，蒋介石指挥不了张学良，张学良多次拒绝执行中央政府“抵抗”命令。并举淞沪抗战时，汪精卫希望张出兵策应和1932年6月热河抗战前汪劝其抵抗均遭张拒绝加以佐证。①

张学良口述：

> 他（汪精卫）到北平来，跟我讲：“现在山海关的问题，你要抵抗一下。”
>
> 我说：“政府是不是有准备？”
>
> 他说：“你要不打，现在的政治，就是政府玩不下去了。”
>
> 我说：“您是不是要我牺牲我的部下来维持你们的政治生命？”
>
> 他点点头，有这个意思。
>
> 我说：“要是政府真有准备，我就打，你既然这样你就下命令吧。”
>
> 他当时带了一封蒋先生的信。蒋先生是政府军事首领，蒋先生下命令，叫我怎么打，我就怎么打。蒋先生他不是给我下的命令，他信里说得清清楚楚是您来和我谈。你是政府行政院长，我跟他叫开了：
>
> “你为什么不下命令？”我把他问短了。
>
> 你是政府的，要打就下命令，何必跟我商量？你跟我商量当然就是有余地。你跟我商量，让我自动主持这事，政府没有责任，我不走这路。

从这段口述中可以看出：（1）蒋没有给张下抵抗的命令；（2）张对汪有所不尊，汪希望张抵抗，却不是命令，让张自己做主，自负责任；（3）张明确表示只要蒋、汪下命令，他一定服从。

由此看来，蒋指挥不了张的说法似有待商榷，从此前的中东路战争和以后的热河抗战，也都得不出蒋指挥不了张的结论。

---

① 汪兆铭：《热河问题与共赴国难》，《大公报》1932年8月31日。

误读之六：张要求当侍从室主任是为了避免东北军“剿共”

1934 年 1 月，张学良从欧洲归来后和蒋在杭州第一次见面时，就向蒋提出担任蒋侍从室主任的意愿。有学者解读：“张学良之所以一见到蒋介石就抢先表达不愿带兵，就是不想把东北军送到‘剿共’的战场上去，他的目的是保存实力，等待机会，有朝一日杀向抗日战场”。“那时候，蒋先生跟我也很客气，给我指定几个事情，说你愿意做哪些。我说，我愿意做你侍从室主任。”“侍从室是这样子，等于他的幕僚一样，也就等于副官，给他办事的，位置很低。用张群的话讲，就是给他夹皮包的。他说，那个事情你怎么能做呢？好像把我贬得太低了。”

张原来是蒋介石的副手，全国陆海空军副司令，他怎么甘愿把自己的位置降得如此之低呢？

我们两个言语上有误会，我们两个有时候误会很大。因为我说话，他有些听不大懂。我这人有时说话转弯子，他就听反了。

你比方说，“我为什么不去？”“那就是我要去啊”，南方人，他就认为“我要你办事，你不去。”

蒋先生一生气就讲他的奉化话，我简直听不懂。这听话听不懂有很大关系，你也不能老问他，你说什么？你说话要解释，你的深刻意思何在呀？你听不到。

误读之七：张杨“八项主张”是黎天才写的，是抄袭共产党的

捉蒋之后发表的张杨“八项主张”，几乎所有的书都认为出自曾经是中共党员的黎天才之手，这一观点来自于应德田。应在《张学良和西安事变》中说：1936 年 12 月 11 日夜，“张学良将军叫黎天才、卢广绩、高崇民、洪钫和我起草一篇八大主张的通电稿，准备把蒋介石抓到后向全国发出。经过研究，稿子最后由黎天才拟出，大家看过，略做修改，于十二日抓蒋后发出。”①

没有黎天才的事，怎么会出了个黎天才呢？是吴家象，他是我的秘

---

① 见周唯一、宋绮云：《〈抗日救国八项主张〉的起草者》，《文史春秋》2009 年第 5 期。

书长，就是他。

那个宣言是吴家象写的，并不好。八项计划是我们早就拟好的。

（张之丙女士问：他们有人说，那八项计划与跟共产党以前的一个八项计划很相像，是共产党抄您的呢？还是智者所见略同？）

不是谁抄谁的，大家都是这个主张。

那时大家的意见差不多都是那样子。

误读之八：送蒋回宁不是“送死”，是为了悦蒋强己

关于送蒋回宁，一直是研究者讨论的热点问题，分析出的原因不下十几种。其中许多论者认为：张学良以为有“三位一体”的紧密团结、南京十几位军政大员和几十架飞机扣留西安、他与蒋宋孔多年建立起来的良好关系和蒋宋在西安的诺言，蒋介石绝不会对他采取非常措施，一定会放他回西安；既可以通过此举取悦蒋介石，维护他的威信和领袖地位，同时也使他在“三位一体”及全国军民中的威望得以提高。总之，他不是送死，而是为了悦蒋强己。

在放蒋问题上张学良和杨虎城有一场激烈的交锋：

杨虎城说他不想做断头将军。我说你不想，我负责送蒋先生回南京，因为这不是等于叛变吗，我当断头将军。那到南京要是处死我就处死了。后来对杨虎城我也不是很赞成，虎头蛇尾啊。

我是一个军人，我上头有长官，有两个长官，一个是我父亲，一个是蒋先生，我下面有部下，那么，我——自己做出事情来，我是说我自己，我要给军人做楷模，我到南京请罪。我去南京，可以把我枪毙，也应该把我枪毙，我是叛徒。不管“西安事变”怎么样，那不说，我劫持长官，明白？我做这件事情不是为我自己，我要给后面军人看。假如做这件事情，我自己很得意，那后来的军人也就这么做去了，就给他们做了个榜样。这件事情，我做了，我为什么做，那么这事情要弄个清清楚楚。是我一时发气了，或者感情用事，不是这样。我也愁思再三啊，所以我到南京受审的时候，把这个事情我要说明，我为什么这样干，我有这么高的地位为什么还要这样干？

毛泽东说："如果没有张汉卿先生送蒋介石先生回南京一举，……则和平解决就不可能。兵连祸结，不知要弄到何种地步，必将给日本一个最好的侵略机会，中国因此也许亡国，至少也要受到极大的损害。"①

宋美龄说：他的这一举动，向他的同僚们保证，要为西安所发生的一切承担全部责任；同时，向世人证明，他的所作所为既不是出于叛变的动机，也不是打算反对委员长，反对委员长的地位和权力。一位发动兵变的高级将领急于到首都去亲受国法之裁判，实在是中华民国有史以来的一大创举。②

误读之九：不回大陆是因为无颜见江东父老

有人在网上撰文说："事实上，如果张是真的归心如箭，要回去吻一吻自己的黑土地，要回去与关东父老们洒泪相抱，大陆既不能拒绝，国民党也无法阻挠。""这位少帅总算还没有泯灭最后的良知：他知道他不能回东北，他还知道他无脸以对东北3700万父老乡亲。"③

1991年6月，吕正操将军奉命赴美与张学良会面，张学良说："我有个决定，回大陆看看眼睛。但此次不能直接从美国回去，……我回去后，把话跟李登辉说明白，大陆是我的家乡，我在台湾跟寄居一样，我愿回去看看。如果李登辉不反对，我再回大陆。"

张在口述历史中多次提到李登辉，对李心存感激："他（李登辉）就是很平民化，他也不是什么做派，很容易接近。""李登辉是基督徒，我也是基督徒。我们到他家里都不是私人的聚会，都是基督徒的聚会。"

有学者分析，张学良以为是李登辉上台后，台湾才有人公开为他举办庆祝九秩寿辰大会，并批准他赴美探亲，对李有感恩之情。他思念家乡，可以说是"想极了！"1991年6月，他在美国与中共为他祝寿的特使吕正操会晤时，本已达成共识：以看眼疾为由回大陆探亲，并要与大陆约法三章。当提到具体日程时，他说，要回台湾征求李登辉的意见，如果李不反对的话，就告诉其具体日程。结果回到台湾后，就写信给吕正操，称：近来眼疾见好，就不回去了。显然是李登辉在其中作祟。后来李登辉的"台独"

---

① 毛泽东与史沫特莱的谈话（1937年3月1日），见《新中华报》1937年3月。

② 宋美龄：《西安事变回忆录》，台湾，《革命文献》第94辑，第51页。

③《张学良晚年不回大陆是因为没有脸面》，香港文汇网2010年3月2日。

面目充分暴露，他也就一走了之，定居夏威夷了。

误读之十：对和哥伦比亚大学合作口述历史原因的妄猜

张学良口述历史三起三落，最后选定了哥伦比亚大学，外间对此猜测颇多，甚至有对张学良进行人身攻击者。综合张学良口述历史，可得出如下几个原因：

一是怕有人拿他的东西去卖钱。“我们也不渲染我们自己，换句话说，我们也不卖我们自己，他们就是要拿我们这个资料去卖钱。我何苦给你去卖？我不拿我的资料给你去卖钱啊。海关上，尤其是情报人员，他也能卖钱。他把这秘密卖出去，也能赚钱。”（赵一荻）

二是怕曝光。“我就怕曝光。”“这件事（口述）要静悄悄地做，因为外间已经有点问题了。‘我们要，你们为什么给哥大？’他们（指台湾当局）的意思我明白，一样是要这些东西，一样是看看你写什么玩意儿。他们的敏感是怕我攻击政府……”

三是怕官方插手。“简单说，我不愿意经过官方。”

“我对吴大猷说，我不能一女二聘。你应该早跟我说啊，我已经答应人家了，不能再给你。他好像说：‘你为什么不给我们，给了外国人。’我说：‘你早说呀！你没跟我接头过这个事呀，我已经答应人家，我不能说再给你呀！’”

以张学良口述历史为底本，这样的“误读”不止上述十条，还可举出好多。如说他最恨日本却将兵锋指向了苏联是因为他反共，他是“民族的罪人”、“情场上的高手、官场上的低能儿、战场上的长败将军”；还有“怎么评价都不为过的千古功臣”、“勇比荆轲、义赛关羽、忠过岳飞的完美英雄”；等等。

误读不管有多少，大致可分为两类，一是学术性的误解，二是非学术性的误评。

学术性误解，一般来说，是指学术框架下对历史的错误解读，这里指的是和张学良理解的不同。如说东北易帜是为个人和小集团利益、“巧电”是“助蒋通电”、蒋介石指挥不了张学良等，均属学术性误解。对历史人物做到准确无误的理解基本上是不可能的，尤其是像张学良这样复杂的人物，史家的理解无法和他完全重合，即使完全重合也不是史家的最终追求，史家追求的是对史实的复原。那我们为什么还要以他的口述历史为底本寻找误读呢？他毕竟是历史的当事人、创造者、知情者，他说的未必完全可信，因为他说的只是他的记忆，但根据他的人格、所述内容与他的关系，根据文献档案及其他人的回忆，口述的真实性是可以验证的。至于只有他才知道的、他的心理活动等总要比其他人的“推理”要可信得多。

非学术性的误评，是指或源于价值取向的不同，或源于意识形态的差异，或源于感情因素有别而导致的非学术性评价。基本属于曲读范畴，它或多或少会存在一些政治故意或主观故意。如“土匪崽子”、“不抵抗将军”、“民族罪人”等。

以张学良口述历史为底本，检讨以往历史研究中存在的问题不失为一种推进研究的方法之一。即使把张学良口述历史作为一般性史料来对待，以此查找研究中存在的问题也是符合学术规范的。近人陈垣说：“校勘为读史先务，日读误书而不知，未为善学也。”并总结出对校法、本校法、他校法、理校法等四种校勘方法，四法之中，以对校法为最基本的方法，而“对校贵有佳本”，贵有直接史料。研究张学良，张学良口述历史可谓“佳本”、直接史料，以此对校他书，怎么说都是必要的。

2. 误读之原因

梳理对张学良的误读，我们丝毫没有对误读者举鞭挞伐的意图，笔者之所以将研究领域存在的某些观点称之为“误读”，目的只有一个，就是以此引起对历史创造者口述历史的重视。

以张学良口述历史为研究对象，减少对他的误读是研究者目前面临的最紧要任务之一。若减少误读，除了搞清张学良在哪些问题上被误读之外，重要的是“釜底抽薪”，找出导致误读产生的原因。

对张学良误读产生的原因是复杂的，但如下数端是不容忽视的。

误读原因一：时间错位。以今人之标准对历史人物“削足适履”

任何历史人物的双脚都站在一定的时间点上，并按照脚下的时间点给予他的客观条件从事历史活动；任何史家也都生活在一定的时代，并自觉不自觉地按照自己所生存时代的价值标准去衡量历史人物的功过是非。

历史人物和史家生存时代的距离，常常成为导致后者解读前者的障碍。如果史家心里忽略了时间因素，手里只拿把今天的价值标尺去衡量历史人物的某些行为，就会导致“削足适履”式的误读。

1929 年张学良指挥中东路战争，兵锋直指苏联，苏联是共产党国家，由此，有学者给张学良贴上了“反共”的标签，有学者出于对张学良的“爱护”，对中东路战争或避而不谈，或一笔带过。两种态度看似不同，实际都认为中东路战争是张学良所做的一件不光彩的事情。这不光彩的主要元素是“反共”，是后人按自己的标准强加给张学良的。在那个时间点上，张学良头脑里对共产党没有什么太深的印象，他最关心的是收回中国主权。张学良说：“我那时野心很大，我要把中东路收回。”有人说，为什么不收回南满铁路？当时对东北威胁最大的是日本，他也最恨日本，为什么打苏联呢？不还是反共？张学良解释：“我怎么会跟俄国（打）？因为那时我看，日本我们自己打不败了，所以我的目标是要跟俄国打。也是对日本一个表示，我敢打。”

在“时间错位”的情况下，一场维护国家主权的战争就这样被误读成了“反共战争”。

误读原因二：空间错位

站在党派的“空间”里，为民族人物“戴帽子”。

对张学良误读最严重的莫过于说他是“民族罪人”，持此论者多举西安事变为证。认为如果没有张发动的西安事变，就没有“七七”事变，没有“七七”事变，就不会有南京大屠杀。因为那个时候，日本高层没有全面进攻中国的设想，只是中低层军官才有那样的想法。西安事变导致的全民抗战，迫使日本高层不得不做出扩大战争的行动。因此说张学良是中华民族的罪人。有的认为西安事变破坏了蒋介石的“救国大业”，帮助共产党逐渐坐大，使本想打完共产党再与日本决战的蒋介石最终被共产党打败，没有西安事变，蒋介石照样抗战，但没有西安事变，就不会有“解放战争”，没有共产党在解放战争中的胜利，中华民族早就进入世界民族之强林了。因此说他是“民族罪人”。

这种站在党派的“空间”里，甚至是侵略者的立场上，来评价张学良的做法，是误读中最武断的一种。稍懂常识的人都知道，评价历史人物应该把人物放在他所生活的空间里，如果把历史人物从他所生活的“空间”里移动到其他“空间”，必然会产生误读。“空间错位”近似以跳高的标准去评判百米赛跑，说来荒唐，可在历史研究中却比比皆是。

误读原因三：人神错位

推向神坛时，用“望远镜”在“人”身上找亮点，集聚亮点以造

“神”；拉下神坛时，用“显微镜”按“神”的标准犄角旮旯找毛病，收集“污点”以非“人”。

张学良是人不是“神”，更不是“鬼”。但仔细分析研究张学良的过程，神圣化、妖魔化现象始终或轻或重地存在着。20世纪80年代，张学良在一些书里、文章中、荧屏上接近于民族之“神”；90年代开始，逐渐被拉下神坛，骂声鹊起，甚至被一些人斥之为“懦夫”、“汉奸”、“大烟鬼”、“色狼”，等等。张学良本为人，为何一会儿被捧为“神”，一会儿又被贬为“鬼”？而且似乎说得都有根有据，说“神”像神，言“鬼”似鬼呢？原因有三：

第一，民国历史本身如同一座百花园，如果将花园里的红花集中，你可以说它像一团火，如果将蓝花聚在一起，你可以说它宛若一片蓝天；如果把所有花都拔掉只留下草，你可以说它犹如一张绿色的波斯地毯。

第二，张学良的人生是这座百花园的缩影，色色俱全。有蓝色，他是国民党一级上将；有红色，他说“我就是共产党”；有褐色，他崇拜墨索里尼；有粉色，他自己说他受纪晓岚影响很大，“生我的我不敢，我生的我不淫，其余无可无不可”，“平生无憾事，唯一爱女人”。色彩丰富的人是最容易被误读的人。

第三，张学良一生以“毁誉由人”为圭臬，“人家说我们好啊，我们也不得意，因为我们没有人家说的那么好；要是说我坏啊，我也没那么坏，上帝那有一份账，无所谓，你写的书啊褒贬我不在乎。”“明白的人啊，你用不着跟他辩，混蛋的人你跟他辩什么？”

张学良的豁达对于人们神化与妖魔化他的影响并不大，因为他的人生一多半时间被关在与世隔绝的“政治冰箱”里，但他多彩的人生和他所生活的那个纷乱的时代，却为人们的误读提供了“养料”。另外，在习惯于“树典型”的政治导向，习惯于“造神”、“拜神”的文化心理和史家对修史为了“明鉴”的不适度标榜的作用下，治史者陷入了“人神错位”的怪圈，更强化了这种误读。“造神”时，人们手里多拿着望远镜，就像挑选百花园中单一颜色花朵一样，专挑张学良身上的亮点，故意忽略他身上的污点、暗点和疮疤，替他解过、“拔高”，从而把他塑造成了完美无缺的大英雄，进而推向神坛。英雄崇拜达到一定程度就会有另一种人出现，拿着显微镜将“造神者”忽略掉的污点、暗点和疮疤收集在一起，故意忽略他身上的亮点，从而把他贬低成满身疤痕的残缺者，进而拉下神坛。推向神坛时，是用普通人的目光仰视他，越看越伟大；拉下神坛时，是用神的标准俯视他，越看毛病越多。这种用“人神错位”的手法描绘出来的张学良，只能是被虚化了的张学良，当人们用水平的目光审视“被仰视出来的”和“被俯视出来的”张学良时，只能扼腕长叹：哪个都不可信。

赞美是通过放大张学良身上的美给人以美，丑化是通过放大张学良身上的丑陋予人以丑，但“过犹不及”、“不及如过”，都是对张学良的一种误读。

误读原因四：拿张学良当“棍子”

据论者所需，或让他打“政敌”，或让他自己打自己。

张学良是一个悲剧性的人物，一般人只是生活在人生的悲剧里，而他又多了一重，这一重悲剧与他个人无关，是部分学者用笔将他筑造成了一根打人的“棍子”，一会儿让他打“政敌”，一会儿让他自己打自己。人生的悲剧随着生命的结束而落幕，而这后一种，当他生命结束时，才刚刚开场并渐入高潮。

如在20世纪七八十年代，出于批判蒋介石的需要，许多论者把他打扮成反蒋斗士，借他的嘴揭露蒋介石、批判蒋介石，强调他和蒋“政见之争，宛若仇雠”的一面；近几年，随着对民国人物“平反”风渐起，又有人从他的“忏悔录”里、口述历史中寻章摘句，突出蒋对他“关怀之殷，情同骨肉”的一面。以前论者多认为“不抵抗”的发明人是蒋介石，张只是执行者，现在有人抓住张学良在口述历史中“不抵抗命令是我下的”话，让他自己打自己。

这种“索隐式”解读方式，表面看来也无学术失范之处，其结果却是误读。导致误读的原因在于论者把“论从史出”的顺序弄颠倒了，论者“多是心下先有一个意思了，即将他人说话来说自家底意思，其有不合者，则硬穿凿之使合”。

误读原因五：拿张学良当“戏子”

依读者之所好“量体裁衣”。

对张学良的误读，有一种比较拙劣的现象，即把张学良打扮成“百变演员”，“受众”喜欢什么让他演什么角色，“受众”爱看什么就从张学良身上挖掘什么“史料”，史料不足以满足“受众”需要时，即在“合理推断”的旗帜下对史料进行随意性解读，或在不变更主干材料基础上“添枝加叶”

编故事。

对这种误读起推波助澜作用的是媒体。个别媒体所以如此，目的是为了吸引读者，扩大发行量，名之曰增强历史书籍的“鲜活性”、“可读性”和社会效益，实际上关注的是经济效益。一些作者因“得罪不起”媒体，也就不顾学术规范，绞尽脑汁寻找角度、翻箱底、寻“史料”，按媒体要求顺应读者口味“量体裁衣”。这类作品大多有两个主要特征：（1）题目醒目，看书名比什么书都可信。诸如“情爱档案”、“口述实录”、“××揭秘”，等等。（2）故事性强，可读性强，感染力强。若说这类作品是文学，书中人物、事件都是确有其人、确有其事，若说它是学术著作，引文满篇皆是，但无出处，无法验证是真是假。

拿史学的标尺量文学是一种错误，拿小说的手法治史同样不足取。

误读原因六：拿张学良当“腻子”

为自己的“大厦”“勾砖缝补漏洞”，借张学良之酒盅，浇论者胸中之块垒。

拿张学良当“棍子”，多出于政治目的或价值观使然；拿张学良当“戏子”，多出于“好奇”或商业利益；拿张学良当“腻子”，多出于借名人之名，展自己才华，出自己之名。如毛泽东所说：“名曰树我，不知树谁人？”

研究历史不可有私心，即使是张学良的追随者、崇拜者、学生、部下、亲人也不可放弃“吾爱吾师，更爱真理”的人生追求，切忌在“沾光”、“背靠大树好乘凉”、“一荣俱荣一损俱损”的心理驱使下，拿张学良当砖头瓦块，来构建张扬自己的“大厦”。

除上述三种“错位”和“三子”之外，受学术研究中曾普遍存在的简单化、一元化、绝对化、情绪化、“革命化”、功利化倾向影响也是巨大的。

3. “正读”之陋见

学术是严肃的，更是神圣的，真正的学者不会为“五斗米折腰”，因为他的心只为真理而跳动。但是，仅有一颗为真理而跳动的心是无法步入神圣的学术之殿的，它还需要不停地摆动以科学探索的勇气和自我批判的精神铸成的双腿，才有可能走出误读的沼泽地，找到“正读”的方法，沿着科学的阶梯拾级而上，还给历史一个真实的张学良。如何还给？笔者以为有如下几点值得提及。

同情地理解张学良这个人

研究张学良首先需要同情张学良，而后才能谈得上理解张学良。同情与理解的关系不是平行的，同情在理解之先，理解在同情之后，只有在同情基础上产生的理解才称得上是深刻的理解，省略了同情的理解，常常走向误解。今天的理解是昨天的同情，今天的误解将在明天的理解中消融。

同情的理解是历史学本质决定的，不是因为张学良为民族做出了贡献，却遭到幽禁五十多年的不公平待遇而需要同情，任何一位历史人物只要进入史家的研究视野，史家都应该首先予以同情，然后才能谈得上深度的理解。因为历史学的本质是“人学”，是研究人的学问，而人的一切活动都离不开感情、观念、意志、欲望、动机的影响与支配。这和自然科学家显微镜下的“月壤”不同，所以我们不能把历史人物和“石块”等量齐观，需要对历史人物的处境予以同情的理解。

同情的理解不是什么新概念，司马迁说的“好学深思，心知其意”，即有同情、理解之意。

清代史家章学诚说：“不知古人之世，不可妄论古人文辞也，知其世矣，不知古人之身处，亦不可以遽论其文也。”

近代学人陈寅恪也提出类似的观点：研究历史上人物，“应具了解之同情，方可下笔。”“所谓真了解者，必神游冥想，与立说之古人，处于同一境界”，对其“苦心孤诣，表一种之同情”，才能做到“真了解”，方有“无隔阂肤廓之论”。①

现代学人钱锺书在《管锥篇》中说得更明确：“史家追叙真人真事，每须遥体人情，悬想时势，设身局中，潜心腔内，忖之度之，以揣以摩，庶几入情合理。”②

对于张学良这样复杂的历史人物，更需要“设身局中，潜心腔内”，与他“处于同一种境界去神游冥想”，才有可能“心知其意”。

史学视野中的“同情”和一般语义下的“同情”有所不同，史学的

---

① 陈寅恪：《冯友兰中国哲学史审查报告》，转引自冯天瑜：《“学术服务人类”与“为学问而学问”》，《光明日报》1999 年 5 月 7 日。

② 钱锺书：《管锥篇》，转引自苏晓昀：《历史学不仅仅是一门科学》，《史学理论研究》2001 年第 3 期。

“同情”不是说和历史人物站在一起，同意他、支持他、赞同他，而是要深入地了解他何以这么说？何以这么做？不仅仅是理解事件，更在理解人，理解历史上的人和我们是完全不一样的，必须真切体察研究对象的时代条件、特定处境，这是一种卓越的历史主义的治史态度，类似于“侦探卧底”，是为了摸清底细，厘清史实，然后做出恰当的价值判断。

这里所说的同情的理解，有三点值得注意：

（1）“同情”不是同意，而是“同行”。不是张学良说什么我们就信什么，他做了什么我们就赞同什么，而是和他处在同一种境遇，了解他当时所思所想，避免的是“隔靴搔痒”，避免的是“空间错位”带来的误读，避免的是一个一辈子没有见过雪花的江南人对东北人穿着皮衣皮袄还打哆嗦的不理解。

（2）“同情”是先认同研究对象的真情实感，不是将史家的个人情感施加给研究对象，反而是收敛史家的个人情感。强调的是史家先把自己的个人好恶、党派价值观等“有色眼镜”置于一旁，以避免张学良所说的“这是他们替我解过”、“这是因为他们恨我”等导致的误读。

（3）“同情”是为了走近，是为了缩短史家和研究对象的时空距离，没有“同情”就很难走近，不走近就难以看清历史细节，离开了细节历史很容易被误读。如前文所述，有的史家分析张学良从欧洲归来后，为什么主动要求当蒋介石侍从室主任原因时说，他不愿意回华北，更不愿意回东北军，因为华北是他的伤心地，东北军是他沉重的包袱；另外，他把蒋视为中国的墨索里尼，为了表示忠诚，他选择了在蒋身边。历史的真实是因为张学良讲奉天话，讲奉化话的蒋介石听不懂，他才选择了给蒋挟皮包，当侍从室主任。

离开了对张学良处境的“同情”，就不会有主动地走近，不走近就得不到历史的真实，离开历史真实，褒其所当褒，贬其所当贬就是一句空话。受春秋笔法（“褒”“贬”史学）影响较深的学者更应该注意同情地理解研究对象。当然，同情地理解只是走近历史的进路之一，并非唯一的途径。也许这一途径对长眠于夏威夷的张学良已经没什么意义，但它却是中华民族自我解读、自我凝聚的重要途径之一，离开了对中华民族杰出人物的同情和理解，我们还怎样去认识这个伟大的民族呢？

理性的分析张学良所说的话

张学良口述历史已经有几个版本在坊间流传，学界对此褒贬不一。

英国口述史学家塞缪尔（Raphael Samuel）认为："口述证据是最可靠、最自然的历史事实的最佳途径，因为日常经历在某种意义上说不受思想回顾的影响，而文献则不然。""口述史料特别自然，未加修饰……而历史实际上就是从最初的直接经历中建立起来的"①。历史是建立在人们的回忆基础之上，美国著名历史学家贝克尔将历史定义为"说过和做过事情的记忆。"② 但任何人的回忆，也代替不了当事人的回忆。中国口述历史先行者唐德刚先生说，其他人的回忆即便无误，"仍只属于小道消息；只有他本人讲，才属第一手。"③ 张学良口述历史的最大价值，就在于它是张学良说的。

张学良口述历史是珍贵的，但仍需要予以理性分析。

所以提出理性一词，笔者认为，理性一词可以触到目前研究的一个痛点：关于张学良的研究之所以有如此之多的观点差异，除了史家与张学良、史家与史家之间隔着时间、空间和心理三重距离之外，情绪化及缺乏理性的学术论辩也是不容忽视的。理性一词似乎人人都懂，几乎人人都用，却很难给出一个被大家所认同、通俗而又准确的答案，以至成为一个看似比婴儿解释起来简单却比上帝还神秘的东西。这样一个词汇笔者当然也给不出一个大家认同的答案，也无意在答案上纠结。

这里所说的理性是指学术理性，学术理性的要点有三：最重要的是排除"感性"，学者应将自己从地域情感、党派情感中解放出来，不因他是东北人而护其短，不因他帮助过共产党而扬其长，也不因他活捉过蒋介石而故意毁其誉，这是将研究由感性认识向理性认识阶段推进的一个必要步骤。

二是排除"政治性"，摆脱时代束缚，将张学良放回到他所生活的环境之中，不以今是而"非"他，不因窥测"风向"而曲读，将张学良作为一个纯粹的学术研究对象来看待。

三是排除"功利性"，不因几块铜板而穿凿附会，不因几句赞美而添枝

---

① Raphael Samuel. Myth and History：First Reading. Oral History，1988，16（1），引自陈献光：《口述史二题：记忆与诠释》，《史学月刊》2003 年第 7 期。

②〔美〕贝克尔：《人人都是他自己的历史学家》。

③ 郭冠英：《〈张学良口述历史〉诞生详情》，《领导文萃》2009 年第 13 期。引文为唐德刚的观点。

加叶，也不因评职定级发文章而写他，将张学良研究纳入学术事业，将研究成果先放在“良心”的案板上经过拷问之后再发出。

四是坚持尊重原则，尊重张学良对自己的解释，尊重他人对自己观点的解读，在制止“感性史学”、“政治性史学”、“功利史学”对张学良扭曲的同时，树立学术论辩只有“开始”没有“终结”的探索观念。

面对当前工具理性泛用所导致的学术理性的被漠视，面对以“文人相轻”为心理基础表现出来的一个个孤立的“思维堡垒”，笔者认为，张学良研究应该进入到真正的学术论辩阶段，应该多一点类似于像“吴佩孚是帝国主义的代理人吗”、“张作霖是土匪吗”这样的文章，通过不同观点的直接交锋，校正因缺少交流而产生的自以为是式的“思维堡垒”和因简贤附势而“造魅”或因追趋逐耆而“怯魅”的误读。

从一定意义上说，现在研究张学良，已没有什么“超学术”的力量的强力制约，人们完全可以凭着已经发现的史料对“张学良究竟是个什么样的人”这样大的问题做出正确的学术判断，不必再以“神化”或“鬼化”的迂回手法而规避政治暗礁，如果再继续制造绚烂或故意涂污，只能说是学术理性的缺失。

全面地评价张学良所做的事

对张学良的研究在民国人物中算是比较充分的，成果也是丰富的，即使这样，我们也不能不看到由于时代的局限性，对他的研究仍然不能说是全面的。目前的研究基本上采取的是重点论、方面论方法。重点论方法以五大事件为中心，围绕东北易帜、“中东路事件”、中原大战、“九一八”事变、西安事变而展开；方面论方法主要将笔墨集中在政治、经济、军事、对外关系四个方面。

这种“五四”式研究方法有三大共同特点：一是选取时间过短，都以1928年至1936年为限；二是研究角度过偏，均将张学良置于政治视域之下；三是评价“颜色”过重，大陆太“红”，台湾太“黑”。

作为人物研究，采取“五四”式方法研究张学良存在三大弊端：(1) 不完整。张学良活了101岁，只集中研究他人生的8年，纵向截取不科学。(2) 不全面。我们不怀疑五大事件、四个方面是张学良政治人生的主要内容，却不是他人生的全部，横向选择有缺失。(3) 不立体。任何历史人物都是有血有肉的，只把他放在政治视域里，忽视了对他感情经历、人格特点、思想来源、意志品质等的研究，其深度显然是不够的。

对于历史人物研究如果缺乏完整性，历史容易被“碎化”；如果缺乏全面性，容易以偏概全，导致结论“片面化”；如果缺乏立体性，容易“平面化”、“骨感化”，甚至是“僵化”。

历史本来是多维的，人生本来是完整的、立体的，历史研究自然也应该是多维的、完整的、立体的。早在春秋时代，古人就提出“始、衷、终，皆举之”的观念，[①] 不知始，难知终，不知始终，难知衷。说白了，即从事物的起点出发，沿着事物发展的轨迹，才能找到终点，这是认识事物的基本方法。如果截取一段，就可能得出有违事实的结论。如同将白桦树截取一段树干，看到的颜色是白的，树干是直的，其实它的叶是绿的，根是褐色的，枝与根是弯曲的，如依据树干做结论显然有失偏颇。

张学良的人生是复杂的，他做的每一件事都和他所生存的环境相关联，每一件事都与他以前的成长过程不无关系，我们研究他不仅要把他的每个所作所为放在他的百年人生之中，还要把他置于与外部关联的背景之下，既做纵向的“内部互动”考察，又要做横向的“外部关联”研究。

对于人物研究，往往习惯于从人物的出身、性格、利益、动机等“内部”寻找原因，其实，这是不全面的，而且很可能得出不够客观的结论。采用“重点截取”法或“倒走迷宫”法——即抓住其人生的重要时间点或由迷宫出口找入口——确实是一较为简便的办法，也不能说没有道理。但这样做的危险是，有可能陷入历史片面论或历史决定论的窠臼，以为这就是本来的张学良。而且，更为糟糕的是，它有可能阻止人们继续探索的脚步，以为张学良研究到此应该止步了，大事已经盖棺定论，其他也就无关紧要了。其实，“‘行百里者半九十。’此言末路之难也。”[②] 后续的研究，很有可能推翻此前的结论。英国散文家、诗人奥立佛·哥尔斯密曾说过：“要想身临其境地观察人类，就要从中国走到秘鲁。”[③] 要想完整地了解张学良，就要从大清朝的奉天府八角台走到美国的夏威夷“神殿之谷”。

---

①《左传·哀公二十七年》：“文子曰：‘吾乃今知所以亡。君子之谋也，始、衷、终皆举之，而后入焉。今我三不知而人之，不亦难乎？’”

②〔西汉〕刘向：《战国策·秦策五》。

③〔英〕奥立佛·哥尔斯密：《约翰逊博士的讽刺诗》。

探索式地构建张学良研究体系

张学良研究已有了长足发展，这是不争的事实，但正如有学者称，自他盖棺的那一刻起，张学良研究才算步入学术正途。此前，他一直是处于政治漩涡之中，人们很难接近他，直到今天，他才算平卧在了学术平台之上。

在广泛汲取前人研究成果的基础上，加强整体性学术研究，探索出一个符合张学良实际的研究框架、价值评判标准、有针对性的研究视野与方法，是学术研究所必需的。面对研究现状，很难想象，在缺乏有针对性的研究体系情况下会使分散的、各自为战式的研究摆脱无谓的学术与非学术的纷争而走向相对的统一。

衡量一项成熟的研究，很重要的一个标志就是研究体系的初步形成。

研究体系不是研究起步阶段的预设，也不是一蹴而就不证自明的公设，更不是一旦形成就一成不变，它是一项学术研究发展到一定阶段的产物，是经过众多同行不断努力的结果，它的常态是变动的，说它形成只是一段时期的稳定。但它既是弥合分歧的工具，也是使分歧自然趋于统一的旗帜。

从哲学的视角出发，世界本来是统一的，从史学的视角出发，真实的张学良只有一个，发生在他身上的事件只有一次，之所以一百个史家笔下的张学良有一百个，只发生过一次的事件被重写了千百次，产生这种现象的原因有千百种，然而，缺少一个各家认同的研究体系和摆脱感性的理性追求是重要的原因之一。

德国哲学家卡尔·雅斯贝斯说："理性追求统一，但它并不是单纯地为统一而追求随便哪种统一，而是追求一切真理全在其中的那个统一。""一切真理全在其中"的统一是史家的一种美好愿景，而将这一愿景变成现实的过程是复杂的，以张学良研究为例，它需要通过长期的学术探索摸索出一套既不同于其他人物研究，又的确来自历史人物研究经验的研究体系，以此规范学术研究，进而达到接近真实、趋于统一的美好愿景。

当然，这一研究体系不是某个"权力部门"或学术权威"硬性规定"指导下的某种研究范式，而应该是具有相关学术背景下的研究者在彼此认同和尊重的前提之下，基于相同的研究目的而在各自研究过程中所表现出来的某种契合。缺少这种契合的研究有如学者在自言自语。长期自言自语，会导致以自我为中心的思维固化，消解这种固化的途径之一便是研究体系的构建。

如果把张学良研究的过程比作建筑一座大厦的过程，研究体系就类似于大厦的图纸和操作规则。有了它，即使史家各自为战，也会减少“自言自语”现象的发生，因为他所取得的任何成果都与其他人相关联，都是整体布局中的一部分。研究体系是一个有内在逻辑、有丰富内涵的科学网络，是一个时空整体，“它既不是一大堆杂乱无章的历史事实的堆砌，也不是对历史过程的片面取舍。”①

研究体系的功能与建筑图纸和操作规则类似，但它的产生过程与后者截然不同，建筑图纸和操作规则是技术权威与权力执掌者的专利，而研究体系的构建是所有史家共同努力的结果；后者可以在“一无所有”的情况下产生，而前者必须在长期研究、并取得一定成果积累基础上才能构建得起来。另外，建筑图纸与操作规则一经形成，即具有“刚性”效应，不可轻易更改，而研究体系对研究者既不具有“刚性”约束力，同时又是一个动态的探索过程。既然是探索，自然不可能有什么一成不变的权威答案，谁都可以提出自己的见解。对此，笔者不揣浅陋，作一抛砖引玉式的探讨。

研究体系的构建主要应该包括研究对象、内容、方法、原则和指导思想几方面。

第一，张学良研究的对象是张学良的一生，所涵括的时间范围与他生存的时间应该是一致的，即 1901 年至 2001 年。

尽管他人生的大部分时间处于被幽禁之中，幽禁期间，在他身上没有什么影响历史全局的活动发生，作为民国军事史、抗日战争史研究可以把这段历史忽略，但作为人物研究则必须把它纳入研究视野。在这方面，台湾的郭冠英先生、大陆的张友坤研究员和赵杰先生已敏锐地将目光投向了这一领域，但还没有引起更多史家的重视。这段历史虽然不属于张学良政治人生的主旋律，却是他情感世界、读史生涯、宗教人生中最为凄美感人的乐章；作为政治人物它不是研究的主要对象，而作为张学良的人生则是他的一大半。

研究一个百岁老人，如果只研究他人生中的八年，不管怎么说，都是有违学术规律的。如研究清代的历史，不能因为康乾盛世是清代的华章而

---

① 张宪文：《民国史研究中的几个问题》，《人民日报》2000 年 11 月 2 日。

忽视对前清艰难崛起和晚清迅速衰落的研究。历史的声音之所以传之久远，很重要的是因为它低沉，低沉的声音大多发自历史的深处，发自于低沉的时间点。

第二，张学良研究的内容是他从事的活动，所涵括的空间范围与他活动的空间应该是一致的，应该包括他公私生活两个空间。

目前，对他政治、经济、军事、外交等公共空间的研究成果丰硕，而对他私人空间的研究尚显薄弱。如对他人生观、宗教观、两岸统一观、历史观、党派观、日本观、战争观、和平观、情爱观、生死观的系统研究，如对他意志品格、情感经历、心理轨迹、情绪波澜、家庭影响的学术梳理，都处在行之不远、研之不深甚或没有起步阶段。

第三，张学良研究所运用的理论与方法应该追踪史学前沿。

近年来，史学研究对盛极一时的“革命史范式”和“现代化范式”逐渐疏离，继之而起的是精细史观、长时段史观、内部取向史观、总体史观和伴随口述史兴起而出现的“自下而上”、“由具体看整体”的史观。这五种史观相对于“两个范式”而言，均属于新理论新方法，体现了历史思维方式的变更和历史研究空间的扩大。① 若将这些史观引入张学良研究，必将会助推研究的深入。

精细史观主张透过历史细节揭示其复杂性。以往研究张学良，多重视宏观叙述，而对小事情、历史细节关注不足，其实，离开了历史细节，极易造成历史的误读。许多复杂的历史现象，有时只能从隐微处找到答案。历史细节是解开复杂、再现历史的一把钥匙，同时也是打动读者的所在。

长时段史观主张将具体历史置于较长的时间和较大的空间范围内，用关联的思维梳理历史的脉络。法国年鉴学派创始人、历史学家费尔南·布罗代尔说：“对历史学家来说，接收长时段意味着改变作风、立场和思想方法，用新的观点去认识社会。”② 如研究张学良的宗教观，一般学者只强调20世纪50年代初宋美龄批评他“又走错路了”，他才由信佛改信基督。张学良在口述历史中说，他对基督教的认识始于20世纪20年代参加基督教青年会。运用长时段史观，可以梳理张学良思想发展脉络，揭示历史表象之下的深层关联。

---

① 参见马敏：《21世纪中国近代史研究的若干趋势》，《史学月刊》2004年第6期。

② 〔法〕费尔南·布罗代尔：《历史和社会科学：长时段》。

中国学者对总体史观并不陌生，梁启超倡导的“新史学”即有此意，只不过后来在“革命史范式”的冲击下被人遗忘了。“总体史固然强调宏观的、综合的、长时段的研究，具有‘大历史’的特征，但它却并不排斥微观的、具体的历史研究，而常以微观、具体的历史研究作为其载体。”① 以这种新的史学风格研究张学良，相信一批新成果的问世之期不远。

第四，应该重视张学良口述历史的研究。

历史研究的突破有三种途径，一是运用新理论，二是找到新方法，再就是发现新史料。傅斯年先生曾提出“史学便是史料学”、“史学的方法是以科学的比较为手段，去处理不同的记载”，“而不是作艺术的建设……不是去扶持或推倒这个运动，或那个主义。”这一论点至今仍然具有一定的指导意义。

众所周知，历史学研究离开了对史料的分析与研究，就失去了存在之本。在有关张学良史料挖掘、收集、整理方面，毕万闻先生、周毅先生、张友坤先生功不可没，没有他们编辑的《张学良文集》、《张学良赵一荻合集》、《张学良年谱》的出版，张学良研究至少不会像今天这样繁荣。更为可喜的是，由于郭冠英先生、唐德刚先生、张之丙和张之宇女士等人的努力，在张学良晚年完成了对他的口述采访，使一座丰富的历史博物馆没有随着老人的离去而崩塌。如何运用这笔财富，是目前最为紧迫的任务。如他的口述与他部下的回忆录有哪些矛盾之处？谁对谁错？与文献档案记载有哪些不同？口述中前后有哪些不一致的地方？是什么原因造成的？他透露了哪些以前未曾透露的新史料？对研究他有什么作用？张学良口述史在民国人物口述史中占有什么样的地位？其主要学术价值在哪里？等等。

有研究表明，建构新的研究体系的过程，是从自发向自觉过渡的过程，是由分歧向相对统一聚合的过程。在这一进程中，学术论辩是其自身演进的常态，而任何新理论的汲取与运用、新方法的推陈出新、新史料的挖掘辨伪、学术视野的独辟蹊径、学术梯队的科学布局，都将对这一进程起到催化的作用。在这一进程中，随着更多史学工作者的加入，并随着学术本位意识的增强，昔日“盲人摸出来的”“整体”会逐渐复原为“具体”，“时空错位”、“人神错位”会逐渐被校成“正位”，蘸着政治墨水用来涂鸦

① 马敏：《21世纪中国近代史研究的若干趋势》，《史学月刊》2004年第6期。

“棍子”的“笔”将会逐渐被丢弃，为了几块铜板或虚名拿张学良当酒盅专浇自己胸中块垒的人终有一天会在学术理性的烘烤中羞怯转身。虽然在这一进程中，可能还会有误读发生，但它不是对过去的执守与延续；可能还会有误解出现，但它会减降非学术性与政治故意的元素；可能还会形成新的以自我为中心的“误构”，但它一定会被排斥在科学的研究体系之外。

史学离不开哲学，但它不是哲学；史学有诗性，但它不是抒发作者心灵的诗篇。张学良是政治人物，但研究他不能政治化；他是传奇人物，但不能把他戏剧化；他的感情世界极其丰富，但研究他更需要理性。张闾蘅女士说他是生活在悲剧里的喜剧人物。① 按照鲁迅对悲喜剧的定义，历史人物不应该再把他身上被历史已经撕碎了的美好再撕碎一遍，更不应该为了满足一部分人爱看喜剧的心理而把他身上无价值的东西收罗起来而加以渲染、放大。史家的读者只有一个：良知；史家的追求也只有一个：真实。唯此，才有可能复原一个真实的张学良。

张学良口述历史“沛然出自肺腑，无斧凿雕琢之痕”，坦然发自心底，无弄叶遮羞之嫌。惶惶百万言，将百年之感受来了个竹筒倒豆子，虽有零乱之瑕，但不掩其情之真。苏轼说：“读《出师表》不下泪者，其人必不忠；读《陈情表》不下泪者，其人必不孝。”读张学良口述不动情者，难说其人读懂了张学良。

五、人性：“心灵考古”的路径②

张学良研究一直可谓为“显学”，众多成果尽管在对其评价方面存在较大分歧，尤其是海峡两岸，甚至截然对立，不过，总体趋势是不断趋同、深入。无论是大陆，还是台湾，也包括其他海外学者，在研究张学良时，存在一个不可忽视的共同现象：几乎都将笔触集中于大的政治活动，并多以政治价值尺度去评论他的功过是非。这种探索的意义与贡献是不容置疑

---

① 董会峰、卢峰：《张闾蘅追忆伯父张学良：活在悲剧里的喜剧人物》。原文为“我的伯父张学良性格活泼，但一生坎坷，大半生活在没有自由的日子里，他是一个喜剧人物，却活在悲剧里面。”中国新闻网 2001 年 11 月 5 日。

② 本部分曾写成论文《张学良研究中的人性取向问题》，发表于《东北大学学报（社会科学版）》第 13 卷第 5 期（2011 年 9 月），《新华文摘》2012 年第 5 期论点摘编。

的，问题在于从“人之所以为人”的逻辑来考察，人物研究本来应该具有的人性取向，却在这一进程中被模糊了。因此，笔者提出要想将张学良研究不断引向深入，人性取向是不可忽视的选择。

1．政治取向检讨及人性取向价值分析

学界目前对历史人物的研究，无论从何种角度，采用什么标准，持什么主张，都有其自身的道理，这些研究汇聚在一起，无疑丰富了人物研究的方法。值得注意的是，总的来看，对民国人物的研究，多数学者从政治性出发，以民族、国家、阶级、党派利益为出发点，以大的历史事件为主线，来寻求政治人物与历史事件和个人政治追求与国家、民族、阶级、党派利益之间的必然联系并进而评价其是非功过。如果可以将同时代大多数学者所采用的研究方法和学术倾向称为主流取向的话，那么这种对“政治”和宏观的偏重，无疑就是民国政治人物研究的“主流取向”。

我们必须看到，历史人物研究中的这种“主流取向”对历史的真实性与丰富性及其评价的公正性，也包括对史学研究走向的影响是不容忽视的：它不仅反映了中国史学的褒贬传统、爱憎分明的理念，民族、国家、集体高于个人的社会“主旋律”，而且，也符合“以德治国”、历史为现实服务的追求。因为自近代以来，中国一直处于大的社会转型时期，要从落后、软弱、分裂走向进步、强大和统一。在这一进程中，如何组织动员全社会的力量，如何凝聚人心，如何统一人们的思想与行动，如何抵御外来势力的干涉与破坏，如何唤起人们的忧患意识和民族自尊心、自强心、自信心，都迫切需要从历史人物身上寻找力量，从历史宝库中寻找资源。人物研究的这种偏重政治与宏观的主流取向，恰好为解决这些问题提供了鉴往知来的学术支撑。

笔者无意否定从现实需要出发研究历史的路径，也从不否认从政治、宏观的角度研究历史人物的学术价值。但是，有两个问题值得注意：

其一，如果学者都一窝蜂似的采用相近的方法，从单一的角度研究复杂的历史人物，就可能使复杂的历史人物简单化或脸谱化，使人们看到的更多的是历史人物的政治脊梁和宏观的轮廓，从而淡化或忽视了人物的其他方面。

其二，尽管马克思说过“人是最名副其实的政治动物”，但这并不意味着人只有政治属性，并不意味着对人物的研究只能选择政治取向。值得欣慰的是，自 20 世纪 90 年代以来，有学者大胆地突破了主流取向，将笔触延伸到了政治以外的领域。如有的学者开始将笔触深入到张学良的性格、亲情、乡情、爱情等领域，注意到了政治人物的私人生活、情感世界。不过，这样的研究几乎被探讨“政治取向”的宏观大潮挤到了史学的边缘。

众所周知，无论历史人物的政治生涯有多么重要，它也不是政治人物的全部。不管是政治人物，还是经济、军事人物，他首先是人，政治性只是人性的一个方面。

强调对历史人物研究的人性观照，至少有以下几点好处值得提及：

第一，关注历史人物人性的一面，有助于对复杂人物的整体认识。

历史本身蕴意无穷，历史人物更是丰富多彩，但文献记载的相对于历史本身来说都是碎片，这就决定了史家必须站在不同的角度，从不同的侧面，甚或同一角度或同一侧面的不同层面入手，才有可能接近历史的整体还原。基于这样的理解，从人性视角出发研究人物，至少增加了一个研究选项，自然有助于丰富对历史人物复杂性和整体性的认识。尤其是对张学良这样复杂人物的研究，首先须要调整研究主体的姿态，扩大研究视野，变换研究角度。

第二，有助于摆脱历史人物研究脸谱化、简单化倾向。

人物研究的简单化首先来自于研究视角的单一和研究方法的简化。如只从政治的视角出发研究张学良，看到的只是政治层面的他，也只会专注于对东北易帜、“中东路事件”、“九一八”事变、中原大战、西安事变等几个大的政治事件的研究，而这几个大的政治事件只发生在他全部人生的不足十分之一的时间里，其他十分之九的人生如果被忽略，这显然是有失偏颇的。之所以十分之九的人生不能进入史家的视野，是因为研究视角把它们排除在外了。

第三，有助于持有不同价值观的研究主体之间的学术交流。

学术交流有助于学术研究的深化，学术上的分歧、碰撞、争吵固然也是一种交流，但如果长期处于截然对峙的状态，长期找不到一个共同感兴趣的话题势必在一定程度上也会阻碍交流。如对张学良的评价，海峡两岸分歧较大，持不同见解的学者碰到一起先是吵，继之是避而不谈。这避而不谈主要是因为价值观基础相异导致结论上的截然对立，在谁都无法说服对方的情况下就停止了学术争鸣。这显然不利于研究的深入。如果双方都从人性的视角出发，恐怕就不会有如此大的分歧。当然强调人性视角的目的并不只是为了弥合不同价值观主体之间的分歧，更重要的是为了深化研究，很难想象，舍弃人性视角如何能复原一个立体的张学良。

第四，对历史人物的人性观照是史家的思维基础。

英国学者沃尔什认为：“除了历史学家各自为其特殊的目的所假定的特殊概括之外，他们还各有一套基本判断构成为他们全部思维的基础。这些判断关系着人性，……历史学家正是根据他对人性的概念而终于决定了把什么作为事实来加以接受，以及怎样理解他所确实接受了的东西。”

2. 人性取向研究的一般把握

历史学不仅与心理学、社会学、民俗学、文学、人类学、人种学等学科一样从不拒绝人性，而且它恰恰是通过对人类政治生活、经济生活、文化生活、社会生活及精神生活的梳理，进而对人的本性和发展规律的一种探索。对人性的探索是历史学产生的最深刻的根源之一，同时也是历史学追求的最终价值目标之一。

关于人性问题，生活在不同价值观体系中的人可以有不同的理解，但又无法终止对它的讨论，只要我们承认人离不开人性，承认个体之间的人性是有差别的，而且不是一成不变的，那么我们对它的研究就不可能结束。但长期以来，“对人性问题的研究，一直处于若明若暗，非此即彼的状态。它被分析得支离破碎，甚至越研究，距离真实的人性越远。它像一面多棱镜，同样一束光线射进去，却反射出走向完全不同的多束光线，使人感到迷惑甚至眩晕”。

人们为了避免此类分歧和迷惑的发生，往往采取回避的态度，这在人物研究中表现得十分明显。比如对张学良的研究，人们习惯从政治的角度解读他的整个人生，当用政治的标准无法解读他短暂与辉煌的政治生涯和漫长与“离谱”的情感世界时，无法解读他为了全民族抗日可以对“领袖”实行兵谏却面对部属汤玉麟临阵脱逃下不了狠心时，无法解读他既是一位民族英雄又曾是一位花花公子时，则采取只述其一不述其二，或只述前者不述后者的简单办法加以回避。

产生这种现象最深刻的原因无疑与研究方法相关，忽略了涉及人的“心灵及其心灵的本性以及它们之同公民生活和雄辩术的关系的那部分学说”。“全都没有对民族的人性的某些起源作过思考，而无疑，一切科学、学科和艺术都来自这些起源。”意大利历史学家、哲学家维柯的这段提醒人们重视人性的论述尽管不是针对张学良研究现状而讲的，但最起码对张学良研究具有一定的启示作用。

在这种情况下，如何深化张学良的研究，人性视角就不可避免地成了重要的研究取向。但长期以来，人性论遭到了批判，人所固有的本性，包括私欲、激情、亲情、爱情等，都远离了史家的视野。随着思想的解放，史学研究中一度盛行的“英雄”无私情、“坏蛋”无公心、非黑即白的思维定式已经被打破了。从而，以人性为价值取向的研究不仅成为一种必要，也成了可能。

人性是马克思主义的基本问题，不理解马克思对人性的论述，就不可能深入地理解马克思的学说。以往学界对历史人物研究所造成的偏颇，许多都与误解或片面理解马克思的人性观有关。以张学良研究为例，就有如下几点值得注意：

第一，人性具有“自我性”。

任何历史人物首先是活生生的具体的人，任何具体的人都有七情六欲，如果漠视人人所具有的这种本性，就有可能偏离历史的真实和人物的真实。

张学良在晚年口述中谈到了许多鲜为人知的有关情感方面的经历，甚至赋诗：“自古英雄多好色，未必好色尽英雄；我虽并非英雄汉，惟有好色是英雄。”① 有学者以此贬责张学良“格调低下”、“不像个英雄”；有学者虽未对此发表看法，但在研究中故意回避这方面内容。我们在这里无意评价张学良的人格高低，关键是产生这种现象的原因都由于研究者没有把张学良作为一个活生生的人来看待，而是把他单纯地作为一种社会关系的符号，或者说是“类性人”——英雄。

在马克思看来：“一切人类生存的第一个前提，也就是一切历史的第一个前提，这个前提是：人们为了能够‘创造历史’，必须能够生活。但是为了生活，首先就需要吃喝住穿以及其他一些东西。”这种自我性是人的第一性——本性，本性虽然是人性的第一个层次，但要认识人，“首先要研究人的一般本性。”

离开了人的一般本性，我们就无法理解具体的人性。就像张学良这样的人物，他为民族做出了巨大贡献，从他为民族所做出的贡献这点上看，他是英雄，但英雄首先是人，首先具有人的一般本性。不能因为他是英雄，我们

① 张学良：《坦言好色诗》1992 年。

就忽视他本性的一面，也不能因为他是英雄，就拿英雄的标准衡量他整个人生的方方面面，也不能以他表现出来的一般人所具有的本性的一面来抵消他的崇高。抵消的方法是错误的，避而不谈的方法也是不对的，抵消和回避的方法虽然将研究简单化了，但却偏离了真实，历史一旦偏离了真实，也就没有学术意义可言了。

第二，人性具有历史性。

任何历史人物都属于他生活的那个时代，具体的人性也无不打着时代的烙印，所以，我们拿起人性标尺的同时不要忘了他是哪个时代的人。如果我们用今天的标尺去衡量古人，历史人物就会变得不可理解。有人拿今天的道德标尺分析张学良的某些行为，就得出“自私”、“生活放荡不羁”、“无法无天”等结论。恩格斯指出：“不管是人们的‘内在本性’，或者是人们对这种本性的‘意识’，即他们的‘理性’，向来都是历史的产物。”①

就是说，人在历史中活动，历史在人的活动中被创造；历史是人的，人性是历史的；人总是生活在一定的历史条件下，不同的历史条件必然导致人性的相应改变。“整个历史也无非是人类本性的不断改变而已。”② 不仅如此，人性的概念“是以最显著的方式在随着每个时代而变化的。在一个时代（例如中世纪）看来是正常的东西，在另一个时代（例如18世纪）就显得十分不正常。”我们所处的时代和张学良所处的民国时代有许多不同，即使史家努力克服这些不同，也是不能完全成功克服的，更不用说不做这种努力了。所以研究张学良必须考虑他所生活的时代，否则就会误读历史，误读人物。

第三，人性具有总体性。

任何历史人物都在一定的群体之内展开自己的活动。这里所说的群体包括家庭、集团、党派等，人物的活动无不受他所生活群体的影响和制约，所以分析一个具体人物时必须对他所生活的群体进行系统考察。

还必须注意，他所生活的群体依与他关系的密切程度呈放射状外延，对他的影响有大有小。一般来说，离他越近对他影响越大，反过来说，他所做的一切也不同程度地反映了他所生活的那个社会关系圈的利益。有人

---

① 恩格斯：《真正的社会主义者》。

② 马克思：《德意志意识形态》。

分析张学良武装调停中原大战、“九一八”不抵抗的原因时，说这都是张学良出于维护自己和东北集团的利益而做出的自私选择，从而否定他的进步、正义与无奈。

这样的逻辑分析似乎也有道理，但所犯的错误仍然是把张学良当作一个超群体的“符号”，而忽略了任何人都生活在一定的社会关系之中。恩格斯在“真正的社会主义者”一文中指出：“人的本质不是单个人所固有的抽象物。在其现实性上，它是一切社会关系的总和。”① 这段话实际上包含了两个论点：第一，人性具有总体性——类属性。第二，人性的实现只有在社会中并通过社会才可能获得实现。如果我们抛开张学良所生活的群体来探讨张学良的功过是非，既不客观，又缺乏人性关怀。

第四，人性具有主体性。

任何历史人物既生活在一定的历史条件下，又无时不在朝着自己追求的方向奋力地挣脱着各种束缚，以此改变着、创造着凸显自己个性的历史。如在日本帝国主义加紧侵略中国步伐的情况下，蒋介石仍主张攘外必先安内，并把东北军送上了“剿共”的战场，对张学良来说，这是当时最大的客观，但他不断地努力改变着这一客观。如向蒋介石诤谏、哭谏，最后实行兵谏，逼迫蒋介石放弃了攘外必先安内的国策，促进了第二次国共合作的形成。张学良在西安事变整个过程中，一直处于主体的地位，改变了国民党“剿共”不抗日的现实。

马克思在《关于费尔巴哈的提纲》中指出：“从前的一切唯物主义（包括费尔巴哈的唯物主义）的主要缺点是：对对象、现实、感性，只是从客体的或者直观的形式去理解，而不是把它们当作感性的人的活动，当作实践去理解，不是从主观方面去理解。”在西安事变研究中，也不同程度地存在这一倾向，尤其是个别学者，过分强调共产党的客观影响，从而淡化了张学良在历史关键时刻的主体地位与作用，甚至说捉蒋是张学良受共产党的鼓动而发动的。

学者们对人性问题的理解历来众说纷纭，马克思则通过对各种人性理论的批判与继承，从人的“自我性”、历史性、总体性和主体性的角度重新界定了人性，但由于马克思的界定散见于不同时期的论著之中，并没有集

---

① 恩格斯：《真正的社会主义者》。

中系统地阐述，因而导致了人们对马克思人性观理解上的困难与分歧。如果从总体上来看，我们就会发现，马克思是在人的需求、社会关系和人的实践三者的相互作用中建构自己的人性理论体系的，三者是一个有机的统一体。这一科学的揭示，不但有助于我们对各种人性观的认识，更有助于对人性的正确理解；不但消除了我们在历史研究中探讨人性问题的种种顾虑，更为我们如何从人性的视角研究历史人物指明了方向，同时也提供了科学的研究方法。

3. 人性取向研究的切入点："心灵考古"

马克思认为人性是通过人的需求、社会关系和实践三者互相作用中体现出来的。就一个具体的人来讲，他常常是在一定的社会关系中为了满足自己种种的需求而努力地奋斗着（即实践着），这种奋斗既受社会关系制约，同时也在改变着他与社会的关系，并根据不断变化的社会关系调整着自己的需求，为了满足调整后的需求也不断地在调整着自己的实践活动，而支配实践活动的力量是藏在心灵里的思想。

人性既是人与人之所以具有相同性的谜底，也是人与人之所以不同的谜底。理解具体的人性必须从马克思所说的三者互相作用中对历史人物进行全面的考察，而从人物心灵入手探究人性是史学家的任务之一。

因为人性虽然通过行为可以体现出来，但它的核心部分毕竟植根于心灵之内。"因此在柯林武德看来，历史学的中心概念就是行为这一概念，亦即思想本身把自己表现为外部的行为这一概念。"历史学家可以从描述行为出发，"但是历史学家必须做的，就是要从外部事件深入到构成这一事件的思想里面去，并且重新思想那种思想。"

历史"既有内部也有外部，历史学家所确切涉及的，则是它的内部"。研究西安事变可以从"外部"开始，先搞清"外部"情形，如张学良是如何从拥蒋一步步走向逼蒋、捉蒋，再到放蒋、送蒋的。但历史学家不会以把这件事的"外部"来龙去脉搞清楚为满足，还要把"内部"的，即心理活动的轨迹搞清楚，他心里当时是怎么想的？心理变化过程如何？动机、目的是怎样的？情绪是怎么波动的？激情是怎么燃烧起来的？等等。

一般来说，"外部"的来龙去脉，不管怎么复杂，都可以通过对文献记载的挖掘、整理、考证来理清；而要理清"内部"的来龙去脉就没那么容易了。

人的行为是受心灵支配着的，而"内部"心灵里的来龙去脉是无形的，看不见的，又常常被厚厚的表象所掩盖着，本来的无形又包裹着因各种原因造成的扭曲，这就给探究带来了难度。因此，笔者借用考古界的名词提出对张学良进行“心灵考古”的概念。“心灵考古”是考古学家以发现的遗迹、文物作为“心灵化石”，并通过“化石”反推人们的心灵。

对历史人物“内部”心灵的考察，与考古界“心灵考古”有共同之处，都是通过对“外部”的行为表现来考证、还原深藏着的心灵。对张学良的心灵考古与考古界的心灵考古不同的是，我们手里多了一份他自我解剖心灵的史料，即他在离开这个世界前的最后十年里留下的一百多万字的口述，口述中记录了他大量的心理活动，这为我们走进他的心灵提供了最直接的史料。

探讨人的心灵和探讨人的其他方面一样离不开史料，那我们在运用张学良口述历史及其他文献史料对其进行“心灵考古”的过程中应该注意哪些问题呢？

首先，在运用张学良口述资料时要注意对其口述时的心理过程进行考察与考证。因为人的心理过程和个性心理特征对一个人外部行为的影响是巨大的，所以进行心理分析时，就必须注意在张学良的口述、日记、书信和其他文献材料的比对中发掘反映其心理过程和个性心理特征的素材，在分析、鉴别的基础上，对其进行科学的心理分析。

张学良口述历史的心理过程是极其曲折的，他的口述史前后共进行了十个春秋，在这十个春秋里，他的心理变化是复杂的。如果不把他在什么背景下说的，不把他说话当时的前后语境搞清楚，不把他一直强调的“我说话从来前后不矛盾”等因素考虑进去，寻章摘句式地引用，复原出来的照样不是真实的张学良。他在不自由的情况下写了不少回忆的文字，他在口述时，有多少话是照顾到了这些回忆文字，有多少是为了不前后矛盾而讲的，必须对其下一番“考古”的功夫。

其次，要从张学良所处的地位、他身上所肩负的政治责任中去探求其心理特征。恩格斯认为，由于人们所处的社会地位不同，心理习惯和个人愿望也就有所不同，“工人比起资产阶级来，说的是另一种习惯语，有另一套思想或观念，另一套习惯和道德准则，另一种宗教和政治。”① 如分析张学良发动西安事变的心理过程，就离不开他的社会地位、政治责任及社会

① 恩格斯：《英国工人阶级状况》。

关系，至少应该考虑：对“九一八”的反思是他内心的火种；对南京政府是一帮乌合之众的认识，对蒋介石“用奴才不用人才”的用人之道的洞穿，对蒋介石将军队分成亲儿子和干儿子认识上的觉醒，共产党从大局出发同意由蒋介石领导抗日的感召，东北军要打回老家去的压力，对东北阵亡将士得不到抚恤的悲情等是火种升温的条件；向蒋介石屡次劝谏屡次失败，屡谏屡败带来的郁闷，“一二·九”运动期间，蒋介石说用机关枪打学生带给他的惊讶，同一天蒋介石召集军事将领会议，没有让张、杨参加带给他的惊恐，是火种迸燃的引信。包括西安事变是怎么和平解决的，他为什么送蒋回宁，如果不是从他所处的地位、肩负的政治责任上去考察他的心理活动、心态变化、情绪波动、人格特性，就很难理解张学良。

再次，要根据张学良所处的文化背景、个人生活经历把握其人格特性。

马克思说：意识在任何时候都只能是被意识到了的存在，而人们的存在就是他们的现实生活过程。不是意识决定生活，而是生活决定意识。① 张学良的情感世界极其丰富，他的父子情、母子情、兄弟情、朋友情、夫妻情、女人情、故乡情、儿女情、军旅情和长官情，情情都夹杂着中西文化碰撞的痕迹，都与他个人的家庭、生活经历密切相关。他敬佩他的父亲，说他父亲有雄才，和日本人周旋“什么手段都能来”，他没有他父亲的能耐，所以他才找个靠山——南京政府，想依靠中央来解决对日外交纠纷。他感谢赵一荻，却说“赵四是对我最好的，却不是我最爱的。”他为蒋介石写的挽联也有人感到不解：“关怀之殷，情同骨肉；政见之争，宛若仇雠。”

如果从世俗的角度，或者按照现代的道德标准、按照民族英雄的标准去解读这些，根本无法理解张学良的心灵世界，只有从人性的角度，也只有从人性的角度才有可能走近张学良，直抵他的内心深层。

恩格斯曾把人的心灵誉为地球上最美的花朵。研究张学良，我们不可能不关注这朵最美的花朵，因为从心灵里绽放出来的花朵最能体现他的人性。研究它，至少可以在以下几方面具有学术意义：首先，把握历史人物的心理活动和人格特点，可以更深刻地理解支配他行为的无形动因；其次，通过心理考察和分析可以揭示历史人物内心世界的丰富性和天性、本性的一面，进而避免简单化的叙述和脸谱化的评价；再次，可以淡化加在他身

---

① 马克思：《德意志意识形态》。

上的政治色彩和贴在他头上的“虚高”，使人们更深入地了解他作为普通人的平凡和平凡基础上的崇高，使人们能够看到英雄在更多的时间里和普通人是相近的甚至是相同的，至少他在走向英雄的路途中也有常人的心理起伏和喜、怒、哀、乐、爱、恶、欲。

当然，上文所论述的人性取向，并不是张学良研究唯一的取向，它只是诸多取向中的一种，但它是以往关注不够的取向。随着思想的解放，社会的不断进步，必然会有越来越多的学者从人性的角度关注张学良，解读张学良。

第一章
思之源：人生序幕在文明对抗野蛮中拉开

凡事都有个根，这个根如果没有毛病，他的枝叶一定鲜艳茂盛，如果这个根有了毛病，它的枝叶便要枯萎坠落。

——张学良

马克思和恩格斯在《德意志意识形态》一文中指出：思想、观念、意识的产生最初是直接与人们的生存环境，与人们的社会实践，与现实生活的语言交织在一起的。人们是自己的观念、思想等等的生产者。意识（das bewuβtsein）在任何时候都只能是被意识到了的存在（das bewuβte Sein），而人们的存在就是他们的现实生活过程。如果在全部意识形态中，人们和他们的关系就像在照相机中一样是倒立呈现的，那么这种现象也是从人们生活的历史过程中产生的，正如物体在视网膜上的倒影是直接从人们生活的生理过程中产生的一样。

这为我们分析历史人物及其思想观念提供了方法论意义上的指导。这段话告诉我们：考察一个人的思想，至少需要关注这样几个因素，一是这个人生活在什么样的背景之下，二是他从事了哪些活动，三是他在从事这些活动中和哪些人有所交往，四是他在交往中和这些人有哪些思想观念上的交集。就考察张学良的思想形成而言，我们需要关注他所生活的环境，他所经历的事件，哪些事件、哪些人、哪些思想对他产生过影响。简单说，就是要考察他思想产生的客观因素和主观因素。

每个人都生活在一定的时空环境之中，时空环境在给予人生存所必需的物质条件的同时，也限制和影响着人们的精神生活，这些给予、限制和影响的时空环境就是人们的行为基础，人们思想观念产生的源泉。它包括大的时空环境，从时间上说，就是人们生活的时代，从空间上讲，就是人们所在的地域，当然也包括小的空间环境在内，如家族、家庭等。另外，还有一个在时空环境中行走的客观因素更是不可忽视的，即人们在大小时空环境中的生活经历。

一、童年的天空布满了黑色的云

时空环境不仅创造英雄，也为英雄的思想诞生提供了肥沃的土壤。研究张学良的国家观必须回到他所生活的那个时代，尤其是他思想形成时的年轻时代。那个大的时代背景是研究张学良思想形成的出发点和落脚点，应该成为我们研究思想的重心和焦点。那么，那个时代是个什么时代呢？

我们通常可以把那个时代概括为帝国主义时代。马克思主义认为，以自由竞争为特征的资本主义世界在 19 世纪 60—70 年代发展到了顶点，并开始向垄断资本主义过渡；到了 1900 年，垄断资本主义得到普遍发展，发达的资本主义进入到了帝国主义时代。帝国主义时代最明显的特征，即帝国主义国家为了瓜分和重新瓜分世界所进行的无休止的侵略战争。

由此可知，1901 年不仅是世界历史上的一个重要年份，更是中国历史上的一个重要节点。说它是世界历史上的重要年份，是因为这一年是帝国主义时代特征表现十分明显的一年；说它是中国历史上的重要年份，是因为这一年在中国五千多年历史中是最为屈辱的一年。英、美、日、俄、德、意、法等国家通过战争的手段，于这一年联合迫使中国签订了一系列不平等条约中最屈辱的条约——《最后议定书》，即《辛丑条约》。条约规定中国向各国赔款白银 4.5 亿两，北京到天津一线的防守工事，包括大沽炮台“一律削平”，首都北京东交民巷一带设立由外国人管理的“使馆区”，中国人不准入内，北京到山海关铁路沿线设立 12 处外国军队驻扎区。国家虽在，大量主权被剥夺；京城虽在，却被置于帝国主义的枪口之下；人民虽在，却不能在自己的国土上随便迁移、居住。国家利益最核心的要素——领土完整、主权独立、国民安康都被大大地打了折扣。

恰巧，张学良就出生在这一年，这一大的时代背景，和接下来发生在他身边的一系列事件在他青少年的心灵里碰撞出的是对国家前途的忧虑。

1901 年，以《辛丑条约》为标志，中国被推向了半殖民地深渊的空前深处。而张学良的家乡——中国东北处于深渊的底部，成为离中国最近的两大帝国主义国家争夺的焦点。

张学良 4 岁那年，日俄两国在他的家乡展开了一场狗咬狗的战争——日俄战争。辽阳、旅顺、奉天的老百姓被卷入战争。张学良在晚年回忆起这段历史时说："地方上都完了，地方官、治安都完了。"一位西方传教士也同情地写道："不是自己的战争，但是（中国人民）却因此受苦、甚至死亡。……粮食价格是平时的数倍，高粱秆是普通价格的 6 倍。"战争结束了，俄国人被打跑了，更加狂妄的日本留下来了。日本人"作为胜利者来到中国，将中国人视为被征服民。"日本"抱着轻蔑的态度"，"看不起中国"。①经过日俄战争，日本将战前俄国控制的中东铁路以长春为界分为两截，占据了长春至大连段铁路，即南满铁路，也从俄国人手中夺得了旅顺、大连的租借权。

帝国主义的本性就是战争和以战争相威胁。1914 年，先是德俄宣战、德法宣战，继之，英德宣战，第一次世界大战爆发。日本乘机派兵占领了德国于 1898 年租借中国的胶州湾地区。次年，又以武力相威胁，向袁世凯政府提出了旨在灭亡中国的"二十一条"。要求中国承认日本继承德国在山东的一切权益，承认日本人有在南满和内蒙古东部居住、往来、经营工商业及开矿等项特权。旅顺、大连的租借期限并南满、安奉两铁路管理期限，均延展至 99 年。中国政府聘用日本人为政治、军事、财政等顾问。张学良非常悲愤，他说：

> 那时我很悲观，思想消极，为什么悲观？我看东北在日本的势力下，也没有什么发展了，"二十一条"那一签，我们东北人差不多是半个亡国奴了，再往前走一步，就是朝鲜人第二了。那时候日本已经是个强国，我国没有什么力量去对抗。那心里非常难过，闷得上，觉得

---

①〔英〕杜格尔德·库里斯蒂：《奉天三十年》。

> 干什么都没啥前途。
>
> 日本提出“二十一条”，颇受刺激，因是彼时即欲立志为国家做事。

可以说，这是张学良国家观的萌芽。这一萌芽发端于对超越自身利害、荣辱、年龄的关注，正是这种关注引发的忧患意识，促使他走上了探索国家前途的漫漫人生路，开始将国家的命运萦系于心，逐渐萌生出为挽救国家命运需要做点什么的决心和勇气。

二、稚嫩的心田流淌着古老的传统

人们的历史是自己创造的，但任何人创造历史时都无法随心所欲地在自己选定的条件下创造，而是在直接碰到的既定的、从过去承继下来的条件下创造。人的思想观念的形成也不例外，它无法摆脱历史传统的影响。

任何思想都有它的来源，即使是创造出来的新思想，也有熏陶它的源头。一般来说，思想的源头都离不开历史传统。历史传统是复杂的，它是一个民族在长期历史演进中积累和沉淀下来的精神总和。民族的每个成员，正是在承继这份精神总和或总和的某一部分中成长起来的，借此认识世界、体验生活，并在认识和体验中形成自己的观念、表达自己的愿望。因而，被称为历史传统的精神总和对于民族成员来说，如同空气和粮食一样重要。纵或有些成员抱怨空气的质量不好、粮食的营养单一，也无法拒绝吸纳和吃食。

历史传统的熏陶与承继又不像吸纳空气和吃食粮食那样简单。因为历史传统的核心是文化承载着的思想，思想离不开承载它的载体，即离开文化人们无从寻觅和传承思想传统。就两者关系而言，思想是形而上的道，文化则是形而下的器；道在器中，器不离道。如何通过器触摸吸纳器中的道，人们发明了一种行之有效的方法，这就是教育。教育有多种，有学校教育、家庭教育和社会教育。人们在三种教育方式中更偏重于学校教育的功效。无论是受过学校教育的人还是没有受过正规学校训练的人，都是如此。往往没有受过正规学校教育的人更青睐学校教育。张学良的父母都没有受过学校教育，但都希望他做一个文人。“我母亲绝对不让我做军人，想让我考文官呢。我母亲要在的话，奉天有个法政学校，她就让我进那学校啦。我们奉天高等的文人差不多都上那个学校。”

父亲张作霖出身草莽，无条件受正规学校教育，他对自己因而缺乏传统文化教养而引为终生遗憾，正因如此，他对子女管教甚严，不希望他的遗憾在他子女身上重演，他发狠心要把张学良培养成承继传统的文人。“我的父亲和我的母亲都希望家里出一个文人。那个时候，他们拼命让我念书呀。”“我8岁开始入私塾，我的开蒙塾师姓杨，叫杨景镇。”“我11岁时母亲死后，我爸爸差不多就不管我什么事，我就跟着我这个老师，我老师对我很不错，他还想让我考状元呢。”“我跟我那老先生念了八年呀，最早念《三字经》，然后开始读《大学》、《中庸》，四书、五经读完之后就念唐诗。什么玩意都念，反正都得背。所以我唐诗背得比较熟。”后来，“我又跟了个先生，这位先生姓白，叫白永贞，后来做到奉天的代理省长。他是个举人，曾当过知府，他教了我差不多两年。”

为了把张学良培养成有文人素养的人，张作霖以自己的特殊身份，先后选聘了六位东北名流鸿儒教他。杨景镇是辽南地区的儒学名流，白永贞是清末举人，当时是奉天高等师范学校国文教授、奉天省议会议长。除张学良提到的这两位之外，还有一位前清遗老、进士出身的金梁。金梁说，“张学良十二三岁即从我学文，能作千言，下笔颇快。”① 这位金先生娴熟经史，蔑视趋炎附势，他曾这样评价张学良：“偃武修文新一统，将军本色是书生”。② 张学良少年时期，从未间断过学习国学，且受教于硕学名流，因此，他的国学基础非常深厚而扎实，受历史传统影响颇大。

从军从政之后，这一影响不断扩大。90多岁时，哥伦比亚大学历史学教授问他：您认为，（年轻时）读这个“四书五经”对做人和做事有没有用？张学良回答说：“这话得这么讲，中国的传统思想就是儒家的思想，儒家思想深入中国人的思想之中，‘四书五经’是儒家思想，儒家思想是深入中国民心的。这儒家思想对我做事有很大的关系。”

孔子倡导的“和而不同”，“天下一家”，修身、齐家、治国、平天下的“大一统”理念，孟子提出的民贵君轻，民为邦本，失其民者，失其心，得其心，斯得民矣等社会政治思想，都在张学良的治政思想中有着明确的体

---

① 王益知：《张学良外纪》（手抄本）。

② 见《新民报》1929年1月27日。

现。张学良喜欢读史，喜欢读统一的历史，尤其爱读《史记》、《汉书》、《明史》、《清史》，对历代统治者的“大一统”治国思想和怀柔周边异国、同化异族政策特别青睐。

张学良虽然贵为“东北王”、北洋政府元首公子，但他更崇拜为国家统一做出过非凡贡献的英雄们，他经常在部下面前赞美岳飞、文天祥、戚继光、史可法、丁汝昌，经常引用林则徐“苟利国家生死以，岂因祸福避趋之”的诗句。他说：“既然披了中国人的皮，就万不要忘掉自己是中国人。”①

只要是中国人就应该为国家着想，为国家做事，履行国民建设国家、保护领土完整、国家尊严不受侵犯的义务。张学良还把传统思想运用到日常军事管理之中。1934 年 4 月 3 日，他在鄂东视察五十七军时，对官兵发表训词中，引用了孔子“尊五美，屏四恶”的名言：“孔子说过，‘不教而诛谓之谑’，所以过去的算是过去了，今后我对于你们的监督和考察，便不能不十分严格。”②

对中国历史传统中认祖归宗和孝悌思想有较深的理解和承继。张学良 11 岁丧母，每年寒食节都到奉天郊外遥祭亡母，祭毕亦常常流连忘归，哀伤之情不能自持。③ 由于卢氏夫人是他养母，张作霖死后，他让家人称她为老太太，不得违背。他的大姐首芳，长他 5 岁，视之如母，感情甚笃。他对几个弟弟、妹妹也很友爱。郭松龄反奉时写信劝张学良代替张作霖执掌东北，张学良复函：“良对于朋友之义，尚不能背，安肯见利忘义，背叛家父。故兄之所谓统驭三省，经营东北者，我兄自为犹可耳，良虽万死，不敢从命，致成千秋忤逆之名。‘君子爱人以德’，我兄知我，必不以此相逼。”

这种情结特别有利于民族认同和国家认同。

除儒家思想之外，他受道家淡泊名利、达观无我思想影响也较大，他

---

①《武汉日报》1934 年 5 月 27 日。

② 张学良：《视察鄂东五十七军官兵训词》1934 年 4 月 3 日。“不教而诛谓之谑”出自《论语》子张问于孔子曰：“何如斯可以从政矣?”子曰：“尊五美，屏四恶，斯可以从政矣。”子张曰：“何谓五美?”子曰：“君子惠而不费，劳而不怨，欲而不贪，泰而不骄，威而不猛。”……“何谓四恶?”子曰：“不教而杀谓之虐；不戒视成谓之暴；慢令致期谓之贼；犹之与人也，出纳之吝谓之有司。”

③ 周大文：《我所熟悉的张学良将军》。

告诫东北军官兵：种树不必自己吃果子，耕耘不必问收获。“清末新政所以未能收效者，即因为当局每采取揠苗助长的政策，种树就要吃果，此之谓‘欲树则不达’。所以我们不要只顾到眼前吃果，我们应当只知道用力种树。”

历史传统中的许多精华，如汉字的书写艺术、古玩古画、武术、京剧等，他都爱好。张学良说：“我很喜欢写文徵明的字”，也曾仿过黄庭坚的帖，书法清秀，他在军中时，与各方交往和给友人的书信常常不用秘书，自己动笔。“我最早是写籀文的。我会写篆字，写得相当好啊。我喜欢写篆字，因为买不起那些篆字参考的玩意儿。（就）买古钱，拿那个玩意儿写，学那个字。”他还爱好书画，精于鉴赏，收藏了王献之书法真迹、黄鹤山樵的《林泉集清图》、沈周的《庐山高图》等。

张学良钟情京剧，九十多岁高龄时，还能大段大段一字不差地唱出许多传统剧目的片断。这些传统都承载着国家统一的信息和功用，比如汉字，从伏羲画卦到仓颉造字，再到秦始皇书同文，中国人始终使用象形文字符号体系，汉字有着非常稳定的信息传输性能，它有着超越语音、超越时空进行思想文化交流的功能，从而极大地促成不同地区不同民族甚至不同时代的人之间的彼此认同。有学者称，欧洲与中国面积、历史相差无几，为什么欧洲直到今天还走在朝向统一的路上？其中原因之一就是他们采用的是拼音文字，操不同语言的民族文字也不同，从而有碍于彼此认同感的产生，因此至今仍然未能完成大一统事业。

中国的汉字、古玩古画、武术京剧都有利于民族的认同和国家的认同。而国家认同恰恰是国家观产生的基础。热爱历史传统是对国家认同的表现，承继传统，会积聚爱国的能量，并可自觉规范能量的释放方向，从而左右人生的定位。年轻时期，熏陶过张学良的历史传统，对他日后国家观的形成有着不可忽视的作用。

三、苦闷之时沐浴欧风美雨

11 岁那年，张学良家里发生了两件大事，一是生母赵春桂病故，一是父亲张作霖被任命为民国二十七师中将师长，由清朝的“剿匪功臣”摇身一变为民国新贵，移驻省城奉天，成为奉省举足轻重的最大实力级人物之一。生母病故后，他由新民屯迁往了奉天城，来到了父亲身边。

奉天是当时东北政治、经济、文化中心，外国因素随处可见，外国领事馆比今天还多，美、英、俄、法、日等国都在奉天设有领事馆和商务代办机构，还有今天所没有的，如离张学良的家不远的日本租界，日本警察署、特务机关、独立守备队等。按奉天那时候的习惯，每到中国国庆，政府设宴招待外国客人。“我就在里面招待，这样，我认识了很多外国人”。外国人“经常开会，苏格兰人有苏格兰人的会，日本人有日本人的会，有时候他们请我父亲去参加，我父亲去不了了，说实话，有时他也不愿意去，就把我打发去了。”“日本人的活动我也参加过，那时日本人很愿意把我拉到他们那边，我不愿意去，日本人那套玩意儿我不大喜欢，他们把艺伎看得很高，有唱戏的，日本话我只会一小点儿，唱什么我也听不大懂，有跳舞的，有的女人把衣服脱掉跳，我对这套玩意儿不咋喜欢，没有好感，玩得不严肃，也不开心。”

“这是个有思想的青年”

由县城一下子迈入省城，这里的一切，都使他感到陌生、新奇。在扩大眼界的同时，也使他的求知欲望不断增强。进入省城后，张学良仍在家中学习文字、历史、书法等。继续由海城儒学名流杨景镇任教。见得多了，眼界也开阔了，思想也发生了变化。“杨老先生学识渊博，就是脑筋太古旧，保守得很，不是我冤枉他，简直王道透了。清朝倒台好几年了，他脑袋后边还拖着一条长辫子，他不仅不剪辫子，还让我也留辫子。有一年，他回家过年，我自己把辫子剪掉了。等他回来了，他看我把辫子剪了，就训斥我：‘身体发肤，受之于父母，不可任意毁伤。’我说：‘老师，按照这种说法，你应该留全发呀，你留一半，剃一半，不也是毁伤了吗？’他说：‘这是皇上的意旨。’我说：‘皇上已经完蛋了，剪辫子才是政府的法令。’这位老先生怒气大发：‘这个没有皇上的朝廷，还能存在多久？’”

接触了新鲜事物，对陈旧的就产生了怀疑，和老师的关系也有了裂痕。张学良开始“不咋喜欢这位老师”，“老师也不喜欢我。……我从小就关心时事。我父亲经常宴请一些中外名人，我就愿意站在旁边看，听他们讲什么。我老师最讨厌我这点，说我学习不专心，小孩竟想干大人的事儿。”16岁那年，因为张学良写的一篇作文引起了一场小风波。

老师发火了，不教我了。他给我们出了一个作文题目，让我们每人写一篇文章，现在我还记得，他出的作文题目叫“论民国之害甚于君主”。一看这题目就知道他的脑筋了。我写的那篇作文，具体内容我记不得了，只记个大意。文章的头一句，我到现在还记得，我是这么写的：民国之害甚于君主这种话都是田舍翁①说的话。中间我引经据典，发挥了一大通，最后，我下个结论，我说，这种思想就是不明中外大势，不懂古今历史，正所谓坐井观天之论！②

这篇作文给杨老先生惹恼了，他说张学良在作文里骂他，就辞馆不干了。张作霖当时已经是奉天督军，督军署下面有个秘书处，负责秘书处的这人叫袁金铠。袁知道这件事后，就对张作霖说：“你看了你儿子写的那篇文章了吗？”张作霖说没看。他说：“那你把他写的那篇文章拿来，让我们看看。”秘书处的人，好几个，一看，他们说，哎呀，不怨这学生呀，这老师教不了这个学生！袁金铠也说：“这是个有思想的青年，这个先生不能再教这个学生了，这学生不是这个先生可以教得了的，这件事不是这个学生的过错。”“他们就推荐白佩珩当我的老师。”“那个时候，天津发水灾，我也不念书了，跑出去帮人募捐。白佩珩和杨景镇也有相同的地方，一遇国家或地方发生什么大事，就让我们做作文。白先生出的题目是‘救荒无善策’，我看到这个题目，我就说：‘善策，要是有，荒，就不用救了。如果有善策还有荒吗？’他也看出来我是在说他。白佩珩也辞馆了，不教我了。”

---

① 田舍翁，年老的庄稼汉。如唐代白居易《买花》诗：“有一田舍翁，偶来买花处。”也指乡巴佬，含贬义，或自谦。如清赵翼《归田即事》诗：“怜他未惯蓬茅宅，笑我原来田舍翁。”

② 张学良《杂忆随感漫录》一书原文如下：我现在只能记得我作文的大概：一破题我就写道：“民主国之害甚于君主，此乃三村愚夫愚妇之谈也。引证法，美，瑞等大小强国民主之现状，又引希腊，罗马，古代民主之事实，声言目下中国不良之状况，非由于民主之弊，乃由于帝制余孽，不解民主为何之老朽昏庸作祟所致，待余孽死绝，民主之光自显。所叹民主国之害甚于君主者，昧于不明世界大势，不悉世界古今历史，正所谓坐井观天者也云云。”大家看过之后，对我父亲讲：“这是个有思想的青年，这位先生是不能再教这位学生了，此非学生之过。”于是我不但免一顿夏楚责罚，而我父亲对我另有了认识。随即请袁洁珊给我选了一位先生，而我亦未敢陈述不愿再从事私塾的志愿。

没有了国文老师，张学良开始学习外语。“我的第一个英文老师叫徐启东，香港皇家书院毕业的。他当我的英文老师时（1916 年），是奉天外交署的英文科科长，我父亲接见外国人，都是他当翻译。这个人我现在还很想念他，非常有修养，学问很深，话很少。对学英文，我原本很有兴趣，因为我父亲跟外国人交往较多，有一个叫伊雅格的，他父亲跟我父亲是朋友[①]，我小时候就喜欢运动，比如打网球。那时候网球场很少，会打网球的人也很少。我就常到他皇姑屯的家里，那有个网球场，我就常和他在那打网球。因为这个原因，我跟他很接近，他也是小孩子，跟我同岁，又和他一起读书。”

“中国不会亡，因为有我！”

一位军阀的后代，思想上却超越了军阀，跟同时代的传统将领不一样，在封建结构中生活，思想不落后；在家长制的军队里为官，却追求民主；在战场上厮杀，却倡导和平，这令许多人不解。

哥伦比亚大学口述史专家韦慕廷曾说：他的“知识思想不可能生来就是如此，一定是环境上，有很多朋友影响了他。”张学良说，我年轻时候，主要还是受青年会影响。

张学良说的青年会是基督教青年会（Young Men Christian Association，YMCA）一个世界性的组织。1844 年创立于伦敦，1855 年成立了国际性的基督教青年会世界协会，1895 年传入中国，先后在北京、上海、广州、青岛、奉天等地建立了机构。“青年会里的活动比较多，我参加最多的活动就是听演讲，我爱听。只要有演讲，我几乎是风雨无阻，必去无疑。这也接触了不少中外名人，中国的名人有张伯苓、余日章[②]、诚静怡[③]、晏阳初[④]等，西洋人如穆德、艾迪、卜克门等先生，他们的演讲我都亲耳聆听过，

① 伊雅格，苏格兰人。伊雅格的父亲在京奉铁路任职。伊雅格从小就生活在中国，会说汉语，与张学良交往密切。后来移居美国。1940 年，赵一荻赴贵州前，将儿子闾琳交给他们夫妇照看。为确保张闾琳的安全，伊雅格夫妇在张闾琳读完小学后，又从旧金山迁居到洛杉矶定居。后经董显光夫妇求助旧金山市政当局帮助调查，才与张闾琳取得联系。1956 年，张闾琳第一次到台湾，探望被囚禁中的父母亲。

② 余日章，湖北蒲圻人。早年赴美入哈佛大学，攻读教育。曾任中华基督教青年会全国协会总干事、中华基督教协进会会长。

③ 诚静怡，满族，北京人。牧师，1924 年任中华全国基督教协进会会长。

④ 晏阳初，原名兴复，字阳初，四川巴中人。20 世纪中国平民教育家和乡村建设家。

所受教益良多。”

青年会里多数是外国人，张学良怎么和青年会有了关系呢？“我参加奉天青年会主要因为一个姓王的，我受这个人影响很大。那段时间里，身体相当不好，患有肺病，曾吐过一次血。16 岁那年大病一场，数月不起。这个王少源啊，不但把我的肺病治好了，也把我的心病治好了。他一边给我看病，一边开导我，所以，他影响我很多的事情，思想也逐渐发生了变更。王少源是一位虔诚的基督徒，他当时是奉天基督教青年会董事会的会长。他不仅知道我身体里的病，也知道我心里的病在什么地方。他开导我，要出去走动走动，到外面散散心，看看外面的世界，不要整天躺在床上看小说。一天，王少源向我介绍说，奉天基督教青年会有一个演讲，你可以去听听，不要老在家里闷着。就是让我和青年会接触接触，看看外面的世界。他就跟我唠叨这个事儿，看我没反对，就送给我一张演讲入场券。我从来没听过什么演讲，把入场券拿到手里一看，上面写着那演讲题目叫：中国前途之希望，演讲人是天津南开学校校长张伯苓先生①，地点是青年会，我当时不知道张伯苓是何许人也。可这个演讲题目倒是令我有点心动，因为我心目中的中国前途是没有希望的。我心想，我要倒看看他能讲出什么希望来？”

张学良是带着一种既好奇又怀疑的心情去听演讲的，这也是他第一次踏进奉天基督教青年会的大门。演讲开始了，张伯苓首先问大家，中国会不会亡？中国还有没有前途？中国的前途在哪里？然后他提高语调，大声说：“中国不会亡，中国的前途有希望，因为有我！”说完，他停了一会儿。“我就有点激动了，几乎站起来质问他，你算老几呀！这说的是什么玩意儿？‘中国不亡，因为有你’，这未免太骄傲自大了吧！我很容易发脾气，嘴巴又坏，我觉得很不是味道，可因为这是我第一次进青年会，第一次听演讲，不熟悉那里的情况，没敢乱动，但心气还是平静不下来。”停了一会儿，张先生接下去讲：

> 大家对国家的前途都失望悲观，自暴自弃，你认为没办法，他也

---

① 张伯苓，天津人。早年入读北洋水师学堂，后留学美国。回国后筹办南开中学。1916 年 11 月，张伯苓应邀到奉天、吉林、哈尔滨等地讲演。

认为没有办法，你不努力，他也不努力，中国不就真的没希望了吗？如果大家都奋勉图强，牺牲一切，把国家兴亡的责任，都放到自己肩上，人人都坚信“中国不会亡，因为有我”，你也如此，我也如此，万众一心，中国安有不强之理！假如人人都是你怨我，我怨你，谁也不努力，谁都认为国家的事与己无关，都认为自己是个无关紧要的人，只希望坐享强国之荣，不为强国奋勉，国家它自己会强吗？

“张伯苓这个人很会演讲，没听之前不服气，听完之后，我觉得他说的有道理。中国当时啊，什么事情都是你推给我，我推给你，谁都没事儿了，你自己应该负起责任！中国亡不亡你也是一分子啊！你要想一想你应该尽什么责任？你在国家上尽过什么义务？不要把责任推给这个，推给那个，谁都是国家一员，谁都有责任，国人如果人人努力，每个人都肯为国家牺牲，中国自然就不会亡国。张先生的话，非常感动我。我是一个很容易受人家影响的人。自那以后，我就经常往青年会跑。”

后来，张学良成了全国陆海空军副司令，他在南开大学讲话时还提起这段往事，他说：“予幼时对国事异常悲观，以为中国将从此任列强宰割，无复望矣。及14年前于辽宁青年会聆听张伯苓先生《中国之希望》演讲。中有‘中国之希望不在任何党派，也不在任何官吏，而在每一个中国人之奋发图强，努力救国’云云。我闻此大悟悲观之非当，乃立誓本个人之良心，尽个人之能力，努力以救国。予有今日一言之也。”

“本人幼年读书，与社会接触，其后到社会上服务，颇得到青年会之助力。”“我自个儿想啊，我和青年会的关系很大。接触的这些人，现在很有名的比如阎明光、阎明复先生的爸爸，就是阎宝航，他就是原来奉天青年会的体育干事。”阎宝航和张学良是老乡，比张大6岁，曾在奉天创办过贫民学校，后来受聘于青年会，青年会派他到北京青年会学习过，思想很新。后来当过辽宁省政府主席。

一天，张学良特意到青年会找阎宝航讨论救国救民问题。他们先从中国的现状谈起，谈着谈着，张学良向阎宝航问道：“玉衡（阎宝航字），你谈谈，要做到国强民富的关键是什么？”阎笑着说，这可是个大题目。张学良说，正因为是个大题目，才来请教你这位老师呀。阎宝航回答说，做你的老师，那可不敢当，咱俩之间随便谈谈倒是可以的。接着阎宝航谈了自己的看法："要做到国富民强，关键是要消除剥削制度，消除贫富不均的社会现象。相信科学，重视知识，兴办教育，培养人才，把全国人民的积极性都调动起。大家为了一个共同目标——人人都能过上幸福美好生活，去努力，去奋斗。"听得张学良频频点头，目光中充满了感激和羡慕之情。最后，张学良握住阎宝航的手说：玉衡，我走上社会不久，就结交了你们这些有知识、有远见的人，这是我的幸运，你是我结识的第一位好朋友。

结识张伯苓、阎宝航等，特别是参加青年会的活动，对张学良后来的成长具有重要意义。

"他说了三句话，我信守了一辈子。"

也可能是由于张作霖地位的关系，也可能那些有见识的人看出了张学良的未来，所以每位来奉天讲演的人，都对张学良特别关照。曾任中华基督教青年会全国协会总干事、中华基督教协进会会长的余日章先生跟张学良有一夕之谈。

> 一见面他就鼓励我：你这个人将来能做一番事业。并教诲我，他说了三句话，我信守了一辈子。我现在把他的话说出来，一是算我纪念余日章老先生，二是也让他的教诲能起到垂诸后人的作用，别让这么好的话让我带到棺材里。他告诫：一个人要想干番事业，第一，你不要作伪，你若作伪，伪来伪去，最后非伪到你自己头上不可。我受他教育，所以我这人不作伪啊。第二，要尊重舆论，不要自己假造舆论。现在大多数人都为自己假造舆论，这是一种社会的通病。第三，要勇于牺牲自己，为黎民百姓解决痛苦，不要为了摆脱自己的痛苦而牺牲大众的利益。第三条，最要紧，它像一片阳光跟了我一辈子。

那个时候，余日章先生到处演讲，他在奉天演讲，主要讲体、德、智三育的关系。他的观点是：身体是强国之基础，所以把身体放在第一位；德是做人之根本，无德无以为人，所以放在智之前；有了好的身体、好的德行，没有知识也不能很好地报效祖国，所以第三位就是智，无德不成人，无智难成器。后来，余老先生为"九一八"的问题，到美国去奔走呼吁，同美国总统会谈的时候，脑溢血病发，死在美国了。

这个时期，张学良刚刚步入社会，显赫的家庭地位不仅使他一开始就能进入上层社会，接触名流，而且在思想上也能涉及民族、国家、社会等一些重大问题。

“对我最要紧的人是约瑟夫·普赖德。”

张学良回忆：“自个儿想啊，我年轻时候，影响我的人很多，主要还是受青年会里的人影响比较大。大概可以这么讲，我认识的人，可以说是很复杂，什么来路的人都有，但在青年会里认识几位朋友，都很有思想，而且几乎是终身朋友啊。”

在这些朋友中，“对我最要紧的人就是约瑟夫·普赖德①（Joseph Platt）。这个人，没有贵族思想，他不但是平民思想，我那时候很不愿意做阔少爷，他对我比较同情。”

普赖德是一个“极端和平主义者”，曾在第一次世界大战中因反战而入狱，出狱后致力于基督教青年会工作。1918 年任奉天基督教青年会总干事。“在青年会，我受西方传教士的影响，超过本国师友。”最要紧的人是普赖德。为了纪念普赖德，张学良将自己的英文名字称为 Platt。张学良评价他是一个“guider”，引路人、指导者。“那时年轻，不怎么谈政治上的事情，主要是谈些思想方面和学问方面的问题。他给我讲一讲美国的历史故事，谈谈美国过去有名的人物，人与人之间的关系，也谈学习上的事儿，留学呀什么的。”“青年会不是就他一个干事，还有一个英国人，但我跟 Platt 最接近。我的思想受他的影响相当大。我有些活动都是从青年会来的，参加游艺会啊，赈灾捐钱啊，都是受他影响。我那个时候很不愿意做阔少爷，想离开我的家庭，Platt 他赞成我的想法，并希望我到美国去读书。”

如果放眼张学良的百年人生，张学良在青年会的这段经历，可视为他人生中一个重要的思想驿站。此前，他所接受的知识和影响，主要来自于历史传统，即儒道释思想，参加青年会后，他吸纳了许多历史传统中所没有或不清晰的思想。

从张学良以后的思想发展脉络看，他凡事愿与西方对比，并在对比中寻找自己国家的不足；他积极推进东北现代化建设，从政治、经济、军事

---

① 约瑟夫·普赖德（1886—1980），美国宾州人。曾任奉天基督教育青年会牧师、总干事。1922 年，协助张学良参与调停第一次直奉战争。

到教育都极力效仿西方；他积极主张和平主义，反对战争。除思想有了进步外，生活方式也发生了变化，如网球、高尔夫球、篮球、骑马、射击、桥牌，有的玩得很精。自己会开汽车，驾驶飞机，也爱冒险，如1927年在保定光园试摩托车，掉入池塘，把在场的杨宇霆吓得说不出话来。娱乐活动他最爱跳舞，虽军务倥偬，也抽时间跳舞。[①] 1921年，结识了风尘女子谷瑞玉，养为外室，1927年资遣了她。不难看出，张学良在踏入社会以前，他的思想、为人及生活方式都带有相当浓厚的西方色彩。"青年会里的朋友们给予我的鼓励、教诲，启发了我一个信念——我可以做些事情，我应该献身于社会，我应该为我的国家尽一份力量。"

由此观知，张学良的人生有了成熟的迹象，思想中多了一些现代的元素，观念里渗进了一些西方的因子。但张学良的内心深处仍然充满着矛盾与孤独，仍然没有挣脱传统礼教的束缚。他厌烦社会的动荡，渴望和平安宁，向往平等自由，他想完全自主地按照自己的设计为国家尽一份力量。

"有一段时间，我立志学习制药，后来又很想学医，想当名医生。……可我父亲他不说同意，也不说不同意，也不说反对，就是不吱声，不表态，那我就没法子了。实际上他想让我当军人。可我实在是不想当军人。我现在常常说笑话，我说，我原来本想做一个'唯恐伤人'的医生，结果来了一个一百八十度大转弯，当上了'唯恐不伤人'的军人。"

尽管在青年会时张学良内心受到新思想影响，与和平的理想、自由独立精神产生了强烈共鸣，但"父命难违"的传统力量使他"本非所愿地还是成了军人"。

四、跟着"导师"在"漩涡"里踏浪

人的思想，首先是来源于他所生活的时代，生活在农业文明的时代不可能产生工业文明的思想。其次是来源于历史传统，具有真正优秀思想文化传统的国家是不会沦落的，因为它的成员中即使偶尔冒出一些背着优秀传统而行的成员，也会很快陷入孤芳自赏，接着是孤立无奈，最终悄然退出历史舞台，唯有那些熟悉传统、不忘传统又善于吸纳其他国家先进思想

---

① 溥杰：《和张学良相处的日子》。

的成员才会得到整个民族的推崇，成为优秀的成员。

无疑，张学良是优秀的中国人之一。他身上优秀的因子来源于对优秀历史传统的热爱和承继，这一传统因子在国家遭受外来侵略的现实危机中演化成朦胧的救国理念，又由于他善于发现和吸纳他身边重要人物身上优秀的思想因子而逐渐坚固和明晰。

这些重要人物可以列出长长的一串名单，在这一长串名单中如果按对他影响程度来排序，当首推他的父亲张作霖。

然而，研究张学良的论著汗牛充栋，却很少有人关注张作霖对张学良的思想影响。究其原因固然很多，其一，长期以来，许多人接受了张作霖对外勾结日本、对内发动内战，是一个不折不扣的“卖国军阀”，“他的一生，是反动的一生，祸国殃民的一生”的观点。这和张学良民族英雄的形象自然南辕北辙，因而人们囿于政治、观念、情感因素不愿意将一位民族英雄和“卖国军阀”的父亲相联系。其二，张作霖不通文墨，留下的思想主张和父子对话的资料甚少，研究起来十分困难。因此，很少有人谈张作霖对张学良的影响，更多的是谈张学良对他父亲的反叛。

实际上，如果我们对张学良的思想，尤其是思想的核心部分——国家观作深入探究，大概就不会反对这样的观点：张作霖对张学良国家理念的影响是广泛而深刻的。

一是因为张学良性格孤傲，受他崇拜的人少之又少，但从晚年口述和遗著看，张学良对他父亲的崇拜远远超出常人，他经常说，他最崇拜他父亲。按常理说，一个人最崇拜谁，谁就是对他影响最大的人。

二是张作霖视长子张学良为掌上明珠，自幼就把他当作自己家业、事业的继承人来培养，铁定要把自己用生命打下来的江山交给他还能吝啬打江山和保卫江山的理路和谋略吗？从主观上说，张学良自幼崇拜他父亲，他父亲从他小的时候开始就想把他复制成张作霖第二，这样的心理就决定了老子一定会千方百计想影响儿子，儿子也会千方百计地去向老子学习。

一个拼命想学，一个铁定要教，剩下的问题就是想学的有没有能力学得到，想教的有没有东西可教得出。

东北大学代理校长王卓然曾评价张学良“绝顶聪明”，“智商系数很高”。张作霖既非名门出身，又无特别宦途履历，与中央政府亦无密切因缘，生于乱世，起于草莽，初为街头流浪儿，后为毅军首领卫士，再到与胡匪周旋的“保险队”头目，又摇身一变为清军统带。进入民国后，初为师长，进而晋升为奉天督军兼省长、东三省巡阅使，进而称兵关内，问鼎中原，最后竟达到北洋政府末代国家元首的高位。看完张作霖的经历，相信谁都不会怀疑他没什么可教。可以说，张学良从他父亲手中继承东北政治军事集团的统帅权、东北的领导权的同时，也继承了张作霖的绝大部分思想主张。这从他们父子对内治军治政政策、对外原则的连续性上可以得到证明。

有人说张作霖没有什么思想，一生就是一个“干”字。要说对张学良有影响，也不是思想上的，而是行动上的。这话也对也不准确，说他对，因为有关记录张作霖思想方面的文字很少，父子之间思想上的交流记载更少；说他不准确是因为，看一个人有没有思想不光是看他说出来的观点，写出来的主张，任何人的所作所为都是受思想支配的，正是在这个意义上才有人说，“一切历史都是思想史”。关于思想上的影响，也不只是通过谈话、训导、读书来完成，具体行为和潜移默化的影响常常比语言和文字对人们的影响更大。

确实，有的人的思想反映在演说中、文章里，有的人的思想则反映在具体行动中。显然，张作霖属于后者。这样，要研究张作霖的思想必须从他“做了什么”中去寻找，而不光是看他“说了什么”、“写了什么”。张作霖对张学良的思想影响也是如此。张作霖对张学良的影响是潜移默化的，那在哪些方面影响了张学良呢？就国家观的内容来看，至少在以下几个方面有着重要的影响：

国家统一的方式应以和平统一为首选

地方势力各自为政，国家政令得不到贯彻，就谈不上国家的统一。因此，地方上的统一是国家统一的组成部分也是开始，张学良一直坚持这一理念。从张学良晚年口述历史中可以看出，他的这一思想受到了父亲张作霖的影响。

武昌起义时，张作霖应东三省总督赵尔巽之召，起兵勤王，受到清廷破格升赏，出任“关外练兵大臣”，成为奉天省最大的军事首领；1916 年被中央政府任命为奉天督军兼省长后，他最关心的是“统一”问题。当时奉天统一的主要障碍是第二十八师师长冯德麟，冯兵权在握，又以日本为靠山，素以奉天“老大”自居，如今“职居张氏之下”，颇不服气。

张勋复辟时，冯德麟派兵入关，想事成之日，踢开张作霖，自为奉天督军。张作霖觉察到复辟不得人心，立即发表宣言，反对复辟。还致电反对复辟的段祺瑞："愿即秣马厉兵以从其后"。段称赞张作霖："张雨亭这个人脑子还清楚。"[①] 张勋失败后，冯因背叛共和，被剥夺一切官职。张作霖以德报怨，致电劝段祺瑞予以宽大处理。冯回到奉天，从此一落千丈，只好屈居张作霖脚下。张作霖因利乘便，把冯部二十八师全部收归已有，统一了奉天军政。

此时，黑龙江省将领许兰洲为争夺黑省兵权与人发生内讧，张作霖派部下驰往"调停"，同时向中央保荐自己的同乡、儿女亲家鲍贵卿接充黑龙江督军，中央答应了张的保荐，这样，黑龙江实际上被纳入了奉天的管辖之下。

1918 年张作霖被任命为东三省巡阅使，吉林督军孟恩远心存不服，这时正赶上吉林士绅向中央控告孟恩远纵兵殃民，张乘机向中央提出以黑龙江督军鲍贵卿接任吉林督军，以自己的心腹干将孙烈臣继任黑龙江督军，中央一一照准。至此，张作霖完成了东北的统一，结束了东北自辛亥革命后三省各自为政的混乱局面。[②] 对这段历史，张学良印象深刻："那东北很复杂呀，他把东北整个统一了。那时吉林是孟恩远，黑龙江是许兰洲，那不是他的部下，可是都被我父亲'征服'了。他整个把东北统一了，一个个都被他降服了。"

从张学良的回忆中分析，他对他父亲统一东北十分敬佩。主要是敬佩他父亲统一东北的手段。张作霖当时虽兵权在握，可统一东北并未用兵，而是利用各种矛盾、寻找时机，采取和平的手段统一了东北。

国内战争不能无休无止

张作霖统一东北之时，徐世昌在皖系军阀段祺瑞的操纵下取代了直系军阀首领冯国璋，成为民国总统，引起直系军阀曹锟、吴佩孚的不满，双方在京津地区发生了军事对抗，史称直皖战争。直系的口号是"和平统一"，皖系的口号则是"武力统一"，双方对抗，势均力敌，东北的张作霖成为战争胜负的决定性筹码。张作霖选择了"和平统一"的一方，通电全

---

① 《张大元帅哀挽录（行状部分）》。

② 金毓黻：《张作霖别传》。

国："回忆民国六年，河间秉政，群阴煽乱，国难将生，作霖乃有秦王〔皇〕岛扣留军械之举，牺牲一切，排除众难。然后总统、国会改选问题，乃得次第成立，以有今日。舍身救国，不敢言功。而对于大局之沦胥，岂得置身事外。慨自国体改革以后，干戈满地，灾歉频年，国濒于危，为〔民〕不堪命。现在浙有水患，苏有米荒，直、豫、鲁、奉，赤地千里。天灾示警，民不聊生。稍有人心者，岂堪再启兵戎，害我无告之黎庶。又况京畿重地，遽作战场，根本动摇，国何以立？"①

用张学良的话说，奉军助直倒皖是为了国内和平。奉直联手，皖系很快失败，直奉两系控制了中央政府，国内恢复短暂的和平。直皖战争结束后，曹锟欲对战争中他认为倒皖不力的将领王占元进行惩处。当时张学良已经是成年人，张作霖为了培养他，处理中枢大事常带在身边。

一天夜里，曹锟来到顺承王府，和张作霖闲谈，张学良也在场。张家跟曹锟关系特殊，曹锟的女儿，准备嫁给张学良四弟张学思。张学良回忆说："他们谈话时，我在旁边看，我父亲这人很有意思。他们在一起谈呐，随便谈，曹锟说，他要对皖系下手，把段祺瑞的皖系彻底打倒。因为什么呢？直皖战争前，王占元本来也同意反对段祺瑞，可战争打起来后，王占元没出力量。那个时候皖系的大将是吴光新，段祺瑞的小舅子，这个人在历史上也是有点地位的，他是士官学校的学生。直皖战争起来的时候，他在王占元那个辖区里头，他是什么官儿了？啊，在长江下游有一个什么总司令，我说不出来了。照理呀，王占元应该把吴光新抓起来。王占元呢就有点模棱两可，没抓他，他也没有那么大的力量。战争的结局是，直系把皖系打败了，可以说，直系就是自那起来的。"

> 战争结束后，曹锟就对这件事情不满意。曹锟就露出一句话，对我父亲说：王子春（王占元）呐，这件事情不卖力气，要滑头。他的意思是要把王占元拿掉，派他们直系的其他人当两湖巡阅使。我父亲说：三哥啊，以后北方的局面，就靠我们两个左右了，我们可不要再起战争了，大家好好地练兵，把地方治理好，让老百姓过几天安生日

---

①《张作霖宣布率师入关以武力为后盾解决时局通电》1922年4月19日，原载《北洋政府步军统领衙门档案》，抄见《张作霖文电集》，张氏帅府博物馆存稿。

> 子。我们对王子春应该以诚相待，让他安心在湖北干，这样他就是南北的屏障了。你可千万别再听部下的怂恿，再弄是非。“不是，不是，我就随便说说，征求征求你的意见。”我父亲厉言正色：“三哥，你如果口是心非，动王子春的主意，你可小心，到时候别怪我抠你屁股，说我不讲信义！”就是我在后边，我要发动！

曹锟要惩处王占元这一历史细节，史书上没有记载。不过，张学良能把这一历史细节叙述得如此真切，说明张作霖倡导和平、主张国家统一的主张对张学良影响是深刻的。其他人可能对这段历史做出不同于张学良的解读，张学良接受的却是和平和统一，他赞同他父亲“统一无期，则国家永无宁日。障碍不去，则统一终属无期”的观点。① 这在后来的历史中已得到证明。

封疆大吏“首先思考的是尽封疆大吏的职责”

1912 年 1 月，清廷最后一次御前会议决定退位。日本人乘机策划了以成立“满蒙王国”为目的第一次“满蒙独立”运动，企图将东北和蒙古从中国版图中分离出去。日本军人和“宗社党”人积极策动奉省中国军队哗变，响应满蒙举事。当时驻扎在北大营的军官有些犹豫，日本人打气说：只要北大营一举烽火，奉天城内的张作霖定会率部响应。6 月 19 日，北大营的军队蜂拥出营，直扑奉天城北门，张作霖指挥所部对进城的乱兵进行了镇压，“张军在城墙上向乱兵予以猛烈的射击，肇事部队被打得七零八落”，遗尸而散。这件事引起日本关东都督府和日本军人的极大不满，“密议了杀张计划”。

日本挑起第二次“满蒙独立”运动时，“正处于张作霖刚刚就任奉天督军的初期，已经就任督军的张作霖，与急于想当督军时渴求日本的支持，有了很大的不同。他已经成了中国的封疆大吏。虽然他的势力与日本在东北的势力相比还是脆弱的，仍然希望得到日本支持，但他首先思考的是……尽封疆大吏的职责”。因此，张作霖“对日本暗中支持‘宗社党’的活动、巴布扎布的闹事，态度非常明确，行动也非常坚决。”阻止了日本肢解中国的阴谋。

张作霖是北洋时期的封疆大吏，张学良是南京国民政府时期的封疆大

---

①《张作霖宣布率师入关以武力为后盾解决时局通电》1922 年 4 月 19 日，原载《北洋政府步军统领衙门档案》，抄见《张作霖文电集》，张氏帅府博物馆存稿。

吏，时代不同，面对的边疆问题是相同的，在处理相同问题时张学良可资效仿的恐怕只有张作霖。

“中国的领土不能让外人控制。”

国家领土是国家赖以存在的基础，捍卫领土主权是封疆大吏的主要责任。张作霖是北洋时期的大人物，对如此重大问题十分明确，封疆大吏就要为国家守住每一寸土地，为保证国家对领土范围内的人、物、事行使管辖权和资源享有权而努力。张作霖收复外蒙古（今蒙古国）的努力在张学良记忆中打下了深深的烙印。“奉天势力逐渐大起来了，我父亲就当上了东三省巡阅使①，他那个时候不想做内战的事情，他认为内战对中国破坏太大了。他想往西拓展，重点想往外蒙拓展。”②

外蒙古原来是中国领土的一部分。1911 年沙皇俄国乘清朝灭亡之机，策动外蒙古分离势力宣布“独立”。1915 年，中国、俄国和蒙古三方在恰克图缔结的《关于外蒙古自治之三国协定》规定，外蒙古是中国领土一部分，外蒙古承认中国宗主权，中国、俄国承认外蒙古自治权。其实，实权掌握在沙皇俄国手中。第一次世界大战爆发后，俄国内政陷入混乱，无暇顾及外蒙事宜，中国政府派徐树铮为西北筹边史，经营漠北，外蒙古于 1919 年 11 月放弃“自治”，重归中国。直皖战后，外蒙古分离势力在当时盘踞在中俄边界的白俄残匪恩琴唆使下，击溃了驻防库伦的中国军队，再次宣布“独立”。张作霖在统一东三省之后，就把统一外蒙古作为头等大事开始酝酿。徐树铮兵败退回张家口和恰克图一线，张作霖认为梦寐以求的统一机会来了，他情不自禁，脱口而出：“吾事成矣。”

“民国十年……白俄军遂占领库伦据有外蒙。而当时之苏俄屡宣言，如中国不将恩琴驱除，苏俄势将派军征讨。”外蒙古形势危急，中央政府命察哈尔都统王廷祯进军库伦，王见有“剃头将军”之称的徐树铮都败走张家口，因此对出兵外蒙古的中央命令犹豫不决。张作霖闻讯急电中央政府：“当此外蒙危急之际，如都统不出兵，则应派奉军出征。”

---

① 巡阅使，官名。北洋政府对控制两省以上的军阀，授予巡阅使官衔。1918 年 9 月张作霖任东三省巡阅使。

② 参见［日］园田龟一：《怪杰张作霖》。园田龟一在奉天从事报业多年，对张作霖及其奉系的发展比较熟悉，所掌握史料颇多。

1921 年 5 月 25 日，“总统徐东海（世昌）征询我父亲意见，问外蒙古这个事儿应该怎么办。我父亲表示，一定要用武力收复，中国的领土不能让外人控制。”① 徐世昌大总统便郑重宣布：“征蒙全局的用兵和指定指挥官全由张作霖负责。”张作霖慷慨陈词：“外蒙乃中国之领土，今终为异族所占领，使中国国民蒙受奇耻大辱。保全国土，军人有责，征蒙问题已再无讨论之必要，作霖既已从元首受命讨伐，不日即将率关东健儿，为收复外蒙而驰骋于漠北原野。如能从异族手中夺回蒙古，作霖虽死于万里塞外，区区之身亦不足惜。”

徐世昌遂发布大总统令，正式任命张作霖为蒙疆经略使②。

东三省巡阅使张作霖兼任蒙疆经略使，使得东三省和毗邻的热河、察哈尔、绥远三个特区连成一片，整个北方基本统一，张作霖由“东北王”一跃成为“满蒙王”。

“满蒙王”为了收回外蒙古，“就组织征蒙军，想讨伐这股蒙匪，计划把蒙匪消灭后，在外蒙建立三个省，以此巩固中国边疆安全，遏止外患侵入。③ 为了征蒙，我父亲做了个详细计划，他想自己亲自实行这个计划，把他原来做的事情让我去做。……我父亲回到东北，就做他的蒙疆经略使，他很重视这个官衔，一心想经营蒙古。那我父亲已经差不多都行动了，开了好几次征蒙军事会议（1921 年 6—7 月），还召蒙王来奉天，交换意见。

---

① 1921 年 2 月，外蒙古分离分子再次宣布“独立”。5 月 30 日，徐世昌总统发布总统令：任命东三省巡阅使张作霖兼任蒙疆经略使，出师戡乱。

② 经略使，官名。多设于边疆地区，经略一方军政。始于唐代。蒙疆经略使职衔的提出，可上溯至民国初年。1913 年二次革命失败后，黄兴流亡日本，袁世凯以蒙疆经略使为诱饵，试图对其进行拉拢，未遂（杨荫杭《何不巡阅库伦》，原载《申报》1921 年 2 月 27 日。转引自杨荫杭著、杨绛整理：《老圃遗文辑》，长江文艺出版社 1993 年版，第 204 页）。1920 年 7 月直皖战争中，奉系张作霖出手帮助直系，使得段祺瑞为首的皖系势力迅速垮台，北京政权继而由直、奉两系共同控制。然而，胜利者的暂时“同盟”很快因利益分割不均而出现裂缝，使得夹在两系军阀斗争中间的靳云鹏内阁左右为难。1921 年 2 月 4 日，白俄势力恩琴部攻占库伦，外蒙古再次宣布独立，迫使当地北京政府驻军退出库伦。北京政府决定由直、奉两系分头出兵平叛。参见张建军：《从蒙疆经略使到热察绥巡阅使——民国北京政府后期奉直两系对蒙古地区的争夺》，《内蒙古师范大学学报》2011 年第 1 期。

③ 张作霖为征伐外蒙古，组建了 8 个混成旅，旅长分由郭松龄、张海鹏、汤玉麟、蔡永镇、李桂林、牛永福、赵恩臻、巴英额等担任。

让张辅忱代理东三省巡阅使署、奉天督军署日常事务，自己亲自指挥28师向热河朝阳、赤峰前进，命令29师向海拉尔、27师向满洲里进发。曹锟看奉天的军队往外蒙那边移动了，他就对王占元下手了（1921年8月）。那时正赶上湖北王占元的第二师发生哗变，直系趁机出兵，把王占元赶跑了，占领了两湖，吴佩孚当上了两湖巡阅使……我父亲看曹锟说话不算数，趁东北军征外蒙之机，夺取了两湖，直系坐大，三分天下他有其二了，就把去开辟蒙古的军队调回来了，向关内集中。”

> 我父亲本想在乌里雅苏台①那儿开辟三个省。这可是中国的大问题。外蒙古和内蒙古不一样啊，外蒙古虽然人口少，但面积大，历史上就总和中原王朝若即若离，不十分紧密，辛亥革命后，离的苗头越来越明显。对这么特殊的地方，我父亲当然要争了。
>
> 回顾这一段故事，在中国历史上，有重大意义。假如直系不谋夺王占元地盘，而东北军之征蒙事遂，彼时将库伦收回，安有今日之外蒙伪共和国乎！同时我父亲眼光已向外注视，（那个时候奉天省库存约有三四千万，此乃奉天省长王岷源理财之功绩也），甚想经营外蒙，如此志愿实现，当然不可能再参预内乱。后之研究民国史者，请勿忽略此件大事也！

可见张作霖对张学良影响之大之深。

“最大限度地维护国家主权。”

在维护国家主权问题上，从出发点和根本立场上看，张氏父子如出一辙。尽管学术界有一种声音，指斥张作霖卖国，在张学良心目中，他更敬佩他父亲，他坦然自己“没有他父亲的能耐。”

张氏父子均曾身居国家要位，碰到的问题基本包括了国家主权的全部内容。不仅如此，张氏父子执政的年代与今天不同，当时的国家主权原则

---

① 乌里雅苏台，位于今天蒙古国扎布罕省境内。康熙帝三次亲征西北，有效地控制了漠北蒙古后，于1733年设置将军府，就驻防于乌里雅苏台，统辖喀尔喀四部和科布多、唐努乌梁海二区。辖境相当于今天蒙古全境。乌里雅苏台城是清代漠北高原三大军事重镇之一。

和国家利益并没有获得国际社会的真正认同和尊重，甚至经常遭到日俄两国和其他列强的蔑视、凌辱和剥夺。这样，在维护国家主权的路上必然充满荆棘，甚至是凶险。我们评价这样的人物，宜以大仁论其政，以大义评其战，以大节观其人，以远见察其时局之主张。不可忽略敌强我弱之背景，不可淡忘维护主权之艰难。

台湾东吴大学教授沈云龙认为，张作霖“虽身处日俄两大强邻之间，却时刻不忘国家领土主权的维护，周旋折冲，软硬兼施，不循故常，使觊觎者于既得权益之外，无可再生妄念，得以彼此相安无事。如果他能始终善为利用其所处的特殊地理环境，保境安民，休养生息，置身事外，不与国内军政纷扰纠结一起，当可与五代十国时以盐枭起家而管辖浙东西十一州的吴越国王钱镠媲美”。①

台湾学者张式纶认为：“民国以来东三省承清季丧乱之余，如雨亭先生出而主持军政，绥靖地方，建设经营，则日俄战后，地方糜乱，人民涂炭，不知伊于胡底。如东北军政不能自卫，则南北满早为日俄所吞并，而无待于‘九一八’。华北内蒙之续被侵略，亦无待于‘七七’。外蒙古之独立，亦必大为提早。东北军进关则促使曹吴失势，有助于北伐。东北军出关而促进和平统一，是进退皆有益于大局，有造于国家。雨亭先生以一人之进退生死，而攸关世局与国运，如此其巨大，如此其深远。生为东北之重镇，国家之长城。死则以身殉国，重如泰山。中国近代史无论如何编纂，雨亭先生必然永居重要地位，成为民族英雄、历史伟人”。② 日本有位叫伊原泽周的学者评论说：“其实，日本对张作霖，只是希望他能像日俄战争后那样，为日本‘鞠躬尽瘁’，即使后来张作霖成了‘东北王’，日本也希望他能做个‘儿皇帝’。这样，日本可以通过张作霖独占东北权益，以摆脱华盛顿会议所规定的门户开放、利益均等的束缚。但张作霖不愿寄人篱下，企图做唯我独尊的国家元首，这又是日本当局绝不能容忍的”。③

西方研究东北亚问题专家，英籍澳大利亚人加文·麦柯马克在《张作

① 沈云龙：《从历史观点看张作霖的成败得失》，台湾《传记文学》第21卷第4期，第25页。

② 张式纶：《论张大元帅雨亭先生》，台湾《传记文学》第21卷第4期，第29—30页。

③〔日〕伊原泽周：《张作霖“讨赤”与田中内阁》，《历史研究》1992年第2期。

霖在东北》一书中评论说：对于张作霖与日本帝国主义之间的关系，“是一个绝对不能回避的问题；而且，这也是一个最难回答的问题。当然，张作霖不是日本的傀儡。……张作霖试图利用日本来加强他自己的地位，与此同时，又防止受日本利用作为日本进一步侵入中国的一个工具。在这个限度内，他可能一直是天真的。然而，从其经历看来，他似乎确实坚定地坚持中国的统一与完整，只准备向日本人或东北自治的支持者们作出最为难于避免的策略上的妥协。因此就这个意义上说，他应当得到比他通常已经得到的更为积极的评价”。

张学良研究会会长、辽宁大学胡玉海教授和张学良研究会副会长、沈阳张氏帅府博物馆馆长郭俊胜研究员在《张作霖与日本的关系研究概述》一文中说，“在国际交涉中，无论是强国还是弱国妥协和让步都是必须的，更何况我们处于弱势地位。所以，不能因为张作霖在对外交涉过程中有妥协，就说‘他和日本侵略者相互利用狼狈为奸’。考察张作霖统治时期的对外交涉，不仅频繁而且复杂，涉及到经济、政治、军事各个方面，在铁路建设、设领设警问题、商租问题、征收二五附加税问题以及军事冲突等各项交涉中，张作霖都是最大限度地维护了国家主权和民族的根本利益”。

张学良自幼在这样一位父亲身边长大，父亲的言行不可能不对崇拜他的儿子产生重大影响。尤其是张作霖死后，张学良主政东北，他所面临的国家问题比他父亲在世时更加复杂和严重。张学良从中更加深切地体会到日俄两国的狡诈与凶残，更加深切地体会到在国力相差悬殊、国与国政治上不平等的条件下维护国家主权的艰难，因而他更敬重他父亲的智慧与勇气。1957 年蒋介石曾鼓励张学良写一写民国往事，他写了一本后来称之为《杂忆随感漫录》的书，书中有不少文字是写他父亲：

“我父亲的为人和他的事业，绝不是这短短篇幅所能写得完的，也不是我这文笔的能力可以写得出来的。又加上我一追想他老人家的事，我的情绪你们也会想象出来的。”

“总之他是一位历史上不可抹煞的人物。……现在我斗胆以子论父，给他老人家下一个论断：生非其时，他确有刘邦、朱元璋之风度；亦具有项羽、陈友谅之气概；英雄豪杰也！”

1932 年 4 月，张学良在欢迎李顿调查团时有个讲话。讲话中他深情地回忆起他父亲：

> 父亲总是否定我的意见。“你年轻还不懂，你认为我喜欢战争吗？我的目的就是以战争结束战争。我希望以军事力量统一中国，依靠统一免中国丧失东北。东北每天都在虎口之中。中国统一、强大才能改变这种状况。”
>
> 连我父亲的政敌都认为，父亲张作霖因不把中国的主权让给日本而致身亡。①

不论这样的论述是否公允，但从中可以看出张学良对父亲的敬重和父亲言行对他的影响。影响他思想的人都可以称为他的“导师”，只不过有的导师偏重于“无言之教”，以行为主；有的则“言行并重”。在张学良身边，聚集了一批有思想的人，对张学良思想影响最大者，除张作霖外，就是郭松龄。

“没有枪杆子，就掌握不住印把子。”② 张作霖靠枪杆子打天下，自然懂得枪杆子的重要性。张学良 19 岁那年，张作霖为培养中下级军官，以从基础上加强奉军的实力，重新开办荒废多年的东北讲武堂。为了使自己的继承人日后顺利接班，他让原本想穿白大褂的张学良披上了绿军装。在讲武堂，张学良结识了对他日后产生的影响仅次于他父亲的郭松龄。

“军阀自身也需要革命。”

郭松龄，比张学良长 8 岁。22 岁考入奉天陆军小学堂，毕业后被派到奉天中路巡防营朱庆澜部任哨长，次年随朱入蜀。在川期间，曾入四川陆军讲武堂学习。1911 年升任管带，旋即加入同盟会。同年回奉天。民国初年，考入北京陆军大学，毕业时，朱庆澜由黑龙江调任广东省长，郭应邀赴广州，被任为驻粤滇军讲武堂教官。曾面见孙中山，向孙中山提出：“军人每为军阀利用，造成特殊势力，实为共和之障碍，故其自身亦须革命。”③ 1918 年，郭松龄返奉，先任督军署参谋，东北讲武堂重开，被聘为战术教

---

① 张学良：《我对日本积极政策的经验》。

② 王翔麟：《奉郭战争见闻琐记》。

③ 郭松龄简历见任松、武育文：《郭松龄》。

官。郭松龄是个有民主主义思想的爱国军人，对张作霖不断对关内用兵，不以为然。郭松龄认为：“欲谋东三省之根本改造，非先推倒恶军阀不可，余拟回奉，投身奉天军阀巢穴，谋取兵权，潜蓄势力，以图根本改造。”①

在讲武堂，郭松龄见张学良聪明进取，是棵好苗子，遂常向他宣传“练精兵，御外侮”等爱国思想，并传授数学、物理等炮兵所需要的知识。郭性格沉稳寡言，不事应酬，待人谦和，谙于军事，常着士兵服装在练兵场上身先士卒，深受张学良称许。张学良虽然年轻，却知人善任，视郭为不可多得的军事人才。两人迅速发展成亦师亦友的密切关系。

张作霖升任蒙疆经略使后，为征蒙所需，奉军扩编为十个旅，张学良的卫队旅改编为奉天陆军混成第三旅，郭松龄因吉林剿匪有功，被提升为奉军混成第八旅旅长。三、八两旅组成联合司令部，合署办公。此后，两人经常睡一铺炕，在一间屋办公，张学良放手让郭松龄整训部队，凡行政管理、训练、人事任免都由郭松龄负责。张学良常对人说：“我就是茂宸，茂宸就是我。”他自己只是注意调整郭与张作霖之间关系。共同指挥，共同作战，直到郭松龄反奉。

第二次直奉战争后，张作霖与段祺瑞控制了北京中央政府。这时的张作霖，除占有东三省、热河、绥远、察哈尔外，又控制了山东、河北、江苏、安徽，直至上海等长江中下游一带，成为国内势力最大的军阀。张作霖为进一步武力统一中国，准备“大封诸侯”。张学良建议任郭为安徽督办，张作霖已同意，郭得知后，提出要求说：“南方人心怀叵测，必须带二师重兵，方可足资震慑！”杨宇霆反对说：“如果我去，则不带一兵一卒，只凭政治手腕，不但苏皖二省可保无虞，并在半年之内，可使长江中下游各省来服我东北。”张作霖担心督办带重兵上任，必引起南方怀疑，恐激成速变，旋以段祺瑞政府名义任命杨宇霆、李景林、张宗昌和姜登选为江苏、直隶、山东和安徽督办。

1925 年秋，受张作霖排挤的冯玉祥与孙传芳联合反奉。张作霖准备进攻冯玉祥国民军，郭松龄因受杨宇霆排挤而失去安徽督办一职，心怀不满，不愿去打冯玉祥。10 月，郭去日本观秋操，正赶上冯玉祥的部下韩复榘也在日本观操，郭向韩表示，张作霖“若是打国民军，我就打他”。郭松龄在

① 李坚白：《东北国民军总司令郭松龄事略》，自刊稿，第 4—5 页。

奉系集团中是一位具有民主思想的新派人物，他一方面反对军阀内战，主张改革政治，“精兵强卒，保卫桑梓，开发东北，不事内争，抵御外侮”。多次向张学良表示，不能再为少数人的利益，打仗争地盘，这一主张深得张学良赞许。另一方面，郭松龄第二次返奉后，就有夺取奉军、改造东北的雄心。他曾向刘鸣九表示要弃军从政，竞选参议员，然后竞选总统，期望做一个善于治国的领袖，名垂千古。① “五卅”惨案后，李大钊曾派人到奉天，策动郭松龄反奉②。郭松龄回国后，即与冯玉祥、李景林联络，结成反奉联盟。郭、冯还正式签订了密约。③ 密约中议定冯玉祥据西北，直隶（今河北）归李景林，郭松龄管东三省及内蒙古，冯、李共同支持郭反奉。

当张学良携张作霖的命令和郭商议进攻国民军计划时，郭松龄愤然对张学良说：“东北的事情，都叫老杨（宇霆）这帮人搞坏了。安徽、江苏的失败，断送了奉军三个师的兵力，现在又要叫我们去卖命，给他们打地盘，这个炮头我是不再充当了。”“上将军脑筋太旧，受群小包围，恐已无可挽救。”并提出“父让子继”，改革三省的主张。郭松龄反对军阀混战和主张革新东北，张学良是赞成的。但郭要“革”张作霖的“命”，张学良自然不能同意，劝郭回心转意，无功而去。

郭在滦州给张学良写了一封信，说“松龄自受知遇，以至今日，一身所有，皆公之赐。……凡所希之功名，皆为公而求，所望之事业，皆为公而立”，同时表明“已约束部下，分途前进，以清君侧而驱群小，另造三省之新局面。成则公之事业，败则龄之末局。”④ 郭松龄到昌黎又写一封长信给张学良：“公（张学良）应对上将军张作霖尽忠尽孝，但是，若徒以服从为孝，而长其骄盈侈大之心，是陷亲于不义，委亲于至危，实非圣人无违之义。”“至忠之界说，现今国体共和，主权在民，故吾辈之忠，应忠于国家人民，……决非忠于一

---

① 刘鸣九：《张学良和他的副手郭松龄》。

② 刘鸣九：《张学良和他的副手郭松龄》。

③ 据高兴亚所著《国民革命史稿》所载，密约写明：“甲（冯玉祥）乙（郭松龄）系同志结合，为达到左列革命目的，公订条约如下：一、排除军阀专横，永远消灭战祸。二、实行民主政治，改善劳工生活与待遇。三、实行强迫普及教育。四、开发边境，保存国土。冯玉祥签字日期为，民国十四年十一月二十日，郭松龄签字时间为民国十四年十一月二十二日。见沈述：《郭松龄反奉始末》。

④《郭松龄在滦州致张学良信》，《晨报》1925 年 11 月 28 日。

人。”最后还说：“松龄愿公为‘新世界之伟人’，不愿公为‘旧时代之枭杰’，愿公为‘平民所讴歌’，不愿公为‘政客所崇拜’。”①

郭松龄反奉和因反奉被杀，对张学良来说是他人生中最痛苦的事情。六个月后的1926年6月1日，张学良在给饶汉祥的书信中，这样评价郭松龄：弟与茂宸共事七年，谊同骨肉。其去年冬，举事卤莽，自取灭亡，半生汗血劳动，捐于一旦。此事前不能察觉预防，事败不能援手，回忆前尘，悼痛曷极！……迭次致书茂宸，均为先生所亲见，并无一语怨及茂宸。②

对郭松龄反奉，张学良感到痛心，但认为郭松龄具有令人倾倒的人格魅力和进步思想。张学良对郭松龄的人格赞美和思想认同，形成了他与军阀抗争的批判精神。据何柱国等人的回忆，国民党第二次北伐时，张学良曾产生了欲将张作霖创立的奉军改为“北方革命军”，与北伐军合流的想法。尽管此事的真实度有待考证，不过，张学良的头脑中确实接受了诸多来自于郭松龄的新思想。他曾说：“郭茂宸的确是一个难得的人才，若由我处理，应让其出国深造，以后再为东北地方之用。”

直到西安事变时，张每遇到困难，常说：“如郭茂宸在，就不会这么困难了！”

“九一八”事变50周年之际，张学良在台北探视病中的齐士英，二人回忆起郭松龄，两人都认为：“若是郭松龄反奉成功，中国历史将改写，可能就没有民国二十年的‘九一八’事变。”③

意大利诗人阿利盖利·但丁把人生分为四个时期（青春、成年、老年

---

①《郭松龄在昌黎致张学良信》，《京报》1925年11月30日。另见《郭松龄反奉》，《辽宁文史资料》1986年第16辑。

②《复饶汉祥函》，《满洲报》1926年6月1日。饶汉祥（1883—1927），湖北省广济县人。清末举人。日本政法大学毕业。曾任黎元洪总统府副秘书长。民国时期“广济五杰”之一，其余四人为居正、郭泰祺、刘文岛、张导民。郭松龄反奉时，饶为秘书处处长，以郭名义发表的反奉电文和致张学良函多由饶亲自起草。郭兵败后，饶寓居天津。1926年春，奉军攻占京津地区，饶怕遭奉军报复，所以致函张学良解释。饶擅长文学，其骈体电文，在民初公牍中风行一时。著有《珀玕文集》8卷、《珀玕诗集》16卷、《珀玕词集》1卷，另《黄陂文存》8卷，即其代黎元洪所拟文稿。

③ 金亚东：《郭松龄与东北军官教育班》，辽宁省参事室、文史馆编：《文史资料》1982年号，第76页。另据台湾《联合报》1981年9月28日载：“如果当时郭松龄在，日本就不敢发动‘九一八’事变。”

和衰老），第一个时期也叫生命的增长期。“对第一个时期没有人会有疑问，每个聪明人都同意，它持续到25岁；因为直到这时，我们的灵魂主要是给肉体以成长和美，这时人身上发生了许多大的变化，而理性的部分还没有完全分离；理性虽然正在建立，但在这个时期之前有某些东西如果没有成年人的指导是不能做的。”

诗人但丁的分法显然说的是思想人生，这完全适用于对张学良思想人生的阶段划分。

25岁之前，张学良的思想奠基完成。这25年，在他思想人生的长剧中算作序幕。序幕里，真正作为人生主人的张学良还没有出现，虽然在舞台之上，不断地看到他穿梭的身影，但主角不是他，只有为他而来的人才会发现他，找到他。

人们注意的是他人生序幕的宏大背景：帝国主义时代被蹂躏下的中国。在这一宏大背景中最显眼的部分，也是奠定了张学良思想人生根基的部分，是欧风美雨袭来时中华古老的文化气流与之对抗、搏击、厮打、交集时产生的火光和团团浓雾。在这期间，不知所措的张学良一直躲在父亲张作霖的背后，看他如何迎着火光在浓雾中穿行。序幕即将落幕时，郭松龄出场了，此时他已经从他父亲那里学到了一些本领，他感兴趣的只是他父亲身上所没有的那部分。当然，序幕中还有一些关键的人物，如他的母亲和私塾老师，但最为关键的还是他父亲和郭松龄。

任何人的人生都无法摆脱他所生活的时代，张学良更是如此，因为他一直生活在那个时代的中心，他人生的底色就是此时染就的。

人的理性的建立都无法摆脱他所崇拜人物的影响，张学良更是如此，因为他的一切都是他父亲给的，他在人生奋斗的途中一直模仿着、崇拜着他的父亲，直到晚年，在他口中也没有说出比他父亲更了不起的人物。

序幕不是正剧，奠基不是完成，但没有序幕，正剧无法开始，没有思想的奠基，人生之路就找不到起点。

第二章
国家观：聚焦于国家统一和民族复兴之间

中国绝对不会亡！何以不亡？“有我在！”中国绝对能复兴！“何以能复兴？”“有我在！”四万万同胞都这样想，中国怎能不复兴呢？

——张学良

在许多人眼中，张学良是位令人匪夷所思的人物。他父亲张作霖曾是“中国正统的国家元首”，他可以继承“王位”，但他甘愿做南京国民政府的臣子；他身为西北“剿共”副总司令，却“暗通共党”；他身为国民党要员，却不顾一切地把蒋介石抓了起来；他明知道送蒋回宁凶多吉少，谁都看明白了到南京之后的下场，他却“一意孤行”。

对这些令人匪夷所思的行为，人们做了诸多深入的分析，有人说他性格软弱，缺少他父亲的霸气；有人说他自私，气象格局不够，一心为了保存东北集团的实力；有人说他感情用事，缺乏政治家的胸怀与智慧；等等。笔者认为，我们不应该用我们的价值标尺去分析张学良的所作所为，应该用张学良的价值标尺去解读他。许多论著的分析都有一定道理，但要对错综复杂的行为给出一个接近客观的答案，从他的价值观念入手，不失为一个有研究价值的取向。因为任何人的行为都是受自己的价值观念所支配的。

如果对张学良这些看似令人匪夷所思的行为做一梳理，就会不难发现一个共同点，这就是这些行为都与国家利益相关。当然，国家利益与集团、家族、个人利益总是交织在一起的，而人们对国家与集团、国家与个人关系的理解是不同的，这也是人们之所以认为他的行为匪夷所思的原因所在。

张学良的国家观是其全部思想的核心，它来源于他对民族的认同，又在与民族认同的互动中交替升华；他的国家观直接影响着他的战争观、日本观、外交观、平民观、人生观、社会历史观和两岸观。同时，他对战争的看法、对日本的痛恨、对外交的构想、对平民的同情、对人生的感悟、对社会历史的理解、对两岸关系的认识，又或多或少地对他国家统一、国家独立、国家富强观念起着或校正或加深的作用。

国家观念作为一种历史范畴，中国人曾经历过几个阶段明显的发展形态。最初是以“家国”为主导，即所谓“天子建国，诸侯立家，卿置侧室……皆有等衰，是以民服事其上，而无觊觎”的模糊阶段，一切以自己为本位，努力地将自己融入国家，做好自己，以不犯上维护国家的存在为旨要。进一步，以国家整体利益和尊严为主导，即以追求独立，“本大而末小，是以能固”为依归。[①] 再进一步，以“统一”为主导，以“天下大权，当统于一”[②]、“四海一统，万里同风”为宗旨[③]。最后，在独立、统一的基础上，奔向“强盛”的更高目标，“欲富国者，务广其地，欲强兵者，务富其民。”[④]

可以说，张学良国家观的萌芽、形成和发展，基本上经历了所有这几种形态。执政前，随其父东征西战，知道有国家，国家的概念却不怎么明晰，以服从命令为基本原则，虽萌生了“息内争、御外辱”，反对军阀干政的思想，但充其量属于国家观念的萌芽。皇姑屯一声炸响，其父张作霖倒在日本人精心策划的阴谋之中，张学良继其父执政一方，国家观念迅速明晰，认识到“我是中国人”，一切应以国家利益和尊严为主导，一方利益固然重要，比一方更重要的是国家的独立，国家的统一，因此，毅然“易帜”，国家统一思想初步形成；面对东北的险境，认识到国家统一之后，即为强盛的问题，在他领导下，东北掀起建设热潮，一为强国，二为富民，国家观念进一步深化；中原大战爆发，哪一个政权代表国家，面临选择，

---

①《左传·桓公二年》。

②《清圣祖实录》卷二七五。

③《晋书》卷五十二，列传第二十二。

④《战国策·秦策一·司马错论伐蜀》。

国家观念经受考验；从“九一八”事变到热河失守，追求民富国强的努力被迫中断，从欧洲归来，效仿西方，盲目地效忠领袖，积极“剿共”，国家观处于倒退状态；面对国家实力因内战而日渐消耗殆尽的现实，对南京政府“攘外必先安内”的国策发生怀疑，开始考虑国家的整体利益和发展前途，以“民心”、“国势”为基础，以“一致对外”为目标，发动了西安事变，标志着他的国家思想升华至全新境界。

概而言之，张学良的国家观，萌芽于参加两次奉直战争，提出“息内争、御外辱”之主张；成型于“皇姑屯事件”之后，为求“国家的真正统一”，毅然宣布东北易帜；倒退于欧洲归来，宣扬“一个领袖”、“一个主义”，“无条件的跟着走”；升华于对“攘外必先安内”政策的否定，为救中国，就得“一致对外”；定格于漫漫囚徒路上，经过长期思考，发出只要你是中国人，你就要经常思考：“你为国家做了什么？”

一、国人若人人自奋，国势以张

思想、观念、意识升华于冷静和理性，但最初的产生是直接与人们的生活传统和环境交织在一起的，这种交织首先作用于感情。[①] 生活在一个风云变幻时代里的人，感情也自然是波澜起伏的。张学良年轻时代的中国，已被列强瓜分待毕，国家犹存，却苦难缠身日深。那个时代的东北，虽然在版图上属于国家的一部分，但已经被日俄帝国主义的两大侵略魔爪抓得遍体鳞伤。此时的奉天省城处于国际、国内政治漩涡之中，越身居高位者，离漩涡中心越近，张作霖自然属于处在漩涡中心的人物。有这样一位父亲，张学良也就像被裹进漩涡中心的一片树叶，一片有灵性的树叶。这片树叶在政治漩涡中，经历了远离漩涡的人无法体会得到的政治悲情，感情触角不自觉地被强化了，在同龄人不知国家为何物、只注重眼前琐事的时候，他年幼的心灵已开始关注国家大事了。

人们的见识愈多，感情神经愈发达。感情神经愈发达，对烦恼痛苦反应愈强烈。

---

① 马克思主义认为：“思想、观念、意识的生产最初是直接与人们的物质活动，与人们的物质交往，与现实生活的语言交织在一起的。”

日本提出灭亡中国的“二十一条”之初，张学良即感到国家有可能步朝鲜后尘。这在当时的普通百姓中，反应并不像只有 15 岁的张学良这样强烈，甚至许多人不知道“二十一条”是什么。

“二十一条”在中国上层引起激烈争辩，有主屈从的，有主抵制的。由于日本提出“二十一条”中涉关中国东北问题的内容占了重要部分①，时任民国二十七师师长的“张作霖独排众议，表示强烈反对”。并致电北洋政府：“中日交涉丝毫不可让步，如交涉破裂，愿率全师进行决战，驱逐日寇，否则一死殉国。”② 1916 年，任奉天省长的张作霖不再只是通电表态，而是利用手中的权力进行有效的抵制。据日本学者统计，张在执政期间发出抵制“二十一条”的训令达四十几号之多。③ 张作霖的抵制是艰难的，作为张作霖的儿子张学良对此的了解自然比普通人要深刻得多。了解了这一背景，我们也就无须怀疑年方十五的张学良为何对国家的前途和命运表现出超出同龄人的忧虑了。

家庭常常是孩子观察世界的第一平台，出身于“东北王”的家庭，使张学良一步入社会就接触到了一般家庭的孩子难以接触得到的各界政治人物。张作霖又是个培养孩子有方的父亲，经常让张学良作为自己的信使，往来于民国上层人物之间。一般人要想见见民国总统曹锟、总理靳云鹏、

---

① 1915 年 1 月，日本向袁世凯提出旨在灭亡中国的“二十一条”，中日双方进行了反复交涉。5 月 25 日，日本强迫袁世凯政府签署了一系列条约和换文。关于中国东北问题，签订的条约及交换文书有：《关于南满洲及东部内蒙古之条约》、《关于旅大南满安奉期限之换文》、《关于东部内蒙古开埠事项之换文》、《关于南满洲开矿事项之换文》、《关于南满洲东部内蒙古铁路税课事项之换文》、《关于南满洲聘用顾问事项之换文》、《关于南满洲商租解释换文》、《关于南满洲东部内蒙古接洽警察法令课税之换文》。在上述条约与换文中，《关于南满洲及东部内蒙古之条约》最为主要，它是中日甲午战争以来日本推行大陆政策的进一步恶性发展，是日本“满蒙政策”在“二十一条”中的具体体现。见王海晨：《张作霖与二十一条交涉》，《历史研究》2002 年第 2 期。

② 台湾“中央研究院”近代史研究所编：《中日关系史料·二十一条交涉》（下），台北，1966 年版，转引自王海晨：《张作霖对日谋略》，《史学月刊》2004 年第 8 期。

③ 日本爱知大学教授水野明先生多年来从事“满蒙悬案交涉”研究，撰有《所谓“满蒙悬案交涉”及张作霖的对策》一文，并长期从事整理张作霖反对日本“满蒙政策”的档案资料工作，2001 年 8 月笔者同他在一次“奉系军阀与张作霖”国际学术研讨会上作过数次学术交谈，获益匪浅。张在执政期间发出抵制“二十一条”的训令达“四十几号之多”的数字即为水野明先生考证的结果。

北洋执政段祺瑞，恐怕比登天还难，张学良出入各家却如履平地。那时官场有个风气，军阀的阔少爷都送到北京给总统、总理当卫士武官。张学良就曾给总统徐世昌、国务总理靳云鹏当过卫士。“靳云鹏很看得起我。我那时十七八岁。他说：我看你这小子很有出息，挥金如土，杀人如麻。”

上层人物接触多了，张学良在思想上也接触到了许多涉及国家命运的大问题，同时也看到了这些当国者们的一些腐化生活，和足以误国的心理标尺。如以是否“挥金如土，杀人如麻”为标尺来衡量一个人有没有出息，听时，作为一位未成年人觉得好玩，冷静下来，谁都会觉得好笑。一个国家的命运掌握在这群人手中，而且在国势衰微，到处借钱度日之时。所以，张学良对“国家异常悲观，以为中国将从此任列强之宰割，无复望矣”。①他的忧国忧民意识，从这时已开始萌发，后来逐渐形成的以爱国为鲜明特色的国家观念也是从这里出发的。

由于张学良有个“好爸爸”，所以从他穿上军装那天开始，就一步迈入了奉系集团的权力核心层，参与中枢决策。正是参与中枢决策，尤其在随父南征北战中，张学良对国家的理念才迅速萌芽。但一种思想的形成不可能一蹴而就，甚至会走许多弯路。张学良的国家观最初的特征主要有两点：统一和和平统一。可他的统一思想恰恰萌芽于东北“地方自治”前后，和平统一的理念恰恰产生于参与“武力统一”、参与内战的过程之中。

在当时的中国，也不仅仅是张氏父子热衷于“武力统一”、“地方自治”，这两项主张几乎成了当时中国政治的符号。各派势力在有力量扩大势力范围时，都主张“武力统一”；在仅能自保或希图自保时，都举着“联省自治”的旗帜，以退为进，以求自保。不仅封建军阀如此，一些进步党人也概莫能外。孙中山建立的中华民国就是从各省独立开始的；由宋教仁遇刺引发兵戎相见的二次革命，也以各省独立发其端；1917 至 1918 年，以孙中山为首的资产阶级革命党人为维护临时约法、恢复国会，联合西南军阀共同进行的护法战争，实际上就是“武力统一”。

第一次直奉战争后，控制北京政权的直系叫得最响的就是“武力统一”，皖系段祺瑞也主张“武力统一”。孙中山认为：我们要把握时机，“取得政权，擒贼擒王，首先必须打倒北洋直系军阀。因此，我打算即回广东，重组政府，

---

① 天津《大公报》1930 年 12 月 11 日。

亲率大军北伐。另一方面，要分化北方军阀，利用直系与皖系的利害冲突，联络段祺瑞，特别是关外实力派张作霖，三方合作声讨曹（锟）、吴（佩孚）。"[①] 于是，孙中山派汪精卫来东北与张氏父子商议讨伐曹、吴的大计。孙中山联合段、张组成三角同盟，其目的也是"武力统一"。[②]

1922 年秋，孙中山派汪精卫和程潜来东北[③]，汪精卫携带了孙中山的两封亲笔信，一封为《复张作霖请出兵北京并派汪兆铭面洽书》，另一封为《复张学良派汪兆铭就商讨伐曹吴函》。第二封信全文如下：

汉卿仁兄惠鉴：

顷诵于书，借悉一切。所论奉省暂持冷静态度，以俟时机，实为特识。文倾致书尊公，述此后军事进行，宜由西南发难，据险与敌相持，使彼欲进不得，欲退不可。然后尊以大兵直捣北京，略定津保，以复其巢穴，绝其归路，敌必可灭，正与高明之见不谋而合。望力持

---

① 宁武：《孙中山与张作霖联合反直纪要》，《文史资料选辑》第 41 辑，第 115 页。宁武（1885—1975），曾用名孟言、梦岩，老同盟会会员。1919 年秋，受孙中山委派回东北做张作霖工作，直到张学良东北易帜后，还任张学良的顾问。是他，冒着风险在孙中山与张作霖间建起了互相沟通的通道，是孙、段、张"三角同盟"史上极其关键的人物。所以他的回忆文章被奉为研究"三角同盟"的依据，具有权威性是自然的。以后许多研究孙、张关系的著述，也都直接引用这篇史料。

② 一些史书记载，汪精卫是在 1923 年秋来到东北的。何柱国在《孙、段、张联合推倒曹、吴的经过》和辽宁大学出版社出版的《张学良将军传略》，唐德刚访录、王书君著述的口述实录《张学良世纪传奇》等史料均持此说。查《国父全集》可知，汪精卫、程潜持孙中山《复张作霖请出兵北京并派汪兆铭面洽书》、《复张学良派汪兆铭就商讨伐曹吴函》、《致张作霖告派程潜往商军事函》于 1922 年 9 月末就到了奉天。《盛京时报》对汪精卫来奉持续报道十数日。1922 年 9 月 26 日报道《孙遣汪精卫赴奉》，9 月 29 日报道《汪精卫抵奉矣》，9 月 30 日又报道《汪精卫迁寓城里》："如昨载，嗣闻张总司令以汪程二氏寓在西站都馆往来酬酢殊多不便，为表示优待亲睦计，特于 28 日午后派人乘车接往城里俱乐部居住。即晚张总司令设宴款待。"《盛京时报》1922 年 10 月 10 日在《汪精卫使命之斑一》中说："昨据政界人言汪氏为答礼而来自无疑义，但答礼之外不能毫无关系。前日，张总司令与汪氏密谈数小时，意见似颇接近。所谈内容因关防严密，莫拟详细。然以汪氏平日之口吻，似不欲更有战争之发生，拟趁此疏通奉直以已成统一之局面，奉天现亦绝非不欲和者。"

③《汪精卫抵奉矣》，《盛京时报》1922 年 9 月 29 日。内称："昨闻汪氏于 27 日晚间同吴光新及前湖南总司令程潜乘南满车由连抵奉，投寓于西站大和旅馆。28 日城内文武官员纷往迎接。午间入城晋谒张总司令等。"

定见，他日运筹决胜，可为预期也。韩芳辰君来，连日讨论，悉东三省整军经武，养锐待发，曷胜忻慰。兹特请汪精卫先来谒，一切代述。希赐接洽为荷。专复，敬颂　台绥

孙文　九月二十二日①

从这封致张学良的信函中即可看出，孙中山对粤奉合作抱着很高的期望："由西南发难，据险与敌相持，使彼欲进不得，欲退不可。然后尊公以大兵直捣北京，略定津保，以复其巢穴，绝其归路，敌必可灭。"孙中山讲得非常清楚，即采取南北夹击的军事手段打倒直系。这表明孙中山当时的主张十分明确：武力统一中国。孙中山致张作霖的亲笔信中，也明确地指出汪精卫北来的主要任务就是商讨武力讨伐直系问题，所以才派前湖南护法军司令程潜一同前来。可见，孙中山借助"三角同盟"关系武力统一中国，已不仅仅是纸上谈兵的口号。

这一时期，奉粤之间联系密切，函电往来频繁。台湾出版的《国父全集》中收入的孙中山致张氏父子的函电，就达11封之多。

汪精卫于1923年秋奉孙中山之命再赴奉天，与张作霖、张学良父子，商讨武力讨伐曹锟和吴佩孚的具体行动计划。曹锟通过贿选当选"中华民国大总统"三天后，孙中山下令讨伐曹锟。曹锟急忙以副总统为诱饵讨好张作霖，张作霖回应："对于副座一席，绝不希冀"。"言间面现怒色，似极愤懑。"同时，通电反对曹锟贿选。② 张学良后来回忆说："我父亲很厉害，他一定要打，为什么呢，就是因为三角同盟。""那时候所谓三角同盟，就是跟孙中山先生、北京的段祺瑞搞的联盟。那时，直隶方面在广东发动战争。广东那个小子叫什么？哦！陈炯明③。陈炯明攻击孙中山。我父亲这个

---

①《国父致张作霖及有关函电选录》，台湾《传记文学》第31卷4期，第40页。又见何柱国：《孙段张联合推倒曹吴的经过》，《文史资料选辑》第51辑，第10页。

② 见《盛京时报》1923年10月10日。

③ 陈炯明（1878—1933），字竞存，广东海丰人。中华民国时期广东军政领袖，毕生坚持联省自治，致力于以和平协商的方式统一中国，与孙中山奉行的中央集权、不惜以武力征战谋求统一中国的政治纲领不合，最终分道扬镳、反目成仇。1922年3月，孙中山撤销其粤军总司令、广东省长、内务总长职，只留陆军总长职。6月12日，孙中山举行记者招待会，不点名地指责陈炯明"反对北伐"。6月16日凌晨2点，陈炯明部队开始向孙中山发起进攻，史称"六一六兵变"。孙中山离开广州到达上海。

人厉害，一般我们都看看情形再说，我父亲说：不，那边已经动手了，我这边一定响应。”张学良还有一段文字，记载了和孙中山的关系，也透露出他参加内战属于不得已的心境：

> 总理曾派伍朝枢，汪精卫，李石曾先后来过沈阳。我父亲曾以经济力量协助总理回粤。① 迨至江苏之齐燮元突向浙江进兵，卢子嘉②向总理及我父亲呼吁求援。彼时东北之整军计划，尚未完成。我父亲召开会议，我们都说“军备整理尚未如计划完成。”我父亲力主即刻行动，向关内进攻。他的理由是：一则援助浙江，配合广东，不失信盟言；二则如待直系在全国得手，而东北孤立，虽军备完成，亦无用武之地。如他日之败，则不如今日之冒险，败则全信义，力言我已坚定决心，成败不计，汝等为我计划准备行动可也。我等再三请问说：“你老既下决心，我等即当遵命计划矣！”我父亲答曰：“然，军贵神速，一切越快越妙。”我等彼此面面相觑，伧然退下。因为皆知实无胜利之把握。当时之东北军全力动员只七万人，而曹吴对东北用兵，我等预计他可以调动廿万人以上。到后来证实，直军到战场上的兵力，共计廿一万余人，正是我军之三倍。而我方还要采取攻势。我们虽无胜利把握，但大家是一条心，愿以死赴之。古人云：两军作战，哀者胜也。当吴佩孚到北京寓于四照堂，“举趾高”之气概，可相对照。当我们出发时，到我父亲前齐集请训后，都含泪而别。因为不知此一去还是否再能相见。

奉军自成立以来，参加或挑起的规模较大的内战有直皖战争、两次直奉战争和对抗北伐军的战争。张学良都参加了，但他是作为一名将军而不是统帅参加的；他了解决策的内幕，但不是决策人；他服从了奉系高层的命令，但在思想深处并不赞同甚至反对军阀之间的战争。

---

① 宁武先生回忆：“几经商谈，张作霖同意帮助回粤军费50万元，由许崇智派其兄许功武来奉领去。以后又陆续补助过几十万元，确数现在记不清了。”

② 卢永祥（1867—1933），字子嘉，北洋武备学堂毕业。袁世凯在天津小站练兵时，与段祺瑞、王士珍等成为密友，后来一同成了皖系军阀的骨干。

亲见因战乱原因，满目疮痍，民生凋敝，自己同胞互相残杀，而有为有志之青年，多为牺牲，大伤国家元气，衷心实为忏悔。

民国时期的军阀利用共和体制下的民主政治的形式，以武力为后盾操纵和控制国家政权，其“实质是实力之下的武治，它比寻常的封建统治带有更多的动乱性和黑暗性。”军阀最初为保证军队给养和税收而争夺地盘，继而为争夺地盘而扩充军队。军队一扩充，则需要更多的给养，更多的税收，因而需要更大的地盘和中央政权的支持，于是便有了循环不已的军阀混战和对中央政权的干涉与控制。

在民国“法统”确立的情况下，军阀为了本集团的利益，无不利用共和政体来制造社会的动荡，然后，通过打着统一的旗号而干涉政治。其结果，既破坏了社会的稳定机制，加强了地方势力的离心倾向，最终导致国家政治局面的失控与分裂及政权的频繁更迭。自 1916 年至 1928 年的 12 年间，国家首脑更换了 9 次，每一位总统平均在任不到 16 个月；内阁改组 24 次，有 26 人任过总理，最短任期只有几天。政权更迭如此频繁，皆因新老军阀干涉政治所致。国家首脑成了军阀手中的玩偶，国家大法成了一纸空文，政权更迭仅凭一武人之喜怒。军阀为了培植自己的势力，不惜以国家利权做抵押，大借外债，购买军械，以图吞并弱小军阀。“军阀本身与人民利害相反，不足以自存，故凡为军阀者，莫不与列强之帝国主义发生关系。所谓民国政府，已为军阀所控制，军阀即利用之结欢于列强，以求自固。而列强亦即利用之，资以大借款，充其军费，使中国内乱纠纷不已，以攫取利权，各占势力范围。由此点观测，可知中国内乱，实有造于列强；列强在中国利益相冲突，乃假手于军阀，杀吾民以求逞。”①

张学良对此也有清楚的识见：我们国家，现在已到了万分危急的时期，内忧外患，重重逼来，大家再不努力，马上便有亡国灭种的可能。正因为内战内争而导致了国家的不统一，内战和内争又多为军人干涉政治而引发。所以，张学良的国家观，是从反对内战、反对军人干涉政治开始的。

北洋军阀时期“军人干政”成为普遍现象。北洋时期的所谓“军人干政”，是指军事集团政治化，军队首领及其所代表的利益集团在国家政治生

---

①《中国国民党第一次全国代表大会宣言》（大会秘书处一九二四年二月印发本）。

活中起主导作用的政权形式。作为奉系军阀集团中的一员，张学良忠实地执行过其父张作霖推行的内战政策，从这一点看，可以说他也是一个军阀。在政治上他忠实地执行其父的各项政治主张，有保护自己政治权力和军事地盘的追求，这也是事实。然而，在思想上与其父张作霖是有区别的。张作霖是典型的封建军阀，而张学良则是一位具有较强民主意识的新型领袖人物。

从1920年下半年起，张学良就逐渐流露出厌恶内战的心理，开始思考如何能实现国家的统一。辽宁大学胡玉海教授对张学良在北大的那次讲演作了这样的评价：在近代中国，反对军阀、反对军阀干政的人很多，但身为军阀集团内主要成员者，如此鲜明地反对军阀，反对军阀干政，张学良则是第一人。①

反对军人干政，这在当时是一个响亮的口号，而这一口号出自一个军阀内部高层人士之口，更显得可贵。如何结束军人干政的历史，是当时实现国家统一最迫切的任务之一。当时的有识之士提出了各种方案，概而言之：

一曰立宪派。立宪派认为，当时中国最大的祸患在于无法，如果能借宪法以谋统一，则军人干政造成的分崩离析的局面即可结束。

二曰联省自治派。这一派则认为，造成北洋时期乱象的根源在于中央政府权力过重，如果能将过重的中央政权分之于各省，各省自治已成，国家即可恢复秩序。

三曰和平会议派。和平会议派认为国内苦于战争时间久矣，现在解决的办法就是召开和平会议，结束内战。

四曰商人政府派。认为当时中国的乱象源于军阀控制了政府，军阀代表不了民众，代表民众的应该是资本家，如果以资本家取代军阀，中国的乱象或可消踪灭迹。

孙中山先生在为1924年中国国民党第一次全国代表大会起草的宣言中，对上述四派观点作了分析和批驳：立宪派只知求宪法，而绝不顾及将何以拥护宪法，何以运用宪法。联省自治派不思考今日北京政府的权力不是法

---

① 胡玉海：《张学良国家统一观的理念与实践》，《东北大学学报》第9卷第2期（2007年3月）。

律所赋予、人民所承认，乃由大军阀攘夺而得之。大军阀既挟持暴力以把持中央政府，复利用中央政府以扩充其暴力。吾人不谋所以毁灭大军阀之暴力，使不得挟持中央政府以为恶，乃反欲借各省小军阀之力，以谋削减中央政府之权能，是何为耶？推其结果，不过分裂中国，使小军阀各占一省，自谋利益，以与挟持中央政府之大军阀相安于无事而已，何自治之足云！

立宪派的主张行不通，联省自治也解决不了内战问题，于是，提倡和平会议之说受到国内外欢迎，孙中山却对此不以为然。他认为：构成中国之战祸者，实为军阀各顾其利益。和平会议派想通过和平会议，使各派势力保持均衡，不相冲突是梦想。至于商人政府派提出的以资本家替代军阀官僚的设想，更是空想，军阀不能代表民众，“商人独能代表民众利益乎?”军阀政府依靠列强维持政府的生存，与外国有着千丝万缕联系的资本家一旦组成政府，不更得“托命于外人”？实际上，商人政府与军阀政府“一丘之貉而已”。

孙中山的结论是：各派观点“虽或出于救国之诚意，然终为空谈”，“实行三民主义为中国唯一生路。”① 三民主义是不是中国“唯一生路”，后来的历史已经得出了结论，这里我们不必赘述。

值得关注的是，早在孙中山发表上述观点的前一年，张学良提出了与上述观点完全不同的主张。1923 年 2 月 28 日，他在东三省陆军军士教导队第一期学兵毕业典礼作训词时讲了这样一番话：

> 今告尔学兵等，以“望”、“爱”、“热”三字作最后之赠言，其敬听之。望者，希望心也。尔学兵等勿以地位卑微而自甘暴弃，须知国人虽称四万万，实由个体组合而成；人人自奋，国势以张，人人自弃，国家必亡。故须抱希望心。爱者，爱人民也。吾军人食国家之饷饩，何莫非国民之脂膏，乃有军人欺凌百姓，非国家养兵之意也，故人人须具爱国心。热者，热心也。天壤之间，悉由势力作来，昔人云热造世界，敷衍从事，万事难成，故人人须有热心。

---

① 参见《中国国民党第一次全国代表大会宣言》（大会秘书处一九二四年二月印发本）。

讲这番话时，张学良只有23岁。一位23岁的年轻人，能讲出这番质朴而深刻的话，在同龄人中是少见的。既无立宪派的“学气”，也无联省自治派的官气，不像和平会议派讲的那么“大气”，更不像商人政府派讲的那么“小气”，一如唠家常，平实话语间流露出真情实感；说他讲的深刻，自然是和同龄人比较而言，但我们细细分析，他的观点确实有值得称道的深刻之处。

作为军人的张学良，从挽救国家危机的目的出发，他把目光投向了军队和军人中的年轻人，开始了他寻求解决国家问题的探索。在这一探索中，他站在军人的立场巧妙地批判了旧式军队的三个要害：军人对国家前途的悲观——“无望”、军阀将军队作为攫取自身利益的工具——“无爱”和年轻人缺乏热情的冷漠——“无热”，指出这“三无”对国家的生存以及作为国家机器重要组成部分的军队是有害无益的。

对“军人”的关注，是当时政治家思考国家问题的基本前提。不能说张学良当时是政治家，但张学良从国家角度对当时国家前途问题进行了不同于立宪派、联省自治派、和平会议派和商人政府派的诊断。与其同时代关注国家命运的人一样，张学良认为随着国家内忧外患的加深，民主政治的被消解，承载中国命运的使命不可避免地落在了军人的肩头。

然而，不同立场的人对军人有着不同的期望，这些不同的期望导致他们对国家命运的忧虑有着不同的侧重。比如在立宪派者眼中，宪法是至关重要的；地方自治派则认为地方自治可以避免军人干政；在和平会议派者眼中，只要和平会议一开，军阀之间的矛盾就会找到一个平衡点；商人政府派则认为商人代表着当时的国家利益，军人应该沿着他们所倡导的主张路径起而呼之应之。各派对军人的期望没有什么不好的，尽管他们是站在各自的立场上，按照社会给予他们的条件提出了他们可能提出的各自主张。恰恰是这些勤于思考的人们，出于对自我利益的关心为国家提供了一个个方案。

唯有思考才能找到出路。

从这番讲话中，我们可以清楚地看到，张学良首先将目光投向了国家概念当中最重要的因素——个体的人——“国人虽称四万万，实由个体组合而成”。个体的人最重要的是“心”——希望之心。有了希望之心，人人可自奋，则“国势以张”，若“人人自弃，国家必亡”。另一个关注，也是最为重要的——“爱国心”。军人首先要有的就是爱国心，因为“军人食国家之饷饩”，这实际上是在说明军队的属性属于国家，而不是哪一个军阀，属于国家的军队，自然应该对国家负责，而不是盲目地听从哪一个军阀个人。这一观点是极其深刻的，表明他的国家观念有了一个清晰的轮廓。

二、我是中国人，当然以中国为本位

实现国家统一，把中国建设成为一个不受人欺侮的强大国家，这是几代中国人的梦想，也是张学良一生的追求，也是他国家观的核心内容。在20世纪20年代的中国，欲实现国家统一，首先要认清谁是阻碍国家统一的障碍。

其次，通过什么方法消除这些障碍，从而结束分裂的局面，实现国家的统一。

再次，实现统一之后，国家面临的任务就是如何转弱为强，如何建设国家的问题。

张学良在参加内战中逐渐认识到阻碍国家统一有两大障碍，一是拥兵自重、以本集团利益为上的各地军阀，一是图谋肢解中国的帝国主义。在北伐战争后期，他虽然认识到了这两大障碍，也明确提出了“息内争、御外侮”的主张，因当时他只是奉军中的一员将领，还无力把他的主张变为现实。“皇姑屯事件”之后，他主政东北，便有条件将他的思想付诸行动，他排除各种干扰，实施了东北易帜；接着，他踏上了建设新东北，建设强大国家的征程。

从国家观的角度考察，这一时期，是他国家观的成形期。

“无论何党何派，应当联合起来，以救国家。”

从1926年末到1927年初，中国政治形势开始发生巨大变化，蒋介石勾结帝国主义加紧反共活动。1926年12月8日，张学良与《大公报》记者谈论时局时说：“实告君，吾人确有讨赤作战决心。只要党军驱除俄国人，且不再到处鼓动工潮、提倡工会，使举世骚然，人人危惧，则奉军对党军本无仇视之意，否则为国家社会计，不惜与之一拼。”①

---

① 天津《大公报》1926年12月9日。

在帝国主义的策划促使下，南北方军阀势力虽然在军事上还处于针锋相对的状态，但在政治上逐渐地向一起靠拢。及至蒋介石发动“四一二”反革命政变，以及冯玉祥和蒋介石在徐州会谈，联合反苏反共之后，张学良看到蒋冯已不再对“红色帝国主义”“奉命惟谨”。

蒋介石发动的“四一二”反革命政变，标志着国共两党领导的大革命的部分失败，是大革命从胜利走向失败的转折点，是蒋介石对孙中山“联俄、联共、扶助农工”三大政策背叛的开始。张学良却从中看到了他和蒋介石的思想越来越接近了，“四一二”成了张学良认识蒋介石的转折点。

从此，他把蒋介石列入“海内贤豪”之行列，大胆地向蒋靠拢，公开向蒋喊话：“望追随海内贤豪，统筹全局，共图国是，息争御外，以挽颓流”。还秘密派部下葛光庭手持密信南下，托何成濬转交蒋介石，向国民党试探和平。信中声明愿服从国民政府，要求罢兵息争。[①] 此时的张学良思想水平不断在提升，他认为：“无论何党何派，只要认福国利民为宗旨，主义相同，就应当联合起来，以救国家。”“青年要自觉，国家要自立，青年不能盲从他人，走入歧途。国家不能藉助外国，自讨覆灭。”[②]

张学良与蒋介石的使者开始接触，计划响应北伐，特令刘鸣九以他的名义草拟了两三封秘密电报给蒋介石，希望罢战言和，共商国是。

“内谋建设，以期统一国家，外笃邦交，以期恢复国权。”

停止内战，实现国内和平，才有利于当时多灾多难的国家，因此，张学良极力主张息内争、求和平，多次向其父张作霖进言。但张作霖不是张学良，郭松龄反奉时，当秘书将郭的通电拿给张作霖，请示如何答复，张作霖看后说：“扯他妈这套，当什么？不打内战，哪来的地盘？他（指郭）造反，还不是因为没给他地盘？他说将来和张学良分掌大权，就是三岁的小孩子，也不能信他的话！”“没有枪杆子，就掌不住印把子。”[③]

“不打内战，哪来的地盘？”“没有枪杆子，就掌不住印把子。”这是张作霖“枕城死战”的理由，所有军阀也都奉为圭臬。1927 年 6 月，张作霖

---

① 1922 年，韩麟春奉张作霖命南下会晤孙中山。这次会晤，由何成濬引见，何、韩曾在日本士官学校同学。葛去上海事见《上海时报》1928 年 12 月 30 日。

② 张学良：《现代青年的使命》。

③ 王翔麟：《奉郭战争见闻琐记》。

在北京顺承王府主持会议，讨论时局问题。杨宇霆提议为抵御南方，北方各省军队必须统一名称，改用安国军旗帜，一致服从安国军总司令的命令。孙传芳进而提出："不仅军事上要服从，政治上也要服从"。孙的提议得到与会者的一致赞成。于是，有人主张推戴张作霖为临时总统，有人主张仍用临时执政名义，最后决定仿照孙中山的先例称"大元帅"。同时决定用北方军事将领公推的形式直接产生。6 月 18 日，张作霖在中南海怀仁堂举行就职典礼，成为北洋军阀统治时期末代国家元首。

张作霖登上"大元帅"宝座之时，正是奉系集团衰败之日，军队节节败退，地盘不断缩小，张作霖不是没看清，他也知道张学良与南方议和的想法有道理，那为什么还急于登上这个宝座呢？

张作霖有张作霖的构想，他十分清楚，如果没有一个表现实力的阵容，与南方新军阀议和时就不可能有平等对话的条件。他重整北洋军阀统治的小朝廷，是企图增强实力，争取与南方谈判议和时好有个对等的地位。当然，也不排除张作霖也有"非干他一下（指总统）不可"的"国家元首梦"。张学良"因正统军在京汉线上，未曾参与，但我甚不赞同，我父子之间因之发生不愉快感。""那个情形之下，我不愿意我父亲起来。我父亲当然自己想当大元帅，我认为我父亲不要做这个事情……统御人的事情不是我要干就能干的事情。你应该慢慢地把你的名望搞好。那时候大家对我父亲和东北军的名望不是那么好。还有，就是北方他也没统一呀，还有山西，还有冯玉祥。他成不了啊，非失败不可嘛。"

张作霖在北方成为"国家元首"之后，蒋介石在南方也很快完成了对国民党新军阀的整合。蒋介石将何应钦控制的军队改编为第一集团军，蒋自兼总司令；与冯玉祥商谈后，改国民革命军为第二集团军，冯为总司令；改北方国民革命军为第三集团军，以阎锡山为总司令；将两湖各军改为第四集团军，以李宗仁为总司令。

历史车轮转到 1928 年初，中国政治舞台上渐渐明显地形成了两大对峙集团。两大集团都觉得自己的实力空前，野心也空前膨胀，这就不可避免地要把中国拖入更大的一场内战。此时的张学良以北京中央政府的名义发表了自己对时局的主张：

"今后各方如能本统一国家之目标，抛弃武力主义，与我平心静气，共商国是，自乐赞同。和平定国，我方素愿；积极用兵，向无是议，中央刻下唯一目的，系在内谋建设，以期统一国家，外笃邦交，以期恢复国权。凡属国民，皆有此责。”

从表面上看，张学良上述言论，既是在争取公众舆论的支持，又是向以蒋介石为首的南方集团表明北方愿放下武器，共商统一的心愿。他是以“中央”代表的身份在向南方喊话，意在表达和南方的“中央”平等。与南方进行对等谈判、谋和，是北方政府刻意追求的最高目标。

当时的媒体敏锐地从张学良的喊话中嗅到“和”的味道：“南北两军之大决战之结果”，“胜负属于何方，此时尚难预测”，“所可虑者，在此决战中，而有协商和议之消息”，“战乱亦从此可止，未始非中国幸事”，“缘南北人民，无论胜负谁属，但愿讫可小休，此种心理，谅为全国人民所同然者焉。”①

“南北一家，彼果无弯弓而射之成心，我确有免胄寻盟之真意。”

张学良息内争求统一的观点，不仅仅是讲给舆论界和蒋介石听的，也是针对他父亲不愿放弃黩武政策的。在此前后，他曾多次劝其父放弃关内地盘，退回东北，与蒋介石商谈和平统一。但张作霖始终不接受这一意见，就在张学良发表上述言论后的第六天，2 月 20 日，张作霖召集各将领讨论如何应付新军阀四个集团军的联合进攻。会议最后做出决定：对冯、蒋暂取守势，先将晋军解决，然后再分兵南下。4 月 7 日，蒋介石发布命令，四个集团军同时发动攻击。战争爆发，张学良奉命南下河南北部。蒋介石的第一集团军进展迅速，下泰安、占济南，大有攻无不克之势。5 月 3 日，日本帝国主义出兵侵占济南，杀伤中国军民 5000 余人，史称济南惨案。

蒋介石因畏惧日本，命令国民党军队退出济南，绕道北上。在各种势力的压迫下，蒋介石此时也希望和平接收京、津，遂授意上海商会致电张作霖、张学良，“涕泪陈辞”，“此次济南发生不幸重大事件，全体震骇，南北政府同时提出抗议，是对内政见，虽稍有歧异，对外仍表示一致。”“当此国难已临，计惟停息内争，集合全力，以御外侮。”并语重心长地建议，“如乘此时机，释止干戈，召集国民会议，解决国是，非特外交情势，立时转移，而政见统一，国基永固。”②

---

①《盛京时报》1928 年 5 月 30 日。

②《中央日报》1928 年 5 月 8 日。

张学良历来主张“国必自侮，而后人侮之”，一直努力息内争，御外侮。在河南前线时，就电周大文、胡若愚①，要他们在大帅府酝酿停战空气，并密派危道丰持他的相片兼程南下联络，谋求和平。张学良还命令奉军主力北撤至保定，以形成前方罢战言和的态势，又授意东三省议会联合会会长范朗清率各法团代表进京，吁请张作霖离京返奉。

上海商会通电发出第三天，张作霖电召张学良、杨宇霆等人入京，举行紧急会议。会上张学良、杨宇霆力陈撤军息争，退出京、津，以保存实力，守住东北的必要。有人则认为撤军会影响军心士气。张作霖犹豫不决。张学良问张作霖：

“蒋介石是不是中国人？”

张作霖说；“是啊！”

“冯玉祥呢？阎锡山、李宗仁呢？”

“当然都是，这还用问？”

张学良说：“既然都是中国人，哪一个都可以来北京，哪一个管中国不也可以吗？如果我们把东三省丢了给小日本，那就成了千古罪人！”②

张作霖是一个精明人，他对战场上的不利和老家东北国际局势的复杂性了如指掌，内心也想过迫不得已时出关返奉的打算，只是面对如此重大的决策，一直刻意在部下面前打造强人形象的他，不好在部下面前轻言退却。此时听张学良这么说，又有杨宇霆等在旁边不断地点头默赞，他也就只好借坡下驴，说：“好！究竟是讲武堂出来的，有战略眼光。”张作霖采纳了张学良和杨宇霆意见，发表了停战通电。电令前线各军，停止攻击，“所有国内政治问题，但期国民有公正之裁决，断不作无谓的坚持，公是公非，听诸舆论”。

为了进一步表明停战求和诚意，张学良复电上海总商会：

接奉贵会鱼电，循诵再三，喟然兴叹，人之欲善，谁不如我！频年戎马，未宁本怀，近如晋豫战事，彼有袭远之计，我为应敌之师，事实昭然，天下共见。今内患未宁，外忧又至。自侮人侮，固理之当

---

① 周大文、胡若愚是张学良少年时期的结拜兄弟。

② 据陈大章亲闻。

然；解铃系铃，待人之自悟。去岁金陵之役，学良哓音喑口，曾贡危言。不谓口唾未干，衅端又作，人方利用外争，以息内讧，我乃增长内乱，以召外兵。此中是非，宁待再计；推原祸始，咎将安归。诸公既发盛心，持公好义；我帅座从理服善，息事宁人，学良、麟春、宇霆等仰赞和平，敢不惟命是听。所可慨者，今人日詈军阀，乃口则骂之，躬则蹈之，黩武穷兵，变本加厉。故非有同等之觉悟，断无实现之和平。是望诸公与时因应，一力始终，但使共循轨道，谁复自外生成，治乱之机，反掌间耳。一言以蔽之，南北一家，彼果无弯弓而射之成心，我确有免胄寻盟之真意。①

《盛京时报》报道："据某方面消息，张作霖对时局之态度已经软化，决意退位。"

张学良以个人或联名给上海总商会、北京银行公会、原北洋政府总理朱启钤等拍发多封电报，通过"报张流播"，传递不愿"同根萁豆"之意。他在致北京银行公会电报中说："天心厌乱必能南北一致，国运岁有转机，晋文公退避三舍以避楚，礼让为国，尽其在我，若同根萁豆，必不相容。"

树歪向地倒，运背想回家。

奉天是张作霖的老家，他在奉天起家。他在奉天被任命为中将师长、奉天督军兼省长、东三省巡阅使、蒙疆经略使，在他心目中奉天是他的政治发祥地。人在倒霉的时候最想发祥地。

奉天是他的大本营。东三省兵工厂在奉天，东三省陆军讲武堂在奉天，东三省官银号在奉天，东北大学在奉天，东北车辆厂在奉天。

奉天是东北的中心，也是他的粮仓、军事后勤基地、政治基本盘。

奉天也是他的避风港。张作霖虽然当了几天国家元首，但他不是一个好的国家领导人，他做事没有什么理论，他反对共产主义，也不信三民主义，他只信实力和经验。他的战略是打得赢就打，打不赢就谈，谈不拢就撤，不硬打，不强谈，也不死磕。

正是这种务实的、弹性的思维才筑就了他由一个草莽英雄摇身一变为国家元首的传奇人生。经验告诉他，只要保存住实力，只要东北这块根据

① 张韩杨复上海总商会电，天津《大公报》1928年5月14日，第2版。

地不丢，一切皆有可能。为了保存实力，为重整旗鼓，所以他决定回到他的大本营，以便东山再起。

不管张作霖怎么想，奉军主动退出京、津，让于南方集团，这是中国现代史上的一次和平移交政权，张学良为此也尽了一份力，他的国家统一理念在实践中对时局产生了重大影响。

“国家之大，主体在民，民意所归，即国是所在。”

张作霖这位北京政府元首，深夜乘火车北撤。历史又重复了一次“幽燕非故国，长啸返辽东，回马看烽火，中原落照红”的一幕。[①]“潘复以下全体阁僚均随老张而去，惟张学良、杨宇霆因须处理残务，暂行留京。”[②]

专车到达沈阳皇姑屯车站重新启动后，驶入三洞桥时，一声巨响，张的车厢被炸解体，张作霖被崩出三四丈远，被抬进帅府不久，就停止了呼吸。

当时奉天情势非常险恶，日本浪人和便衣队到处滋事。我父亲死后，奉天省长刘海泉（尚清），气愤得不得了，想把我父亲被炸详情公告天下，让天下人看一看日本的险恶用心和阴谋手段有多么卑鄙。臧式毅坚决反对[③]，主张秘不发丧。

张学良化装成伙夫回到奉天，必须面对的是稳定局势。日本帝国主义正虎视眈眈，伺机要把东北从中国分离出去；东北与南京国民政府合作统一问题只是暗地里有所接触，还没有进入正式谈判阶段，问题尚未解决；东北因连年内战，奉票毛荒，物价飞涨，人心不稳；东北集团内部派系之间的矛盾也因张作霖的突然被炸而暗潮涌动，张学良是否能控制住风雨飘

---

① 清朝被推翻后，清朝大臣善耆返回东北，途中写下此诗言志，用以寄托他的“亡国”之恨。肃亲王善耆（1866—1922），爱新觉罗氏，满洲镶白旗人。清朝八大“铁帽子王”之一。第一代肃亲王是皇太极长子豪格，因多尔衮反对，未能继承皇位。善耆为第十代肃亲王，曾历任民政部尚书、理藩大臣，是中国现代警察制度的建造者之一。清末赞成立宪运动，并免除刺杀监国摄政王汪精卫死刑。辛亥革命后，拒绝在清帝退位诏书上签字。有女儿金璧辉，过继给日本人川岛浪速，日名川岛芳子。

②《盛京时报》1928 年 6 月 4 日。

③ 臧式毅（1885—1956），字奉九，沈阳人，早年留学日本。1924 年接替张学良任东北陆军整理处参谋长。东北易帜后，任辽宁省政府主席。张学良非常器重臧式毅，“日本陆军士官学校毕业的，早年追随孙烈臣，后来成为杨宇霆的大将，年龄和杨宇霆差不多。直皖战争时，他任西北边防军参谋长，被直系给抓住了，拘押了好几个月。第二次奉直战争时，我父亲把他调回奉天，接替我做陆军整理处参谋长，一直留守，那个时候他只是个上校参谋，人很有头脑，遇事沉着，有韬略，头脑冷静。”

摇之中的东北，各方都在侧目而视。

张学良主观上确有实现国家统一之志，确有励精图治、建设东北的愿望，这在他回奉第三天就任奉天督办通电中可以看出。他明确提出：

> 自今以后，谨遵大元帅佳日息争通电，停止一切军事行动，抱息争宁人之旨，以期贯彻初衷，若非他方危害侵及生存，决不轻言战事。
>
> 东省为国防地带，整饬戎政，固职责所当然。然古有明言，兵在精不在多，比年因战争发生，编制不无冗滥。
>
> 自今以后，当取精兵主义，力谋收缩，一面厉行兵农政策，即以过剩军队从事农垦，期于开发地利，为国实边……
>
> 厉行兵农政策，开源节流，蠲除苛捐杂税，以利民生。
>
> 将以最诚恳的态度与友国（按：指日本）相周旋，求达共存共荣的目的。
>
> 国家之大，主体在民，民意所归，即国是所在。
>
> 自今以往，以全体民意为准则，循序渐行，其一切制度规章悉采取民意，归于公决，庶将来政治入于正轨，全国可企同风。①

从宣言看，张学良只是对政治、军事、外交、经济等问题阐述一些原则，并未明确触及东北究竟向何处去的问题。其主要原因在于：奉系集团突然被日本“斩首”，一切大政方针正在探索过程中。

发表宣言的第二天，张学良接受路透社记者采访，进一步阐述他的施政纲领。强调：连年用兵，人生已不堪其苦。吾之政见大纲，将为维持和平，整理内政。

内政整理的重点是教育。

“至于外交上，必谋取消不平等条约，同时并欢迎外资之合作，但必不应附有任何特别权利。对于日本，认可和平解决种种悬案。”

谈到与南京的关系时，张学良说：“对国民政府态度能谅解，并愿与国民政府谈判，根据平等之条件。但东三省为中国之重要一部分，吾对于不

---

①《张学良就任奉天军备督办通电》1928 年 6 月 20 日，《国闻周报》第 5 卷第 25 期。

令东三省参预国家大事之图谋，绝对不同意。东三省与国民政府不能成立亲善谅解之难关，在于国民党无一定之主见，因彼等宗旨随日俱变，何人当权，则以何人之意见为难定也。”①

东北的未来何去何从，张学良虽然说得隐晦，但维持和平，不插手关内战事，专注地方建设的原则已经明确。愿意与南京政府谈判，对南京政府在政治上想息争，军事上对东北采取压制的态势也表示理解，不过，南京政府内部派系纷争不断，各派对东北的态度矛盾重重，意见不一，东北暂时不知和谁相谈，但有一点，张学良巧妙地为日后与南京谈判埋下了伏笔——东三省是中国的一部分——是重要的一部分，如遇国家大事不让东三省参与是万万不行的，也暗含东三省的地位、处境特殊，南京不可将东三省与两广、山西、西北放在一个层级上来考虑。

对于日本，张学良痛恨已极，他为了国家的利益，为了东北集团的利益，尽力控制自己的情绪，愿与日本和平解决争端，并把解决日本问题放在国与国外交的框架下，必须取消以前的不平等条约，欢迎外商来东北投资、合作，前提是不能有任何附加条件和特别权利。这从理论上，对日本一直以来以“二十一条”为依据要挟东北解决满蒙悬案的阴谋具有釜底抽薪之功效。

张学良的就职宣言和对路透社记者的谈话是他对国家理念的一次总结性表白，后来的东北易帜进程基本是这种理念的发展结果。

“欲免东北的危险，必须国家统一。”

张作霖退到了关外，关内战事并未结束；张作霖被炸身亡，东北集团“群龙无首”，张学良顺利成为新主人，政治空白填上了，东北集团的内部矛盾并未消除；张学良的就职宣言，让南方、东北人民看到了一线希望，和平可期，安定有望，但张学良看到的却是危险。东北“北有俄而东有日，一虎一狼，深入堂奥”，他深深地感觉到“卧榻之旁，不容他人酣睡。”他随父入关征战多年，看清了军阀的本质就是内战，也认识了内战的残酷与无意义，更深刻地认识到了各派势力后面都有或深或浅的“外力”背景，内战引起外患的国家危险时刻都会发生。皇姑屯一声炸响，在他的心坎创痕中的深处，炸出了一个强烈的直觉。这直觉发展成为日后日益坚决的又

---

①《对路透社记者谈其新政纲要点》，天津《大公报》1928年6月21日，第2版。

符合辩证逻辑的主张："欲免东北的危险，必须国家统一；欲免国家的危险，必须停止一切内战！"

正如《张学良的政治生涯》一书中所写，张学良在东北继承了父业之后，并非如人们想象的那样轻松自在。在显赫的权力和令人目炫的威风的背后，是几乎使他不堪负担的沉重的责任。人们往往只知道他是一个风流倜傥、挥金如土的东方卡罗尔皇子①，却不知东北三省的前途和命运，都系在这位年轻的统治者身上。

当时有几条道路可供张学良选择，但选择哪一条都充满着难以预料的风险。

独立乎？南方的势力能善罢甘休吗？继续与之对抗，老帅在时都打败了，老帅死了，还有几成胜算？真正地封关自闭，建成一个自己说了算的东北独立王国，日本能允许吗？如果事事都听日本人的，依赖日本而苟且偷生，还叫独立吗？

归顺南京？和南方势力的战争还没有彻底结束，虽然败局已定，但多少将士的血还没有凝固；安国军政府大元帅的宝座还带着张作霖的体温就被北伐军丢到了历史的垃圾箱。刚刚还是你死我活的敌手，就投靠南方，士兵怎么想？跟随大帅出生入死的拜把兄弟们（东北集团中的老派）怎么想？怎么面对尸骨未寒的父亲？

与日本合作？日本刚刚采取阴谋手段炸死自己的父亲，杀父之仇未报，就去拥抱仇人？东北老百姓能容吗？受大一统思想熏陶了数千年的中国人能容吗？历史能容吗？

日本人劝他与日本合作，他回答："你们把我父亲都炸死了，把我弄到了这个地步，我还能跟你们合作吗？另外，国家这样的问题，我怎么能跟你们合作？我跟你们合作了，中国的事情我还做不做了？中国人会怎么看我？还要我不要我了？"

经过痛苦的思考，他更加坚定了走国家统一之路的决心，更加坚定了

---

① 卡罗尔皇子，指罗马尼亚国王卡罗尔二世。卡罗尔二世（1893—1953）是罗马尼亚国王斐迪南一世的长子，是20世纪欧洲最富争议和传奇色彩的君王。他为了一个女人先是放弃了王位继承权，后以政变的方式夺回王位。在位期间，生活放荡，挥金如土，受到国民唾弃。被迫退位时，带着情妇和一列装满王室珍宝的列车逃到南美，最后定居葡萄牙。

“欲免东北的危险，必须国家统一；欲免国家的危险，必须停止一切内战”的信念。

“欲救中国之危亡，宜速谋南北之统一。”

尽管张学良主张南北统一，却不甘心无条件地投靠南京政府。他所选择的统一道路不是无条件的投降，而是有条件的妥协。为此目的，东北和南京方面的代表往来穿梭，频繁活动，为使东北与关内实现一体化而做准备。

然而，这一切都是秘密进行的，张学良小心翼翼地避免公开表露他的心意。他深知他所统治的这块领地是历史上逐渐形成的一块是非之地。他了解日本人在东北的实力，知道日本将会强烈反对东北在南京国民政府的领导下实现统一。① 张学良只能对与南京联合的前景表现出不太关心的态度。② 为了迷惑日本人，张学良经过与东北领导人的几次磋商，决定采取对日“亲善”政策。张学良声称，对于东三省来说，同日本达成某种具体谅解是绝对必要的。“与其徒倡‘共存共荣’，无宁互相谅解，推心置腹。”③ 除了考虑到来自日本方面的压力以外，还有其他两个因素致使张学良推迟与国民政府的联合。

首先，东北内部意见不一。在这个问题上，东北领导人分为三派。一派主张与南京实现统一，例如，张学良在东北的两个最强硬的竞争者之一，后来成了少帅最倚重的“老把叔”张作相，是与南京联合的最有力的拥护者。另一个举足轻重的人物杨宇霆也赞同与南方妥协，但不是与南京的蒋介石中央政府，而是主张同桂系李宗仁、白崇禧的地方实力派。总之，他们都主张实现国内统一，与日本人施加给东北的压力相抗衡。④ 与此同时，以东北保安委员会副委员长袁金铠等人为首的“老派”，则强调首先需要巩固内部的局势，与日本人保持良好的关系。他们认为，与南京合并只能是为南方军阀做嫁衣裳，所以，他们坚决反对。⑤ 以张宗昌为首的“主战派”

---

① 转引自王卓然：《张学良到底是个怎样人》。

② ［日］入江昭（Akira Iriye）：《张学良与日本人》，载《亚洲研究期刊》第 20 卷，1960—1961 年，第 1 号，第 35 页。此文是研究张作霖死后张学良与日本关系的最有价值的文章。

③《与某外人谈时局》，《盛京时报》1928 年 7 月 18 日。

④ 转引自上海《华北通报》1928 年 6 月 23 日。

⑤［日］入江昭（Akira Iriye）：《张学良与日本人》，载《亚洲研究期刊》第 20 卷，1960—1961 年，第 1 号，第 36 页。

不得人心，很快销声匿迹。因此东北主要存在着主张统一和坚持独立两股政治力量。张学良也同中国其他军阀一样，他的权力依靠东北各派系势力的均衡，所以，他既不能轻易地把自己同“新派”混同一起，也不能公开表态支持“旧派”。①

其次，国民党本身内部局势不稳，这不能不引起张学良的深切关注。以蒋介石为首的南京国民政府和参加国民党北伐战争的地方实力派之间的利害各不相同，他们在对待东三省和处理张学良的手段问题上意见不一。冯玉祥和阎锡山等北方军阀不愿意看到张学良这一强大的力量威胁他们在北方的地位，因此主张国民革命军乘胜进军关外，用武力解决东北问题。而广西桂系军阀李宗仁、白崇禧和蒋介石则倾向于终止军事行动，与东北领导人实行妥协，以政治手段实现统一。② 不管持什么态度，他们都极力拉拢张学良。汪、李、阎、冯各系争相派人与东北军联络，希望建立联盟关系，为倒蒋做准备；南京政府更是不遗余力，多次派人游说张学良，要他归顺南京，并许以丰厚的实际利益。东北军的沈阳总部真可谓车水马龙，说客、密使络绎不绝。

张学良没有主政东北之前，不断表露渴望国家统一的愿望：“我一直主张中国的统一和富强，不是因为父亲的死才引起的，只是因为那件事，促使我抗日的决心更坚决了。”

主政之后，却显得畏缩闪躲，这主要是因为身份不同，此前，更多的是表达个人情感和主张，如今，他作为东北的当家人，不得不考虑东北集团内部各方面的情感平衡和利益平衡。他要先摸清国民政府方面给予的条件，再做最后表态。另外，张学良也考虑到日本反对南北议和因素的存在，他在观察日本对东北易帜的真实态度。蒋介石对张学良的心思摸得很透，也很给面子，他通过孔繁蔚表态，国民政府要“以政治手腕解决”东北问题，绝不会以征服者的姿态对待奉军。③ 蒋介石表态之后，日本迅速施展软

---

①《国闻周报》1928 年 6 月 14 日，第 3 版。

② 唐德刚：《李宗仁回忆录》，原载《民报月刊》，香港，第 156 号，1978 年 12 月，第 67—68 页。另有资料表明，起初冯玉祥和桂系军阀主张国民军乘胜进军，而阎锡山和蒋介石倾向于停止军事行动，与东北将领达成妥协。见《益世报》1928 年 6 月 20 日。但是，经过与东北代表会晤后，李宗仁改变了主意。当时的张学良成为各方争相争取的对象。

③《孔繁蔚纵谈时局问题——以政治解决时局》，《盛京时报》1928 年 6 月 5 日。

硬两手，先是驻奉天领事林久治郎访问张学良，转述说，田中首相对年轻的张学良怀有恻隐深情，抱有父子般的情义，将一定给予亲族般的支持。接着，于6月29日，田中首相训令林久治郎转告张学良：“此际匆促采取迎合南方的态度，非但毫无必要，且有危险。暂应维持现状保境安民，以观形势变化。”日本的威胁，让张学良下定了决心，三天后，公开发表“决不妨害统一通电”：

> 吾国不幸，兵祸频仍，民生憔悴，国是阽危。学良上年渡河之后，故首倡弭兵，事与愿违，有志未遂。今遭大故，重寄勉膺。先人遗训谆谆，以无违佳日息争电之旨为戒①，言犹在耳，痛切于心，外审国情，内丁家难，既具肺腑，宁有更事私争！……至国难所在，学良当以民意为依归。所盼当局诸公，以国家大计为前提，同时收束军事；一面以最简捷办法，速开国民会议，解决目前一切重要问题。学良爱乡爱国，不甘后人，决无妨害统一之意。②

这是张学良自张作霖去世后，第一次作出对南北议和的正面的公开表态。正如张学良自己所说，“断不因日本警告即行终止，或当藉日本警告便诚心地进一步与国府早谋妥协。”③ 实际上，是日本的公开干涉，让张学良及早公开了自己的态度。张学良主张和平统一，实现东北易帜的立场是明确而坚定的，他始终认为“欲救中国之危亡，宜速谋南北之统一。”④ 南北

---

① 东北易帜是一个历史过程，同时也是历史发展的必然。1928年5月，以张作霖为首的安国军，在以蒋介石为首的四个集团军的攻击下，处于全线败退之势。张作霖目睹无可挽回局势，于5月9日发表“息争”通电，声称“特将彰德、正太战胜之兵，停止攻击。所有国内政治问题，但期国民有公正之裁决，断不作无谓之坚持，公是公非，听诸舆论”。公开表示愿与南京国民政府议和。随即又主动将津浦、京张沿线上的安国军撤至沧州、保定一线，以示议和的诚意。张作霖上述举动，当然是在军事不利的局势下做出来的，其诚意可否，并不重要。重要的是首先发出了两大政治集团议和的信息，这一信息告诉人们，两大政治集团之间除战争的对话方式，还有和平的对话方式。正是张作霖5月9日的“息争”通电，拉开东北易帜的序幕。张学良所说的“佳日息争电”即指“五九通电”。

② 张学良：《决不妨害统一通电》1928年7月1日，《国闻周报》第5卷第26期。

③ 张学良：《与某记者谈时局》1928年7月23日，《京报》1928年7月26日。

④《京报》1928年7月26日。

统一，是日本最不愿意看到的，这一点，蒋介石也心知肚明。早在日军制造济南惨案时，蒋介石就在日记中写道："中日决无合作之可能，且知其必不许我革命成功，而其后必将妨碍我革命军北伐之行动，以阻止中国统一。"蒋介石的日记和张学良"速谋南北之统一"的建议都说明，他们两人作为两大政治集团的代表人物，虽然有为各自集团谋利益的一面。但在国家大局面前，他们更多地表现出了一个民族主义者的责任感。

通电发出后，张学良派时任东三省保安司令部秘书长的王树翰等四人为正式代表，赴北平与国民政府代表商洽和平统一办法，此后双方使者往返络绎不绝。

谈判之初，奉方提出和平统一的条件是：东北政府委员会由张学良任主任；国民革命军不进入东北；南京不干涉东北军政；南京不在东北设宣传分支机构；热河划归东北等五项。南京方面的条件是：奉军出关；悬青天白日满地红旗；服从三民主义；东北政治分主席由国民政府委派；东三省归第六军区，长官由国民政府委派等五项。

1928 年 7 月 11 日，蒋介石在北京西山接见东北代表，提出"只要东北易帜和服从三民主义，其它均可商量"。7 月 17 日，张学良与某外人谈时局时表示："南北妥协问题，双方意见已相当接近。"[①] 实际上当时已经达成协议，并拟定热河汤玉麟于 7 月 19 日先期易帜，随后，东北三省易帜。

"不易帜无以对全国；易帜则祸乱立生，无以对三省父老。"

热河于 7 月 19 日如期宣布易帜，但东三省却未能兑现紧随其后的承诺。张学良于 21 日致电蒋介石说明原因："通电易帜，弟已承诺在前，独以顾虑桑梓目前危险，不克立时践约，愧疚实极。"并表示："弟此后行动，一以兄为依归，易帜固为袍泽之良友，不易帜亦为精神之信徒。东省行政方针，当本先总理训政方略，亦步亦趋，为不拘形式之统一。"张学良所说的目前危险，显然是指来自于日本的压力。[②]

蒋介石一面婉言拒绝张学良会面的提议，一面通过代表转告张学良："东三省之存亡，即全中国之存亡，系乎先生今日之举措，务望即日宣告易

---

①《盛京时报》1928 年 7 月 18 日。

②《张学良自奉天陈述因日方警告及顾虑桑梓危险不克立时践约呈蒋总司令电》1928 年 7 月 21 日。

帜，完成统一。无论如何困难，必以毅力排除，勿稍瞻顾，致误事机。”因为“日人此等举动，非仅悍然干涉我国内政，直已视东三省为彼俎上物，今惧别生枝节而犹疑不决，以后将永远受其宰割，东三省不复为国领土，先生亦岂能更有立足之地？若不受其恫吓，毅然易帜通电而以独立之精神出之，则东省为全中国之东省，全国皆将深致崇敬，为先生后援，且中央自有外交准备，必能为先生负责，日人未必敢遽肆吞噬。即彼真占据东省，吾人必以全力对日，援助先生，真爱国之英雄，决不患无用武之地。”① 该说的都让蒋介石说到了，这实际上就是逼迫张学良立即实现易帜。张学良说：

> 弟现在实处两难，不易帜无以对我兄，无以对全国；易帜则祸乱立生，无以对三省父老。数日前探知田中（日本首相）意旨，如我方不听劝告，即用武力。确非空言恫吓，现奉垣形势，我公定悉。……如兄以为非易帜不可，则弟只有去职，以谢我兄相待之盛意。②

蒋介石也很明白张学良之苦衷，立即复电张学良：“事局虽艰难，我辈当忍耐奋斗，如一去了事，决非所宜。且于兄于弟仍无所宜也。东三省关系重要，惟兄是赖，务望努力前进，以达最终志愿”。③ 蒋同意了张学良暂缓易帜的请求。

此时，日本前驻华公使林权助作为田中首相的特使，专程赴奉天参加张作霖的葬礼。“林权助提出的问题是：‘我不可以贸然地顺从南京政府，我父亲在大元帅时代，有些关于东北问题未解决的悬案，我应当同日方合作，将我父亲遗留所未解决的问题，办理清楚为是。’我答称：‘这不是说所谓父债子还的问题，我的行动是中国的内政问题，日本政府似乎无过问的义务。至于关于东北悬案诸问题，现在中国的中央政府是南京政府，凡政府命令应解决之事，我自当照办，日本政府应该向国民政府外交部去交

---

①《中华民国大事记（1923—1929）》第2册，第851—852页。

②《张学良自奉天诚恳陈述不能立时易帜之苦衷致蒋总司令电》1928年7月24日。

③《蒋总司令致张学良告以派方耀庭赴奉面达详情并望努力以达最终志愿电》1928年7月25日。

涉。’林言：‘北京政府我父亲时代之事，恐南京不承认。’我答：‘那么你找南京政府吧，与我又有什么关系？’林言曰：‘我年轻气浮，出言不加详虑，如我这种态度，恐将于我不利。日政府虽能遵循合法外交手续。东北的问题，自日俄战争起，与日本军方有血缘的关系，恐日本少壮军人，亦不能有所容忍。’我答曰：‘假如如林先生之言，那倒不是中国的问题，反成为日本的问题了，恐怕那也不是日本之福吧？我推想不会有这种事情的。’会谈无结果，只是口舌之辩。”

“我的腹案是：对外取不合作，消极抵抗，有机会即设法收回已失的权利；对内坚决促成统一，建设地方，休养生息，自力更生，以期富强。当时我对日方，亦存戒慎之心：一必须谨慎从事，使其无由藉口；二处处戒备，使其不能制造事端，藉故挑衅；三严密防范内部反侧之谋者，同日人勾结。”

林权助在奉期间，东北保安委员会决定，易帜延期三个月。同时，张学良致电蒋介石，详陈林权助干涉易帜一事，并陈述推迟易帜的原因。日本首相特派大使林权助的态度益加强硬。面对如此无礼的态度，张学良向蒋介石报告了与林权助谈话以及日本内阁阻止东北易帜情形，并指出：“对于日方如此态度，人皆共愤，唯对付之策，不外三种：一曰强硬，二曰软化，三曰圆滑。强硬则必用武力，不但东省力有不足，即全国协力亦无把握；软化则东省将成保护国，为朝鲜第二，非所敢出；暂用圆滑之法，以延宕之，一面于国际间着手运用，折其野心，始有办法。”

不久，蒋介石提出最好能在双十节前宣布易帜的要求。对此，张学良致电蒋介石：“东北易帜，早具决心在前，实因某方之压迫，致生障碍，当时敝处与之面约以 3 个月为限，届期即行易帜……现计算约定之期，已不甚远，敝处拟积极准备，事前秘不使知，筹备就绪，即行通电宣布，以三省同日实行，以免彼方又施狡计。”① 经过半年时间的准备，张学良“外抗强邻劝告，一面苦心应付顽固派，排除万难，卒毅然决然于（民国）17 年 12 月 29 日使青天白日满地红的国旗，飘扬于白山黑水之间。于是国家不费一兵一矢，完成统一大业”。

张学良为什么对约定的易帜一拖再拖？是什么原因让这位敢说敢干的

① 《张学良自奉天报告积极筹备易帜情形上蒋主席电》1928 年 10 月 10 日。

将军屡屡不能兑现承诺？

第一，日本的干涉让他顾虑重重。张学良想通过易帜实现统一的诚意，这一点是不容怀疑的，但同时我们也看到，他十分担心日本的干涉可能给东北带来的危害。他强调“东北情形较异”，是指日本在东北具有很强的势力，以及日本为维护这种势力与权益，可能进行的各种冒险行为，他认为易帜问题，应“循序进行”，“为大局计，似不必急此一时”。

第二，国民政府的政策让他疑虑重重。东北易帜服从南京政府，在张学良看来双方是平等地谈和，而不是东北集团投降南京政府。因此，他对南京方面一面谈和又一面对热河用兵很是不满。

第三，东北内部还有许多问题需要处理。年仅 28 岁的张学良，虽然早就参与奉系中枢决策，但毕竟是在突变的形势下临危受命。所以，有太多的事情需要处理，如解决张宗昌、褚玉璞的军事问题，调整内部各派系各层面的利益问题，统一内部关于易帜的认识问题，还有由于连年战争带来的巨大经济压力问题，等等。东北内部问题有些是可通过易帜解决的，也有的问题如解决不好，可能会影响易帜的进行。

“三千年的国史上也是鲜有先例！”

东北易帜，是张学良维护国家领土不被肢解的一次重大行动。日本炸死张作霖的目的是企图利用东北时局动荡，发动武装侵略，东北领导人的处变不惊，使这一阴谋落空，日本转而策动张学良摆脱南京中央政府，搞独立王国，并多次采取政治恫吓、军事威胁的手段，粗暴干涉和阻挠东北易帜。面对日本咄咄逼人的嚣张气焰，张学良始终表现出一种不畏强权、不卑不亢和巧妙周旋的斗争艺术，从而挫败了日本企图肢解东北的险恶用心，阻止和延缓了日本对东北的大举进攻和军事占领，维护了国家的主权完整和领土统一。

东北易帜，是张学良维护国家统一的一次实践。张学良虽出身于封建军阀家庭，但由于周遭政治环境的影响及所受西方民主思想的熏陶，使他早在青少年时期就产生了强烈的爱国主义思想。长期随父东征西讨，有感于官兵伤亡，人民流离失所，逐渐萌生了强烈的“息内争、御外侮”的思想。皇姑屯事件的发生，促使张学良的反帝爱国思想更加坚定。易帜过程中，张学良一面妥善稳定东北政局，防止日本人乘机挑起战端，一面积极与南京国民政府商洽易帜事宜，力主和平促成统一，从而避免了东北人民因易帜再次被卷入内战的危险。

东北易帜，标志着张学良国家统一观的初步形成。当时的国家统一不仅仅是中国的内政问题，它涉及包括东北集团、南方集团和日本在内的中日两国三方的复杂关系，是中国近代史特别是中华民国史上的重大问题。张学良在处理这一问题的过程中，显示了他非凡的政治才能和审时度势的政治头脑。东北易帜是张学良登上政治舞台后，第一次独立处理复杂的政治事务，他沉着、冷静，从容应对。对外方面：一方面对日本的干涉行径进行坚决的抵制，另一方面机智地利用英、美等国牵制日本。对内方面：与南京蒋介石政府方面展开了长达六个多月的谈判，始终坚持东北人治理东北的方针，迫使南京国民政府方面接受东北的有条件妥协；另一方面积极果敢地处理了来自东北政界内部的反对派，使东北易帜得以顺利进行和最终实现，为其日后主政东北赢得了宝贵的和平建设时间。从某种意义上说，东北易帜对于促进东北地区政治稳定、经济繁荣也起到了巨大的推动作用。

张学良的国家意识——易帜信念和对比他年长 14 岁的蒋介石国家统一观的认同及个人依赖，已经远远超出了父亲被炸的“私仇”、“家仇”，达到了新的政治境界。蒋介石为加强政治基础，能够站在东北当局的立场上，充分理解东北集团的地方利益和所处的特殊环境，采取了一系列灵活让步的积极政策和态度。如不顾国民党内“张学良不过是军阀”的批评，任命张学良为国民政府委员；为不使张学良为难，制定了东三省对外问题由中央负责、东北“内政仍由现职各员维持，概不更动”，重大人事问题，由张学良提出，然后中央发文任命。这些都表明蒋介石接受了张学良东北情况特殊，应特殊考虑，东北与中央“分治合作”的提议，从而消除了张学良的顾虑，使东北易帜得以最终实现。

历史本身就是合力的结果。日本学者西村成雄说，实际上炸死张作霖，在双重意义上成了促进中国的政治统一的契机。日本给中国提供了始料不及的历史转折点。第一，在奉天内部，完成了新老交替，张学良具备了掌握实权的条件。为什么以张学良为首的中国年轻人能够得势？关键在于东北地区政治已超越了日方对奉天派的认识。东北地区资本主义经济一定程度的发展，产生了新的社会基础，日本万没料到，它的行动恰好起到了助卵孵化的作用。第二，在奉天派军阀完成新老交替的基础上，蒋介石等国民党势力在东北找到了政治共鸣的基础，具有先进思想的张学良就是其中的代表。蒋介石等这才成功地将与日本关系微妙的东北，比较安稳地拉进了全国统一的政治磁场中。

合力并非均力，诸多力量促成了历史，在诸力作用中我们总能找出一种力量是决定性的。我们不否认促成东北易帜是合力的结果，蒋介石灵活体谅东北，日本的“助卵孵化”，国民要求统一的呼声，都不可忽视，但在诸力之中，张学良的作用怎么说都是至关重要的，其他力量无法比拟。蒋介石灵活体谅的作用，增强了张学良易帜的信心，如果张学良没有统一的国家信念，怎么灵活体谅也无济于事；日本“助卵孵化”，“助卵孵化”的前提是“助卵”，如果“卵”是“石头”，怎么也“孵化”不出新的生命；“呼声”只对那些听得见的人起作用，如果不听，呼声只能继续呼之。

当日本 NHK 记者问张学良：“先生愿意服从国民政府，是不是因为令尊张作霖被暗杀所致?”张学良回答：“即使我父亲没有被日军所杀，我也会走上这条路，因为我一直主张中国统一。那时对自己国家力弱，我非常伤心，所以不是父亲之死动了我的心。不过因为这个事件，往后我更加努力于抗日运动，却是无可否认的事实。”

张学良的部下卢广绩在接受 NHK 采访时说：张学良富有爱国心，同时感到光靠东北的力量不足以与日本对峙，要依靠全国的力量。于是他挂起了青天白日旗，加入了国民政府。对我们来说，这是一件了不得的大事。我们奉军共有 30 万兵力，也有海军，还有飞机。当时蒋介石的军队不过 20 万，既没有海军，也没有飞机。从军事力量上说，我们的力量比对方大。所以如果张作霖在世，我相信东北绝不会服从国民政府。但是张学良为了国内统一，为了对抗外国，认为中国必须统一，便毅然挂起了青天白日旗。

唐德刚教授也作了类似的评价：张学良于 1928 年底的易帜，与中国内战史上的“势穷来归”或“变节起义”是截然不同的，“在三千年的国史上也鲜有先例。”东北当局当年处于日俄两强夹攻之中，南京策士曾有“以外交制奉张”的建议。反过来说，张学良如果国家观念淡漠，又何尝不可“挟寇自重”呢？在中国的历史中，封疆大吏“挟寇自重”者，不乏其人，安禄山、石敬瑭、张邦昌、吴三桂和后来的盛世才，都曾借边疆局势复杂，巧借外力，以求做“土皇帝”，学良何尝不可依违其间，待机而动呢？但是学良不此之图，偏要易帜，归顺中央，促成国家统一。因此唐先生才评价张学良易帜是“三千年的国史上也鲜有先例！”此论不无道理。东北易帜，宣告了中国自清末以来分裂割据之混乱局面的结束，实现了中国的统一。尽管是表面上的、形式上的统一，但对长期处于内乱不断的国家来说，这种统一不仅是迫切需要的，而且也十分重要。它是实现真正统一的起点，它让人们看到了统一的希望。

东北易帜，标志着张学良国家统一观的初步形成。

三、谁能统一中国，我就拥护谁

有人说，张学良东北易帜是为了保住东北和热河地盘，张学良说：“东北易帜的问题，我可以说一贯主张中国统一，所谓易帜，我的主要决定是中国统一，没旁的意思。”也有人说，东北易帜是投降国民党。张学良说，我升起的是青天白日满地红旗，并不是青天白日旗。[①]“青天白日代表国民党，满地红就不是了。”还有人说“易帜的关键是好像您要接受三民主义，孙中山先生的三民主义，这是一个关键性的东西吗？”张学良没有正面回答，他说：“中国的老太婆子，‘阿弥陀佛’，你问她‘阿弥陀佛’什么意思，她不知道。那三民主义，真正的三民主义到底怎么回事？我可以说多数人不知道。”“历史上的事儿，你换了旗是那样，不换旗也是那样，不过你换了旗，你算是归属了中央了；你不换旗等于你在那独立，事实上还是一样的。”

东北易帜虽然实现了国家形式上的统一，但这种形式上的统一要想发展为真正的统一还有很艰难的一段路程要走。

那个时候，政府对地方根本没有权，不但东北，对西南、对广西，

---

① 青天白日旗，是革命先烈陆皓于1893年设计的。两年后，孙中山在香港举行的干部会上通过了以青天白日旗为革命军旗。1906年，在讨论国旗方案时，孙中山提出沿用青天白日旗，黄兴认为青天白日旗过于单调、朴素，又与日本国旗相似，不同意沿用青天白日旗。最后采用了孙中山设计的方案，以青天白日满地红旗作为中华民国国旗。在中华革命党改组为国民党后，以青天白日旗为党旗。

> 对谁……说是政府，但要怎么行动就怎么行动。……山西呀、西南呀、广西呀，怎么行动都可以。那时中央政府所能真正掌握的也不过是江苏啊、安徽啊这几个省就是了，真正的中央要怎么办就怎么办的，就浙江啊，其他各省也就是各人独占一方，独霸一方。
>
> 形式上是统一了，事实上还是分割的。你比如说，中央不能派一个兵到山西去，中央不能派一个兵到东北去，中央也不能派一个兵到云南去，中央也不能派一个兵到广西去。

统一面临着诸多考验：外国势力千方百计企图通过扶植代理人、经济掠夺、军事压迫、制造外交纠纷等手段破坏统一，甚至存在着帝国主义直接出兵肢解中国的危险；国内的各种军事势力因政治主张的不同、利益分配不均，随时都会通过手中的武装发动新的内战，打破暂时形成的脆弱的统一和平局面。"维护统一"、"保障和平"仍是当时中国面临的主要任务。张学良站在提高国力的高度，认为和平为建设之基础，建设为发展国力之前提，只有国力增强了，才能有效地挫败外国势力对中国侵略的阴谋。

"立国之道，首在建设。"

主政东北后，张学良发出了"东北新建设"的号召。"坚信救东北的重要一步是政治统一，同时在东北导入各项建设政策实为重要"。[①] 1928 年 10 月，为《东北新建设》杂志题名，一年后，成立了东北新建设委员会。张学良号召东北军民，战争耽搁了我们好多年，我们国家比世界上的先进国家落后了好多年，目前战争结束了，"急起直追"的时候到了。怎么追？追什么？"立国之道，首在建设"，"建设为发展国力之前提"。[②] "东北新建设"就是"建设新东北"，就是革新政务，维护国家的统一；兴办实业，整顿金融，发展交通，振兴民族经济，强固国防，对抗日本。

张学良深知，经济是一国命脉，经济上不能复兴，政治上就永远没有独立自主的一天。东北地域辽阔，土地肥沃，资源丰富，有着优越的自然条件，但地缘政治对东北十分不利，地理上与日俄两国相邻，日俄两国通

---

① 张学良：《我对日本积极政策的经验》。

② 张学良：《和平统一为切要之途》，天津《大公报》1931 年 5 月 22 日。

过一系列不平等条约，在东北获得了“特殊权益”。以“满铁”为中心的日本资本几乎垄断了东北的经济命脉。有资料统计，至20世纪20年代末，日本商品占东北贸易进口额的70%，占出口总额的75%。日本对外投资总额为27.8亿日元，其中在东北的投资达16亿日元，占对外投资总额的58%（日本东亚调查局统计数字）。日本大量商品和巨额资本的涌进，严重摧残了东北民族资本主义工商业。

日本学者西村成雄评价，张学良的东北新建设采取的是“国家政府主导型”经济发展战略，同时，也是旨在实现轻工业和日用品的“国有化代替进口化”政策。政策上与南京政府制定的经济政策相呼应，战略上与民意舆论相吻合，即追求国家统一、强大。

张学良在建设新东北的过程中处处体现出他的国家意识、统一意识。他主动接受中央政府的监督指导，千方百计引入中央政府资金和华侨资本在内的民间资本，也引进外资，但拒斥日本资本，辽宁省政府发出《禁止中日合办合作事业训令》和《禁止购买日货密令》等，他指示东北政务委员会制定普及国货措施，普及国货与抵制外货相结合，对国产品在税收上采取优惠政策，还制定了一系列奖励垦殖、奖励造林、奖励养蚕植桑、奖励发明创造、取消苛待劳工惯例、救济失业工人、实行商标法、实行出口物检查、举办国货陈列及展览、派员考察实业、筹设县实业局、发刊实业书报等措施。①

当时的铁路部门、军需部门在东北产业结构中处于金字塔的顶端。为发展铁路，张学良组建了交通委员会，大力兴办自筑铁路。1926年，自己控制的铁路只有149公里，日本“满铁”控制的为1129公里，苏联控制的中东铁路为1789公里，到1931年，这种情况发生了翻天覆地的变化，中国人控制的铁路发展到占整个东北铁路的53%强。货物运输量，“满铁”从1928年的1753万吨下降到1930年的1545万吨，而中国控制的铁路从909万吨增加到1355万吨。1930年1月，张学良开始建设与日本人控制的大连港相对抗的葫芦岛港。

当张学良雄心勃勃地利用难得的和平环境开展东北新建设时，中国的和平局面被战争取代的危险正一步步向南京政府走来。

---

①《奉天实业厅长刘鹤龄呈报实业行政大纲》1928年11月3日。

“凡为国家官吏者，自应服从中央，弼成自治。”

1928 年 12 月 29 日，随着青天白日满地红国旗在东北大地上的升起，一个以南北合作为特点的新的政治共同体主宰中国政治的时代开始，国民党称之为“训政时期”。① “训政”意味着以军事手段统一中国的“军政”时期宣告结束。既然“军政”时期已经过去，裁减军队就成了当务之急。1929 年 1 月 1 日，全国的编遣会议正式在南京召开。会议开了 20 多天，会议决定，此后指挥、调动军队一切权力收归中央。

各地方实力派如果按编遣会议决议去做，那就等于拱手将一切权力让给蒋介石，他们对蒋介石以裁军为手段，来削弱地方军阀的如意算盘看得一清二楚。在他们看来，蒋介石和他们一样，只是一个军阀而已。所以，虽然编遣会议开过了，组织机构成立了，大政方针也确定了，但仍和以前一样，多数军阀不但没有真正裁减自己的军队，相反却在继续征兵，扩军备战。② 因编遣会议引发的蒋、桂、冯、阎四派军阀的矛盾日趋激化，一场大规模的新军阀混战，已无法避免。

桂系因不满蒋介石削弱自己的势力首先反击③。编遣会议第二个月，桂系以武汉政治分会名义，撤免了亲蒋的湖南省主席兼十八师师长鲁涤平的职务，并派兵进逼长沙，赶走了鲁涤平，控制了湖南。按政治分会的条例规定，分会无权任免省主席之职务。蒋介石称李宗仁、李济深、白崇禧等“借革命军之名义消灭革命”，“实为国民革命之障碍，三民主义之叛徒”④。蒋在命各路大军进军武汉的同时，又采用分化手法，武汉桂军很快瓦解。史称“蒋桂战争”。

---

① 1927 年 7 月，国民党在南京成立了正式的中央政府。8 月，原来和国民党合作的共产党发动南昌起义，以武装斗争的形式否定南京国民政府的正统性。10 月，南京国民政府改组，蒋介石就任国民政府主席，张学良被任命为国民政府委员。蒋介石打出“以党治国”的旗号，宣布“统一军政”、“实施训政”，名曰加强中央统治，实为排除异己。

② 根据冯玉祥：《我所认识的蒋介石》，香港，1975 年版，第 16—17 页。

③ 桂系在北伐奉系张作霖过程中，势力迅速扩大，形成了对蒋介石的重大威胁。蒋介石为了削弱、控制和消灭桂系，先是在北方利用桂系与唐生智的矛盾，起用唐生智，并收买白崇禧旧部李昌仙倒戈，驱逐白崇禧，非常成功地把河北的十万桂系军队改编为拥蒋军。还把同桂系站在一起的李济深诱骗至南京，扣押于汤山，与此同时，派人到广东，分化粤系，拆散粤桂联盟，蒋介石的计谋频频得手。

④ 蒋介石总司令部参谋处：《阵中日记》1929 年 3 月 27 日。

蒋桂战争刚结束，冯玉祥调兵遣将，将他的军队布置在山西与河北交界一带，与蒋分庭抗礼，并公开通电谴责蒋介石独裁。[①] 蒋介石自然不甘示弱，以国民政府的名义，下令讨伐，称冯是“统一之梗”、“背叛党国”，要撤职查办。在蒋介石分化手段的打击下和军事进攻面前，冯玉祥突然转变态度，采取免战自守的防御策略，通电下野。冯的退让，激发了蒋的雄心，继续进攻冯的军队，意在斩草除根。

阎锡山见蒋介石对冯玉祥下手，唇亡齿寒之感油然而生，预见下一个该轮到他了。便改变了此前表面媚蒋压冯、拉冯抗蒋的两面策略，决心与冯联合反蒋。双方约定由西北军先发动讨蒋，然后晋军再起而响应。阎锡山向舆论界宣布：如果蒋让冯离开中国，他将与冯玉祥同去手挽着手周游世界。这无疑是警告蒋介石，如果他想消灭冯的国民军，那就必须首先打败他阎锡山的军队。[②] 听说阎锡山欲与冯玉祥联合，蒋介石急忙赶到北平“灭火”，为提高他作为中央领导的地位，特邀张学良赶到北平，举行了蒋、阎、张三巨头会议，经过会商，蒋介石决定由阎负责西北军事，同时取消了对冯玉祥国民军的进攻，恢复了冯玉祥对其军队的指挥权，还答应中央政府给冯拨款做军饷。然而，这一举动并未能消除阎、冯反蒋的决心。

实质上，蒋介石此时决心要扩大和集中自己的控制力。这种企图不仅意味着要消灭所有的军事反对派，而且也要清除国民党内政见不同的反对派。1929 年 3 月，国民党第三次全国代表大会在南京召开，蒋介石将李宗仁、白崇禧、李济深、陈公博等永远开除党籍。顾孟余开除党籍 3 个月，并给汪精卫书面警告。此次大会代表 400 多人，有 300 多代表是由蒋介石所控制的中央指定的。汪精卫严词攻诋蒋介石专权，并且质疑会议的合法性，结果改组派多数人因此被开除党籍，汪精卫也被书面警告。于是，改组派以“护党救国”为“反蒋”口号，并策动地方实力派在军事上反蒋。

5 月 15 日，冯玉祥部将刘郁芬、孙良诚、韩复榘等通电反对南京政府。指责蒋介石在外交上卖国、党务上非法指派国民党三全大会代表、行政上

---

① 北京《华北通报》1929 年 5 月 25 日。

② 阎锡山之所以帮助冯玉祥是因为他看出，如果他允许蒋介石摧毁冯的军队，那他以后打算在山西和中国的其他部分同南京平分权力的要求就会变得孤立无援了。见格林：《阎锡山》，第 111—112 页。

用人不当等，促其下野。并公推冯玉祥为“护党救国西北军”总司令，正式向蒋发难。同时冯军主力集中于豫西、潼关一带，炸桥毁路，冯、蒋之间的军事行动呈一触即发之势。

5 月 23 日，张学良发表对时局通电，号召各方“服从中央”：

> 统一告成，国基始固，编遣会毕，建设方兴，凡为国家官吏者，自应服从中央，弼成自治。乃读刘郁芬等通电[①]，对主席则肆意诋毁，对党国则行同背叛，举动如此，实骇听闻。
>
> 须知庶政决于会议，非一人所得自专；主权属于国民，非一人所能蔑视，况国家大计，本从集思，即或主张稍殊，不妨直陈所见，纵使处置不当，亦当据理力争……学良等效忠党国，不敢后人，拥护中央，尤为素志。[②]

张学良的态度是明确的，劝告冯玉祥等人服从中央，执行编遣会议决议，作为地方军事首领，即使对中央有不同意见，也不能“轻启衅端”。并表明他个人是坚决拥护中央的。这对处于遭受各方挑战中的蒋介石，是莫大的支持。

“国家建设固需万端，而最需要者，莫若先弭战祸。”

1929 年 9 月，汪精卫的支持者张发奎，要求以汪代蒋，担任国民党领导人。张发奎命令他的部队在驻扎所在地河北、河南发动讨蒋战争。随后不久，改组派发布宣言，谴责蒋介石及其政府是独裁的、腐败的和非法的，是人民的败类。[③] 10 月 10 日，西北军 27 名将领联名发表讨蒋通电，誓言“蒋氏不去，中国必亡”，“即日出发，为国杀贼”，[④] 兵分三路，向河南进攻。蒋介石针锋相对，下令迎战冯军。

1929 年底，正当关内各派反蒋势力在遭受蒋的打击后，又在酝酿更大的联合，发起更大的挑战之际，张学良与阎锡山等联合发表了“拥护国民

---

① 冯玉祥部将刘郁芬、孙良诚、韩复榘等通电反对南京政府，1929 年 5 月 15 日。
②《国闻周报》第 6 卷，第 21 期。
③ 北京《华北通报》1929 年 9 月 28 日。
④《国闻周报》第 6 卷第 41 期。

党中央通电”。通电指出：

> 十数年来，战祸频仍，人民既无生路，国是日在飘摇，以致外侮侵凌，亦日甚一日。党国成立之后，国家建设固需万端，而最需要者，莫若先弭战祸。
>
> 乃数月之前，风云骤变。锡山多方呼吁，竭力斡旋，以期误会完全谅解，不再衅乱相寻，一德一心，共谋国是。最近以来，变化陡生，悬崖之势，几不可勒。而锡山等，犹复忍性坚持，不肯遽以武力相加者，原冀以政治解决一切纠纷，实现总理“天下为公”之遗训。……学良以东省一隅，抵抗强俄，财尽竭，犹复坚忍支持者，惟望早息内争，一致对外。……惟望海内贤豪，各方将领，审清利害共挽危局。①

张学良与阎锡山在当时的形势下，联名发表“拥护国民党中央通电”，其目的是有很大差别的。在地方实力派中，只有阎、张两人没有直接与蒋派中央发生冲突，阎锡山在斡旋各方矛盾中，也时时在寻找机会壮大自己。与张学良等联名发表通电，既是他扩大自己政治影响的一种手段，又是与蒋介石周旋的一种策略。而国难家仇集于一身，又刚执政不久的张学良，从自己的切身体验中感悟到，只有早息内争，才能一致对外。所以他真心地希望和平，真诚拥护国民党中央。

张学良曾回忆说：扩大会议之前，阎锡山给我打了个电报，并且，我的秘书长还到他那儿去过。那个时候，我们对中央不满，对中央政治上不满呐。那么阎锡山就说，咱们两个人，有这个资格，我们两个人应给中央政府去个电报，去个建议电报。就像今天人们常说的一样，要改革，什么事情都要改革一下。那我给他回个电报，说我赞成，你领衔，你拟个电报稿子。你拟，我赞成。等他拟好电报稿发给我，我一看，哎？他要请蒋先生下野。这成了什么事了？我就给他回个电报，我说，咱俩说好的是请中央政府改革，你电报稿里却说请蒋先生下野，那么他下野，是你干还是我干呢？到底谁干呢？是你要干吗？我说，你要请蒋先生下野，我不署名！我特意派我的秘书长去他那儿一趟，问他是什么意思，咱俩开始的时候，来往电报说是谏政中央政

① 天津《大公报》1929年12月22日。

府，应该改革，我答应了你，而你怎么忽然变了？你怎么要蒋先生下野呢？下野干什么？后来，他告诉我的秘书长说，蒋先生不走，你没法改革。

1930 年 2 月，阎锡山把电报发出去了，致电蒋介石，建议蒋下野。阎锡山的发难，蒋介石不予理会，但在全国却引起极大的震动，人们都预感大战即将爆发。2 月 10 日的当天，五院长①联名发表《告全国军人书》，号召所有军人拥护中央。由五院长联名发表文告这是不多见的。

争取和平，避免战争，是张学良的一贯主张。五院长的《告全国军人书》发表后，张学良立即响应，于 2 月 12 日，发表了响应五院长《告全国军人书》电：

"捧读蒸（10）日通电，哓音暗口，语重心长，曷胜钦佩。当此国基初奠，民信未孚之际，政府封疆，分劳协力，犹恐惟日不遑，岂宜内启猜嫌，自相愚诈。愿我袍泽，务各开诚布公，拥护中央，以固国家之统一。"②

然而，五院长的呼吁书，张学良的响应电，在蒋阎的矛盾中显得无足轻重，不足以平息这场战争。阎锡山下令他的晋军向山东和河南的蒋军进逼。至此，民国以来军阀间空前惨烈的大厮杀在中国腹心地带展开。多灾多难的中国，刚刚"统一"了一年，便又陷入了战祸连天的厄运之中。

"邦家多难，非息争不足以图存。"

阎锡山举起反蒋旗帜后，各方反蒋势力的领袖们纷纷会集山西省会太原，商讨反蒋大计。此后不久，又在北平共同酝酿策划召开了所谓的"中国国民党中央党部扩大会议"。参加此次会议的有以汪精卫为首的改组派军政领袖，有西山会议派和各派反蒋势力的代表人物。反蒋的这面旗帜使他们走到了一起。

会议的目的是要建立一个新的国民党中央机构和新政府，并且要重新组建军队。1930 年 3 月 15 日，由冯、阎、桂 3 个集团的 57 名将领联名发出反蒋通电，一致拥护阎锡山为"中华民国陆海空军总司令"，冯玉祥、李宗仁、张学良为副总司令。阎锡山于 4 月 1 日在太原宣誓就职，随后冯、李也分别宣誓就职。

---

① 五院长为行政院长谭延闿、立法院长胡汉民、考试院长戴季陶、司法院长王宠惠、监察院长赵戴文。

② 天津《大公报》1930 年 2 月 16 日。

面对反蒋的联合挑战，蒋介石集团起初有不屑一顾之意，认为反蒋势力都是七拼八凑的地方武装，在装备精良、训练有素的中央精锐之师面前简直不堪一击。但随着反蒋势力的集聚，蒋介石逐渐认识到对手不可低估，因为他们几乎包括了除中央军队之外的所有地方势力。几乎是与反蒋势力动作的同时，南京政府下令通缉阎锡山，并调兵遣将，布置一切。

战争是以实力为基础的，战场上的局势最能反映双方力量的对比状况。当双方摆开阵势后，发现谁也不占优势，势均力敌，一时难决雌雄。

在这种形势下，唯一一个尚未卷入中原冲突，且拥重兵于关外的张学良，地位骤然突出起来。自东北易帜时起，张学良的言行就受世人关注，有人称其为“中国政治舞台上的一颗新星”。此时，他的一举一动就更加受到国内各界的关注。

北伐后的中国，大致形成南京、广州、武汉、开封、太原、沈阳等六个军权中心。[①] 1930 年的中原大战，除张学良东北边防军控制的沈阳中心外，其余五个军权中心，发展成两个中心，一个中心是南京，一个是太原(广州、武汉、开封均附和太原)，这样，中国的政治版图就形成了南京、太原和沈阳三个中心。三支实力相当：蒋、阎、张。蒋、阎交战，势均力敌，张学良就成了这场战争的“预备队”，举足轻重，张支持谁谁赢，张反对谁谁垮。

当时的局面用一个数学公式表示，就是阎锡山发明的“1 + 1 > 1”。两头的“1”是代表蒋，还是代表阎，不确定，也可能是阎，也可能是蒋；中间的“1”是不变的，代表张学良；“大于号”后边的“1”，究竟代表谁，不确定，确定的是它的数值最小。这个公式里边究竟谁大于谁，取决于中间的“1”。谁赢得了张学良，谁就是第一个“1”，谁就赢得了这场战争，谁就成为“正统”的中央。

阎锡山虽然是发明者，但蒋介石早就看明白了张是中间的那个“1”。因而，双方从准备战争的那天开始，都使出浑身解数，极尽笼络之能事，拼命地往东北跑，都看到了张学良的力量。

“我那时的力量可以翻手为云，覆手为雨，北方的力量我有大部分，换句话，我一下子就可以出几万军队，就是在关内不是我的军队，比如像石

---

① 蒋永敬：《国民党实施训政的背景及挫折》。

友三、冯玉祥有些军队，我也能够跟他们联络，他们也能够……虽然不是直接听我指挥，我也可以运用他们。就是阎锡山下面的部队，像商震啊，那我都可以运用。”

双方都不惜对张封官许愿，并都开出有名无实的陆海空军副总司令的职位价码，企图以此为诱饵，把张拉到自己阵营中来。双方虽然出于同一目的，其终极目标又有所不同。蒋介石以“中央”的正统地位拉张，志在必得；反蒋派则考虑到张如不接受他们的劝诱，至少也要始终远离中原是非之地，在关外严守中立。

张学良对已经发动起来的中原大战，作出的第一个公开反应，是1930年3月1日向双方发出的通电。电文指出：

邦家多难，非息争不足以图存；建设方殷，非和衷不足以济事。介公主席与百公副司令，党国柱石，物望所归。近者偶以报国之术，积极消极异其途，致救国之方，戡乱止乱殊其论，函电往复，易启误会之端，众口喧腾，尤虑兵戎相见，侧闻消息，惄焉忧之。

溯自统一完成，瞬逾一纪，以言军政，自应如期结束，以言训政，尤须努力进行。然而回首前尘，国内之兵革屡见；环顾中土，民间之喘息未苏，加以灾祲频仍，工商凋敝，交通半梗，匪寇方张。当此之时，若不各捐成见，共息争端，势必至元气亏竭，根本动摇，而外人之环伺我侧者，求全大欲，亦遂起而乘之。自亡人亡，不演成灭国灭种之惨剧不止。兴念及此，能无凛然？区区之愚，以为政见无妨磋议，而不可为意气用事之争，武力有时必需而不可为萁豆相煎之具。

自维陋劣，政治上固未敢率为主张，然一年以来，迭经内乱，纵无曲突徙薪之力，深知扬汤止沸之非，故不惮苦口呼吁，冀和平早现。此次介、百二公，政见分歧以后，亦曾以和平息争之义，迭电分陈，冀邀采纳。复以愚见所及，贡诸国内各首领之前，以期一道同风，共消隐患。口未敢安于缄默，行非敢稍涉模棱，耿耿此心，当蒙共鉴。

夫殊途原可同归，图终贵乎慎始。在介公析里毫芒，亦实事求是之意。特恐词纵祥明，意难周到，每滋一时误会，驯启众人之猜疑，或且推波助澜，酿成战祸，循环报复，未有已时，则是二公救国之愿未偿，亡国之祸先至，非二公之所及料，亦非学良之所忍言也。

所冀举国同胞，洞察危局，注视于国外，立泯内争，本诚意以相惟，共图匡济。尤望介、百二公，融袍泽之意见，凛兵战之凶危，一本党国付与之权能，实施领袖群伦之工作。

良则职在防边，身已许国，凡事之有利党国，不背和平者，必当沥胆陈词，期迥避忌，果使万众一律，急起直追，中国前途庶其有豸。谨掬诚悃，惟国人其鉴察之。张学良叩。东（1）日①

张学良在这份同时致给蒋、阎的通电中，一改过去拥护中央的立场，强调双方都应认识到，武装冲突，国家分裂，是绝对不符合中国利益的。他恳请双方珍惜统一大局，各自退让，罢兵息争。有人评价这份通电是和稀泥，是两边讨好，谁也不得罪。在当时，张学良采取中立的立场，两面劝解，是合时宜的。

张学良采取中立的态度是很自然的，东北易帜刚刚一年，内部有很多事要做；“中东路事件”刚刚平息，他还余悸在心；虎视眈眈的强邻日本，一直盯着东北这块肥肉不放。更重要的原因是，他一直反对内战，主张国内和平，轻易地参与内战，是不符合他的思想原则的。所以，他对双方所献的殷勤不抱好感，对双方开出的“副总司令”价码也不屑一顾。他宁愿作壁上观，静观时局发展。而他愈是这样做，他的地位愈加巩固而突出。这样，在这场权力的多边之争中，他不仅可以成为一个举足轻重的砝码，还可能成为结束这场战争的决定因素。

张学良在形式上严守中立的立场，但在内心是有倾向性的，他一贯主张国家和平统一，他承认蒋介石是代表中央政府的。他在3月份致电阎锡山，表明了这一政治态度：“东北四省，对日、对俄，关系复杂，外交上不便与南京政府断绝关系。际此时局，处境较具苦衷，外交问题，今后仍与宁府联络进行，尚希谅解为幸。”②

当时的一些政治观察家也确信，张学良最终必将站到蒋介石一边，因为东北存在受日、俄侵略的严重威胁。张学良从他经历的事实中认识到，只有保持国内的和平统一，才能抵御外国侵略。应当说，当时的政治观察

---

①《盛京时报》1930年3月3日。

②《盛京时报》1930年4月1日。

家判断是正确的。

“谁能统一中国，我就拥护谁。”

阎锡山为了拉张学良入伙反蒋阵营，于3月份通电全国，拥戴张学良为中华民国陆海空军副总司令。“我就说阎锡山这个傻瓜，‘扩大会议’他偏偏要拉着我，我从来都是模棱两可的，说给我这个部长，给我那个地位什么的，我从来都没明确，我也没说反对，我也没说答应……我总是模棱两可的。”

蒋介石虽迟一步，但送了一明一暗两个“大礼包”，第一个“大礼包”和阎锡山送的一样大，5月21日，公开任命张为中华民国陆海空军副司令；第二个“大礼包”更大，暗地里通过亲信把阎锡山所控制的河北、山西等省地盘全许给了张学良，另外，答应帮助张学良解决东北金融困难。①

面对各派的拉拢，张学良多方敷衍、虚与委蛇，阎、蒋各方对张的立场不得要领，都感觉有希望没把握。天津《大公报》记者曾在北戴河问张学良：“对副司令一职，究拟就职否?”张学良答称：“本人甫届而立之年，业膺兼圻之任，才位不相当，已感惭悚不安之至。中华民国副司令，职位何等隆重，岂非躬所敢承受？且如此年龄，遽肩兹任，国民纵不相鄙弃，本身实觉不太相称。”②

实际上，张学良“就在那看着”。“阎派人来谈，我都是只听不语，阎却还看不出我的意思。我说就像两个人打架，我在旁边抱臂冷眼看着。”张学良在那冷眼看什么呢？一是在看如何才能统一东北军内部高层对时局的意见，这需要时间；二是在看究竟谁能统一中国，这需要分析和观察；三是为确保东北公开立场后时局不会逆转，需要选择恰当时机。

针对国内的局势，张学良曾于1930年2月中旬召集东北军政要人举行会议，经反复讨论，决定东北不参加关内任何方面作战，认为武力不足以统一，徒增人民痛苦。所以才有3月1日张学良的通电。到了6月份，双方在战场上打得更加激烈，战局已呈胶着状态。在争取张学良方面，蒋

---

① 张学良晚年口述历史时，张之丙姐妹问：《李宗仁回忆录》中说“您出兵是为蒋先生、中央出六百万出兵费，您才出兵。”张学良说：“这里也许误会了。中央曾经给过东北一笔钱，是为了东北的金融问题，中央帮我忙，与这他俩连不到一块儿。”

②《盛京时报》1930年9月5日。

介石、阎锡山、冯玉祥等也都使出浑身的解数，曲意奉承，百般争取。在这种形势下，张学良趁东北各要员到沈为他祝寿之机，举行会议，商议应付时局大计。会上出现两种意见，张作相、张景惠、汤玉麟、汲金纯等“老派”人物，坚持不与任何方面合作，反对出兵关内，主张保境安民。而王树翰、刘哲、刘尚清、沈鸿烈等一些人，则主张出兵关内，帮助蒋介石。张学良一时举棋不定，希望双方息争言和。会后的 6 月 12 日，致电阎锡山、冯玉祥：“战争对外则为耻辱，对内为人民所不取，如能同意罢战，愿执调停之劳。”

6 月 21、22 日，张学良又两次致电阎、冯主张把郑州、开封一带划作蒋、阎两军缓冲区，并立即撤军停战。阎、冯不接受张学良的调停主张，决心与蒋介石周旋到底。

张学良继续“在那看”，他要看谁能统一中国。

在张学良看来，统一中国的人必须具备四个条件：第一，这个人要有理论；第二，这个人要有能力；第三，对内主张平等；第四，对外反对帝国主义。

阎锡山是有能力，但这个人没有理论，而且思想保守、陈旧、迷信。在对待帝国主义的态度上，阎锡山也不明确。最后，张学良“内定”了蒋介石。“谁能统一中国我就拥护谁。蒋先生有理论，有能力，是个领袖人物。三民主义有一个民族主义，对内主张民族平等，对外反对帝国主义，讲得好。咱们不能等人家侵略进来再拥护统一，那时候再请求中央支持就来不及了。”

为了统一，为了在未来防御日本的侵略战争中得到中央的支持，张学良开始向蒋倾斜。“我看还是蒋介石能统一中国。我要帮阎锡山，这个仗还得打三年五载。我刚刚把兵撤出来，刚刚停止内战，要再反蒋，内战什么时候算完？要结束内战，只有拥护蒋介石。”

为了结束内战，为了东北军不再参加内战，为了缩短内战期限，张学良开始抛弃阎锡山。当然，这是张学良藏在心中的腹稿，直到“巧电”发表，他也没有向外界透露这份腹稿，仍然是中立、模棱两可。张学良将这称之为“政治”。当记者一再追问他是否有斡旋时局之意，他回答：“国民苦兵革已久，本人当然愿尽个人力量，劝进和平，或缩减战祸，要视时局推移如何，与夫个人意见能否被人接受为断。万一无可为力，只有守我夙志。”他认为，只要双方“各退一步，自然后路宽容，绰有余裕。”“所望者，大家均有觉悟，以全力各自整理地方，与民休息。”①

“我就是要中国停战!”

1930年9月17日，就东北军入关武装调停中原大战一事，张学良接受了天津《大公报》记者采访。来访记者是8月份在北戴河采访过张学良的那位。记者来到东北边防司令长官公署，见客厅里“已患人满，尤以高级军官为多，空气颇见紧张”，“似有重要训谕”。记者“观察张氏态度，仍极从容，精神甚佳，与北戴河海滨相见时相仿佛”。张在回答为何要出兵入关时说：“余两星期来，静候阎公利用我使任缓冲之地，负调停之责，乃迄今未有所表示，而唯以添推东北方面之国府委员与部长等事相商，实非余所愿闻。”②“吾奉军作战多年，上年策进和平，促成统一，余曾用过许多苦心，故衷心不愿国家再分裂。南北成立两政府，且以为政治不好，尽可设法促其改良，本不必相见以兵。而于阎冯两公之治民治兵，亦有相当敬佩，故衷心极愿蒋阎冯三公各退一步，共议大计。吾侪谁又非曾经对垒作战者，事过境迁，恩仇俱了，但能顾全大局，何必争一时之气愤。本此见解，乃有三月东电之发表，不幸未蒙见听，战祸竟开。假令战事果能彻底，则吾人亦甚愿姑且听其自然。乃今日兵连祸结，徒苦吾民。而双方绝对的胜败，似均无大希望。长此相持，如何得了。夫凡事贵能知机，吾奉军上年，鉴于形势不利，不惜撤兵出关，仍冒险留鲍旅在平③，维持秩序，其维护北方和平之苦心孤诣，国人至今犹能谅察。现在，民困已达极点，北方尤不宜再受兵祸，故余已不能不被迫而出予以干涉。”④

记者问，东北政治立场是否站在南京政府一边。张答：“然，唯余之表示，亦不尽与宁府期望吻合，盖余乃站在中间而偏向南方而已。余决不为落井下石之举，唯愿青黄不接之时，地方秩序得以善保，一如鲍旅当年维

---

①《盛京时报》1930年9月5日。

②《国闻周报》第3卷第37期。

③ 1928年6月2日，奉军发表出关通电。南京政府与北京政府协议，南京政府以和平方式接收京津；奉军退出关内，奉军撤退未完成前国民党军不进入北京，奉军撤出后，北京成立以王士珍为首的临时维持会，以维持城内秩序，奉军留下鲍毓麟旅维持北京治安，待国民党军入城后即行撤退。

④《国闻周报》第3卷第37期。

持北京之故事则万幸也。”[①] 第二天，张学良发表了“巧电”。“中原大战，我出兵并不是要打呀，我发‘巧电’，我是‘武装调停’啊！”“我就是要中国停战！不要再打仗啦！实实在在，我的心里啊，我这人反对内战反对透了！”

张学良和唐德刚、郭冠英说：“那时候，我是跟着我父亲南征北战，我在我父亲手里是个将，他让我打什么，我就打什么，可是，在我自个手里，你看我打过什么仗？我自己，我打的仗都是为了中央统一，我是为了统一。”“所以，我说阎百川，他那时他就没有想到我，他就没有想到我能干那一手：我军队出关！所以，我说阎百川他们、冯玉祥他们不够聪明，为什么呢？你们那时候就想那个样子干。”“自个打！今天跟你打，明天跟他打，明天又和，后天不知为什么又打！……这仗打得有什么意思？这是干什么呀？”

唐德刚问：“汉公，我听到另外一个故事，说你与北伐军在河南作战时，后来，你走了之后，你在桌子上留了一封信？”张学良说：“是啊，我留有一封信，我告诉他们，告诉他们几个理由。那时候，大概前线是白崇禧。”“这个信，大致我还记得，我那是很长的一封信。我说，我告诉你这样一件事，我们这里还剩下好多粮草，这粮草，我不是不会烧，我会放把火烧掉，让你们没有吃的，但我没有烧这粮食，我是想让你们用一用，免得你们让当地老百姓再纳粮。第二点，我说，那个黄河铁桥我会炸的，我会炸的！我也知道你们会追击过来的，但我没炸，我没炸！这是国家的桥梁，我把它毁了，一时你修不上的，所以我没有毁。”

四、“天下恶乎定？定于一”[②]

张学良的国家认同意识与对现实政府的认同意识是相互支持的。抵御外侮是他国家意识的出发点，国家统一、国内和平是抵御外侮的手段与方

---

①《国闻周报》第 3 卷第 37 期。

② 语出《孟子·梁惠王上》。原文为：孟子见梁襄王。出，语人曰：“望之不似人君，就之而不见所畏焉。卒然问曰：‘天下恶乎定？’吾对曰：‘定于一。’”意为孟子见梁惠王，出来后告诉左右：“梁惠王远看不像个国君，到了他跟前也看不出威严的样子。突然问我：‘天下要怎样才能安定？’我回答说：‘要统一才会安定。’”

法，政府则是代表国民利益并领导各种力量抵御外侮的机关。然而，在中国政坛出现对立的政权时，他的国家观念被简化为：看哪一个政府能代表国家，衡量的标准主要是看哪一个政府有能力实现统一、实现国内和平，至少能减少内战次数和缩短内战时间，谁打倒帝国主义的口号喊得响，他就认同哪一个政府，就站在哪一个政府一边。中原大战中，张学良武装调停，实际上是他对这种国家认同意识的自主推进。

看似明确却缺乏深刻正义标准和广阔视野的国家观，在政治复杂的现实中就不可避免地会引发行动上与抵御外侮出发点的背道而驰，即国家观的潜转。尽管张学良认识到了当时的中国首先是抵抗帝国主义的侵略，只有排除帝国主义势力对中国的压迫，国家才有可能实现独立，国家根本利益才能得到维护，但他由于把对国家的认同混同于对中央政府的简单认同，这才导致他的一系列行动最终结出的果实正好和他国家认同出发点相反。在中原大战中表面上是武装调停，实际上是在打击与他政府认同观念不一致的反对派，东北军精锐入关，加强了南京政府的势力，却造成东北防务空虚，抵御外侮的力量减弱；中原大战后，继续调兵遣将镇压反对中央政府的石友三，东北防务进一步空虚；“九一八”事变时执行南京国民政府“抗日需要准备”的政策，导致将东北拱手相让于日本；在“剿共”战役之初，他忠实地执行中央政府的命令，贯彻“攘外必先安内”国策，导致抗日力量受损，外侮日益严重。

“竭诚拥护中央，实现永久之和平。”

1930 年 11 月，张学良除列席国民党三届四中全会，拜谒总理陵墓，分别拜访会晤党政军要人外，多次与蒋介石商洽。最后，张学良与蒋介石在军事、政治、善后等问题上，达成多项协议。其中包括：张学良全权负责整编和重建黄河以北的军务工作，但应尽可能遵循国民政府授予的原则行事；东北的财政机构由中央政府管理，但中央政府要负责为东北军队提供经费。南京同时还负责偿还东北在与日本，特别是南满铁路商定的货款方面的外来债务；协定双方的指导原则是绝对制止内战，保证国内安定。①

11 月 16 日，张学良在国民党中央党部第 86 次总理纪念周上演说，进一步呼吁和平与统一。他以如下庄严的声明来结束自己的讲演：“今后之中国宜

---

①《中国周报》1930 年 12 月 6 日。

永保和平，不宜再生内战……余深信中国若能于5年或10年之内不发生内战，其进步便会极为可观。余今后决心竭诚拥护中央，实现永久之和平。”①

张学良对于南京中央政府的认同越来越向取代国家认同的方向发展。竭诚拥护中央，他做到了，永久和平并未实现。张离开南京不出两个月，中国政坛又出现了两个并立的“中央”政权。

有了张学良的帮助，蒋介石的声望扶摇直上，他个人也对未来前途信心满满。蒋介石打算召开一次国民大会，通过临时宪法，实行宪政。② 虽然他得到了某些国民党人士的支持，却遭到国民党元老，如胡汉民等人的强烈反对。大权在握的蒋介石便把胡软禁了起来，南京政府又一次爆发了危机。是年5月，反对派在广东组成“国民政府”，公然向蒋介石的南京国民政府发起挑战。

“勋服膺钧旨，敬当钧命是听，候令行止。”

唯蒋介石旨意是听，唯蒋介石命令是从，是张学良自中原大战之后的行事准则。“九一八”不抵抗、豫鄂皖和西北“剿共”，基本上是按这一原则行动的。从国家观的角度去分析，自中原大战之后至西安事变之前，张学良的国家观发生了明显的变化，原来的维护国家统一、顺从民意、服从中央观念被维护南京国民政府的统治、顺从领袖旨意和服从蒋介石个人所替代。这一思想左右和影响了他对时局的判断与对重大事件的处置。在这一期间，张学良原来和平统一的国家意识被纳入了蒋介石“攘外必先安内”的思想框架之下。

“九一八”不抵抗，学者对其原因论述颇多，笔者认为如果要追溯其思想源头还是张学良的国家观问题。张学良为什么实行东北易帜？张学良认为，东北地处边陲，日本窥视已久，抵御外侮，必须国家统一。国家统一之后，外交问题自然由国家出面处理。张学良为什么由政治调停走向武装调停中原大战？他知道“蒋介石亦系一阴谋野心家。不过，目前国是日非，如非国内

---

①《张学良的联盟能带来和平吗?》，《中国周报》1930年12月6日。

② 立宪政府是中国国民党和共和体制创造人孙中山所阐述的政治制度之一。孙宣布中国的革命过程应分为三个阶段：军政、训政和宪政时期。第一阶段，清王朝及其黑暗的政治和社会制度须由军事力量来推翻；第二阶段，应该是一个实行自治政府的时期，它是通向充分民主的第一步；最后阶段，才是实行立宪政府的时期。见谭春霖：《20世纪的中国政治思想》（*Chinese Political Thought in the Twentieth Century*），纽约，1971年，第7—120页。

统一更不足以对外，我们为整个大局计，必须从速实现国家统一。”① 张学良就任全国陆海空军副司令后，与蒋介石达成了数条协议，其中有一条十分明确：“在东北遇到涉外麻烦之时，南京应对它负有外交责任。”②

西安事变前，张学良曾告诉杨虎城：“蒋在‘九一八’事变时把我害得好苦，我当了替罪的羔羊。”甚至公开对群众说过：“自从失掉东北四省，全国人民无论男女老少，无不骂我张学良……上级不许我打，这种隐痛是一时不能对人说的”。张学良为什么说“蒋在‘九一八’事变时把我害得好苦”？为什么说“上级不许我打”？张学良是在为自己辩解还是确有根据？如果说有根据，根据在哪里？考察张学良主政之后的历史，有一个特点，即凡是涉及外交问题，他都请示南京政府，请示蒋介石。诸如“中东路事件”、“万宝山事件”③、“中村事件”，中央都有明确的指令，他都是按照中央的指示行事，而且都能找到文献记载。只有“九一八”事变目前查不到直接的不抵抗命令，不过，不抵抗的政策有目共睹。

“九一八”事变是“万宝山事件”、“中村事件”的继续。张学良的“不抵抗”命令也起于这两个事件，而非起于“九一八”。张学良说：“日本野心家，先利用万宝山事件，再利用中村事件，在国内大肆煽动，以期鼓荡，欺骗日本民众，思以制造成侵华是正当之行动的观念，当时我方已知此种情形。”

1931年7月6日，南京国民政府外交次长王家桢（曾任张学良秘书）将得到的日本《解决满洲问题方策大纲》报告给南京及张学良，称日本已把中国东北确定为日本国家发展的基础，日本的计划为：“以朝鲜为根据地，以朝鲜人为与中国人冲突的先锋。日本以全力后援之，用武力侵略中国”。④ 顾维钧也向南京中央和张学良多次陈述中日战争危机情况。“所以我

---

① 于学忠：《东北军第四次入关的经过》。

②《张学良的联盟能带来和平吗?》，《中国周报》1930年12月6日，第254页。

③ 1931年夏天，日本为制造侵占东北的借口，正频频挑起事端。在长春附近的万宝山，得到日本袒护的朝鲜族农民，强行在当地农民的耕地上开掘又宽又长的引水渠，当地官民，反复劝阻了一个多月，毫无效果。7月2日，日警竟向当地中国农民开枪，造成了震动全国的惨案。同时，日本在其殖民地朝鲜造谣，说朝鲜人在东北遭到了迫害，从而煽起了残杀华侨的大风潮，于是，激起了中国民众的广泛抗议，北平的多家报纸发出了明确警告：这是日本侵略东三省的“先声”，东三省“前途危机”。

④ 转引〔日〕土田哲夫：《张学良与不抵抗政策》，《南京大学学报》1989年第3期，第122页。

事前知道了，情报我们已经有了。”“我们知道他挑拨的行动，要有行动，不能说知道他的计划。”

几乎是在接到王家桢报告的同时，张学良又接到“万宝山事件”和朝鲜排华风潮的报告，得知东北形势严重，大有开战之势，十分焦虑。故密电东北政务委员会：“亟宜避免冲突，以公理为周旋。”同时，他非常渴望全国共同抵抗日本的侵略，于是向南京国民政府提出建议：“东北之安全，非藉武力无以确保，日本既一意对外，我方亦应有所自省。现共匪歼灭期近，广东力薄似无用兵之意，吾公似宜执此外患煎迫之机，务期在政治范围解决西南问题。”“由万宝山事件及韩人排华风潮以观，日本推展其大陆政策，有急侵满蒙之意，已无疑问；无论其对手为中国抑或苏俄，事既关满蒙存亡，吾人自应早为之计。”

两封电报充分说明，张学良主张以最快的速度用政治手段解决国内纠纷，政府应该腾出精力，以便全国一致以武力保卫东北。但南京政府的政策和张学良的观点正好相反。蒋介石在庐山召集会议，讨论张学良的报告。7 月 11 日，蒋介石复电张学良：“现非我国抗日之时。”第二天，又从江西剿共战场致电张学良：“若发生全国排日运动，恐被共产党利用，对中日纷争会更加纷乱，故须抑制排日运动，宜隐忍自重，以待时机。”又告诫说：“万一日本进攻，东北军不可进攻，也不可抵抗，以免事件扩大，处理困难。”7 月 13 日，国民党中央常委、监察院长于右任也密电张学良，开头便说：“中央政府把平定内乱视为其头等职责，东北的同仁必须理解这一国策。”这里所说的“内乱”，主要指江西等省的红军，也包括汪精卫、陈济棠等人在广州成立的“国民政府”。

7 月 23 日，蒋介石在南昌行营向全国发出通电，电称：不先消灭赤匪，恢复民族之元气，则不能御侮；不先削平粤逆，完成国家之统一，则不能攘外。① 揭橥了“攘外必先安内”的错误国策。第二天，即 7 月 24 日，张学良致电张作相、臧式毅、荣臻等，称蒋之电文，“语重心长，恻然意外，和平莨抱，昭然若

① 学术界关于“安内攘外”政策何时提出，有不同意见，一般以“九一八”前 7 月 23 日蒋的通电为始点。另有学者认为比这要晚，应该始于蒋介石 1931 年 11 月 30 日，这天南京政府举行外长顾维钧宣誓就职会，蒋介石在“亲书训词”中提出：“攘外必先安内，统一方能御侮。”（见《中央日报》1931 年 12 月 1 日）

揭，拜捧回环，钦佩莫名。”“际兹外侮凌厉，赤焰方炽，凡属军人，俱应觉悟，宜顺民意而息争，勿逞意气而祸国。如有甘冒不韪，破坏大局，置国家于不顾，乃民众之公敌。勋服膺钧旨，爱护和平，敬当钧命是听，候令行止。”①

东北边防军司令部机要室主任洪钫先生曾撰文回忆说，蒋介石为使张学良更加坚信南京国民政府“攘外必先安内”的决策，8 月 16 日，蒋又一次密电张：“无论日本军队如何在东北寻衅，我方应不予抵抗，力避冲突，吾兄万勿逞一时之愤，置国家民族于不顾。”这便是学术界至今争议不休的“铣电”。② 毕万闻先生认为，“铣电”是由张学良的机要室主任洪钫先生在二三十年后的回忆录里公布的，历史档案里至今没有查到，因此，有些学者对“铣电”之有无表示怀疑。但即便没有“铣电”，也可以看清蒋介石当时的对日方针。

笔者赞同毕先生的观点。“九一八”事变发生当时，不抵抗命令是张学良下的，这一点张学良自己已经澄清。他根据什么下的不抵抗命令，是根据南京国民政府的对日政策。蒋介石于 7 月 23 日发表的通电，即为“先安内后攘外”的国策。如果说，在此前蒋、张之间讨论对日方针问题，是上下级的意见交换，或是一种主张的话，而这个通电则是作为中央政府的最高国策，向张学良和向全国人民正式公布的。这个通电是作为国策发表的，作为东北地方官员、东北边防军司令长官、一直秉承地方应服从中央的张学良，不能不按这一方针去做。

“中央政府下命令，让我怎么打我怎么打。”

评价“九一八”的文章很多，张学良唯独喜欢《国闻周刊》上的一篇，因为这篇文章中有“就是换作他人是东北边防司令长官，也是十分之九的一样不抵抗”。同时，他对其中一句批评他的话，也非常佩服。这句话即为：“我要是给张学良定谳的话，他的罪过不在九一八的不抵抗，而是在继续的不抵抗。”

---

①《奉系密电》第 4 册。

② 洪钫：《九一八事变当时的张学良》，见全国政协《文史资料选辑》第 6 辑，第 24 页。1990 年 8 月，当日本 NHK 记者问不抵抗是谁决定的，张回答说：“中央给我的指示是：相应处理。相应处理是一句不负责任的话。我不能将责任推到中央去。”1991 年 5 月 28 日，纽约东北同乡会会长徐松林问及蒋介石是否下手谕令张不抵抗时，张学良回答：“是我下的指令，与蒋介石无关！”张学良对唐德刚、郭冠英也讲过这一观点。1992 年 6 月 30 日，张之丙、张之宇在台北访问张学良时问及是否有“铣电”时，张说，“我记不住了，我想也许有这个电报，因为那时候要冲突了，知道日本要出事”。这一段公案恐怕还要争论下去。

“九一八”之前，张学良将不抵抗的原因归结为对日本军事意图的判断错误、过分迷信条约和国联、过分信赖中央、避免给日军以口实等，“九一八”之后呢？日本占领东北的图谋已经变成现实，张学良为何仍然不抵抗？他和汪精卫的对话颇能说明他当时的思想脉络与心态。

1932 年 6 月 18 日，汪精卫、宋子文、罗文干、顾维钧等自南京飞抵北平，与国联调查团接洽。张之宇问张学良：“对您批评最厉害的是汪精卫，怪罪您不抵抗。您说当时是不是有人鼓动百姓说张将军不抵抗，汪精卫再在政治上制造这么一个局势，是不是有阴谋在里头？”“我没有证据，不能随便说。不过我是拥护南京，我是帮蒋，可以说是拥护蒋先生的。那时候反对蒋先生——政治上反对派，咱不用说是谁啦，当然要打击我。打击我，主题还是打击他了。”

自东北易帜起，张学良一直追随蒋介石，“九一八”前后，张、蒋的对日政策、对日本的判断也是一致的，这从当时媒体的评论和当事人的记述中，都可证明这一点。在不抵抗的问题上，张与蒋可谓一条绳上拴着的两个蚂蚱，在当时政治纷争十分激烈之时，打“士”是为了“将”“帅”，也是自然的。

在南京国民政府统治前期，张学良始终是一个重要的政治砝码，各政治集团对他既打又拉，即把他作为蒋的政治卫士来打，又把他作为一个可争取的对象来拉。自东北易帜时起，这种政治态势始终未变。汪精卫在北平会见了张学良，主要谈对日用兵问题，张对此作了较详细地记述和回忆：“那时他当行政院长，蒋先生是军事委员会委员长。① 他带着蒋先生一封信，

① 汪精卫来北平的背景：“九一八”事变之后，南京政府一直没有下达抵抗的命令。直到 1931 年 12 月 25 日，张学良才接到中央“防守锦州”的命令，这是自第一道抵抗命令。此时蒋介石已经辞职。新任行政院长孙科和外交部长陈友仁对日本采取了强硬政策，要求终止中日外交关系。然而，此时才想起抵抗，谈何容易。经过长时间的犹豫、彷徨、分化和改组，日本内阁终于确定了灭亡中国的决心。此次进攻锦州，是自“九一八”以来日本内阁、军部和关东军三方第一次协调一致的行动。日本摆出前所未有的大决战姿态。与之形成鲜明对照的是中国方面的混乱与动摇，蒋介石下野，南京政府群龙无首；孙科的强硬政策遭到政府各方面的怀疑与抵制，军费与援军毫无着落。1932 年元旦刚过，日军占领了锦州。国民党领袖，包括蒋介石、汪精卫、冯玉祥在内，于 1 月 24 日在南京召开会议，会上人们一致反对陈友仁与日本断绝外交关系的提议。次日，孙科、陈友仁辞职。汪精卫接替了行政院长职务，国民党中央委员会重新任命蒋介石为国民军事委员会委员长和国民革命军总司令。

介绍他，信上没写什么，就说他到时要跟我谈一谈。那他谈什么呢？那时山海关是日本人，他就要我们打一下。我就问他，你中央有预备吗？没有，那么你知道我打一下子成功否？‘不成功，一定失败’，那你什么意思？他说你要不打一下子，中央政治压力太厉害了，外头攻击得很厉害。”

> 我说，你要是这样子，你下命令，中央政府下命令，我不能不服从，要我怎么打，我怎么打。他说蒋先生有信，我说蒋先生的信让我跟你谈，蒋先生没下命令，这不是命令。①
>
> 我跟他叫开了。既然这样，你中央政府南京下命令啊！你为什么不下命令？（你）让我自动拿部下保护你。我俩就说翻了，所以他回去为这件事通电辞职，理由是我不服从，要求我们俩同时辞职。

在今天看来，张学良对当时政坛的认识，对蒋介石、汪精卫的认识也是不错的。蒋介石在耍滑头，身为最高统帅，有权下命令对抗日本，蒋为何不下命令？他在东北军和张学良面前没理。张学良为了国家统一，归顺了南京，归顺南京其中有一个重要的目的，就是牺牲个人和本集团利益以换取中央调动全国的力量对抗日本，蒋介石也已经答应了张学良的要求，所以东北军才有“东北为中国之东北，非东北人之东北，故言抵抗，必须全国以整个之力赴之”的呼声。

东北军的态度也令蒋介石无话可说，“东北军即使在前线抵抗，亦无不可，惟须全国一致，绝不能使东北之旅之众作无谓之牺牲，东北军为国牺牲，原无不可，而饷项弹械均无接济，如何作战？”张学良的想法也是世人皆知：“我爱中国，我更爱东北，因为我的祖宗庐墓均在东北，如由余手失去东北，余心永远不安。但余实不愿以他人生命财产，作余个人的牺牲，且不愿以多年相随、屡共患难的部属的生命，博余一人民族英雄的头衔。日本这次来犯，其势甚大，我们必须以全国之力赴之，始能与之周旋。”②

---

① 1932年8月6日，汪精卫致电张学良，责张：“放弃沈阳，再失锦州”，“敌气益骄，延及淞沪”，今又“热河告急”，然“兄未闻出一兵放一矢，乃欲借抵抗之名，以事聚敛”，因之汪“惟有引咎辞职，以谢兄一人”。并要求张“以辞职谢四万万国人，毋使热河、平津为东北锦州之续”。

② 全国政协：《文史资料选辑》第6辑，中华书局1960年版，第26页。

这确是张学良的真实心情。诚如张学良的部下王化一在日记中所载："战则要东北独立支持，中央坐观成败，和则冒舆论之大不韪，遭全国唾骂或丧失政治地位。因之汉公之决心很难即下。"① 反复权衡之下，张学良作出了宁愿"玉碎"的抉择，即全国抗战论。

"始终以巩固中央，统一中国为职志。"

张学良的国家认同意识与中央政府认同意识的混同特征，在热河失守后的下野通电中又一次表示出来："余深信惟健全政府，然后可以御外侮"。②

日本占领中国东北后，犬养毅内阁的陆军大臣荒木贞夫草拟了一份1933年2月以前全部占领满洲的计划。在日本人看来，"满洲国"当然要包括热河省，热河省是当时东北唯一没有被日本占领的地区。因此他主张派大批部队前往热河，"在极短的时间里解决这个问题"。③ 2月23日，日本以"满洲国"的名义给中国下了最后通牒，声称热河不是中国的领土，让中国的军队必须在24小时以内离境，同时对热河进行狂轰滥炸。中国外交部部长罗文干给张学良发电报："鉴于日军的侵略暴行和军用飞机的狂轰滥炸，请设法组织民众自卫，并用英文给日内瓦国际联盟秘书长发报，请求国联制止日本的侵略。"④

这一次张学良的头脑比较清醒，态度也很坚决。他给南京发了一份如下的电文，述明当"九一八"刚刚爆发之际，他考虑到其他强国能主持公道，所以他才忍辱负重，向国联呼吁救援，希望以此能得到公正和正义的结果。结果事实并非如此，日本还在继续侵犯我们的领土。

> 我们相信正义，可我们越是委曲求全，他们越是得寸进尺……现在我的忍耐力已到了极限。武力是自卫的唯一方法。我一直坚定不移地遵循着中央政府的政策，我愿率领我的部下抗击入侵者，保卫我民族和我党，即使牺牲了自己的性命也在所不惜……如果热河被日本占

---

①《王化一日记选辑》，载《辽宁文史资料选辑》第17辑，辽宁人民出版社1986年版，第275页。

②《张学良将军资料选》，《辽宁文史资料》第18辑，第81页。

③ 远东国际军事法庭《起诉》副本，第2269号。

④《日军挑衅热河各方通电》，中国国民党历史委员会档案，第351—377卷。

领，那将严重威胁到华北的安全。①

张学良携澳大利亚顾问端纳陪同宋子文及其他政府官员视察热河。他们回来之后，端纳致电南京政府，要求提供为抵抗日军所必需的军备给养。② 仗一开始就打得不顺利。驻守华北的军队除东北军外，主要是冯玉祥和阎锡山的部队。冯、阎二人与张学良宿怨颇深，在部署热河防御的高级军事将领会议上，冯玉祥的旧部就公开顶撞张学良，不服差遣。阎锡山也阳奉阴违，迟迟不按预定方案发兵。各派系部队只求自保，无心恋战，与日军稍一接触，便擅自撤退，致使前方全线崩溃。3 月 6 日，端纳又给南京发了一份紧急电报："如果政府把那些装备精良，给养充足的军队派来，接管古北口与承德之间的设防地带，他们仍然能击退日本人。"③ 然而，此时的蒋介石总司令正在江西专心指挥"围剿"红军的战役，根本没有理会端纳的建议。

日军轻而易举地攻下热河，全国舆论大哗。张学良再次成为众矢之的。然而宋子文了解其中奥妙，他在解释热河失陷的原因时，首先归咎为中国军事体制的弊端。他指出：中国军队装备不良，缺乏训练，根本不能与装备给养供应充足、运输系统高度机动的日军相匹敌。况且，中国军队中的军令从来也没统一过。④

日本轻易地征服热河，在中国引起了一场意义深远的权力转移过程。张学良的政治地位骤然下降，各种指责不断袭来。行政院院长汪精卫发起对张学良的抨击，⑤ 要求张学良辞职。由汪精卫发起的抨击运动，使中国的

① 《日军挑衅热河各方通电》，中国国民党历史委员会档案，第 351—377 卷。

② 端纳电报的全文，见国民党党史委员会档案，第 351—377 卷。

③ 国民党党史委员会档案，第 351—377 卷。

④ 国民党党史委员会档案，第 351—377 卷。

⑤ 《汪精卫、张学良和日本人》，载《中国周报》，第 380 页。汪于 1932 年 8 月 6 日发表要求张辞职的长电。电报指控张学良："除了中央政府的军队外，也就属你指挥的部队兵力最多，装备最精良了。然而，敌人正在蹂躏的地区，或者将要蹂躏的地区，正是你的部队驻守的地区。因此，事情很明显，无论是从军队的实力，应负的责任的角度看问题，还是出于地理原因，只要你还在位，绝对没有一个人能替你做显然是你分内的事。用我们四万万同胞的生命赎回你的过失，为的是使天津和北平可能不会再步东北和锦州的后尘。"

政治局势突然陷入了具有极其戏剧性的危机之中。所有的政府要员，包括汪精卫本人都要求辞职。① 阎锡山主张应该允许张学良辞职，由国民政府给他一个头衔，送他出国，冯玉祥也同意这个意见。②

在国内舆论的沉重压力下，张学良与其顾问端纳经过长时间商议之后，决定辞去他本兼各职，把他的部队、飞机和物资移交给蒋介石。这在原北方军事领袖中间引起了极大的不满。在辞职的同一天发表的通电中，张学良说：

> 自从我担任公职以来，就一直为巩固中央政府，实现国家统一而竭尽全力。我始终如一地朝着这个方向努力，在我已选定的道路上从未动摇过。……我一直坚定地相信，若要抗击外来侵略，就必须有一个强有力而正确的中央政府。
>
> 最近与蒋介石委员长会晤之后③，我愈加相信，我此时辞职是巩固中央政府，履行对党和国家的责任所选取的最佳方案。所以我已经最后决定辞职，以谢国人。④

离开华北前，张学良对东北军将士说："蒋介石委员长作为朋友，对我始终是十分友好和信任的。你们必须认识到你们是在为国尽力而不是为我，服从蒋委员长也就是服从我。你们应该忠心为国尽力，我相信蒋委员长是不会亏待你们的。⑤"

不管怎样评价，张学良的举动，从根本上讲，是他拥蒋统一思想支配的结果。蒋介石答应张学良下野后就发动抗战，其实蒋介石只是为了配合国联与日本搞政治交易，并不是由此反攻东北。张学良则天真地认为，虽然自己失去了军权和政治地位，但是能够实现在中央政府的支持下与日本

---

① 汪精卫坚持要辞职，张学良已经提出辞呈，行政院的全体部长以财政部长宋子文为首，于1932年8月9日由上海致电洛阳中央政府和南京中央政治局，要求辞职，署名为九名部长和两名委员会主任。

②《张学良将军被允许辞职，汪精卫将军重返南京》，载于《中国周报》1932年8月21日，第488页。

③ 1933年3月8日夜张学良从北平乘车前往保定与蒋会谈。见王卓然：《日军侵热和张学良下野》，《文史资料选辑》第14辑，第72页。

④《少帅解释他的辞职》，载《中国周报》1933年3月18日，第92页。

⑤《少帅解释他的辞职》，载《中国周报》1933年3月18日，第92页。

一战的愿望也是值得的，将来有机会，再重掌东北军，打回老家去。所以，尽管他并不情愿，但还是接受了蒋的安排。不难看出，张学良对蒋介石和中央政府仍抱有很大的幻想。

历史事实表明，“深信惟健全政府，然后可以御外侮”①，确已成为张学良的一种信念，他把这种信念建立在对南京国民政府与蒋介石的认同和拥护上，认为一个“强固”的政府，一个“有能力”的领袖就是国家主权的代表。无论是东北易帜、“中东路事件”、中原大战、“九一八”事变，乃至热河下野，张学良都秉承了同样的政治主张，可谓一以贯之。然而，一种思想主张，导致的结果却截然相反，这种“成也萧何败也萧何”的结局给人们留下了一个相当大的思考空间。

五、红也好，白也好，最要紧的是先把国家弄好

按照马克思主义存在决定意识的理论，我们在考察一段历史进程中的某种思想或一个人的某种思想产生、变化的轨迹，必须考虑这一轨迹是发生在什么样的历史环境之下和是什么动力驱使着这条轨迹上升、下降或拐弯。人们在回望历史时，非常容易将复杂的历史过滤成简单，将合力作用描述成单一，也非常容易犯根据当时历史进程中的主流思想或一个人的主流思想判断是非而忽略对非主流思想重视的错误，比这错误更严重的是将我们今天的感情因素或对我们自己所在时代、所在群体的顺从意识强加给历史人物，即按照我们的主观好恶或时代、群体的标尺衡量历史或具体人物。

张学良对国家的思想认识发展变化来自于客观环境的影响和其主观意志的变化。他的思想观念的变化绝非客观和主观任何一个单一因素所决定的，而是两者共同作用的结果。如果分别考察这两种因素的任何一个是容易的，综合对两者相互作用的过程进行分析就要困难得多。然而，只有将其主客观因素放在一个框架内进行分析，才有可能理清其思想发展变化的脉络。

“为了报仇雪耻，只有拥护委员长，拥护并贯彻委员长的国策。”

“九一八”事变、热河失守，既使国家蒙难，又让张学良个人蒙羞，他的政治生涯也因此一路下滑，但张学良并没有从中提升他的国家观的思想境界，

---

①《大公报》1933 年 3 月 11 日。

从而，他陷入一个他自认为符合逻辑的怪圈。他认为，“九一八”之后，国家的处境万分危急，外有强敌入侵，内有政府反对派和共产党捣乱。收复东北失地，抗击日寇，这是他心中最想；但大敌当前，仅靠20万东北军力难胜任；欲收复东北，必须动员全国的人力物力，同仇敌忾，共赴国难。为此，首先需要全国的稳定和统一，即消除内乱，平定反对派，“剿灭”共产党。舍此，收复东北，抗击日寇，便无从谈起。所以，“攘外必先安内”的国策是绝对正确的。同时，值此多事之秋，须有一个领袖来掌握中枢，裁定决策，举国上下一致，听命于中央，如此才能振兴国家，消除外侮。凭蒋委员长的资望和能力足以当此重任。所以：“我们为了拯救国家和危难，为了将来收复失地，报仇雪耻，只有拥护委员长，拥护并贯彻委员长的国策。”

以1934年3月1日张学良就任豫鄂皖三省“剿匪”副总司令一职为标志，原来以谋求和平统一中国和举全国之力对日作战占主导的国家观转变为以追随蒋介石，拥蒋武力统一和先安内后攘外占主导地位的国家观。正是这种主导思想上的转变，导致了张学良与蒋介石的第二次密切合作（第一次为东北易帜）。有学者称其为第二次“政治蜜月”。

在第二次“政治蜜月”中，张学良和蒋介石站在一起，第一次并肩“剿共”。并肩“剿共”的政策基点是“安内攘外”论。“九一八”事变后，蒋介石认为当时的南京政府受到“两面夹击”，日本和共产党。那么，谁是国民政府的主要敌人？蒋介石说：“外患不足虑，内匪实为心腹之患”。因此，严令“先清内匪，再言抗日”。“中央现在以平定内乱为第一”。这是“安内攘外”政策提出的基本依据。蒋介石明确提出，南京政府的第一个责任是以“剿匪来安内”，第二个责任才是以“抗日来攘外”，而“剿共的工作，实是抗日的前提”。蒋介石留日同学黄郛一语道出了蒋的真谛：“和共抗日之说，实为谬论；剿共和外方为救时救党上策。”①

这和希特勒“德国的仇敌，不在国外，而在国内”的观点极其相近。

张学良完全接受了蒋的先“剿共”后抗日的观点。针对东北军中一些官兵不理解为什么丢开日本鬼子不打，而从北方跑到南方来打内战，他解

---

①《两年的教训》，《生活》周刊1933年9月16日。《生活》周刊，中华职业教育社主办，1925年10月在上海创刊。1926年10月起由邹韬奋主编，1933年独立出版，同年12月在国民党当局压迫下停刊。

释说：

“我们国家，现在已到了万分危急的时期，内忧外患，重重逼来，大家再不努力，马上就有亡国灭种的可能。不过今日唯一先决的问题，是在安内，能安内，才能产生一个健全统一的政府，有了健全统一的政府，才能攘外，才能谈到收复失地，而安内的最重要的工作，便是消灭赤匪。”①

此时，张学良和蒋介石虽然都主张“攘外安内”，却有不同。

蒋介石倡导“攘外安内”，一是在推行他一贯的铲除异己政策，以“安内”推迟攘外，“攘外”的最终目的还是“安内”，以巩固他的领导地位；二是通过倡导“攘外安内”，以等待机会，等待国际上发生有利于中国的变化，再抓住机遇，以外交手段解决中日争端；三是通过“攘外安内”的口号，告诉想抗日的人，我蒋某人不是不抗日，是想国内统一后再抗日，统一之后更有力量。

这最后一点和张学良的想法是合拍的。不过，张学良是为了抗日才“剿共”，蒋是为了“剿共”而“和日”；张的“攘外”是打回老家去，蒋的“攘外”隐含着外交解决的一面；张拥蒋是真诚的，蒋用张是借东北军之力打红军，是利用。在武汉时，一次张学良请王卓然吃饭，嘱王：“我们拥蒋是诚意的，是为的团结抗日，心诚意坚的做一段看看。……拥蒋是为的抗日，不是为个人的私利。”②

“我现在很希望领袖给我换任务，不叫我‘剿匪’，叫我去抗日。”

张学良的国家观由认同国家到认同南京国民政府，再由认同南京政府到认同南京政府领导人蒋介石。他思想认识上的一路潜转，引起他身边众多人的不解。

年轻军官纷纷向他进言，日本人已占领了我们的家园，日本人是我们最大的敌人，东北军的天职是打日本。我们在这里天天同共产党打内战，而日本侵略者却在一寸一寸地吞食着我们的国土，当我们和共产党作鹬蚌相争之时，日本人却在坐收渔人之利。然而，共产党也愿意联合所有的力量一致抗日。如果我们不与共产党联合，至少让我们停止内战，因为内战只能有利于我们的敌人。我们必须保存自己的实力，准备为光复我们失去

---

①《武汉日报》1934 年 6 月 6 日，第 3 版。

② 王卓然：《张学良到底是个怎样人》。

的国土而与日本人决一死战。

刚刚从欧洲回国，他认为法西斯主义既然能“救”意大利、德国，也能救中国，中国之所以未能得救，就是因为中国人没有像意大利和德国那样崇拜领袖。张学良正走在法西斯主义能救中国的路上，因此他完全相信领袖提出的“欲攘外必先安内”的理论，自然对年轻军官的话不屑一顾。

正是他所倡导的“拥蒋是为的抗日，不是为个人的私利”思想束缚了他的思路；正是这种混沌的国家观使他对蒋介石的命令不敢违抗。蒋介石正是利用了他这一点，不让他回华北抗日，让他到武汉来“剿共”；将东北军一部分由华北调到了豫鄂皖。

1934 年 10 月，中央红军突出重围北上，红二十五军也突破了东北军的道道封锁线北上，与刘志丹等率领的红二十六军会师，合并成红十五军团。1935 年 1 月，蒋介石撤销豫鄂皖“剿总”，改为武昌行营，张学良改任武昌行营主任。“方当边区共匪逃窜至陕，在良心目中，预想可告一段落，”正好“留鄂练兵”，以待全国抗战一天的到来。①

正在做“留鄂练兵”美梦的时候，华北发生了几件大事，令张学良对蒋介石的“攘外安内”政策发生了怀疑。

在他“追剿”红军之时，中国和日本相继签订了《塘沽停战协定》②、《何梅协定》③。《何梅协定》中，日本要求中国军队退出河北，撤销于学忠河北省主席一职。于学忠是张学良的爱将，蒋介石不得不征询张学良的意见。蒋致电张学良：“接行政院长汪精卫电，因对日外交关系，拟免去于学

---

① 张学良：《西安事变忏悔录》，香港《明报月刊》，1968 年 9 月，第 33 期。

② 1933 年 5 月 31 日，中日签署了《塘沽停战协定》，该条约实际上使中国当局承认了日本侵占东三省和热河省的既成事实，并把位于北平—辽宁、北平—绥远两条铁路线以北的地区划为非军事区。这标志着日本人的征服大获全胜，从此，华北门户大开，中国的腹地处于日本的直接威胁之下。《塘沽协定》签署之后，日本人业已完成了对东北四省的占领。

③ 1934 年 12 月 10 日，关东军副总参谋长板垣征四郎提议，将“满洲国”作为进一步进犯中国的基地，目标：首先占领内蒙古和华北，然后占领整个中国。日本命令华北驻屯军司令官梅津美治郎具体执行这一计划。1935 年 5 月中旬，两个亲日华人在天津日租界被杀，梅津美治郎会见何应钦，要求禁止所有的反日活动、撤换河北省主席于学忠；中国的军队和警察从河北撤出；遣散国民党官员及其在河北的组织。否则日本政府将采取无限制的军事行动予以惩罚。6 月 10 日，何应钦接受了日本人的要求，从而产生了著名的《何梅协定》。

忠河北省主席职务，吾兄有何意见，速即电示。”河北省是抗日前沿，也是流亡东北军的第二故乡，张学良不同意，立即复电蒋介石：“中国的封疆大吏，不应以外人的意见为转移，如此例一开，国将不国。此事所关孝侯（于学忠，字孝侯）的事小，而对于国家主权有关的事大。”①

蒋介石对日妥协的方针已定，不顾张学良反对，即免去于学忠河北省主席的职务，任命他为甘肃省主席，同时命令于学忠率其所属的五十一军赴西北“剿共”。张学良在1957年回忆起这段历史时说，《何梅协定》签订之后，他曾对部属表达过当时的心情：

“国人早先骂我不抵抗，我现在很希望领袖给我变换任务，不叫我剿匪，叫我去抗日；我觉得剿匪牺牲，不如抗日牺牲更有价值。”②

希望总是希望，天真的希望又一次落空。是年8月，蒋介石决定派张学良去西北继续指挥“剿共”内战。一年后，张学良曾在西安对刘鼎说过：“《何梅协定》签订了，何应钦坐在北平，强制东北军调离河北。蒋介石不能让东北军入驻华南么?③ 里外两层，注定了命运，东北军不能不去西北，家乡越离越远了，日本鬼子最高兴，东北军官兵最不高兴……简直是逼人跳井。”

去西北继续“剿共”，不是张学良所愿，也不是东北军官兵所愿，还要遭到西北地方实力派的排斥，因而他把去西北看作是蒋介石逼他“跳井”。

这番话证明，张学良赴西安前对蒋介石的政策表示了强烈不满，开始对“攘外安内”政策产生了怀疑。他本来拥有东北军25万人，可眼下被东借西调，搞得七零八散。东北炮兵早已被中央军分离，万福麟将军指挥的东北骑兵军仍然留在河北南部。他的幕僚和青年军官们很快使他明白：“蒋介石又一次施展了他的拿手好戏，即对待一个潜在的竞争对手，如果不能轻易地把他的军队同化进其嫡系部队之中，那么就采取分散消化的办法加以消灭。”

“打败了共产党，不就可以专心打日本了吗?”

去西北是被逼“跳井”，如果不去西北，抗命不从，会招来更多人的落

---

① 于学忠：《我是怎样被日军逼出东北的》，《文史资料选辑》第14辑，第176页。

② 王卓然：《张学良到底是个怎样人》。

③ 1935年夏，中央红军顺利突破湘江，横扫云、贵，前锋直指川北、甘南，蒋介石欲调东北军去华南贵州堵截红军。张学良曾动过心，想在贵州经营一块地盘，觉得一可以避免参加大规模“剿共”战争，堵截只是临时性的任务，红军不会在云、贵地区久留；二可以借机训练东北军，以待全国抗战一天的到来。

井下石。

左右为难，张学良苦无良策，想再度出国，以避免参加内战，等待抗日时机。当在峨眉山张学良向蒋介石要求出国时，蒋给他开了一剂药方：陕西共产党只有刘志丹一股，人数不过几千，陕西省主席邵力子又比较开明，你们又有旧交，合作得一定很好，打败了共产党，不就可以专心打日本了吗？何必再度出国呢。[①] 10 月，西北"剿匪"总司令部正式成立，蒋介石自兼总司令，张学良为副总司令，总部设在西安，节制陕西、甘肃、宁夏、青海四省军政事宜。张学良又匆匆从武汉奔赴西安，开始了新一轮的前途未卜的全军大移防。

历史告诉后来人：任何一个独裁者桌前的座右铭都写着同样一句话：但以一人治天下。独裁者的手段都是一个：买你心，不放心；用你手，不撒手；用你疑你治你。

蒋介石既要张"剿共"，又对他不放心，遂安排他的侍从室主任晏道刚给张学良作参谋长，控制军事中枢；派他的十三太保第一大太保曾扩情管军中政治；亲信江雄风管情报。军事、政治、情报都在蒋的控制之下，但他还不放心，又将他的中央军派到东北军的背后，以防不测。

西北"剿总"成立的当月，蒋介石入陕召开了一次"剿匪"合围会议。蒋在会上先给各路兵马鼓劲说：共匪现在只剩下 3 万余人，而且都是疲惫之师，我们集中了精兵 30 余万，10 倍于敌，不出一个月，红军就会在这个世界上消失干净。当时参加合围的部队除东北军外，还有杨虎城的第十七路军，朱绍良的第三路军，马鸿逵的第十五路军以及青海的马步芳所部，总兵力 30 余万，其中东北军约 20 万人[②]。蒋介石对各路兵马的位置和任务大致作了部署。

蒋鼎文听后没有理解蒋的真实意图，指出兵力布置不合理："甘肃境内既有孝侯（于学忠的五十一军）指挥的东北军布防，何以又将朱益民（朱

---

① 张学良：《西安事变忏悔录》，香港《明报月刊》，1968 年 9 月，第 33 期。

② 东北军入陕人数因各史家引用资料不同，所以说法不一。有的说是 13 万人，有的说是 25 万人。本书根据当时任西北"剿总"参谋长晏道刚的回忆录，取 20 万人的说法。入陕的东北军步兵是 4 个军（六十七军、五十七军、五十一军、一〇五师，因一〇五师是加强师，相当于 1 个军），还有直辖总部的一一二和一一五两个师，骑兵 1 个军，其中 1 个师留驻河北，潼关外还有约 5 万人，所以晏道刚的说法比较可信。

绍良）所部安置在他背后？新来的中央军为何重复布防于东北军各师附近？”坐在蒋鼎文身边的陈诚用脚猛踹蒋鼎文，示意他不要胡说八道，这正是蒋公“一箭双雕”的高超之处。

陆续调到陕甘地区的中央军共有10多个师，南起关中，北到榆林，东起黄河西岸，西达平凉、固原，哪里有东北军，哪里就有中央军。东北军的前面是红军，东北军的后面是中央军。东北军抬头是红军的枪口，回头是中央军的枪口。①

人的目的性太强，再聪明的人也会变得愚蠢，张学良对这种布兵布阵虽心有不快，一想到不出一个月，红军即可被消灭，他就可以率领东北军打回老家去了，心情有些振奋，忘了东北军受两面夹击的“豆饼”处境。

东北军陆续西开，每当部队路过西安时，他都去训话，鼓舞士气：“为了抗日，为了集中力量抗日，为了免除抗日战争进行中的后顾之忧，为了保证能够取得这一战争的最后胜利，希望我全体官兵，同心同德，奋勇前进，完成剿共之重任，建树统一之功勋。然后回师北上抗日，收复东北，返回老家去，那时候，我们该多么愉快，多么光荣呢！”②

此时的张学良对先安内后攘外的政策虽然怀疑，但在公开场合还是“以委员长为中心领袖”，“无条件服从中心领袖”为基调。

“原认为非统一不能抗日，现在看，非抗日不能统一。”

尽管张学良怀疑蒋排兵布阵的动机，尽管对蒋不出一个月即可“剿灭”红军的“估计”充满信心，但他初到西安时，打红军还是认真、小心的。他知道红军不好打，在湖北时就经常要求部队“要胆大心细，不可轻敌。胆不大固不足以言剿匪，胆大而心不细，也同样不足以言剿匪。过去许多剿匪部队在历史上给我们的教训，不是失败于胆不大，而实是失败于心不

---

① 李荫春：《西安事变亲历记》，《沈阳文史资料》第11辑，第137—138页。李荫春追随张学良多年，在西安时，任张学良将军的机要秘书，曾随同张将军参加过许多军事会议和机密活动。同张将军参加与中共中央联络局局长李克农在洛川的会谈；整理和保存了张将军与周恩来在肤施会谈的纪要；在西安事变的日子里，主管与各方往来的机要文电；张学良被扣后，还作为东北军和十七路军代表的随员到奉化溪口去看望过张学良。

② 张学良对一〇六师、一〇七师、一二〇师都讲过类似的话，每次讲话都很卖力气，看上去精神很旺盛，每次都讲一两个小时，并要苗剑秋、应德田全部记录下来，整理成文。

细。”“我们不要以为经过多少大敌，打过多少胜仗，便不把赤匪放在眼里，挂在心头。我们要知道，轻敌便是失败之源。”①

在湖北时，东北军和红军没有打过大仗，到了西安，受蒋介石一番鼓动，似乎抗日的日子就在眼前，立即下令进攻红军。结果他的两个师几乎全军覆没。“一一〇师，一个师就没有回来。另外还有一个师，一〇九师。一一〇师，（东北军）精华之一呀，那一〇九师也相当好，两个师长，那都是佼佼者。”两个师的损失，在张学良心中留下了一个大大的伤口。

1935 年底，张学良赴南京参加国民党第五次代表大会，在南京连续发生的几件事，使他已经受伤的伤口又连遭数刀。32 年后他写下了这样的文字：

“良在京耳所闻，目所睹，使心情受重大刺激，今尚记忆者，略述如下：

“（一）朋友之奉劝，如沈钧儒、王造时之鼓励②；（二）少壮同志责良不应同所谓亲日者辈同流合污③；（三）刺汪凶手孙凤鸣之行为和言词④；（四）党内之纷争，多为私，少为公；（五）良认为中央负责之同志不热衷

---

① 张学良：《视察鄂东五十七军官兵的训词》，《张副司令讲演集》第 1 辑，第 20—23 页。

② 国民党五全大会后，张学良曾赴上海，见到了杜重远、沈钧儒、王造时，他们劝张学良与红军联合。

③ 张学良在南京开会期间（1935 年 11 月下旬），从西安前线传来一〇九师在直罗镇被歼，师长牛元峰阵亡，一〇六师一个团被歼于黑水寺的消息。张学良异常震动。他对秘书应德田说：“我刚刚移师西安，就遭受这么惨重的挫折，委员长……”欲言又止。应德田说：“东北军今天的失利，委员长会有所预料的，他深知会有这样的下场，这是极明显的。先剿共而后攘外是委员长坚定不移的政策，可是他自己又剿得怎么样呢？进攻江西红军四年，前后五次投入总兵力共达百余万，结果损兵折将，占了些什么便宜？红军还是红军，红军依然存在。以往的教训，如不及早觉悟，固执坚持，东北军迟早会在天天剿共声中毁灭自己。委员长的治国决策不能不令人警惕。再者，东北军迁住西北剿共前线，越俎代庖，兵马弹药损失得不到补充不说，东北军阵亡将士的家属如何安抚？他们跟着副司令辗转南北，是为了有一天打回老家去，现在他们却成了异乡孤鬼，如何不令人寒心？这些东北军阵亡将士的鲜血是感受动不了委员长的。他远居南京，坐山观虎斗，是想借用内战之机一箭双雕，达到既剿灭共产党又削弱东北军实力的目的。到时候，我们如何能在抗日的疆场上克敌取胜，我们拿什么披甲凯旋？还有，委员长对东北军，对副司令是不是果真高枕无忧了呢？也未必如此。亡羊补牢，犹未为晚。对委员长的决策，请副司令深思。”

④ 1935 年 11 月，汪精卫遇刺。刺汪的人是名记者，叫孙凤鸣，审讯时，孙谈了刺汪的目的，因汪亲日。

抗日，而反有内心为亲日者，而良个人之观点上认为贤哲者，或在外工作，或无权位；（六）汪兆铭之一面抵抗，一面交涉，良认为非是对外，乃系对内。”①

这段话摘自张学良《忏悔录》，而《忏悔录》是张学良在囚禁中所写，又是写给蒋介石的，所以批评国民党也比较含蓄和曲折。

会后，张回西安途中在洛阳对东北军官兵有一段训话，直接批评了五全大会：“全国本来应当和衷共济，可是这次五中全会的表现，则是貌合神离，说起来令人痛心。”② 他一直追随和真诚拥戴的蒋介石敷衍抗日，只顾“剿匪”，他为抗日遥遥无期而痛心。

一次一次的失望、痛心，使张学良否定“攘外必先安内”国策的意识越来越强烈。他一次一次问自己：“共产党有无‘剿灭’的可能，日本对中国的侵略，能否停止？‘剿共’与抗日二者能否同时并进?”张学良的答案是：

> 中国政府，若是对内一寸一寸的收复，对外一省一省的退让，必遭广大群众的唾弃，结果政府与国家必同归于尽。
>
> 假定共党是中国的最大敌人，而这敌人的源泉，仍然是帝国主义。所以就是为剿共之故，也必须先抗日，打倒日本帝国主义，才能消灭产生共产党的乱源。
>
> 原认为非统一不能抗日，现在看，非抗日不能统一。③

东北军在和红军交战中损失了两个师，这在东北军战史上也是绝无仅有的。在“剿共”前，南京政府有一条鼓励“剿共”的政策，优先补充在“剿共”中遭受损失的部队。张学良在南京期间，要求政府补充，非但没得到补充，南京方面还下令撤销了一一〇、一〇九两个师的番号，停发军饷。蒋介石借打红军消灭异己之心昭然若揭。这对张学良是个致命的打击。他突然认识到，被共产党打败了，还用什么去打日本？如果继续和红军打下

---

① 张学良：《西安事变忏悔录》，香港《明报月刊》，1968 年 9 月，第 33 期。

② 郑殿起：《四临洛阳军分校》，《辽宁文史资料》第 17 辑，第 155 页。

③ 王卓然：《张学良到底是个怎样人》。

去，东北军的力量会越来越少，将来用什么打回老家去？靠什么收复失地？

损失了两个师，如同一针清醒剂。“打败了共产党，不就可以专心打日本了吗”，这句话的真正内涵值得深思。更值得他深思的是“共产党经过二万五千里长途疲惫，还能击败东北军?”① 他非常想了解红军，想把红军以弱胜强的战略、战术学过来，以用于未来的抗日战场。这是张学良由“非统一不能抗日”向“非抗日不能统一”转化的一个重要支点，也是“联共抗日”的思想起点。

“只要有人能把日本帝国主义打出去，我愿意无条件地听命于他。”

实行联共抗日，不是张学良心血来潮，它发源于抗日雪耻的思想原点，他同意“剿共”也是发源于此。

有了联共的念头，但仍然处于矛盾之中。

他的老朋友杜重远一段语重心长的话，令他眼前为之一亮。杜重远跟他说：在大部分东北军都集结在西北的情况下，应该改变过去东北军的做法，下决心走联合抗日的道路。应把共产党、陕西杨虎城、新疆盛世才的力量都联合起来，集中在抗日的旗帜下。杜重远帮助张学良分析了走联合道路的有利条件：第一，共产党不久前发表了《八一宣言》（即《中国苏维埃政府、中国共产党中央为抗日救国告全体同胞书》），主张停止内战，愿同所有抗日力量联合，他们现在也集中在陕北，这是个好的契机，一定要抓住。第二，陕西的杨虎城不是蒋的嫡系部队，他身边有许多进步分子，他不能不受这些人的影响，这人是个天然盟友，具有抗日思想。第三，新疆的盛世才是东北军旧属，好沟通，容易联合。他与苏联关系密切，与他合作，还有可能得到苏联的支持。如果把这些力量都能联合起来，合作抗日，形成一个西北的抗日联合局面，然后再去推动全国抗日大联合。

杜重远提出的“西北大联合”主张正好解决了张学良当时的思想困惑。如果和共产党联合成功，中国就没有内战了，国家也就统一了；国家统一了，再共同抗日，收复东北就有了希望。因此，西北大联合的设想，解决了他心中三个最重要的难题：国家统一，民族复兴，抗日复土。西北大联合，一切迎刃而解。“内”“安”了，蒋介石就应该“攘外”了。

接受联共抗日的主张，对于张学良来说并非一时冲动，这和他思想中

---

① 刘家鸾口述，宁剑南整理，全国政协存稿。

最本质的东西并不矛盾，因为在张学良的骨子里最根深蒂固的是国家的观念和民族意识。国家统一、民族复兴、抗日复土在他的理念中是高于一切的。正是在这种理念支配下，他才常说：

> 我是中国人，我主张中国人不打中国人，中国人应当在一起共存亡，我的地位生命可以牺牲，我的人格信念不能动摇。
>
> 只要有人能把日本帝国主义打出去，不论他是那个阶层的中国人，我愿意把自己所有的力量都交给他，并且我愿意无条件地听命于他。[①]

张学良十分欣赏杜的看法，尤其是西北大联合的建议，这是他没有想到的。不过，西北大联合中，联合杨虎城、盛世才容易办到，最难的是联合共产党，最重要的也是联合共产党。张学良觉得，近两年来，他一直是和共产党作战，一直主张只有先消灭了共产党，然后才能抗日，东北军想与共产党联合，共产党能不能愿意和东北军联合呢？《八一宣言》他也看过，宣言中有一长串卖国贼名单，第一个是蒋介石，第二个就是他张学良。

看来，联共的征程还十分遥远和艰难，也极其危险。

“共产党主张团结抗战是对的，但为什么一定要反蒋呢？”

历史由众多丰碑构成，每一座丰碑都由无数人献出的一砖一瓦累积而成。但构建丰碑的人，多数人并不知道他献出的每一块砖瓦在未来的丰碑中起什么作用，因为他们没有看过完整的图纸。

东北军第五十九旅旅长李杜、被红军俘虏又放回的东北军第六十七军团长高福源、南京政府西北经济专员董健武[②]，等等，都为张学良寻找共产党出过力。正是因为有了这些人，才促成了洛川会谈和肤施（今延安）会谈。

1936年1月20日晚，张学良在洛川会见了共产党代表李克农。会谈进

---

① 王卓然：《张学良到底是个怎样人》。

② 1936年1月初，董健武化名周继吾手持南京政府行政院长孔祥熙亲笔签名的西北经济专员委任状来西安，要张学良帮忙送他去红军驻地。张派飞机将董送到肤施。由此，张得知南京政府也正在做着联共工作，也就减轻了对“通共”罪名的顾虑，加快了接触共产党的速度。董为中共秘密党员，是年6月，经张学良帮助，将毛泽东的儿子毛岸英、毛岸青送到莫斯科。

行了三个小时，双方主要是交换停战、通商的意见。[①] 3 月 4 日，张、李进行了第二次会谈。张学良单刀直入，一开始就提出了联蒋抗日问题：中国的国家力量几乎都控制在蒋介石的手里，红军为什么要反蒋抗日？李克农回答说，蒋介石坚持“攘外必先安内”政策，专打内战，他不抗日。这样他的权力越大，对其他抗日力量构成的威胁越大；他的军队越多，抗日的力量就越少。所以抗日民族统一战线不能包括他。

张学良不同意李克农的看法，他说：“抗日民族统一战线不包括蒋介石不行，蒋有政、军、财三权，而且又是中央政府，他不同意抗日就不好办。”[②]

关于反蒋抗日还是联蒋抗日问题，张、李二人谁也没有说服谁。4 月 9 日，张学良在肤施和周恩来谈判时，又围绕这一问题展开争论。

张学良认为共产党的看法有道理，但日本是一个强大的敌人，要打败日本必须团结一切力量，为什么这“一切”里单单不包括“委员长”在内呢，这是不切实际的。抗日不能凭意气用事，必须实事求是，“委员长”是握有全国军政大权而又最有实力的领袖，他要“剿共”，就无法停止内战，他要不抗日，中国就无法抗日。

中国共产党自 1935 年 8 月提出建立抗日民族统一战线，至 1936 年 8 月，一贯的观点是既抗日又反蒋。统一战线中包括不包括蒋介石，对于共产党来说，这是个重要的战略问题，直到周恩来肤施会谈前中共中央在对待蒋介石的问题上仍没有取得一致意见。[③] 因此，周恩来不能做出与张学良意见一致的回答。

张学良沉默良久，才缓缓地说：“你们对他可能不了解，其实他也有抗

---

① 李克农：《致毛泽东、周恩来电与张学良谈话情况》1936 年 1 月 21 日。

② 戴镜元：《从洛川会谈到肤施会谈》，《文献与研究》1986 年第 1 期。洛川会谈，只有四个人在场，张学良、李克农、王以哲和戴镜元。

③ 1935 年中共的《八一宣言》，把蒋介石、张学良、阎锡山都列为卖国贼应予打倒之列；1935 年 10 月发出《中央为目前反日讨蒋的秘密指示信》；11 月 13 日，又发出《中共西北中央局关于开展抗日反蒋运动工作的决定》；12 月 5 日毛泽东给杨虎城的信中仍然主张蒋介石和张学良“卖国惟成”，“乃日本军阀最得意的工具”；12 月 25 日《中央关于目前政治形势与党的任务决议》中仍然是反蒋抗日，但没有提张学良的名字；1936 年 2 月 20 日，中共中央及军委发给李克农的训令第一次提出“我们的策略是，把张学良和蒋介石分开。”显然，仍然是反蒋抗日。

日的思想和打算，日本人再进逼，他也感到难堪，心里也恨。但他长期以来一直固执地认为，必须先消灭共产党，然后才能抗日。因为共产党的一切口号，一切行动，都是为了打倒他，所以他若在前方抗日，不免有后顾之忧。这就是‘攘外必先安内’政策的根据”。

听到这里，周恩来愤慨地揭露蒋介石窃取革命胜利果实、背叛孙中山三大政策、血腥镇压共产党和工农群众的累累罪恶。“中国共产党过去主张反蒋抗日，是因为蒋介石是大买办、大地主阶级的头子，视人民为死敌。蒋的指导思想是宁赠友邦，毋与家奴，基本政策是攘外必先安内”。

张学良耐心地继续说：在国民党要人中，他最佩服蒋介石，蒋有民族感情，领导力最强。而且据他回国后两年来的观察，蒋介石有抗日的可能。他也承认，在蒋的周围有不少亲日派，如汪精卫、政学系、安福系等，因此蒋下不了抗日的决心。

对争取蒋介石抗日，张学良表示有成功的可能，并谈了争取的具体方法。

> 蒋介石正在歧路上而行，他错就错在“攘外必先安内”。如果把这个错误国策扭过来，就可以实现“停止内战，一致抗日”。做到这一点不容易，要做艰苦的工作。
>
> 为了团结抗敌，应该设法谏诤他，说服他，争取他。不应该抛弃他，把他拒之门外。既反他，又抗日，怎么行得通呢？共产党主张团结抗战是对的，但为什么一定要反蒋呢？
>
> 共产党在外面逼，我在里边劝，内外夹攻，定能扭转过来。

张学良非常直率和坦诚地说，目前，他本人还做不到反蒋，蒋如果确实投降日本，决计离开他。在蒋降日前，不能不接受蒋的命令。在张学良讲完上述意见后，周恩来表示理解张学良的处境和看法，答应回去报告中共中央，认真考虑后再作答复。见周恩来在这一重大问题上没有反驳他的意见，而且回答非常恳切，张学良认为他的话起了作用。

联蒋抗日，是张学良最担心也是最关心的问题，他希望“国民党抗日不反共”，希望“共产党抗日别反蒋”，这样才能真正壮大抗日力量，实现他梦寐以求的全国抗战。

肤施会谈是中国现代历史上少有的一次成功的双边谈判，真诚、直率、平等、友好。双方都满意。

张学良满意。“我太满意了，比我想象中好得太多了，我结识了最好的朋友，真是一见如故。我从未见过这样的人，周先生是这样的友好，说话有情有理，给我印象很深，解决了我很多的疑难。我要早见到他多好呀！”

> 我和蒋先生处了多年，但弄不清他打完红军后是否就抗日。对中国共产党，我不仅知道她第一步是抗日，而且还知道第二步是建立富强的中国，……中国的事从此好办了。①
>
> 他是一个与众不同的人物。反应很快，了解事情也很深彻。他对我的评价差不多也是一样，一谈话反应很快，不用什么罗唆，说话一针见血，而且对事情看得很清。可以说，我们两个一见如故。

周恩来满意。“谈的真好呀！想不到张学良是这样爽朗的人，是这样有决心有勇气的人，出乎意料！出乎意料！”“坐谈竟夜，快慰平生。”②

肤施会谈意义重大，它是张学良从随蒋“剿共”向联共抗日政治立场转变的标志。张学良出身军阀家庭，同蒋介石本人关系密切，又受法西斯创始人墨索里尼“熏陶”了八个月，在抗日与妥协、联共与“剿共”之间作出选择，对于他来说是极其艰难和痛苦的。他既要排除封建正统“忠君”传统思想的束缚，又要承担“通共”一旦败露引来杀身之祸的现实危险；既要承受放弃“一个政党，一个领袖”所带来的嘲讽，又要面对国民党右翼势力对他投靠共产党的攻击；既要考虑挽救民族危亡的历史重任，又要考虑东北流亡集团自身的利益与归宿。没有无私的胸怀，没有卓越的远见，没有过人的胆量，没有气吞山河的英雄气魄，是迈不出这一步的。

这艰难一步的果断迈出，有力地改变了东北军在西北的被动地位。它也是中国共产党与东北军合作的标志。肤施会谈不久，中共中央发出了由周恩来起草的《中共中央关于东北军工作的指导原则》，系统地阐述了中国共产党对东北军立场的转变：东北军现在虽然“还是卖国贼头子蒋介石指

---

①《刘鼎札记》，《刘鼎在张学良那里工作的时候》（三），《党的文献》1988年第3期。

②《刘鼎札记》，《刘鼎在张学良那里工作的时候》（三），《党的文献》1988年第3期。

挥下的军队”，但“东北军有极大可能转变为抗日的革命的军队”。因为“东北军的最高领导者以及一部分高级将领，已经有了抗日的决心与诚意。”

肤施会谈，也改变了共产党“反蒋抗日”的政策。不久，中共中央发出《红军军事委员会关于停战协议和一致抗日的通电》，即著名的“五五通电”。通电称：“国难当前，双方决战，不论胜负属谁，都是中国国防力量的损害，而为日本帝国主义所称快。……为了保存国防实力，以便利于迅速进行抗日战争，为了坚决履行我们每次向国人宣言停止内战、一致抗日的主张，为了促进蒋介石氏及其部下爱国军人们的最后觉悟，……我们愿在一个月内与所有一切进攻抗日红军的武装队伍，实行停战议和，以达抗日停战的目的。”

肤施会谈，是中国近现代历史上最大的两个党派第二次合作的起点。东北军是国民党的武装力量中比较有影响力的一支武装，所以它与共产党领导的红军合作，不仅保存了抗击日本帝国主义的民族实力，也为不同性质的军队在民族面临危亡的关键时刻共同御敌提供了范例，对于八个月之后发生的西安事变的和平解决在客观上准备了思想上和组织上的条件。

历史应该这样评价肤施会谈：它是第二次国共合作的起点。

“我要想尽一切办法劝说蒋委员长，把他争取到抗日阵营中来。”

一旦一个人的思想发生了飞跃式的转变，却仍然生活在没有丝毫改变的环境之中，他就觉得以前生活过的空间再也生活不下去了。精神空间的扩大和现实空间的依旧使思想已经发生转变的人处于极度痛苦的矛盾状态，对以前的悔恨和对现实的不满产生出的躁动开始对未来充满希望的心灵进行着自我折磨。

1936 年，张学良正处于这种矛盾的状态和被折磨之中。

他的思想由随蒋“剿共”逐渐攀升到拥蒋联共抗日的高度，他好不容易说服了共产党抗日不反蒋，但蒋介石仍然逼着他执行“剿共”不抗日的旧有“国策”。他的思想和行动已经和共产党在抗日的道路上并肩前行了，但他的东北军内部仍有一些军权在握的高级将领和幕僚虽出生入死跟随了他多年，却仍在原来的“剿共”道路上继续跟着蒋介石爬行。

“前面是强大的日本鬼子，后面是比蛇还毒的蒋军，整我、迫害我。我的队伍里年轻有为的人不少，但老气横秋、顾虑重重的也很多，加上别有用心的、胆怯而危险的家伙，很难对付，要他们联共抗日非常困难，和他们纠缠有损无益，好人坏人混杂，捏不到一起。”① 在东北军高级将领中，认识上的分歧也非常明显。张学良不敢把肤施会谈的内容和联共抗日的想法向所有将领交底，以免泄露出去，招致不测。如五十七军军长何柱国，同南京方面关系很深，他与蒋介石手下的许多将领都有来往，对“剿共”比较积极。张不便向他明说不能再与红军交恶，只好用“红军不好打，丢了一人一枪唯你是问”的话加以阻止。② 王以哲是和共产党接触最早接触最多的东北军将领，张学良的任何想法也不对他保密，但后来也曾一度动摇，说：“我们东北军原是国民党军队，为什么要先投降红军，再跟着红军去投降南京?”这些烦心的因素，使张学良萌发了对东北军这个烂摊子“干脆撒手”，拉出去一批队伍和红军合在一起共同打游击的念头。

全国各党派各部队，都斗不过蒋介石，只有共产党能与之抗衡。从跟着蒋介石剿共的惨痛经验中，深切感到攘外必先安内是祸国殃民的大错。原来我想力争蒋介石，抗日不靠他不行，现在我认识到要抗日，收复华北，不能死靠蒋介石了，只能联合共产党。③

谁都斗不过蒋介石，只有共产党能与之抗衡。这既是张学良个人经历的亲身体验，又是他对这段中国历史的精辟概括，还是对以后发生的历史的预言。北洋军阀打不过国民党新军阀，国民党的地方军阀打不过蒋介石的中央军，中央军打不过共产党，这是历史的结论。

谁都斗不过蒋介石，自然也包括张学良在内。1936 年 7 月，张学良曾和他身边的共产党代表刘鼎说：“劝蒋介石团结抗日的事，原来我想有可能，现在看，不容易。他自成一系，损人利己，太阴毒，难得好果。不如明着跟他们干，旗帜鲜明，干两年，一定会有很大成就，然后再逼他抗日，更有力。”

为了国家的统一，为了抗日大业，哪怕张学良要拉出和红军上山打游击，也只是“干两年”，“然后再逼他抗日”。目的还是要推动蒋，争取蒋，

---

①《刘鼎札记》，《刘鼎在张学良那里工作的时候》（三），《党的文献》1988 年第 3 期。
② 沈阳政协编：《西安事变与东北军将领》，《沈阳文史资料》第 22 辑，第 84 页。
③《刘鼎札记》，《刘鼎在张学良那里工作的时候》（三），《党的文献》1988 年第 3 期。

始终没有放弃蒋。但刘鼎却感到事态严重，立即将张的想法报告给了中共中央。

毛泽东要刘鼎转告张学良“不要和蒋介石闹翻了！”“张学良敢在肤施与恩来商谈，回去宣传抗日是大好事，在东北军这支军阀习气重的军队里能训练抗日骨干，宣传抗日很不容易，有一些高级军官想不通，甚至反对是可以想见的。张学良遇此难题并不奇怪，随着抗日形势发展，东北军内部分化，张学良竟准备和红军一起干，这是个了不起的转变。……目前蒋介石正忙于处理两广事件，但是他决不会坐视东北军打起抗日旗帜的。叫张学良不要和蒋介石闹翻了，要讲策略，不要太刺激他，从积蓄全国抗日力量的全局出发，对蒋介石要有更大的耐心，劝他抗日，准备迎接更大的斗争。”①

张学良对毛泽东“不要和蒋介石闹翻”的忠告十分感激。毛泽东点到了他最疼的地方。张蒋之间虽有矛盾，但张对蒋感情颇深，他也不愿意和蒋闹翻，他最基本的想法和共产党是一致的，就是抗日要建立广泛的统一战线。因此，他对刘鼎表示：

> 我要想尽一切办法劝说蒋委员长，把他争取到抗日阵营中来。我和委员长交情很深，我要认真利用这个地位加紧向他进言，争取他幡然省悟。……纵使碰钉子，或者削职为民，乃至坐牢、杀头也在所不惜。②

言而有信是张学良人格中最无可挑剔的一部分。他不轻易对人许诺什么，一旦出口，就信守诺言。此后，他利用一切时机，向蒋进谏，劝蒋放弃内战，团结抗日。以后的西安劝谏、洛阳诤谏、华清池哭谏、最后兵谏，在某种程度上说，都是从这里起步的。

“我们为了国家，对蒋也仁至义尽了，现在只有一条路。”

在张学良的血液里流的是炎黄遗胄的爱国精髓，但也混进了一些千百年来传统文化的沉糟。所以他为了被“爱国”两字掩盖起来的一个“忠”

---

①《刘鼎札记》，《刘鼎在张学良那里工作的时候》（三），《党的文献》1988年第3期。

②《刘鼎札记》，《刘鼎在张学良那里工作的时候》（三），《党的文献》1988年第3期。

字，曾经背上了失土之罪，染上了“不抵抗”之污，得了个“剿共不力”之骂……幸好他在“君叫臣死臣不敢不死”的悬崖边缘听到了“以道事君”的呼声，幡然而醒，认识到了“忠臣事君，莫先于谏。”

而张学良要劝谏的“国君”蒋介石此时正处在政治统治的巅峰时期，自觉天下无敌手的癫狂状态。在他的统治圈里，三个最强的党、政、军对手，自1935年10月至1936年10月，一年的时间里，一死一伤一败。党内一号政敌胡汉民，于1936年在广州气绝身亡。政府内一号政敌汪精卫，于1935年11月在南京遭枪击受伤，去职离国。军界三次讨蒋两次另立中央的头号强敌李宗仁，最后一次发动的“两广事变”刚被蒋用“银弹”收买和“钢弹”威胁的办法平息下去。在蒋介石看来，再把共产党“剿灭”，他在中国的地位就到了“普天之下，莫非王土，率土之滨，莫非王臣”的地步了。

为了“剿共”“最后五分钟”的冲刺，蒋介石亲赴西安督战。

据蒋的侍卫回忆：莅临西安的当天（1936年10月22日），委座接见张副司令。张开始报告，语细不可闻，历时甚久。突然，委员长的声音提高，连我们站在远处四周的人，都觉得有些战栗，我清晰地听到最后几句话：“军人以服从为天职，我要叫你向东，你就应该向东，我要叫你往西，你就得往西。我要叫你去死，你就得去死！你是军人，不允许你问为什么！这是命令。”①

一次陪蒋游华山，杨虎城不敢明确表示反对蒋的“剿共”计划，只是委婉地说他个人服从命令没有问题，只是部队抗日情绪高涨，“剿匪”士气低落，很值得忧虑。

蒋厉声说：“风吹草动，兵随将走。当统帅的不动摇，当兵的就不会动摇。”

张学良争辩说：“打内战是调动不灵了，要是打日本，可以调动自如。”

蒋介石不容张、杨再作分辩，说：抗日之事不要偏听“共匪”蛊惑。“剿共”势在必行，我绝不动摇。至于士气低落问题，我来解决！

张、蒋首次交锋，不欢而散，张学良首次劝谏失败。

蒋介石借各地大员来洛阳祝寿之机（10月30日），继续部署他的“剿共”计划。张学良也想继续完成他的“谏君”计划，但西安“始谏”闹得

---

① 张玉荪：《华清池之旅》，台湾《革命文献》第95辑，第309—310页。

不欢而散，如何再向蒋进言。毛泽东曾告诉他“不要和蒋介石闹翻”，要“耐心，要讲究策略”。于是他请阎锡山做帮手，联合劝谏。还没开口，蒋即说：“不要来向我谈什么‘团结抗日’的老调。这道理我不懂吗，我蒋某人难道不抗日吗?”张在洛阳几次向蒋诤谏、请缨抗战，均遭拒绝和痛斥。

蒋介石经过一个多月的部署，于12月4日从洛阳再返西安，在临潼华清池附近的“剿共”临时行辕里，召见张学良、杨虎城，发出最后通牒，提出两个方案，任他们选择：（1）服从“剿共”命令，将东北军、十七路军全部开到陕甘前线作战；（2）如不愿“剿共”，即将东北军调往福建，十七路军调往安徽，让出陕甘，由中央军去“剿共”。张、杨无法接受这两个方案。

为了对蒋做到仁至义尽，张学良与杨虎城商量，再劝他一次，再不纳谏，即实行先礼后兵计划。张学良抱着最后一线希望去华清池进谏。张蒋之间就停止内战、一致抗日问题进行了长达三个小时的激烈争辩。张学良说：

> “九一八”事变爆发时，您宣布：我们必须有两年的准备时间，然后才能把日寇赶出中国。可现在，五年已经过去了，我们不能老是告诉人民，我们在准备。敌人眼下每日不停地侵占我们的国土，我们不能再等了。政府犹如银行，如果它不守信用，就会丧失信誉。现在，只有三条路可供我们选择：（一）抗日；（二）退缩；（三）投降。
>
> 今天共产党已一再表示愿意团结一致，共同抗日。我们有什么理由拒不接纳？据我所知，共产党不但主张抗日，同时拥戴你为最高领袖，你还将成为全民族的伟大英雄。
>
> 我们应该认识到，内战的结果，无论谁胜谁负，都是中国国防力量的自我消耗，无异在客观上帮助了民族的敌人。

张学良还分析了抗日形势，指出抗日是人心所向。希望蒋介石认清抗日的形势，顺乎民意，把内战停下来，把枪口统一起来，一致对外。蒋介石冷冷地笑道：“现在你就是拿枪把我打死，我的剿共计划也不能改变。”

苦谏、诤谏、哭谏，均告失败。杨虎城对张学良说，劝谏已彻底失败，应立即下决心，不能失去时机与人心，“为了抗日救国，牺牲掉这两个团体

（东北军和十七路军）也值得。”

张学良也已经拿定了主意：“我们为了国家，对蒋也仁至义尽了，现在只有干的一条路（指扣蒋）。”最后决定：东北军和十七路军协调行动，东北军负责到华清池捉蒋；十七路军负责拘押南京大员，解除西安城内蒋系部队武装、扣留西郊机场轰炸机并监视北门火车站过往的中央军。

“成功了大家共享，失败了我一个人承担。”

率领一个团体去干一件具有极大风险的事情，事先就把失败的责任预揽在自己的头上，这种承担责任的高尚所挥洒出来的人格魅力，不仅可以迅速地统一这个团体的意志，而且可以激活崇敬者勇敢大胆的开关和拉响参与者谨慎小心的警报。

“为民请命”，自古以来都是三部曲：顺辞始谏、抗议中谏和死节终谏。对于独裁者蒋介石进谏，始谏、中谏谏而无果的结局没有人怀疑，对于实施终谏——兵谏的后果又没有人不担心，包括红军领导人。[①]

“这关系到国家的命运，一定要慎重。蒋介石不抗日，有些人不认识，抓起他来，会出现全国大分裂。人民一时不了解我们，会使我们孤立。”

第一个知道兵谏机密的是六十七军军长王以哲，“整宿没有入睡”，说这是“准备闯一场大祸”。一〇五师师长刘多荃听到这一消息时，惊讶地问：“副司令真能这样做吗？”

兵谏前，张学良召见刚从平凉前线接回西安的唐君尧旅长。唐见到张急问：“前方很紧张，副司令叫我回来有什么急事？”张痛楚地说：“你先不要问我，让我先问你几句话。”

“你知不知道日本人在皇姑屯炸死老帅为的是什么？‘九一八’侵占东北又为的是什么？”

唐报告：“咱们东北人谁不知道日本侵占东北，谋害老帅是为实现它的大陆政策呀！”

张问：“你说我该怎么办？咱们东北军该怎么办？国家又该怎么办？是

---

① 张学良苦谏、诤谏、哭谏失败后，一天深夜只身来到中共代表叶剑英的住处，对叶说：“蒋介石要我执行他的命令，同你们打仗，形势很严重，你看怎么办？”叶剑英反问：“张将军的意见呢？”张学良回答：“许多天我都没有睡觉，内战我是绝对不打。只有一个办法，就是‘苦迭打’（Coup d'etat，法文政变的音译）。”见《叶剑英传》（稿）第11章《西安事变前后》。

内战要紧呢，还是救亡要紧？现在，关外义勇军岌岌危殆，难以支持，眼见华北各省朝不保夕，可是我们每天还要在这里打中国人……”

“现在，我再也想不出更好的办法了！为国家民族前途，我已决定实行兵谏！因为你是能够领会我的心意的，所以叫你去华清池。请委员长来西安主持抗日大计。我命令你：必须把他请来，不准你把他请不来；必须得负责他的安全。不准对他有丝毫伤害！不准生半点差错！”

“你要记住，我就是拥护他领导抗日！”①

正式宣布兵谏计划时，张学良对东北军高级将领说：

> 我今天把大家找来，要跟大家商量一件事。咱们东北军亡省亡家，又背上了不抵抗的罪名，不为全国人民所谅解。究竟是谁不抗日呢？到现在，罪名却由咱们背上了。我屡次请求委员长停止内战，一致抗日，共产党的问题应该用政治方法解决。先安内后攘外是给日本造机会等等，反倒多次挨他的训骂。最近我在洛阳痛切陈词，请求准许东北军去察绥支援打日本，他反骂我是反革命。说什么他就是革命，违反他的意志，就是叛国反革命。骂共产党不要父母，说我也不要父母；骂共产党不要祖国，说我也不要祖国。在临潼拍桌子骂我，说：“等我死后你再去抗日”。逼得我连话也不能说。现在死逼着咱们东北军继续去打内战，剿共，不听他的命令，就调咱们到福建去。实在逼得咱们没办法了。我现在已与杨主任商量决定把他扣起来，逼他停止内战，一致抗日。
>
> 成功了大家共享，失败了我一个人承担。

五十一军军长于学忠问：“第二步怎么办？”张说：“先扣了再说，只要他答应我们抗日，还拥护他做领袖。”

扣蒋，不是为了杀蒋，是逼他抗日，一旦他答应抗日，还要让他做领袖。这样，张学良最担心的是两件事，一是在捉蒋过程中没捉住，蒋跑了，二是有人把他打死了。

这两件事，发生一件，后果不堪设想。

---

① 夏时：《唐君尧参加捉蒋的经过》，全国政协编：《西安事变资料选辑》第 1 册。另见沈阳政协编：《西安事变与东北军将领》。

命令卫队一营营长王玉瓒："要抓活的，不要把他打死了。"①

命令卫队二营营长孙铭九："你千万不可把委员长打死，万不得已时，只能把他的腿打伤，不要叫他逃跑。"②

命令团长刘桂五："对委员长要捉活的，……捉他是为了逼他抗日，并不是我要当总司令。"③

捉蒋部队出发时，张学良又一次命令内线指挥唐君尧："不准伤害委员长！非万不得已，绝对不要冲突，能不开火就不开火，你要坚决，一定要请他来西安主持抗战大计。"④

捉蒋是张学良在升华后的国家观指导下的惊世骇俗之举，捉蒋的非凡之勇固令人称道，但更令人称道的是张学良对原来国家观中传统道德因子的扬弃。他捉蒋是为了逼蒋抗日，不是为了自己当领袖。他走的不是"君无道，臣可反"之路，不是宋太祖赵匡胤见皇帝昏庸，发动陈桥兵变，为的是自己"黄袍加身"，另立新朝；也不像明成祖朱棣，见皇帝无能，举兵谋反，逼宫夺位；他走的也不是"文死谏，武死战"的愚忠之路，进谏不从，当场撞柱自尽，以取流芳百世、尽忠亮节之虚名。

张学良既没有为了保住自己的既得利益，而见君王无道而不谏，也没有因君王谏而不从自尽取名而作罢。而是既抛弃了"文死谏"的俗德，又抛弃了"逼君让位"的陋道，从而选择了一条"逼君从道"，只要"君从道"、"社稷得安"，而后死而无憾的新路。这就将传统道德中的忠君爱国思想升华到了一个超越传统的层次。

"如今是抗战第一，我个人的得失生死算得了什么?!"

捉住了蒋介石，只是事情的开始，要达到捉蒋的目的——停止内战，一致抗日，张学良面临一系列的复杂问题。

第一个问题是如何说服蒋介石停止内战。经过各方努力，到 12 月 23 日，达成停止"剿共"、改组国民政府、排逐政府内亲日派等六项协议。第二天，蒋答复张、杨：

---

①《王玉瓒》，沈阳政协编：《沈阳文史资料》第 22 辑，第 375 页。

② 孙铭九：《临潼扣蒋》。

③ 清芳：《刘桂五》。

④ 沈阳政协编：《沈阳文史资料》第 22 辑，第 120 页。

（1）停战，中央军撤至潼关外；（2）改组南京政府，排逐亲日派，加入抗日分子；（3）释放政治犯，保障民主权利；（4）停止“剿共”，联合红军抗日，共产党公开活动；（5）召开各党各派各界各军救国会议；（6）与同情抗日国家合作。①

第二个问题是如何说服东北军、西北军将领和共产党同意放蒋。

西北军主张有条件放蒋：

（1）由“三位一体”保证蒋的安全，让蒋在西安号令全国；（2）协议必须由蒋介石亲自签字；（3）蒋在西安向全国发表一次广播讲话，以表明总的态度，具体内容不必涉及。

周恩来根据中共中央指示，提出在下列条件下恢复蒋自由：

（1）全部中央军分向河南、绥远二省撤退；（2）南京宣布国内和平与民更始不咎一切，既望召开救国会议之命令，蒋亦发表同样宣言，此条即取消讨伐令，承认张、杨及我们的地位；（3）部分的释放（爱）国政治犯与共产党（员）。②

西安事变设计委员会提出的放蒋条件为：③

（1）蒋先让潼关之内的军队撤出潼关；（2）先释放上海被捕的爱国七君子；④（3）阎锡山做担保人。

张学良坚持他的一贯主张，只要蒋介石答应停止内战，联合各方抗日，就应该放他走，不能再逼迫他签字、发表广播讲话等。他阐述了他的理由：

> 蒋现在是关在我们这里，他现在说什么话，何应钦都不见得肯听。我们逼着蒋下命令，如结果无效，怎么办？即使蒋的命令还生效，可

---

① 周恩来：《与宋子文、宋美龄谈判结果》1936年12月25日。

②《中共中央书记处关于目前形势及时恢复蒋自由的条件致周恩来电》1936年12月24日零点。

③ 设计委员会于事变当天成立。主要任务是筹划如何挽救民族危亡、如何联合各党各派共同抗日的具体方案。设计委员会主要成员有东北方面的高崇民、苗剑秋、应德田、黎天才，西北方面的南汉宸等。设计委员会是融各党各派参政议政的胚胎。

④ 1936年5月，沈钧儒等著名人士在上海发起成立全国各界救国联合会，要求国民党停止内战，释放政治犯，建立统一的抗日政权等。国民党竟以“危害民国”罪，逮捕了沈钧儒、邹韬奋、李公朴、章乃器、王造时、史良和沙千里等七位救国会领导人，史称“七君子事件”。

是这是我们逼着他下的，不是他甘心情愿下的。那么，他的命令下了，也发生效力了，譬如潼关以西的中央军开出潼关以东了，上海爱国领袖七君子被释放了，政府也改组了，到那时，你们放他不放？

保证实现了，当然要放他。但是他这样做是被逼迫的，不是心甘情愿的，一定心存报复。他回到南京，开出潼关的中央军又开回潼关以西来了，释放的爱国领袖又被逮捕起来了，改组的政府又改组回来了，甚至你们压迫他对日本宣战他都肯，可是回去以后，他又同日本妥协了。到那时，你们怎么办？

……我们提出的条件，只能他在原则上承认了，就让他走，签字不签字都没有什么关系，签了字要撕毁，还不是一样地撕毁。

"至于提到要阎锡山出来做保证人，那更是不可能的。我们是'好汉做事好汉当'，自己的事自己了。我们不请客，更不请阎锡山那样的客。在西安事变以前，我们联共抗日的一些情况和主张，是同阎锡山说过的，他也曾向我们表示赞成和支持的。这次事变发生以后，我们打电报告诉他，向他请教。他回电向我们提出好几个'乎'，什么'促进抗日乎，破坏抗日乎，停止内战乎，扩大内战乎'，最后并质问我们'何以善其后乎？'只是满篇责备，毫无半句同情。他把给我们的电报，又送到南京的报纸去发表，不知他脑子里打的什么算盘。这样的人我们不同他共事，不让他投机取巧找便宜。"

有人问，听说副司令还要亲自送他回南京，这是什么意思？张学良郑重地回答说："是的，我打算亲自送他回南京。……这次事变，对蒋是个很大的打击，我们现在不但要放他走，而且今后还要拥护他做领袖，还要同他一起共事。所以我们现在万万不能再难为他，我们要给他撑面子，使他恢复威信，今后好见人，好说话，好做事，我亲自送他就是这个意思。并且我亲自送他去，也是向他讨债的意思，使他答应我们的事不能反悔。另外，我亲自去也可以压一压南京反动派的气焰，使他们不好再讲什么坏话。总之，做人情要做到家，同人家合作也要合作得彻底。"

宋美龄曾提醒张学良："你不怕南京有人对你下毒手吗？"张学良回答：

如今是抗战第一，委员长须领导抗战，为了挽回委员长的名誉威信，实现收复东北的夙愿，我个人的得失生死算得了什么！[①]

杨虎城等人坚持要蒋介石写一书面保证，张学良对杨虎城说："我们发动事变的最初动机，是请求委员长领导全国一致抗日，不顾一切，而不是考虑我们自己的后果如何。他既然已经答应把我们的建议提交中央政府讨论，我们的目的就达到了，我们就不应畏惧个人的损失和死亡。"[②]

东北军和西北军将领们坚持要求蒋介石签字。张学良耐心而坦诚地表白他主张放蒋的曲衷："我为什么敢于冒天下之大不韪，把蒋介石扣在西安？主要是为争取停止内战，一致抗日。假如我们拖延不决，不把他尽快送回南京，事情就会向相反的方向发展，就会有违我们的初衷：我们为了反对内战而发动此次事变，反而有可能引起比今天更大的内乱；我们为了抗日而逼蒋，更大的内战一起，就等于帮了日本人的忙；我们为逼蒋抗日而将他扣在西安，他答应了抗日，再把他扣着不放，反倒会使答应我们抗日的领袖因此而失去领导地位或有损他的声誉。那我张学良真是万世不赦的罪人。如果是这样，我一定自杀，以谢国人。"

历史已经证明，张学良送蒋回南京，给西安事变的和平解决画上了一个圆满的句号。

对蒋介石来说，西安被扣，他在南京的政治威信确实一度降低，张送蒋安全抵达南京，确实提高了此后他在南京的权威和地位。各地慰问电雪片似的飞向南京。[③] 显然，蒋介石的面子保住了，不仅没有因为西安被扣而降低，反而给人以中国政坛没有蒋介石不行的印象。全国各党各派各界各军对南京中央政府的向心力明显增强。

蒋回南京后，停止了"剿共"政策，这给处于极端困难环境中的中国共产党带来了转危为安的机遇，得到了与其他地方实力派大体同样的生存条件，获得到了参与中国政治的合法发言权，为今后与南京中央政府谈判创造了条件。

无论站在何种角度，以什么样的观点，怎样评价西安事变，如何评价

---

① 宋美龄：《西安事变回忆录》，台湾《革命文献》第94辑，第48—49页。

② 张学良：《西安事变忏悔录》，香港《明报月刊》1968年9月，第33期。

③《大公报》1936年12月26日。

张学良，都不应该忘记这样的事实：张学良送蒋回南京主动承担了事变的全部责任之后，中国历史的发展方向改变了。长达近十年的国共分裂局面戛然而止，国民政府“攘外安内”国策终于废止，内战结束了，国家又恢复了统一。这一切的转变都以西安事变为分水岭，这一切的转变都以张学良送蒋回南京为起点。

历史应该这样写：张学良是一位20世纪中国最了不起的民族英雄之一。他以一人之危，换来了整个国家之安；他以一人之失，换来了整个中华民族之得；他以一人之勇，止住了国共两党燃萁煮豆的悲哀。尽管他一个人走进了囚笼，四万万五千万人获得了走向抗日战场的自由；是他，找到了蒋介石的弱点；是他，以自己的生命为支点，以所有中国人心中所想为杠杆，撬动了整个中国。他帮助毛泽东渡过了难关，从保安走到了延安，不再是“匪”；他帮助蒋介石迷途知返，从西安回到了南京，不再只是一党领袖。

张学良之所以如此勇敢，与他的性格相关；所以如此执着，与全国人民抗日浪潮持续推动有关；关键时刻之所以如此果决转向，与共产党的影响有关，但最重要的还是他的民族意识和他的国家观境界不断升华使然。

六、历史局限，还是理论缺陷？

黑格尔哲学认为，观念是客观存在的永恒的精神实体。马克思主义哲学从正确解决社会存在和思维的关系问题出发，认为观念是人们对客观现实的反映，是客观存在的主观映象。“观念的东西不外是移入人的头脑并在人的头脑中改造过的物质的东西而已”。但是，观念不仅反映客观现实，而且还能根据对客观现实的反映为实践创造观念的对象，以作为实践的目的。这种观念的对象通过改造客观物质的实践活动转化为现实的对象，成为现实中不会自然产生的新事物。这一解释为我们解析张学良的国家观提供了方法。

张学良的国家观的形成是曲折的。

首先，当时的国家现实“移入”他头脑中形成的映象：“内忧外患，重重逼来”，经过他头脑的“改造”，形成了国家“现在已到了万分危急的时期，……大家再不努力，马上便有亡国灭种的可能”的判断。①

---

①《武汉日报》1924年5月27日。

其次，他根据对现实的判断提出了当时现实不可能自然产生，而有可能改变这种现实的观念："只有国家统一，才有希望转弱为强，否则瓜剖豆分的局面终难幸免。"① 正如他于1934年所说：拥护国家统一，可说是我生平一贯的主张，过去的已有事实证明，今后我更要在这方面作最大努力。②

追求国家统一在他的国家观中是不变的主题。

有人不同意把他评价为民族英雄，有人反对把他说成是千古功臣，但很少有人不承认他是位爱国者，因为他的国家观的基点是爱国，并始终在他的全部思想中占据着主导地位。

有人可能骂他是屠杀共产党人的"刽子手"，有人可能骂他是毁掉国民党前程的"罪人"，但很少有人不认同美国记者哈里森·索尔伯兹里对他的评价：张学良是中国统一的象征。

因为他的国家意识中最核心的部分是追求国家统一。

我们可以说他有些思想还停留在幼稚的层级（要维护国家统一，就要强固南京中央政府），我们可以说他的有些思想存留着简单模仿他人的痕迹（一个政党，一个领袖），但我们不能不承认，他的主流思想更多的不是来源于书本，不是来源于他人，而是来源于他的亲身实践，而且，他是他自己思想的坚定实践者。

梳理完张学良国家观产生的思想基础、主要主张及其形成过程之后，有一种突出的感觉，张学良是一个了不起的人，但不是什么"超人"，更不是完美的英雄。

说他了不起，因为他生命很长，在政治舞台能够发声的时间很短，只有17年（1919—1936年）时间，却留下了数百万字的文字资料。读着这些文字，油然而生的是肃然起敬，笔者没有资格评价张学良是不是思想家，但他确实是个知识广博、思想深刻的人。

张学良值得人们敬佩的地方很多，最难能可贵的是，历史把他裹进了最危险的政治漩涡和硝烟弥漫的战场，他在有条件有理由带着他的武装规避风险的时候并没有退缩，而且迎险而上，他在血与火，生与死，个人权

---

① 刘鸣九：《我所知道的杨常事件》，辽宁政协文史会编：《文史资料选辑》1963年。

② 张学良：《对东北各师军主任以上政工人员的训话》1934年7月25日，汉口银行公会。

势尊荣与国家命运的考验中，虽然迷茫过，用今天的标准看，甚至走错了很长一段路，但最终他毕竟觉醒了，在国家和民族命悬一线的关键时刻，做出了符合民族利益的选择，用令人震惊的行动，写下了无愧于民族、无愧于国家，无愧于时代，也无愧于自己的历史。

之所以如此，因为他长了一颗“中国人的心”，是位有思想的爱国者。

说他不是“超人”，因为他有血有肉有感情，认真思考他的思想主张，尽管直到今天还感觉有温度、有感染力、有闪光之处，但他的思想虽然超越了同时代的许多人，却终究没有超出他所生活的时代。

说他不是“完美”的英雄，因为他的思想中混杂了一些在我们看来属于封建糟粕的东西，如对蒋介石的“愚忠”。他虽然有思想，有些思想也不乏深刻，但他的这些思想没有上升到理论的高度，有些思想是混同在一起的，如对国家的认同和对政府的认同，甚至是对领袖个人的认同交织缠绕，混淆不清，导致了他反共拥蒋，给国家造成危害的同时也导致了个人命运的悲哀。笔者在前文中已对这一问题谈了一些粗浅的看法，现从分析其思想局限性的角度再作一简略的总结，作为本章的结束语。

一般评价张学良时，都说他是言行一致的人，然而，他一方面主张国内和平、国家统一，另一面又去“剿共”；他一方面主张“抵御外侮”，“军人的最大责任是捍卫国家”，然而，当日本帝国主义发动“九一八”侵华战争时，他又放弃抵抗。这充满着矛盾的言行到底是什么原因导致的呢?

行动上的矛盾，只围绕行动来考察是无法说得清楚的，必须将他的行动放到他的国家观的视野下来考察，因为他的几乎全部思想都根源于他的国家观。他对国家的认识水平对他的行动起着规范和制约的作用，行动上的矛盾是他的国家观中内在矛盾的具体体现。

在张学良看来，国家只是一个抽象的概念，代表国家的是中央政府。抵御外侮是他国家意识萌生的起点，国家统一、国内和平是抵御外侮的手段与方法，中央政府则是代表国民利益并指挥各武装力量抵御外侮的中枢机关。

当国内只有一个中央政府，而且这个中央政府确实代表国家利益时，这种认识不错。然而，在中国政坛出现对立的政权，甚至是几个对立的“中央政府”时，这样的国家观就面临着选择的考验，它必须在两个或者几个自称“中央政府”之中作出选择。这种选择需要国家观中具有成熟的法理标准、正义标准和较高的政治理论才有可能作出正确的评判。张学良是个思想单纯、政治经验不够丰富、政治理论有缺陷的人，由于现实的复杂远远超出了其思想储备能够应付的难度，这就难免发生错误。

一个人遇到复杂事物需要作出艰难判断时，往往会向他的思维习惯回归。

张学良的思维习惯是什么呢？是复杂问题简单化。他经常提及他的父亲张作霖判断事物的习惯，不管怎么复杂的事儿，到他那，就几句话，部下向他报告事情，他也要求简单再简单，在他那，简单才是最高水平。张学良许多方面都效仿他父亲。对谁代表国家这么复杂的问题他也是采取简化的方法。简化得出的结论是：看哪一个“中央”能代表国家？衡量的标准为：看哪一个“中央”有能力维持统一、维持国内和平，至少能减少分裂次数和缩短分裂时间，他就认同哪一个“中央”，就服从哪一个“中央”。中原大战、国共内战时期，谁最有力量？显然是南京国民政府。因此，武装调停中原大战，包括“剿共”战争初期，实际上都是他对这种简化后国家认同意识的自主推进。

他为什么最后又把目光由中央政府聚焦到蒋介石一个人身上呢？因为认同中央政府遇到了和认同国家同样复杂的问题。中央政府也是由不同的利益群体的代表组合而成，在一定意义上也和国家的概念有相似的抽象成分。

在中央政府没有矛盾，只有一种声音向外发布信息时，作为执行者没什么困难，当几个人、几种势力都以中央政府的名义发声时问题就来了。在蒋介石执政大陆时期，中央政府的意见几乎就没有统一过，张学良依然按照他的思维惯性，简化程序，只听一个人的。这种看似明确、却缺乏深刻正义标准的思维逻辑，便使正义、是非在他的简化过程中被过滤掉了，造成国家观的暗转。

尽管张学良对当时中国的主要任务是抵抗帝国主义侵略的认识是正确的，尽管他对地方应该服从中央的认识表面上看不错，由于他把对国家的认同混同于对中央政府的认同，又把对中央政府的认同混同于对领袖个人的简单认同，就导致了他的一系列行动最终结出的果实正好和他国家认同的出发点背道而驰。当然，我们也不应该忘记：“一个国家统治者性格或意愿怎样，那个国家便是怎样。”作为一个被统治、被指挥的人的作用是有限的。

我们在探讨张学良的国家观时，似乎应该考虑这样一个事实，一个人的思想发展不一定是连续性的直线上升。这和思想产生的那个时代以及个人经历密切相关，张学良 18 年的政治生涯有近一半时间生活在封建性很强的旧式军队里，他父亲张作霖死后，维持这支军队的封建结构并没有立即垮掉，更由于战时的紧张，他也没有时间补充新的思想，理论的贫乏和现实的复杂都会导致人们思想的停滞、摇摆，甚至是退化。但是，如果他在历史的关键时刻，或人生的关键阶段，达到了同时代人很少有人达到的高峰，哪怕是一件事，我们还是应该给予他足够的肯定。张学良的国家观经历了一个曲折的发展过程，我们也应该看到，不管怎么曲折变化，他对国家的热爱、对国家前途的忧虑，对国家独立、统一的追求始终未变。

笔者想起这样几句话，作为本章的结束语：

“观念的命运也取决于环境与人。”

“用一种当时人们还不知晓的概念来谈论当时的世界是荒谬的。”

“阅读记载过去时代的东西，要用他自己的眼睛，不要用我们的眼睛。”

张学良的思想和他的人生一样多彩而复杂，因为他不是思想家，很难说他的思想形成了逻辑严密的体系，不过，他的国家观内涵丰富、特色鲜明，对那个时代的国家走向，对他的人生起伏的影响和对现实的启示是不容忽视的。

第三章
日本观：平静之后的理性认知及警世忠告

日本现在被解除了武装，不让它搞，一旦它恢复，它还一样。

在日本把他们10个人（甲级战犯）都入到那个靖国神社，可以看得出来，日本还是一个侵略国家。

——张学良

在民国人物中，与日本有过接触，且关系复杂者很多，但像张学良这样一生荣辱皆与日本密切相关，除了张作霖以外，恐怕鲜有出其右者。也正因为如此，他对日本国家政治特性、侵华日军野性、武士道精神等的理解和认识要比同时代的其他人更加具体，也更为深切。

早年，他通过赴日考察和目睹日军在东北的种种暴行，对日本有了感性认知，日本令人恐惧的心理占有重要地位；主政东北之后，在与日本进行外交斡旋的同时，悄悄地效仿日本，整军经武，强军富民，以敌为师的思想不断闪现；“九一八”之后，尤其是从欧洲归来，对日本的看法逐渐趋于理性，只要中华民族团结抗日，日本必败的“抗日观”最终形成；晚年，他特别关注日本将侵华战犯移入靖国神社一事，提出了警惕日本军国主义复活的忠告。他对日本的认识经历了“师日”、“恨日”、“抗日”、“防日”的复杂发展过程，并且，感性与理性、判断与实践常常处于交集状态，但“恨日”、“抗日”是其主线。其日本观形成的曲折过程，折射出近现代中国人的日本观特征。当然，受其国家观影响，他的日本观也曾一度陷入误区，造成“九一八”之前对日本发动战争的判断失误。

张学良对日本的看法，既不是来自他人的灌输，也不是从书本中所得，他长期生活在被日本包围、逼迫、威胁、利诱、恐吓、压榨之中，他的父亲张作霖是被日本军人炸死的，他的儿子张闾琪死在日本人的诊所里，他指挥的军队被日本赶出了东北，他的家乡被日本占领了14年，他因为日本发动“九一八”事变戴上了“不抵抗将军”的帽子，他被囚54年，也可以说是因为日本，没有日本侵略东北，就不会有西安事变，没有西安事变，他自然也不会被囚。正如他自己所说：“我自己的整个毁灭是出于日本。”①

因而，他的日本观是和日本人外交周旋的体验；是和日本政治较量的真实感受；是和日本军事对抗的总结；是父亲的血，家乡父老的泪，东北军的怒火混合后的一种凝固；是经过对日长期观察，又经过深度思考后的理性判断；是他用生命的大部分时间、一生的痛而获得的一种智慧结晶。

日本是一个什么样的国家？在同时代的中国人中，张学良是最有发言权的人之一。

他本人生于东北、长于东北、执政于东北、失败于东北；他的家族经过他父亲与日本周旋而兴起，后来在日本的阴谋下，在他的手里衰落；他的家乡在他父亲执政时，在近代化的道路上跑了一阵子，一直跑到全国的领先地位，他父亲被日本炸死后，他接过接力棒，也跑了一阵子，却跑到了日本设下的“埋伏圈”里，最后，整个家乡变成了日本的殖民地。

近代东北，兴也张家，毁也张家；张家，兴也日本，毁也日本。

张家两代人，都长期挣扎于中日两国经济矛盾、政治对抗、外交纠纷、军事冲突的漩涡中心，对日本国家的特性自然感受至深，只是张作霖留下的东西不多，张学良留下了他的回忆，为我们考察他的日本观，通过他的日本观研究那段历史提供了宝贵的第一手资料。也可能，由于对日本的仇恨，他的日本观带有浓重的感情色彩，但绝对是直观的、真切的、真实的和深刻的。因此，当我们仔细阅读他留下的一百多万字的口述历史时，细细品味他用地道的东北话谈论日本的录音时，时常会有十分新鲜、非常震撼的感觉。由此，从学术的角度、以客观的眼光，主要通过他人生最后岁月里的回忆来重新考察他的日本观，是一件很有意义的事情。

---

① 张学良：《接见日本广播协会电视台记者的谈话》。

在张学良眼里，日本是一个在世界上最为极端的国家。国民对天皇的崇拜极端，一人统驭万民；军部在国家机构中的地位极端，凌驾于其他部门之上；军人控制国家政治的手段极端，暗杀如家常便饭；训练国民的方法极端，“日本没有老百姓，全是军人”。这些看似感性的看法，实际是法理层面的认知。

一、天皇，极端体制的核心

一提起日本，今天的人们最容易想到的是，那是一个大海中的国家，生产的产品行销世界，日本男人西服革履，见人彬彬有礼。许多人怎么也想不明白，这样一个国度里的人怎会在第二次世界大战中，用机关枪向手无寸铁的平民扫射，将刚出生的婴儿挑在枪刺上玩耍，在南京举行杀人比赛，驾着装满炸药的飞机撞向美国航母……

将这两组画面放在一起，人们会产生许多疑问，其中一定有人会想，一个海上的“蕞尔小国”怎么敢与亚洲乃至世界为敌？怎么敢把屠刀砍向世界人口最多的中国、土地面积最大的苏联、军事实力最强的美国？而且穷凶极恶，看不到一点彬彬有礼的影子。有人会把责任归于军国主义，归于武士道精神，归于东条英机、山本五十六……很少有人想到天皇裕仁。①

“天皇至上，极端体制的核心。”人们不禁要问：第二次世界大战中，三个法西斯轴心国的元首，德国的希特勒自知罪大在劫难逃，战败前就畏罪自杀，并被追随者焚尸灭迹；意大利的墨索里尼东躲西藏，最后被愤怒的人们乱枪打死，并将其尸体倒悬于广场之上；只有日本天皇裕仁例外。

裕仁1926年继位，成为第124代天皇，年仅25岁。他执政20年，日本向外侵略了20年，尤其是对中国的侵略战争，整整进行了14年。具有戏

---

① 日本昭和天皇裕仁（1901—1989），在位62年（1926—1989年），是日本历史上在位时间最长的天皇。在位期间，发动了“九一八”事变、“卢沟桥事变”和全面侵华战争，进而发动了太平洋战争。裕仁天皇与这一系列侵略战争有何关系，应负怎样的责任？战后日本的主流社会一直讳莫如深。在日本被普遍接受的观点却是：天皇是热爱和平的自由主义者，只是迫于军方和政府的压力，才违心地在战争中做了一些与战争有关的事，天皇是无辜的。日本前首相中曾根康弘曾说，陛下本人是和平主义者，曾竭力避免战争，而发动战争的是军部中的开战派一伙。

剧色彩的是这位战争天皇的角色转换。日本投降后，这位曾身着元帅服，骑在高头大马上、四面威风的裕仁却逃脱了远东国际法庭的审判，并从政治舞台上、从人们的视线中消失了；当他再次出现在人们面前时，已经是一个和平主义者、一个超然于日本政治之外的国家象征。裕仁的这种形象一直维持到他88岁寿终正寝。

究其原因，一方面是因为上面提到的远东国际军事法庭审判战争罪犯时①，由于美国等考虑战后布局等原因使得天皇裕仁逃脱了审判②；再就是许多人误认为日本自明治维新后，日本已由人治走向了法治，已由封建专制变成了三权分立的君主立宪制，天皇只是个牌位，没有实权；三是追随天皇发动战争的一部分政客们在战后旋即跻身于政坛，他们极力为天皇歌功颂德。当然，与裕仁善于躲在幕后操纵，平时深居简出，沉默寡言，很少像希特勒、墨索里尼那样张牙舞爪有关。加之裕仁本人又于战后拼命为自己百般开脱与辩解，③ 把自己打扮成“一个腼腆和蔼的人，一个喜爱家庭生活的楷模，一个热心的海洋生物学家”。

与裕仁同年出生，被裕仁弄得家破人亡的张学良却不这么看，他说：“根据法律，天皇是陆海空军大元帅。那时候的天皇他有力量。

---

① 1946年，远东最高盟国统帅部根据同盟国授权，宣布成立由中、苏、美、英、法、荷兰、印度、加拿大、新西兰、菲律宾和澳大利亚11国代表组成远东国际军事法庭，于1946年4月至1948年11月对日本主要战犯进行了审判。包括东条英机在内的7名甲级战犯被判绞刑。

② 东京审判前，澳大利亚等国要求：按照日本宪法规定，宣战、讲和及缔结条约的权力在于天皇，天皇必须承担战争责任，接受审判。美国盟军司令麦克阿瑟急电华盛顿：“如将天皇作为战犯起诉，占领日本的计划就要作重大修改。”美国驻日当局的《星条报》直言不讳地写道：“美国的方针就是变日本为反共堡垒。”国际军事法庭首席法官韦伯说：“天皇是有战争责任的，他之所以没有被起诉，是由于政治上的考虑。”日本天皇裕仁就这样逃脱了法律的制裁。

③ 裕仁在《天皇独白录》中这样“独白”：“日本人主张人种平等方案未被列国所承认，黄白之别依然残存，足以使国民愤慨……我被迫交还青岛一事亦如此”“军队以此种国民愤然为背景而采取行动”。似乎战争责任与其无关，只是军部一些胆大妄为狂热分子所为，他一直都在为和平解决争端而努力奋斗着。“我当时下决心接受《波茨坦公告》的理由：‘第一，如果拒不接受，继续抵抗，我将不能保护我的子民；第二，关于国体保护，木户也提出了自己的意见，敌军如果从伊势湾附近沿海登陆，那么伊势、热田两神宫将立即被压制在敌军的势力之下，连从容转移神器的余地都没有。’”《天皇独白录》公布后，日本右翼势力如获至宝，竭力宣扬“天皇无罪史观”。

这样的认识绝不只是出于愤恨，更多的是出于对历史的了解，出于法理层面的认知。张学良晚年口述历史时，提到天皇的次数不多，但他对日本的其他看法都以此为中心而展开。

张学良所说的宪法，即1889年制定的日本明治宪法。明治宪法以根本大法的形式肯定和确固了近代日本以天皇为中心的专制政体。明治宪法，即《大日本帝国宪法》，是明治留给裕仁最大的政治遗产，宪法规定了一系列天皇的权力：

> 第一条，大日本帝国由万世一系之天皇统治之。
> 第二条，依皇室典范规定，皇位由男子孙继承之。
> 第三条，天皇神圣不可侵犯。
> 第四条，天皇为国家元首，总揽统治权，依宪法之规定行之。
> 第十一条，天皇统帅陆海军。
> 第十二条，天皇具有陆海军的编成以及常备兵额的规定权。
> 第十三条，天皇有宣战、媾和、缔结条约等外交权。

“大日本帝国由万世一系之天皇统治之”，“天皇神圣不可侵犯”，“天皇总揽统治权”，“天皇统帅陆海军”。由此观之，近代日本天皇制政体具备了绝对主义的特征，天皇的权威具有绝对的至上性，权力不受任何限制，立法、司法、行政、军事、外交等无所不包，独立于政府和官僚政治之上，在一个表面看来彼此制约的复杂的体制之中，行使着不受任何约束的实权和任何人无法企及的权威。所以，张学良说“那时候的天皇他有力量”，力量大到国家一切权力独揽。正如明治宪法的起草者伊藤博文所说：“一国之权力，以君主大权为其枢轴，凡为权利皆由来于此。”明治宪法的特质，是天皇大权具有绝对性。从第十一条可以看出宪法保障了天皇的统帅权。

天皇不仅是政治、军事的指导者，而且还是日本国民的最高精神领袖。这可从明治宪法第一、二、三条中看出，日本祭政一致，天皇是万世一系的“神”。他统领着一个宗教性的君主政体，在危机的时候，这个政体可以使日本国宣称自己为神权国家。作为神权国家对所谓“神”的崇拜只是抽象的、理念的、说不清楚的，而对天皇本人的崇拜才是具体的、现实的、看得见摸得着的。“在日本‘神’的含义与西文的含义不同。对一个日本人来说，天皇就是‘天照大神’的后裔，就像他父母师长是小神一样……不管他的地位如何低下，每个臣民都觉得与天皇有家族血缘关系，认为天皇是他们的父亲。”日本军队为何出现神风敢死队？军人为何剖腹自杀？“军队是把天皇当作现人神（活神）来信仰的”，“日本军队的忠诚，不是对国家、对民族和政府的，而始终是对天皇的。”“为了天皇、按照天皇的命令，这就是日本军队的基本原则。”天皇是宗教、政治、军事领导权三位一体。由此可见，从明治到昭和天皇，都是日本军队至高无上的最高统帅，是最高战争指导者。

明治宪法巩固了天皇的地位，在法律上确立了以天皇为核心的天皇制国家。它的颁布，标志着近代天皇制的正式形成。

近代天皇制具有神政、家长式、立宪三重特性。天皇掌握着国家大权，而这种权力是作为神祖的权力继承下来的，所以具有神政性；同时，天皇是作为日本国民的家长统治国家的，所以具有家长式特性；而天皇的权力又是通过以立宪主义最进步的各项原则而制定的宪法来实施的，所以具有立宪性。王金林指出：“近代天皇制具有神政、家长式、立宪主义的特征，其实质，则是以立宪为外表，神政和家长式为内核的政治体制。这种政治体制规定了近代天皇制的封建、‘民主’双重特性。两者相比，‘民主’则是虚弱的，而封建则是殷实的。封建性与民主性的不平衡，导致了近代日本对弱小民族的残酷性和掠夺性，以及外交政策的虚伪性。”

天皇在发布战争命令时有时比较隐晦，有时是让军人揣度他的旨意先去做，然后他再根据局势发展默认或鼓励。正因为天皇的虚伪和狡诈，他欺骗了许多人。

天皇的虚伪可以欺骗离他很远的人，但欺骗不了他身边的人和了解真相的人。

比如日本学者江口圭一记载，“九一八”事变第二天，裕仁把现状作为事实接受下来。裕仁并不真正反对他的陆军扩张帝国版图。即使对他的统帅权有所冒犯也无关紧要——只要行动是成功的。一个星期后，天皇再次默认了他的军官们进一步扩大行动。他批准了对位于京奉铁路（北京—沈阳）沿线的锦州的空袭，因为这是“中国主权在满洲最后的残余”。这是第一次世界大战以来第一次城市空袭。时任天皇侍从武官长的奈良在他10月9日的日记中描述道：“二宫治重（参谋本部）次长退出前，陛下指示，如果张学良在锦州附近重新集结部队，事件扩大不可避免，必要的话，余可同意事件扩大……”受到裕仁的激励鼓舞，二宫马上下令起草报告，论证轰炸锦州的必要性。1932年1月8日，裕仁天皇以最高统帅的身份，对关东军侵占东三省的“功绩”进行了确认和表彰：“曩者满洲事变勃发，关东军将士基于自卫之必要，果断神速，以寡克众，迅速完成芟伐，此后，凌艰苦，冒祁寒，荡伐各地蜂起之匪贼，完成警备任务，或在嫩江、齐齐哈尔地方，或在辽西、锦州地方，冒冰雪，勇战力斗，拔除祸根，宣扬皇军威武于中外。朕深嘉奖其忠烈。尔将士等其各坚忍自重，以确立东亚和平之基础，有厚望焉！”

历史学家井上清对天皇嘉奖敕语进行了如下评价：“这一敕语清楚地表明：裕仁的军队不管是擅自发动侵略战争也罢，擅自扩大战争也罢，只要取得成功，他就认为是应该加以赞赏的。”裕仁天皇以敕语的形式把关东军擅自采取的战争行动作为国策予以追认，使日本军国主义的侵略战争从“无诏书的战争”变成了以天皇名义进行的“圣战”。

“天皇制是一种机构，是绝对主义的国家机构。”绝对的国家机构必然导致国家政治的极端化。以明治宪法为标志，近代日本极端的政治结构和极端的伦理结构完成了体制化和法制化，为日后日本走向各种极端奠定了制度基础。井上清指出：“根据日本国宪法规定：‘天皇是日本唯一的最高统治者’，没有这个日本国唯一的最高统治者的命令或同意，大日本帝国对外进行战争是绝对不可能的”。“因此，天皇必须承担战争责任。”

井上清进一步指出：“裕仁作为大日本帝国军队唯一的最高绝对权威，是根据他自己对各种条件、情况深思熟虑之后作出的判断，推行和指导了从1931年9月18日开始的日本侵略中国东北的战争到1945年9月2日日本在无条件投降书上签字为止的一系列侵略战争。”“裕仁杀害了数千万亚洲人”。因此，裕仁是“战犯、法西斯，是杀害5000万亚洲人的最大最高元凶。”

军阀，专制政体的柱石

在天皇专制政体中，国家军队由天皇统帅，这不仅确立了天皇是日本最高军事独裁者、军队非国家化，也确立了军人在国家中的特殊地位。由于具体指挥军队的军部直接对天皇负责，军部也逐渐获得了次生的独裁地位，享有在国家决策中明显高于其他政府各部门的特权。“军部是万民扶助皇猷的核心。”

张学良对日本军部的认识也是很深刻的，尤其是对日本陆军参谋长地位的认识。他指出："那时候，日本的军人在宪法上的权力太大了，根据法律，陆军参谋总长可以不经过政府，有直接上奏权，内阁不能问。"

"换句话，内阁对军事上没用。这参谋总长有上奏权，太厉害了！"

第二次世界大战前日本军人的地位，是在明治维新后伴随军事近代化逐渐确立起来的。明治初期，国家军制采用的是军权从政主义，军权归属于政府。但在实际用兵时，出现了独立于政府以外的军事机关，后在山县有朋等人主持下，模仿普鲁士，建立起直属于天皇分管军令大权的陆军参谋部，军令大权被分立出来，只将军政大权归属于内阁。1889 年颁布的《大日本帝国宪法》又以法律的形式确立了这种军政关系。

根据宪法，天皇作为大元帅统率陆海军。这种统帅大权的行使由参谋总长辅佐，参谋总长拥有不经内阁直接向天皇上奏的"帷幄上奏权"。即凡事关军机军令，可以不经过内阁直接上奏天皇，由天皇裁决。这就是战前日本盛行的"统帅独立原则"。它把军机军令同一般的国务事项截然分开，从而排除了国务大臣的干预和过问。内阁总理大臣最多只是接受帷幄上奏后根据敕裁的结果所做的事后通报，至于事前上奏的内容和目的，甚至上奏的范围等等，均无权知晓。

从法律角度讲，只有天皇能够管辖军部，但近代天皇制的特点是"廷政分离"，天皇不亲政，即使在御前会议上裁决争端，也多数是只听不答。所以，军队名义上直辖于天皇，实际上自成中心，在天皇权威光环中，陆军参谋长成为明治宪政的"权力核心"执掌者。

1893 年，明治天皇又颁布了《战时大本营条例》，根据条例，战时海军军令属于作为幕僚长的陆军参谋总长。大本营的幕僚全由陆海军将校组成。国务大臣（包括首相）不得参与大本营一切作战计划和作战领导事宜。不仅如此，1900 年，山县有朋内阁创设了"军部大臣现役武官制"，① 内阁成员中的

---

① 军部大臣现役武官制，又称陆海军大臣现役武官制，1900 年第二次山县有朋内阁时确立，是明治维新后至第二次世界大战日本内阁实行的一项特殊制度。1913 年大正政变后，山本权兵卫出任内阁总理大臣，废除陆海军大臣现役武官制，这被认为是大正时期推行民主的重要举措之一。1936 年"二二六"兵变后法西斯军人控制军部，内阁恢复军部大臣现役武官制，军部（特别是陆军）借此机会控制内阁，成为实际上的日本最高权力机关。此后直到"二战"结束，内阁总理大臣多数由军人出任。第二次世界大战结束后，日本由美军占领，原内阁组织形式也随之废除。

陆相和海相，必须是现役陆军和海军高级军官（大将或中将），陆相和海相虽为内阁成员，却只需对天皇负责，这“与陆军参谋本部和海军军令部的帷幄上奏权相呼应，决定性地加强了军部处于政府和议会之外而独立的体制”。

所以张学良说，内阁对军事上没用，参谋总长有上奏权，太厉害了。“日本，到我说的那个时代，无论什么人组阁，如果军人不同意，那内阁组不成。”

作为“现役武官”，陆军大臣和海军大臣成为军阀集团（军部）在内阁中的代表，表面上他们也是政府成员，但背后操纵他们的是军阀集团。

军阀集团不仅利用“现役武官制”随心所欲地操控政府，甚至可以“毒杀内阁”。即当内阁不能满足军阀集团的要求时，或者军方与内阁政见不一，军阀集团可指使陆、海军大臣直接向天皇请辞，而且不再推荐继任人选，从而导致首相只能率内阁总辞。由此军部可以用这一招来“绑架”内阁。如 1913 年，西园寺公望内阁决定整顿财政，① 削减开支，但陆军以“维护满蒙权益和殖民地（朝鲜）治安”为由，要求扩军，增加军费。西园寺公望和大藏相认为政府财政困难，予以驳回。陆军参谋总长便指使陆相利用帷幄上奏权向天皇奏上辞呈，并且不指定继任人。结果，西园寺内阁垮台。这件事被称为“军阀毒杀内阁”。

已经成立的文人内阁，军方可以随意搞垮，即使武官出任首相，施政方针如果不合军阀集团的意愿，也可以让内阁组不成。如 1937 年，宇垣一成曾受命组阁。宇垣虽然是陆军大将，却因为裁军（主要是对被裁军官安置不力）问题，遭到军阀集团的敌视。因此当宇垣出面组阁时，军方不提供陆相人选。宇垣内阁胎死腹中，首相直接卷铺盖走人。

---

① 西园寺公望（1849—1940）早年沉湎于中国文化，能用汉文赋诗填词，后留学法国 10 年，深受欧洲资产阶级民权思想影响。1881 年回国后，创办明治法律学校，即后来的明治大学。他还创办了《东洋自由新闻》，鼓吹自由和民主思想。但是，社会上层人士认为，像他这样的宫廷贵族从事新闻是“有失身分的可耻行为”。因此，他们说服天皇，颁诏强令他弃文从政。岂料，他从此一路青云，先任日本驻奥地利、德国、比利时公使，后调任内阁大臣、枢密院议长。从 1901 年到 1912 年，他两度出任内阁总理大臣。他倡导社会改革，削减军事开支，对开始萌动的军国主义思潮表示担心。但是，他的政策主张在当时很难推行。1912 年，他退出政坛，天皇赐予“元老”殊荣。在其生命的最后 20 多年中，他仍得到天皇的宠信，历届内阁总理大臣均由他提名，奏请天皇批准。在一些重大问题的处理上，他常以元老身份出面裁决，成为天皇的政事顾问。狂热的右翼分子对他十分忌恨，曾几次企图谋杀他而未遂。

二、暗杀，少壮军人的家常便饭

20 世纪 20 年代，是张学良与日本接触最多的时期。而这一时期既是日本政党政治的鼎盛之际，也是日本法西斯运动兴起之时。为推翻政党政治，军部建立了名目繁多的法西斯组织，日本开始走向法西斯化。

日本军队法西斯化的组织起点，从时间上，一般认为是 1921 年，地点是德国南部一个叫巴登的地方。两名赴德国考察的军官小畑敏四郎①、冈村宁次和时任日本驻瑞士武官永田铁山三人在莱茵河畔的巴登巴登温泉聚会②，畅谈“改造”日本军队使之法西斯化的“宏大伟业”，图谋彻底推翻文官政体等问题。几天后，后来臭名昭著的东条英机也加入其中，订立了归国后将全力推动改造日本的盟约，结成了日后在军界政坛的盟友集团。归国后，因他们经常在一家名为“二叶居”的料理店活动，取名“二叶会”。二叶会主要成员以士官第 16 期同学为中心，人数不多，最多时不过 50 人，中国人熟知的还有炸死张作霖的首犯河本大作③、“九一八”事变策划人之一板垣征四郎等④。不久在军队内部出现了众多形式的法西斯团体，如“木曜会”、“天剑党”、“王师会”、“樱会”等等。他们猛烈攻击资产阶级政党政治，极力倡导法西斯主义的独裁和集权，制造了一连串的暗杀、政变等恐怖事件。

---

① 小畑敏四郎（1885—1947），曾任驻俄罗斯武官。1921 年 10 月，与陆士同期的永田铁山、冈村宁次一起，在德国南部的巴登巴登举行会议，达成以打倒陆军的萨长派系为目标的“巴登巴登密约”。后依靠荒木的皇道派与永田铁山的统治派争夺陆军领导权。1932 年晋升少将、参谋本部第三部长。次年作陆军大学校长。1936 年晋升中将。“二二六”事件后编入预备役。

② 冈村宁次（1884—1966），日本陆军大将，侵华战争主要战犯。制造“五三”济南惨案的主凶之一。1933 年，代表日方迫使国民党当局与之签订了屈辱的《塘沽协定》。1941—1944 年，疯狂推行烧光、杀光、抢光的“三光政策”。1945 年 11 月，中共将其列为头号战犯，后被蒋介石聘为台湾高级教官。永田铁山（1884—1935），日本陆军中将，被誉为“日本军中第一大脑”。早年留学德国。曾任驻丹麦、瑞典官员，驻瑞士武官。1926 年起历任陆军省整备局动员课长、军务局局长等职。长期从事军事动员、体制的整备，为总动员体制奠定基础，是统制派重要人物。1935 年 8 月被皇道派的陆军中佐相泽三郎斩杀。

③ 河本大作（1883—1955），关东军高级参谋，炸死张作霖的首犯。

④ 板垣征四郎（1885—1948），日本陆军大将，甲级战犯之一。1931 年与石原莞尔共同策划“九一八”事变。1938 年任陆军大臣。次年任支那派遣军总参谋长。战后被远东国际军事法庭判处绞刑。

在日本本土之外，搞的最大阴谋就是“皇姑屯事件”。

炸车案发生不到一小时，奉天交涉总署即向日本打去抗议电话，日方百般抵赖。当日上午，奉天交涉总署和日本总领馆会同调查，日方认为是“南方便衣队投掷的炸弹”，中方反驳：“爆炸如此猛烈，绝非人力所能投掷。”日本媒体也报道：“张作霖氏所乘列车，在通过皇姑屯站后不远的与满铁交叉路口处，被中国南方便衣队向列车所投掷的炸弹袭击。”[①]“现已查明，张作霖氏所搭乘的列车爆炸计划系事件现场附近之南方便衣队所为。”[②]

日本政府明知凶手是谁，但一直守口如瓶，不承认是日本人所为。

张学良说：“当时他不承认，不承认不行，他没有法子不承认。他那个炸药，他那人，有几件事他都没法子推赖。[③] 头一样，他炸断那个桥梁的时候,……南满路火车停下来了。为什么火车不开？这很简单，谁能让他火车不开？好几个钟头他等着我父亲那车通过，他把那事情都预备好了，火车没打那儿过呀。（日本满铁的）火车在（桥梁）上头过，我们中国的车在底下过。这个事他没法推诿，为什么呢？那桥梁谁能给他下上炸药？”

中方因证据的原因明知是日本人所为，但无法彻底推翻日本人的抵赖；日本政府很快查明了真凶，但自知在他国土地上谋杀他国国家元首，这在世界历史上恐怕也是绝无仅有的恐怖事件，一旦承认必遭世界谴责。这样，直到第二次世界大战结束，东京国际法庭开审时，当年按动爆炸按钮的东宫隆吉才说出真相，之后，身在中国太原战犯管理所的河本大作才承认“我杀死了张作霖”。

时为二叶会主要成员的河本大作接任了关东军参谋一职，又一次来到中国东北。“来到好久没来的东北，我却不禁大为惊愕。张作霖神气得很，同时因为二十一条问题，整个东北充满着排日的气氛。”奉天排日，“完全出自张作霖的主意，绝非民众之以日本为敌。张作霖的目的是，依靠欧美

---

①〔日〕《读卖新闻》第18413号，1928年6月5日，第2版。

②〔日〕《大阪每日新闻》第16184号，1928年6月5日，第1版。

③ 事后经调查发现：1. 将200磅裂性炸药安放在铁路桥下石柱顶处，得需几个人6小时的工作才能完成；2. 依据炸车现场判断只有通电流才能进行控制，才能控制得如此准确，专家认定这些只能出于工兵之手；3. 炸车的前一天晚上，该处守卫甚严，以防他人窥破秘密；4. 前一天中方提出由中方派军警担任桥上警戒，被日方拒绝，并说由他们承担守卫责任。

来赶走日本。”“我认为，只要打倒张作霖一个人”，“把这个头子干掉，他们便会四分五裂，而在没有出现第二个张作霖以前，他们是不知所措的。”“干掉头子。除此而外，没有解决满洲问题的第二条路。只要干掉张作霖就行。”“村岗将军也终于得出这个结论。”于是，有人提出让驻华北日军在华北干掉张作霖。河本大作说：“不要多此一举，万一失败了怎么办？”“不要给军方或国家负任何责任，而由一个人去负一切责任，否则虎视眈眈的列国，一定会乘这个求之不得的机会来胡搞。所以由我来干好了。”“袭击火车？还是用炸药炸毁火车？只有用这两种方法。如果用第一个方法，马上知道是日军干的。如果用第二种方法，或能不留痕迹地达成目的。因而，我选择了第二个方法。”当张作霖的专车开到河本大作预埋炸药的皇姑屯三洞桥时，“与轰隆的炸声之同时，黑烟飞扬两百公尺上空。我以为张作霖的骨头也飞上天空了。”

日本不仅暗杀了张作霖，还隐瞒真相，臼井胜美在《张学良与日本》一书中写道：炸死张作霖事件，尔后经过“九一八”事变、中日战争，成为侵略中国的第一步。值得注意的是，继河本之后出任关东军高级参谋的板垣征四郎，在这个事件三年后的 1931 年，竟也搞出炸毁列车的阴谋事件（“九一八”事件）……关东军一个参谋的阴谋，产生陆军激进派的第二、第三个阴谋，如此这般，日本终于走上全是泥沼的 15 年战争道路。

日本如果严格处分设谋的河本等人，并向世界认错，关东军或许不会再有第二、第三个阴谋也说不定。在此种意义上说，如何处理炸死张作霖的事件，对尔后日本的走向，实有决定性意义。而日本天皇在其《独白录》中这样说：“自发生此事件以后，凡是内阁上奏，我即使有反对意见，也决心予以批准。”从此以后，昭和天皇便努力做个对军部的独断专行不说“不可”的“沉默帝王”。至此，军方借口天皇统帅权，干预政治日甚，无从抑制军部独断专行的日本，遂走上覆败之路。

炸死张作霖的凶手未被严厉处分，河本所在的二叶会改头换面为“一夕会”，田中内阁不久被解散，① 日本国家政治在军人的操纵下走向登峰造

① 田中义一（1864—1929），日本第 26 任首相。在任期间，推行满蒙分离政策，阻挠中国统一。“皇姑屯事件”后，昭和天皇借口在炸死张作霖事件上他的上奏前后矛盾，将其罢免。

极，对外，扩张加剧，其手段无所不用其极，对内也一样，推行“铁血”政治，对不同政见者实施恐怖暗杀。取代田中内阁上台的滨口内阁，尽管继续奉行上届政府的对外扩张政策，但仍不能满足法西斯军人的胃口。1930年春，滨口派代表团出席伦敦海军裁军会议，签订了限制海军舰艇规模的《伦敦条约》，立即激起日本国内海军的反对。是年11月，滨口被法西斯团体行刺于东京车站。滨口遇刺，拉开了日本法西斯势力对政党政治进行总攻的序幕。接着发生了“三月事件”、“十月事件”。①

“十月事件”后，若槻内阁总辞职，组成了以犬养毅为首的政友会内阁。政友会总裁犬养毅是日本著名政党政治家，一生为实现政党政治奔走呼号。由于在如何控制中国东北问题上与军部意见分歧，法西斯军人便于1932年5月15日，将77岁的犬养毅乱枪打死于官邸，史称“五一五事件”。

他把他元老重臣，把他自己的长官都给杀了，因为这些人不赞成他们这样做，那你还说什么？他对国内如此，那对国外他想要怎么办就怎么办了。

日本陆军部的人事局局长也是一个中将……他在他办公的屋子里，被一个日本的中校，拿出刀来把他刺死了。……日本这个军人狂妄到什么程度？他（被杀者）很有地位的人，等于咱们国防部一个次长一样。这个人很稳健的。大概也是与中日关系有关系。他跟他说话之间，那时日本人带刀，他拿出刀就把他杀了。

---

① 1931年3月，以桥本欣五郎为首的樱会少壮派军官同大川周明等民间法西斯分子勾结，预定于3月20日调动军队包围议会，迫使继滨口之后的代理首相币原喜重郎内阁总辞职，建立以陆相宇垣一成为首的军部独裁政府，但这一政变计划由于永田铁山、冈村宁次等人因条件不成熟予以反对而最终未能实施，史称“三月事件”。“九一八”事变后，当时的若槻礼次郎内阁主张“不扩大”方针，激起主张以武力彻底解决“满蒙问题”的军部法西斯势力的强烈不满。在“三月事件”中受挫的以桥本为首的樱会急进派再次与大川周明勾结，预定于1931年10月，杀死首相若槻等人，建立以法西斯头目荒木贞夫中将为首相、建川美次陆军少将为外相的军部法西斯政权。但这一政变计划也由于知情者告密而流产，史称“十月事件”。

张学良讲的“中将”应该是二叶会发起人永田铁山。

20世纪30年代初，日本陆军内部分化为互相排斥的两个派系：一派主张通过政变方式控制政权，实行军部法西斯独裁。由于此派开口闭口不离“皇道”，故被称为“皇道派”。其代表人物为荒木贞夫大将，① 其成员多为思想偏激的青年中下级军官。另一派多为陆军中上层军官。认为皇道派主张的血腥政变不利于军队和政局的稳定，主张运用军部的现有地位，在对外侵略战争中逐步扩大势力，以自上而下的合法手段改造国家，建立军部控制的法西斯政权，被称作“统制派”。

其实两派在建立法西斯政权这一根本问题上是一致的，只是在具体的方法、步骤方面存在着分歧和矛盾。1934年，皇道派精神领袖荒木贞夫担任的陆军大臣一职，由统制派林铣十郎大将接任②。统制派中坚人物永田铁山被提升为军务局长，这是仅次于陆军大臣和次长的实权职位。至此，统制派取代皇道派，确立了对陆军的绝对支配权。1935年6月，任军务局长的永田铁山前往中国东北视察，8月回到日本后，皇道派陆军中佐相泽三郎闯入永田军务局长室，拔出军刀将其砍杀。

永田铁山死时为少将，死后被追认为陆军中将。永田事件之后，统制派对皇道派进行报复，导致皇道派更加激烈反弹，1936年爆发了日本近代史上最为血腥的“二二六”事件。2月26日凌晨，皇道派青年军官率领千余名保卫皇宫的精锐士兵，分头刺杀“天皇周围的坏人”。袭击首相官邸，68岁的首相冈田启介被秘书推进密室藏了起来，自己跑到院子里，被冲上

① 荒木贞夫（1877—1966），历任日本陆军大学校长、教育总监、犬养毅内阁陆军大臣。1932年1月，作为陆军大臣前往枢密院接受质询。一位顾问官问日本军人发动“九一八”事变的目的、目标及其范围是什么？荒木回答道：“目的是维持满洲治安，目标是张学良，范围是张学良统治下的东四省。”“不是东三省吗？”“那是过去。张学良亲自说过，包括热河在内，是东四省。”“如果是以张学良为目标，那么他要是到了北平，我们也要进军北平吗？”“他去北平，若扰乱满洲治安，我们如不进军北平，就难保满洲治安，国防的基础也无法建立。”“九一八”事变时，他叫嚣要退出国联，“一·二八”事变爆发后，屡次促成对华增兵，不断使战争升级。在“皇道派”与“统制派”的角逐中，他是“皇道派”的精神领袖。日本投降后，荒木贞夫成为首名被起诉的甲级战犯。在定罪量刑时，以一票之差侥幸逃过了绞首刑，被判无期徒刑。

② 林铣十郎（1876—1943），“九一八”事变时任日本驻朝鲜军司令官，与关东军配合，发动对中国东北的进攻，被称为“越境将军”。1937年2月就任第33届内阁总理大臣，四个月之后下台。他虽名义上为统制派代表人物，却不能控制实权。

来的叛军误认为是首相打死了，首相戏剧性逃脱。主张遵守华盛顿海军条约的内大臣（日本海军大将，第30任首相），78岁的斋藤实身中47枪。统制派人物、教育总监渡边锭太郎（陆军大将）在床上先挨了一梭子子弹，死后又被剁下了头颅。82岁高龄的财政大臣高桥是清还没起床，就先挨了一梭子子弹，后被砍断右臂，死后腹部又被铰了几刀。

> 我后来我就说，日本这个国家没有亡啊，真是上帝的恩典。你这个军人疯狂到什么程度！无论什么人，不但是对外，你就对内，不听你的话你就杀，他把那元老重臣给杀了多少！他自己的长官，大将都杀了好几个，都是那个少壮派。你这个国家闹成这样子，一个国家，一个事情，一个……你即便想做生意做事情，你就是做一个铺子，你没有纪律，你这生意也做不好啊。一个国家，都没有纪律了，我说你这日本没亡啊，那真是上帝的恩典，这样情形的国家一定要亡的。这还是个国家吗？

因发动“二二六”事件的皇道派军官散发的“宣言”中声称，要清君侧，粉碎重臣集团，主张军部独裁、国家政权法西斯化，认为元老、重臣、军阀、财阀、官僚、政党均为元凶障碍，使自己陷于孤立，政变很快被镇压。统制派趁机进行了大规模人事“整肃”，确立了对整个陆军和军部的绝对控制，军部法西斯内部实现了空前的统一，老财阀也开始向军人转向，四大财阀开始支持军方，“军财抱合”，使军部实力超过政党，成为国家政治生活的主角。具有讽刺意味的是，皇道派发动政变时所追求的目标，例如军部独裁、国家政权法西斯化等，在政变失败后反而在统制派领导下得以实现，确定了全面对外进行侵略扩张的国策。这样，日本法西斯军国主义体制，在“二二六”暴乱之后，最后确立起来。

日本军人的狂妄将日本极端政治的残酷性发展到极致，对内部不同政见者的恐怖，表现在对外方面是对邻国的凌辱，内外两条线平行恣肆、互相映衬、内外相促，使日本政治的极端性统一于一个整体，发展到了极限。从日本近代倒幕运动开始到第二次世界大战结束，暗杀成为日本政治史上的一道黑色标志。

在此期间，中国的国家元首张作霖、朝鲜的明成皇后均在本国遭日本人暗杀身亡；俄国的皇太子尼古拉、清朝重臣李鸿章均在日本遭到恐怖袭击；日本首相级（包括准首相级）人物遭到暗杀（包括被谋暗杀和未遂）的超过 20 人。①

日本首相犬养毅曾表示：首相竟然可以受到袭击的这个国家，真是“寒不可耐”。

三、日本没有老百姓，都是军人

法西斯就是“以侵略扩张发动战争，争霸世界为其一切重大政策根本出发点的最野蛮凶残的帝国主义国家政权”。日本法西斯所发动的战争是蛇吞象的战争，法西斯分子最懂得，对外战争一旦爆发，战争就不只是军队之间的战争，必须动员整个国家的力量。为了侵略的需要，日本实行的是全民皆兵制。张学良说：

> 日本没有老百姓，都是军人，到了年龄就是预备军人，往上去就征兵到了军队了，到军队当上两年，下来以后就叫后备军人。从预备军人开始时就受军人训练了，所以日本国情就都是军人，预备军人、现役军人、后备军人，都是军人。换句话，那壮丁都在军人手里。所以日本军人的势力那么大呢，整个国民都在军人手里。

日本没有老百姓，是日本军国主义控制国家的结果。日本军人为了扩

① 1860 年，江彦根藩主、江户幕府末期的大佬井伊直弼（1815—1860）在樱田门外被倒幕志士暗杀。1869 年，兵部省大辅（副部长）、被后人誉为日本“军制之父”的大村益次郎遇刺身受重伤，两个月后不治身亡。1878 年，日本明治首届内务卿（相当于后来的首相）有“东洋俾斯麦”之称的大久保利通被民权志士刺杀，当场毙命。1889 年，文部大臣，日本明治时期思想家、政治家森有礼被暗杀。1889 年，外相大隈重信遭遇玄洋社暗杀，被炸掉一只脚，幸而未死。1892 年，俄国皇太子尼古拉（后来的沙皇尼古拉二世）访问日本，被警察刺伤头部，逃回俄国。1895 年，清朝北洋通商大臣在日本交涉马关条约签订问题时，被刺客开枪击中面部，血染官服，当场昏倒。1895 年，朝鲜近代史上的女政治家明成皇后，被日本人暗杀于宫中。1901 年，日本自由党领袖、伊藤博文内阁邮政大臣遇刺身亡。1921 年，首相原敬在东京火车站被刺透胸部，当场死亡。1930 年，“狮子宰相”滨口雄幸在东京火车站被枪击。

大对外战争，将整个国家的资源都纳入了战争轨道。

后来任日本首相的田中义一，在（1909 年）任陆军省军务局长时，主持修改制订了《陆军教育令》、《陆军补充令》，第二年，即创建了帝国在乡军人会，田中义一任首任会长。他创建在乡军人会的目的就是“使军队教育和国民教育保持一致”，最终促成国民与军队的统一。他认为在乡军人会是“连接军队和国民的连锁”。即把现役军人通过退役军人和没有当过军人的普通国民连在一起，锁在一块。1915 年，田中又创建了全国青年团。在乡军人成员是年龄较大一些的退役军人，青年团成员则是在校学生和没有入伍的社会青年，他的构想是以现役军人为中心，把当过军人和没当过军人的人都组织起来，构筑起一个小学→青年团→现役军人→在乡军人的梯次结构的举国皆兵体系。

在乡军人是张学良所说的后备军人，青年团是张学良所说的预备军人，试想，国民当中除此之外还有多少适合打仗的人呢？因此，张学良说日本没有老百姓。

田中义一说：“如果我们面向未来，并能正确地领导六七年后，数目将达三百万的后备军人和全国青年，我们将能完成控制民众的理想并巩固国家的基础。”“九一八”事变时，在乡军人会在中国东北起到了战争别动队的作用，其数量和现役军人不相上下。当时日本在东北的正规军人数为 14760 人，而在乡军人达 12122 人，如果再加上青年团，从数量上远远大于正规军。

日本为什么把老百姓都纳入战争轨道？田中义一说得很明白，因为未来的战争不仅是军队及军舰的战争，也是全体国民的战争，只有全体国民人人倾尽所有的力量，才能决定战争最后的胜败，所以要进行国家总体战。另外，他还出版书籍，在国民中宣传他的总体战思想，意在提高国民对总体战重要性的认识。“欧洲的战争是举国战争，不单是军人的战争，这是非常明确的。”1918 年田中出版《欧洲大战的教训和青年指导》一书，书中写道，以后的战争，不问男女老弱，只要你是个国民，你就是个兵。除田中外，日本陆军大将兼政治家宇垣一成也认识到总体战的重要性：“未来的战争不只是军事的交战及军事的操纵术，而是组成国家全部能源的大冲突，依据全部能源的充分运用，来决定战争的胜负。”“现在是国民皆兵之时代，战争本身已成为国民的战争”。因此，在军队等各方面运用上，应“据此根本方法运行之”。

宇垣接替田中任陆军大臣后，非常重视对预备军人的培养与教育，积极筹建青年训练所。1924 年，在缩减军备的强大压力下，陆军削减了 4 个师团，而节省下来的经费的一部分用来组建青年训练所和指派现役军官到各中学担任军事教官。宇垣认为，对十几岁的少年进行军事训练，可使青年人与军队密切接触，了解战争，使社会成员都成为天皇之下有纪律、有战斗力的军人，这是强国的重要手段。日本“皇军”创始者山县有朋于 1917 年提出，为了在未来的战争中赢得胜利，“务必动员全体国民，用尽其力，依靠上下一心、举国一致的力量”。

日本军部为了借鉴国外战争经验，专门成立了临时调查委员会，该委员会后发行五版“关于参战诸国的陆军”的报告。报告中专门有“国家总动员概说”一节，明确提出：“近世的战争是国家总力之战，非仅军队之争。”① 日军中另一位重要人物永田铁山在这方面下的力气更大，他在研究欧战的基础上，结合日本实际情况，花了数年时间，于 1920 年完成了一份 180 页的长篇报告书，题目为“关于国家总动员的意见”。这份报告既是对欧洲一战的战争总结，也是未来日本对外战争的总体战蓝图。永田把国家总动员定义为：临时地或永久地对国家权限范围内的一切资源、机能进行统治和配置，使之最有效地利用于进行战争，主张将来应该采取的动员包括国民动员、产业动员、交通动员、财政动员、精神动员等。显然，永田的构想远远超越了田中和宇垣。

日本国民中还有一个非常特殊的群体，也被日本政治家、军人纳入到总体战的框架之内。这就是日本浪人。日本浪人表面上是到中国来找饭吃的破产武士，实际上也被纳入现役日本军队的指挥系统。张学良说：“日本所谓的‘浪人’，不是有地位的人。”日本浪人，是日本明治维新时期的产物。

---

① 这一时期，日本出版了许多关于总体战争的书籍：1916 年出版了《国民皆兵主义》（楠濑幸彥著，黑潮社 1916 年版）；曾担任“支那驻屯军司令官”佐藤钢次郎中将于 1918 年发表了《国民的战争和国家总动员》（二酉社 1918 年）一书，1920 年出版了《国防上的社会问题》（冬夏社 1920 年），《国防上的社会问题》最有影响力，书中提出“国民军队化”、“军队社会化”的国防构想，意在建立总体战体制；永田铁山于同年向日本陆军大臣提出《关于国家总动员的意见》。

日本早在德川幕府时代，以幕府将军为首的武士阶层执掌着国家统治大权，整个社会的统治阶级由以幕府将军、大名（诸侯）为代表的上层武士到低级的足轻（步卒）下层武士组成，上层武士掌握幕府及诸藩政权，并拥有封地，中下层武士只能从将军及大名那里领取禄米。① 1869年，明治政府强制剥夺了封建武士阶层的特权，将军、大名等中上层武士因由政府赎买其土地而转化为仅次于皇族的统治阶级，称为华族，大批下层武士失去俸禄，离开主人家，落魄为无业游民。于是，一个具有新的历史特色的阶层——浪人阶层产生了。因此，张学良说浪人“不是有地位的人”。

> 好多人（浪人）他没有职业，……日本这个浪人等于有组织一样，他愿意这样，那头山满②呢，他就是浪人的头儿。
>
> 浪人在日本国内他有很大一个团体。

日本下层武士失去生活来源后，一部分乔装成“国士”、密探“流浪”到朝鲜、中国沿海，除肆无忌惮地进行贩毒、走私、暗杀、绑架、敲诈、掠夺，以及贩卖妇女，开设妓院等活动之外，还充当日本军事谍报机关的鹰犬，并频频挑起事端，为日军动用武力制造借口，成为日本帝国主义侵略亚洲的一支别动队。先是无组织的“流浪”，后来有一些流氓政客、野心家，将他们组成有明确纲领和较严密组织的民间右翼团体。

张学良提到的山头满，即为“蒙满派”、“征韩派”的代表，他创立了

---

① 日本武士阶层分不同等级：幕府将军、大名（将军的家臣、诸侯，又称为“大名”。大名，类似于中国20世纪二三十年代的军阀，拥兵自重，割据一方）、藩士（大名的家臣）、士卒（藩士的家臣和士卒）。这样，从将军到士卒，形成了一个庞大的封建武士阶层。

② 头山满（1855—1944），日本在20世纪初右翼政治领袖、军商，极端国家主义秘密团体黑龙会创办人。黑龙会即为浪人组织。

“玄洋社”①、“黑龙会”等组织②，成为日本浪人的总头子。玄洋社是日本近代第一个右翼政治团体，对外扩张侵略的急先锋；黑龙会则是日本近现代史上存在时间最长、影响最大的民间右翼团体，主张所谓“大亚细亚主义”，具体目标是先排斥俄国独占中国东北，继而掠取黑龙江以北地区，接着实行所谓“日韩合作”，吞并朝鲜，占领中国东北。玄洋社、黑龙会虽为浪人团体，但在军政界有不可忽视的影响。常以威胁、暗杀等手段迫使政府按照他们的意图行事。

第二次世界大战前后形成的日本右翼团体，大多属于玄洋社、黑龙会系统，骨干分子则多数是其信徒。“九一八”事变后，日本右翼团体急剧膨胀。1927 年右翼团体已有百余，1932 年已经过千，1939 年日本全国的右翼团体已发展到 1733 个，成员多达 182192 人。日本侵华的许多头面人物，如板垣征四郎、土肥原贤二等人都是右翼团体的骨干，头山满的门生。

日本浪人是一个成分极其复杂的社会组织，有的是现役军人，有的是

---

① 玄洋社，日本民间第一个对外秘密情报组织。日本下级武士打着“光耀皇室”、“尊崇帝国”的旗号，于 1881 年（明治十四年）在九州成立。九州岛西北与朝鲜半岛之间有一片海域叫玄界滩，是日本通往朝鲜半岛的“必经之路”。只要越过“玄洋”，就可抵达朝鲜半岛，也意味着已经登上了亚洲大陆。16 世纪末，丰臣秀吉曾两渡“玄洋”，对朝鲜发动侵略战争。“玄洋社”借“玄洋”之名，企图实现再次登上亚洲大陆的野心。玄洋社成立后，以“破支那，胜俄国，并朝鲜”为“奋斗目标”，倡导所谓“大亚细亚主义”。该组织派遣大批浪人和间谍前往中国、俄罗斯、朝鲜等国，刺探各类情报。早在 1882 年，头山满就向中国派遣了 100 名玄洋社成员，搜集各地政治、军事情报，并绘制地图。玄洋社表面上是一个民间组织，但军方却在暗中向玄洋社提供资金支持。自那时起，日本已经形成了两条情报搜集渠道：一条是军方下属的情报机构，另一条就是玄洋社等民间社团通过秘密活动搜集情报。

② 黑龙会，由日本浪人组成的民间军国主义团体，是日本近现代史上存在时间最长（1901—1945 年）、影响最大的民间右翼团体。19 世纪末 20 世纪初，日俄在东北亚地区冲突的加剧及日本右翼浪人的“大陆雄飞”野心，催生出了这一右翼组织。主要首领为玄洋社创办人头山满和内田良平，与日本政府、军部、财阀关系密切，专为日本军国主义对外侵略效劳，从事谍报、策反、挑衅活动。如策动张勋复辟，策动溥仪与日本合作，为“九一八”事变制造借口，分化瓦解中国的抗日力量等。鼎盛时主体成员多达十万人，对日本右翼势力影响巨大，从黑龙会中先后孽生出犹存社、血盟团、大日本生产党等一系列右翼团体，成为日本右翼团体孽生的母体和摇篮，对日本右翼势力的发展壮大和日本的法西斯化影响颇深。

退伍军人，两次策划满蒙独立运动的川岛浪速①，就是军人身份的浪人。张学良说："肃亲王的姑娘（川岛芳子——笔者注）的义父，是浪人之一呀。当年呐，那个日本人川岛，是肃亲王的管家，那么肃亲王死了之后，整个肃亲王的家就在他手里头了。川岛，他恐怕也是个军人。"

在一般人眼里，人们看到的是：自明治维新开始，日本仅用不到50年的时间，就在世界的东方堆砌起了一个足以威胁整个亚洲的金字塔帝国，整座金字塔放射出一种刺眼的、令人生畏的极端色彩。张学良透过高耸的塔身和极端的色彩，清楚地看到了它的内部结构，敏锐地发现，这座金字塔的塔尖是至高无上的天皇，塔基是已经军事化的国民，塔身是一群狂妄的军人，并看到整座金字塔被一部扭曲了的宪法禁锢着。由于极端被宪法包装着，既增强了其结构的稳固性，又增强了其欺骗性，致使其耸而不折，极而不散。

四、侵略，是日本不变的国策

"从日本的国策上看，日本对中国的要求是无厌的，势在必统治中国而后已。"这是张学良在1936年秋发表的《抗日理论与实践》一文的主要观点，也是目前我们能查到的唯一一篇比较系统地论述他对日本看法的重要文献。

> "大陆政策"，是日本的传统国策。从山县有朋时代便已有具体的内容。那时的"大陆政策"，可以分为下述三个阶段：第一个阶段，以吞并朝鲜为目标；第二个阶段，以确保东北利益为目标；第三个阶段，在利用欧战期间各国不能顾及东亚的时代，以武力胁迫袁世凯承认日

---

① 川岛浪速（1866—1949），出生于日本武士家庭，20世纪初期在中国从事政治活动的日本浪人。"满蒙独立运动"的发起人，和硕肃亲王善耆的朋友，著名女间谍川岛芳子的养父。中日甲午战争爆发后从军，转战中国大陆和台湾。为台湾总督乃木希典所赏识，成为台湾总督府官吏。八国联军攻入北京后，兼任军政事务官，与清朝肃亲王善耆结义为兄弟。清朝灭亡，让善耆秘密从北京逃往旅顺。翌年推动满蒙独立运动。1914年，善耆将女儿送给川岛当养女，取名川岛芳子。

本在中国的特殊地位。①

日本的“大陆政策”开端于明治维新前，至19世纪80年代趋于成熟，而在甲午战争中得以实施。其发端、成熟、实施经历了三十多年的时间，是日本近代长期奉行的最高国策。

“大陆政策”的始作俑者不是山县有朋，而是日本脱离中华文化第一人——丰臣秀吉。1591年，丰臣秀吉写信给印度总督，口出狂言：“一有欲治大明国之志，不日泛楼船到中华者，如指掌矣！”丰臣秀吉在初步完成日本的国家统一之后，就企图先占朝鲜，而后征服中国，定日本国都于北京。如果从丰臣秀吉计起，日本侵略中国的思想迄今已有四百多年的历史。

幕府末期日本军事思想家佐藤信渊继领了丰臣秀吉之思，提出“海外雄飞论”和“宇内混同论”。他在《宇内混同秘策》一书里，勾画了一幅近代日本侵略中国的行动计划图：“皇国”，兼并亚洲各邻国是上天赋予的使命，日本“为世界万国之根本”，“皇国开发他邦，必由吞并中国而肇始”。“世界万国之中，皇国最易攻取之地，莫过于支那国满洲。”“满洲之地”与日本“隔海相对”，“顺风举帆，一日夜即可到达彼之南岸”。“满洲一得，支那全国之衰微，必由此而始。故以鞑靼之后，始可逐次而图朝鲜、支那”。然后由天皇渡海亲征，先锋直扑江南，取应天府，以南京为临时皇宫之所在，录用支那人中之人才，征服支那之后，再图东南亚、印度。他的这种先攻取“满洲”的策略，自明治维新后之甲午战争、日俄战争、第一次世界大战、“九一八”事变、全面侵华战争，次第得以实施。

这份逐渐清晰的蓝图于1868年正式写进《天皇御笔》，表述为“开拓万里波涛，使国威布于四方”。明治大臣江藤新平提出日本“宜先与俄国提携，将朝鲜收下，进而将支那分割成南北两部分；将北部让给俄国，将南部收归我日本所有。以十年为期，在支那内地敷设铁路，待经营就绪，即驱逐俄国，圣天子迁都北京，从而完成第二次维新之大业。”如果说上述这些议论还带有个人构想性质，到了19世纪80年代就成为具体的国策了。1887年，山县有朋主持制定了《清国征讨方略》，提出要在五年内做好战争

① 张学良：《中国的出路唯有抗日》1936年6月22日，长安县王曲镇，西安《解放日报》1937年1月5日。

准备，先以“海军击败清国海军”，然后“攻占北京，擒获清帝”，“使之结城下之盟，达我目的”。[①] 这是一个分割和灭亡中国的计划，是日本最高层次的官方文件，其内容和观点具有权威性和纲领性，充分体现了日本的国家意志。1890 年，首相山县有朋又全面提出“大陆是日本的生命线”的侵略理论，把所谓的“守卫主权线”和“保卫利益线”作为日本“国家独立自卫”的基本方针，十分明确地把中国列入日本的利益线之内，从而使大陆政策具体化、公开化。此后，日本正是按照这一线路图发动的侵华战争，并几乎达到了全部预期目的。

“日本是要把中国分裂。日本的政策，一块一块地把你吞了。先是东北、满蒙。”

“那时日本和英国差不多是等于暗中有默契，英国在华南，加上在云南那边是法国的势力，他们想瓜分中国。”

“其后到了田中义一时代，完成了大陆政策全部纲领。内容较山县有朋所主张的更为积极，公然要征服满蒙、中国以至全世界。憧憬着建立日本天皇统治下的世界帝国。”张学良特意提到了田中奏折。他说：“关于田中义一大陆政策的内容及其推进办法，在田中义一奏折中叙述的很详细。那篇奏折是本人在东北时获得的，从各方面证明那篇东西确是真的。”[②]

《田中奏折》的真伪问题，已成为中日关系史上的一桩历史公案，中日

---

① 《清国征讨方略》建议：日本战胜后，应将中国分割为六块：（1）将山海关至西长城以南，直隶、山西省之地，河南省之黄河北岸，山东全省（含登州府管辖之地），江苏省之黄河故道、宝应湖、镇江府、太湖，浙江省之杭州府、绍兴府、宁波府东北之地，盛京盖州以南之旅顺半岛，浙江舟山群岛，台湾全省与澎湖群岛，及长江沿岸 10 日里（1 日里约合 8 华里）之地，皆划入日本版图。（2）东三省及内兴安岭山脉以东、长城以北之地分给清朝，使之“独立”于“满洲”。（3）于中国本部割长江以南之地，迎明朝后裔，建立王国，使之成为日本的保护国，以镇抚民心。（4）长江以北，黄河以南，再建一王国，为日本的属国。（5）于西藏、青海、天山南麓，立达赖喇嘛。（6）于内蒙古、甘肃省、准噶尔，选其酋长或杰出者为各部之长，由日本监视之。文件最后还大力鼓吹：“于此时，我国断然先发制人……于清国之可乘之机，乃欧洲或中亚战乱之时，现在磨刀以待时机，最为重要。”

② 张学良：《抗日理论与实践》1936 年秋前后，西安《解放日报》1937 年 1 月 8 日。

两国的政治家、学者对此展开了激烈的争论。① 1929 年在日本召开的讨论所谓满洲问题的第三次太平洋会议上，中国代表阎宝航首次散发了一份名为《田中奏折》的文件②，指证这是东方会议后田中义一上奏天皇的奏章③。该奏折表明，日本企图征服满蒙，进而征服中国，最后征服全世界。由于其内容不仅说中了军国主义分子的欲望，而且也与其后日本帝国主义的侵略过程大体吻合，所以许多人对此深信不疑。但是，日本学者一般都否认《田中奏折》是东方会议后田中义一上奏天皇的内奏，也有中国学者倾向于

---

①《田中奏折》，原件称《帝国对满蒙之积极根本政策》，于 1929 年末经南京《时事月报》披露以来，其真伪问题一直争论不休。第二次世界大战后，除日本前外交官森岛守人、重光葵等著文否认其存在外，20 世纪 60 年代中叶以来，日本一些历史学者发表文章认定《田中奏折》是“伪物”。中国史学界从 70 年代末开始，有不少学者认为《田中奏折》原始抄件来自日本，“伪造”说不能成立，也有论者强调《田中奏折》是“伪件”。日本一些学者声称这个文件是中国人伪造的，主要的说法有三种：一是稻生典太郎的“奉天辽宁国民外交会”日本通“伪造”说（稻生典太郎：《围绕〈田中奏折〉的二三问题》，载日本国际政治学会：《日本外交史诸问题》（一），1964 年版，第 87 页）；二是高仓彻一的中共“伪造”说（参见高仓彻一编：《田中义一传记》下册，东京 1981 年版，第 668—671 页）；三是秦郁彦、王家桢、蔡智堪“伪造”说（日本《产经新闻》1984 年 8 月 15 日）。还有一说，即苏联情报机关的“杰作”说（日本《产经新闻》1999 年 9 月 7 日）。上述“四说”只是说，至今未拿出任何相关的证据。中国社会科学院研究员、中日关系研究专家沈予先生曾于 1995 年撰专文考证《田中奏折》之真伪，此文发表在《历史研究》杂志上。沈先生称：《田中奏折》是地道的“日本造”。这样论断，可以铃木贞一本人在 1940 年和战后的两次谈话作为依据。铃木贞一谈话不仅是“东方会议的内幕史”，而且详尽、具体地揭示了“满蒙之积极根本政策”方案炮制的经过和真相。它为人们一直困惑的《田中奏折》的来历问题提供了明白无误的答案：《帝国对满蒙之积极根本政策》原件是日本官员森恪、铃木贞一和吉田茂等一伙人炮制的，是地道的“日本造”。

② 把《田中奏折》在国际范围公布出去的是阎宝航。阎宝航，字玉衡，辽宁海城人，当时是辽宁省国民外交协会常务委员会主席。1929 年 10 月 28 日起至 11 月 9 日，第三届国际太平洋会议在日本西京（京都）召开。东北方面派阎宝航为代表参加。阎把《田中奏折》由中文翻译成英文，在预备会上分发给英国、美国、加拿大等各国代表，遂引起会议代表强烈反响和震惊。1929 年 12 月，在南京的《时事月报》杂志（第 1 卷第 2 期）上公布了中文版《田中奏折》，这是国内最早公布的媒体。

③ 东方会议：1927 年 4 月田中义一组成政友会内阁。6 月 27 日，张作霖出任中华民国（北洋政府）陆海军大元帅的第九天，田中在东京召集外务省、军人、驻华公使、总领事举行一个讨论对华政策的会议。这次会议决定了对中国强硬的侵略方针。根据这一方针，后来导致“九一八”事变的爆发和伪满洲国的建立。

田中奏折并不存在。[①]

张学良说那篇奏折是他本人在东北时获得的，张学良是怎么获得的呢？《田中奏折》出笼后，曾遭到日本反战派人士的抵制，他们努力使这一阴谋公之于世，希望用世界舆论来阻止日本军阀发动对外战争。中国政府和爱国进步人士得知有《田中奏折》后，便千方百计谋取这一秘密文件并公布于世。其关键人物就是张学良、蔡智堪[②]、王家桢。当时任张学良东北保安司令部外交秘书主任的王家桢[③]，襄助张学良“办理对日外交事宜”，着力收集日本政情资料。据王回忆“这年年尾（1928 年）前后，我们的驻东京办事人（蔡智堪）……分批给我寄来一些文件”，这“就是由政友会新选出来的总裁田中义一大将在大连（东京）召开东方会议的一部分会议秘密记录，经整理后以奏折形式奏呈日本天皇的，我就给它起名为《田中奏折》”。1929 年春译出后“面呈张学良”。[④]

张学良是最早知道《田中奏折》内容的中国人之一，《田中奏折》的主要内容是针对中国东北的，尤其在东方会议上有一项重要内容讨论得最为激烈，即如何处置张作霖。关东军方面的意见是：策划东三省自治，敷设新铁道，若张作霖对此支吾搪塞，则“推举帝国以为之适当人选作东三省

---

① 参见邹有恒：《“田中奏折”真伪论》，《外国问题研究》1994 年第 1 期。

② 蔡智堪（1888—1955），台湾人。成年后赴日经商，结识许多日本政商人士。蔡在《我怎样取得田中奏章》（香港《自由人》1953 年 8 月 29 日）中具体而细致地回忆了该事件的全过程：东方会议后，田中密奏即有所风闻。“1928 年 4 月的一个星期天”，蔡在私寓宴请客人，“下女送上沈阳寄来小包邮件，打开一看，乃系大饼（点心）一枚”。“席散后剖饼视之，得王家桢手书……云：‘英美方面传说，田中首相奏章，对我颇有利害，宜速图谋入手。’”蔡于是决计“运用国民外交技术，利用民政党和政友会的矛盾”，取得这一文件。前内务大臣、民政党顾问床次竹二郎表示：可以协助蔡“利用这个机会以谋取田中奏章”。同时，元老派也反对田中“武力外交”，“认为田中吞并满蒙政策，终将激起军人革命，危及天皇万世一系，正急于破坏田中政策”。经过床次联络，蔡智堪终于得到反对田中政策的内大臣牧野伸显的支持。“民国十七年六月某日的一个夜间十一点五十分，我携带皇室书库专用的黄色册皮大小型三四十张，绿色锈线数团，银锥三支，大小针一包，扮作一个补册工人……”“田中奏章系用日本内阁奏章专用的‘西内纸’精缮而成，共六七十张，奏签‘田中首相奏章’。我将碳酸纸装铺原件上，用铅笔以描出。”“费时两夜”抄完。

③ 王家桢：《日本两机密文件中译本的来历》，《文史资料选辑》第 11 辑。

④ 王家桢：《日本两机密文件中译本的来历》，《文史资料选辑》第 11 辑。

长官”，如“有拒绝我之对满蒙政策之实施，则断然排斥之，必要时准备使用武力”。外务省亚洲局长木材锐市认为，仅利用张作霖一人乃短识之见，宜选择合适的人物取代张作霖。东方会议最后的结果形成了文件《对支政策纲领》。其要领为：（1）满洲是关系日本国防及国民生存之重大利害地区，在满蒙“如有侵害我特殊利权地位之时”，则须“不失时机地采取适当的措施”；（2）在中国本土则在支持“稳健分子”① 之同时，镇压“不逞分子”，并决心对在华居留地实行现地保护政策。“稳健分子”指的是蒋介石，“不逞分子”大概指的就是张作霖等人了。东方会议不久，张作霖即死于日本军人之手。张学良对《田中奏折》不能不重视，对其条文做了仔细研读。田中在奏折中说：

> 我对于满蒙权利如可真实到手，则以满蒙为根据，以贸易为假面具，而风靡支那400余州。再则以满蒙之权利为司令塔，而攫取全支那之利源。以支那之富源，而征服印度与南洋各岛，以及中亚细亚、小亚细亚及欧洲之用。我大和民族之欲步武于大陆者，握执满洲权益，乃第一关键。又说，欲征服支那，必先征服满蒙；如欲征服世界，必先征服支那。倘支那完全可被我国征服，其他如中亚细亚、小亚细亚、印度及南洋等地之民族，必畏我、敬我而降于我。使世界知东亚细亚为我国之东疆，永不敢向我侵犯。
>
> （至其吞并东北之办法是这样说的）扶植一亲日政府作傀儡，日本操其实权，威胁利诱，使为我用。迄酝酿成熟，于是出其不意，揭去外幕，正式宣告满洲归并日本！这与吞并朝鲜的办法，原无二致。②

---

①“稳健分子”系指蒋介石。蒋发动“四一二”政变之前就得到日本方面确认。当时还在外相任上的币原，命令日本驻上海总领事矢田七太郎与蒋接触。矢田通过中介人黄郛与蒋接上头。密谈后，蒋不仅痛快地答应了赔偿日本在“南京事件”中的一切损失，而且还趁机向矢田透露了自己准备整肃共产党的决心和计划。

② 张学良：《抗日理论与实践》1936年秋前后，西安《解放日报》1937年1月8日。吞并朝鲜是日本大陆政策的一部分。20世纪初期，日本加速了推进“大陆政策”的进程。1904年，日本强迫朝鲜签订《韩日议定书》：朝鲜承认日本在朝拥有军事行动自由权。1910年8月，日本迫使朝鲜政府签订《日韩合并条约》，日本正式吞并朝鲜，日本帝国主义对朝鲜进行了长达35年的极为残暴的殖民统治。

张学良在分析了日本大陆政策的演变过程和内容后，断言："日本为了完成其传统的国策"，"一定要统治全中国"。[①] 并进一步分析了侵略中国是日本不变国策的其他原因。

第一，从帝国主义的政治本质上分析，日本一定要侵略中国。这是"日本资本主义发展的结果。它为了解决资本主义国家内在的矛盾"，"必须促进'大陆政策'的实现。"历史上日本对中国、俄国的几次战争结果（甲午战争、日俄战争），都为日本带来"新的领土和资本积蓄，产生了增进新剩余价值的机会。那些战争，都是为了各个不同的历史阶段上的日本资本主义的发展，作为必然的产物而发生的。""在各个不同时代里"的每次战争，都"暂时缓和了累积到当时为止的日本资本主义内在的矛盾，同时在那里扩大再生产"，为下一次战争做准备。"自从世界大战（指'一战'）到现在，日本资本主义国家的内在的矛盾又感到不可开交，剩余价值与生产品过剩，和原料与市场的缺乏成正比例的发展，其结果，唯有积极促进'大陆政策'的实现，疯狂地向弱小民族的中国来进攻。"[②]

第二，日本为了消除与其他帝国主义国家间的矛盾，"一面要促进'大陆政策'的实现，一面要负起进攻苏联的先锋任务。日本在进行进攻苏联的过程中，也要统治全中国。"日本为解决内在矛盾，就要向外发展，向外发展的结果，必须同其他帝国主义国家发生矛盾。日本法西斯理论家根据第一次世界大战后各国力量对比，认为"假如日、美完全是提携，定能使疲弊的英、法、意等国家屈服"，那么美国就可以和日本一道瓜分英国在太平洋上的权益，从而获得更多的"海上自由"。可美国并没有这样做。"聪明的日本帝国主义"，便"微妙的利用进攻苏联的政策"，来平衡与西方列强的矛盾。[③] 日本预料德、意的兴起会使凡尔赛和约成为"一片废纸"，便

---

① 张学良：《抗日理论与实践》1936 年秋前后，西安《解放日报》1937 年 1 月 8 日。

② 张学良：《中国的出路唯有抗日》1936 年 6 月 22 日，西安《解放日报》1937 年 1 月 5 日。

③ 张学良：《中国的出路唯有抗日》1936 年 6 月 22 日。西安《解放日报》1937 年 1 月 5 日。

与德国寻求建立同盟关系。[1] 无论是设想与美国结盟，还是与德国立约，“都可以说是进攻苏联政策的影响。日本帝国主义自从占领东北，积极作进攻苏联的准备，确已负起进攻苏联的先锋任务。在进行这一任务的过程中，无疑的它不仅要占领东北，还必须占领华北、西北、整个中国之边疆，来控制整个中国的内地，否则，它以为无以制胜苏联。”[2]

第三，日本统治中国的办法是，先“用武力占领未开辟的边疆”，再以“经济侵略”的手段“控制已经疲惫的内地”。张学良认为，“日本统治中国的办法，从一位日本法西斯派权威学者北一辉所著的书可以看得出来。”[3] 北一辉所著的书，即《日本改造法案大纲》。1919 年中国爆发“五四”爱国运动，正在上海的北一辉深感“大日本帝国面临着内忧外患交相并至的未曾有过的国难”，日本的世界政策以及对华政策已经失败，需要回国“担当日本自身的革命”。他在上海“烦闷懊恼了一个月、执笔一个月”，写出《国家改造案原理大纲》[4]。该书是北一辉的主要政治理论著作，也是日本法西斯扩张理论的代表作。北一辉认为，日本如果占领了中国东北，“朝鲜及日本海就能有泰山之安”，但这仅仅是最低目标，更高的目标是建立一个“横跨南北的大日本，使后世史家叹赏这是黄人罗马帝国”。至于朝鲜，他认为过去是一个 80 岁的老太婆，现在是一个 10 岁的少女。朝鲜无论作为老太婆还是作为少女，都没有自立的能力，应该投入日本的怀抱，成为类似日本北海道那样的“西海道”。为了实现这个“大日本罗马帝国”，他非常明确地宣称：“支那应该是日本的前卫”。

---

① 日德条约，即日德《反共产国际协定》。“九一八”事变之后，日本不断扩大侵华战争，遭到世界各国的强烈反对，它在国际上更加孤立。日本政府敏锐地感觉到，苏联和英美等国家对中国的同情和支持，对日本是个最大的威胁。由于苏联在道义上和物质上对中国援助最多，因而，日本将外交重点放在遏制苏联方面，展开了积极的对德外交，企图通过德国牵制苏联。遂于 1936 年，在柏林签订了《反共产国际协定》。协定规定，在反对共产国际方面，两国必须“交换情报”，“紧密合作”。这是德、日两个法西斯国家发动第二次世界大战的一个重要步骤，通过这个协定的签订，使日、德两国法西斯建立起公开的军事联盟，以联合起来实现其重新瓜分世界、称霸全球的野心。

② 张学良：《中国的出路唯有抗日》1936 年 6 月 22 日，西安《解放日报》1937 年 1 月 5 日。

③ 张学良：《中国的出路唯有抗日》1936 年 6 月 22 日，西安《解放日报》1937 年 1 月 5 日。

④ 1923 年出版时改名为《日本改造法案大纲》。

北一辉的书，张学良显然读过，他说：北一辉主张，先占有中国的边疆，再夺取中国内地，“把内地夺取后，一定要花费许多钱来经营管理，不但无利可图，甚至会赔账。所以对内地，只要控制得住，先占有原料市场，进而实现资本与生产的独占就可以了。”“日本帝国主义侵略中国的办法，大致没有违背这种主张。”日本对东三省、绥远进行武力夺取，对长江流域的富庶地区进行经济侵略。

这种办法，对日本帝国主义实在是最实惠的，既可缓和其资本主义内在矛盾，又可以完成进攻苏联的准备。同时，这种办法，对中国方面来说，又是最厉害的，夺取了边疆，占领了国防要地，切断了我国与其他国家的联络，等于使中国困守绝地，无法不俯首帖耳的听命。用经济侵略内地，不和当地民众直接冲突，喝了我们的血，还叫我们不发觉，不知起来反抗。用经济控制的办法，实在比用武力征服聪明得多，厉害得多。

本人在东北时期，日本帝国主义者，首先也是提出“经济合作”的要求。他们所谓“经济合作”就是经济侵略。①

“我常同日本人说：我们是主人，你们是客人，对于我们财富的开发，我们是有自主权的。即使需要你们的人力和财力，就是技术和资本，同你们合作，但在数量上你们是不应该超过我们的。其办法具体的说，我们出55%的人力、财力，得55%的利益。客气点的，各出一半，各得一半。这在我们这方面已经是很让步了，你们不答应，我们再退一步，你们出55%的人力、财力，得55%的利益。你们若再不答应，你们定要出90%的人力、财力，（得）90%的利益，这叫什么合作呢？”②

第四，日本对中国东北殖民统治的目的有四种：（1）解决“日本国内工业原料的供给”不足问题；（2）为日本商品开辟“新市场”；（3）向东北移

① 张学良：《抗日理论与实践》1936年秋前后，西安《解放日报》1937年1月8日。

② 张学良：《抗日理论与实践》1936年秋前后，西安《解放日报》1937年1月8日。

民，解决日本国内“人口过稠”问题；(4) 实现对东北“资本的独占”。①

进入帝国主义阶段的日本极富侵略性和扩张性，并产生了强烈的霸权意识。尽管此时的日本在政治、经济与军事实力上仍远逊于欧美强国，但其国家“使命”中所潜伏的与欧美列强对抗的意识却日渐增强，它所奉行的暂与欧美妥协的权宜之计，实际上隐含着将与欧美列强在东亚竞争进而争霸的战略企图。欲与强国争霸，须有强大的国力，而日本的野心与其国力是不相匹配的，这就导致日本侵略中国的目的有了特殊的“使命”。井上清在揭露日本帝国主义的“使命”时曾征引过一段话：竞争瓜分东亚的主要目的，就日本来说，正如伊藤博文露骨地指出的那样：和“仅仅为了侵吞国土或荣誉”的“昔日之战争”不同，“其目的在消除向国外扩充工商业利益时的外来障碍，或主动地向世界扩展工商业”，即“必须带来资本主义利益”。(《伊藤博文演说集》)。伊藤博文所说的对外战争“必须带来资本主义利益”，是指在对东亚弱邻进行殖民征服时必须给日本带来经济上的利益，以弥补日本扩张野心和其国力贫血的矛盾。

张学良指出：“日本是一个岛国”，“可耕地只占六分之一，人口有6500万”，地少人多，无法支付因对外侵略而带来的异常庞大的军费开支，它只能对中国进行经济掠夺。② 侵略战争的目的不仅是掠夺被侵略国家的经济资源，而且，掠夺经济资源也是侵略战争的本源。正如恩格斯所指出的那样：“暴力的胜利是以武器的生产为基础的，而武器的生产又是以整个生产为基础，因而是以‘经济力量’，以‘经济情况’，以暴力所拥有的物质资料为基础的。在任何地方和任何时候，都是经济的条件和资源帮助‘暴力’取得胜利，没有他们，暴力就不成其为暴力。”③

张学良认为，到20世纪30年代中期，“日本对东北‘布洛克经济’已经完成，即东北经济完全殖民地化了。”张学良解释“布洛克经济”时说：“‘布洛克经济’有人译作集团经济，就是帝国主义者对于殖民地的经济关系。”日本武装占领东北后，随即策划了“满洲国”，在“日满经济一体化”

① 张学良：《抗日理论与实践》1936年秋前后，西安《解放日报》1937年1月8日。

② 张学良：《中国的出路唯有抗日》1936年6月22日，西安《解放日报》1937年1月5日。

③ 恩格斯：《反杜林论》。

的口号下，把东北完全置于日本垄断资本的统治下，把东北经济纳入日本经济军事化的轨道上，使东北成为日本的原料供应地、商品倾销市场、消化日本人口的场所和资本独占地。

1936 年 6 月张学良在王曲军官训练团讲演时说："日本为倾销其本国过剩生产品，来维持其垂危的国民经济，满足其资本家的欲望，而来武装走私。"中国海关"自去年（1935 年）8 月至今年（1936 年）4 月止，其损失 2500 余万元。4 月份损失竟达 800 万元，照此推算，每年（中国）损失要在 1 亿元左右，相等于每年全国关税收入三分之一。诸位看看这种情形，该多么使人痛心！这种国家，走私损失，相等于每年全国关税收入三分之一的国家，还成为国家吗？"① 张学良在《抗日理论与实践》一文中引用大量数据来说明：自"九一八"事变后，"东北市场完全掌握在日人手中。东北人民血汗的金钱都被日本帝国主义吸收去了"，他还例举日本对东北投资数字，论述日本对东北资本的独占性。

张学良对日本的移民侵略十分关注。早在日俄战争之后，满铁第一任总裁后藤新平即向日本内阁总理大臣递交了一份《满洲移民论》的备忘录，在此备忘录中充分论证了日本向中国东北移民的重要性。

后藤新平移民计划的目的是：一方面在满铁"附属地"形成日本移民集聚地区，然后扩展到中国东北的广大农村，以造成日本在中国人口扩张的基础力量；另一方面，后藤新平认为，日俄战争结束后，俄国虽败，但实力尚强。因此，日俄两国间的战争，"未必以满洲一战可以结束，第二次战争不知将在哪一年到来。……我在满洲必须居于以主制客以逸待劳的地位……其得心应手之计，必当第一经营铁路；第二开发煤矿；第三移民。""其中必以移民为要务"，"我们倘在满洲拥有 50 万移民"，"一旦战机对我有利，则进而作好入侵敌国的准备；于我不利，则岿然不动持和以待时机；这便是经略满洲大局的主张……"

此后，后藤新平多次在讲演中强调，"此事取得成功，必须采取的第一个手段就是争取日本人能够自由永久地借用或借贷土地"，以造成日本人在中国长期定居的历史事实。即使有一天日本所拥有的租借地和满铁"附属

① 张学良：《中国的出路唯有抗日》1936 年 6 月 22 日，西安《解放日报》1937 年 1 月 5 日。

地”归还了中国，定居下来的日本人也会仍然存在。满铁副总裁松冈洋右也强调指出，日本“迫切需要一批稳步扎根这块土地（指中国东北）的农业移民”，这是一项“有意义的事业”。

张氏父子执政东北期间，对日本进行的移民侵略和“商租权”问题采取了抵制政策。如“凡日人在奉商租地亩，或以地亩抵押借款者，必须呈由当地县知事或交涉员验明。”即禁止中国土地所有者与日本人私相往来。东北地方政府并给各县知事下达密令：“人民商贾等不得将土地私租与外人”，否则，“将以盗卖国土罪及私借外债罪论处。”从“二十一条”签订至“皇姑屯事件”，张作霖、张学良对日本的土地商租权一直坚持这种策略，使土地商租问题成了日本一直试图解决，但又始终未能解决的“悬案”。

对商租权的抵制，从根本上有效地抵制了日本移民计划的实施。日人也看到了这点：“奉天官宪不论上下都在外表上扮成亲善的样子，尽管极力取缔那些无疑的轻举妄动，但在里面却包藏着强烈的着眼于收回利权的排日用心”，“推行着从根本上阻碍邦人安居，逐渐加以压迫以至驱逐邦人之策”。致使日本在“九一八”事变前，向中国东北移民侵略活动遭到彻底失败，农业移民“仅有千人”。

1932 年，日本关东军制定了《移民方策案》、《日本移民案要纲》和《屯田兵制移民案要纲》三个方案，计划在 15 年内向中国东北移入“普通移民”10 万户，“屯兵制移民”1 万户。[①] “屯兵制移民”对象“不仅是兵农兼顾的军人，同时又是具有生产基础的军队。他们一手拿枪一手拿锹，作为兵的方面不是绝对的消费者，作为农的方面又可以得到补充，是从事武术军事的特殊军人。”

张学良对日本移民数量作了调查：

1932 年 640 人；1933 年 3600 人；1934 年 6480 人；1935 年 8648 人。

“日本对东北（移民）侵略政策，因治安问题，过去显然没有成效。不过日本并没有灰心，此后 5 年内，预计每年强迫移民 18000 人。”张学良说

---

①〔日〕满铁经济调查会：《满洲农业移民方案》，立案调查书类第 2 编第 1 卷第 1 号，第 12 页。所谓“普通移民”，即没有军队经历的、以普通农民为主体所构成的移团。所谓“屯兵制移民”即“武装移民”，以退伍军人为主体，他们携带武器、在警备上相当于屯田兵制的组织，具有充分的自卫能力和作战能力。

的“因治安问题”指的是东北义勇军和东北人民对日本移民计划的破坏。张学良的结论是：从“各方面情况我们可以知道，东北的经济完全殖民地化了，东北民众的膏血快要被日本帝国主义吸吮净尽了！”①

自从日本帝国主义对华北假“经济合作”为名，进行经济侵略以来，华北经济殖民地化的危机确日形深刻化了。

> 日本帝国主义对华经济侵略，不仅限于东北，也不仅限于华北，而是对中国各地一起进行，真象水银荡地一样的无孔不入。中国各地普遍的闹着工商业不景气，农村凋敝，直接间接都和日本帝国主义经济侵略有很大关系。我们不把日本帝国主义打倒，我们中国经济实在永远没有复兴的希望！经济是一国的命脉，经济不能复兴，政治永远没有独立自主的一天！②
>
> 日本为实行“大陆政策”，决心亡中国！③

五、日本根本不拿中国当国家看

在近代西方工业化大潮冲击下，一些日本政治家对本国地理、资源上的自卑情绪演变成急于改变劣势的自补自救心理，自补自救心理的超常膨胀，催生出与极端政治相符合的一系列对外侵略政策，被独裁军阀奉为至宝的侵略政策，促使自补式的内部“强军”和外补式掠夺的疯狂。

两种疯狂给日本带来的物质上的“狂喜”，诱发原有政治理念上的极端像癌细胞一样发生裂变，并迅速扩散到整个国家机体，国家机体的变化首先使国家机器变成了战争的发动机，日本的当国者在隆隆作响的战争马达声中，彻底失去了理性，在失去理性的政权操纵下，军人将对内恐怖扩展

---

① 张学良：《抗日理论与实践》1936年秋前后，西安《解放日报》1937年1月8日。

② 张学良：《抗日理论与实践》1936年秋前后，西安《解放日报》1937年1月8日。

③ 张学良：《中国的出路唯有抗日》1936年6月22日，西安《解放日报》1937年1月5日。

和放大到整个被战区域，其野蛮性暴露无遗。

日本不拿中国人当人看

日本是个极端主义盛行的国家。极端的本质是国家意志的极端化，其对内取向是“国家至上”和“天皇崇拜”，追求民族构成的“纯粹性”；对外表现出来的心理基础往往是所谓的“种族优越论”，追求建立地区乃至世界霸权。

日本的种族优越论来源于日本神道。日本神道信奉者认为：“天若无神道，则无三光（日、月、星），亦无四时（春、夏、秋、冬）。地若无神道，则无五行，又无万物。人若无神道，则无一命，也无万法。”据此可知，神道是唯心的，认为神创造万物并主宰一切。这种唯心的世界观之下产生的社会历史观极易走向绝对主义。

在神道论的体系中，信仰的核心是神国论，神国论派生出绝对主义的意识形态——皇国论。“神道是日本民族祖先依赖的生活原理。日本民族以尊奉、赞美、体现和发扬皇祖天照大御神的御神德作为生活准则，作为国家理想。”如此而论，作为“神国”的日本国家便具有了至上的伦理地位和绝对的权威。甚至在日本流行一种“根叶花实”论：“我们日本是种下去的种子，中国表现为枝叶，印度是所开之花，所结之实。所以佛教是万法之花实，儒教是万法之枝叶，神道为万法之根本。儒佛两教皆是神道之分化，以枝叶花实显现其根源。”中国文化也就处于日本文化之下。

这种神道哲学，是日本极端国家主义最重要的价值源头和文化根源。日本所以自认为是“万国之冠”，在于“它是普照四海四方的天照大御神出生的本国，因而它是万国之本源的国家”，“至于本朝的皇统，乃是普照世界的天照御神的后嗣，正如天壤无穷的神敕所说，直到万世后代也不动摇，只要有天有地，就一直传续下去”。周作人曾说，神道哲学，培养了日本人“对于国的感情”，又由于“日本在历史上没有被异族征服过，这不但使国民的性情可以使它比被征服的民族更要刚健质直一点”，同时，还使日本人生出了一种“军国的欲望”，这种“优越感之恶化”，又养成了国民的“兽性的爱国”思想情绪。张学良对日本的认识和周作人有类似之处，但比周作人更深刻：

日本民族因为地理上的关系，过去少受挫折，所以日本人普遍的有一种骄矜的心理，这就是所谓日本民族的优越感，或认为大和民族不得了，定可“耀武扬威于大陆”！

少数人认为中日两国是同文同种，因之两国关系应该调整，容易调整。这更是一个错误的理解。其实同文同种的关系，并不能抵消一点当前的冲突。同文同种关系，在历史发展的过程中，简直微弱得很。

一般意义上说的中日“同文”，即指日文中有大量的汉字。日本的《古语拾遗》也记载：日本“上古之事，口耳相传而已。自王仁斋论语千文来，人始识字。”① 虽然汉字何时传入日本，学界还在探讨，但日本最初的文字来源于中国，此点无疑。甚至日本的片假名、平假名，也是“僧空海者，借汉字偏旁”而创。② 直到1981年，日本政府颁布《常用汉字表》，汉字仍达1945个。③ 这为中日交流确实带来了“笔端有舌，何待言语”之便。④ 日本人自己也承认“日本文化是豆浆，中国文化就是使它凝成豆腐的盐卤。”日本文化源于中国。所谓“同种”，即说日本人来源于中国。《晋书·倭人传》记载，倭人“自谓太伯之后”。日本史家也有赞同此说者，江户时代的林罗山就主张日人为吴泰伯后裔。近代学人王韬曾分析：“若言日人本中产，或间有之，未必尽然也。江浙两省密迩东瀛航海，遭风至其国中，遂留不返。”日本考古学界也有人提出日本人种与中国的越人有着密切关系。⑤

“同文”之说，不可否认，“同种”之说，尚待考证。然而，即便是既“同文”又“同种”，也得不出中日关系容易调整的结论。“同文同种”说的是源头，自13世纪以后，日本神国意识日益浓厚，轻视他国的思想逐渐占据上风。正如日本学者所言：“原先崇拜中国，而这时（元代两次征日因

① 黄遵宪：《日本杂事》。

② 陈家麟：《东槎闻见录》。

③ 王锋：《论日本文字的历史发展及其书写系统的构成》，《世界民族》2002年第4期。

④〔日〕比野辉宽：《没鼻笔语》。

⑤ 关于中日“同文同种”的观点，可参阅彭雷霆：《近代中国人的日本认识(1871—1915)》，华中师范大学2008年博士论文。关于日本人种起源，可参看应骥：《日本大和民族探源》，《中南民族大学学报》2002年第2期；周蜜：《日本人种论》，吉林大学2007年博士论文。

遇飓风而返，日本人认为飓风乃‘神风’）产生了一种思想（日本神国意识），认为中国不足道，印度不足道，没有别的国家像日本这样高贵，以这种观念为基础形成了当时的文化独立。”可见，自元代起，中日之间在文化上已露分道扬镳之端倪。

到了近代，日本从政府到民间，开始出现一种去汉字化倾向。早在德川幕府年间，幕府将军德川庆喜首次提出在日常公私文中废弃汉字，代之以假名的提议，到了明治时期，有人主张以假名代替汉字，也有人主张以英语代替汉字。但汉字在日本沿用已久，彻底废止汉字显然不太现实，明治政府转采“汉字制限”方案。此后多次公布汉字使用量，1899 年日本文部省颁布《汉字整理案》，规定常用汉字减少到 2600 个，1945 年减少为 1850 个。由此观之，即便古代中日两国确实“同文”，而到了近代，在日本政府的“制限”政策下，日文已逐渐远离“汉字文化圈”。①

中日两国人从体型、肤色到容貌，从人种学而言，“同种”说大致不错，但到了近代，日本在民族主义视域下，有人认为承认“日本人种源于中国”，有损日本国家体面，甚至认为不利于国家独立，“谓泰伯后，是以我为附庸国也”，要求改写史书，将写入《日本通鉴》的“日本人为泰伯后裔”说从书中删去；另一本日本史书《日本政纪》对徐福东来说“亦屏而不书”，公然篡改历史。

明朝时，日本还和中国保持着朝贡关系，维持着华夷秩序，即日本视中国为“华”，视己为“夷”，“中夏为天地之中国，位于四海之中”，而日本则与朝鲜、琉球等一起被列为“九夷”。承认“中国诸事为好，本国系小国，以为万事均不及中国，且圣人亦只能出自中国。”明清易代后，日本认为中国“鞑虏横行中原，是华变夷之态也”。

明治维新，日本脱亚入欧，在学习西方技术、经济的同时，政治、文化也开始西转。正如福泽谕吉所说：“虽然我日本之国位于亚细亚东部，但国民精神已经开始脱离亚细亚的顽固守旧，向西洋文明转移”。② 日本明治维新割裂了中日传统文化的关联与纽带，甚至视昔日之“老师”为“恶

---

① 关于幕府末年和明治年间日本废止、制限汉字的争论，参见冯天瑜：《新语探源：中西日文化互动与近代汉字术语生成》，中华书局 2004 年版，第 339—342 页。

②〔日〕福泽谕吉：《脱亚论》，《时事新报》1885 年 3 月 16 日。

邻”。“本邦（日本）人见清国人与见欧美人大异也，视之牛猪，加以轻蔑。”[①] 旅居日本的华人更切身体会到：以前“华人旅居者备承优待，其遇我国文人学士尤致敬尽礼，今则此风稍替矣。”[②] 日本不仅否认“同文同种”，甚至称中国人为“豚尾奴”。

日本人以前常责备我们中国人妄自尊大，其实，他们可真太妄自尊大了。好多日本人都是这种思想：东亚的主人翁是日本。中国不能独立，非受日本人的保护不可，甚至以为中国人根本不应该有国家观念，中国人根本谈不到爱国。凡是在日本受过教育的人，差不多都身受过他们这种奚落揶揄。

试一翻阅六十年间中日外交史，真可谓一部日本侵华史，得寸进尺，从无止境，盖吞并中国，为日本建国之铁则，仅时代之不同，而有政策之更迭。非币帛所能移，非甘言所能动，非割地所能飨，必扫数归其统治而后已。

日本人简直没有拿中国人当有独立人格的国民看，所以侵略我们的国家，灭亡我们的国家，还得要我们和颜悦色说日本人好，侵略得对，灭亡得对。如同一个强者对一个弱者，骂不准还口，打不得还手，甚至用刀杀也不准反抗。不但不准还口，不准还手，不准反抗，而且要匍匐在地下甘心忍受。这简直是太无道理了。[③]

甲午战争后，日本人开始涌入中国东北。《张学良口述历史（访谈实录）》中有这样一段对话：

赵一荻[④]：日本人也欺人太甚了，在南满路上，我们走那经过，四个侍卫身上有枪，被日本人抓去了，等办好交涉手续把人领回来

---

①〔日〕曾根俊虎：《奉总理大臣伊伯阁下书》。

② 黄庆澄：《东游日记》。

③ 张学良：《抗日理论与实践》1936 年秋前后，西安《解放日报》1937 年 1 月 8 日。

④ 赵一荻（1912—2000），又名绮霞，出生于香港。其父赵庆华，浙江兰溪人，曾任北洋政府交通次长。1928 年（一说 1927 年）与张学良相识于天津，陪伴张学良 72 年。

时，他们已经被打死了，只能吃哑巴亏。

访　一：而且在咱们中国自己的土地上。

赵一荻：中国人连只狗都不如，他们欺人太甚了！

张学良：连个尸首都找不到啊。不但军人，连老百姓也不能过南满路，抓了就扔火车炉子里给烧了。日本人有一部分特别残忍，不是全部日本人都那样残忍，就是有一个地方的人最坏，那叫什么地方我现在说不出来，尤其是军队，碰到那个地方的师团就倒了霉了。

赵一荻：日本人看中国人跟禽兽一样，没拿你平等对待，没把你搁眼里，你该死。

访　二：您说是不是我们中国人，比方说军人，素质比他们差，普通教育比他们差，他们看不起我们？

赵一荻：不是看不起你，他拿你当亡国奴，在天津吧，那兵站那儿，他（张学良）的弟妹，弟媳妇，你就得站着三鞠躬，不然嘴巴子就打上来。不拿你当人。

……

张学良：问题是这样子，后来我们还是抗日呀。我说了，你杀了我不许我流血，我没办法呀，死里求生啦，能不能活不能顾了，情愿！

张学良还从世界的视野，分析了有人认为中日“同文同种”的危害：“比如德、奥是同文同种的国家，合作时，并不一定由于同文同种的关系，分裂时，更不能因为同文同种的关系而挽回。”更何况日本要比西方国家更落后、更残忍。他以日本和英国作比较：“印度亡于英，印度人却没有受到东北人那样的痛苦——当然印度人所受的痛苦，也是人所难以忍受的。英国能容印度有甘地，日本却绝不容在他统治之下产生甘地。”“日本这种偏狭的性格”，“是中日问题不能和平解决的原因之一”。①

在张学良看来，面对日本人的穷凶极恶，步步进逼，蒋介石想当中国的

① 张学良：《抗日理论与实践》1936 年秋前后，西安《解放日报》1937 年 1 月 8 日。

甘地——不抵抗主义者，逆来顺受。蒋介石授意陈布雷，写成《敌乎？友乎？中日关系之检讨》的长文，该文以徐道邻的名义于1935年1月发表，乞求日本不要“冥行不顾”，使用武力侵略中国，同时晓谕国人：“中国则应堂堂正正，秉持正义，救人兼以救己。如其形势可能，且当为日本开觉悟之路，不必存投石下井之心。”① 张学良对蒋介石的这篇文章作了这样的评论：

> 徐道邻过去写过一篇《敌乎？友乎?》，平静地分析中日的关系及其解决的途径。结论上有这样几句话：“究竟是相互为敌同归于尽呢？还是恢复友好的共负时代的使命呢？这就看两国，尤其是日本国民与当局有没有承认事实，悬崖勒马的勇气，与廓清障蔽，谋及永远的智慧了。”他这篇文章说得很有道理。不过，我以为分析中日关系，及其解决的途径，还应该顾到这点，就是能为敌者，始能为友；不能为敌者，不能为友。中国在日本的心目中以为不足为敌，所以他们才不屑与中国为友。惟有全国起来，一致抗日，与日本以相当打击，中日国交才有公平调整的可能。②

很显然，张学良不可能不知道此篇文章为蒋介石授意所写。因此文在《申报》发表后，国内报章杂志大量转载，连日本人都从此文中嗅出了“和平”的味道，张学良代蒋为西北“剿共”总司令，怎么会不知道此文为蒋介石所写呢？“能为敌者，始能为友；不能为敌者，不能为友”的观点是张学良的一贯主张，他认为日本就是一个欺软怕硬的国家，越软越欺，越硬越怕。唐朝时，中国强大，日本派出遣唐使；到了清朝，中国软弱了，日本派出侵略军。

日本人的这一观念，对内有凝聚力，同时并存着对外排他性。“这种‘外人’与‘我们’之别的观念甚而可以发展到极端，把‘同文同种’中的‘非我’者不以人相待”。

在东北，中国人见到日本人，必须停下来，向日本人三鞠躬。日本兵

---

① 徐道邻：《敌乎？友乎？中日关系之检讨》，《申报》1935年1月26日至30日。

② 张学良：《抗日理论与实践》1936年秋前后，西安《解放日报》1937年1月8日。徐道邻：《敌乎？友乎？中日关系之检讨》，《申报》1935年1月26日至30日。

无故向中国军队开枪，“被日本兵打死了一个人。结果办交涉，赔了500块钱。”中国人不能过南满铁路，不但军人，连老百姓也不能过南满路。“铁路沿线30里都不允许人接近。”南满铁路如同穿行在东北大地上的“蛇形王国”，专门吞噬中国人血汗的“蛇形王国”。①

日本根本不拿中国当国家看

“蛇形王国”再毒，总还有一个长度和宽度，中国人“不能靠近，还可以躲”，而强迫中国政府签订的“二十一条”中规定日本人在东北有商租权、杂居权，② 中国政府必须聘请日本人做顾问，这比“蛇形王国”更加恶毒。日本人和中国人杂居，日本顾问和中国官员白天一同出入官府、夜里住在中国官员家里，中国官民想躲也没地方躲了。

“二十一条”何以对张学良刺激如此之深？町野武马在《炸死张作霖前后》一文中说：“在做张作霖的顾问之前，我做过奉天督军张锡銮的顾问③。亦即1914年左右。”当时町野少校任军事和警务顾问。“翌年年初，开始二十一条问题的中日交涉。当地（奉天）日本人都集中在（满铁）附属地。

---

① 日俄战争之后，根据《朴茨茅斯和约》，东清铁路以长春宽城子站为界，以南的铁路划归日本，改称为南满铁路。日本获得俄国东清铁道南满洲支线所有权的同时也继承了铁道附属地。其后，满铁以武力为后盾，巧取豪夺，铁道附属地已不限于铁道用地，其中包括许多大大小小的城镇、市街用地及矿区。满铁对这些土地不仅拥有所有权，也有行政权。附属地的铁路贯穿长春、四平、开原、铁岭、沈阳、辽阳、鞍山、营口、盖平、瓦房店、抚顺、本溪、丹东等十余个大城市，而这些城市都是各地区的政治、经济和文化中心。“九一八”事变前，日本殖民当局就是通过满铁附属地来控制着大半个东北的经济命脉，在侵略整个东北过程中起了重大的作用。

② 1915年，日本驻华公使日置益向袁世凯递交了“二十一条”要求的文件，共分五号，第二号中有日本国臣民在南满洲及东部内蒙古，为盖造商工业应用之房厂，或为耕作，可得其需要土地之租借权或所有权。日本国臣民，得在南满洲东内蒙古，任便居住往来，并经营商工业等各项生意，即为商租权和杂居权。

③ 张锡銮（1843—1922），浙江省钱塘县（今杭州）人。1908年任奉天营务处总办，改编防军，收编了张作霖、冯德麟等部，收张作霖为义子。中华民国成立后，授任直隶都督，旋任东三省西边宣抚使，调任奉天都督、吉林都督，1915年授为陆军上将，任镇安上将军节制东三省军务。1917年后退出军政界，寓居天津。町野武马（1875—1968），日本陆军大佐。1901年来华，参加了日俄战争，任步兵第十五连队中队长。后驻屯北京。1908年受聘北京警务学堂总教习。1914—1923年任奉天督军顾问。1924—1928年为日本众议院议员。1925年再任张作霖顾问，张作霖被炸死后辞任归国。1953年出任大日本武德会会长。

他们深怕袁世凯跟日本打起仗来”。

“日本政府给我一个训令：‘发生战争时，俘虏张锡銮，使其统治满洲。为此，贵官应该搬进张锡銮家。’这是我所最拿手的事。”于是，町野来到东三省最高军政长官张锡銮的家，并对张锡銮说：

“从今天起我要住在这里。”

“为什么?”

“我是你的顾问，所以要住在你这里。”

“随你便吧。”

几天后，张锡銮问我：“你是来干什么的?”

“一交战，我就要俘虏你。”

“俘虏我干什么?”

“日本政府的意思是……派我来监视你，不要让你逃跑。”

町野做张作霖的顾问是1917年，町野认识张作霖始于1911年。町野在中国做了14年顾问，给张作霖做了11年，这11年，有如“太上皇”。町野自己讲了这样一个故事：1926年，浙闽苏皖赣五省联军总司令孙传芳兵败，[①] 求见张作霖。张作霖不见，我对副官说：“请他来。”副官有些不知所措。一会儿，孙传芳由副官领进来了。张作霖坐在小椅子上，我坐着大安乐椅子。在上海跟我吵过一架的他，目睹我有如张作霖之头子的态度，一定不可思议。孙传芳随则很自然地向张作霖跪下，但张作霖却面向背后不理。我拍着孙传芳肩膀，请他站起来。他说：“我受到陈承的攻击，只身幸免于难。我愿意拿出我的地位、财产和一切，请你们救救我。”我叫副官把杨宇霆请来。杨宇霆即时赶到。我对杨宇霆说：“孙传芳巡阅使因为这个这个理由而来。请你好好帮助他。”说毕，我便进去房间，因为我觉得日本人不应该在场。

这哪里是顾问呢？他可以违背张作霖的意志，当着张作霖的面给其副官下命令，又可以对张作霖的参谋长指手画脚。他把一切都安排完了，才

---

① 孙传芳（1885—1935），字馨远，山东泰安人，直系军阀首领。毕业于日本陆军士官学校。曾任福建军务督理。1924年江浙战争爆发，出兵援助齐燮元，夹击皖系卢永祥，占据浙江。1925年11月在南京宣布成立浙、闽、苏、皖、赣五省联军，任五省联军总司令，成为直系后期最具实力的军阀。1926年9月对抗北伐军，失利后潜赴天津向张作霖求援，任安国军副司令。1935年11月，军统局诱使施剑翘将孙传芳刺杀身亡。

觉得自己是个日本人，不便在场。这一场景足以说明日本顾问是一个什么角色了。

町野是张作霖的“太上皇”，土肥原①也想做张学良的“太上皇”。一提起土肥原，张学良愤恨不已：“最坏蛋的就是他（土肥原），他是中国通，他做过我的顾问。那个时候日本人有两个顾问……他原来是我父亲的……我跟他闹得非常凶。他这个家伙坏透了。”“我后来跟他闹翻了，他说你没有换我的权力。我是没换他的权力，但是我有不跟他说话的权力吧！我当着特务长官的面，告诉我的门房说，土肥原顾问什么时候来，什么时候我不见。”

由此可知，当时的日本顾问有三种角色：（1）日本政府派到中国政府的间谍，监视中国官员的一举一动，而且强行住在中国官员家里。不用说是在近代，即使在野蛮的时代也未见此种做法。（2）日本顾问凌驾于中国官员之上，态度野蛮若中国国家元首的头儿，这在世界历史上也难以查见。（3）日本顾问是派到中国官员身边的“贴身暴徒”，日本政府命令其关键时刻可劫持中国政府官员。

国家是政治组织，而这个政治组织的机关便是政府。国家享有主权、享有尊严、享有责任，而国家又是一个模糊的概念，国家的主权、尊严、责任要靠作为国家机关的政府来维护、行使和承担；而政府又是复杂的，并具有抽象性，政府的权力、责任主要依靠政府成员尤其是主要领导者来行使和承担，政府成员尤其是领导者既是国家主权的管理者、行使者，又是维护者和体现者。日本一个普通少校可以对中国政府首脑指手画脚，可以对中国政府的成员发号施令，可以明火执仗地要公开劫持中国政府官员，说明日本根本没有把中国的国家尊严、国家主权放在眼里，所以张学良说“日本简直就没有拿中国当独立国家看”。

---

① 土肥原贤二（1883—1948），日本陆军大将，甲级战犯，日本在中国从事间谍活动的第三代特务头子。1913 年，以参谋本部部员、陆军上尉身份来华，开始了其在中国长达 30 余年的间谍特务生涯。1928 年 3 月任张作霖的顾问。“皇姑屯事件”后，转任步兵团长。任天津特务机关长期间，利用石友三排斥张学良。“九一八”前出任奉天特务机关长。“九一八”后任奉天市市长。炮制“满洲国”、逼签《秦土协定》，谋策“冀东防共自治政府”、“冀察政务委员会”。“七七”事变后，直接介入屠杀中国人民的侵略战争。1948 年被判绞刑。

当本庄繁在东北做顾问时①，曾陪我到日本观操，归途他问我："中国留学生，差不多都是留英的亲英、留美的亲美，为什么留日的反而反日最力呢？"我回答他说："就是因为日本人不拿中国当国家看，不拿中国人当人看！"事实上的确是这样。②

日本人不聪明，看事情偏狭得很

由于日本"开化的比较晚，因此日本的国民性格比较偏狭残忍。"③

一个国家在别国的土地上采取恐怖袭击的手段炸死一国首脑，这不仅仅是不聪明之举，实在是野蛮到了极限。而张学良只说是不聪明、看事情狭窄，这恐怕只有千年文明大国熏陶出来的人才有的超级雅量和胸怀。但这绝不是张学良的糊涂和懦弱，而是一种清醒和坚强。

张学良认为日本炸死他父亲，是一个走向极端的岛国因无法理解一个大国国情所做出的错误判断而采取的极端恐怖；是一个强盗国家依据已经过时的"行抢"经验炮制出来的愚蠢。

日本从自己侵略的目的出发，愚蠢地以为炸死一个停止内战的张作霖，中国的内战就会继续，和平就不会到来。"日本人……他不愿中国停止内战。""因为……那时候日本是完全的侵略。"日本要在中国寻找傀儡，对傀儡的第一大要求是唯日本是从，不从则杀。

一般认为炸死张作霖是日本少壮军人所为，其实，田中内阁早已筹划好了，如果张作霖不听从日本，日本即用战争的手段来解决。1927 年 4 月，

---

① 本庄繁（1876—1945），毕业于日本陆军士官学校、日本陆军大学。1908 年在北京、上海从事情报活动。1921 年起，以参谋本部附的身份成为"东北王"张作霖的军事顾问。"九一八"事变前，接替菱刈隆任第九任关东军司令官。"九一八"事变第二天凌晨 2 点，发出进攻沈阳，占领营口、安东等 8 项命令，中午，将关东军司令部从旅顺移驻沈阳，将"事变"迅速扩大为侵占整个东北的战争。仅仅用了 4 个月又 18 天的时间，日军便占领了东三省。日本几十年来对中国东北的领土野心，终于经他之手得以实现，日本朝野上下称其为满洲"建国之父"。历史事实充分证明本庄繁就是发动"九一八"事变，指挥日军侵占东北，炮制伪满傀儡政权的主要策划者之一。1933 年任日本天皇裕仁的侍从武官长，晋升为陆军大将。日本战败后，被定为甲级战犯，闻讯后切腹自杀。

② 张学良：《抗日理论与实践》1936 年秋前后，西安《解放日报》1937 年 1 月 8 日。

③ 张学良：《抗日理论与实践》1936 年秋前后，西安《解放日报》1937 年 1 月 8 日。

田中内阁成立，“组阁后没多久的四月某日，田中首相秘密地把住在帝国大饭店之张作霖的最高顾问町野武马，请到位于麹町的别邸。在此，他俩曾经就解决大陆问题的悬案的具体方策举行了密谈。”

田中：内外的情势，教我们在此时此刻非一下子把满蒙问题解决不可。除非解决满蒙问题，确立日本的大陆国策，日本将陷于混乱，更不会有前途。我认为，甚至以武力来解决亦在所不惜。高见如何？

町野武马：如果要用武力来占领满洲，恐怕有一个旅团的精锐就够了。但我们必须考虑一点：现在我们假设在银座街头要强奸一个美女，① 要强奸她，我想是办得到的，但事后那些大哥来找你麻烦，你说怎么办？（意思是说，要用武力来解决满蒙问题，万一美英等国以武力出来干涉就麻烦了。）

田中：我担心的就是这一点。因此我有一个妙案，则不以武力而以既成事实来解决满蒙问题。所以在其第一个阶段，我想请足下说服张作霖，以解决悬案的满蒙五铁路建设问题。

町野：（张作霖）其志乃在平定整个中国，在这个过程中，要其承认舆论所反对的问题，简直是杀鸡取卵的行为。因此请您能给我两三年的时间。

田中：日本国内很郁闷，所以没有多余的时间。足下如果不肯答应，那就只有用武力解决之一途。我已成竹在胸。

町野：首相既然这样坚决，那就没办法。张作霖的霸业虽然将受挫折，但我唯有让其承认五铁路的问题。

田中：好，那么我们就这样办。但我们应该怎样跟他交涉呢？

町野：首相与张作霖，以前就有不浅的因素，所以最好的方法是首相亲自与其交涉。或者有没有能够代表首相的人物？

田中：我想请山本条太郎来办这件事，我没有请他入阁就是为了

---

① 银座，指位于日本东京都中央区的街区。该区分为银座一丁目至银座八丁目，17世纪初叶开设，是日本有代表性的最大最繁华的商业街区。象征日本自然、历史、现代的三大景点（富士山、京都、银座）之一，与巴黎的香榭丽舍大道、纽约的第五大道并列为世界三大繁华中心。

这种原因。①

满铁是南满洲铁道株式会社的简称，日俄战争后开设，不仅经营铁路，而且经营抚顺煤矿和鞍山铁矿，是一家支配整个东北经济的日本国策公司，也是“以南满地区建立、维持和发展稳固的日本势力范围为目的的国家别动队”，满铁总裁人选，对历届日本政府而言都是需要精心考虑的。因满铁总裁担负着贯彻日本在中国东北实现大陆政策和为扩张战争开路的任务。

町野对田中说：“山本是可以的，但要很秘密的行事，万一泄密，孤注一掷的这个大胆的企图，将化为泡影。”

接着，町野问：“如果办不到，会怎样？”

田中答：“战争。……就是办不到，也只有试试。”

山本起初是不同意就职的，“以为要他与张作霖交涉，等于要把他置于死地，因而拒绝町野之劝诱的山本条太郎，迨至听到田中和町野谋议的经过，三个人遂重新会谈。”“田中、山本、町野密谈，决定了山本将以田中首相代理的身份与张作霖谈判……；町野负责与张作霖联络等等。”

1927 年 7 月，山本条太郎就任满铁社长，町野遂前往北京。“获悉山本要来北京，大元帅问我：‘山本来北京干嘛？’我说：‘不知道，大概是礼貌上的拜访吧？’”町野故意装傻。等到山本抵达北京的前一天，“三更半夜，町野走进张作霖的卧房。……町野是可以闯进大元帅寝室的。张作霖问町野这么晚有什么事，町野告诉他山本一行到北京的目的，并递给他有关铁路问题的文件。张作霖铁青着脸捧着文件怒说：日本想要跟苏俄打仗的铁路对不对？这是办不到的！说罢就走。”

自町野 1911 年认识张作霖，到 1928 年，两人相识已经 17 年，他十分了解张作霖的性格：“张作霖最大的特色是不怕死，富于决断力”。向张作霖提出五条铁路的要求，张作霖会怎样回答，町野十分清楚。所以当山本出发前问町野：“这件事，能不能办得通？”町野毫不犹豫地回答：“办

① 山本条太郎（1867—1936），53 岁当选众议员，步入政界，任政友会总务、总干事。1927 年任满铁第十任总裁，积极推动日本对中国的政治、经济侵略。同年 10 月与张作霖达成在满蒙建设五条铁路的谅解。后因炸死张作霖事件，田中义一内阁辞职，此项计划未能实现。张作霖被炸后，辞去满铁总裁职务。著有《经济国策的提倡》等。

不通。”

> 我父亲脾气很暴很暴的，他们来办最后交涉的时候，……为铁路，他把那日本人给骂了……日本那些少壮派的人感觉我父亲不听话，不给他做傀儡。
>
> 日本人那时很糊涂，太笨，我父亲也是一心想合作，但你这个合作条件太苛刻，你非要我当奴隶，那我做不到。

日本人认为炸死了张作霖，东北就归张学良了，张学良年轻好摆弄，“他想也许我父亲不在，我还好，我还比……”“我说日本人是不聪明，……你把我弄得这样了，我还能跟你合作？你把我父亲炸死了，国家这样的问题，我怎么能跟你合作？我跟你合作了，做中国的事情我还做不做了？中国人还要我不要我了？所以我认为日本人把事情看得很狭窄。”日本以为杀死了狮王，幼狮就好擒了，忘记了张学良是中国人，忘记了中国人最大的仇恨是杀父之仇。日本杀了张作霖，“也就种下了我对日本的仇恨。家仇国难，都集中在我一个身上，杀我父亲的仇是不共戴天之仇”。

日本以为中国还是甲午战争时的中国，还是日俄战争时的中国，没有看到中国人正在觉醒。“日本完全把中国判断错误了，我跟日本人说，你们完全把中国那个时代的人，看得好像是倒退五十年、一百年那时候，好像吓唬前清时那些人，中国人那时候都差不多觉醒了，我说日本对中国的形势，没弄清楚，这是我的看法。他没弄清，所以决策都错了。”

六、也有可交之人，也有可师之处

张学良和日本有杀父之仇，对日本恨之入骨。

1928 年 8 月 4 日至 6 日，是张作霖吊唁日。4 日，驻奉天各国领事前往祭吊，日本方面前往吊唁的有：日本首相田中特使林权助、关东军司令官村冈长太郎及参谋长斋藤、满铁社长山本等。张学良曾萌生将其击毙，用仇人头颅祭奠父亲的念头。“那日本的关东军总司令来吊孝，我几乎要把他杀掉。”“他来吊孝哇，我最难过，我昏倒了，我自己哭我父亲，我昏倒了，我明知道是他们干的事儿，我想把他杀了。”“知道是他们干的，也知道是对头来了。”“我因仇愤，闻之冲动万分，欲杀之以祭家父。被张辅枕、王维宙二人秘为劝阻。张以强制词，不准我乱动。王则劝我说：‘东北父老，多有所期望，付托以大任，非有私爱于我也。我虽不计一己之利害，我不能不顾东北父老之遭殃。不可图逞一时之愤，殃害无辜。而况人来行吊祭之礼，我袭杀之，此非丈夫之所为也。成大业者，须能忍辱负重，非逞快之徒，语云：打落门牙带血吞。愿我三复斯言。’”“后来明白，我不应该这么做，这一做事情太大了，太厉害。我不能逞意气呀，报仇也不是这么报法。”

张学良虽处血气方刚之年，面对杀父仇人，仍保持理性，徐图彻底解决之法。什么是彻底解决之法呢？看到日本的进步力量，促使其崛起，以敌为师，壮大自己。

日本人也有善良的，有值得交往的

徐图彻底解决之法的努力之一，利用日本政坛的矛盾，对有可能改变政局的实力派人物施加影响，利用独裁政权普遍存在的“政随人转”，人亡政息的特点，努力使日本政坛发生对我有利的人事变化。这一努力本来是悄悄进行的，被日本发现源于一张“收条”。

“九一八”事变中，日本占领了大帅府，日本军人狂喜异常，但在打开张学良保险柜的那一刹那，日本人由喜而惊，由惊而辱，由辱而惧。原来，“他们把铁柜打开了。我那铁柜里藏着两件事情，一个是那块洋钱[①]，一个

---

① 指枪毙杨宇霆前，张学良有些犹豫，遂掷银元决定其生死。张学良在口述时说，那块“现大洋啊，与杨宇霆有关系。［杀不杀］杨宇霆，我下不了决心呢！我说这段事情很有意思呀。那时候还是我那个太太于凤至呀，我当时下不了决心，我就自个儿［想办法测试一下］，那个时候我也不是基督徒，我相当迷信了，那我就自个儿跪下祷告。我就说，我要应该做这件事情，那我就扔这大洋，应该做，这件事情我应该做，请你给我，哪面我现在随便说吧，你就给我这个正面。弹一回弹到地上，掉了，我就跪在那里，我太太告诉我：‘正面儿。’那么，我再一想，再弹一回，还是正面儿，就是应该做这件事情。再弹一回，还是正面儿。那我反过来说了，假使我做的事情应该，请你［显］反面儿。那么一弹，我不看，她说：‘反面儿。’再弹一下子，她看，反面儿，我又弹一下子，她哭了。我说你哭什么？因为她跟杨宇霆很好，我们跟杨宇霆很来往的，她说我知道你要杀人。三回都是这样。第三回她说，我知道你要杀人，所以这很有意思一件事。”

另外有一个叫床次①的，日本的一个政党的首领，他要回去竞选首相。日本的一个政党的首领，他要回去，回去想参加竞选。想当这首相。他跟我商量，我答应，我答应帮他。”这即是张学良和日本关系史上的“五十万元事件”。

所谓“五十万元事件”，起端于1928年底，刚刚脱离日本民政党另组新政俱乐部，并自任总裁的床次竹二郎，为推翻田中内阁，取得中国政界的支持，床次偕助手赤冢等人来华访问。先后在南京、北平会晤了蒋介石、阎锡山等中国政要。最后，他来到沈阳，希望得到张学良的资助。床次一行的到访受到张学良、杨宇霆（当时对日本外交主要由杨主持）二人的隆重欢迎。床次虽年逾七旬，但颇具政治家风度。会谈中，床次极力攻击田中内阁的对华政策，并向张学良明确表示，他要率领政友本党联络民政党，共同打倒田中义一领导的军阀内阁，组成政党内阁，一旦执政，他将着手解决中日悬案问题，改善两国邦交。床次的话打动了欲与日本和平发展的张学良，张决定支持床次参加竞选。

关于“五十万元事件”，1990年8月，日本NHK记者曾向张学良求证过，“日本政治家床次氏于1928年12月跟先生见面，得到先生的政治捐款，对此有种种说法，有人说50万元，也有人说2000万元，在帝国议会更成为话题，现在我们想请问其确实的金额，和当时先生谈过些什么?”提到此事，张学良开始并未回答，十分警觉地问：“床次氏是不是已经去世了？会不会为他带来些麻烦?”

当张学良得知床次早已去世，此事与今天的政治一点关系也没有的回答后说：

> 我跟他亲自交谈过。他说：“如果做了首相，我希望解决中日间悬而未决的问题。为此，我必须出来竞选政友会的总裁。但需要很多钱。”

---

① 床次竹二郎（1866—1943），日本陆军大学毕业，日本政治家。曾参加政友会、组建过政友本党、新政俱乐部并自任总裁，是日本换政党次数最多的政客。1913年当选日本众议院议员，曾担任过原敬内阁、高桥是清内阁内相，1931年任犬养毅内阁铁道大臣，1934年任冈田启介内阁递信大臣。

我问他："我能帮什么忙吗？"

床次很不好意思的答说："如果能帮我，那太好了。"

于是我再问他："竞选总裁需要多少钱？"他答道："需二千万元。"

我说："我来出好了。"

他答说："不要送我，借我就可以。等我能还的时候还您。"

我们这样约定。惟临走时他说目前需要五十万元，因此我送他五十万元。①

经过没多久，我得知他没选上总裁，所以二千万元也不必要了。

五十万并没还，两千万他没要，他要要，我就给他。所以后来日本对他很不好，就是看他拿了我五十万块钱，后来日本看见了这张收条。

---

① 据时任张学良外交秘书主任的王家桢回忆：1928年底，床次来东北与张学良会谈时，谈过竞选经费问题，但当时并未将钱带走。第二年初秋，竞选在即，床次便派他的心腹赤冢和鹤见来到沈阳，先向负责东北对日外交的王家桢吐露了筹集竞选经费的此行目的。赤冢介绍说，日本本次大选，无论从人心向背上说，还是从政党人物的号召力上讲，都非床次莫属，他们现在万事俱备，只差选举经费问题。王家桢将与二人会谈的详细内容报告给张学良。张学良认为："假如支援一笔竞选费，政友本党一旦能够在国会中取胜，将来组成内阁，日本政府将会对东北外交采取友好态度，以避免军事威胁或发生暴力，这是值得的。"张学良让王家桢代表他进行具体交涉，赤冢提出："这次选举只要能将政友本党系统的人选出90人，床次先生就可以组阁，竞选经费大概需要四五百万元，希望贵方负担三分之一。"此数折合中国大洋约150万至200万。鹤见补充说："我们主要的让步是，日本允许将南满铁路公司逐渐改为名实相符的中日合办公司，像中东铁路那样。"张学良听完王家桢的汇报后说："多少钱都可以，不用说200万，就是再多也可以。"但为慎重起见，决定先支付其50万元，其余的在王家桢日后去日本面见床次后再说。赤冢二人收到现款，即写了一张收条。这收条就是后来惹下大麻烦的那张收据。是年底，张学良派王家桢带钱赴日与床次见面。王发现床次并不能代表日本的进步力量。他所纠合的一帮人，只是一些典型的官僚政客。王便把钱带回。后来，田中内阁垮台。民政党总裁滨口幸雄为总理大臣，床次竹二郎仅以副总理大臣的资格兼任递信省大臣，床次企图组阁掌权的目的未能实现。张学良寄希望于日本更换内阁，从而改变对华政策的努力宣告失败。张学良收买日本政友本党，支持床次，都是在秘密中进行，双方都采取极谨慎的态度。努力失败以后，张学良为慎重起见，便将赤冢和鹤见写下的那张50万元的收据收藏于卧室的保险柜中了。参见文思主编：《我所知道的张学良》，中国文史出版社2003年版，第109—114页。

占领张学良官邸的日本侵略军看到这张“收条”，倒吸一口冷气。他们怎么也没有想到一位刚及而立之年的“少帅”已把抵抗的触角伸向了日本政坛，更没想到竞选日本内阁首相的政党将求援之手伸向了张学良。“日军从张学良金库拿到这五十万元的收据，这张收据被反对党在议会作为丑闻的证据。”“当时，就日本来说，张学良是敌人，拿敌人的钱就是卖国行为。”“床次在这椿丑闻后没多久便病逝了。”

张学良认为比较好的日本政客，和张学良接触后不是死于抑郁，就是死于非命。

1929 年 7 月，由于张作霖被炸事件，日本田中义一内阁被迫解散，滨口雄幸内阁诞生。滨口内阁外相币原喜重郎①取消了佐分利贞男就任驻苏大使的内部决定，改派其到中国做驻华公使，以缓解田中内阁恶化对华外交的影响。同年 8 月，佐分利前往中国，广泛与中国官员接触，为重启中日交涉做准备。张学良与其也有一次较深入的交谈。

> 我与佐分利氏在日本领事馆谈到深更半夜，那时，满洲有许多悬案等着解决。佐分利氏说：“我回到日本以后，将尽我最大的努力。”我答说：“我也尽我所能，能做的我一定会做。但你们不必指示我该做什么，做不到的还是做不到。”
>
> 我跟佐分利氏谈得很多，他是个非常好的人。

张学良眼中这位“非常好的人”，回到东京的第九天，1929 年 11 月 29 日凌晨在所住饭店右手握着手枪，子弹贯穿了他的头部。警察机关断定是自杀。但了解佐分利的人认为，他是个左撇子，右手握枪有问题。币原外相对其自杀的结论也表示怀疑。自杀前三天，佐分利和币原见过面。币原说：“(11 月) 27 日，我与公使见过面，他看起来很好”，“从他那健康的态度和行动看来，决不会自杀。如果是自杀，我想不出任何原因。”张学良大

---

① 币原喜重郎（1872—1951），曾任日本驻荷公使、驻美大使。1924 年起任加藤高明、若槻礼次郎、滨口雄幸等内阁的外相，历经五次内阁变更，故有“币原时代”之称。因其主张同英美协调，“尊重”中国的合理要求，受到军部和大多数枢密院顾问的责难，被称其为“软弱外交”。“九一八”事变，日本武装占领了中国东北，同时也宣告了币原外交的破产。

概是最后见过佐分利的中国人，他根据对日本军人的了解，做出了自己的判断：

> 我认为他不是自杀，而是被杀。当时，日本的军人发疯了，不但对中国人，对自己国家的元老和重臣，也用暗杀的方法。
>
> 佐分利氏去世，我非常难过。这时我觉得日本已经完了。我认为，我已经不可能与日本合作了。
>
> 当时我对日本非常不满，但又很清楚中国根本没有与日本交战的能力。因此，能让步的我都想让步。但那时的日本军人都已经完全失去理智，所以实在束手无策。我们很想跟日本合作；但这个所谓合作的条件，绝不能说是条件，他们把我们中国人当作奴隶看待。

佐分利的突然死亡，给中国当局很大冲击。南京国民政府外交部长王正廷曾说："佐分利公去世，将使我们彼此的谅解化为泡影。……这是中日两国莫大的损失，实在太可惜。"

日本的军事装备、军事教育先进，值得效法

1921 年秋，张学良奉张作霖之命访问了日本。这是他第一次踏出国门。他在日本参观了一个多月。"我第一次到日本，是二十岁的时候。当时我戴着中国的大勋章，因而发生一件蛮有趣的事。那时昭和天皇还是皇太子，他们竟把我误为皇太子。第一次弄错是参观军事演习的时候。我和昭和同岁，我们两个长得很像。我坐在敞篷的车里，军乐队认错了，把我当成了皇太子了。皇太子一过要吹一种号，叫《八千代》（君之代）。[①] 第二次是前往皇宫的时候。那时晋见了皇后，会见之后在外边签名时，我听说皇后曾望着我这边问道：'那第三个人是谁?'后来我才知道皇后问我是谁的理由，因为我与当时的皇太子，日后的昭和天皇太像了。"

---

① 日本国歌为《君之代》（君が代）。《君之代》最早于明治时期被定为国歌，1876 年废止。1914 年，日本《海军礼式令》采用《君之代》为国歌。"二战"后，盟军宣布战前日本政府的所有公告全部失效，所以《君之代》失去法律依据。1999 年 8 月 9 日，日本参议院通过《国旗国歌法》，把《君之代》重新定为日本国歌。

日本人虽然亲切而有礼貌，但我对日本人很不满。因为他们对中国人常常要用权力来制伏，喜欢炫耀日本有这样那样强大的势力。我是一个毫无惧怕地抵抗好炫耀势力的人；因此，访问日本回国以后的我，对日本的印象并不好。

日本 NHK 记者曾问张学良："当时，中国人参观日本的军事演习好像是一种时尚。中国的领导者之中，也有留学日本陆军士官学校者。这些人之中，有些人认为日军很强，而对日本有恐怖之心。先生有没有这种情况?"张学良回答：

我对日本一点恐怖心也没有。日军的演习非常成功，我很佩服，但我并不害怕。

除演习外，日本也让我参观了武器仓库的兵工厂。我明白他们的目的在吓唬我。也去过吴海军军港，在那里看到金刚、伊势、陆奥等军舰①。

大炮很大。军舰的炮身是很难做的，目睹仓库里一大排的炮身时，我这样想着："你们为什么要让我看这些玩意呢？我知道日本的军事力量非常强大，何必这样特意炫耀?"

当时我很年轻，因此不但不害怕，而且引起反感。我在心里这样喊叫着："你们想威胁我吗？用权力来威胁我，我是不怕的。"

所以结束日本访问以后，我对日本的印象并不佳。

此次访问日本，目睹日本强大的军事实力，张学良认为中国最重要的任务是自己的军事现代化。中国人必须奋起直追，才有可能抵御日本。

因为我种种接触，使我感觉到日本图谋中国之险恶之深远，令人不寒而栗。同时，我也认识了日本之国力，中国若不甘愿作奴隶，必

---

① 日本金刚战舰，1913 年建成，排水量为 26300 吨，最高速度为 27.5 海里，1944 年中鱼雷沉没。伊势战舰，1917 年建成，1937 年改为航空母舰，排水量为 35350 吨，速度为 25.3 海里，1945 年被美军炸毁。陆粤战舰，1921 年建成，1943 年沉没。

须奋起图强，决不是空言可以抵御日本之侵略的。

为了抵御日本，他和近代许多中国人一样，萌生了“以敌为师”的想法，他想到日本陆军大学学习，因为他在参观中“十分崇拜日本军事教育”。

归国后，因战事紧张，东渡日本学习一事没有实现。但他向张作霖建议，以敌为师，整军经武。张作霖采纳了他的建议，“后来奉天空军就由日本训练了，也买了日本飞机”，另外，选派年轻军官赴日留学。他执政后，被他提拔的著名军官中有五十多人是留日的。如东北边防军宪兵司令、陆军中将陈兴亚，北平行营参谋长、陆军中将戢翼翘，第六十七军中将军长吴克仁，第五十七军中将军长何柱国等。

很显然，张学良处于对日本既憎恨又羡慕的双重构造中。“我根本恨透了日本人。”“恨他是恨，人家是真厉害。”从情感上，他无法摆脱对日本的厌恶和憎恨。但是，张学良的日本观的理性在于，他对中日两国实力的认识并没有因杀父之仇而扭曲，没有因遭受凌辱而不加区分地对日本一概排斥，他不仅把日本文人与武人、商人与政客、极端的上层与盲目的下层、侵略政策制定者与执行者作适度区分，也把日本经济上的成功、军事上的强大与野蛮黑暗的一面区分开来，清醒地认识到，中日国运之不同、国与国关系之不正常，从一定意义上说是源于两国实力的悬殊。

当时分裂、软弱的中国受日本军国主义欺侮的命运是难以回避的，改变这种命运的唯一方法是使自己强盛起来。怎样快速强盛？不能因为日本侵略中国而排斥向日本学习。“以敌为师”固然是痛苦的无奈，但又是深刻的理性；憎恶强者对弱者的轻蔑和欺侮是自然的，但不能因此而放弃对弱者自身缺陷的反省和补缺弥弱的努力。张学良对日本的憎恶与效法，不是盲目的诅咒与称羡，他的终极关怀不是日本而是中国，是对自己祖国和同胞深沉的爱。

七、忠告：日本还是一个侵略国家

由于近代日本给中华民族留下的伤痕太深的缘故，作为中华民族的一员，张学良又是受害最深者之一，因此，张学良直到晚年，一直在关注着日本。有趣的是，他沉默半个多世纪后，第一次开口说话，选择的对象却是日本。首选日本，也可能是无意的选择，也可能是张学良出于某种常人难以理解的深意，不管怎么说，他确实有话对日本说，从说的内容看，他的重点不仅仅是对那段历史简单的回忆，更是以此忠告日本年轻一代怎样看待那段历史。

> 我的一生，被日本毁了。
>
> 日本杀了我父亲，破坏了我的家庭，夺取了我的财产。这实在太没有道理了。
>
> 年轻时，对政治问题，我绝不表明我的态度，现在我年纪大了才要说这种话。
>
> 由于我是一个反抗性很强的人，所以对于认为不合理的事，不管对方是谁，我都要反对。这样做对不对是另外一个问题，我认为不合理的，即使是我父亲我也要反对。我是这样一个人。
>
> 现在人已经九十了，早已脱离政治环境，才说这种话，我为什么要反抗各种各样的事呢？只要我认为不合理的，我都会忘掉权力、生命和财产而去反对。我是这样的人。
>
> 我一定要告诉日本的年轻朋友：你们必须知道日本过去所犯的错误。
>
> 要想想日本过去的错处，不要想过去的威风，要沉思回想。①

张学良说这段话时已是 91 岁高龄的老人，抗日战争已经结束 45 年，距离“九一八”事变已经 59 年，距离皇姑屯炸车案已经 62 年。对于张学良来说，此时的他已把一切都看得云淡风轻，唯一放心不下的是中日两国的未来。他着眼于未来，回望历史，为了未来，对日本的年轻一代提出了忠告。同时也提醒世界，从日本政要“拜鬼”一事看，它还是一个侵略国家。

忠告之一：绝不要像过去那样诉诸武力，那等于“自吞炸弹”

张学良的忠告发自于内心，发自于一颗平常的心，一颗受过伤但已痊

---

① 张学良：《接见日本广播协会电视台记者的谈话》。

愈了的心：“日本失败，日本投降了，那我心里很安定，我没有什么。”没有了“仇”，也已经忘却了“恨”。从人性的角度，杀父之仇，亡国之根，是终生难忘的，是常人化解不了的，张学良是靠时间和宗教的力量，开拓了自己的胸襟。

> 我自己总想圣经上讲的两句话，“申冤在我，报复在我”。你不必为失去抱不平，那么我就想，日本所得到的是什么？日本挨了两个原子弹①，这两个原子弹多厉害呀，几十万人死了。这不是“申冤在我，我必报复”嘛。谁能让两颗原子弹……（使日本）变成原子弹实验场，死了那么多人，谁招的呢？自己招的。……做人哪，就是本着我们的良心，问心无愧。

人的良知一旦泯灭，离自我毁灭也就不远了。如果你以武力侵略别人，以强凌弱，“你早晚会惹出祸来的，你怎么惹来（的）我不知道，反正会惹出问题来的。”日本怎么惹来的祸？“‘九一八’是开头。所以日本元老，西园寺也承认，日本等于吞了一颗炸弹。”

这颗炸弹经过14年的演变，演变成了两颗原子弹。张学良的认知，完全符合人类社会发展的规律。他的“不要用武力侵略别人”，侵略别人等于“自吞炸弹”的忠告是日本元老西原寺的预言，也是历史老人张学良对日本年轻一代的忠告。

忠告之二：不要以经济侵略别人，只要是侵略必然会遭到反抗

国家是平等的，只有平等合作才是唯一的选择。武力侵略会导致自我毁灭，经济侵略也必然遭到反抗。张学良在和日本NHK电视台记者谈话时说：

---

① 1945年5月8日，德国法西斯宣布无条件投降。7月26日，美国总统杜鲁门、中华民国国民政府主席蒋介石和英国首相丘吉尔联合发表一份公告——《中美英三国促令日本投降之波茨坦公告》，简称《波茨坦公告》或《波茨坦宣言》。公布了三国在战胜纳粹德国后，一起致力于战胜日本以及履行《开罗宣言》等对战后日本处理方式的决定。7月29日，日本政府发表声明，拒绝投降。8月6日和9日，美国为迫使日本投降，分别向广岛和长崎各投下一颗原子弹。广岛市24.5万人中有20万人死伤，长崎市23万人中有15万人死伤和失踪。8月14日，日本天皇宣布接受《波茨坦公告》，颁投降诏书。

往昔，我去日本时，对日本文化非常感动，也有受我尊敬的日本人。往昔是这样，现在我也很尊敬日本人。譬如科学，在一切领域都赶过美国；其研究、开发也很让人佩服。我觉得日本如能成为（世界的）领导者多好。

中国与日本的文化很像。中国虽然地大人众，但以前和现在都比日本落后是事实；所以不必把中国当做哥哥，当成弟弟就好了。日本与中国如能合作，为应用中国的物质、资源，日本予以帮助多好。但从前的日本，其脑袋只想着要以武力合并中国。

今日的日本，大概不会像从前那样，以武力来从事侵略了吧?! 但也不能有经济侵略。

如果你要经济侵略，别人也不是傻瓜，你将来还是会遭到反抗。

历史有前车之鉴，中日战争就始于日本的经济侵略，结果招来了中国人的反抗。一位日本武官曾指责张学良，说反抗日本是其鼓动起来的。张反驳："不是我，怎么说我鼓动哇？我不是鼓动抗日，我是随老百姓去抗日。我做着中国官，我得顺着中国老百姓，我不能做中国官给你日本做汉奸呐！换句话，我给你日本做汉奸，你也拿我不当东西呀！"

现在我跟日本人谈话，我说你们现在还存在这个心，虽然你武力没有了，你还是想用经济侵略人家，我说早晚你的经济侵略还是有后果，这后果我不知道是什么样，也许是人家反对你的日货还是怎样……你早晚会惹出祸来的。

你怎么就不知道跟人家合作？咱俩合作，你有利益我有利益。你一定要改变啊，你日本用这种方法，你走不通的，你就说美国现在用经济侵略，你将来总要碰一个大钉子的。

所以，我劝日本人，你还有侵略的心，那你是总也得不到的。……你用这经济侵略，你要知道，将来的后果是一样的。……你还是用侵略的这种思想，你最后怎样出来不知道，它会出来一个变化。

这个"变化"，就是整个民族的反抗，反抗的结局正好和经济侵略发动者的最初设想相反。张学良曾语重心长地赠言日本青年：

> 我们中国有“以德服人”这句话，对弱者伸以援手，弱者必定很感动，并且自然而然地会设法图报。日本人应该知道：“帮助别人，结果就是帮助自己。”但不要期待报酬。“对弱者帮助，弱者强大后也会帮助你。”[①]

忠告之三：不要忘记历史的罪错，“忠”而不“恕”，也是一种极端

张学良的日本观不仅富有沧桑感和沉甸甸的历史厚重感，更富有人性化的恳切和博大。

“我和日本 NHK 谈话，我说中国有句话，‘夫子之道，忠恕而已’[②]，忠是我执行这事我尽力，恕道是我能原谅人。日本人是忠到极点，没有恕道。这个日本 NHK 承认现在日本还是这样的。”

张学良认为中日两国文化同源，之所以日本走向极端的道路，就是日本把“忠”发展到了极致，“日本人的忠是世界第一啊，武士道嘛。世界没有哪个国家能那样。”

日本文化在很大程度上属于模仿文化，这种模仿文化带有极强的自我选择性，它认为有利于自己的就吸收，并且无限放大，认为不利于自己的就摒弃，甚至彻底丢掉。武士道以日本固有的神道信念为基础，起源于日本镰仓幕府时代，后经江户时代吸收儒家和佛家的思想而形成。最初倡导忠诚、信义、尚武、名誉等。但武士道作为封建幕府时代政治的产物，它吸收的是儒学和佛学的一部分，而不是全部。

儒学是有基点的，是完整的、协调的，是讲是非的，离开了“仁”的基点，“忠”与“恕”就分家了，不能执守两端，就会导致极端。

日本走上军国主义道路之后，武士道经历了一次畸变。“忠诚”变成了“皇国论”；“信义”变成了“大和魂”，欺弱媚强成了日本的国格；“尚武”变成了“崇尚杀戮”，军刀成了勇敢与地位的象征；“名誉”演变成了不分

---

① 张学良：《接见日本广播协会电视台记者的谈话》。

② 语出自《论语·里仁》篇。子日：“参乎！吾道一以贯之。”曾子曰：“唯。”子出，门人问曰：“何谓也？”曾子曰：“夫子之道，忠恕而已矣。”此段文字的大意是：孔子说：“曾参呀！我的学说贯穿着一个基本观念。”曾子说：“是的。”孔子出门以后，别的学生便问曾子：“老师的话是什么意思？”曾子说：“他老人家的学说，只是忠和恕罢了。”

是非的不犹豫、不投降、不怕死和剖腹自杀。这一畸变与狭隘民族主义和扩张政策相结合，就把非人性和反人道发挥到了极致，“武士”变成了虐杀狂和自虐狂。

在古代，中日两国社会阶层排序都是“士农工商”，但中国是“文士”，日本却是“武士”。儒家的“文士”讲究“君臣义合”、“忠恕之道”，但日本“武士”只重视君臣戒律，“君不君”（君暴虐无道）也不可“臣不臣”（臣不尽臣道），尽忠是绝对的价值。

那么，什么是“忠”？什么是“恕”呢？儒家学者认为“忠者”即“仁者”，“夫仁者，己欲立而立人，己欲达而达人。能近取譬，可谓仁之方也已。”其意为：所谓“仁者”，就是自己想要立身于世，也要让别人立身于世；自己想要富贵，也要不影响别人富贵；能够将心比心设身处地地为他人着想。关于“恕”，孔子明确讲其内涵是“己所不欲，勿施于人”。“忠恕之道”是儒家“仁者爱人”思想的实际运用，其基本精神就是推己及人。“教人以善谓之忠”、“心止于一中者，谓之忠”、“以正辅人谓之忠”，“忠”是有是非的；“恕”就是将心比心，推己及人，“以己量人谓之恕”。张学良把“忠恕之道”从人际关系推及“国际关系”，这也是中国古代“协和万邦”、“亲仁善邻”、“讲信修睦”、“四海一家”思想在现时的发挥。

忠告之四：战犯“入靖国神社”，“日本还是一个侵略国家”

被武士道武装起来的日本军队如同一个只有入口没有出口的瓶子，只要穿上了“皇军”的军装，军人就被纳入了“只知向前”的不归路。

> 武士道有一句话，就是武士出门，今天早上我出门，我还回不回来，我不知道。
>
> 日俄战争的时候，日本工兵去破坏俄军的铁丝网，他们身上带着炸药，每个兵躺到铁丝网那，这样把铁丝网炸开了。
>
> 这也是历史传统下来的。让他们投降比死还难，他宁可死也不投降。
>
> 日本现在解除武装，不让它搞，一旦它恢复，它还一样。
>
> 现在日本把他们10个人都入到那个靖国神社，他们10个人［地位］很高啊……日本的事情都是他们几个惹的。

他们这10个人入靖国神社，可以看得出来，日本还是一个侵略国家。

张学良说："我只说了事实，让别人了解。我的看法对错，这是另外的问题。"①

日本军国主义能否真正复活是由多种因素决定的，也可能日本极右势力重走军国主义道路的梦想会被日益强大的国际正义力量所挤碎，不过，不管"日本还是一个侵略国家"的判断是对还是错，将战犯移入靖国神社供人参拜，必然使得日本人的历史观和战争观发生模糊和混乱，同时也会给极端思潮的泛滥提供温床。错误的历史观、战争观一旦同极端的民族主义纠结在一起，即使历史不会重演，也会严重地伤害中国人民等亚洲人民的感情，即使参拜靖国神社不是日本军国主义复活的风向标，也是值得警惕的信号。

综上所述，张学良的一生，深刻地经历和体验了身为弱国军人的屈辱和愤怒，近代日本给他和他同时代的人造成的心灵创伤，是和平时代的人无法理解的。因而，从横向上说，他对日本政治极端性、日本军队野蛮性、外交人员狡诈性的认识要比一般人强烈得多。同时，他又在比较中看到了日本的长处，日本的军事教育、军事训练、先进的军事装备令他羡慕，他也悄悄地效仿过，一度也产生过恐日的心理。这种憎恨与佩服、畏惧与效仿的相互交织，构成了张学良日本观的矛盾性特征。

从纵向来看，以"九一八"事变，尤其是以旅欧归来为界限，张学良的日本观发生了重大的变化。前期以恨日、恐日、师日相互交集，后期以强烈的抗日为主线，晚年提出防日的忠告。

总的来说，在张学良同时代人中，很少有哪个人的日本观是如此的客观而完整、真切而深刻，既富有对历史回望时散发出的沉重，又充满着因企盼中日友好而萌生的放心不下。

说他的日本观客观，因为他对日本的这些看法是基于他晚年对历史的疏理，一甲子多的时间基本平复了他的昔日之恨。

说他的日本观完整，因为这位世纪老人到了晚年还在密切关注着日本

---

① 张学良：《接见日本广播协会电视台记者的谈话》。

发生的一切，而且这种关注不断地变换着角度：感性、理性、人性，民族的特性、历史的惯性、文化的传承性……

说他的日本观真切，因为他对日本的每一个看法都源于大量的、带血的事实，而且这些事实不是他亲耳所闻，就是亲眼所见，更多的是亲身经历。

说他的日本观深刻，因为他对日本关注时间之长、对日本观察之细、对日本了解之深皆甚于常人。

因而他的回望是有分量的，他的放心不下是值得沉思的。

第四章
战争观：以息内争御外侮为轴心的思考

历代战乱终究都会有个停止的时候。我最不希望的，就是同胞自残，弄得民不聊生，国破人亡，让外寇得隙而入。

——张学良

在中国近现代历史上，张学良是最具传奇色彩的历史人物。正如唐德刚先生所说："在五光十色的中国近代史中，在百余年当国者的公私生活和政治成败的记录上，最多姿多彩的领袖人物，'少帅'张学良将军，应该是独占鳌头了。他那带有浓厚传奇性和高度戏剧化的一生，在民国史上老中青三代的领袖中，真没有第二人可与其相比。"

唐先生评价张学良是"三位一体"的将军，并说"把个花花公子和政治家、军事家分开来做，则民国史上实是车载斗量，没啥稀奇；可是把这三种不同的行业拼在一起，搞得三位一体，如鱼得水，则学良之外，也就真的别无分店了。少帅张学良之所以成为历史性的传奇人物，其难就难在这个三位一体了。"

然而长期以来，在人们的视野中，"三位一体"变成了"二位一体"，史学界之外，人们对"花花公子"感兴趣，史学界之内，对"政治家"张学良的研究成果颇丰，书籍上百部，文章数千篇。唯独作为"军事家"的张学良受人冷落，尤其是对其战争观，更是鲜有人问津，查遍期刊网，只有一二篇文字不长的论文。

自19岁穿上军装，到37岁换上囚服，张学良18年的军旅生涯占了他踏入社会之后、成为囚徒之前人生的全部内容。他一生中最主要的职业是军人，人们为什么没有注意到呢？是不值得关注吗？他和土匪打过仗，和其他旧军阀打过仗，和国民党新军阀打过仗，和苏联红军打过仗，和日本关东军打过仗，和中国工农红军打过仗，这在他同时代的将军中也是极其少见的。也可能因为学者治学严谨受“无米之炊”所累？但仅毕万闻先生一人收集到的有关张学良的讲演、报告、电报、书信、题词就达300万字之多，还有100多万字的口述史料，多为第一手资料，且绝大部分内容直接与军事相关，显然，这在学术上不属于“无米之炊”。

长期以来，人们一向重视的是对张学良爱国事迹的挖掘和对其爱国思想的研究，却很少注意他的战争观。本章试对张学良的战争观作一粗浅的探讨。

一、每一个理念都从硝烟中“捡”来

张学良的战争观是他对战争的总的认识，是他在长期的战争生活中经过思考逐渐形成的战争理念，也是他对所经历的战争的经验总结和理论概括。可以说，他对战争的认识、总结和概括不一定完全正确，但绝对是他个人的亲身体验，每一个理念都从硝烟中“捡”来，都经历过战争的淬火。

他的战争观主要包括两个层面的问题：一个是战争观念问题，另一个是战争实践问题。前者主要是对战争的起源，战争的性质，战争的本质，战争成败与政治、经济、军事、科技、民意人心的关系的认识；后者主要包括对关于战争、战役、战斗、军队建设、国防建设的基本方针和原则。两个层面的问题主要体现在他的战时讲话、讲演、通电、作战命令、战时日记及后来的回忆录中。当然，从他的军事实践活动中，也可分析出他一定的战争观念。

张学良的战争观是他的国家观、日本观与其具体战争实践相结合的产物。

在当时的中国，怎样才能实现国内和平？怎样维护国家统一？是每个军事统帅必须面对的问题，要正确解决这一问题，必须对中国国情和国际局势有着深刻的理解和正确的把握。但最初张学良对这一问题没有正确的把握和深刻的理解，他一味地追求国内和平，盲目地维护国家统一，参加武装调停中原大战，调兵入关讨伐石友三叛乱，结果导致东北防务空虚，给日本发动“九一八”事变提供了机会；也是在维护国内和平统一的前提下，忠实地执行蒋介石命令，积极参加“剿共”战争，给中国革命造成重大损失。

张学良是一位具有强烈爱国情怀的将军，当他发现“剿共”战争消耗的是中国的抗日力量之后，勇于改正错误，最后走上了联共抗日的正确道路。张学良为了实现抗日，做了艰苦的努力，包括阅读马克思主义书籍，研究辩证法，任用共产党人为智囊，深入了解社会各阶层对内战的反映，内战给中国百姓带来的苦难等。在此基础上，写下了著名的《抗日理论与实践》一文。对如何动员、组织抗日战争，找到了方案：那就是全民抗战的道路，最后实现把日本帝国主义赶出中国的道路。在长期领导东北军事集团参与战争实践的过程中，张学良逐步形成了以抵御外侮、收复东北失地为具体目标的战争观。

张学良的战争观是他指挥东北军对抗各种武装力量的实战经验总结。

东北军长期的战争实践是张学良战争观赖以产生和发展的源泉和基础。战争实践不仅是战争观的来源和基础，而且是战争观发展的动力。战争领域是一个充满困难和危险的领域，为了克服困难、规避风险，随着战场上对手的变化、武器装备对比的变化和军队士气此消彼长，战争的理念、原则和方法也会相应地得以充实、调整和发展。张学良的战争观具有鲜明的实践性。他在随其父参加内战，又在指挥东北军为完成蒋介石交给他的战争任务过程中，经历了直皖战争、两次直奉战争、“中东路战争”、武装调停中原大战、讨伐石友三战争、长城抗击日本之战、热河之战、豫鄂皖“围剿”红军的战争和西北“剿共”战争等，参加战争时间之长，对手变换之频繁，战场上的状况之复杂，军队士气之消长，在国民党将军中很少有人有他这样的经历。这从各方面加深了他对战争理解的全面性和深刻性，也积累了丰富的实战经验。张学良的战争观就是对这些实战感受和经验的概括和总结。

张学良的战争观是东北军事集团集体智慧的结晶。

张学良“弱冠即负统军责任”，作为东北军事集团的统帅，有着超越集团其他人的才智和勇气，用王卓然的话说“绝顶聪明”。但聪明有天资的成分，更多的还是来自于实践，尤其是上升到智慧层面的“聪明”大多源于集体和对集体“聪明”因子的吸纳。张学良的战争观也是如此，不是他生来就有的，也不是他一个人独创的结果，是张学良和他的部属们，也包括影响过他的父辈们、长官们、朋友们共同创造的。传统文化的熏陶、东北军将士们情绪的感染、父辈们对战争的体会、长官们的训诫、朋友们对他的忠告、他所阅读过的书籍等，都是他战争观形成的思想来源。

东北军是个特殊的政治军事集团，崛起于东北，成军的班底是绿林，继之而起的是有留学背景的“洋派军人”，后来是出身国内军官学校的本土派逐渐占居主导地位，入关之后，张学良身边集聚了一批有新思想的年轻人，包括共产党员，这些人善于接受新鲜事物，能文能武，为他治军治政出谋划策，对他战争决策都产生过重大影响。比如：东北抗日义勇军将领李杜、西安事变设计委员会主任高崇民、东北大学代理校长王卓然、李大钊的助手黎天才、共产党员刘鼎等等，有的为他起草文件，有的住在他家里经常与他讨论时局，有的为他办报做宣传，有的做他军官训练团的教官。他们对张学良战争观的形成和发展都具有一定贡献。但集体的良言美策、智慧奉献和凝聚，在一个没有彻底摆脱封建性的军事集团中，主要还是有赖于决策者的最终选择、提炼和总结。张学良一方面对新思想、新理念有着积极汲取的态度；另一方面对国家面临的问题有一种大胆探索的精神，使其具有渊博的知识、比较深邃的思维能力和关键时刻敢于拍板的底气。另外，张学良由于国难家仇集于一身，长期在日俄两强的夹缝中生存，对于国情有着常人难以理解的深度，在东北集团中有着别人无法替代的统帅威信和地位。所以，东北集团以集体智慧形成的战争理念和军事思想，冠之以张学良的名字确实是恰如其分的。

张学良战争观是张学良思想的重要组成部分。

在张学良自步入成年之后的政治生涯结束前，他所经历的中国正处于战争最为频繁的时期，他统率东北军时的历史实际上是一部战争史。战争是那一时期中国人的主要生活环境，也是各种政治势力较力的重心，张学良和他的东北军将士们，不得不以全部的精力投入到既关系到国家生死存亡，更关系到东北军生死存亡的战争中来。张学良的军事活动几乎是他 19 岁到 36 岁生命的全部内容。他留下的个人文字现整理出版的有 600 多万字，80% 以上的内容都与军事、战争直接相关。因此，我们说，张学良对战争、军事的看法与认识是他全部思想的重要组成部分。

二、U 字形的发展轨迹

张学良的战争观经历了成形期基本无错、展开时迅速偏转、拨正后立即升华的 U 字形发展轨迹。在这一过程中，抵抗外来侵略是他战争观的关注焦点，且一以贯之，代表着他的战争理念的总体发展方向。然而，在奔向这一方向的过程中，经常受到国家观认同意识的影响而发生暗转、混乱，甚至是倒退，直到西安事变前才最终升华为正确。

张学良战争观的形成，与中国当时的社会条件及他的个人经历是分不开的。中国近代以来，战争连绵、国势衰微，是张学良战争观形成的基础，他的战争经历奠定了他的战争观。换句话说，他的战争观是在他所经历的历史事件中形成的。大体上说，他的战争观经历了以“九一八”事变和“华北事变”为分界点的三个历史阶段。

第一阶段，“九一八”以前，“内战是罪恶之母”是这一时期的主要思想观点。

这一阶段是他战争观形成的重要时期。这一时期的思想有以下几个特点值得关注：

一是对战争的本质认识明确。

张学良在他的军旅生涯中，站在战争的最前沿、直接参加内战也就八年（1920—1928 年），此后，都属于在后方指挥。正是因为他直接参加战争，所以对战争的本质有一个直观的认识。

他首先看到战争是流血的，战争带给百姓的是苦难。

> 那时候我们在河南打仗，运输军队的火车走到一个地方，突然就停下了。具体地名我说不出来……我看见一个情景，眼泪都掉下来了。一个老太太趴在地上，长得像老太太，其实也不大岁数，五十不过，饿得那样，可怜极了，给她钱她不要。我们军队那时吃蒸馒头，当兵的拿着馒头吃，有些馒头渣儿掉地上了，那老太太就把掉在地上的馒头渣儿，连土、草棍子什么的抓起来就往嘴里塞。我看了心痛极了！就问那个老太太：“你们怎么这样子？怎么到了这步田地？家里没人了吗？没有儿女么？”她说，连年在这儿打仗，家里的男人都给抓去当兵去了，拉走了，没拉走的，跑的跑、逃的逃，剩下我们这些老的，走也走不了，干活也

干不动，没有饭吃呀，村子附近连树皮都找不到啦，咋活呀？

从河南前线回到北京，我跟我父亲掉眼泪，我说这是何必呢？自个和自个打，今天跟你打，明天跟他打，今天打明天和，后天又打，这是什么玩意儿？

源于直观和感情的思想，往往更清澈纯粹，但也不乏高度。他说："良年方弱冠，屡参战事，亲见因战乱原因，满目疮痍，民生凋敝，自己同胞互相残杀。"①

参加这样的战争，不论胜了还是败了，"余之内心即感觉万分痛苦"。②

因此，张学良认为，军阀战争的本质是流血的政治，军阀之间为一己私利而挑起的战争是暴力对抗，是毫无正义可言的战争。这一认识是有一定高度的，和马克思主义关于"战争是政治交往的继续"、战争的正义与非正义是由战争的政治目的决定的观点是一致的。

二是对军人、军队的属性、责任认识清楚。

此时，他虽然年轻，虽然是奉系军事集团参与中枢的人物，但他对军队属性的认识超越了他的父辈们。他认为军人不是军阀的私产，军人既然"食国家之饷饩"，就决定了军人属于国家，属于百姓，不能吃着民脂民膏而欺凌百姓，让百姓受苦遭罪，而应当尽保护百姓，有"除暴安良，抵御外侮的责任。"

三是对军事集团与国家关系的总体认识基本正确。

在对战争本质和属性、对军人军队属性和责任认识的基础上，他又将思想扩展到地方与国家的层面。他认为当时对国家前途和命运最大的威胁来自于帝国主义列强对中国的侵略，而不是哪一派控制国家政权，所以，他于1926年9月明确地提出了"早息内争，共御外侮"的思想主张，倡导中国拥有武装力量的地方实力派停止互相攻伐，不要站在地方的利益上考虑问题，应该"统筹全局，共图国事，息争御外，共挽颓流"。希望此后的中国不要再有内战发生，中国军人的天职是保卫国家，是抵御侵略中国的外部敌人，要把军人的头颅保留下来，"将来均向敌人抛去，将个人所有之

① 张学良：《西安事变忏悔录》。

② 张学良：《在国民党中央党部第86次总理纪念周上的演讲》1930年11月17日，南京，《民国日报》1930年11月18日，第4版。

热血，将来均向敌人洒去，完成军人之天职。”他还从东北特殊的缘政治出发，提出了避免东北危险，避免国家危险的条件。他说：“东北地处边陲，日本窥伺已久，如欲抵制外侮，必须国内统一。”

第二阶段，从“九一八”事变到“华北事变”，军人以服从命令、强固中央为天职，为了早日“攘外”而“安内”成为支配这一时期战争活动的主要思想。

东北易帜之后，东北军由北洋政府的军队变成了南京国民政府的边防军。这一变化是巨大的，变化之前，东北军事集团的首领是“国家元首”，东北军自然是北洋政府的直属军队，在军事战略战术的制定、军队的调动与指挥、命令的发出与执行，完全是自己独立的。变成东北边防军之后，支配他行动的指导思想即为军队是国家的，国家的军队天经地义地应该听从中央指挥。在这一思想的支配下，张学良在“九一八”事变中放弃了对日本帝国主义的抵抗，没能继续他抵御外侮的思想，错误地执行中央政府的政策，这一错误行动一直至延续到豫鄂皖“剿共”。关于这一问题在国家观一章中阐述其思想局限性时有过讨论，所以在这里不再展开。

第三阶段，以“华北事变”为转折点，逐渐形成了“军人以捍卫国家为最大责任”、不“攘外”无以“安内”，抗日是国家复兴的唯一出路的观点，走向了正确认识什么才是正义战争的新高度。

张学良个人对战争认识的转变主要受两方面的影响，一是随着日本侵华战争步伐的加快，蒋介石却加快了内战的步伐，张学良见收复东北失地日远，对蒋介石心生愤慨；二是受共产党对日战争主张的推动。

张学良在豫鄂皖“剿共”期间，日本帝国主义并没有因为蒋介石积极“剿共”就放缓侵略中国的战争步伐，反倒把侵略战争的范围扩大到了华北。1935 年上半年，日军不断增兵华北，还暗杀了天津两个亲日的小报主持人，诬为蓝衣社（复兴社）所为，为扩大侵略战争制造借口，激起华北人民的反抗。蒋介石仍然继续对日妥协政策，以南京国民政府的名义发出“睦邻敦交令”，禁止一切排日、反日的文字与行动。实际上这就是《何梅协定》。① 以《何梅协定》为蓝本，又签订了《秦土协定》。这样，日本就

---

① 杨心梅在《参谋秘书室工作的情况》中说：西安事变时检查蒋介石的公文包，其中有《何梅协定》，主要内容是：华北五省自治与东北军调黄河以南。稿存全国政协。

攫取了冀、察二省大部分权益，冀、察、平、津等地中国驻军及宪兵等纷纷南迁。史称“华北事变”。

《秦土协定》签订后，张学良愤慨地说：

> 九一八后，我们误信国际联盟及其他和平机构，错认公理可以制裁强权，所以步步退让……我们唯一的道路，就是靠自己死中求活，与日寇拼命。
>
> 不抵抗的责任不应由我一人承担，就算是我一人的罪过，那么，一误岂堪再误！一人误，岂可全国也误，一时误，岂可永久再误。国人骂我不抵抗，现在大家就应一致奋起，一起抵抗才是。[①]

但蒋介石仍然要张学良以消灭“心腹之患”——红军为第一急务，对“癣疥之患”——日军要继续忍让。[②] 如此种种，促使张学良开始怀疑蒋介石“攘外必先安内”政策指导下的“剿共”战争正义性。张学良开始寻求脱离“剿共”战争。

抗日救国始终是张学良军事思想的主要内容。1936 年 6 月 22 日，他在西安对军官训练团全体教职学员发表了《中国出路唯有抗日》的重要讲话，不久，又发表了《抗日理论与实践》等文章，形成了比较完整系统的抗日军事理论。他认为：当前中国军人的唯一责任就是抗日。他说：“军人最大责任是捍卫国家。”“头可断，血可流，一切一切都可以牺牲，唯有日本不可不抗，没有这样最大的决心，便不配为中国军人。”

三、战争“四观”与战略“十论”

张学良在参与和指导战争的实践中，始终坚持自己的战争观。他的战争观首先是他对战争基本问题的认识，包括对战争起源和根源、战争的本质、战争的性质、战争的目的等方面的认识；然后是他的战争方法论、战

---

① 王卓然：《张学良是怎样个人》。

② 蒋介石于 1933 年 4 月 10 日在南昌对进攻红军军官的训话。1936 年 10 月 27 日蒋对王曲军官团训话亦有此语。

略战术和国防建设理论等。“息内争”和“御外侮”是张学良指导战争的基本立场、观点和方法，指出了国内战争和民族自卫战争的区别与联系，是张学良战争观的核心理念。战略战术是他适应各种复杂战争需要所制定的战略原则和作战方法，是战争取得胜利的保证。国防建设理论，尤其是对空防的重视是张学良战争观在新的历史条件下的新发展、新创造。

1. 战争“四观”

什么是战争？似乎是一个不用思考的问题，但它恰恰是战争观中的一个核心理念。战争因何而起？战争的本质是什么？战争有没有正义和非正义之分？为什么要进行战争？这些问题既是战争观的基本问题，也是衡量一个人思想水平的重要标尺。它不仅制约着以何种的态度参与战争，是积极参与还是努力制止？也制约着战略构想的设计和具体战术原则的制定。

战争自私观

“大人物”的自私自利是引发战争的根源。

战争的根源问题，也就是战争“为什么发生”的问题。马克思主义认为私有制和剥削阶级的存在是为什么会发生战争的主要根源。战争是在人类社会出现私有财产、分化为不同的阶级之后所特有的社会现象，它不是由偶然因素导致的，而是由社会的必然因素决定的。张学良不是马克思主义者，更不是理论家，他不可能站在马克思主义者的高度来概括战争，也不可能概括得那么精辟，他对战争的概括来自于他对战争的耳闻目睹。

由于张学良有个“好爸爸”，所以从他穿上军装那天开始，就一步迈入了奉系集团的权力核心层，参与中枢决策。正是参与中枢决策，尤其在随父南征北战中，开始思考内战的源头在哪里。“余以为治国犹如医人，医师医治患者，必先诊断病源，方能对症下药”，国家内战之病源头在哪里呢：军阀拥兵自重，利欲熏心。

在北洋军阀统治时期的民国，在上层没有民主政治，中央政权空有其名，不能指挥军队，在下层没有民主势力，不能牵制军队。军队既不属于政府，也不属于民众，只属于统帅军队的个人。军队统帅“自立为王”，划地为界，拥兵自重，这便是军阀。军阀的部队是一个独立于中央政权之外的集团，内部奉“我的领导的领导不是我的领导”为圭臬，部将只认一人为“头儿”，军阀是一种封建势力。一个个大大小小的军阀集团实际上就是以血缘关系和地域关系为纽带的家族实体。军阀的最大特点，就是一个“私”字。[①] 因此，军阀在他所在的集团里，可以无拘无束，无法无天，思想行动，绝对自由，下对上，绝对服从。[②] 军阀的天下是“家天下”，说穿了，奉军是“张家军”。“你像我父亲带兵就不同了，他的军队那就是张家军。我父亲那形象，我看得都毛骨悚然，他那些老部下简直对他怕得了不得。”

他说打谁就打谁，他说什么时候打就什么时候打。1924 年，江浙战争爆发，“我父亲把我们召集在一块堆儿，开会商量，……我父亲说：‘既然我们与粤、皖两方有言在先，人家已经动手了，我在这边一定响应。等直军打败了皖军，打完了广东，再来打我们，我们也完了。那我们更丢脸。’”“一般这种情况下，都是先看看情形再说，我父亲说：‘我的决心已下，打！决心打！怎么具体布置是你们的事，我是必须要打。’我们心里都清楚，只是谁也不敢说，这仗根本没有打胜的希望。”军阀一句话：“我要打！”这就是战争的根源。军阀为什么说打就能打得起来？因为军阀的天下是“家天下”，军阀的武装是私人武装。“其实内争之肇始，并非全体将士之意旨，不过一二军阀为争夺地盘而已。”[③]

奉军为什么是“张家军”？东北是张家的地盘，地盘是军阀的粮仓，是军阀的马厩，是军阀的武器库，是军阀的兵源。军队的粮食、马匹、枪支弹药都来自这个地盘，军阀可以自由摄取。兵是雇佣兵，他们因为吃饭才来当兵，军官是为了养家糊口，他们所要的都是张家给的，所以张作霖说打谁就打谁，地盘扩大了，资源就丰富了，军队就强大了，再扩大战争。

> 历年以来，战同循环，无一年之安定者，皆因每次收束军事之际，政治不得其平。其中地盘之得失，权利之多少，苟且安排，即为将来祸根隐伏，表面似为前日之果，里面已为后日之因。从之欲望无穷，

---

① 参见李云峰、马建昌：《张学良的思维模式与中国传统哲学智慧及政治伦理》（会议论文）。

② 参见胡梦华：《中国军阀之史的叙述》。

③ 张学良：《在国民党中央党部第 86 次总理纪念周上的演讲》1930 年 11 月 17 日，南京，《民国日报》1930 年 11 月 18 日，第 4 版。

而事之范围有尽。由此较而竞争，由竞争而冲突，不待一年数月之期，而干戈再起矣。不知共和政体之下，既不能为天下一家之私，亦不能存有我无人之见。但能以国家为先，个人为后，互相让步，何事不成？①

1931 年，张学良对民国以来的内战原因有一总结：

溯自民国肇造，二十载于兹，扰攘纷乱，迄无宁日，民生日趋贫困，国力日就衰微，稍有良知，孰不叹息！揆厥原因：

其一，落伍军阀，为一时利欲所迷，认军队为私产，以反抗为出路，稍不如意，便以武力为抗争之后盾。一人煽动，徒党和之；一地作战，全国波及，此仆彼继，往复效尤，国家安得不乱，民生安得不苦！

其二，国民对于和平统一，尚无深刻之认识，主持公论，未见充分；纠擿奸回，难期实效。野心家之欲望，无由遏止；反动者之视听，无由儆慑。为善者既未博得民众之赞扬，为恶者亦不受社会之裁制，是非不明，邪正莫辨，此国家所以变乱相寻、讫无郅治之日也。②

战争政治观

政治利益及其冲突是战争的本质和决定因素。

战争的本质是战争观的重要内容。普鲁士军事家克劳塞维茨有一句名言：“战争不仅是一种政治行为，而且是一种真正的政治工具，是政治交往的继续，是政治交往通过另一种手段的继续。”

张学良对战争的政治本质也有较为深刻的认识。中原大战因何而起？张学良说，因不同政治主张，“南北成立两政府”，都指责对方“政治不好”，最后导致“兵戎相见”。1930 年 11 月 17 日，张学良在国民政府纪念

---

①《张学良等宣告进占北京之通电》1926 年 4 月 16 日，《奉档汇编》第 5 册，第 164 页。

② 张学良：《和平统一为切要之图》1931 年 5 月 22 日，天津《大公报》1931 年 5 月 22 日，第 3 版。

周上痛斥当国者玩弄政治，引发内战，他说："动物中最下等者即为将权力用以保护之用，而不应用于建设事业。"①

当权者手中的权力本应该用于国家建设，而他们却把人民给予他的权力用来保护自己，许多内战的发生，都是因为他们为了保护自己的政治意图。政治意图是他们发动战争的目的，战争是实现他们政治意图的手段。

中日战争也是如此，日本为什么要侵略中国？因为它要"建立日本天皇统治下的世界帝国"，这是它的国策，"日本为了完成其传统的国策"，"一定要统治全中国"。② 这即是日本帝国主义侵略中国的政治意图，这是明治维新后日本政府最大的政治，它要实现这一政治目标，用一般的手段是达不到的，只能采取战争的手段。张学良指出："我们对此问题，必须注意于历史背景与当前错综复杂的国内国外各种问题，如此才能得到深刻的、正确的认识，与坚定的信心。"③ "我们中华民族的生死关头已经到了！抗战是中华民族唯一的出路！"④ 将日本赶出中国去，是全体国民的意志，也是中国抗日战争的政治目的。侵略与反侵略的目的都是以暴力的手段，迫使对方服从己方的意志。由此可以看出，任何战争的本质和目的，最重要的无非是为了达到各自的政治目的。正如克劳塞维茨所说："一切战争都可看作是政治行为。"

战争暴力观

战争的本质除了政治本质之外，还有一个突出的暴力本质。

战争是一种暴力行为，而暴力的使用是没有限度的。张学良认为，战争一定要求胜，战争之前要做估计，对方有多少兵，能出多少兵，自己有多少兵，能出多少兵，仗一打起来，那就得拼命了。有些人可能以为，人类应该找到一种更好的办法，不必杀那么多人，就能让对方服从自己，战场上不是那么回事，你不杀他，他杀你。战争是用武力手段迫使对手服从

---

① 张学良：《在国民党中央党部第86次总理纪念周上的演讲》1930年11月17日，南京，《民国日报》1930年11月18日，第4版。

② 张学良：《抗日理论与实践》1936年秋前后，西安《解放日报》1937年1月8日。

③ 张学良：《抗日理论与实践》1936年秋前后，西安《解放日报》1937年1月8日。

④ 张学良：《中国的出路唯有抗日》1936年6月22日，长安县王曲镇，西安《解放日报》1937年1月5日，第3版。

自己意志的暴力手段。把自己的意志强加给对方是战争的目的，可战场上的目标就是把对方打垮，你不打垮他，他怎么能心甘情愿地服从你。“所以作战时不择手段，不论方法，只以争得最后胜利为目的，故作战时只知破坏，专事残杀。”①

这种观点和克劳塞维茨的观点是一致的，只是表述不同。战争并不是活的力量对死的物质的行动，它总是两股活的力量之间的冲突，因为一方如果能忍受屈辱而放弃抵抗就不成其为战争。战争一旦打响，任何一方在没有打垮对方以前，都会担心被对方打垮，为了打垮对方，就会“不择手段，不论方法。”

战争的暴力本质与交战双方的文明程度无关，也与科学技术进步无关，甚至在某种程度说，文明程度越高、科学技术越进步，这种暴力本质表现得越明显。火药代替了冷兵器，原子弹代替了手榴弹，共和制代替了君主制，西服革履代替了长袍马褂，战争的暴力本质并没有丝毫改变，而是变本加厉。

冷兵器时代，骑马奔杀，一日杀数十，就算“神骑”了，现代战争，一颗炮弹落下来，数十条生命瞬间化为灰烬。

> 战端一起……庐里丘墟，人民涂炭，伤心惨目，讵忍详言。
>
> 我在法国凡尔登要塞的时候，看到了为大战而牺牲的战士们的坟墓，有的是获得了尸骨，在坟头上标明着姓氏，一排一排的十字架映入我们的眼帘。有的尸骨无存……我曾遇到一个年迈的妇人，她用了一个小铁盒装满了鲜花去致祭，她在一张小纸片上写着：“我的丈夫，我的两个爱儿，和我的夫弟与胞弟……我想你们的尸骸一定是在这里边！”
>
> 我曾和一个军人谈话，他很诚恳地对我说：现在全世界除掉一两个国家以外，都不愿意再发生战争了。其实这一两个国家还不配说战争，还不晓得战争是怎么一回事，因为他们根本不知道战争的残酷及其引起的人类痛苦！无疑的，仅仅这一点，已足代表全欧洲人人深知

---

① 张学良：《在国民党中央党部第 86 次总理纪念周上的演讲》1930 年 11 月 17 日，南京，《民国日报》1930 年 11 月 18 日，第 4 版。

战争的罪恶，而对战争十分厌倦了。在我们，也应该深信着：

为了战争给人类的绝大痛苦，故战争不应该在人类中间发生。①

战争道德观

战争是自私的，流血的，残酷的，灾难性的，是对人性的扭曲。

战争的性质是由战争的政治属性，即战争的政治目的所决定。战争政治目的的正义与否，直接决定战争的正义与否。

张学良在区分战争性质时有着鲜明的标准，他始终站在国家、民族和民众的立场上，来衡量战争的目的是不是自私的，包括为了一己之私，为了一党之私，为了一派之私，一个集团之私，总体上他认为，在外敌入侵之时，燃萁煮豆之类的内战一般均属于出于私心的非正义之战，为了国家、民族和民众的眼前利益和长远利益而进行的民族自卫战均属于正义之战。

以此为标准，他认为军阀之间的战争，皆为从本集团的利益出发而从事的“私战”、“争地盘”之战、“泄私愤”之战、满足个人“政治欲”之战。他借用日本人的话来指斥发动内战的“实力派”：“中国实力派，大都采个人或小集团的繁荣主义，缺乏为国为民之主义，因此形成独霸一方，独裁私兵等情况。”“国家之存亡，民众之疾苦，彼等似不负任何责任，而彼等政治欲、物质欲，却非常旺盛。”② 这样的战争，给民众带来的只是苦难：“我过去打内战，看到老百姓因内战被蹂躏失所，饥寒交迫，我内心非常难过和内疚，我希望今后不要再打内战，各地区领导者有相异的意见，可以公开诉诸公理解决，不要再拿老百姓遭殃了。”③ 他还站在自己的处境上给红军以极大的同情：“红军是没有家的人，我们也是没有家的人，没家人不打没家人，中国人不打中国人！要停止一切内战！谁要打内战，谁就是我张学良的敌人！”

“历代战乱终究都会有个停止的时候。我最不希望的，就是同胞自残，

---

① 张学良：《国际形势与中国前途》1934 年 4 月 30 日，《民国日报》1934 年 5 月 24—27 日。

② 张学良：《抗日理论与实践》1936 年秋前后，西安《解放日报》1937 年 1 月 8 日。

③ 张学良：《在东北大学开学典礼上讲话》1928 年 9 月。

弄得民不聊生，国破人亡，让外寇得隙而入。”①

但他也不是对一切内战一概而论，他在为东北军骑兵第七师北上抗日送行时说：“伪军士兵没有知识，被人利用，倒可原谅；伪军军官甘心事仇，为虎作伥，应杀无赦。”② 在告东北军十七路军将士书中说：“我们的希望，只是集合全国的力量去抗日救国，是绝对纯洁的，是绝对发自内心的，无一毫私心。”“我们的目的在对外，绝对不造成内战，并且极力避免内战，但是，如果有违反民意的汉奸，用武力压迫我们，使我们不得贯彻主张，那我们为扫除误国误民的分子，争取民族的最后生存，当然我们要起而自卫并且要粉碎这种恶势力。”这样的“内战”，是必需的，因为它是在为抗日救国而“清道”。③

2. 战略“十论”

简言之，战略即作战的谋略。它具有统领性、全局性的特点，主要指筹划和指导战争全局的方略，是对高层次重大问题的筹划和指导。如国家战略、国防战略、国家经济发展战略等。按照这一定义，对涉关全局性的战略制定与把握，主要应该是国家领导人，或军事最高统帅以及国家智囊和军事理论家们的责任。根据张学良的地位，似不应对战略问题有过多涉猎。

由于张学良的爱国至诚和东北军特殊的政治命运，加之其本人不囿于常规的性格，他对战略问题也有较多关注和论述。如他的中日战争规律论、国防理论中的空防论、战争准备论，都属于国家战略范畴；还有一些虽属于战略范畴，但作为军事将领也需要思考的问题，如军队精神论、兵种建设论、“唯武器论”；另有一些思考，极具个性特色，如战争责任论、兵民关系论、“息争”与“御侮”顺序论，不仅超越了作为将领应该思考的范畴，其基本观点甚至直接与“国家统帅”的观点和国家战略相矛盾。

中日战争规律论

战争规律，主要是指对战争进程起制约作用的各种因素之间内在联系的把握。即作战双方的政治、经济、军事、地理、士气等因素对战争进程

---

① 张学良于 1947 年 10 月在台湾井上温泉与张治中谈话。

② 张学良：《骑七师北上抗日行前讲话》1936 年 11 月 10 日，《沈阳文史资料》第 11 辑，第 116—120 页。

③ 西安《解放日报》1936 年 12 月 23 日。

的影响。这些因素不是孤立而存在的，彼此之间相互作用，相互制约，这种制约关系就是内在的关联性。这种关联性，决定着战争能不能发生，可不可以避免，如果不可以避免，它将以什么方式出现，战争的最终结局是什么，这就是一般所说的战争规律。而中日战争是国家间的战争，对中日战争规律的研判是制定国家战略的前提，作为以执行命令为第一职责要义的将领——张学良，为什么对此予以极大关注并公开发表涉关国家命运的观点？

一是张学良从东北及东北军与日本长期打交道的历史过程中，得出一个教训，那就是：如果不能察知正在强化中的日本对中国的威胁，并立即采取对抗行动，中国就会成为命运的玩偶。

二是受南京政府对日妥协战略的刺激，不得不说。

三是他熟悉日本的国家战略，加之性格原因，有话憋不住。

张学良对中日战争规律的认识主要集中在 1936 年他的几次讲话。他通过对中日两国政治、经济、军事、历史、地理、民族心理等因素的比较，得出日本一定要灭亡中国和中国必胜的结论。“抗日问题，关系到我们国家民族的存亡兴衰。”因而他号召东北军、十七路军官兵及全国人民，“对此问题，一定要有深刻的、正确的认识，与坚定的信心。”①

“中日问题，绝没有和平解决的希望。”唯一的希望是，放弃以前我们对国联的依赖，放弃对日本不会扩大事态的幻想。

> 依赖根本没有力量的国联的失计，任何人都晓得，不必详述。至于希求事态不扩大，这种幻想简直可笑，我们越是这样希望着，事态越会扩大。日本可以利用我们这种心理上的弱点，判断错误，要来积极推行其侵略政策。
>
> 过去的错误，我们不能不察明，不能不承认。既已察明，既已承认，我们绝不能一错再错。的确，在现阶段里，对日只有抗战。除了抗战，没有其它任何办法，这如同残暴的强盗，已经把我们绑起来，马上就要举刀来杀我们的时候，我们还能容忍吗!? 主张容忍的人，同一个人在临死之前说，等若干年后我还是这么大的人，有什么区别？

---

① 张学良：《抗日理论与实践》1936 年秋前后，西安《解放日报》1937 年 1 月 8 日。

试看：过去五年来容忍的结果是什么!?假如再容忍五年，结果又当如何!?我敢断言：对日再容忍下去，不要说五年，恐怕不到一年，整个中国已在日本帝国主义统治下了！中华民族的自由将永远被人剥夺了！等到那时想抗战也没有机会了！再想收复东北，简直是笑话了！整个中国都完了，何从收复东北?!即假令整个中国尚未亡，日本帝国主义者在东北的势力，已经根深蒂固，大规模移民计划成功，再想收复实在太难了！

我们现在处于垂死的境地，我们唯有抗战！我们马上要抗战！我们一定要奋力向前冲！只有这样才有胜利的成功！如同操典上所说的：作战到了最危险的时候，只有向前冲；退却必死，前进尚可胜利!①

抗战的路充满着危险，充满着死亡，但我们必须坚信："最后的胜利是属于我们的!"

"最后的胜利是属于我们的!"不排除有鼓舞士气的主观动机，但张学良不是在盲目地做宣传鼓动，也不是无根据的战略预测，他是在做了充分的分析之后得出的结论。他清醒地认识到："在整个抗日战争中也难免有失利，那是暂时的，我们所争的是最后胜利。"之所以说日本帝国主义最后必败无疑，张学良列举了数条理由：

政治上，"日本由于资本主义之形成，使国内人民的立场截然不同。军阀依附于大资本家，受大资本家的支配，实行对外侵略。"而"日本之农民和工人，由于被压榨剥削之结果，都感到恐慌。因而也形成了他们反军阀、反统治阶级、反侵略政策的共同阵线。"②"在日本国内，以致日本的军队中，埋伏了几千万颗反帝国主义的炸弹。"③

敌方之强，并不尽如一般所想像之完备，军事、政治、财阀、官僚，各有其暗斗之创痕，一舆言战，其弱点立即暴露，局势当有变更；

① 张学良：《抗日理论与实践》1936年秋前后，西安《解放日报》1937年1月8日。

② 张学良：《中国的出路唯有抗日》1936年6月22日，长安县王曲镇，西安《解放日报》1937年1月5日，第3版。

③ 张学良：《抗日理论与实践》1936年秋前后，西安《解放日报》1937年1月8日。

不与之战，其弱点可以弥缝，气焰益为张大。①

经济资源上，“日本经济困难，国本不固，没有长期作战的条件。”日本是一个岛国，可耕地少，“日本那样多的人民，依赖那一点耕地，农民情况自然贫苦。加以连年军阀积极对外侵略，军费异常庞大。日本人民负担日益加重。”“日本自明治维新以来，工业虽然一天比一天发达，而其利润则入于少数人手中，故工人之贫苦情形实不减于农民。”对外战争使日本财政状况入不敷出，靠举债来维持日本财政平衡，这样的国家，“能长久支持下去？纵然中日不开战，恐怕日本财政状况也难于维持下去。当然开战之后，日本财政上感到的困难，更会百十倍于今日。我真不相信他们还有什么更好的办法？不但没有好办法，也可以说一点办法也没有。生产品无处销售，军需品需要日多，军费浩繁，支出一天比一天多。日本真没有长期作战的条件，相信战争稍延长，他们国内一定会起变化。我这些话，我相信确不是把中国必胜的这一事情估计得太高，也不是盲目的乐观主义的论调。”②

而“中国的国力远胜于日本。”③“支配一个国家的复兴前途之基本条件，不外人民与富源两种。”“中国的人民在量的方面占世界五分之一”，④中国的全国土地面积“占全世界陆地十三分之一”；“煤，可供2000余年之用”；“还有两种矿产，就是锑与钨，这两种东西都是造兵器所必需的，中国的产量，占世界第一。”⑤“中国的自然富源，与人口比较虽不配称‘地大物博’。（但）自足自给却不成问题。况且，与德国、意大利、日本相较，实在比他们多的太多了。”⑥

军事上，“中国不是日本唯一的对手。除了中国外，日本还有更大的敌

① 张学良：《向国民政府请愿书》1936年9月18日。

② 张学良：《中国的出路唯有抗日》1936年6月22日，长安县王曲镇，西安《解放日报》1937年1月5日，第3版。

③ 张学良：《抗日理论与实践》1936年秋前后，西安《解放日报》1937年1月8日。

④ 张学良：《中国复兴的前途——对各部队军官的讲话》1936年10月5日，《西京日报》1936年10月10日，第6版。

⑤ 张学良：《抗日理论与实践》1936年秋前后，西安《解放日报》1937年1月8日。

⑥ 张学良：《中国复兴的前途——对各部队军官的讲话》1936年10月5日，《西京日报》1936年10月10日，第6版。

人。日本与苏联标榜的主义相冲突，实际利害也冲突。日本是世界公认的进攻苏联的先锋。日本也常利用这一矛盾去消灭他们与美英及其他帝国主义的矛盾。在苏联方面也这样承认，而且在积极准备自卫的抗战。这一事实，从任何方面都可以看得出来。所以我们说，中国不是日本的唯一对手，苏联才是日本最大的敌人。日本也实在特别畏惧苏联，现在差不多以全力从事于进攻苏联的准备。至于对中国的反抗，老实说，日本没有十分放在眼里，都未必……以偌大的中国对之，实在没什么了不得的。”① 日本虽有精良武器，但它远离国土，中国地形复杂，幅员辽阔，难以充分发挥作用。

民族士气上，“我们这方面是民族自卫战，而在日军那方面是帝国主义侵略战争。我们是正义的，他们却是违背正义的。因之，在一些觉悟了的日本人民，尤其是觉悟了的出征中国的士兵们，都有一种反战的情绪。”②在“民族士气上，（我们）占优势。”托尔斯泰曾经说过：决定战争结果的不是总司令的命令，不是军队所驻扎的位置，不是大炮或被杀死的人的数目，而是那种不可捉摸的、被叫作士气的力量。③

“古人说过：‘两军作战相争哀者胜’。所谓哀者，是处于被侵略、被压迫的地位，情绪自然是悲壮激昂。我们对日作战，我们是哀者，哀者便有几分胜利的可能。”战争本来就包含着情绪，“即使最文明的民族，相互间也可能燃起强烈的仇恨感。”这种仇恨感可能会超越理性，但它可能比理性的力量还要巨大，甚至可以纠正理性。正如克劳塞维茨所言：“认为战争越来越摆脱一切激情的影响，以致最后实际上不再需要使用军队这种物质力量，只需要计算双方的兵力对比，对行动进行代数演算就可以了，那是莫大的错误。”

张学良提出了“全民动员，长期抗战”的思想主张。认为对日作战“决不是局部的、段落的”，而是“长期抗战”。要“长期对日抗战”必须实现：

---

① 张学良：《抗日理论与实践》1936 年秋前后，西安《解放日报》1937 年 1 月 8 日。

② 张学良：《骑七师北上抗日行前讲话》1936 年 11 月 10 日，《沈阳文史资料》第 11 辑，第 116—120 页。

③〔俄〕托尔斯泰：《战争与和平》。

(1) 积极推行抗战宣传、抗战教育，使国民均发挥斗争性。

我们中国人，受了传统消极思想影响，易于被环境征服，而没有斗争性。中国人的消极思想，有几句在社会上流传俗语，可以充分表示出来，如所谓“多一事，不如少一事”，“自扫门前雪，不管他人瓦上霜”，“休谈国政”，“明哲保身”等等。有这种思想的民族，怎能冲破环境？怎能掀起正义的斗争!? ……国民没有斗争性，便有亡国的可能。相反的，国民有斗争性，便决不会亡国。

我们马上要养成，我们马上要藉着大规模地抗战宣传和普遍地推行抗战教育来养成。抗战教育在目前实在是万分迫切的需要。

(2) 粉碎日本对于中国采取的恐吓手段与分化政策。用我们的实力争取最后的胜利。

我们中国人的弱点，除了上面所说的一种以外，还有很多。所以日本帝国主义者得以针对我们的弱点，确定了恐吓手段，分化政策，希图不战而胜。一位日本驻华高级军官，不久以前，曾发表一篇秘密谈话，其中有这样几段话：“帝国可以欣慰者，为中国官吏慑于恐日病，而不敢违抗帝国也。现在全华实力派约十分之七，均非常聪明，不愿发动实力违抗帝国之意图，以取咎戾，更不精诚团结联合应付，大都采自保主义，以维护一身，在不违抗帝国原则下，苟延残喘。此等个个独立的小势力，仅为其小集团谋利益，当然难抗帝国之攻击，故彼等之俊杰的心理，恰予帝国的可乘之机，竟可不战而胜。一言以蔽之，倘以当年张作霖氏之说打就打，不管外交或国际战；又后来之马占山氏，虽明知实力悬殊，而仍硬干、强干，则帝国之对华工作，难免吃‘眼前亏’，帝国军队，为免‘相当损失’，亦必慎重行事，不可威迫太甚。须知中国军队，正式作战多失败，及变为共匪之后，反成为皇军之劲敌也。”

(3) 拥护领袖，组织民众，集中国家一切力量，长期对日抗战。①

抗日之实际行动，非有整个计划，齐一步骤不可。局部行动，失败之前车……欲图救亡，必须抗日，欲谋抗日，必须统一。但统一力

① 张学良：《抗日理论与实践》1936年秋前后，西安《解放日报》1937年1月8日。

量，不应偏重军事，统一全民力量，乃是坚固之武力。①

为民众者更应助军以自卫，军民互助，共赴时艰。②

张学良对抗日战争开始之后的战局作了估计：“日本帝国主义首先要封锁我们的海岸，占领我们的海口，以及距离沿线较近的大城市，但这是不足长（惧）的。”我们可以采取如下战略战术：

甲，以运动战、游击战的战略战术为主。

乙，对于重要战略上的据点，待战争形势好转，敌人战斗力减低时，仍要采取必要的阵地战的办法。

丙，采取坚壁清野政策。③

这样，我们就可以最终取得抗战的胜利。

和分析日本为何必然要发动对华战争一样，张学良也是通过对中日两国政治、经济、军事、历史、地理、民族心理等因素的比较，提出了抗日战争的规律是：短时间内，战争不会有输赢，最后的胜利一定属于中国。

张学良对于中日战争规律的总结告诉我们：战争不仅仅是独立的军事问题，它是国力的综合较量，更是民心意志的较量，只有从这种观点出发，正义才会在被人们认识中转化成能量，才会生发以弱胜强的勇气和战局的逆转。

战争准备论

“凡事豫则立，不豫则废。”如果把这句话放在战争领域来解释，就是俗话说的“不打无准备之仗，方能立于不败之地。”战争是决定胜负的政治，一旦决出胜负，结局就成为暂时不可改变的事实。那么，为决定政治胜负的战争所做的“一切准备就自然会趋向极端，因为准备时的任何一点不足，在将来都无法补救。”

关于战争需要准备的问题，张学良做了比较系统的论述。1934 年 4 月 30 日，张学良在武昌总理纪念周上作了题为“国际形势与中国前途”的演

---

①《陈诚致蒋介石电中所述之张学良致陈诚“养”机电》1936 年 9 月 26 日。

②《西北剿匪总司令部布告》1936 年 4 月 30 日，《西京日报》1936 年 5 月 20 日，第 6 版。

③ 张学良：《抗日理论与实践》1936 年秋前后，西安《解放日报》1937 年 1 月 8 日。

讲，就游欧时观察所得集中阐述了为什么要准备战争。

一是从人类本性上考察，战争不可避免，所以要准备。张学良游欧期间，一位法国人请他吃饭，还有一位英国人和意大利人作陪。当时他刚从德国回到法国。法国人问他："德国是否在积极备战？"张学良反问他："法国是否在积极备战？""他劈头就回答我一句：法国绝不愿再有战争发生。"

> 我表示我个人的天性是酷爱和平，但也深知和平是骗人的东西，和平是再好没有的两个字，并且人人都在祈祷和平，然而欲在人类中间实现永久的和平，这又似乎是一件绝对不可能的事。譬如我们今天是几个国家的人在一起聚餐，因为语言不一致，翻译之后必将有失原意，在意思的交换上自然甚感不便，我希望全世界只用一种语言，大家一定赞成，也真好，但是办不到……和平也是一样的。
>
> 和平一定会被打破，战争不可避免。①

二是世界大战迫在眉睫，中国不可能置身事外，自然需要准备。张学良从欧洲归来，人们经常问他第二次世界大战会不会发生，"我断然回答：大战是一定要爆发的，而且已经迫在目前。"②"炸弹是埋好了，随时爆发。"③"至于是由于日美之对立引起战争，或是由于日俄之冲突引起战争，还是由于德法之仇引起战争，我们都无从推测。"④ 但战争一定是会爆发的。

> 第二次世界大战的信号已经吹到了宇宙（地球）上每一个角落里，然而，这正是我们民族的一种更大的危机。我们必须振作起来，才能在世界的舞台上一显我们的身手，使民族走上康庄的坦途。⑤

---

① 张学良：《国际形势与中国前途》1934 年 4 月 30 日。

② 张学良：《国际形势与中国前途》1934 年 4 月 30 日。

③ 张学良：《游欧归来在沪发表之书面谈话》1934 年 1 月 11 日，上海，《武汉日报》1934 年 1 月 12 日。

④ 张学良：《国际形势与中国前途》1934 年 4 月 30 日。

⑤ 张学良：《在安内攘外使命下军人应有的自觉与努力——对独立四十旅、骑六师第十一旅、绥署特务团的讲话》1935 年 4 月 23 日，开封小南门外演武厅，《武汉日报》1935 年 5 月 1 日，第 3 版。

此时距离第二次世界大战的爆发还有五年多。

三是西方强国准备战争，“急到万分”，我们岂可无动于衷。“国际变化，奇幻无穷，将来究竟形成何种状态，谁也不能预作确定的判断，惟有一个极明显的事实摆在眼前，便是世界各国之厌战与备战，确乎绝对矛盾的同时发展着。”① “他们厌恶战争厌恶到万分，恐怕到万分，可是预备战争，也急到万分。各国间之疑忌比大战之前夕还要险恶，经济会议不成功，裁军会议开不成，与国联基础之摇动，全是大战祸之预兆也，可以说全是东洋国际不安之反射。”② “假设没有前此欧战的教训，恐怕世界第二次大战早已爆发了。”③ 法国在备战，英国在备战，意大利在备战，西方强国都在备战，我们作为弱国，“再不急起直追，努力奋斗”，“我们不仅对不起地下的祖宗，对不起我们自己的良心，更对不起我们的后代子孙。”④

在强国都在备战、世界大战即将来临的时候，作为相对软弱的中国，最应该解决哪些问题？在哪些方面做好战争的准备？最重要的是解决“徒抱悲观”、“求救于人的心理”，最重要的准备是心理准备。

首先，要把准备战争提高到民族是兴是亡的高度来认识。

> 为了维护中华民族的生存，为了取得我们民族的复兴，势须全国上下一致觉悟，来积极准备应付这不可避免的大战之来袭。
>
> 我们应当认定世界第二次大战是我们这一民族复兴或覆亡的总决算之到来，那里有生路又有死路。⑤

准备好了定会在大战中复兴，准备不好就有可能在大战中覆亡。“现在若不准备，一旦世界战祸爆发”，“恐怕就是整个灭亡的时候。因为届时敌人为战略计，为资源计，必占领我国重要地带，驱我国人为之服从，我国局势照现在情形长此下去，自卫尚做不到，遑论参战的资格，结果未有不

---

① 张学良：《国际形势与中国前途》1934 年 4 月 30 日。

② 张学良：《游欧归来在沪发表之书面谈话》1934 年 1 月 11 日，上海，《武汉日报》1934 年 1 月 12 日。

③ 张学良：《国际形势与中国前途》1934 年 4 月 30 日。

④ 张学良：《国际形势与中国前途》1934 年 4 月 30 日。

⑤ 张学良：《国际形势与中国前途》1934 年 4 月 30 日。

总崩溃，无论大战结果如何，我国之亡（则）一也。故国人应当大彻大悟，泯灭一切恩怨，速息阋墙之争，来防备未来之大祸。”①

其次，要丢掉一切求救于人的心理“发愤自强”。“近年国人多以自己的问题仅凭着自己的力量无法解决，于是养成一种求救于人的心理，每以为世界第二次大战如能爆发，中国问题便能得到整个解决的机会，其实这是一种错误的见解。我们应当首先明了国际间发生第二次大战的因子，任何一个国家都是在企图摆脱自身的困难。”“日本毫无顾忌的侵略中国，未免有些藐视了列强”，但西方列强“不会替我们打抱不平”。“日本武装侵华，破坏了列强的利益。”列强的真实想法是企图“用中国人的手把日本挡出去”，而不是他们亲自来和日本对抗。“国家要自立”，“不能盲从他人，走入歧途。国家不能藉助外国，自讨覆灭。”②

再次，政府要在准备战争中发挥组织作用，而且要做到处心积虑。政府官员要“站在国民的立场上，常常的这样自问着：国家何以弄到这个田地？我们所有的苦痛都是从哪里来的？这个是谁的？我们应如何完成对于国家所负的责任？”要像法国政府那样，命令军队每天进行一次夜间航空演习。命令每一家工厂“依照厂内工人的数目预备防毒面具，而且必须依照政府所规定的样式去作，在任何时候政府让他把所预备的防毒面具拿出来，他就得毫无延误的拿出来。”政府要从未来战争需要出发，储备国内不足的战略资源，像意大利那样，国家缺少煤的资源，就“尽量收买外煤，储藏备用”。还要从战略高度准备战争资源。“意国飞机，其骨架多由上等木料制成”，“意国有的是森林”，但偏偏由国外购买。“从这里，我们便看出意国对于备战之处心积虑了。”③

最后，准备不是无限期的马拉松，绝不是为了准备而准备。准备，主要指战争爆发前的人力、物力、组织动员等，敌人已经发动了战争，就不能以准备为借口，避而不战。张学良对蒋介石奉行的只有准备好了才能抗日的方针进行了直言不讳的批驳：抗日固然需要准备，“准备，我们并不反

---

① 张学良：《游欧归来在沪发表之书面谈话》1934 年 1 月 11 日，上海，《武汉日报》1934 年 1 月 12 日。

② 张学良：《现代青年的使命讲演词》1927 年 7 月 3 日。

③ 张学良：《游欧归来在沪发表之书面谈话》1934 年 1 月 11 日，上海，《武汉日报》1934 年 1 月 12 日。

对”①，“不但不反对，而且认为最低的准备，密切实践的准备，是必须作的。”②“我们所反对的是没有时间性的准备。”③“我们不能不承认我们过去不抵抗的错误，我们不能再蹈过去的覆辙，我们马上要抗战，容忍就等于引颈自戮。”④“就国民情绪言，民之所好好之，民之所恶恶之，为先哲施政之明训；沈变后，五年中，民众抗敌之情绪极高，然以政府措施之关系，民众对政府始则怀疑，继则生怨；盖敌人愈加屠杀，政府愈退缩，敌人愈侵凌，政府愈和缓；政府固有既定施政之方略，其奈敌人之不可以理喻何?”“且因不抗敌关系，一般爱国之士意志薄弱者，每形成慢性之颓丧；意志坚强者，则流于激昂之左走；因为抗敌关系，毗敌地带，握军符者，转谋自全；怀野心者，力求异动；因不抗敌关系，在水深火热之三千万民众，狂增怨咒之心，不作来归之望；凡此种种，笔难缕述。政府每日所准备者，不及销逝之多，所招来者，不及离贰之众。”⑤

也许还有人相信抗日的“准备论”，这更是大错。我们不要把日本当傻瓜，认为我们会准备人家不会准备。老实说，我们准备得还不到五分，人家已经准备到十分了。⑥

我进一尺，敌进一丈，待我认为准备完足之时，敌人已成金城汤池矣!⑦

试问这种准备有什么用？这岂不是等人家准备好了来整个吞并我们中国吗？再说，人家也绝对不许可我们准备。在我们准备过程中，人家已经用经济、政治、外交、军事各种各样的枷锁把我们束缚得死

① 张学良：《中国的出路唯有抗日》1936 年 6 月 22 日，长安县王曲镇，西安《解放日报》1937 年 1 月 5 日，第 3 版。

② 张学良：《怎样纪念国难严重期中的国庆》，《西京日报》1936 年 10 月 10 日，国庆增刊第 1 版。

③ 张学良：《中国的出路唯有抗日》1936 年 6 月 22 日，长安县王曲镇，西安《解放日报》1937 年 1 月 5 日，第 3 版。

④ 张学良：《抗日理论与实践》1936 年秋前后，西安《解放日报》1937 年 1 月 8 日。

⑤ 张学良：《向国民政府请愿书》1936 年 9 月 18 日。

⑥《张杨告东北军十七路军将士书》。

⑦ 张学良：《向国民政府请愿书》1936 年 9 月 18 日。

紧，叫我们动不得身，抬不得头。试问我们又如何能够准备得起来？这不是梦想吗？①

在现阶段，国难严重程度，实在是无以复加了！整个中华民族眼看就要完了！假如还有人以为不要紧，不在乎，那正像有人说："中国再这样忍受下去的结果，就等于胡匪于正法之前喊说：'再等二十多年，我还是这大的好汉子'一样！"②

居今日而欲救亡图存，复兴民族，良以为除抗日外，别无他途。比来寇入益深，华北半壁河山，几全沦陷，而多数民众咸感觉忍无可忍，抗日声浪渐次弥漫于全国，中枢（有）领导民众之责，似应利用时机，把握现实，坚民众之信仰，而谋抗敌之实现，否则民气不伸，骚动终恐难免，彼时中枢或处于被动地位，其失策孰甚！③

我们中华民族的生死关头已经到了！时间已不容许我们谈准备了！④"若狃于没有准备，或一时妥协之见，必至于立国精神与实力两俱沦丧，万劫不复。"⑤ 所以，我们"一定要抱定最大的决心——死的决心，不顾一切地来同我们最大的敌人——日本帝国主义一拼！"⑥

战争与和平关系论

记得大概是奥古斯丁在《上帝之城》中有句赞美和平的话，"和平是一种伟大的善"。经历过战争的人，人人都热爱和平，愿意过一种田园式的宁静生活，张学良也多次公开表示：

"我始终不变的志愿，是维持和平，促进统一，向生产建设之路迈进。"⑦

---

①《张杨告东北军十七路军将士书》。

② 张学良：《怎样纪念国难严重期中的国庆》，《西京日报》1936年10月10日，国庆增刊第1版。

③ 张学良：《为陈明抗日主张致蒋介石电》1936年9月22日，西安。

④ 张学良：《中国的出路唯有抗日》1936年6月22日，长安县王曲镇，西安《解放日报》1937年1月5日，第3版。

⑤ 张学良：《张杨复阎锡山电》1936年12月15日。

⑥ 张学良：《西安围城事件的意义和教训》1936年11月28日，西安，《西安日报》1936年11月30日，第6版。

⑦ 张学良：《游欧归来在沪发表书面谈话》1934年1月11日，《武汉日报》1934年1月12日。

“谁都酷望统一、和平、建设，以及取消不平等条约。但无武力就不能谈建设，更谈不到取消不平等条约。”①

和平是美好的，更是脆弱的，几个邪恶的人一声号令，就可以把它打破，所以它需要武力来保护。和平是羊，邪恶是狼，“羊群”的安宁离不开牧羊人手中的枪，保卫和平是使战争得以合法化的唯一目的，合法的战争是保障和平的唯一手段，因为合不合法的标尺是由正义筑成的，它的材料是国家的生存和民族复兴，它的准星是国家间的平等。

发动战争的人不需要理由，迷信和平条约、和平承诺、和平组织、和平会议的人纵使有千万条理由也不值得推敲。“我们似乎用不到寻根究底的去问迷信会和平的人们的理由如何，只要一看和平条约——如《非战公约》，和平组织——如国际联盟，和平会议，如海军缩减之类的纤弱的约束力及其崩溃的结局；并美国之大海军计划，日本的第二次补充计划，德国的废弃凡尔赛条约对于军备限制的声明以及世界普遍扩军的事实，恐怕惟有相信所谓第二次大战在许久的以前业已发生还比较的近于情理。”②

和平与否常常是不以人的意志为转移的，它是善良人的愿望，也仅仅是一种愿望而已。可怕的是，和平常常是在善良的人们把愿望真的当作事实时，和平如同手中的玻璃杯一样就落地了。“自欧洲大战后③，世界各国因为饱受了战争的创痛，于是多数国家的民众呼吁和平，以期消灭未来的战争。不过呼吁仅是一种愿望，充其量也只能说是一种方法。方法是不是能发生效力，愿望是不是能成为事实，当然是另一个问题。然而，事实上不图真有些人们，特别是聪明也可以说是老实的中国人们，便真来相信未来的大战因此而不再发生！”④

战争谁都可以发动，和平不是谁都可以配谈。

---

① 张学良：《在南京阅兵典礼上的讲演》1931 年 5 月 16 日，南京飞机场，天津《大公报》1931 年 5 月 17 日，第 3 版。

② 张学良：《为防空展览会开幕告武汉民众》，《扫荡报 · 防空特刊》1935 年 9 月 9 日，第 3 版。

③ 欧洲大战，指第一次世界大战，因战场在欧洲，参加国也主要是欧洲国家，因称欧洲大战。

④ 张学良：《为防空展览会开幕告武汉民众》，《扫荡报 · 防空特刊》1935 年 9 月 9 日，第 3 版。

退一万步来讲，世界大战真能因为呼号而不再发生，但未来我们国家的生存与民族的复兴，毕竟是要建筑在和平上抑是要建筑在战争上，这一点我认为大有考虑与研究的必要！更加露骨一点来讲，真正和平的产生，毕竟产生自和平还是产生自战争？毫无国防的国家，是否配谈和平？我绝不是战争的倡导者，也可以说我是绝对反对战争而笃爱和平的人，惟是如此，我特别觉得战争与和平关系的密切，以及国防意义的伟大。①

和平，对内是可以的，对外是骗人的，而战争是没有完的。现在世界上，能奋斗才能生存。②

立体国防论

国防建设的目标是保卫国家安全、抵御外来侵略和维护和平，这就决定了国防具有很强的综合性、针对性和时代性。在古代，外敌入侵多发生于陆地，近代以来，多发生于海上，到了现当代，多发生于空中。所以，传统的国家防御重点主要是防御陆上的敌人，“重陆轻海”；到了近代，敌人从海上入侵，才有海防思想的产生，清代北洋水师的出现，即是海防思想的产物，不过，那时的防御思想仍然没有摆脱“重陆轻海”的观念。

在同时代的军人中，张学良恐怕是较早提出“立体国防”思想的中国人之一。所谓“立体国防”，即指国家的边防、海防和空防，此乃国家防御外敌入侵的“大门”和“围墙”。

22岁时，张学良就开始关注诸军兵种的建设在国防中的作用。当时，东北军虽然历经了十余年的战争考验，具有很强的作战能力，但就军队的技术和装备而言，和一直威胁国家安全的两大强敌——日、俄两国相比，还是非常落后的，尤其是海军和空军，这显然与中国这样一个具有世界影响的大国地位不相称，与反侵略战争的实际需要不相适应。1922年，他负责东北军的“整军经武”，他认为：“整军经武的当务之急，是要建设一支

---

① 张学良：《为防空展览会开幕告武汉民众》1935年9月9日。

② 张学良：《在杭州笕桥航校的谈话》1934年2月1日，天津《大公报》1934年2月4日，第3版。

诸兵种合成部队，训练好队伍，改良武器，加强空军，筹建海军，并搞好炮兵、工兵、通讯等特种兵和军工生产。”

边防，是指国家在边境地区进行的防卫和管理活动。其内容主要包括警卫边界，保卫国家领土主权；维护边境社会治安和良好秩序，巩固边疆民族团结和政治稳定。维护陆地边疆的安全，需要建设强大的陆军。

陆军中最强大的兵种是炮兵，张学良在讲武堂学习时，学的就是炮科。因此，他对炮兵建设倾注了很大心血，也取得了实效。“东北军在战场上最厉害的就是炮兵。”直奉战争时，“国内多数炮兵都是买外国的炮，一个炮顶多带五百发炮弹，唯有东北军的大炮是我们自己造的。”“实在地说，东北军威风大的原因，也不是东北军比旁人能打，就是这个炮兵厉害。”“那时候，其他军队没有所谓重炮，只有奉天有重炮，别人对东北的重炮怕得了不得。”

“还一个，不说最重要，也是重要得很。整军经武，整军经武，就是整顿军队的作风，经营好你的武器装备，熟悉你的武器装备，用足你的武器装备。战场上什么情况都会发生，甚至武器弹药没了，怎么办？比如炮兵，炮弹打没了，怎么办？撤退？投降？平时都得训练。东北的炮兵为什么能威震天下，主要是平时训练严。我们那炮上有一个也叫炸针的东西，形状类似于扎枪头，那个东西是干什么用的呢？打炮的时候拿那个东西做标杆，瞄准儿用的。训练时我们有这么一条，反复强调，等到炮弹打没了，敌人冲上来了，你就把那玩意儿拿下来，就是跟人家拼命了。”“奉天兵工厂最了不起的一件事，是自己能造迫击炮。东北的迫击炮威震一时呀，与东北自己能造有很大关系。当然，技术是外国人带进来的。这个外国人叫 Sutton（沙顿）。他告诉我说：‘这是人家发明的，我给偷来了。’那时候，我看这玩意儿很好，方便小巧，一点儿不笨重，一个兵扛起来就可以跑，可以说，打出的炮弹没死角，打的虽然不那么远，但哪它都能打得到。那我就决定在奉天开个迫击炮厂。中国有迫击炮就是搁奉天起来的。”

“直到今天，我也认为我当年那个决定是正确的。决定开迫击炮厂时，也有人皱眉头，但我的地位在那呢，他只能皱皱眉头，嘴上不敢反对，就这么整起来了。”

“东北军开始时威震全国，就是因为有了迫击炮，旁处没有。”

海防力量，自然以海军为主。“东北海军的创建很好玩，有一个叫沈鸿烈的，他带的是中央政府的海军。那个时候，北京政府派海军到海参崴去，各国共同出兵，对付白俄。……中央发不出钱了，沈鸿烈就带着一部分海军投奔东北了，不是投降，就是东北给拿钱，东北就把这海军接手了。那一接手，中央海军也就变成奉天的海军了。”

1928 年 12 月，张学良在葫芦岛张作霖初创海军基础上组建了东北海防舰队，第二年，成立东北海军，自任总司令，提出海军建军方针为：“胜不骄，败不馁，成为海上战无不胜的劲旅”。东北海军从此进入了前所未有的繁盛时期，“拥有大小船只 21 艘，约 32200 余吨，当时全国军舰总吨位只有 42000 吨，东北占 76.7%；东北海军官兵有 3300 人，全国海军约有 5400 人，东北占 61%。”东北海军实力虽占全国一半以上，但张学良清醒地认识到，这样的海军实力远远不能抵抗日、俄两国，连制止外国海上走私的任务都难以完成。“近年外国商轮迭在我国沿海私运军火、助长内乱。”虽令“东北舰队切实注意”，遇到“外商轮船载运军火，助长内乱，亦不能轻于放任”①，仍因舰少海阔，难以制止。1930 年 1 月，他在葫芦岛航警学校轮机班毕业典礼上说：“航警学校之创立，意在造成海军专门人才。”“现中国海军尚在幼稚时代，欲求发达，端赖人才，否则纵有海军，徒资敌用，甲午之役可为殷鉴。近来外患更亟，诸生既为军人，有捍卫国家之天职，责任重大。”②

张学良虽为东北海军司令，却站在建设全国海防的高度来认识问题，要求海军军官为中国海军的发展壮大作贡献。

空防，主要任务是防备外敌从空中入侵，歼灭或驱逐非法入侵的航空器，组织指挥防空作战，掩护国家重要战略目标和战区的空中安全，实施空中攻防作战。张学良说：“东北空军是我创立的。空军在当时是很新鲜的东西了，那时有的人还不想让空军有那么大的力量，费钱啊。那个时候，我思想稍微新一些，对外国的事情认识一点。我认为这空军有力量啊。当时组建空军不容易，一是人们没认识，二是那时各国有个条约，不卖给中

---

① 张学良：《致王树常电》1929 年 3 月 29 日，辽宁省档案馆藏：《奉天公署档案》。

② 张学良：《在葫芦岛航警学校轮机班毕业典礼上的讲话》1930 年 1 月 26 日，天津《大公报》1930 年 1 月 29 日，第 3 版。

国军火[1]。买不到飞机你怎么组建空军？我们采取的方法就是买外国来华参加表演的飞机。”

“奉天航空处，是东北空军的领导机关，那是由我一手创办的。买飞机、挑选飞行员、训练飞行员、聘请技术人员，都是我干的事。我们的技术人员都是请外国的，有法国的，有俄国的，有日本的，法国虽然他不卖我们飞机，我们可以请他的人，为什么选择法国呢？那时候空军还是法国最好。”“我不是自夸，东北空军，当时中国第一。”“我当时有两个大的目标：一是买世界上最好的飞机；一是造自己的飞机。”“要不是‘九一八’事变，我跟荷兰的那时叫容克飞机厂都订了合同，在奉天合建飞机制造厂，自己做飞机。他出技术、出机器，算他投资；我们出地，出厂房，出人工，一人一半，因为中国人工便宜嘛。我们造了以后用不了，我们自个儿再卖，那都订了合同的。可惜呀！事变（‘九一八’）了，没成功。”

对陆军、海军、空军的建设，张学良在东北时就十分重视，但“立体国防”思想的形成，是在1933—1935年，产生于他对空军事业的热爱。张学良游欧期间，重点考察了法国、英国、德国和意大利的空军。回国后，他提出：

> 因为现代的战争已由平面的进而为立体的。而造成立体战争的原因，是由空军威力的发展，所以国防与空军的关系已进至化合的阶段，即是“防空即防国”，换句话说：即是“无防空即无国防”。[2]
>
> 欧战告终，各国对空军威力，已有湛深之经验，皆无空军即不足以言国防。故在整顿军备中对空军不特与海陆军并重，甚且驾海、陆军而上之。近年各强国之海、陆军无甚增加，独空军在质、量方面，俱猛进不已，虽谓列强之军备竞争即空军之竞争，亦无不可。
>
> 因各国空军之发展，未来之国际战争当具两种特征，一即战机爆发后，更无战线可言，一即战斗员与非战斗员之区别全不存在，全国皆战场，全民皆战斗员也。飞机进入敌国国境，殆已能无远弗届，且

---

①《辛丑各国条约》第五款：不准将军火暨专为制造军火各种器料运入中国境内……降旨禁止进口二年。嗣后如诸国以为有仍应续禁之处，亦可降旨将二年之限续展。

② 张学良：《为防空展览会开幕告武汉民众》1935年9月9日。

恒择其繁荣地带加以摧毁，于此情形下，岂非全国土地人民皆在敌国空军威胁之下乎？

空防在国防部门中实为最繁杂，最不易达于完善之域者，几乎一切个人举止动作者皆与防空有直接之关系，亦即防空之责任，不仅为军人或公务员所应担负，即一地之全体居民，各个团体及个人，均负有相当之责任。①

“防空即防国”、“无空军即不足以言国防”之论的正确性，已经被后来的战争所证明，足见张学良的视野及见识之广之深。因他年轻时即会开飞机，这在当时的军事将领中恐怕极为少有，他对飞机可谓情有独钟。因热爱而研究，又把它和国防相连，实在难能可贵。

张学良对空防知识研究得也非常之细，他说：“现在空军爆炸机的载重，已由一吨进至一吨半，航程已由一千公里进至一千二百公里；炸弹的种类，已自爆裂弹进而有燃烧细菌弹、毒瓦斯弹。瓦斯弹一类已有催泪瓦斯、呕吐瓦斯、喷嚏瓦斯、糜烂瓦斯诸种。单就爆裂弹的威力来讲，据科学家的推算：爆裂弹的一大片的爆发点炸开以后，在十公尺里可以炸破十五公厘厚的钢板，三公分厚的木板，四十公分厚的墙，在三百公尺里的其他建筑物或其他目标都要受损害。”这是物质方面的破坏威力，精神方面的破坏力更甚，“据医学家统计与观察，每经一次之空中攻击约有二万八千人患神经病，须经过三周至十周后始渐复原。”② 张学良之所以对空军威力了解得如此细，讲得如此之细，因为国人对空军不了解，他说：“据闻去年南京举行防空大演习的时候，当空袭警报及急警报发布以后，南京的民众仍然如平时看马戏一样，站在街头，仰视天空，这样的错误当然不外一方面是民众知识的幼稚，一方面是指导的不足。”③

屡述空军的威力，目的是补救民众对国防意识的淡漠。他是在呼吁，由于空军威力的不断增大，科技的进步，战场已经无边，传统国防的观念必须改变，国防不再只是军防，如果仍然把战争视为只是军人的责任，“试

---

① 张学良：《所望于湖北防空协会者》，《武汉日报》1935 年 5 月 1 日，第 3 版。

② 张学良：《为防空展览会开幕告武汉民众》1935 年 9 月 9 日。

③ 张学良：《为防空展览会开幕告武汉民众》1935 年 9 月 9 日。

设想在敌机侵扰下，若人民全无准备，则炸弹之炸裂，房屋之倾圮与起火，势将酿成绝大之混乱。”“是直不啻自动解除本国精神之武装，虽阵地战斗中，将士浴血杀敌，而亦难操必胜之券矣。”

> 现代战争本不限于击破对方之主力部队，在此之外，尤望使对方人民精神上感受难堪之压迫。唯防空建设完备及人民训练充分之国家，方可有所恃而无恐。①

在现代战争面前，最紧要的是改变传统的国防观念，以防空为例，必须实行“全国总动员”。“以军人为主体”，组建“防空飞行队、高射炮队、探照队、听音队、监视哨等”，而“灯火之管理、交通之整理、消防、救护等”应以人民为主体。“必须军人、公务员与一地之居民一致协力共求防空之完善，始可于敌机威胁下保障相当之安全，此所谓一致协力，殆亦极难做到，益非所有个人皆具备充分之防空知识不可，虽极少人之动作上稍有疏失，结果即不免使多数人徒劳无益。即如在灯火管理中，若有一人因缺乏防空知识，不能对其灯火适当之处置，则敌机仍能察见目标，而使一地之全体军民皆受危害也。故防空战斗，乃战斗员与非战斗员一体直接之战斗，与其他之战斗截然不同。”

> 为欲完成我国国防的绝对安全，……对于现时列强空军猛进的趋势，我们应该如何的反省？更明显点说，即我们的空防，也可说是国防，与世界各国的大空军计划来相比较，我们要怎样的认识？总之，我们可以希望没有“最恶的场合”的事实，但不可以没有如此的设想与准备，特别是为策划我们国防的绝对安全计，所以空防即国防的话，也或许包含着若干的夸大意味，但就中国来讲，是无疑的。②

空军其实并不可怕，“欧战期间，1915 年飞机命中率为 73%，至 1918 年则降为 27%，非飞机袭击之缓和也，亦交战国之防空设备日臻完善，致

---

① 张学良：《所望于湖北防空协会者》，《武汉日报》1935 年 5 月 1 日，第 3 版。
② 张学良：《为防空展览会开幕告武汉民众》1935 年 9 月 9 日。

飞机不能充分发挥其作用耳。十数年来，各国建设空防之努力必与其强化空军之努力相等，各国大城市之先后举行防空演习，亦可知其从事防空准备，不遗余力矣。"① "救国自救，其道多端，而空防事业要为今后当务之急。"②

东北边防特殊论

国防的重点是防御外敌的入侵。那么，在什么地方防御？防御哪些国家？显然是制定国家防御策略时必须加以考虑的重中之重。

在中国近代，哪些区域受到入侵的次数最多？哪些区域被敌国割占的领土面积最大？显然是中国的东北。

哪些国家入侵次数最多？哪些国家割占的领土面积最大？显然是俄国和日本。而受到俄日两国威胁最大的地区是张学良曾经统治的东北。

因此，张学良认为东北的边防是当时中国国防的重中之重，东北边防就是国防。

这一论断确实有一定道理。国防涉及武装力量、组织动员能力、外交配合、战略资源配置、国人的文化素质和心理信念等，它们都是国防的重要因子，虽缺一不可，但有轻有重；防御对象、防御区域涉及众多国家和省区，都不可忽视，但有急有缓。

这轻、重、急、缓，只能靠国防政策制定者去选择，选择的依据来源现实。我国是一个边防海防大国，陆地边界线和大陆海岸线总长 4 万余公里，其中，陆地边界线长 2.2 万余公里，当时分别与朝鲜、苏俄、阿富汗、印度、尼泊尔、不丹、缅甸、老挝、越南等国家接壤；大陆海岸线长 1.8 万余公里，与朝鲜、日本、菲律宾、马来西亚、文莱、印度尼西亚、越南等国家海域相邻或相向；我国有陆地边界的省区共 9 个，即辽宁、吉林、黑龙江、内蒙古、甘肃、新疆、西藏、云南和广西；沿边沿海有 18 个省区。稍懂历史和地理常识的人都知道，东北三省是最复杂、最危险的边界省区。自清末以降，中国面临的危险主要来自北方的俄国和与中国隔海相望的日本。北方强邻俄罗斯在地理上是构成对中国威胁的最大隐患。1928 年，刚刚主政东北的张学良，即清醒地明了东北当时的处境：

① 张学良：《所望于湖北防空协会者》，《武汉日报》1935 年 5 月 1 日，第 3 版。
② 张学良：《所望于湖北防空协会者》，《武汉日报》1935 年 5 月 1 日，第 3 版。

> 自神州多故，民族交侵，运际屯蹇，时方板荡，凡我食毛践土之人，胥有踏地同天之惧。……今统驭貔貅之师，仔肩边疆之任。肃慎挹娄①，沃腴旧壤，白山黑水，密迩强邻。祸迫燃眉，希同累卵。燕巢飞幕之上，鲋处涸辙之中，染指垂涎最可畏也！卧薪尝胆，此其时也。②
>
> 东北环境特殊，将来东北为国人之东北，抑为他人之东北，尚不敢知。惟余当竭全力誓为国家尽守土之责，为人民谋安全之业，必使永为国人而后已。③

“国家之大，主体在民，民意所归，即国是所在。自今以往，以全体民意为准则，循序渐行，其一切制度规章悉采取民意，归于公决，庶将来政治入于正轨，全国可企同风。”④ 东北易帜后，他大声疾呼全国同胞“摒除内争，共注意于国防大计”。东北一切依从中央政府，以巩固国防。

> 东北为国防重地，外交繁杂，由来已久。近复有苏俄之煽乱，情势愈益复杂，而日本在东北之关系，尤为国人所深知。本人年来勉力支撑，凡有损失国家利权之事，丝毫不敢放松，其困心衡虑之处，凡知悉东北情形者，当能鉴及。惟东北乃全国之东北，断非一人之力，可胜保卫之责。故希望全国同胞，放大眼光，摒除内争，共注意于国防大计。⑤
>
> 良等奉命防边，责无旁贷。⑥

---

① 肃慎，现代满族的祖先，又称息慎、稷慎。周武王时，贡“楛矢石砮”，臣服于周。商周时于黑龙江、乌苏里江流域和长白山一带。挹娄，是继肃慎称号后使用的第二个族称，前后有600余年（汉至晋）。

② 张学良：《东北学生队一览·序》1929年5月，《奉档汇编》第9册。

③ 张学良：《在招待上海报界观察团宴会上的讲话》1929年5月15日，天津《大公报》1929年5月17日，第3版。

④ 张学良：《就任奉天军务督办通电》1928年6月20日，《国闻周报》第5卷第25期。

⑤ 张学良：《抵津后与记者的谈话》1929年7月6日，天津《大公报》1929年7月7日，第3版。

⑥ 张学良：《致天津市党部转复天津各界对俄外交后援会电》1929年11月14日。

> 一切依中央制度，以其巩固国防。
>
> 东北四省之内政、外交，以及各项制度，均照国府所颁之令办理。东北四省土地权利，均誓以全力保护，以尽守地之责。东北四省各官署官职，以及地方庶政、公私机关，均照国府所颁章程，改革办理。东北四省军队，此番编遣后，既成正式国军，其军风军纪必须严守，以重军法。①

对“神州多故，民族交侵”国家颓势把握之准确，对东北“祸迫燃眉，希同累卵”险境理解之清醒，对“东北乃全国之东北”之关系认知之明晰，对“全国同胞，放大眼光，摒除内争，共注意于国防大计”之切望，可谓他的肺腑之言。后来张学良的全国抗战论，均以此为基础发展而来。

> 东北乃全国之东北，断非一人之力，可胜保卫之责。
>
> 东北人，在多少年前所眼见的和身受的帝国主义的压迫与侵略，使我们无时不在想如何才能表现出反抗的力量？深知那必须要每一个人都能具有国家思想，见仁见智，纵有不同，而其设欲解除帝国主义之束缚，而非把国家统一力量集中不可，这确已成为人所共喻的前提。老实说，就是用国家整个的力量去一致对外，是否能解除帝国主义和束缚，都不能具有绝对把握；如以支离破碎之局，谋其御侮，谈何容易？②

正是这种思想，他才毅然决然地“易帜”，目的就是以全国之力对付日俄，以此保住东北留在中国的版图之内；正是这种思想，“九一八”时他没有抵抗，他以为不能破坏全国一盘棋的大局，要听从中央，不能为了逞一时之勇，以牺牲国家的利益博得个人之英名，包括后来的“剿共”，也是为了听从中央，为了维护国家统一，相信“攘外必先安内”的国策是正确的。

---

①《治理东北大纲》1929 年 3 月 22 日，《中华民国史事纪要》1929 年。

② 张学良：《对东北各军师主任以上政工人员的训话》1934 年 7 月 25 日，汉口银行公会。

“军人的思想志趣，更非齐一不可。易传上说：‘二人同心，其利断金’，所以少康一旅人可以中兴①，楚虽三户可以亡秦②。周武王为什么能战胜商纣王呢？‘纣有臣亿万，惟亿万心；余有臣三千，惟一心。’那么，现在要是有军队十万而一心，则何敌不克？”③

“现在，我国国防上实异常危险，处处受人压迫，言之痛心，兄弟在边防所身受者，尤令人不易磨灭，甚愿……在国民政府并蒋主席指导之下，努力完成革命，巩固国防。”④“中国嗣后，决不应再有内战发生，预备将个人之头颅，将来均向敌人抛去，将个人所有之热血，将来均向敌人洒去，完成军人之天职。”⑤

军人政治论

由于人们的处境不同，对于许多概念的解释常常有各种各样的回答，形成了众多的定义。政治一词也是如此。“道洽政治，泽润生民。”语出《尚书》，这恐怕是汉语言中“政治”一词的源头。意思是用恰当的政令、权力来治理国家，目的是让国民得以实惠而安生。张学良说本为军人，“不敢妄谈政治”。他直接使用“政治”一词的次数确实不是很多。

1926年4月16日，奉军打败国民军，进占北京，张学良有一个通电，通电中“政治”一词出现多次：“凡政治问题，一切均听国人公决。”为何北洋时期，战争连年，“皆因每次收束军事之际，政治不得其平。”此次奉军进占北京，“所希望者，勿于今日议政之顷，预伏将来战祸之根，而其唯一之法，不外乎平。苟得其平，人心自静。宗昌等始终服从公义，决不敢

---

① 少康，夏朝的第六代天子，其父被杀时，少康是遗腹子。长大后，得到有虞氏帮助，被安置在纶邑（今河南夏邑），获得“有田一成，有众一旅”（方十里之地和五百人之众）的根据地，开始谋划复国，最终中兴夏朝。

② 出自《史记·项羽本纪》，原文为：“夫秦灭六国，楚最无罪。自怀王入秦不反，楚人怜之至今，故楚南公曰‘楚虽三户，亡秦必楚’也。”

③ 张学良：《为防空展览会开幕告武汉民众》1935年9月9日。

④ 张学良：《在陆军大学欢迎会上的演讲》1929年7月9日，天津《大公报》1929年7月10日，第3版。

⑤ 张学良：《在陆军大学欢迎会上的演讲》1929年7月9日，天津《大公报》1929年7月10日，第3版。

为地盘权位之争。此心昭昭，可以预白。”① 这大概是张学良较早使用“政治”一词的例子。他在通电中对政治的理解与《尚书》极为接近：政治者，治理国家之方法；治理途径：“一切均听国人公决”；政治的追求：公平，政策“苟得其平，人心自静”，社会归于安定状态。战祸之根，议政不以民意为依归，导致政令不公而内战刚息又起，“战同循环”。

中国之所以由古代一个强大的国家，到了近代一下子变成了让人瞧不起的弱国，张学良认为，根源是保卫国家的军人素质过低，缺乏信仰，缺乏统一的政治观念，缺乏国家思想和民族意识。“一个国家的兴衰绝对不是偶然的，自有事实上的理由在。”“目前的一般军人，多半是趋重于个人化，感情化，缺乏一个固定的中心思想，今天是拥护政府的人，明天便可以变成反对政府的了，这就是缺少一个坚确不移的信心。”官兵缺乏“国家思想”，“对于政治的认识较比薄弱”。“要想彻底改善军队，必有赖于政训工作的推行。”

“人类是政治动物，离不开政治生活。”军队应该加强政治训导工作，政治训导工作的任务“就是要把政治常识，贯注到军人脑筋中去，更进一步让他们明了政治哲学，使之有坚定不移的信仰，期其言行有所依据与遵循。”“在国内一般思想异常复杂的今日，政治问题亦非常复杂，非有正确的认识，便会走错了道路。但只认识政治问题，而不明了政治哲学，只知其当然，而不知其所以然，还不成功。”必须“凝聚多数军人的思想”，使他们“在一个政治原则之下，为国效命。”② 要想达到这一目的，军队的政训工作最重要者不外两项：

（一）统一军人的思想，也就是树立一个中心思想，坚确了他们的信仰，使其思维言行有所适从。

（二）提高军人的国家观念和民族意识，而且能使其切实明了国内外大势，廓清了往昔封建军阀所有传统遗毒。③

---

①《张学良等宣告进占北京之通电》1926 年 4 月 16 日，《奉档汇编》第 5 册，第 164 页。

② 张学良：《为防空展览会开幕告武汉民众》1935 年 9 月 9 日。

③ 张学良：《为防空展览会开幕告武汉民众》1935 年 9 月 9 日。

这两项工作说说容易，实行起来是比较困难的，尽管军事统帅非常重视政治工作，军队里也专门设置了政治工作岗位，却没有收到预期的效果。究其原因，除军队思想水准低的原因外，最主要的是政工人员多数是上面派来的，他们带着怀疑的心理来到下面，工作不深入，而且“鬼祟”，“行动方面失于检点，而致人的关系不太融洽”，这样就出现了两种现象：

（1）军队视政工人员如请客，只知礼遇招待。

（2）军队视政工人员如奸细，用软禁式的方法看住。

造成国家“白给政工人员找饭吃，而不能收到半点工作效果。试问长此下去，如何能达到政训工作的目的？如何能提高军人的程度？”

“要想打破这种现象，并不是什么难事”，张学良针对上述情况开出了自己的药方：军队和政工人员都要检讨自身过去的错误，知所改正。

（1）“不要求功心切”，求功心太切，“容易弄巧成拙”。

（2）“不要过于求见好于主官”，讨好于上，必失于下。

（3）做事“要脚踏实地，实事求是”，“在实干中求成绩”，“不要具个人出风头的心理。好出风头的人，结果往往毁了风头”。

（4）“不要找便宜。凡事要把自己移在另一个地位，更无妨就把自己忘掉了，假设处处把你自己放在前面，总是打算自己有没有便宜，那就什么事都不能做了”。

（5）必须把良心放得正正的，言行相符，表里如一，凡事务求心之所安。

这五剂药方主要是开给军队中的政工人员的，还有两剂药方是开给整个军队的：

（1）“救国要从小事作起”，因“不知小才足以影响大”，“譬如作汉奸的亦或以其一己的卖国附逆算不了什么，个个汉奸之理如此，则综合其影响何如？”救国“须从大处着眼，从小处作起”。

（2）“要以身作则的来为国家服务。”政治工作“要注重潜移默化之方，万不可操之过急，因为军队中的一切弱点，既不是一日造就的，也就不是一日能够去掉的。”①

---

① 张学良：《对东北各军师主任以上政工人员的训话》1934 年 7 月 25 日，汉口银行公会。

军人牺牲论

甘愿牺牲，是军人的本色；甘愿吃亏，是军人的风采。要想把中国建设好，“任何阶级都负有责任，尤以吾侪军人负责特重。”军人对卫国之责任，无人不知无人不晓，关键是“怎样去完成责任？”对于军人来说，完成责任，“这绝不是什么难事，只要能够有决心，决心献身于整个民族，而不惜为国牺牲，则必能发挥各人的抱负，完成应尽的责任。”“为了挽救国家的危亡而舍身尽职，则必须先具有无条件的牺牲决心。”当你下决心为国牺牲的时候，“不要问别人能不能知道或能不能看到，果具此种心理，则至少有为了自己的某种企图，或为了给他人看而尽责，免不了要缺少公的成分，算不得公忠为国。”① 军人要承担起改造社会、推动这个时代的责任，“必须具有做一个无名英雄的决心与勇气。在你打算献身于有裨国家社会的某种事业时，首应问问自己：‘我生于国家这样危急的时候，能不能艰苦卓绝的无条件的牺牲？’如果从内心得到了一个绝对肯定的答案：‘能。’那么，你才能有决心，有胆量，而不会自私，而无所希求。”②

欲求整个民族的生存，势必要蒙受大量牺牲，“在这种牺牲中，应确认为有意义的牺牲，殊不必企求什么代价。也就是在这一个奋斗的途程中，无一个人不应该去干番轰轰烈烈的事业，成就创功立业的英雄，却不必问其有名无名，只须尽心尽力的做一个干实事吃大苦的无名英雄！”③

“谭嗣同传上载着一段事，就是戊戌政变在六君子未遭难以前，有人劝谭逃走，他不走，曰：‘不流血，不足以促政变。’请问我们‘东北事变’，谁流了血？谁有这种精神？”“任何可以牺牲，国家利益不能牺牲，最低也得不由我手里断送。有人说中国人自私，其实中国人并非彻底明白自私。有些人动不动骂人家不牺牲，先要看一看你是否肯去牺牲。”④

既然选择了做军人，就意味着你选择了离牺牲最近的职业，“死而后已”便成了军人之间彼此的问候语。“依我个人的经验所得，每在万分难过的时候，甚而逼得要自杀，但念及既然肯去自杀，这一个牺牲决心已不为

---

① 张学良：《下最大决心为民族而生存》1934年9月29日。

② 张学良：《对湖北暑期军训学生的讲话》1934年7月24日，汉口。

③ 张学良：《下最大决心为民族争生存》1934年9月29日，汉口。

④ 张学良：《对东北大学西安分校学生的讲话》1936年3月28日上午，西安，《东北大学校刊》第9卷第8期。

不大，既然连死都不怕了，那么，其他一切艰困，又何足畏惧？当然应当兴奋起来，打破了一切苦闷，鼓起勇气和环境去奋斗，死也是不能白死的，必须作到杀身成仁，舍生取义的地步。最后纵然难免一死，而要死有死的意义。诸葛亮曾说过：'鞠躬尽瘁，死而后已'，这很可表现出他当日忠于国家牺牲一己的态度。我们今日相见也只须很简单的互相勉励一句话：'死而后已！'活着一天干一天，死了算完结。"①

军人生为战争而生，死为保卫和平而死。视死如归者无一没有坚定的信念和志向。

> 我们要确立牺牲自我的人生观，坚定志向，培养正气。我们活着是为了什么？只是狭义地为了自己吗？决不是的！我们要为大众而活着，为国家而活着，不只为现代的大众，而且是为后世的大众、国家而活着。为国家是可牺牲我们自己的！我们要作一番事业，就要先把这种牺牲自我的人生观确定了，志向就会坚定了，所谓"三军可夺帅也，匹夫不可夺志也"。有正气即为志向坚定的表示，文天祥、史可法的殉国，便是因为他们志向坚定，所以才正气磅礴，视死如归！②

邹韬奋曾经说过这样一段话：自己无论怎样进步，不能使周围的人们随着进步，这个人对社会的贡献是极其有限的。作为将军、统帅的智慧及他们的精神素质是极不相同的，但在众多不同中，其作用是相同的，即有什么样的将军就有什么样的士兵，有什么样的统帅就有什么样的军队。将军和统帅是士兵的样板，在战场上可能见不到他们的身影，但他们的智慧、勇敢和精神却通过他们统率的士兵，在战场上无处不在。他们的决心就是士兵的勇气，他们的精神就是军队的士气。张学良深通此理，他对东北军官兵无数次说：

> 我已决心为我的国家牺牲了，同时我也要领导你们来同样的为国

① 张学良：《下最大决心为民族争生存》1934 年 9 月 29 日，汉口。

② 张学良：《怎样纪念国难严重中的国庆》，《西京日报》1936 年 10 月 10 日，国庆增刊第 1 版。

家牺牲。至于我们的知识能力是否能对国家多做贡献，那又是另一个问题。我已经把我的心打开了与你们看，并献与社会上一般人看，赤裸裸的，就是这个！

我张学良在中国军人中固不能算是杰出的，但纵不会把你们领到歧路上去，我们的立场和态度是始终不变贯彻到底的。你们不要想怎么样才能谋到升官的出路，也就是不要处处为自己打算，那种心理和企图完全是错误的！①

东北军要抗日天经地义的。东北军要抗日，不是不兑现的空话。东北军不只要抗日，而且还要站在抗日战线的第一线！东北军抗日没有任何希图。成功，我们未必亲眼看见；荣誉，对于我们这些负有耻辱的人早已绝缘；至于东北的土地、主权，那是中华民族的，我们也绝不能有任何非分的妄想！所以说，东北军抗日，唯有牺牲是属于我们的！②

在长安王曲军官训练团作报告时，张学良说：

张学良早有决心，违背国家民族利益的事情决不干，反之，又绝不惜牺牲！假如说把我的头割下来，国家便能盛强，民族便能复兴，那我张学良绝无所惜！我说这句话不是表白，也不是夸口，只是表表我的决心。

从各方面看，我实在也万分坚决地相信你们的决心和我一样的坚定！如此，实又可以收得互相监督之效。假如你们的决心动摇，你们可以自动离开东北军，否则我也绝不客气！假如我的决心动摇，枪在你们的手里，你们可以随时把我打杀！

你们认为我的路对，请你们坚决地随我来！你们发觉我的决心动摇，请你们把我打死！假如我中途被敌人致死，请你们还要坚决地继续我的遗志向前进！③

---

① 张学良：《对东北各军送庐山军训团第一期毕业各长官的训话》1934 年 7 月 27 日，汉口银行公会。

② 张学良：《中国的出路唯有抗日》1936 年 6 月 22 日，西安《解放日报》1937 年 1 月 5 日，第 3 版。

③ 张学良：《中国的出路唯有抗日》1936 年 6 月 22 日，长安县王曲镇，西安《解放日报》1937 年 1 月 5 日，第 3 版。

军人责任论

人是社会中的人，社会是由不同的人组成的社会，每个人都在社会中人扮演着一定的角色，或曰承担一定的责任。意识到自己的责任，并自觉地去承担并完成它，既是思想道德修养的基本要求，也是社会协调发展的必须。张学良在给官兵演讲时有个比喻：“责任不应以大小作比例，而应以性质作比例。比如航海的汽船，管理机器的，舱中生火的，站上挑煤的，虽然负着不同的责任，但是同样的重要。船上没有管理机器的，船根本不能行驶；没有生火的，机器就无法开动；没有挑煤的，火就生不着；这样，在这船中的机器匠，生火夫，挑煤小工，都能把他们的各自职责尽到，那船才有驶入大海，越过大洋，而能安全达到陆地。在一个国家机关中做事的人，大体上也是如此。”①

马克思、恩格斯指出：“作为确定的人，现实的人，你就有规定、就有使命、就有任务，至于你是否意识到这一点，那是无所谓的，这个任务是由于你的需要及其与现存世界的联系而产生的。”② 责任同人的职责、使命和任务紧密相连，能否认识到自己在社会中负有的责任，是人们履行责任的前提。每个人的命运本来和国家的命运是息息相关的，有多少人能认识到了呢？

张学良说：“谈到国家问题，在许多地方，有许多弟兄们，以为国家离我们本身问题太远，我们自己本身衣食住行所感受的痛苦是和国家漠不相关的，这却根本错误了。”他举例说：“我们中国人到了外国，在遵守外国法律之下，仍然得不着与其本国人同样的自由；就是我们在中国境内的外国租界中，同样的是得不到自由。反之，外国人在中国所受的待遇，和我们在外国所受的待遇太不平等了。”③“譬如我们作将官的人来讲，我们的人格、学识、经验为何如，即以所处之地位而言，与任何国家之国民的地位都不能相比。”“难道说我们中国将官的人格、学识、经验都赶不上任何一

---

① 张学良：《团结，牺牲，复兴中国》1934 年 9 月 29 日，在经扶对二十五路军总指挥部官兵的讲话。

② 马克思、恩格斯：《德意志意识形态》。

③ 张学良：《团结，牺牲，复兴中国》1934 年 9 月 29 日，在经扶对二十五路军总指挥部官兵的讲话。

个外国国民吗？不是的，唯一的原因就是我们的国家太弱了！”[①]

巴尔扎克在《假情妇》一书中曾说，人总是背负着自己的祖国和自己的憎恨到处走的。因为“外国的国家强，所以外国人到了我们中国来的时候，都趾高气扬，我们国家的力量，有时候不能保护本国人，却要小心翼翼的去保护外国人，难道我们中国人的本质，就根本不如外国人么？不是的，我们中国在外国念书，造成高深学问的人也很多，在外国经商的华侨，致富的也很多，可是这些人在外国，常常受人家的排斥、侮辱、驱逐，国家不能够保护，这都是我们国家太弱的缘故。”[②] 中国何以弱？百姓何以穷？责任在谁？

> 我们国家之所以不能强盛的原因，就是我们军人对于国家没有尽到职责。
>
> 中国贫弱的主要原因，是帝国主义压榨和赤匪为患——自从鸦片战争以后，中国和各帝国主义国家订立了许多不平等条约，于是各帝国主义国家本身的危机都转嫁给中国，都利用中国来解决，以致中国贫弱不堪。像中国实业不振，农村破产，是因为外商在中国设厂，外货在中国畅销，外国粮食输入中国；中国金融枯竭，政府财政困难，是因为外国银行操纵中国金融，入超过多，硬币流出，政府财政来源日少。[③]
>
> 我们国家的富源，老百姓的现金，都被帝国主义剥夺去了，压榨去横行，闹得老百姓不能安居，这又是谁的责任？也是我们军人的责任。[④]

要想根治中国的贫弱，“非废除不平等条约，努力生产建设”，“复兴中国”不可，而要废除不平等条约，中国需要有强大的军队，努力生产建设，同样需要中国军队给中国人一个安宁的环境。“复兴中国的责任，当然要全

---

① 张学良：《国际形势与中国前途——在武昌总部总理纪念周上的讲话》1934 年 4 月 30 日，《武汉日报》1934 年 5 月 25 日。

② 张学良：《国际形势与中国前途——在武昌总部总理纪念周上的讲话》1934 年 4 月 30 日，《武汉日报》1934 年 5 月 25 日。

③ 张学良：《对百二十师全体官兵的训话》1934 年 10 月 26 日，武昌南湖。

④ 张学良：《团结，牺牲，复兴中国》1934 年 9 月 29 日，在经扶对二十五路军总指挥部官兵的讲话。

国人来共同承担，不过比较起来军人的责任最重大。军人的唯一天职是捍国卫民。”①

当人在感情上认同和明确了责任，责任的要求便成为人之内心的一种自觉。复兴中国从何做起？人人都要从自身做起，有一种勇于担当的意识。张学良告诫东北军将士：

> 东北的失掉，固然有复杂的原因，其责任不能完全由东北军担负。但毕竟东北是日本从我们的手里用武力夺去的，所以一定还要用我们的力量夺取回来！
>
> 东北军应该有这种精神：过错是我们的，责任是我们的！我们不掩饰我们的过错，我们不推诿我们的责任！我们誓死要完成我们的责任！诸位试想想，这是否我们应有的态度？我们不这样，怎能对得起我们故乡的父老兄弟姐妹？怎能对得起其他热烈期望我们的同胞、同志？……这些问题，希望诸位每天能在脑子里想几遍。最好是在静夜的时候：我们是作什么的？我们责任是什么？②

国人为国弱而苦闷，东北人为亡省亡家而痛苦，“我们要坦白，我们要赤诚。想想看……我们怎样才能打破这一切苦闷？”“我们的国家不强，又怨谁？”③“我们不能怨天尤人”，只能“归罪于我们自己，我在上海会到许多有钱的人，有的以为可以弄到很多的钱，跑到外国或避居租界去过太平日子，国家亡与不亡，仿佛与他们无关。这种思想和见地实在荒谬绝伦，万万要不得！假使中国果真亡了，各国自然要以奴隶来看待我们。即使我人甘当奴隶，也许还没有当奴隶的资格，我们给人家当巡捕去站岗，说不定人家还嫌身量不够高呢！”“危亡之祸，即在眉睫，倘能痛切察知其病症之危急，那么，唯有自拔自振自励自救之精神，对症下药，起死回生，而且必须人人能够如此，国家始能少有转机。毛诗上说：‘父母生我，胡俾我

---

① 张学良：《对百二十师全体官兵的训话》1934 年 10 月 26 日，武昌南湖。

② 张学良：《中国的出路唯有抗日》1936 年 6 月 22 日，长安县王曲镇，西安《解放日报》1937 年 1 月 5 日。

③ 张学良：《对百二十师全体官兵的训话》1934 年 10 月 26 日，武昌南湖。

愈？不自我先，不自我后。'① 这些话正足说明我们今日生不逢辰的处境，我们既生在这一个非常的时代，就必须承当这非常的任务。"②

站在国家的立场上，我们"可以常常的这样自问着：我们所有的苦痛都是从哪里来的？这个国家是谁的？我应如何完成对于国家所负的责任？"③

一个国家与民族的兴衰绝不是偶然的。张学良旅欧期间，对于各国的国民性，特别留心考察，他指出："一个国家的强弱或兴亡都不是偶然的"，"国家经济的疲惫不振，帝国主义的压迫，似都不足以使一个国家覆亡，惟有国民道德的堕落或沦丧，实足以使一个国家亡国灭种。这就是由一个国家的生存必须有立国之道，也就是说一个民族必须具有生存的中心维系。那么，则唯有国民道德是国家兴亡所系的魂魄，是一个民族不可缺的素质。是以一切一切均不足畏，只怕的是道德沦丧而无以维系其生存。"④ 青年人是争取民族生机的战士，支撑国家命运的柱石，青年人应当努力奋斗，洁身自爱。"国势阽危至此，我们可以不失望，惟一般青年不知上进，诚足使得我们为民族前途担心。东北虽然已经被敌人武力占领，我们绝不承认东北已亡，惟东北青年尚不大彻大悟，知所努力，那足以亡我东北。"⑤

人类本为天演竞争的动物，不知长进的民族，自然会受到强者的欺凌。张学良以个人之间的关系比喻国与国之间的关系，阐述民族受欺凌是咎由自取的理由。"谁都愿意对于有作为肯努力的朋友加以同情的扶助，反之，遇到吃喝嫖赌无所作为的朋友，我们当然要鄙视他，疏远他。"国家正处于危难之秋，"中国的汉奸为什么这样多？""中国的社会风气为什么还这样坏？""反观日本的国民程度和社会情况确与我们不同，说起来，我们真惭愧。"他举例说："有一次日本留学生在檀香山开同学会，一个到会的医生，

---

① 语出《诗经·小雅·正月》。俾：使。愈：病，指灾祸、患难。意谓：父母生我为何在此时？苦难不早也不晚，恰恰落在我头上。

② 张学良：《国际形势与中国前途——在武昌总部总理纪念周上的讲话》1934年4月30日，《武汉日报》1934年5月25日。

③ 张学良：《国际形势与中国前途——在武昌总部总理纪念周上的讲话》1934年4月30日，《武汉日报》1934年5月25日。

④ 张学良：《视察西北归来对武汉新闻记者的谈话》1934年10月23日，《武汉日报》1934年10月26日。

⑤ 张学良：《对东大球队暨东大旅汉教职员学生的讲话》1934年4月13日，汉口银行公会。

买了许多特别的锡器，意图带归日本研究，领事馆告诉他说，早已有人替国家办过了。从这件小事看来，颇足证明他们每个国民都能随时随地替国家着想。转来看我们一般国人……”，正好相反，有些国民怀着私心，遇事专打自己小算盘，绝少替自己的国家着想。比如国内的文人，“只为一时的快意而信笔写作，出出风头，弄点稿费，当他提笔的时候，毫不顾忌说出这些话之后，对于国家民族及社会人心有何影响。”①

“东北问题，不一定从我们的身上得到解决，也许到我们的子孙身上才能得到解决，所以我们尽可不必预计成功，正如作战一样，不知道什么时候从哪一方面得到胜利。只要我们肯去苦干，迟早会有达到目的的一天。总之，我们今天无论是为了国家，为了自己，都不许我们不努力！”②“东北四省是属于全中国人的，那么东北这两个字何必存在呢？是的，假设东北要不是被异族侵占，东北这两个字就不应该再沿用了，即使沿用也不过是单纯的地理名词。现在，正因为东北被外人武装占领，东北军人所感受的痛苦比较最深，对东北环境也比较最熟悉，所以东北军人的特殊使命是挺身作收复东北的先锋。”③

使命感可以驱使人有所作为，而作为需要激情的支撑。激情是军人的灵魂之火，它可以催促人们勇往直前。东北军骑兵第七师奉令开往绥东国防第一线，张学良说：“担任神圣的抗日任务，这真是无上的光荣！目前全国的民众，全国的军队，都跃跃欲试，争着想去抗日。这些人们，尤其是西北剿匪武装同志，就是我自己，对骑七师此次得膺此光荣使命，无不万分羡慕！”

> 整个中国，眼看就要沦为日本帝国主义的殖民地。危机的情形，如同被匪徒“撕票”前的一刹那。
>
> 中国陷入如此悲惨的境地，……大部分责任在我们当军人的身上，

---

① 张学良：《对东大球队暨东大旅汉教职员学生的讲话》1934 年 4 月 13 日，汉口银行公会。

② 张学良：《对东北各军送庐山军训团第一期毕业各长官的训话》1934 年 7 月 27 日，汉口银行公会。

③ 张学良：《对百二十师全体官兵的训话》1934 年 10 月 26 日，武昌南湖。

是我当军人的耻辱！军人最大责任是捍卫国家。①

战争是一种特殊的事业，即使一个民族所有的人都拿起了武器投入到这一事业中来，它仍然是一个特殊的事业，它与人类生活的其他各种活动是不同的。因此，不管人们如何把战争想象得具有全民的性质，仍然不能抹煞战争这种事业的特殊性。既然如此，从事战争的人只要还在从事战争，战争精神就会在军人这个特殊群体中以责任意识明确地显露出来。

军人责任的明确，只是履行责任的开始。如何能完成意识到了的责任，张学良认为，战争是杀人的，因而作为战争的主体——军人的责任是严肃的：

（1）军人要“守纪律”。“纪律是军人的命脉，守纪律是军人的天职。纪律不但维系纲纪，而且能团结精神，有纪律的军队才能上下一心，同生死共患难。”“守纪律一定要自上作起，要在上者以身作则。”“有罪从上面罚起，有功从下面赏起。只有这样，军纪才容易维系住。”

（2）军人要尚勤劳。“当军人的责任极重，非勤劳不可。胡文忠公说过，‘军旅之事非以先之劳之，事必无补’。又说‘治军之道，必先苦其心志，劳其筋骨为法典’。苦心劳形可使意志坚强，身体健康。平时勤劳正是准备战时杀敌致果。”②

（3）军人要吃苦。受苦是军人的本分，“命运已经注定了要我们受苦。”③“在当前的国家处境中”，军人要尽职，“自然都不无困难的地方。”“畏难的心理是万万要不得的，正因为国家是在这样艰困中，才要我们来努力拯救。如果决心为了国家来奋斗”，“那只有排除万难，认清楚中国是我们的，我们应于万分艰苦中开辟一线生路！”物质享受与军人是无缘的，“我们如果不能刻苦，救国自救的话就根本无从说起。”④

（4）军人要求确实。“军人做事一定要求确实，不应该粉饰和敷衍，粉

---

① 张学良：《骑七师北上抗日行前讲话》1936 年 11 月 10 日，《沈阳文史资料》第 11 辑，第 116—120 页。

② 张学良：《对百二十师全体官兵的训话》1934 年 10 月 26 日，武昌南湖。

③ 张学良：《下最大决心为民族争生存》1934 年 9 月 29 日，汉口。

④ 张学良：《新生活运动与民族复兴》1934 年 8 月 25 日下午 2 时，武昌，《武汉日报》1935 年 10 月 12 日至 13 日。

饰敷衍有时会把自己的命丧了。比如军人带刀绝不是摆样子吓唬人的，而是要杀人的，如果你的刀不快，不但你不能杀人，而且人家会把你杀了。”“国家兴亡，军人之责。”①

兵民关系论

孔孟有孔孟之道，佛家有佛家真谛，马克思有马克思的主义，甚至每个人的心中都有自己的真理，对真理的理解从来都是不统一的。在张学良看来：

> 真理，除开书本上载着的，便是一般民众现实的内心的要求。中国一般民众在目前，无疑的，内心里有一个一致的要求，这一要求，我们不能忽视，我们一定要把握住，发动他们的力量，来满足他们的要求。这是我们的义务，是我们的责任，神圣的天经地义的义务和责任。②

要使整个战争达到光辉的目标，指挥战争的人必须对较高的国家关系有远大的见解，在这里，军事和政治就合而为一，统帅同时也就成为政治家。统帅即使成为政治家，他仍不失为一个统帅，他一方面要了解一切政治关系，包括军队与人民，另一方面，又要确切知道用自己所掌握的手段能做些什么。这些关系有时是模糊不清的，如果一个统帅不能以辨明真理的洞察力来看透一切，并做出清晰的表述，他就很难使自己的思想变成军队的行动，那他只是一个统帅，而不是政治家和军事家的合二为一。

张学良把民意视为真理，把民众视为军队的主人的论述，可看出其作为军事家的远见，更可看出其政治家的胸怀。他以政治家的胸怀，将人民装在了心里，并用军事家的眼光看到了军人的任务“有两种，第一是保卫国家的权利，第二是保卫人民的安宁。”

> 我们军人也是人民的一部分，如农民是耕田的，工人是作工的，

---

① 张学良：《下最大决心为民族争生存》1934 年 9 月 29 日，汉口。

② 张学良：《怎样纪念国难严重期中的国庆》，《西京日报》1936 年 10 月 10 日，国庆增刊第 1 版。

商人是作买卖的，他们都是自食其力。我们军人不能自食其力，需要其余工农商人民来供养我们，那几种职业的人都向国家纳税，国家就拿这税款来为军人发饷，为的要这些军人去保护人民的安宁。①

抗日是为着保卫国家的安全，剿匪是为着保卫人民的安宁。

我们军人是保卫人民的，所以我们军人若看不见人民不安，便会自己觉得脸上无光，是一件可羞的事。②

军队“不仅在责任上应该出来保卫人民，即凭我们自己的良心，也应该这样做。”军队的“职责是这样，我们便不应当忘记我们绝对不得骚扰老百姓；从我们的良心上着想：我们的衣服，我们的饮食，我们的薪饷，这不是别人给我们的，也不是我们的长官给我们的，我们的长官没有这多的钱，钱都是国家的，国家的钱是由老百姓纳税得来的。你们看，老百姓们在无论怎样热的天气中，一锄一锄的在那里锄地，一滴一滴的汗珠砸在脚面，他们自己的衣食还不足，然而他们还拿出钱来供养我们，试问，我们在这时候还不能保护他们，我们良心上当然有些下不去，就迷信上说我们也要有报应。”③

在目前的形势下，我们的军队虽然多，“若只知骚扰百姓，不能体恤民间疾苦，是不能卫民反而害民，则民众对之必将深恶痛绝，他们誓将仇视匪众者转而仇视军队，甚而要造成‘驱民为匪’的结果，果如此，则兵多又有何用？所以我们应当深知民众是我们的主人；必须竭力爱民，维护地方的安宁秩序，尽量解除民众方面的痛苦，而后军民始能打成一片，始能收军民合作之效。”④

军队不要扰害人民，这一点非常重要。“这不仅关系我们军队的名誉，

---

① 张学良：《对商城驻军六一九团、六二〇团、六二一团、六二八团工兵第六营的讲话》1934 年 6 月 21 日，商城。

② 张学良：《对商城驻军六一九团、六二〇团、六二一团、六二八团工兵第六营的讲话》1934 年 6 月 21 日，商城。

③ 张学良：《对商城驻军六一九团、六二〇团、六二一团、六二八团工兵第六营的讲话》1934 年 6 月 21 日，商城。

④ 张学良：《对奉派视察之各部队主任及参谋中校团副的讲话》1934 年 4 月 6 日下午 9 时，汉口银行公会。

这还是小事，我们最不应该忘记的，是我们军队自身的厉害。军事的胜败，都与军队是否严守纪律有着极密切的关系。军纪如好的时候，则这种军队所到的地方，人民将箪食壶浆以迎。就是说，人民会供给你们饮食，供给你们的一切需要，帮助你们，那么，你们自然能取得胜利。人民欢迎你们，并不是因为你们强迫他们，不是因为他们怕你要，而是因为你们能保卫他们的利益。你们能保卫人民，然后人民才能欢迎你们，然后你们才能取得胜利。"①

军人的天职是保护人民，"人民不能安居，便是我们的责任没有尽到。""军人之爱护人民，应当有两方面的表现。就消极方面说，不应骚扰人民，不应妄取人民一草一木，对人民绝对不要打骂，绝对不要到处耍野蛮。你们要知道，我们军队的设备不完善，我们的生活是比外国军人生活苦，但是人民的生活比我们更苦。试问现在老百姓的衣食住各方面，哪一方面能赶得上我们军人呢？他们的衣服几乎不能蔽体，我们则有棉夹单，一人数套。他们食不果腹，我们则大米白面，有菜有饭。他们没有房子住，我们则有营房，还力求整洁卫生。试问他们哪一点可以赶上我们军队呢？然而他们还要纳税来供养我们军队，你想我们军队应当怎样才对得起他们。所以我们不仅消极的不骚扰他们，积极的还应尽量帮助他们。譬如我们帮助他们修理房屋，或作些难事，这绝不算我们低了身份，又如附近人民家庭中有了病人，找我们军医替他们医治，这也绝不算我们受了损失。我们军人无论如何都应当极力维持军纪，保卫人民，而且要拯救人民！"②

> 老实说，现在的老百姓，一看到我们这穿灰布衣服的人，心中先有三分害怕。③
>
> 就以我们作军人来说，以前对国家又何尝尽过力？而国家赐予我们的享受却太多了。我们再看一看老百姓的生活又是什么样子？衣不能御寒，食不能一饱，居不能蔽风雨，与我们来相比，真可谓天地悬

---

① 张学良：《对六十七军军部及直属特务营与百〇七师六二〇团第二营的讲话》1934年6月19日，潢川。

② 张学良：《对一一〇师六三〇团的讲话》1934年6月2日，四道河子。

③ 张学良：《对六十七军军部及直属特务营与百〇七师六二〇团第二营的讲话》1934年6月19日，潢川。

殊。相形之下，国家待我们太厚了，我们却报答了国家些什么?”

我们不是圆颅方趾吗? 我们的奇耻大辱就不能雪除吗? 对于整个中国问题，要我们来共同努力，就是东北问题，我们就甘心他长此拖延下去吗? 在今天，我们也无须隐讳或顾忌，然而不要只是在说大话，要实实在在地去做!①

战争武器论

战争是武器的较量，但绝不仅仅是武器的较量，还是正义与非正义的较量、意志的较量、智慧的较量，等等，如果不是这样，战争恐怕早就终结了，至少会减少许多。战争不是孤立的行为，如果仅仅是武器的对抗，恐怕也就没有谋略一词了。不可否认，参加战争的任何一方都以战胜对方为目的，决定战争胜负的是物质力量和精神力量的综合，这种综合力量表面上是通过物质力量来进行较量。克劳塞维茨说过，不言而喻，在这综合力量中不能忽视精神力量，因为正是军队的精神状态对战争结局具有决定性影响。克劳塞维茨所说的精神状态指的就是战略战术的运用。

为了赢得战争，人们不断地将人类最先进的科技发明首先运用于军事领域，使得“杀人工具”的武器科技含量远远超过了其他工具。为了应付新式武器和装备的出现，人们不断地挖掘除武器之外的战争要素和以调整作战形式来对抗、抵御和消解新式武器的威力。由此，张学良根据中日之间武器先进程度的差距，提出了以利用地形、地貌和游击战来消解日本武器优势的理论。他说：

我们如能善于利用地形和游击战术，日本的新式武器不能尽量发挥其效用。

现在很多人犯了“唯武器论”的错误，说什么武器不如人是不能抗战的，飞机、大炮和毒瓦斯等武器，是无法抵抗的。其实武器良亚，固然不能说与战争没有影响。但武器精良，确不是胜利的绝对保障。

我们中国的地形相当复杂，如陕北的起伏地，川、鄂、云、贵各

① 张学良：《对东北各军送庐山军训团第一期毕业各长官的训话》1934 年 7 月 27 日，汉口银行公会。

省的山地，这种地形都可以使他们的武器失其效用。至于他们对于青、康各省的草地与高地，更丝毫没有办法。

游击战术，如果我们用好了，可以使他们的飞机、大炮不能尽量发挥其效用。①

为了提高抗日部队掌握消解日本武器优势的能力，张学良在给东北军和西北军联合举办的王曲军官训练团作报告时明确提出："关于游击战术，本团定为专门科目，希望诸位加以研究。"②

综合考虑中日双方的各种因素，张学良作出了"对日作战，我们有绝对的胜利把握"的论断。"我们的武器不如日军，这是实情。但我们是民族自卫战，我们的民气、士气远胜于日军，这也是实情，我们不能犯'唯武器论'的错误。""我们要相信精神条件，优于物质条件，士气远胜武器。"

他举例说："热河战役时，一个日本骑兵军士，带一班人出探，结果被我军把这一班人完全解决了。在那个军士的身上捡出一本日记，上面所记的大意是，出征时领枪弹，领服装，被欢送，内心中很是高兴。一到东北，看见东北人民由于日本的侵略而不能安居乐业，流离失所的有，惨遭屠杀的有，内心中马上非常恼悔。这是为了什么来征战呢！"

"一次义勇军与日军作战，义勇军发现一辆满载子弹的日本军用汽车，车夫由一士兵充任，自杀了。在车夫的身旁发现一封信，上面写的大意是，他同情义勇军，反对日本帝国主义的侵略战争。他打算把这车子弹献给义勇军，恐怕日军追上前来，死在他们手里，所以自杀了。"由此可知，"日本的军心是绝对不齐的，士气是绝对不振的。"③"军心不齐，士气不振，无论武器如何精良，终于会失败的。"④

---

① 张学良：《中国的出路唯有抗日》1936年6月22日，长安县王曲镇，西安《解放日报》1937年1月5日，第3版。

② 张学良：《中国的出路唯有抗日》1936年6月22日，长安县王曲镇，西安《解放日报》1937年1月5日，第3版。

③ 张学良：《骑七师北上抗日行前讲话》1936年11月10日，《沈阳文史资料》第11辑，第116—120页。

④ 张学良：《骑七师北上抗日行前讲话》1936年11月10日，《沈阳文史资料》第11辑，第116—120页。

“过去我们没有给日本军阀一个打击，使他们屡屡在中国获得胜利，所以他们还可以欺骗一部分民众和军人拥护他们，所以他们还在利用侵略中国为统一国内的策略。这正如俗话说：‘抓住耗子的就算好猫’。如果我们给日本军阀一个打击，使他们遭受失败，我可以肯定地说，日本反军阀的民众和军人会大量增加，会联合起来作大规模反军阀斗争。”①

张学良关于战争、战略的论述相对于他的军事生涯之短算是丰富的，除了上述一些内容外，还有一些，如军人良心论、军队投放梯次增加论等，因其他篇章也涉及这方面内容，故在此章不作论述。

四、他的战略思想很像一座“金字塔”

一般来说，战略是军事战略的简称。所以西方学者将战略定义为运用军事手段达到战争目的的科学和艺术。中国学者将战略定义为方法和策略，并强调是对长远问题、全局性问题和高层次重大问题具有筹划与指导意义的方法和策略。

张学良在口述中没有提到战略一词，许多人认为他的口述通篇表述“乱七八糟”。笔者无意对此观点进行反驳，也无意探讨给人如此糟糕印象的原因，只在这里谈一谈自己的粗浅看法。笔者认为，张学良口述方式虽然有失科学，但不失艺术；表述虽然有失语言规范，但不失具体生动；观点虽然有失系统，甚至像火花一样，一闪即逝，但不失深刻精辟。只要认真研读，就会很容易发现有条逻辑链条贯穿在零碎的口述背后。以他谈国民党为何打不过共产党这一问题为例，就会发现他的回忆和分析基本上是围绕战略基本要素而展开的，把这些“崩豆”式的叙述拼接起来，一位军事家的系统思想就会在零乱中跃然纸上。

按照上述学界的定义，战略首先着眼于长远问题。那什么是长远问题呢？一定是国家的生存和发展。国家战略首先要考虑的应该是国家利益，而张学良对国民党军事失败原因的分析恰恰明确指出了这一点。国民党战略制定者们践踏了国家利益，“国民政府内部只有四个字：争权夺利。他们

① 张学良：《骑七师北上抗日行前讲话》1936 年 11 月 10 日，《沈阳文史资料》第 11 辑，第 116—120 页。

都不是为了国家。”国家战略是由政府官员参与制定的，由不是为了国家的一群人制定出的战略还能是国家至上的战略吗？更不用指望它能解决国家长远问题。另外战略不是“速溶咖啡”，即冲即饮，长远的问题要靠深思熟虑来解决，战争年代难得聚到一起的国民党将军们竟相以低级打油诗来消磨会议时间，这样的会议怎能有深思熟虑的战略计划出笼呢。

战略的第二个特点是全局性。解决全局性问题的方法和策略“不可能是简单界定的准则，它是一种思想方法，其目的为整理事象，排列优先，然后选择最有效的行动路线。”“九一八”之后，民族危机问题上升为中国第一位全局性问题，而不是像国民党认为的那样共产党的存在对国民党政权构成的威胁。这是当时的“事象”，如果“排列优先”，抗日一定是第一位的，“攘外必先安内”战略显然不是“最有效的行动路线”。所以张学良说：“我不干了，说什么我也不干了，你跟日本打，我打！你和共产党打，我宁可叛变。”国民党放弃全局性问题，将可以动员的主要战争资源都用在内战战场，使本来有限的抗日有生力量在内战中被不断消耗。这样的战略无疑是错误的。

战略的第三个特点是高层次重大问题。什么是高层次重大问题？张学良首先强调的是产生战略的基础——思想信仰。指出国民党因为“没有中心思想”导致正确战略不能产生，国民党失败的历史告诫所有想在失败中吸取教训的人们，不要迷信“剑”的力量，思想的力量要比“剑”的力量更持久、更不可战胜。接着指出官员的腐败，因为任何战略计划都是要由人来把它变成现实，军政官员的腐败、具体政策的错误，不仅瘫痪了政府，尤其瘫痪了前线指挥机关。

张学良特别强调人心在战略实施过程中的作用，特别强调国民党军队不择手段寻求胜利的愚蠢。这两个问题张学良阐述得十分清楚而且生动具体，国民党军队因为不择手段地欺压百姓导致战场上的四面楚歌，又因为得不到百姓支持而对百姓的残害更加肆无忌惮，越是四面楚歌，越是对百姓肆无忌惮，结果百姓“都被逼得当共产党了”，因此红军“越剿越多”，红军越多，国民党求胜之心越切。“而假使你把注意力完全集中在胜利之上，而不考虑其他任何后果，则你可能将国力耗尽，而再也不能获致和平。”

按照张学良的分析，战略本身如同一座金字塔，这座金字塔的底部是广大的人民群众，是民心，而政府和军队统帅位于金字塔顶端，党和军队是支撑战略金字塔存在的中间部分，维系金字塔结构不散的则是思想信仰。国民党因为“没有中心思想”使战略金字塔在搭建之初就失去了重心，政府政治的腐朽和军队统帅的昏庸使党心涣散、军心动摇，最终，民心的丧失使金字塔失去了依托，这才是国民党彻底失败的主要原因。

第五章
两岸观："过来人"的经验式构想

> 台湾绝没有独立的能力，你若独立，也被旁的国家拿走，不是日本就是美国。
>
> 大陆不想打台湾，台湾没有能力打大陆，我看这仗打不起来。
>
> 大陆与台湾将来统一是必然的，这只是时间问题。
>
> ——张学良

张学良人生百年，一直致力于国家和平统一，并为此付出了沉重的个人代价，甚至是半生的自由。当他到了晚年，回首往事的时候，并没有计较以往的个人代价，而是沿着民族要独立，国家就得强大，国家要强大就得统一的思路继续前行，在回顾历史、总结人生经验的同时，他把注意力很大程度上投在了国家面临的最大现实问题上，这就是：两岸统一问题。并从国家命运、台湾当下岛情、国际政治格局三个角度谈了他对于两岸统一重要性的理解、统一难点的症结所在、破解困局的办法等。

两岸统一问题，是历史遗留下来的现实问题，是因国际势力干扰而导致的迟迟未能解决的国家内政问题。是现实问题，又和历史有着千丝万缕的联系；是内政问题，又由于台湾地理位置、地缘政治及部分国家封堵中国、扼制中国和平崛起的诸多因素交织在一起。因此，这一问题的解决在目前看来显得非常复杂和困难，同时，台湾和南海问题、东海问题密切相关，因此愈来愈显得重要和迫切。如何破解？需要今人的智慧，也需要历史的经验。“要问山下路，须问过来人。”这是人类破解难题的一把钥匙。张学良在谈他的经历、人生经验时，也引用过这句话，他写道：

> 请你们不要说老气横秋，以（倚）老卖老，这是我从心坎子里说出来的良心话。“要问山下路，须问过来人。”我引用这两句话，不只是指着读书时，我所说的事，也都包括在内了。请三复斯言。

忠恳之情，溢于言表。

谈到国家统一问题，张学良确实是从“山下路”走过来的人。他主持过东北易帜、指挥过武装调停中原大战，包括领导发动西安事变，都是他在这条路上行进时的主要“站点”；谈到两岸统一，他也确实有“过来人”的经历，他生在大陆，长在大陆，在大陆四十多年，曾经是东北地方政府的当家人，民国政府陆海空军副司令，第二次国共合作的主要开启人之一；他在台湾四十多年，虽被幽禁，毕竟生活在台湾，虽远离政治，毕竟和台湾一些高层（如宋美龄、蒋经国、张群）时有私人交往；他去过日本，在欧洲游历了近一年的时间，直接参加和指导过对日交涉和对苏联的谈判。相对而言，他是既熟悉全国政务，对台湾岛情也不陌生，又有一定国际视野的“特殊人”。具有如此特殊身份、特殊经历和特殊情怀的人物谈两岸统一，自然具有其独特的视角和特殊的意义。

一、国家要不受人欺负非统一不可

我们所面临的世界是竞争的世界，竞的是力量，争的是尊严，无论是大国小国，强国弱国，都希望生存得有尊严。尊严决定于一个国家在世界上的地位，地位决定于国家的政治、经济、军事力量，有力量才有地位，有力量才不会受他国的欺负。不受他国所欺负，是国家独立、尊严的外部特征，而独立、尊严的基础是国家强大。张学良对此有着切身的感受和深刻的理解，他说：一个国家，要有地位，有力量，不受人欺负，非统一不可。

在张学良看来，一个国家最不能让人忍受的是国家没有尊严，受人欺负。因为他生于 1901 年，是中国最衰落的时期；他的出生地，中国的辽东半岛，是日俄两国争夺最激烈之地；他的家庭最初是一个普通的农民家庭，生活在社会的最底层，11岁时他进入东北的政治文化中心，成为民国中将师长的公子，进而随着他父亲张作霖一步步成为"东北王"、安国军大元帅、北洋政府末代元首，他也步入了中国政坛的漩涡中心，他父亲的突然遇害，使这位年仅28岁的少帅受任于危难之际，突然成了东北的执政者。这一特殊的经历，使他的国家意识、对国家尊严和个人尊严的关系有了超越普通人的认识。

国家尊严包括政府的尊严，领袖的尊严，民族和个体民众的尊严，领域、领空、领海受到保护的尊严，法律道德得以遵守的尊严，等等。1922年，22岁的张学良代表政府赴旅大和日本谈判，国家尊严和个人尊严受到了严重挫伤。

> 旅大租界地是根据中俄签订的条约来的，条约规定租期是二十五年，到民国十二年（1923年）就已经期满了，日本赖着不走，我就想把它收回。因为交还这个事儿，我们想事前去谈一谈这个事情。我事先划定了一个政策，知道实际上是收不回来的，我们当时没有这个能力。我提出的方案，也考虑到了日本的立场，我跟日本人说，旅大的问题我们可以很好地合作解决，我承认日本在旅顺、大连的建设权力，我们可以将旅顺、大连这两个港口变成自由港。换句话，就是主权是我中国的，名义上我收回来，但是旅顺、大连这地方可以变成一个自治区，就等于是自由港啊。市长由在这地方居住的人自由地选举，只要是这里的居民，人人都有选举权，大家选，选出谁，由谁负责治理这个地方。我给你们的条件已经够好的了，……我们情愿当个小兄弟，那都不行啊。
>
> 日本强硬派的一句话，让我看透了日本的野心。什么话呢？说我们日本有句话，这个城是我们用箭射来的，你要拿回去，可以，但你必须用箭射回去。你要拿，只有武力打，你光拿嘴呀，没有那回事。条约什么的，我们都不遵守。

弱肉强食，什么条约、主权在强盗国家面前统统是废纸一张。对于强盗国家只能以强对强。张学良由此慨叹：本来我们中国，在历史上也是一个很有地位的国家，到民国时代，根本没有地位可言了，更不用说尊严了。政府没有尊严，民众更无尊严可谈。20世纪上半叶，东北有条铁路，叫南满铁路，铁路建在中国的领土之上，祖祖辈辈生活在这片土地上的中国老百姓连靠近这条铁路的权利都没有。“日本人根本没拿中国人平等对待，没把你搁眼里。拿你当亡国奴。不拿你当人。”

当时中国人没有尊严，在自己的家门口受外国人欺负，原因何在？中国人口不可谓不众，中国军队不可谓不多，为什么不能撑起国家的尊严？为什么保护不了老百姓？问题出在哪里？张学良认为根源就在于国家不统一：20 世纪二三十年代，中国最大的问题是国家不统一，地方诸侯各霸一方，互相攻伐，造成国家四分五裂。比方说，郭松龄倒戈，这是东北内部不统一；奉直战争，这是北方不统一；直皖战争、北伐战争，这是南北不统一。南方也是一样，和北方差不多，陈炯明炮轰总统府，等等，北方不统一，南方不统一，南北不统一，有点势力的“诸侯”，都在那为了自身的利益，你争我夺，互不相让。结果，遭罪的是国人，牺牲的是军人，受损的是国家形象和地位，占便宜的只有一个，不怀好意来中国的外国人。

张学良由于长期被幽禁，读了大量的史书，他在探索国家尊严受到挑战和伤害时指出：学习历史，一定要抓住重点，依我的眼光看，一个国家要在世界上有地位，在别的国家面前有尊严，让人看得起，国家必须统一。如果国家分裂，混战不断，就不会有人瞧得起你。也不单中国是如此，世界上任何国家都一样。从历史上看，就看得十分明显，中国在世界上站得有地位的时候，都是中国统一的时代，中国被人欺负，被人瞧不起的时候，都是四分五裂时期。

1992 年 1 月，他在口述历史时，当时南斯拉夫正在内战，因而他说：国家只有统一才不会受人欺负，“如果分裂，这个混战不断，……也不但中国，世界上像德国，也是一样。”历史上是这样，中国是这样，现在别的国家也一样。比如，现在的南斯拉夫，还哪个国家，有内战，对外就没有力量，没有地位。①

---

① 南斯拉夫，1929—2003 年建立于南欧巴尔干半岛上的国家。以从独立的塞尔维亚族所建立的塞尔维亚王国为基础，经两次巴尔干战争及第一次世界大战，击败奥斯曼土耳其帝国、奥匈帝国及周边诸小国，吞并原从属于此二帝国的各弱小民族聚居地而成。1918 年 12 月 1 日，脱离奥斯曼土耳其帝国成立塞尔维亚—克罗地亚—斯洛文尼亚王国，1929 年改名南斯拉夫王国。南斯拉夫素有“七条国界、六个共和国、五个民族、四种语言、三种宗教、二种文字、一个国家”之称。1992 年至 2006 年间，南斯拉夫逐渐解体，“南斯拉夫”也随之成为历史名词。

二、搞"台独"没有出路，只能走统一的路

一些自私忘国、忘族、忘祖的台湾政客，不顾台湾自古就是中国固有领土的历史，不顾海峡两岸人民盼望统一的渴望，不顾因两岸政治分离导致台湾在政治、经济上被人不断地敲竹杠的惨状，不顾举世公认中华人民共和国是中国唯一合法政府的现实，大肆鼓噪"台独"。张学良说，不管"台独"分子怎么鼓噪，也改变不了台湾的历史，改变不了台湾回归大陆的总体趋势。"台湾局势不会有什么问题，当然小小问题也许会有……我看民进党①没什么作为，至于搞'台独'更没有出路。"

"搞'台独'更没有出路"，这是张学良从总结历史经验中得出的结论，是分析岛情、国情和世界政治局势之后作出的判断。张学良说：

> 很可惜，我也不在政治上活动了，但我要阐明我的观点，阐明我什么观点呢？一个地方能够独立，它得具备很多的条件，它得有很多的背景，它得有历史的传统，台湾这些个事情都不够。

张学良说的很多条件，其中包括背景和历史传统，背景指的是什么？历史传统指的是什么？

第一，台湾"独立"不会得到国际承认。

台湾是中国的一部分，这是世界公认的。稍有政治常识的人都知道，一个地区独立成一个国家必须具备四大要素：领土、人口、主权和政府，四大要素之中最主要的是主权和政府。而衡量一个政府是否拥有主权，不是看你自己说如何如何，关键是世界上的其他国家承认与否。目前世界上拥有主权的国家有190多个，和台湾有官方关系的只有20多个，而且都是非主流国家，承认中华人民共和国政府为唯一拥有中国主权的国家共有160多个。这就清楚地表明，台湾"独立"是不可能的。因此，张学良说：

> 简单说吧，那些不说了，就是一件事情，台湾的地位绝对没有独立的能力。换句话，你台湾若脱离中国独立，也被旁的国家拿走，不

① 民进党，即台湾民主进步党。1986年成立，2000年5月20日至2008年5月19日成为台湾的执政党，2008年5月20日再度成为在野党。

是日本就是美国。从台湾面临的世界局面看，绝没有独立的能力，你立不住。

第二，台湾“独立”一定会遭到全体中国人的反对。

如果一个地区的政府违背民意，强行宣布独立，也不可能存在下去。第二次世界大战期间，法国被德国法西斯占领，也扶植了一个傀儡政府，但全体法国人和世界上多数国家还是承认戴高乐将军在英国宣布的自由法国政府是合法政府。“皇姑屯事件”之后，日本田中首相派出特使，游说张学良东北独立，要张学良至少可以“在南京和日本之间两边耍”。张学良回答得斩钉截铁：“你忘了我是中国人！我是中国人，我不能像你说的那么做。”

他还是拿那旧的，过去中国人的思想，那时候的行为，搞利诱，给你点好处哇，我帮你一下啊，所以他一直都还想满洲国啊，这种思想，结果他还是失败。当我的傀儡啊，做汉奸。中国那时候，换句话，实实在在说，你想做汉奸，你也做不成，中国老百姓不拥护你，你还能做什么？换句话，你有势力的人，部下不赞成，多数人都觉醒了，他还想回那时候。日本现在大概明白了，我想，他一直脑子里，还是倒退那种思想，真的，所以现在咱们中国人也是常常这样，被人判断错误，不是那时候的人了，中国这几十年的改变太快了，你就看这一切事情，改变多快，人的思想完全改变了。

就像台湾，台湾人糊涂啊！所谓台独，你独立不了，条件种种，你独立不了，你就是中国放弃了你台湾，换句话，我简单说，日本一定会把台湾拿去了。

第三，台湾如果真要宣布“独立”，大陆一定动武。

蒋介石和蒋经国去世之后，张学良曾经到台湾几个主要的军事基地考察过，“我去金门环岛旅行，看看风景是主要目的。不过，空军的基地也看一下。”① 台湾“现在的空军那是没办法比的，没法跟大陆比的。都是老旧

① 1992年张学良环岛旅行，从台北出发，先是乘汽车沿沿海公路南行，然后是乘火车走南回铁路，后来到高雄乘飞机。

的玩意儿。台湾没有钱啊，现在买一架飞机需多少钱！哎呀，天呀，你知道现在买一架飞机多少钱！我现在也不知道，还是前几年，听说买一架飞机都要三千多万美金。大陆是自己造的。大陆现在有六千架。潜水艇也有好多。"

"台湾没法跟大陆比"。"大陆动武的理由是有的。"张学良认为至少在两种情况下大陆可以动武：

一是"台湾闹独立要是闹得出格了的话，大陆就可以动武了。"他引用郝柏村的话说："搞台独就是两千万台湾人自杀。"①

另一种情况是："如果民进党真把台湾弄得自个儿管不了了"，一旦"有外敌入侵"，那大陆绝不会坐视不管，动武"一点不含糊"。"那大陆……我在美国时，我的学生②去看我时，我说，你们吓唬谁。他说，那不是吓唬谁，我们也预备不是对台湾的，我们是对日本的，是对外的。我说，你吓人。他说，吓唬人什么？我们要拿台湾不费吹灰之力。我打台湾干吗，我没有打台湾

---

① 郝柏村，1919 年出生，江苏盐城人。曾参加中国远征军赴缅对日作战。辽沈战役时，从锦州前线被召回，任蒋介石总统侍从官。1949 年后，历任台湾"参谋总长"、"国防部"部长、"行政院"院长。2014 年 9 月 3 日，郝柏村参加了台湾新中华儿女学会抗战胜利纪念日研讨会，他在致辞中批评民进党"台湾的前途由台湾 2300 万人决定"的观点，他说："政治是务实的"，从过去历史来看，不管是甲午战争清廷将台湾割让给日本、抗战胜利台湾光复，"台湾前途从来都不是台湾人民可以决定的！"69 年前，台湾能够回到中华民国的版图中来，是全体中国人尽所有的力量，经过八年抗战胜利的结果。他强调，台湾的前途就是"中华民国"的前途，而"中华民国"的前途应由全体中国人、中华民族共同决定。在强权政治现实下，台湾想要生存，就要认同中华民族，坚持"中华民国"的宪法法统，这是"中华民国"在强权政治夹缝中生存的唯一一条道路。他向年轻人喊话："不管你喜欢不喜欢，'中华民国'法统是台湾唯一生存的道路，没有第三条路，'台独'绝对是条绝路！"见 2014 年 9 月 4 日台湾《中国时报》、2014 年 9 月 5 日《参考消息》第 13 版。

② 这里所指的学生，是吕正操将军。1991 年 6 月，张学良 91 岁华诞，全国政协主席邓颖超受邓小平之托给张将军撰一亲笔贺函，由特使吕正操赴美当面呈送张学良，并邀请张回大陆看看。其中谈到祖国的统一问题。张说："我看，大陆与台湾的统一是必然的。两岸总不能这样长期下去，中国总有一天会统一，这只是个时间问题。""愿为祖国的和平统一尽一点力量，……我虽然九十多岁了，但是天假之年，还有用得着我的地方，我很愿意尽力。"吕说："但有一条，我们现在不能放弃武力收回台湾这一手段。对台湾人民来说，我们不想用武力，不过台湾要有外敌入侵，或是搞台湾独立，共产党决不能坐视不管。"张说："这我能理解。……"张用手比画着说："台湾这么小，大陆那么大，大陆的军队真的打过来，台湾肯定顶不住，是一场苦战，双方互有伤亡，都是中国人，真是冤枉。"

的必要。除非台湾要跟我打，那是另外一回事。他也不想打台湾，台湾也不想打他。”

张学良认为：大陆对台湾也用不着打，台湾的军队不会跟大陆打的，军队不会帮着那些“台独”分子。军队是这样，军队是维护国家利益的，台湾军队绝不能帮着民进党搞“独立”。

三、统一的障碍是有人不顾国家利益

台湾和大陆为什么迟迟不能统一？究其原因，张学良说主要有两点：

一是外部原因。西方有的国家不希望中国强大，它要做世界老大，中国一旦统一了，它认为会影响它在世界的老大地位。张学良说，现在台湾这个样子，对我们自己的国家没好处，但对旁的国家有好处。旁的国家指的是哪些国家，张学良说的也很清楚，一个是想做亚洲“老大”的日本，一个是想做世界“老大”的美国。

二是台湾内部原因。因为台湾当局不愿意放弃自己的“地位”，“执政党”想继续“执政”，“在野党”想重新再来；当上“总统”的不愿意放弃，没当上的，或者下台的还想上台。本来是地方领导人，非要成为“国家领导人”。所以张学良说：地方诸侯要突出自己，把国家扔在了一旁，要自己的面子。那些不愿意统一的人、闹“台独”的人，都是一些不要国家只要自己好处的人，这些人知道自己“执政”法理不足，也不符合民意，为了弥补自身“天然”的缺陷，就向国际上图谋分裂中国、扼制中国和平崛起的势力伸手求援，打着所谓“中华民国”的政治旗号，“偏安一隅”，“执政党”企图以拖延统一来维持和延续自己的政治生命，“在野党”为了重新夺回“政权”，惧怕统一之后，断了自己的官路、财路……所以寻找种种借口，诸如“民意”、“两岸经济差距”、“制度不同”等等，来拖延两岸统一进程。

张学良愤怒地指斥这些人缺乏应有的道德良心，什么是良心？你是国家的人，国家有问题的时候，你要尽力而为，这就是良心。如果为了自己，把自己摆在国家之上，加重国家的问题，就是没良心。历史上的地方诸侯是这样，结果造成内战不断，国势衰微，列强趁机入侵；现在台湾地区领导人也是这样，结果导致两岸统一迟迟不能得到解决。

作为执政一方的“诸侯”，在国家遇到外来干扰、受到外来军事威胁、遭遇外来政治挑战的时候，应该以国家核心利益为重，应该放弃自己和本集团的利益。"兄弟阋于墙，就不能外面起屋棚。"一个国家如果内部不统一，既削弱自己的力量，又给其他国家提供了欺负你的机会。所以中国有一句话，"兄弟阋于墙，外御其侮"。兄弟之间有矛盾，在家里吵架，容易受到外人欺侮，一旦受到外人欺侮，兄弟之间必须停止吵架，各退一步，团结起来，共同抵御外人。如果外人已经欺侮你了，你还是内部争吵不止，还在外面起屋棚，那整个家庭都该倒霉了。

在国家统一问题上，需要关键人物有一个以国家利益为重的胸怀，不要为了一己之私，一党之私，一地之私，寻找借口，拖延统一进程，影响国家利益。张学良说，我为什么当年决定易帜？简单讲，我服从中央。为了中国统一，我不能闹独立，大敌当前，我不能在院墙外面起屋棚。"我在东北起来，这件事情我是看明白了。当年我为什么一定要跟中国统一，我自己在东北可以做王，我实在可以做王啊。但是我要是做王，换句话，我就是亡国奴了。我宁可在中国做奴隶，也不愿意当亡国奴。"

张作霖被炸，张学良主政东北，从那个时候，张学良就开始跟中央联络，当然是暗中联络啦。"那时候，中央代表到东北来了好几位，有国民党元老李石曾，能说会道的汪精卫，后来，参加过南北谈判的那个伍廷芳的儿子伍朝枢，和孙中山的儿子孙哲生，都来了。不管来多少人，不管他们怎么游说，如果我张学良不点头，中央拿我张学良一点办法也没有。东北当时是这个样子，要说独立，不是一点条件没有，……但我一点没这个意思。""东北当时的处境也很艰难，这也是实情。假使我不跟中央合作，就得跟日本合作，东北独立，我个人没这个能力，没有能力承受来自日本和中央两方面的压力。我跟中央合作，虽然那时中央没有帮我什么，但我还是可以依靠的。比如，日本来捣乱，他要想一想，东北不是单独的东北，这是中国的一部分，东北的后面，站着的是整个中国。"

试想，如果今天的台湾地区领导人具有张学良东北易帜时的国家观念、那样强烈的统一意识，两岸统一的进程恐怕会顺利很多，迅速很多。

四、关键得有人敢拍板

尽管两岸走向统一的路并不平坦，种种阻碍交织难解，但张学良对解决这一问题的前途并不悲观，他说："我看，大陆与台湾将来统一是必然的。两岸不可能这样长期下去，中国总有一天会统一，这只是时间问题。"

1991 年 5 月 11 日，美国之音"新闻广角镜"记者在纽约采访张学良时问："两岸都说和平统一，您对此有何希望？"

"我个人衷心希望两岸双方能和平统一起来，我非常反对中国分裂。当年我有权势在手，我就是赞成统一的。如对中原大战种种事情，我都是如此。我很反对内战，我非常希望和平统一，这就是我最大的愿望。""虽然我已衰老了，但仍未昏庸，我很愿意为和平统一尽点力，但尽得上尽不上另当别论了。"

"现在台湾经济繁荣，中国在国际上地位很高。对双方这种成就，您作为一个中国人感到高兴吗？"记者问。"这自然。我住在台湾，就等于是台湾人一样，我很希望经济蓬勃向上，能发展更快。当然，作为一个中国人，对台湾对大陆我都有期望，所以，我很不愿意国土分裂，我希望看到双方以和平的方式竞争，看谁干得好，将来还是统一吗。"①

九十多高龄的张学良，谈起两岸问题，头脑十分冷静，他说，统一是必然，"不过，暂时是统一不了。"他在分析暂时不能统一的具体症结时指出：主要有这么几个因素，一个是旗帜的问题，挂谁的旗？台湾要挂青天白日旗，大陆要挂五星红旗，这是一个。再一个是国号的问题，叫谁的国号？还是叫别的，台湾现在叫"中华民国"，大陆叫"中华人民共和国"，到底叫什么。就这么两个最核心的问题，其他问题和这两个问题相比，都算不上问题。

如何破解这两个难题，地区领导人需要顺应民意，要敢于拍板。他以东北易帜为例：我当年换旗，是怎么考虑的，国家要统一，总得有人作出牺牲，总得有人敢拍板。我当年的阻力也不小啊，国际环境、国际压力、内部分歧……

在台湾时，1958 年 2 月，张学良在台南游孔庙，拜谒郑成功祠，有感而发写过一首诗，题目是"谒延平祠"：

孽子孤臣一稚儒，填膺大义抗强胡。丰功岂在尊明朔，确保台湾

① 《张学良谈两岸和平统一》，美国纽约《世界日报》1991 年 12 月 12 日。

入版图。

一次，张学良和唐德刚说：

> 我最得意后头两句，"丰功岂在尊明朔，确保台湾入版图。"你看出我这诗有什么意思在里头？我是在讲我自己呢。
>
> 假如我不是这样，东北不是就没有了吗？我和日本一合作，我就是东北的皇帝呀！日本人真请我当皇帝了，真请过我，跟我声明了，做皇帝。

"稚"就是小孩子，"儒"，是学者，书生。"稚儒"就是一个年轻的书生。张学良这是说他自己，是在讲东北易帜，如果没有东北易帜，东北在中国版图上就找不到了。易帜的目的，就是不让东北落入日本人手中，"确保东北入版图"。"我说日本人混蛋，也许那时候操纵我父亲能比操纵我容易。他们没想到我这个家伙是这样的。""我现在九十岁了，我也不做政治的事情，我才敢说这句话，谁也没想到我张学良这个人这么样讨厌，不论是谁，大家都认为我是个年轻小孩。""就连杨宇霆他也想操纵我，都想操纵我，（但）我这人不受操纵的，今天说一句话，就连蒋先生也想操纵我，我也是不受操纵的，我到今天我也不受操纵的。我有我自己的主意，我有我自己的见解。那我这人做事就这样，那时候我也不信基督教，我问心无愧，我就这么做，我不是为我自己。"

> 可以说，我是相当独裁的一个人。我有好多决定，不一定跟我的部下商量。比如东北易帜，我好多部下根本就不知道，我也没跟他们商量。我一贯的主张是中国统一，所谓"易帜"，就是为了中国统一，没旁的意思。

在中国近代历史上，能够为两岸统一提供最直接借鉴意义的历史事件，恐怕就是东北易帜。东北易帜前，奉系集团被国民革命军赶出了北京，张作霖带着北京政府的五色旗、政府官印、档案退回到东北，这和 1949 年蒋介石退到台湾差不多。张作霖出关时说的是安国军大元帅府搬迁到奉天，不是北洋政府没有了，是搬个地方办公，张学良这一换旗，统治中国十多年的北洋政府等于寿终正寝了，中国南北实现了统一，两个政府变成了一个政府，东北军和中央军也就属于一面旗帜下的军队。这很了不起，像现在大陆给台湾开出的条件，不也是结束敌对，你干你的，我干我的，只要承认一个中国就行，最核心的是你不能脱离中国，不能独立。现在难就难在换旗上。所以换旗不是一件小事，政治意义大于军事意义，历史意义远远大于现实意义。

在张学良看来，两岸统一说难也难，说简单也简单。说难，难在地区领导人的面子，说简单，如果地区领导人敢于拍板，勇于承担，那就是换面旗的事儿。换了旗，不仅对换旗的地区没有什么损失，而且还有好处。"中国的事，历史上的事，你换了旗是那样，不换旗也是那样，不过你换了旗，你算是归属了中央了，你不换旗等于你在那独立。易帜的意义不在中央能不能派兵到地方去，一换旗，标志着那个地方是中国的一部分了，你外国就别在我这儿下蛆了，我们和中央之间没有可下蛆的缝，我们遵从一个中央政府。"两岸如果统一了，不仅对中央政府解决与周边国家的关系有好处，对台湾地区的好处也是十分明显的，最起码台湾在政治上不会孤立于世界之外，在军事上不会处处受制于人，尤其是作为台湾民众有一个强大的中央政府做后盾，可以以中国人的身份堂堂正正地行之于世界各国，不至于像今天这样，本来是中国人，又不敢报国号，一被问到"你是哪国人"，就有点不好言表的尴尬。

五、两岸问题是家里的事儿，台湾不要怕

两岸问题，有些问题是绕不开的，比如前面所说的挂什么旗？叫什么国号？谁来拍板？还有几个问题，张学良都谈到了，如民心问题，大陆导弹、航空母舰问题，谁统一谁？换旗是不是投降和统一的具体方式问题等。

1992 年 9 月 10 日下午，张学良在台北北投自家住宅接受新华社记者采访。当记者问："两岸大多数都想统一，您老人家有何看法？"张学良幽默地说："那是大多数，我也是大多数之一。"

"您对和平统一的前景有什么看法？"记者又问。张学良回答：

我看时机到了，就一定会统一。

历史上我是从来都赞成统一的一个人。国家当然要统一。我为统一奔走得也很多了，现在老了，没有这个力量了。

我能帮忙，我很愿意尽我的力量，鞠躬尽瘁，死而后已。我愿意中国统一，年轻时到现在，我这个人过去的事都摆着呢，凡是为国为人民的事，我都愿意帮忙。

对于两岸关系发展趋势，我觉得很不错。头一个要把敌意取消了，这是最要紧的，问题很多，也很复杂……慢慢来，我想还是往好的方面发展。我看乐观方面多。

当谈到大陆的原子弹、导弹、航空母舰时，他从国际政治本质、大国战略的角度作了一番解读。基本观点是，如今的国际政治，实际上是大国政治，大国政治的本质是力量的对比和战略角逐，大国之间的博弈是以世界为舞台的，一些区域性问题、具体问题只是战略棋盘上的棋子，人们解读问题时应该看到表面现象背后的本质。比如，有人认为大陆购买航空母舰是为了打台湾，张学良说："大陆购买乌克兰的航空母舰，那不是对台湾的，也不是防日本，那是世界问题。大陆要强大，就要拿力量说话。一个国家，要想在世界上有地位，要成为强国，你武力不够，就没有说话的地位，人家就看不起你。"

在世界舞台上，是靠拳头说话的，看谁拳头硬，谁的嗓门就大。我的拳头硬，我就有说话的份儿，你拳头不硬，你就没有地位，你说话声音也小，别人听不见，听见了他也说没听见。"现在慢慢地看，除去美国之外，俄国已经不大行了，日本想做亚洲的领袖。日本的科技可以，一旦有机会允许它建军，他的航空母舰立刻就会造出来了。""什么叫现代军队，陆海空军都有，都强，才叫现代军队。"

中国自己的问题，大陆能做，牵涉到世界性问题，大陆也会谨慎的，他要使用原子弹，就是世界的问题了。政治上的问题，世界外交格局，不能轻易牵动的。

中国国际地位很高，我做为一个中国人，自然感到高兴。

张学良判断："大陆不会对台湾使用原子弹。问题是这样的，美国也有，它使唤或不使唤得看形势，衡量后果。比方说，大陆如果使用原子弹到台湾来，把台湾整个毁灭了，对大陆是好还是坏？台湾的经济与大陆关系越来越密切，如果把台湾炸平了，那大陆图啥呀？他要考虑。""我是军人，我知道，比如作战，要攻击这个地方，你攻击下来之后，是你的，你就不能把这个地方毁灭了。毁灭了，对胜利一方没好处啊，你得到的是一片废墟，要重新建设吧，那得付出多少啊？战争是有目的的。"

> 台湾对于大陆的关系太重要了，政治因素，咱不用说。单说经济关系，台湾可不是荒岛啊，……台湾的经济不但在大陆，在世界上也有一席之地。那台币，在世界上都有地位。台湾的问题，不单是政治问题，经济问题也相当重要。
>
> 我不是经济专家，但这也不是只有经济专家才懂，谁都懂，台湾的经济不管怎么发达，在中国来说，就是国家的资本，这资本固然是在台湾，但它是中国人国家资本的一部分。所以大陆也不愿意摧毁它。这个话怎么讲？就是台湾的经济不光是台湾的，也是中国人民的，你不能破坏它，你破坏它就是把中国整个人民的资本破坏了。
>
> 大陆不想打台湾，台湾没有能力打大陆，我看这仗打不起来。

蒋介石活着的时候，一直在喊"反攻大陆"。蒋经国时期，提出"以三民主义统一中国"。张学良认为：台湾统一不了大陆，这是秃子脑袋上的虱子，明摆着的。说是信仰三民主义，有谁能说清楚三民主义到底是怎么回事。直到今天，孙中山死都死六十多年了，不说大陆，就说台湾，台湾是接受三民主义的，你随便抓一个人问问，三民主义怎么讲？八股文章！和牧师在那念圣经八股一样。

三民主义统一不了中国，"武力反攻大陆"，张学良更不赞成。"我自21岁领兵打仗，一直打内战，所以我对内战厌恶到头了。""我就说一个简单的事。我有一个参谋，他弟兄三个。他两个哥哥都在战场被打死了。他当参谋，我就不让他带兵，他就非要带兵，他说'我当军人不带兵难过死了'。我的意思是两个哥哥都死了，你就给我当参谋吧。后来出了个营长缺，正打仗呢！这个营也倒霉。这个营的前两个营长都被打死了。他要求，我就给他下条子让当那营长。他把营长肩牌带上，我和他开个玩笑说，'美什么?' 他去了三个钟头，他们就回电话，这个人姓江，他们说江营长阵亡了。我心里多难过！我不让他去，他非要去。从海外回来以后我不想带兵，内战死了这么多人多没意思，过几天又好了，多没意思！［直奉战争时］我到前线，曹锟的弟弟曹锐，是老四。在前线，我还要去看他，给四大爷请安，可这边还打着仗呢。四川也这样，外头打着仗，两方面的太太在家里还打着麻将呢。丈夫们还在外面对打呢，中国这内战有什么意思?"

张学良说：我是很富感情的人，打仗则求必胜，要打仗必须派精锐亲信，也就是自己最喜爱的部下，可是，每次派出去的多半回不来。打死的，不说个个，绝大部分是相当的佼佼者，剩下的，不说都是，好多属于无能之辈，佼佼者一眨眼工夫就没了，到你眼前晃来晃去，请功领赏的，有佼佼者，但绝大部分不是。这要真是有意义的战争也可以，这样的战争为了什么呢? 所以我对这内战恨透了。

张学良坚信，台湾跑不了，大陆不会胡来，总会有一个统一的机会，在默契中寻找，在理解中走向统一。统一的条件，大陆已经开出来了，给台湾特殊的地位，你们自己有军队，老百姓生活方式不变，税收什么的都特殊。台湾要是闹"独立"，那可就是出头的钉子——等着挨砸吧。不是昏头的人绝不敢冒这个险。

张学良赞成国民党和共产党坐下来谈，否则各自坚持单方面的国旗、国号，不是办法。台湾说我是正统，大陆说我是正统，这个问题怎么解决呢? 不能说，这个是中华民国，那个是中华人民共和国，不能同时存在两个中央政府啊！张学良在美国时问过吕正操，吕说，政府不能搞两个，台湾是特别行政区，两种制度，武力是不能放弃的，若放弃了，岂不是给外来势力、"台独"分子以可乘之机。张学良说：

> 这我能理解，不过，我认为武力冲突是最不好的，最好是中国人不伤害中国人。我跟郝柏村很熟，我知道台湾的武力还是有的，当然空军是不行的，但地面武装是相当有力量的。
>
> 台湾这么小（张学良用手比画着），大陆那么大，大陆的军队真的打过来，台湾肯定顶不住，可是一场苦战，双方互有伤亡，都是中国人，真是冤枉。台湾的经济力量不小，要把它毁灭了是很可惜的。

我虽然 90 多岁了，但是天假之年，还有用得着我的地方，我很愿意尽力。我这不是为国民党，也不是为共产党，我是一个在野之人。作为一个中国人，我愿意为中国出力。我真是主张国家和平统一的，我不喜欢两岸打起来。

我也愿意跟大陆的中枢诸公认识认识，不但邓小平，就是后继的江泽民，我也想认识认识。也许将来两方面有用得着我的地方。

第六章
历史观：亲历者的观察、述说和反思

> 前半辈子领兵打仗，后半辈子读史著书。
>
> 自古以来写史的人有两种。一种是秉承帝王意志，无论是非曲直，指鹿为马，以博君主欢欣；另一种就是像扬刚那种人，刚直不阿，秉笔直书，纵使砍头也要维护历史的真实。
>
> ——张学良

尽管张学良曾一度想到台湾大学当一名历史学教授，但他不是历史学家。他的政治生涯虽然短暂，但他的从来没有摆脱政治的影响，包括九十高龄后开始口述历史的最后岁月。他始终是位政治人物，但他回望自己所经历的政治生涯时所运用的观察方法，说到底却是一种历史方法。

张学良的历史观秉承中国古人确立起来的明道、求真的治史传统，并将此传统做了改进和发挥。中国史学史上，不乏倡导“述往事，思来者”，“欲知大道，必先为史”的历史学家。但许多著作都将远高于凡夫俗子的人物如帝王将相、才子佳人作为主导人类走向的决定性力量，并将有地位的人说的“好话”、做的“好事”作为“明道”的主要内容。张学良也谈伟人之道、伟人之事，但其冷峻的目光、犀利的语言告诉世人：真正主导历史运动方向的是正义在胸、勇于担当，有“中心思想”的人的实际行动，不是那些“圣人”们的夸夸其谈。

根据张学良的历史观，著史之人应当首先看到在历史的紧要处发生的果敢行动，而不是先去寻找“乌纱帽”，再在“乌纱帽”下寻找冷冰冰的人名和衣冠楚楚的形象。那些靠地位、权势、阴谋想左右历史的人是改变不了历史发展方向的，唯有那些依靠良知而活着，哪怕他们是普普通通，甚至是被毁声辱名的人的行动才是最值得专注的。

这种围绕具体行动的分析方法看似缺乏理论，甚至是简单，却更真实。它要求史家透过复杂的历史将目光投向具体史实。在这样的观念引领下，也许看似指导行动的思想内容被忽略了，但在历史演进中紧要处那些发生实际效应的历史真实被记录了下来。这样做，作为记录过去的史学，也就完成了它的大部分功能，剩下的规律探索，也包括被忽略的行动后面的思想是可以慢慢修补的。这种历史观虽萌生于中国传统，但和西方史学家斯宾格勒的观点却有几分相近。历史是活的流变，紧要处的关键事实如同流淌的河流泛起的浪花，一闪即逝，所以需要抓拍、捕捉，而河水的流淌规律、水向低处流的不变法则、堤高水不漫等现象不过是僵死的存在物，历史学家不应该把这种“僵死的存在的结构运用到事故发生的图景之中去”。历史事实与感性的生命更加接近，尤其是那些在历史紧要处发生的类似千钧一发的具体事实，只有在事后分析时它才与思想、理性、真理之类的东西相关。

历史事实本身首先需要清楚，然后才是结论，“一次机敏的打击比一个机敏的结论更重要”。在张学良的眼里，历史就是人的行动，行动胜过夸夸其谈；历史的核心是良知，离开了良知，什么主张都不值得入史。

研究张学良历史观的目的不在于考察他的历史观对史学理论研究有何作用，而在于为理解他所经历的那段历史和理解历史创造者们笔下的历史找到一把钥匙。研究他的历史观首先不要忘了他是历史的参与者，也就是说，他口中、笔下的历史是他从事历史活动的一个有机组成部分，看似他用拿笔的手在书写他拿枪的人生，实际上是他通过对历史的回顾与总结在自解自答他人生中未解的难题。站在这样一座历史瞭望塔之上，张学良的历史观是不是把我们通常强调的历史客观性这把衡尺丢在了一边呢？张学良也可能自己早就预见到了人们的担心，所以他自己做了简单而明确的回答：我说的是我经历的、我看到的、我听到的历史，我的评说只是我的观点。

任何历史著作，也包括史料，都是一定观念的产物。所谓档案具有原始性，因为它具有原始性所以说它是客观的；有些著作作者没有说话，它只是让史料在说话，因为它用史料说话，所以说，这样的著作是客观的。这样的推理有说服力吗？档案是谁留下的？史料是谁选的？只要有人参与的因素存在，主观性就是不可避免的，客观性在这里也就成为一个程度表述词，离开人的主观性的史学是不存在的。

张学良说的是对的。历史学家不是也在根据他经历的、看到的、听到的来撰写历史的吗？史学家对历史的评价不也是只能代表他自己的观点吗？历史学家所要做的是尽力去克制有违良知的主观，提高自己对事物的洞察力，排除现实的干扰，将影响历史客观性的因素尽量考虑在史学创作之中，从而使自己笔下的历史不因主观偏执而离客观过远。张学良复杂的政治人生使他具备了史家应有的洞察力。他在人生的起伏成败中，对影响历史客观性因素的警觉（诸如权力、环境、人性等）并不逊于专业历史学家。

这种人生的阅历和对客观公正的渴求使张学良在口述历史时不自觉地走出了传统官史和道德说教互为一体的樊篱，进而给予他所经历的、所看到的、所听到的历史以实实在在的解释和极具个性化的表述。其中最引人注目的是，张学良在谈历史时不自觉地追求着用“活”的语言将已“死”的事件、已故的人物活灵活现地呈现在人们面前。

研究张学良的历史理念与方法，主要的依据是他在不同时期留下的历史文献和私人日记、书信、回忆录，尤其是他晚年留下的一百多万字的各种口述资料。他对历史的态度、对历史的理解和研究历史的动机与方法，都蕴含在其中。

一、历史是面镜子，但它只映照现实

曾提出“兼听则明，偏信则暗”和“水能载舟，亦能覆舟”等治世名言的唐代谏臣魏征，任内曾向当朝皇帝陈谏二百余事，多被唐太宗虚心采纳，唐初才出现了“贞观之治”的景象。魏征死后，唐太宗想念魏征，对群臣曾感慨：“以铜为鉴，可以正衣冠；以人为鉴，可以知得失；以史为鉴，可以知兴替。征殁，朕亡一鉴矣！”这是历代君主对谏臣最高的评价。

就进谏的次数而言，张学良逊于魏征，陈谏仅十数次，可按陈谏的分量和激烈程度而言，张学良丝毫不逊于魏氏，只可惜当朝“皇帝”不是李世民，因此，民国也未出现“中正之治”。不过，蒋介石把张学良也当成了一面镜子，只不过镜子的功能不是知国家之得失，而是不忘个人面子之得失。蒋介石至死也没忘了这面镜子，时时拿出来照一照，每照都是恨意难消，甚至杀机涌动。忠谏文化本为中国传统政治文化的重要组成部分，是臣子以忠君、爱国为出发点，向君王直斥时弊、指陈君过，以此匡正帝王谬误的文化。正是有了刚直不阿的谏臣们，用自身的智慧和勇气匡正了少数昏君的谬误，从而使政治逐渐走向了开明，一次次将滑向昏君悬崖的君主推向了明君的彼岸。

在极言进谏的历史上，张学良可谓杰出的一位，但他却没有得到魏征的荣耀，不是因为张学良陈谏有什么私心，也不是因为蒋介石身边没有“长孙皇后”① 浇凉水，而是因为蒋介石没有李世民的胸怀。西安事变和平解决之后，张学良为了防止内战再起和给蒋介石挽回面子，亲自陪蒋回到南京，此时，蒋介石不是没有杀张之心。

美国国务院档案中保存的一份当时美国驻华公使的文件中记载，宋美龄闻知蒋要杀张，宋气愤地说，如果你要是这样，第一，我马上离开中国；第二，我要把你的事情（在西安会谈时蒋对各方的承诺内幕）通通公布出来。他不要地盘，也不要权力，他为的是什么？如果杀了他，天下人怎么看你？

张学良也心知肚明：“我知道蒋先生，蒋先生对我……要不是蒋夫人，蒋先生早把我枪毙了。”“蒋先生讨厌透我了，讨厌透我了。换句话他当时只因‘两手捧着刺猬猬’，没有那么办就是了，那个时候，我早把生死问题置之度外。”

---

① 长孙皇后（601—636），隋朝将军长孙晟之女。8岁丧父，后嫁于李世民。李世民即位后册封为皇后。在后位时，善于借古喻今，匡正李世民为政之失误，并保护忠正得力的大臣。一次，魏征进谏，与唐太宗在众大臣面前争得面红耳赤。退朝后，李世民回到内宫，气冲冲地说：“总有一天，我要杀死这个乡巴佬！”长孙皇后问：“不知道陛下想杀哪一个？”唐太宗说：“还不是那个魏征！他总是当着大家的面侮辱我，叫我实在忍受不了！”长孙皇后转身回到内室，换上礼服而出，跪在太宗面前。唐太宗惊奇地问道：“你这是干什么？”长孙皇后说：“我听说英明的天子才有正直的大臣，现在魏征这样正直，正说明陛下的英明，我怎么能不向陛下祝贺呢！”一番话如一盆凉水，把太宗浇清醒了。

对于蒋介石来说，杀了自投罗网的张学良确实易如反掌，但他限于多重因素，不好动手；不杀吧，又觉得说不定哪一天又让自己颜面扫地。对于蒋介石左右为难的心理，张学良一清二楚。他和支持他做口述历史的企业家王永庆也表达过类似观点：在蒋介石眼里，他“这个小家伙，是个刺猬，捧在手里，嫌扎得慌；放走了吧，又有顾虑。”

怎么办？王充闾先生对此有精彩的分析，蒋介石从四百多年前的一位浙江乡贤那里得到了启发。明代哲学家、政治家王阳明，在围剿农民起义和少数民族“闹事”的“百死千难”中切身体验到，对封建秩序造成巨大威胁的，除了有形的“暴民”，还有更危险、更棘手的东西，那就是潜伏在人们心中的看不见摸不着的反抗意识，所谓“破山中贼易，破心中贼难”。蒋介石把他看作至理名言，终生奉为圭臬。如何破张学良的“心中贼”，蒋介石想到的办法是：让他钻进故纸堆，钝化其锋芒，消磨其意志，所谓“十年读书，十年养气”是也。最终达到“洗脑筋”的目的，用蒋介石的话说：“研性理之学，收调教之功。”于是，老蒋便选中了清初黄宗羲的《明儒学案》，指令张学良在监禁中潜心研读。这就是张学良集中时间读史的开始。

1. 困惑之时易触书

最不愿受人摆布的人也摆脱不了别人的摆布，最恨做违心事情的人有时也不得不做，人是社会动物，谁也离不开这个社会的制约。比如张学良发动对苏联红军的战争、对中国工农红军的“围剿”，包括读《明儒学案》，都是违心的，都是受蒋介石摆布。不过有些起初不愿意做的事情，做着做着，还真的做进去了；有些做着做着拐弯了。张学良参加“剿共”、读《明儒学案》，都属于后者。

从西安来到南京的那段时间，张学良无时无刻不在想早一天回西安。远在西安的部属和关心张学良的人也不断向蒋施压，要求尽早释放张学良返陕。蒋介石有蒋介石的办法，他要做的事情不仅非做不可，还把责任一推六二五，装出一副无可奈何的样子。蒋把张学良囚禁了起来，还说，张汉卿来京以后，承认了自己的错误，觉得自己读书少，修养不够，再三表示要跟着我读书、学习、修养。他自己不愿回去，你们也不能强迫他回去啊。杨树标等人写的《张学良家事》一书对此评价说：如此弥天大谎，蒋介石居然说得脸不红，心不跳，煞有其事一般。

为了让张学良“读书、学习、修养”，他把张用飞机武装押到自己的老家奉化溪口，又在老家找了一座“最适合读书”的雪窦山，还专门给张学良布置了一个书房，书房里安放了三个六尺多高的大书架，书房一角安设一个报架，上面摆着军统局专门为张学良预订的《申报》、《新闻报》、《时报》和外文的《字林西报》等。

读书需要外在的境静，更需要内在的心静。《无常经》中记载佛曾说过：“世事无相，相由心生”，“心不动，万物皆不动，心不变，万物皆不变”。心烦无静境。蒋介石虽将张学良投在深山静水之间，但他无法让张学良的思绪停下脚步，他人在深山，心在山外。《大学》有言：“知止而后能定，定而后能静，静而后能安，安而后能虑，虑而后能得。”张学良的身体被锁起来了，心没有安定下来，再静的自然环境，对他来说都是一种喧嚣，而且自然环境越静，心越烦。此时的张学良挂念着东北军的前途，挂念着“三位一体”的命运，挂念着被日本铁蹄蹂躏着的东北父老……怎能在房中待得下去？一次，他对前来陪他读书的邵力子说出了心中的苦闷：“我在书房简直坐不住，好像屁股上有刺一样。”

“七七”事变的消息传到山中，张学良以为走出大山的希望来了，立即致函蒋介石：“卢桥冲突，日渐扩大，日本军人之凶焰，肆行无厌，真令人发指！良知钧座鸿谋，早有成竹，万一不幸，中日问题，必须以兵，俯乞钧座赐良杀敌之机，任何职务，任何等级，皆所不辞。能使我之血，得染敌襟，死得其愿矣。如蒙钧座之允诺，良生当陨首，死当结草。钧座俯临华夏，决不令匹夫一志之不得伸。临书惶悚，不知所云，俯乞鉴宥。”

信发出后，张学良天天在等待，等待有好消息从山外传来。

淞沪抗战的枪声传到溪口，张学良感慨万千，他在日记中写下了这样一段话：“今天中日战争展开，而我安居山上，凡我同志多去肉搏，我不能执戈为民族去冲锋，报国家之仇。”遗憾之余，又劝慰自己：“忍耐点吧！不怨天，不尤人，自励身心，以备国家需用你的时候，你能担起一个任务。否则，任务未在身上，想担任务，空中楼阁来计算。任务真到身上又担负不起了。不只误国，也是误己。”

忍耐中，既知西安事变内幕，又了解此时张学良心中所想的宋子文从上海传来了令张学良兴奋好一阵子的好消息。信中说：“兄事，弟对介公陈说之电不下数十通，最近在昆山晤谒[①]，并以国难极度严重，急宜起用吾兄，及时效力为言，已得介公俞允[②]。顷蒋夫人来函，亦经提及，大云出山，指顾间佴。”张学良对宋子文自“七七”事变后，不足两个月的时间内，向蒋介石陈请起用电报已达数十通，十分感激。

对宋函中“大云出山，指顾间佴”八个字，张学良看了又看，一时真觉得出山有期。转念一想，又对这八个字心生疑惑，因宋子文曾数次向他报过“喜”，最后的“喜”次次成“悲”。张学良印象最深刻的是军法审判前，宋子文几乎是拍着胸脯对张学良保证：“审判只是走个手续，五天后保证你回西安，我姓宋的不骗人。”结果，五天后不仅没能回西安，永远也没能回到军中，张学良被“骗”惨了。

不过，他从宋子文来函的末尾看到了一线希望，即“顷蒋夫人来函，亦经提及”一语。蒋介石不喜欢宋子文，但不能不听宋美龄的，既然宋美龄都“亦经提及”，此次恐怕有可能是真的了。为使宋子文的努力不付之东流，他选择了“夫人路线”，提笔给宋美龄书函一封：“良恪守夫人前在妙高台之训[③]，惟委员长之命是遵，所以居山以来，每日以阅书看报检束身心为事，外间事一概不闻不问。”这是开头，接着话锋转入正题：

> 惟自中日战争爆发以来，家仇国难，时萦于心，恨不能舍命捐躯，以抗强敌，是以前此有请缨雪耻之举。近两月中，每日注意锻炼身心，以备委员长之驱使，期为民族而牺牲，不敢自图安逸，苟全性命于世间。良受委员长之优容厚待，有如家人。委员长运筹决策，夙夜焦劳，凡属同胞，皆各效其能，以为抗战之助力。良处此时势，讵敢妄有希冀，扪心自问，实有难安心者耳！否则饱食暖衣，山居优游，亦或人

① 淞沪抗战爆发后，战况紧急，1937 年 9 月 17 日，蒋介石亲赴昆山前线督战，宋子文借机向蒋介石进言，要求释放张学良。蒋介石居然答应了宋子文的请求。宋子文兴奋异常，当天即写下此函，向张学良报喜。

② 俞允，语出《书·尧典》：帝曰：“俞。”俞者，应允之词。原指帝王应允臣下请求。此处指蒋介石答应了宋子文的请求，可以让张学良出来参加抗日。

③ 1937 年 4 月 10 日，宋美龄曾在奉化妙高台邀请张学良夫妇午餐，临行前，宋单独召张学良谈话，称张是“Gentleman”（绅士），赞美他在西安所为，不为钱，不要地盘。赞美的同时，也指出张学良性情急躁的毛病必须改变。这就是张学良所说的“妙高台之训”。

求之所不得。夫人聪慧过人，谅能洞察良之心绪也。

信函写得虽有些委婉含蓄，但国难期间，不愿“饱食暖衣，山居优游”，愿为抗战而牺牲的心情表达得十分明确。同时，张学良又给宋子文书函一封，请他将上函件转给宋美龄本人。函云：“兄对弟之关切，我心深知，弟非木石也。顷上蒋夫人一书，弟之情绪，统见其中，兄请酌可否呈递。良见我同志皆能杀敌救国，而家仇国难萃于一身如我者反山居优游，衷心时刻难安，想兄当可鉴及也。临书迫切，企盼好音。”

政客所做的一切都是为了维护自己的政治，所以政客之言不足信。澳大利亚自由党党魁托尼·艾伯特当被问及为何不遵守承诺时，他直言不讳地说：“我是一个政客，不要相信我。”① 艾伯特承认自己是政客，蒋介石不承认自己是政客，可他们的共同特点都是说话不算数。蒋介石虽然答应过宋子文，同意起用张学良，但很快就反悔了。他看到张学良请缨抗战的信后，特让宋美龄代他回信。在期盼中张学良接到宋美龄的回信，兴奋地展开一看，顿时心凉半截，实实在在的话只有四个字：“好好读书”。

不久，蒋介石派一位步姓先生来雪窦山教张“读书”。说是教张读书，实际上是让步先生代蒋来消磨张学良这只“东北虎”的野性、烈性。特务队长刘乙光自然心领神会，为了完成蒋交代的任务，特命特务队成员一起和张学良同堂受教。平常不摸书本的特务们，居然也煞有介事地买了古书、纸笔，“陪”张听讲。步某是一位浙江籍的老学究、清末进士，奉命而来，奉命而教，每天按时讲一个半小时的《论语》、《中庸》。老先生摇头晃脑、哼哼叽叽，讲得振振有词，张学良心里想着山外的战况，想听的是抗日号角，哪里能听得进去眼前这“之乎者也”。张学良不胜厌烦，其他人也无心听讲，老先生也有自知之明，勉强维持了十天，灰溜溜地夹着他的四书五经离开了雪窦山。

一是人在困惑之时想触书，二是“好好读书”是蒋的命令，三来“赶走”了蒋派来的老师，蒋怪罪下来谁能承担得起？经过一阵思考，张学良

①《澳大利亚反对党党魁失言，自称是政客说话不可信》，中国新闻网2010年5月18日。

向刘乙光推荐一位自己熟悉的吴姓老师来山中授课。刘乙光报请上头后，蒋介石立即应允，特从北平将吴老先生请到山中。

开讲前，张学良向刘乙光建议说：你看，我们的队员都是二十来岁的年轻小伙子，一个个年轻好胜，火气十足，何不利用吴先生授课的机会，叫他们也来读一读书。建议刘乙光组织一个“读书会”，让所有特务队员都来参加。刘当即表示赞成。在张学良的鼓动下，特务队员组成了读书会。读书会的第一课，吴老先生讲的是《左传》上“郑伯克段于鄢”那一段历史故事，讲者认真，听者专心，老先生刚讲完，就有人发出“郑伯这个人太无手足之情了，对自己的兄弟怎么可以使用阴谋手段”的感慨。张学良也很有感触，他说：“我们学习研究历史，并不是要去学历史上那种卑鄙人的阴谋手段，去想法子害人。但是我们明白了，以史为鉴，却可以防备别人加害我们呀。你们别以为现在是民国时代了，那些阴谋家使用的手段，其实同春秋战国时代差不了多少呢！”

吴老先生是前清举人，言谈举止多有清代遗老遗少风范，但他儒雅可亲，知识渊博，讲课生动，受到了大家的喜欢。张学良在抗战全面展开之时，为不能参加抗战而困惑，又不甘心于在这寂寞中虚度光阴，便只好将吴老举人留在身边，以示遵守蒋的命令，他一直在“好好读书”。直到辗转迁移到江西萍乡后，张学良考虑到颠沛流离的动荡生活，对年迈的老先生来说，已是一种折磨和不堪忍受的重负，才派人送老先生北返，回到北平安度晚年。之后，读书会也就此结束了。

2. 历史常常有惊人的相似之处

幽禁期间，张学良读过好多书，如果非要找到一个他静下心来主动读书的明确时间节点的话，那就应该是被转移到贵州阳明洞之后。他能静下来，不是因为洞静，而是因为经过一番挣扎之后思想陷入了绝望，这种“静”是不再挣扎了的“静”。

自 1937 年 1 月 13 日，张学良从南京经杭州转到奉化溪口，到同年 11 月 13 日“接南京毛庆祥①电话，传蒋先生令往黄山”，张学良在溪口住了正

① 毛庆祥（1898—1993），浙江奉化人。其父毛颖甫为蒋介石入同盟会介绍人。早年曾赴日本、法国留学。1926 年应蒋之邀赴广州，蒋委以国民革命军总司令部机要秘书。后任蒋贴身侍从秘书。1943 年任侍从室机要组组长，晋升为中将。1952 年举家迁居美国。

好十个月。自离开雪窦山后，便居无定所。从浙江溪口雪窦寺到安徽黄山正道居；从正道居到湖南郴州苏仙观；从苏仙观到明代古刹凤凰寺；从凤凰寺再到贵州修文阳明洞，一路迁徙，走的都是荒山野岭，住的不是和尚庙，就是道士观。

两年之中，辗转四省，基本是被日军的炸弹追着跑。跑到湖南郴州时，张学良曾对人说："唉，日本打来，比我们跑的还快，我们还没有住定，又要奉命跑了。"日本从北平打到上海，从上海打到南京，速度之快，举世震惊。从南京最高国防会议决定全面抗战之日算起，到决定迁都重庆，仅105天，败退的速度比日军占领东北还快。① 1938年元旦，张学良在固定的时间段习惯地打开收音机，想听一听大上海广播电台的《义勇军进行曲》，令他惊讶的是，原来播放《义勇军进行曲》的频道已改成靡靡之音，张为之心痛，上海已经不是从前的上海了。他郁闷地走出房间，回想几年来不断地迁移，吟成如下诗句：

> 剡溪别去又郴州，四省驰车不久留。大好河山难住脚，孰堪砥柱在中流。

时间距宋子文所说的"指顾间佴"的"大云出山"之日，已过去八个多月，等来的不是"大云出山"，而是漫漫的"山锁大云"。张学良有些绝望，但还没有彻底，他还在挣扎中盼望。1938年6月1日，湖南省主席张治中得到蒋介石允许，到凤凰山探视张学良。张学良又做一次"挣扎"。他向张治中感叹："我身为军人，旁观坐视，实在憋不住了。对我来说，这是国难家仇，我怎能忘得了'皇姑屯事件'？怎能忘得了'九一八'！我的部属望着我，全国人民望着我！他们哪能不问，张某人到哪里去了？"他向张治中表示："国家正是有事的时候，为什么老把我关在这里？我希望能早日恢复自由，为抗战做点事情，不论什么事都可以。"

张托张治中向蒋去说，张治中请他给蒋写封信，张学良立即写了一封

---

① 从1931年"九一八"日军进攻沈阳，到1932年1月2日日军占领锦州东北全部沦陷，时间是107天；从1937年8月7日南京国防最高会议决定全面抗战，到1937年11月19日决定迁都重庆，时间是105天。

给蒋的信，信的内容很简单，希望参加抗战，说有许多话，希望能见蒋一面。又把信另抄一份给看守自己的特务队长刘乙光，请刘转交戴笠，再请戴笠帮忙，转呈蒋。张治中回长沙后，立即将信转给了蒋。“蒋没有给我回话，我想蒋更不会直接回答张汉卿。”① 同一封信，通过两个渠道往外传，均如石沉大海。恐怕蒋介石不会放他出山的念头越来越在张学良头脑中清晰起来。

1938 年 10 月武汉失守，战火南烧，不久日本进犯湖南。张学良一听说哪儿哪儿失守就感慨地说：“又失守了，怎么尽打败仗呢?”一路迁徙中，这句话不知重复了多少遍。此时凤凰山也待不下去了，张学良被转移至贵阳修文县阳明洞。

马克思在《论波兰问题》中说：“历史上常常有惊人的相似之处。”记得鲁迅也说过类似的话，大概是学了历史，方知现在的事过去也有过。蒋介石选择贵州阳明洞是有意还是无意，无从查考，但王阳明和张学良却有诸多相似之处。

第一，其父均为朝廷高官。

王阳明的父亲王华，明成化十七年（1481 年）状元，后官至南京吏部尚书。张学良的父亲张作霖虽低微，但官至北京政府陆海军大元帅——国家元首级。

第二，童年经历极其相近。

（1）5 岁前不会说话。《王阳明年谱》记载：“先生五岁不言”。《张学良年谱》引用张学良的话说：“我到五六岁的时候，我说话是说不清楚的。到现在也说不清楚。因为舌头短，不好使。小时候人家都说我不会说话了……因为我小时候太苦了，身体太坏了。”

（2）均早年丧母。《王阳明年谱》记载：“先生十三岁，母太夫人郑氏卒。”张学良说：“我幼年失恃，十一岁生母赵太夫人见背。”

（3）都是 11 岁进住大城市。“龙山公……携先生如京师，先生年才十一。”② 张学良的生母临终前特“嘱托张作霖的二夫人卢氏抚育张学良姐弟。

① 张治中：《三访被幽禁的张学良》。

② 见《王阳明年谱》。王阳明父亲，名王华，因年轻时读书于家乡龙泉山，故人称“龙山公”。

同年他们一同迁往东北的政治、经济、文化中心——奉天（今沈阳）。”

第三，聪颖过人，自少叛逆。

（1）聪颖过人。王阳明10岁时，随父赴京，路过金山寺，其父“与客酒酣，拟赋诗，未成。先生（王阳明）从傍赋曰：‘金山一点大如拳，打破维扬水底天。醉倚妙高台上月，玉箫吹彻洞龙眠。’客大惊异。”① 张学良13岁，“与姐弟从师进士出身、曾任过御史的金梁（金息侯）学习。金梁常说：‘汉卿年十三四，初学为文，既下笔千言，尤嗜文艺，锐意革新。’”

（2）自少叛逆。几乎所有记载都说王阳明自少“豪迈不羁”。如13岁他竟买通巫婆捉弄其继母。张学良承认：“自幼就具有不柔顺的性格：违犯我的父母，违犯我的老师，违犯我的长官。”“我这个人很叛逆，因为我母亲打我，那时小，不懂事，她把我打得要死，我急了，拿起切菜的刀，就砍我母亲一刀。”

（3）不畏权威。王阳明十一二岁在京师念书时，“尝问塾师曰：‘何为第一等事？’塾师曰：‘惟读书登第耳。’先生疑曰：‘登第恐未第一等事，或读书学圣贤耳。’”② 张学良顶撞老师的例子更多。如：白塾师出个作文题目，叫“救荒无善策”，“我看到这个题目，我就说：‘善策，要是有，荒，就不救了。’如果有善策还有荒吗？他也看出来我是在反驳他。”

第四，奋发读书的时间都在18岁。

两人幼少之年，虽聪颖过人，但都没有好好读书。王阳明在18岁这年曾言：“吾昔放逸，今知过矣。”“是年先生始慕圣学”，奋发而读，“日则随众课业，夜则搜取诸经子史读之，多至夜分。”③ 张学良18岁那年，广涉中西历史、哲学，次年就读于东三省讲武堂，连续数次考试成绩均名列榜首。“讲武堂一共四个学期，每个月有一次月考，那头一个月月考，我就考了个第一；第二个月月考，我又考了个第一。”

第五，28岁，人生的拐点。

王阳明在28岁这年，“自念辞章艺能不足以通至道，求师友于天下又

---

①《王阳明年谱》。

②《王阳明年谱》。

③《王阳明年谱》。

不数遇，心持惶惑。一日读晦翁上宋光宗疏，有曰：‘居敬持志，为读书之本，循序致精，为读书之法。’乃悔前日探讨虽博，而未尝循序以致精，宜无所得。”[①] 反思所学，省悟“物理吾心”的统一（即“知行合一”），实现了做人求知的一大转折。

张学良28岁这年，父亲被炸身亡，东北向何处去的重担落在了他的肩上，他反思此前所务，认识到国家衰弱之因皆在军阀争雄，导致国家四分五裂、内战连年，从而给列强入侵以可乘之机，“为了中国统一，我不能闹独立，大敌当前，我不能在院墙外面起屋棚。”因而他毅然易帜，归顺了南京。由此，28岁成为他个人身份的拐点：独立于关外的“东北王”变成了“朝廷命官”，割据一方的封建军阀变成了维护国家统一的将军；这一年也成为东北与东北军政治地位的拐点：打着自治旗号的东北“独立王国”变成了中央政府管辖的边疆地区，数十万张姓私家武装变成了国字号开头的东北边防军；这一年也是整个中国的重要拐点：四分五裂的中国走向了形式上的统一。

第六，两人“获罪”根由大体相同，皆因冒犯强权、触怒龙颜而遭贬谪，且都在37岁这年沦落贵州。

明武宗正德元年（1506年），宦官刘瑾擅政，逮捕异己。王阳明上疏论救，冒犯了“立皇帝”刘瑾[②]权威，也触怒了“坐皇帝”朱厚燳的“龙颜”，被杖四十，谪贬至贵州龙场。

张学良也是因为进谏论救，主张联共抗日，从而冒犯了国民党对内“剿共”、对日“主和”派的权威，更因西安捉蒋，触怒“龙颜”，被褫夺全部权力后，长期软禁于各地深山古刹，于37岁这年被徙禁至贵州。

在比较张学良和王阳明时，王充闾先生还提到一位叫杨升庵[③]的人。杨

---

① 《王阳明年谱》。

② 刘瑾，明代太监。先侍奉太子朱厚燳，即后来的明武宗。朱厚燳继位后，掌印太监。遂诱使武宗沉溺于骄奢淫逸，自己趁机专擅朝政，时人称其为“立皇帝”，称武宗为“坐皇帝”。

③ 杨升庵（1488—1559），名慎，号升庵。明正德年间状元，授翰林院修撰。嘉靖时，因议朝政触怒帝王，被谪云南，终身未赦。

升庵与王阳明属于同时代人。王、杨二人和张学良都具有类似的刚直性格和惨痛遭遇。

三人都因为刚正不阿、不畏权贵，得罪了当时的最高统治者，遭到残酷的报复；三人都是出身官宦之家，都属豪门公子；都是少年得志，王 28 岁举科场进士，杨 23 岁得殿试头名，张 26 岁晋升为中华民国陆军上将；遭贬之前，都曾大红大紫，但颜色有深浅，王以兵部清吏司主事之身跪在皇帝面前陈谏，声震朝廷，杨以经筵讲官之职聚七人之众，当廷哭谏，哭声越宫门，张学良则以西北“剿匪”副总司令名义，指挥东北、西北两支大军，对西北“剿匪”总司令实行兵谏，举世震惊。

就遭贬后的苦难程度来说，王阳明好于杨升庵，杨升庵轻于张学良。王阳明活了 57 岁，真正被贬的时间只有 3 年，也只是由京官贬为地方官，后来屡屡升迁，由被贬之前的兵部武选清吏司主事升至兵部尚书；杨活了 72 岁，一半时间是在蛮荒谪戍中度过，但父病可以回乡陪侍，父死可以归乡尽孝；张学良活了 101 岁，有 54 年生活在被“管束”之中，不仅未得王阳明重返官场之幸运，也未得杨升庵可以归乡之自由。最令人惊奇的相近是：三人遭贬之时，都是 37 岁。王充闾先生叹曰：“真是‘无巧不成书’！‘关山难越，谁悲失路之人；萍水相逢，尽是他乡之客。’三个贬谪的刑徒，相隔了四百年，竟会有如此惊人的巧合！”

3. 历史是面镜子，它映照出来的总是人们的兴趣所致

历史是面镜子，在一定意义上说，你想照什么，镜子里边反映出来的一般就是什么。你对历史中的政治感兴趣，你在历史这面镜子中发现的一般都是与政治相关的东西；你对历史演变的规律感兴趣，你在历史这面镜子里透过如同乱麻的事件表象总会找到几条清晰的规律；你对地理因素感兴趣，当别人在历史这面镜子里对各种风格迥异的建筑赞不绝口的时候，你却模糊了吊脚楼、平顶房清楚了阴雨绵绵、风沙聚起的周遭环境；你对历史人物感兴趣，当别人在历史这面镜子里对金戈的如何精致和铁马的奔跑速度津津乐道时，你看到的却是执戈的将士和骑马人。历史是个万花筒，历史是面镜子，这面镜子可以照出一切，但照镜子的人不可能看到一切，看到的只是你感兴趣、你关心、你认为重要的那部分。你不感兴趣的即使有人强迫你，历史里也有，你也看不到。

早在西安事变前，张学良就任豫鄂皖“剿匪”副总司令之后，蒋介石专程从南京赶到汉口，送给他一面“镜子”——《绥寇纪略》①。《绥寇纪略》为明朝进士、清初国子监祭酒吴伟业所撰，书中写的是明末如何剿匪的内容。蒋介石的用意十分明显，让张学良认识一下历史上流寇之狡，官军平定流寇之方，从中吸取一些经验教训，以此增强“剿匪”的信心，加深一番副总司令对他这位总司令“剿匪”方略的理解。

张学良是个认真的人，拿到书后，“揣摩体会”一番，并未看到绥寇灵方，在他眼里满篇写的都是明朝必亡的征兆。他怕自己功力不深而误读，特把自己任东北大学校长时的高材生、留美归来不久的秘书应德田②找来，告诉他“好好看一看，看完后把要点讲给他听。”应德田读完此书和张学良的感想不谋而合。没有从书中发现可资借鉴的绥寇办法和经验，有的只是“前车之覆，后车之鉴”，寇未绥，明先亡。张学良是个善于思考、“见到一，想到二，揣摩三”的人，他从明末绥寇的这面镜子中看到了眼下的民国政府，“跟明朝末年一个样子”，“大势已去，人心尽失”，从崇祯皇帝、孙承宗、洪承畴等人身上看到了蒋介石、汪精卫、何应钦等人的影子，影影绰绰地感觉到眼下蒋的“剿匪”方略似为亡国方略，而从李自成、张献忠等人领导的陕北起义军风起云涌的发展态势，看到了毛泽东、周恩来领导的中国工农红军的未来。蒋介石本来是想让张学良通过明末绥寇这面镜子，照一照“真宁恨”、“黑水擒”、“九江哀”，结果张学良一照不打紧，说不定为两年后的“洛阳恨”、“华清擒”、“长安哀”埋下了伏笔。这当然是蒋介石始料不及的。③

令蒋介石始料不及的不止于此。从张学良日记“蒋先生亲打来长途电

---

①《绥寇纪略》是记述明末农民战争的史书。清初吴伟业撰。吴伟业（1609—1671），号梅村，太仓（今属江苏）人。明崇祯四年（1631 年）进士，授翰林院编修。入清后官至国子监祭酒。该书成于顺治九年（1652 年），原名《鹿樵纪闻》，记述崇祯元年陕北各股义军初起至明亡之事。

② 应德田（1900—1980），与张学良同乡。1929 年张学良任东北大学校长时，应以考试第一名的资格被保送留学美国，先后在伊利诺大学、密歇根大学学习政治和市政。“九一八”后回国，1935 年奉张学良之命，组织东北大学校友会，并任校友会主席，常与张学良研讨联共抗日的大计。张学良为了改造东北军，在西安事变前，成立了抗日核心组织“抗日同志会”，应德田任书记。晚年，撰有《张学良与西安事变》回忆录。

③“真宁恨”、“黑水擒”、“九江哀”为《绥寇纪略》的卷名。《绥寇纪略》全书采用纪事本末体例，各卷以三字为标题，依时序排列。分为“渑池渡”、“车厢困”、“真宁恨”、“朱阳溃”、“黑水擒”、“谷城变”、“开县败”、“汴渠垫”、“通城击”、“盐亭诛”、“九江哀”、“虞渊沉”等 12 卷。

话，令我等到萍乡赴衡山”看，张学良幽禁于何处，蒋是亲自过问的，至少得向他请示，经他批准。张学良在大陆被幽禁八年，八年之中，在贵州住了近七年。八年中的第一年，跋涉五省，途行数千里，每到一地，多则数月，少则一天，多为蒋介石亲自过问。在贵州七年，蒋不可能不亲自过问。另外，从将张学良从湖南移至贵州修文的同时，西安事变的另一主角杨虎城也从湖南转押到贵州的息烽，都幽禁在洞中，一个在阳明洞，一个在玄天洞，两洞相隔近在咫尺，张、杨彼此并不知晓。但蒋介石是知晓的，也是他最后拍板决定的。

蒋介石为什么将两位西安事变的发动者同囚贵州？

贵州自唐代以来，即为封建朝廷贬谪罪臣和流放囚徒的主要地区之一。因为这里地处西南，山川阻隔，交通闭塞。抗日战争全面爆发后，贵州成了大后方，蒋介石将贵州视为“金瓯无缺”的“民族复兴基地”，也是关押“反叛者”的理想之地。可见，自古“帝王”的思路都是相近的，连选择流放地都选到一块去了。

蒋介石为什么将张学良独囚在贵州修文的阳明洞，恐怕也不是随意安排。在大陆幽囚期间，除了开始时的南京城和最后离开大陆押赴台湾前在重庆附近作短暂停留外，多数囚居地都选在远离城市的深山古庙，离城市最近的就算阳明洞了。自囚禁张学良之后，蒋介石一直防范原东北军营救，所以选择的囚居地都远离人烟，为何这次选在离城市如此之近的阳明洞，而且一住就是三年？蒋介石不一定知晓张学良和王阳明有本书前述那么多相似之处，但根据蒋氏为人习惯，和蒋氏一直崇拜王阳明分析，我们有理由推断这大概是蒋介石有意无意丢给张学良的又一面镜子。

阳明洞位于贵州省修文县城东 1.5 公里的栖霞山上，栖霞山是横亘于稻田中的一座小山，也就是人们常说的龙岗山。龙岗山的气势和景色远比张学良住过的雪窦山、黄山、苏仙岭、凤凰山逊色得多，可名气却大得多。龙岗山并非因景色而名，而是因为明代哲学家、思想家王阳明在此住过而名。王阳明在龙场驿期间居于龙岗山东洞，所以后人改称东洞为阳明洞。张学良就被关押在这里。阳明洞内塑有王阳明塑像，原来是旅游的一个景点，常常有人上山来朝拜这位大学问家。这里成为张学良的囚居地后，自然也就成了禁区。三道防线，张学良插翅难飞，外人也休想近前一步。为了万无一失，连修文县的县长也由军统特务来担当。王阳明在“龙场悟道”，日思夜想“圣人处此更有何道?”“忽中夜大悟格物致知之旨，不觉呼跃而起，从者皆惊。始知圣人之道吾性自足，何之求理于事物者误也。”遂完成了“学之变而至于道”的过程。①

张学良与当年王阳明所处的偏僻的自然环境，险恶的政治处境，糟糕的情感心境有诸多相似之处。同样的环境、处境和心境自然容易产生同样的情感波动，容易走同样的心路，容易采取同样的思想调适方式。这大概是蒋安排张在此的原因之一。有无如此动机，不可考，但蒋希望张学良效仿王阳明专心“悟道”，不问朝中事，在“悟道”中改掉几分“东北虎”的野性，去掉几分武将的鲁莽，多几分“罪臣”的自责，多几分文人的儒雅一定是有的。

到达贵州后，张学良结束了颠沛流离，居处稳定下来。生活一经稳定，他对自己处境和前途的认识也愈加清晰。在足迹遍及半个中国的颠簸中，每当高官要员频繁探望，他就感到自由有望，每当来者稀疏，他即预感囚期无涯。由招待所转到破庙，再由破庙转到洞中，每移动一个地方，环境降一级，来访的人逐渐减少，禁令一道一道地增加，活动范围一圈一圈地缩小，时光流过一截，前途暗淡一层。到了贵州，他已经更加清晰地认识到恢复自由的希望已经暗淡到了极点。暗淡到了极点，他也只能去适应了。张学良初来阳明洞，时常独自闷坐在王阳明曾经“龙场悟道”的地方，品味着“三载栖此，洞古山深含至乐；一宵觉悟，文经武纬是全才”的对联，首先对“阳明学说”发生兴趣。② 张学良让看守找来修文县志，开始埋头读书“悟道”，自我解惑释疑。

“悟”着“悟”着，张学良的研究重点逐渐偏离了蒋介石的最初设计：

一是从“理学”转向明史。张学良的历史观是发展的历史观，着眼于社会实际，衡量一个学说是否值得肯定，其标准也是看它给社会带来的是进步还是停滞。“我读《明儒学案》，不是我要读，是蒋先生要我读。”从读《明儒学案》怎么转到明史上了呢？“读那《明儒学案》，我不知道怎么入门啊，书里涉及好几百人，官职、事件、这个人和那个人的关系，所处的历

---

①《王阳明全集》第 33 卷，《年谱》一。

② 高山流：《张学良幽居生活实录》，香港，春秋出版社 1971 年版，第 120—121 页。又见《沈阳文史资料》第 11 辑，第 198 页。

史背景，都不知道啊，这书怎么读？除非像王阳明这样的大人物，我知道点，其余那些人物，连名字都没听说过。每个人物的思想都与他的处境相关联，每个人提出的主张都是有针对性的，你不知道他针对啥说的，没法读。我那种情况，你问谁呀，身边除了特务，还是特务，再不就是做饭的，那些特务都是当兵的，文化水平还不如我呢。为了读懂《明儒学案》，那就得读《明史》，那《明儒学案》，其实就是明史的一部分。我读《明史》是这么来的。”

张学良放弃阳明学说与他的历史观是有关系的。“蒋先生内心里，崇尚理学，可以叫他为理学家，他有很多思想来源于宋明理学。所谓《明儒学案》那里头，主要是讲理学家的事，他让我读《明儒学案》，大概也是这么个原因。”张学良读书较多，书读多了就有了比较。他读宋明理学，得出的结论是反对理学。他认为中国之所以落后都是理学给害的。中国在明朝前科技文明是很发达的。“中国由于宋儒［理学］，这种思想就把科学文化压下去了。”中国才落后。“本来咱们老总统他是赞成这套，我是不赞成，他让我念《明儒学案》，他也是，我是反对的，我很反对。”

从奉命学明儒到主动研究明史，张学良从蒋介石丢给他的这面镜子中看到了蒋所希望的吗？张学良致友人的信件中有这样一段话：“光阴如流水，转瞬已是十易寒暑。在这悠长的岁月中，我实在读了一些书，并且对于读书发生了浓厚的兴趣。近来喜欢治史，尤其爱读变乱时期的历史。”这个期间，有关明代的史迹，成了他经常挂在嘴上的话题。在同一位老朋友私下交谈时，他发表了这样的见解：“现在就是明朝末年那个样子。大势已去，人心全失，政府官吏和带兵军官都是暮气沉沉的，积习太厉害了，我看已经无可挽回。老百姓实在太苦了。”

我们在研究张学良幽禁期间的读书生活时，更多的都是在关注他读《明儒学案》、《明史》等，很少有人注意他在此期间还读了《辩证唯物论教程》等著作。蒋介石一直认为张学良之所以在西安扣留了他，是受了共产党的鼓动，把张学良从浙江辗转到贵州，又把他安排王阳明住过的洞里，大概就是想让他效法王阳明潜心研究“心学”，以洗掉他头脑中的“唯物”思想。蒋介石怎么也没有想到，张学良竟然在军统人员的严密看护下研究起辩证法来了，居然还写下了日记。如：

1939年6月11日张学良日记：“读辩证法唯物论教程随笔。廿八、六、十一，毅庵。”

1939年7月2日张学良日记：“相（像）我这样出身的人，研究哲学，很容易陷入观念论或机械唯物论，应当注意到康德黑格尔等之缺陷，如鲁宾、德彼林等之错误。时时加以反省，更应当留心新康德新黑格尔派别之反动理论。”

1939年7月4日张学良日记：“我们这一种人，幼小受了观念派的教育，又是布尔乔亚①的胎子，我必须竭力将它克服。克服底一点也无才行。我不能完全扫除了我的旧的思想、见解、习气、感情，那末我怎末才能把新的健全哪！不把旧的克服了，新的是不可能健全的，也是从来不可能地。”

1939年7月9日张学良日记：“我在武汉时候，错认了对立统一法则，犯了右翼的毛病。这是由于我理解辩证法太浅，我站在了布尔乔亚的立场，亦且为我讲辩证法的吴，他自身就是一个错误者。”

1939年9月18日张学良日记：

> 伊里奇（指列宁领导的共产国际——引者注）给外国的党的教训536页……要把国民的特异性，国际的特殊性，实行调查、研究、探求、考察、把捉……这话说的多们［么］有价值，一切事情，都应该如此的办法：调查、研究、探求、考察、把捉，才可以从之。
>
> 二十八年，九一八
>
> 关于本教程，我只能蒙［模］糊的明白，我必须再研究，有机会向人领［请］教，因为有些句子，我不明白其深意，必须切实说明才能明白。

上述所引张学良日记，再明显不过地看出，张学良在幽禁期间，尽管经常把读明儒的体会写成文章报告给蒋介石，但还有一部分没有上报的，那就

---

① 布尔乔亚（Burgensis），即资产阶级。英语中的“bourgeoisie”来自法语，源于意大利语的“borghesia”。原指在村庄中心拥有房子的自由人。资产阶级出现在中古时期的意大利，那时住在村庄中的居民开始变得比住在附近乡间的人还要富有。因此他们可以获得较多的权利和影响力，越来越接近统治阶级和神职人员，同时逐渐远离平民阶级。

包括上述读马列著作的体会。这部分日记值得研究，因为它对全面了解张学良有相当大的助益。至少说明以下几点：张学良不仅仅是同情共产党，他确实研究过共产党主张的理论依据；张学良旅欧归来所说的救中国只有两条路，一是法西斯主义，一是共产主义，不只是说说而已，是经过思考的，相信法西斯主义救中国的念头早在西安事变前因对蒋介石的失望破灭了，那么，在他的心目中，就只剩下一条路，即共产主义；张学良接触马列著作始于武汉时期，至少在贵州幽居时期仍没有停止；“长期以来海外媒体流传的张学良在被幽禁期间只读《圣经》和《明史》的说法，是片面的。”①

张学良对理论著作曾经下过一番功夫，包括对理学、辩证法、法西斯主义方面的书都读过一些，也得到了一些真知。如他对马克思主义认识“国民的特异性，国际的特殊性”，必须通过“调查、研究、探求、考察、把捉”之后“才可以从之”的赞同，并强调“一切事情，都应该如此的办法”，等等，但他并没有建立起属于自己的有系统的历史观，他对历史的理解基本上还是根据自己的经验来观察历史，他对历史的看法基本上还是一种朴素的、常识性的看法。

说他没有建立起有系统的历史观，是因为他是务实的，并没有在“凿空立论”上下多大功夫，因而他对历史的观点还是基于对历史事实的自我认识，尽管他努力地读了许多理论著作，由于客观原因，他对每一种理论只能说是“模糊的明白”，“必须再研究”，“有机会向人请教”，才能进入下一个阶段，可惜的是他没有得到这种机会，因此，他“不明白其深意”，他对理论的认知尚处于半生不熟的阶段，因此，不可能构造起有体系的历史观。

说他是朴素的、常识性的历史观，是因为他虽然热爱历史，对历史早就感兴趣，但并没有对历史理论问题进行过系统探索和逻辑分析，仍然处于兴趣阶段。他没有一个完整的理论体系，也没有一套独特的方法，他的历史著作所见证的，只是他个人对历史的观察、描述和反思。不过，毕竟他涉猎了许多有关唯心主义和辩证唯物主义的理论著作，他在反思历史时也透露出一定的理论视觉。如下一个题目：历史的眼光。

---

① 窦应泰：《张学良“阳明洞”里读马列》，《北京日报》2006年10月30日。

二、离开历史的眼光，没法看历史

张学良虽然读了大量的理论著作，研读明史二十年，记了数千张卡片，“写过很多关于明史的文章”，结果也没有在学术领域有什么大的收获，甚至连一席之地也没有获得，人们记住他的还是发动东北易帜和西安事变时的他，这才是他在中国历史上构筑起的一座时人难以企及的政治建筑。

当我们站在史学的角度重新审视这一政治建筑和分析张学良本人回顾构筑这一建筑时的心路历程时，会轻易地发现他的历史眼光是犀利的，视野是开阔的。在张学良心目中，一个历史学者如果没有对历史的敬畏之心，如果不是用怀疑的眼光看待历史的记载，如果缺乏长时段的历史眼光看中国，如果缺乏现实的眼光看历史，那么，是看不明白历史的。

而张学良对他所看到的历史记载、历史现象的恰当分析，全在于他对历史抱有一种敬畏之心，在敬畏的基础上又不忘怀疑的精神，在怀疑时又不是用显微镜来鸡蛋里头挑骨头，而是以长时段的眼光和大局观对历史进程中的各种因素进行“调查、研究、探求、考察、把捉”。在民国时代，像张学良这样以历史眼光观察历史的人不是个别现象，远远超过他的也不乏其人，但在民国政治人物中用历史眼光看待历史、用历史眼光分析现实的人并不多见，尤其是在他所在的国民党军事政治集团中。

1. 历史的眼光发自对历史的敬畏

关于什么是历史眼光的问题，恐怕是一个仁者见仁、智者见智的问题，很难给它下一个大家都信服的确切定义。

不过，有一点不会有人反对，即历史的眼光一定与个人的阅历、年龄、成熟度、良知相关。因为我们不能说一个幼儿懂得用历史的眼光观察他所面对的陌生世界。

那么，年龄大的成人是不是就自然懂得用历史的眼光观察世界呢？答案谁都清楚：不是的。历史的眼光是科学的，包含着对已知的过去的总结、对未知的未来的预见，也包含对已知和未知性问题有选择性的评价，尤其是对历史和创造历史的人们的敬畏。敬畏历史是历史眼光中一束闪烁的光芒，它可以照亮创造历史和研究历史的过程。

历史值得敬畏，敬畏历史的人也是值得敬畏的。20 世纪 90 年代初，一位台湾朋友知道笔者是研究张学良的，便从台湾捎来一本郭冠英先生①写的《张学良侧写》。笔者读了之后，加深了对敬畏历史意义的理解，也加深了对张学良老人的尊重。下面摘一段郭先生第一次采访张学良时充满激情的叙述，相信许多读者都会和笔者有同样的感觉。

“那是一个很热的冬天（1989 年），傍晚时分，王冀教授②与我走在仁爱路上，我们穿过下班的车潮，对身旁的嘈杂充耳不闻。我们沉浸在无名的喜悦中，我们身旁的人不会了解，但我们确实知道，我们在面对历史，甚至在创造历史，我们要去见张学良先生。”

“多少年来，王冀试图见一次面，不谈什么，只是问候，但是上面传下话来：‘有这个必要吗？’”③

蒋经国去世的第二年，“松花江的冰层解冻了，故人之子来还愿了。”郭冠英说：“对于我，不知道在人生的哪一点。或者因为懂事了，或者因为看多了坏书，对张先生开始有份敬意，后来甚至崇拜，为什么会有这种有点难为情的罗曼蒂克，自己也说不上来，或许就像为什么张先生要如此走他的一生，也使多数人不能理解一样吧？”

“6 点 50 分，走廊响起：‘张伯伯来了。’……老头与我们握了手，劈头来了句。‘你给我张名片！’我知道他眼睛不好，我只是一个模糊的影子，耳朵也不行，但我也不敢大声叫，怕外面的卫士听来怪，我只有一直努力地看，就像一个探亲的人，想把亲人的形象深深地铭记在脑子里。我愈是想这样，愈是印不下来，愈是急，愈是乱。”

---

① 郭冠英，祖籍贵州，1949 年出生于台湾新竹。台湾政治大学政治系毕业。曾任台湾中视新闻部编译、制作人，《联合报》专栏组记者等。1984 年入台湾“行政院”新闻局。小的时候与张学良为邻（张从大陆到台湾的第一个幽居地新竹井上温泉），多年研究张学良，采访了大量与张学良有关的人和事。著有《张学良侧写》等，编辑制作了文献纪录片《世纪行过》。

② 王冀，张学良旧部王树常之子。美国乔治顿大学历史学博士毕业。曾任美国国会图书馆中文部主任、美中政策基金会（USCPF）总裁。1972 年，尼克松总统访华前，参与白宫安全理事会讨论中美破冰事宜。同年 6 月，受白宫及美国国务院指派秘密访问大陆。1971—1973 年，协助美国国务院成立美国驻华联络处。1979 年，参与组织接待时任国务院副总理的邓小平访美，并受到邓小平的单独接见。1989 年 3 月赴台拜访张学良。

③ 王冀数次访问台湾，多次提出见见张学良的要求。一次他求请其父王树常将军的亲信部属王新衡与台湾当局通融，王新衡向蒋经国作了请示，蒋说：“有这个必要吗？”

“坐下之后，老头就滔滔不绝地说起来。我很高兴，他没把我们当外人，但是又急，怕记不下来，怕漏了什么。以后的三小时中，老头像马克沁水冷机枪一样，一直连发个不停，连水也不要加。说得又生动，我要去记那些字、那些话，又要去记那些故事，又常常跳去记老头的形象，又不能笔记（我不敢问），真是脑忙眼乱。”

郭先生是采访张学良最早的人，写了许多有关张学良的事迹，因多为他和张学良一对一的对话，对话时他又不能笔记，多数是心记，开始笔者对郭先生记述的准确性有时半信半疑。自从和郭先生数次接触之后，尤其是2014年8月21日下午录制完《天涯若比邻》节目，我们俩离开中央电视台演播大厅回到酒店，他让我看了他刚刚制作完成的14集《世纪行过》纪录片和我参与整理哥大版“张学良口述历史”之后，两相对照，才认识到郭先生治学严谨，他写的东西是有根有据的。这从上面这段他采访张学良时的心境自我描述看，“张学良”，“是我朝思暮想的一个名字”，面对张学良，就是“面对历史，甚至在创造历史”。对历史、对创造历史的人的敬畏之情跃然纸上。在这种治史态度指导下形成的记录文字，我想应该是可信的。

> 人家问，不出来说活，是否有隐情？我说，是有，因为，一、说我好，老王卖瓜。二、辩我清白，伤害到别人，我不愿，故不愿见外人。我本来也想写回忆录，原则是写我亲眼看到的，亲耳听到的，亲手经办的。但后来我放弃了，因为一、丑表功，我不干。二、我会批评别人，会伤人。三、我记的不一定精确，我个别的观点不一定正确。……事实在那儿，不说也不会变，……另外，要想以前，我心情会激动，我受不了，故算了。

张学良这段话在其他场合也重复过，这段话集中反映了张学良用历史的眼光看待历史问题的观念。他是参与创造历史的人，如何书写这段历史，对于创造历史的人来说，许多问题和个人的名誉、利益、价值观交织在一起。他对许多他参与的历史保持沉默，不是对这段历史无话可说，因为“有隐情”，如果“说我好”，这和他坚守的信念相悖，容易让人说他是在“王婆卖瓜，自卖自夸”，“丑表功”的事情，“我不干”；如果如实叙说，就有为自己“辩白”的嫌疑，他自己知道自己，一说就会批评别人，会伤害到历史相关人，这也和他的为人之道不符；历史就是历史，“事实在那儿，不说也不会变”。

对历史的这一认识告诉我们这样一个历史观：过去的事情有一个发生的时间，但它的终点是看不到头的，它和现实正在发生的事情有一条若明若暗的线索相连，在这个意义上，过去的时间点永远不是结点，只是一个始点。当人们开始试图解开过去错综复杂的历史之网时，就会发现一个新的、和现代社会息息相关的世界，过去从未真正过去，过去从未消失，感觉过去的种种关系还是活着的。虽然过去的事情是发生过的事实，事实是不会因为人们怎么说而发生改变，可我们无法回到过去，只能借助人们对过去的记录、当事人对过去的回忆，才有可能逐渐接近过去。然而，过去的一切与今天的人们有着千丝万缕的联系，人们在记录和回忆过去时不可避免地会受到情绪、修养、名利观的影响，如张学良所说的“自夸”、“表功”、“洗白”、“心情激动”等等。认识到这些，是正确历史观树立的前提。当然，认识到了也不能说一定就能树立起正确的历史观，但认识不到这些，正确的历史观是绝对树立不起来的。

“事实在那儿，不说也不会变”，说了也不会变。这是尊重与敬畏历史的一种态度。唐贞观十六年（639 年）四月，太宗李世民问谏议大夫褚遂良：你主持的《起居注》里面都记了些什么？褚遂良答：“书人君言动，备记善恶。”唐太宗又问：“朕有不善，卿亦记之邪？”褚答：“臣职当载笔，不敢不记。”这时，一黄门侍郎插话道：“借使遂良不记，天下亦皆记之。”这黄门侍郎的插话和张学良所说的“事实在那儿，不说也不会变”是一样的，大人物的言行就像日月一样，每个人都看得一清二楚，何时升，何时落，何时日食，何时月食，即使史官不记，天下的人也都看得明白。这就是历史的眼光，是历史眼光中敬畏的光芒。

不过“事实在那儿，不说也不会变”指的是过去的事实，过去的事实和我们了解到的历史是有出入的。我们读到的“事实”常常是被人们说“变”了的历史。唐太宗李世民问《起居注》，表现出他对历史的敬畏，也反映出他对历史记载的担心，他担心记载了“日食”那部分，隐含着想改变记载的念头。像李世民都有此心，想改变历史的其他人物就太多了。如何才能使过去的事实以真实的面貌出现在史书里，需要创造历史的人留下真实的记录，哪怕是点点滴滴的碎片，所有史家都是这样的盼望。所以，当张学良说“不说也不会变”时，郭冠英着急了：“这时我心中在辩，大家都说，图不是更能拼得完整吗?”

对历史的敬畏，首先是尊重。只是善良的敬畏还是远远不够的，尊重历史还需要了解历史的人起而为尊重历史而努力。犹如“我虽然不赞成霍梅尼的做法，但是若从回教徒的立场来看，霍梅尼做为一个教主，他是有权为其教义而战的。就如我辈基督徒，人家冒渎我们的神，我们也是要起而对抗的。”对待不敬畏历史的人，张学良也想“起而反抗”，他反抗的方式是拿起笔，并定下三条写作原则：

第一写自己经手办的；第二写自己亲眼看见的；第三写自己亲耳听见的。①

这应该是政治高压过后对历史最好的敬畏了。

他起念写历史还有一条原因，也是他读史之后最深的体会：“历史上记载的事，未必都真实”。

2. 历史的眼光专注于原因与规律

生活在动荡年代里的人，大多讨厌动荡，却喜欢研究动荡的历史；生活在由盛转衰的国度里的人，无不企望复兴，也正是这个原因，大多愿意探讨由盛转衰的原因，张学良也不例外。张学良曾说：

> 别看我是个军人，我实际上挺喜欢历史的，历史很有趣味，就更想了解下去。不过在这之前（1937 年在溪口之前）我没想研究明史，我在大陆的时候，是想重点研究清史。为什么研究清史呢?
>
> 我总想，我们中华民族啊，是很大的一个民族，当年是那么强大的一个国家，怎么到我们这时候，为什么就突然弱下来了呢？我们怎么这么倒霉？近百年来，我们怎么一直受外国欺凌？这得从历史上找原因啊，看看书里是怎么写的，这样，我就想搁清史开始研究，接着

---

① 于衡：《张学良访问记》，台北《联合报·传记文学》第 40 卷第 1 期，1981 年 9 月 18 日。

再研究民国。①

1989年6月，在他89岁生日时，王冀来访，张学良拿出三大本老式的硬壳卷宗，里面全是红蓝墨绿各色笔写的文字，他对王冀说："这些都是我在15年前所写的读经心得，那时我的眼睛还好，你看我那时多用功。"张学良想通过研究明史，找出中国一直受外国欺凌的原因，从明代兴亡中汲取有益的教训。

从历史中寻找历史变化的原因，是史学存在的目的之一。问题是历史变化的原因与规律隐藏在复杂的事件表象背后，人们要想寻找其原因与规律，首先要弄清史实。而史实并不像物理的或化学的事实那样是可以直接观察的，它们必须还原历史本身，而为了还原历史，必须学会读解记载事实的各种文献并理解各种文字记录，以便弄清事实。在历史学中，对各种记载的解读先于对事实的还原，没有这种解读，就绝不可能还原历史，更不用说寻找变化的原因或总结历史的规律。

历史研究的一个十分显著的特点就是，任何研究都不可能真正接触到历史事件本身，这是史学和自然科学、艺术的重要区别。这种区别对于研究者而言，既是优点也是缺点，说它是优点，因为可以在研究历史的过程中避免研究者受到真实事件的直接影响，这有利于研究者可以在研究中与事件保持一定距离。当朝修不了当朝史，就是这个道理。它是优点，同时也是缺点，研究者必须利用一切手段和方法来尽可能地还原历史，还原出历史真实的本来面貌。然而，这种过去的真实，只能接近，永远无法完全与之重合，即使还原出来的真实和实际真实仍旧有着很大不同。这就需要博览群书，认真研读，拨开历史表象的迷雾。

长时间的埋头苦读、寻找、探索，张学良对各种版本的明史都了如指掌，但他的眼睛也在长期的伏案中看坏了，写字读书颇感吃力。1947年3月，张学良的老部下、东北元老莫德惠获准前来探望，他给大姐张冠英写

① 于衡在《张学良访问记》中也记载了张学良研究明史的动机："我研究明史的动机，是由于近百年来，中国一直被外国欺凌，我想从明清两代的历史中找出原因。因此计划先研究明史，接着研究清史，再及于民国史。但当我研究明史告一段落，刚想进入研究清史时，自己却成为虔诚的基督徒，觉得圣经是一部最完美的经典。由于专心研读圣经，研究清史的工作就放弃了。"

了一封信，信中说“我数年来精神甚好，身体也不坏。唯独眼睛有点花了！……也许这几年多看书的关系吧。”过了两个月，莫德惠又来探望，张对莫说，他很想去台湾大学做一名历史教授，教授明史，也想在“中央”研究院历史语言研究所做一名研究员。他对莫说：“我读历史所得的启示，发现世间最有权威的人，是学术最为渊博的人，没有学术，不足以治人。或者说，世间惟一可以治人者，惟学术而已矣。”

就是在这次会面中，他把自己的近作“十载无多病，故人亦未疏。余生烽火后，唯一愿读书”的五言绝句抄给莫德惠。并托莫德惠带出一封给大姐冠英的信，要她代买大字本的《明史》，他在信中写道：“现在想托您办一件事，如果您去北平，您给我买一部好版大字的《明史》来。也许西安旧书铺里有（南辕门街有两个旧书店，很不错），如果买到，千万用油纸包好，打箱或用他法，总之，别叫它湿，或污或破了。我非常需要一部《明史》，我眼花了，开明版的《明史》我看起来太费力了。如果《明史》能在西安买到，不一定要好版，大字就可以。我是很需要，等着看，并且要在书上胡批胡写，所以纸张不可要太破的；注意是《明史》，可不是《明史纪事本末》或《明纪》、《明鉴》等等。或者商务印书馆百衲本的、中华书局四部备要版的，那都十分合用。”

探索历史变化的原因与发展规律，虽然是史学研究最简单的目的，可要达到这一目的，却必须经历复杂的工作、烦琐的探寻，也最要史学功力的。一个小小的原因与规律都隐藏在无数事件之中，研究者必须尽可能地扩大自己的观察视野，保持对任何历史资料的兴趣。记载一件事的资料就很多，如果不保持对历史的兴趣，许多有用的资料会被误认为无用而被忽视，被认为和探索规律没有多大关系。只有以一种浓厚的兴趣，细致的手法，去研读这些资料，才会发现其中的原因，总结出和历史事实一致的规律。历史学是我们认识人类社会的一种科学，它最终的目的还是为了认识人类自我。

在古代，中国曾经领跑整个世界，像火药、指南针、印刷术等等，包括留声机，都是从中国传到国外去的。张学良举例说，《天工开物》就有记载，留声机是中国发明的，“我要跟你有什么话要说，却相距几千里，就把话说在这里头，把这玩意儿带到你那儿，你打开你就可以听。”在古代，“我们中国的科学相当有哇！”中国当时那么先进，为什么后来落后了呢？

原因究竟在哪里？当很多人都沉浸在汉赋、唐诗、宋词、理学、心学之中时，张学良通过读《明儒学案》、《古今图书集成》等书之后得出了结论，中国之所以落伍了，原因不在别处，在于中国的传统文化："我们受了中国文化的捆绑，中国不在科学方面发展，尽在文字上搞。""这东西受了谁的影响？受到这宋儒的影响。""儒家是一种政治的学说，不是一种整个社会学说,……要说起来这个儒家思想啊，只能说是一种官的，做官儿的一种思想，治国嘛，完全做官的。没讲到使民怎么发达，农业怎么发达，根本没有这一思想。"

宋儒不讲科学，讲什么？"讲气"，"讲心学"，"讲这一套"。张学良认为，这种不重视科学技术的风气源自于唐朝，唐朝还有一些科学技术思想，唐代之后，只"讲唐诗宋词汉文章"，对科学技术"不研究，不提倡，不但不提倡，它压制这种事。"不让传播这种"玩意儿"。"中国在历史上有很多发明的人才呢，发明都给了那时的政府，政府不但不提倡，而且压着他们。"这种专言义理的社会倾向，严重地影响了后来的自然科学的发展。

历史的眼光不仅需要在长时段中寻找现实之短的原因，比如张学良从古代寻找近代的落后的原因；也需变换角度在比较中探索改变现实短板的规律，比如张学良将欧洲的文艺复兴和宋明新儒学——理学比较，探索与科学的关系。张学良说：我当然对欧洲的文艺复兴不是太精通，但我看人家的文艺复兴思想，"是帮助科学往上上的。"

本来，一个社会的发展，仅有政治的发展是不够的，政治发展只是一个方面。政治和科学技术要两条腿走路，同时发展，而且社会进步是靠科学进步推动的，两者的关系"不是平行，而且完全是科学着重的。"

> 我们现在也知道科学这东西，现在你没有科学，你怎么能行？咱们现在可以看，你比如说，俄国跟美国两个大国竞争啊，它们是争什么？核子武器，那么还不都是科学的事情，现在所谓武力都是科学的武力，不是光你的兵好，我的兵好，不光是那个了。

而中国"是以文学压着这个科学技术发展。所以中西有这不同之点，这个不同之点，就是宋儒的思想。""我就说，中国由于宋儒理学，这种思想就把科学文化压下去了。"张学良举例说，蒋介石由于相信理学的那一套，最终导致了他的失败，他的失败也导致中国的失败。蒋先生“失败也是这个原因。他完全是宋儒的那种思想，很深入的”。“一个人做事情受他的思想支配，他是用这个办法……”蒋先生“唯我独尊，而且也不考察外头的事情。所以，我认为他一定失败，这样做法哪有不失败的”。

只有了解中国古代文化的功能，才能知晓为什么中国在近代落后了；只有了解了世界，才能真正了解中国；只有看准了世界的发展趋势，才能找到中国的发展方向。这是张学良历史观的重要内容之一。

3. 历史的眼光不可缺少怀疑

读史是否认真，是否实事求是，是否能从鉴往之中而知晓未来，这是检验人们有没有正确历史观的一个重要标志。张学良对读史是认真的，也是敬畏的，但仅仅对历史“有所敬畏”还远远不够，必须做到实事求是，甚至以怀疑的眼光来看待成说固事。

对于埋头于明史研究的二十多年时光，张学良比较留恋和怀念。1990年8月，张学良接受日本广播协会采访时，笑着说，溪口以来的软禁生活，并没有人们想象的那样悲惨。在这期间，他看了很多书。“我每天看书过日子，对这个时期的生活非常满足。如所周知，我是个不用功的学生。小孩时候极其顽皮，所以那时候我经常开玩笑说：‘真希望被关起来好好念十年书。’”在谈到他对明史的研究时说：“我本来对历史就很有兴趣，因此我很认真研究明史，得到很多心得。我也写过不少有关明史的文章，但后来我把这些文章都丢弃了；虽然有些舍不得，但我还是舍去。历史上记载的事项，不一定都是事实。从我开始学习历史以后，我都做笔记。明史有许多错误，虽然是中国官员写的，有很多是假的。研究明史时，我在朝鲜史文献中发现了有关永乐帝的资料。历史研究常有这种事，不过由我统统讲完了的话，以后研究历史的人就不会有乐趣了。”

张学良本来想结合现实写写中国的动乱史，他说：“我本来想写中国的动乱史，……后来觉得尽信书不如无书，许多史书不但看法不全面，还经后人的删节。比如说‘明实录’，我看了觉得真差，比我这文笔不好的人还不如，后来才知道清朝人把它删了，怪不得文气不顺。”所以，原来想再研究清史和民国史的计划也就放弃了。1957年元旦，张学良在台湾清泉为《杂忆随感漫录》一书撰写的前言中说：“我在这十几年来，甚喜浏览历史，而深感中国史书，不只是古代史，就如最近之现代史，疑云重重，记载上多有不真实之处。”在分析不真实的原因时指出：记载不真实，“并非皆由于写史者有意歪曲”，“真实之史料，实在是难得访求也。”“有之传闻失实，有之记述讳隐，有之自我夸张，或者泯灭无可察考。此之对于后世之人，诚为重大之遗憾。”

“我今山居幽闲，不揣冒昧，拟将亲身所经历，有关可供为历史的资料，真实记述，以供史学家之参考，或者有戒于后人。自度已近花甲之年，岁月无多，兹先就数宗关于我自身的，目下我能想起来的认为是比较重大者，分别写下。我虽尽力排除主观，然以我自己写自己之事，必然是有我自己的观念和我自己的言论在内，尤其是目下我自己的心情。我力求避免上述不实、讳隐、夸张之弊，而存其真。我半生戎马，又未曾致力于诗文，今日伏案写著，此诚东施效颦，文笔拙陋，词不达意，势在必然。再有现时我缺乏参照询谘，但凭个人记忆，年月日期，姓氏名号，无法写得清确，只得如此，以备补正。此记述之目的，旨在供献真实材料，所以不顾瑕疵。务请大雅谅之。假如有更好历史的同道，加以纠正补充，实所至望。”

结合人们撰写的与他有关的历史，他指出有许多与事实不符之处。“譬如九一八，全国人多攻击我不抵抗，但我很少看见有人研究我为什么不抵抗。只有在当时《大公报》上王芸生有过一两篇社论。所以我觉着单独攻击我不抵抗的，而不研究不抵抗主张之因素者，是有点肤浅。”

他对当时《国闻周刊》上的一篇言论，记忆犹新：“不抵抗主义这个名辞，并不是由张学良创始的，但是如今我们，一提到不抵抗主义，可就联想到张学良，张学良是这个主义的一个实行者。这个名辞的出现，好像是一个新玩意儿，但是这主义的精神，早有它的历史渊源，具有十足的必然性。我敢武断地来说，假如东北负责当局不是张学良，九一八事变，任何人十分之九的也是不抵抗。在民国十九年的中东路事件，张学良不是抵抗了吗？闹了个损兵折将，大为失败，内外责言，这是促成张学良不抵抗决心之远因也。中东路事件给日本一个暗示，暴露了中国幼稚无能不团结。当九一八事变之前，日本军人高呼惩罚张学良，消灭东北政权。张学良本人自己也知道将会有事情发生，但是他总有万一的心理‘日本或者是不敢吧？’等到九一八事变发生了，他觉着‘打是打不过日本的，以不抵抗对付之，不使事端扩大，以待国际来解决。’那时候张学良是这种心理，中央也是这种心理。所以我说就是换作他人是东北边防司令长官，也是十分之九的一样不抵抗。以过去的济南事件为证，凡是对付日本武装挑衅行为，不都是退让吗？我要是给张学良定罪的话，他的罪过不在九一八的不抵抗，而是在其继续的不抵抗。”

为了历史的真实，为了对历史负责，张学良对他“不抵抗”的心路历程做了描述：

在那个时代，“我认为日本是一个立宪国家，军部虽有帷幄上奏之特权，但不经天皇批准，国会通过，是不能对外用兵的。有国际条约之约束，元老重臣之稳重，虽然日本少壮军人，从事煽动，如果我方不给以可乘的藉口，不跟他武装冲突，那是不会发生军事问题的。”他承认对日本少壮军人的嚣张和日本当时的政情，未能随时彻底研究注意，仅根据旧日对日本之理解，“此乃我的重大错误。”

其次，是他对日本的判断错误。他判断：“如日本无故对中国发动战争，以军事占领中国土地，蛮横侵略，凡有深远眼光的人，会明白将来的结果，对日本不会有利的。他们负责的人，安能见不到这一点吗？我对于这一观察，虽然是错了——而日本终于不顾一切，发动蛮横的侵略的战事，但至最后，日本终自食其惨痛的结果，这一点也可以说我是没有错。”

再次，迷信条约神圣，错误估计国联的制裁力量。“我当时料其不敢，在利害观点上，我更料其不能。当时我是认为国联可以解决争端的。基于这些心理，所以我自始至终，竭力避免事端扩大，以期易于解决，遵守国联的警告。我佩服国闻周刊的言论，他说到了我内心的隐情。”“更使人可笑之事：是说我热恋胡蝶。现在只用简单一句话回答：幸胡蝶本人尚在，请任何人向她询问，问问她，我曾同她见过面没有？叫她说良心话，我从来没有见过她这个人，其他那就不必讲了！”

“我近十年来使我觉着历史上的记载疑案重重，就如我这个人还活着的，对与有关我这个人的记述，我所听到的，看到的，多不正确。我这个性格毫不护短，我有我的缺点，劣点，我有我的短处，我自己知道。我自己的事，我所听见外间记载，传闻我的事情，常常使我大笑不止。所以我动了念，我在看历史的时候，常常叹息，古人为什么不把那些事情，明白的记载下来留给后人。忽然我就感觉到我自己为什么不把我自己的事，外间所未明了或误解真相，或外人不知之事，确确实实记录下来，这不也就是我小小的贡献吗！”

怀疑是历史眼光的一个特点，也正是有了这一特点，历史的眼光才常常可以看穿历史的迷雾，进而接近历史的真实。

4. 历史的眼光总是盯着现实

任何学问之所以能够存在和发展，主要在于它能直接或间接地为现实服务。史学存在的价值也在于它能告诉人们今天的现实是怎么从古代走来的，今天我们所选择的道路是怎么体现历史发展的必然规律的。

在北洋政府应该寿终正寝之际，许多北洋遗老还在念念不忘袁世凯开辟的北京政府的存续问题；而在南京的中华民国政府刚具雏形时，张学良已经在思考如何给这一新兴政权注入生机了。这就是张学良历史观里的时代感和现实感。我们在挖掘张学良历史观的内容时，同样有必要站在时代的立场上去感悟张学良所处时代的特征和张学良对时代、现实问题的独特感悟。因为，张学良的主要政治人生基本属于那个时代。

20 世纪的第二年张学良来到世上，21 世纪的第二年他离开了这个世界。在这一百年中，人类历史上此前仅有的两次世界大战都发生在这一百年。就中国而言，共和政体代替封建专制政体是最重大的政治事件。自 1912 年中国告别封建专制走向共和之后，当时的国家就面临两项急迫的任务，即在国际上摆脱列强的欺凌并赢得与主权国家相匹配的国际地位；在国内解决政治纷争和国家统一问题。

对上述情况，由于张学良出生于中国的一个特殊家庭，父亲先为“东北王”，后为北洋时期的国家元首，因此，他自青少年时起就十分关注国家的现实问题，并从国家的前途、命运出发寻找解决问题的答案。从 20 世纪 20 年代开始，即他父亲指挥东北武装集团武力统一中国时起，张学良在他起草的电报、讲话、谈话里对当时中国的处境、国家衰弱的原因等问题给予了充分的关注，同时就如何解决这一问题提出了自己的观点。例如军阀何以成军阀问题；列强如何利用军阀的自私性达到侵略中国的目的问题，如此等等。张学良对国家与个人关系问题有着敏感的意识。对此的分析尤为精彩。

年轻时即投身战争，其历史的眼光自然离不开年轻人担负的国家责任方面。张学良在东三省陆军军士教导队第一期学兵毕业典礼上，这样告诫年轻士兵："尔学兵等勿以地位卑微自甘暴弃，须知国人虽称四万万，实由个体组合而成；人人自奋，国势以张，人人自弃，国家必亡。"这里点明了国家、国势、国亡与普通国人的担当意识、觉悟程度等这样一些救国实践中的关键要素。只要年轻一代、普通国民人人自奋，一个国家的未来一定是有希望的。换一个角度看，那些当国者如果不重视卑微者、年轻者，国家也是不会有前途的。

重视国民的力量，重视卑微者觉悟，是张学良历史观中始终不变的倾向。1936 年 12 月 9 日，西安学生举行纪念"一二·九"运动周年大会和请愿游行。在这一问题的处理上，张学良和蒋介石发生了很大冲突。

> 我同蒋委员长私交感情很好，所争的就是政治主张，我几次用书信诤谏，当面诤谏，请他放弃他的错误的反民意的主张，领导全国民众从事于全国民众所愿意的工作，作一个全国民众所爱戴的领袖，可是他不但不接受，近来反变本加厉了。……我认为学生请愿的动机，绝对是纯洁的。处置办法，只有和平劝导，和使学生也可以说使一般民众满意的事实来答复。而他却说："对于那些青年，除了用枪打，是没有办法的。"
>
> 我们的枪，不是打中国人的，任何中国人的，我们的枪，所有中国人的枪，都是打日本帝国主义的。由于上项事情看来，我们认为蒋委员长的主张和决心，用口头或书面的劝谏，是决不能改变的，所以才同杨主任和其他西北各将领，发动"一二·一二"的事件。

在民国政治纷乱的年代里，张学良经过对导致国家衰弱的各种因素细心分析后，自然而然地将所有政治问题归结为一点：中国必须统一，只有统一中国才能摆脱外国的欺凌。关于张学良这方面的思想，台湾学者张式纶曾做过精彩的评论："汉公秉白山黑水之正气，英明豪迈，由于天赋，国族观念非常强烈，上曰北方之强也。英年继统东北军政，首当日俄侵略迫害之局。为防边守土，不惧与俄寇中东血战；为爱护国家，毅然举东北四省同时易帜，首开国家统一之局；为卫护中央政府而挥军入关，消弭内战，再造统一；又为抗战救国，而绥靖华中西北各方面，出民于水火，卒致抗战全胜。方略纵横，唯义所向，此皆英豪命世之大作为。”①

唐德刚教授在谈到西安事变时说：“西安事变这件历史事实，今后恐怕要被史家争辩1000年而终无定论。但是，事变中的若干史实也是无人能够否认的。”“事变之发动是基于张学良对国难家仇的义愤。他反对内战，主张枪口向外，是绝少、甚至完全没有考虑到私人利害的。在学良看来，北伐之后，他为谋求国家统一，不惜自弃历史，毅然易帜，归顺中枢。如今外患急于燃眉，蒋公必欲置中共全军于死地，不灭不休，毋乃太过。学良口劝不动乃贸然实行兵谏，希望蒋公不为已甚。张学良这种心理基础，盖亦为史学家所不容否认者。”“如果没有西安事变，没有全国的大统一，没有惨烈的武装抗战，则人事全非。一个独裁专政的领袖和一个忍辱含羞的政党，在历史舞台上以何种脸谱出现，我们写历史的人就很难妄测了。”美国资深记者哈里森·索尔伯兹里对张学良点赞过一句经常被人引用的话：“张学良是中国统一的象征。”② 这准确地点出了张学良在中国近现史上的地位。

在张学良的政治生涯中，他最感兴趣的是如何使国家通向强大的途径，如何使国家有效治理的手段，如何保存和凝聚与侵略者抗衡的实力，等等。也正因为如此，张学良是从国家统一的角度来分析思考他所面临的所有问题，并以此规范自己的言行举止。所以在他认为历史的关键时刻，形而上学层面的道德问题，诸如“尊重领袖”等会在张学良的思想体系中退居次要的地位。我们还发现，张学良对各种历史现象进行分析、判断、归纳、总结时不喜欢用形而上学的法则作为依据，他更喜欢立足现实、关注具体问题。例如，他在总结“杂牌军”不满南京政府的原因时特别提到一点：南京政府对待“杂牌军”和“中央军”的政策不同，“中央军”在“剿共”战争中兵员、弹药受损可以补充，“杂牌军”受损则不给补充，任其“自消自灭”。

张学良上述历史观的启示是，无论考虑历史的任何问题，都应站在现实的立场上，通过对可直接检验的具体因素进行分析从而找出问题的答案，

---

① 张式纶：《英雄中之英雄——张汉公九秩嵩庆祝词》，台湾《中国时报》1990年6月1日。

② 胡玉海：《张学良的国家统一观》，《辽宁大学学报（哲社版）》2000年第8期。

而不是站在意识形态的空中楼阁上，靠着“概念”的引领在人为编织起来的模棱两可中想象问题的答案。

三、历史本来是“活”的，却被活人写死了

以细节还原历史真实的追求和以生动的语言进行“聊家常”式的述说是张学良口述历史的风格。

这种风格的形成与他的人文素养是密切相关的。张学良的人文素养主要表现在对人的重视，对文史哲的汇通。历史是由人创造的，对人的关怀是史学最重要的聚焦点之一。而人是“活”的，是有情感的，人又是社会动物，不是孤立存在的，又是有思想的，有灵魂的。既然人是“活”的，有情感的，书写历史的语言也应该是“活”的，“活”的语言可以让历史人物“活”起来。让历史人物“活”起来，就需要关注历史的细节，许多史书之所以把本来“活”着的人写“死”了，是因为丢掉了对流动着的血、有弹性的肉的描写，丢掉了细节的记述，这样呈现出来的人物便形同骷髅，没有体温，缺乏生气。这就告诉人们，写史需要选择丰富而生动的语言，洞察历史的细部，“使看不见的东西被看见”。①

既然人是社会动物，不是孤立存在的，他所做的每一件事情都是各种关系集合后的反映，有它的来龙去脉，这就要求史家必须如实的记录，并找出事件所以发生的各种关系。既然人是有思想、有灵魂的动物，人就具有了这样一个特点，他经常因为思想和灵魂的迫使而陷入迷茫，也只有在如火光、如星光的思想和灵魂引导下走出迷茫，这样，史家写史就不能不借用哲学的思维，催促人们将陷入迷茫和引领人们走出迷茫的那束火光、星光捕捉在手。

笔者在整理《张学良口述历史》时，有一个突出的感觉，张学良在叙述历史时，始终围绕着对具体人的关怀而展开。正是因为他把人放在了第

① 台湾作家龙应台在题为“我们为什么要学习文史哲”的讲演中说：为什么需要文学？了解文学、接近文学，对我们形成价值判断有什么关系？如果说，文学有一百种所谓“功能”而我必须选择一种最重要的，我的答案是：德文有一个很精确的说法，macht-sichtbar，意思是“使看不见的东西被看见”。转载自《新华文摘》2014 年第 11 期。

一位，他在对政治现象的分析、对历史事件的描述时始终不忘对具体人的心理活动、复杂情感的深层挖掘和评说，他在分析、描述、评说时大量使用非常生动和个性化十足的情感性语词。这种情感化语词的大量使用，看似缺乏理性深度，但正是这种带有独特风格的“张氏”语言才使历史人物从远处走来，走近真实，走近有温度的情感世界，并刺透了历史的表层而达及历史人物、历史事实的深层结构之中，使其他文献、史书看不见的东西“被看见”，这“被看见”的部分既包括用历史细节呈现出来的各种关系因子，也包括迫使人们陷入迷茫又引领人们走出迷茫的火光和星光——思想和灵魂。

与那些善于进行柏拉图式形而上学思考和习惯“密电码”式表达方式的学者不同，张学良对人的情感认知、理性分析、灵魂赞美、政治批评等都体现在对具体人物个性和活动的具体描述上。为了全面认识张学良的历史观，也为了不破坏张学良文史哲“三位一体”式表述风格的完整性，我们有必要在以下部分将评论减少到最低限度，将张学良口述中对各种历史人物的描述直接呈现给读者，从而让读者自己去感悟张氏语言风格的魅力。下面，将把张学良对父亲张作霖、郭松龄、吴佩孚、蒋介石、汪精卫等人的精彩述说做大段的引证，由于张学良在口述时对他认为重要人物的描述多有重复，而且每次重复又有新的内容，所以在引证时多以经过综合整理的《张学良口述自传》为主。

1. 欲使历史不散，唯有找到那条看不见的链条

自己的身世和家族背景在张学良的心目中是值得研究的人物世界。张学良第一次口述历史就是从这里开始的。他说的好像是零零散散，许多事情外间也早有传闻，但经过他轻松地一说，我们可从中看到一根不认真思索极易被忽略的一直延续到他父亲的命运链条：张家男人没一个是正经死在炕上的。这是对张家男人之死共性的分析，也是对家族成员个人历史的综合。也可以说是史才，因为按一般人理解，史才主要在于贵能分析和贵能综合。

家事一般隐藏着许多不便公开的隐私，可张学良的历史观是“无事不可对人言”。他说：“我大伯父被我爷爷一棒子打死了。”“我大伯父跟我父亲是同父异母。我有两个祖母，生我伯父那个祖母姓邵，是我爷爷的原配夫人，姓邵的祖母早早就死掉了，我都没看见过。”我大伯父“尽管我没看见过，我想他长得一定很帅气。”

为什么呢？他讲了两条推断的理由：第一，“我们家里的人都长得一表人才，我父亲年轻的时候也很帅气，那我大伯父也差不了。”第二，他举了个例子：“他在村子里很有人缘，尤其是女人缘，他如果长得不好，不会是这样。”因为长得帅气，结果招来不幸。“我大伯父那时年轻，大概是二十岁左右，没结婚，村子里一个人的太太看中他了，他俩有那种关系。那个太太的男人管不住自己的太太，就向我爷爷告状，说你大儿子和我太太怎么怎么的。我爷爷听了非常气恼。这样的事儿在乡下是很丢人的，我爷爷觉得他儿子在外边和别人的太太有不正当关系，让他在乡里乡亲面前抬不起头来，出门让人指脊梁骨，嚼舌头。我爷爷气冲冲地回家了。进了家门，顺手就捡起一根木头棒子，气冲冲地冲进屋里。我大伯父也不知道啊，正在家吃中午饭呢。北方人吃饭都在炕上吃，一家人围着一个炕桌盘腿大坐，我大伯父背对着房门，躬着腰坐在炕沿边上，低头在那吃饭。我爷爷进来了，二话没说，照着我大伯父的后腰打了一棒子，这棒子正好打在腰眼上，打得我大伯父当时就倒下了，把刚吃下去的东西都吐出来了，搁那就死了。”

张学良十分看重东北人的品格，认为东北人爱打抱不平是行侠仗义，他爷爷就是东北人的代表。“为人慷慨，崇尚侠义，更爱打抱不平，村子里有什么不公平的事，不管与自己相干不相干，都愿意挺身而出。”这一点张学良不仅崇尚，而且将其运用到自己的人生之中，他在国难当头时，挺身而出，发动西安事变大概也是受他爷爷的影响。“有一年快过年的时候，我们那有个赌场，赌场里有个‘秧子’，我爷爷为这个‘秧子’打抱不平。‘秧子’就是家里有俩糟钱，不怎么干正事儿的年轻人，我们那儿叫‘秧子’。这个‘秧子’也不怎么机灵，跟一个姓王的赌徒赌起来了。输了好多钱呀，不单把带的钱全输光了，还欠那个姓王的一些钱，姓王的就逼他给钱。那秧子说要过年了，等过了年我再还你。姓王的说‘那不行，必须马上给，不给就上你家要去。’那个秧子被逼得直哭哇。我爷爷看不下去了，就出来打抱不平，把姓王的那个家伙说不乐意了，说杀人偿命，欠债还钱，天王老子在也得这样。’我爷爷回他几句：‘我说你怎么了，你别逼我再往下说好不好，我要是把话都说出来，你立马就得给我瘪茄子！’意思是你赌钱时闹鬼，做手脚，你以为我看不出来。我爷爷这么一说，等于翻了姓王的底儿，那家伙知道自己理亏，立马就消停了，没敢再吱声。这个姓王的，是我们那个地方的一个小土豪，人不大正派，是十里八村中有名的‘赌棍’。到了下午，赌场散了，我爷爷回家，走到半路上，那个姓王的家伙从后面跟上来了，打了我爷爷一棍子，我爷爷就被打伤了，打得很重。我爷爷还在骂，那个人说：‘你好话好说我就饶了你，要不我还揍你。’我爷爷还不停地骂。回家后，因为这伤，我爷爷就死了。”

接着，张学良谈他二爷是替他二伯父坐牢坐死的，他二伯父死于追剿土匪的途中，他外祖父被胡子打死在家门口，他舅舅被马踩死在逃难的路上。“我一想起我们家这点事儿，就经常纳闷，我们家这是怎么的了？这怪事怎么都让我们家摊上了？我见过的上辈人就这么几个男的，几乎没一个是正经死在炕上的。”包括他的父亲死于日本的炸弹之下，他的第三个儿子在做 X 光检查时 X 光爆炸，死在日本人开设的医院里。

在张学良的精神世界中，尽管天不怕地不怕的大无畏英雄主义始终占居主流地位，但难以琢磨的、不可抗拒的力量也时常有那么一席之地。他叙述他家男人之死，总结出的共性是“没有一个死在炕上的”，其目的是说他家男人多为“慷慨悲歌之壮士”，多为为正义不计生死之豪杰，也暗含着他的血管里也流淌着这种血统，但我们仍然可以隐约地读出他在命运面前的那种无奈。

命运在张学良的思想体系中是一个很少出现的概念，在他一百多万字的口述中只出现过两三次，一次是说张宗昌丢了兵权后，因早年刺杀了国民党元老陈其美，他不敢到南京去，张学良劝他留在北平，他又不听劝，结果跑到山东被韩复榘派人刺杀了。张学良说这是命运。还有一次，他指挥打仗，本来败局已定，因铁甲车士兵开了一炮，碰巧打死了对方的前线总指挥，他才转败为胜，“我说这天下的事情都是命运”。

张学良把命运作为一种无形的力量，但他始终给命运概念注入现实的因素，强调不能脱离人的具体行动来谈命运。如张家男人之死，有一个共同的特点，都不是寿终正寝，表面看有一种无形的力量在起作用，但他在述说时强调的是张家男人的性格、品性，当时政治不公、兵荒马乱、匪盗横行，是这些现实和人的因素在支配着命运，而非神秘、命运支配着人。包括张宗昌之死，他说是命运，后面还跟一句话：“倒霉都是自己找的”。他说他在那场战役中转败为胜是命运，但这命运是那位士兵的勇敢带来的。

在张学良的命运观中，真正起主宰作用的是现实中人的力量。应该讲，张学良以人性为基础，对现实理性等人的因素是持积极肯定的态度的。理性和人的力量虽然解决不了所有问题，但人们可以在理性的指引下去积极努力改变命运，而不是消极等待命运的降临。当然，张学良也不否定有些事情是由一些非理性的成分左右着结局，但他把这种非理性的力量运用于劝导世人做好事上。如他说："主持东北前后事变之日本军人，如白川、土肥原、本庄、东条、板垣、河本等等，到后来，或为授首，或不得其死。使你不得不信因果爽然。"

所以他劝导世人"无论大事小事，千万不要亏心"，"不做亏心事，不怕鬼叫门"，"扪心自问，上不愧天，俯不怍人，这是最痛快、最舒服的事。"他告诫人们"如你自己清夜省察，你就会发觉，在你之上冥冥中有个主宰，你不可不敬畏也！"日本战犯不得其死，是因为作恶多端，如果不作恶，冥冥中的主宰又能如何？不做亏心事，鬼神又能如何？归根结底，还是人的作为使然。

2. 点评可以简单，但点评的根据不能缩写

《淮南子》里有句话："慈父之爱子，非为报也。"因此，任何人谈起自己的父亲，都有说不完的话。不过，慈父爱子是用自己的生命，孝子报父更多的只是敬仰和记住了父亲的一些具体的事。张学良在回忆他父亲时说："他老人家有几宗事，使我衷心敬佩，这不是我以儿子的地位来恭维他。反过来说，他老人家也用不着我来恭维的。""假设倒退 200 年，300 年，那我父亲就是朱洪武。"他的这段简单的"点赞"不是没有根据的，他在讲"点赞"根据时可谓不惜笔墨。

第一，仗义豪侠，为避免地方糜乱，与匪首决斗。

有人说张作霖当过土匪，"其实他当的不是土匪，他也从未干过骚扰乡民，趁火打劫一类的事情。我父亲活着的时候，为这事儿非常气愤，他跟好多人说，我都听过好几次：'有些瞎眼睛人尽他妈地瞎说，说我当过红胡子，我他妈的什么时候拿过谁家一个笤帚疙瘩，如果我真的拿过谁一个笤帚疙瘩，我情愿下十八层地狱，下辈子变驴变马我都愿意。'"① "说我父亲

① 1993 年 6 月 18 日，张之丙、张之宇采访张学良，谈到"保险队"的时候，张之丙插话："这让我想起一件事情来。就是那个 latinmore，美国一个很有名的中国专家。Latinmore 就说：'大家都以为东北所谓的土匪和红胡子……这是大家都有错觉，这些是人民自己保卫自己的。'这等于说是民兵（National Guard）呀！Militia，就是说自己保卫自己。……他那本书上写了差不多有两三章，都是有关对这个的解释。让人了解红胡子不是我们西方人所想的土匪，而是要跟西方的这个 Militia 一样。"

当土匪，实在是最大的冤案。”张作霖当没当过土匪，在他在世时就有争论，学术界直到今天仍无定论，张学良对人们说他父亲当过土匪的原因做了分析。他认为因为父亲和土匪打过交道，人们才误以为他也是土匪。

“你不和土匪打交道你也生存不下去，你也躲不开。那个年代，土匪多呀，尤其是我们家那地方，到处都是土匪，人穷啊，穷的地方才有土匪，土匪就是胡匪，都是社会最底层的人，吃不上饭他才胡来，没有说，家里有地、有钱，还冒着被打死的危险干打家劫舍的勾当。再说，那时候当土匪好像也不是什么丢人的事儿，我都经常听人家说，哎，哥们，今晚儿搭把手好不好？那就是出去抢去呀。”

另外，“庚子变乱”，政府官员都保命逃生，社会治安大乱。

“官府管不过来，老百姓才想出各种自保的方法。我父亲就是给人家保护生命财产的，做保险的，是保护别人的，是‘保险队’。”

张学良解释什么叫“保险队”，“就是这个地方的安全我负责，我来保护你，你出点钱。如果有土匪来抢啊、杀啊，有什么旁人在这儿闹事儿，我负责保护，帮你维持，但是你出点钱。等于就是用命挣饭吃，当土匪是被逼的，当保险也是被逼的。”他父亲在当保险队期间，有一件最出名的事，与匪首海沙子决斗。

> 我父亲最喜欢讲他这段儿事。那海沙子带着一些人，到我父亲负责的村庄来捣乱，这个村庄叫八角台（今属辽宁省台安县），我就出生在这个村庄。海沙子比我父亲势力大，我父亲才有十几条枪，海沙子有二十多条枪。海沙子来了就要这个村庄给他拿钱。我父亲说那不行啊，这个地方的父老乡亲委托我来负责安全，人家把钱都给我了，你又来要钱，那算怎么回事？海沙子的意思很明白，不给钱，那我就用枪来说话。我父亲就跟海沙子商量：‘咱俩最好别用枪说话，还是用嘴说话为好。你如果非要用枪说话，咱俩一对一，对打，你看好不好？’就是决斗啊。‘如果你把我打死呢，我负责这个村庄、我的人、枪都归你，如果我把你打死呢，那你的部下归我。’那就像美国西部大片一样，两人对打。海沙子和我父亲对面站着，各自的部下站在他们俩旁边。我父亲经常和土匪打交道，熟悉土匪，心理很镇定，一点不慌乱，一个闪电般的扣动，一枪就把海沙子钉到那了，打死了。我父亲身上

也落下了枪伤。我年轻时，我父亲常常给我看他身上的枪伤，那就是海沙子打的那一枪，两个人同时开火，我父亲打到了海沙子的要害处，海沙子没打准。海沙子的第二个首领就是汤玉麟①，他就带着海沙子底下的人投降了。

我父亲搁这儿就发展起来了。

张学良谈什么事情都谈得很细，也很生动，用东北老百姓的话说“听着很热闹”，实际上不只热闹，热闹之中有着严密的逻辑关系，但他很少把这层逻辑关系点明，而是经常用具体故事来说明他的观点。比如，他说他父亲手下有许多绿林出身的人，这些人习惯于占山为王，素养不高，不听任何人摆弄，但到了他父亲手下，就变得百依百顺了。“我父亲不仅会用人，打枪、骑马，都有两下子。他个子很矮，可他肩膀宽，他的袍子我都能穿，走路时，他斜楞个儿肩膀子，谁都搞不明白他怎么那么走路，他一个肩膀低，一个肩膀高。连我也说他，我说你走路怎么那个样子？他说，这你就不懂了，我这是背枪背的。”

这一历史细节，任何书里都没有过。“我父亲枪打得好，百发百中，还特别快。他们打人啊，枪就背在身上，需要时胳膊一动，‘啪’的一下，枪立马就横过来了，并不从身上拿下来，所以他打得快。我父亲给我们表演步枪，他一只手端着枪，枪口处挂着一把椅子，手臂一动不动，很稳，所以他打得很准。他不瞄准呐，我们打靶，他表演给那帮兵们看，用铜或铁的牌子做靶子，离人有一百米那么远，你打上了，就‘咣’地响一下。他就拿起那装好子弹的枪，拿起一个，‘咣’的一下，拿起一个，‘咣’的一下。为啥那么准啊？他们是靠着这个活着，全指着这个活着呢。他们那些人，都这样，不行的，也早都被打死了，剩下的不说个个身怀绝技，也都有两下子。”

张学良对父亲张作霖性格形成的原因也有精彩评述：“我父亲好勇斗狠、不服气、不服输、嫉恶如仇的性格，大概与他生活的环境有关。生活

① 汤玉麟（1871—1937），字阁臣，辽宁阜新人。海沙子死后，与张作霖一起办“保险队”。历任奉天前路巡防营哨官、帮办、奉军团长、旅长、师长、军长。热河失守后，寓居天津。

环境包括那个时代、那个地域、那个家庭，也包括先祖的血脉。那个时代内忧外患，战乱不断；河北是古代燕赵之地，‘燕赵多慷慨悲歌之士’，轻生重义，轻文好武，海城一带是近代最乱的地域之一，日俄两国烙煎饼式的来回拉锯，民不聊生，豪强群起，土匪横行；我父亲所生活的家庭，更是奇特，男人横死多，女人多柔弱；张家的先祖，背井离乡，出逃关外……这一切可能就筑就了我父亲的性格。”

第二，忠心耿耿，敢为知己者死。

前清末年，奉天军政领导人叫赵尔巽[①]，“我父亲能起来就是因为赵尔巽对他的信任。”“辛亥革命爆发那年，我父亲以领饷的名义先行抵达省城，进省城的第一件事就是去见赵尔巽。赵尔巽一见到我父亲，第一句话就说：‘你来得正好，我今天看看你，明天也许就看不见了。’‘怎么回事呀?’我父亲问他。‘我已经想好了，明天我预备去死。’赵尔巽回答。我父亲听了感到很奇怪，说‘你先别说死的事儿，要死大家一块死。你先跟我说说到底发生了什么事儿，让你这么样悲观。’赵尔巽就告诉我父亲，说明天谘议会要开会，推举他当东三省保安司令似的，等于奉天脱离朝廷宣布独立。赵尔巽说：‘让我独立，我绝对不干。如果他们的想法通过了，那我就去死！我生是朝廷的人，死也做朝廷的鬼。’‘这样吧，我明天到会场上去看看。”“那时在奉天的革命军首领叫蓝天蔚[②]，蓝天蔚有一师人驻在北大营。那时候不叫师，叫镇。蓝天蔚大概第二十镇。谘议局在奉天省城南门外，会场外头站着的都是蓝天蔚的兵，一层一层的，荷枪实弹。蓝天蔚在会上宣布，东三省独立，拟推赵尔巽当什么什么，问大家有什么意见。我父亲坐在蓝天蔚旁边，忽地站起来了，把手枪一掏，用力往桌子上‘叭’地一拍，高声吼道：‘我张某人反对，谁敢附和此等谬议?’这还了得，在主席台上动了枪。这时，会场上的气氛骤时变得十分紧张。这突如其来的变化，把那些人都镇住了，不知所措。我父亲继续说，我张作霖有人有枪，只要是对地方有利的事，我张某人天不怕地不怕，今天这个事一定得尊重总督

① 赵尔巽（1844—1927），字次珊，号天补，辽宁铁岭人。同治进士，授翰林院编修。时任奉天都督。

② 蓝天蔚（1878—1921），字秀豪，湖北黄陂人。早年加入同盟会。时任东北第二混成协协统，驻防奉天。

个人的意见。蓝天蔚一声儿没吱，转身就走了，退席了，大家也哑口无言，这会就这么散场了。”

张学良评论道：“那种情况下，我父亲还敢亮枪，好像是鲁莽，其实是军人应有的胆量和气魄。”“我父亲的这种胆量、勇气也实在是很少有人能做到。但我父亲不单是支持赵尔巽，他也反对蓝天蔚这种叛逆的行为。赶走蓝天蔚后，我父亲因忠义感人、胆壮惊世，被赵尔巽提升为奉天巡防营总办、前路统领。民国元年（1912 年），袁世凯任命我父亲为二十七师中将师长。后来奉天省的军务都归我父亲管了，再后来任奉天省省长。”

第三，仁慈宽厚，大事不糊涂。

> 有人说我父亲不在袁项城之下，我说不能这么比。要比呢，得这么说，袁世凯呢，拿历史说，非常像曹操。拿我眼光来评论，袁世凯就是曹操。几样事情，一样事情，他这个人是时代把他淘汰了。他用的都是旧思想的人。这一点我批评得不一定对，袁世凯跟张宗昌一样，他不敢用新思想太高的人，他怕他们。无论袁世凯，还是张宗昌，他们都存在警戒心理。我父亲可和他们两样，他不怕，所以敢用杨宇霆这些个刺儿头！所以人啊，心里有多宽，就做多大的事。
>
> 我很佩服我父亲，他手下那些个人，可以说都是草莽英雄啊，可没有不服从他的，那不容易啊！原因在哪？我父亲这个人非常的宽宏大量，有胸怀，有雄才。我父亲这个人，真是包容大度，他的度量比我大。比方说，张勋搞复辟那段儿，就能看出我父亲的胸怀、雄才。张勋那时在徐州召集开会，这段事历史上是有的。
>
> 搞复辟不得人心啊，我父亲有一次出门，被人扔了炸弹。一共有三个人联合炸他，结果其中有两个当场把自己炸死了，剩下一个被逮住了。“我跟你无冤无仇的，你炸我干吗？你差点要了我的小命啊！”我父亲问他。那个人说：“因为你跟张勋是亲戚，你们两个人开会，要搞复辟，我们反对复辟，所以我们才炸你！”我父亲说：“唉哟，那你可冤枉我了，我跟曹锟、张勋是亲戚，这不假，但他们复辟的事我没参与呀。我不但没参加，我还反对复辟呀。”……我父亲说：“好吧，你既然这么恨复辟，你又以为我参与了复辟，那我放了你，你呢，出去好好打听打听，我要真的有这事，你再回来炸我。”把他放了！没有

点儿度量谁能做到。

第四，机警聪明，记忆力惊人。

张学良说他父亲“非常的机警、聪明。一般的人都说我聪明，我说我没我父亲聪明。你做事情，你稍微一干什么，他就知道你什么意思；你一张嘴，有的时候你不说话，他从你眼神、面部表情，就能看出你是干什么来了。看得非常透彻。我父亲他成功也就在这里。”

张作霖做事干净利落，“最不喜欢人家和他罗嗦，喜欢简单明了。大概一般大人物都是如此，都不希望你跟他罗嗦，而且反应都特别敏捷。”张学良经常将他父亲比作历史上的大人物，说他父亲敏捷时，他举刘邦的例子，“就像历史上的刘邦和韩信那段事，韩信打了胜仗后，请求刘邦给他一个王的名义，要刘邦封他为假王，因为他指挥的都是这个那个王。刘邦听了就火了，站起来骂，‘怎么还要王?’张良在旁边用脚踢了他一下，这刘邦多聪明？他马上改口说，‘怎么你要假王，我给你个真王。’那转得可真快呀！他们这些大人物呀，说话都很简单，你不要和他罗唆，他说什么你马上去办。那东北很复杂呀，他把东北整个统一了一个个都被他降服了。”谈到他父亲记忆力时说：“他打麻将，抓一张牌，看一下，揣到兜里，他都记住了，专心观察其他人打什么牌，其他人手里有什么牌，他应该出什么牌。我不是佩服我父亲打麻将，我佩服他的记忆力，佩服他善于观察，佩服他做事的思路、方式。一个人的思路一旦形成，干什么都是那种思路。”

第五，是武将，但重视文人。

张作霖虽为一介武夫，但比较重视文人。“我父亲和过去我们在历史上看到的那些开国元勋不一样，那些人都对文人不太尊敬。明太祖杀了好多文人，在他面前甚至不能提和尚，一提和尚，他就觉得是在骂他，这是一种自卑的表现。因为他自己不是文人，他大概是怕文人小看他。我父亲就不同了，我父亲执政后，招贤纳士，用了许多文人。像袁金铠①、王永江②、

---

① 袁金铠（1870—1947），字洁珊，辽阳人。曾任奉天谘议局副议长、财政司司长、督军署秘书长等职。

② 王永江（1875—1927），字岷源，辽宁金州人。先后任奉天财政厅长、奉天省长兼东北大学校长等职。

莫德惠、刘尚清，这些人都是文人，可我父亲重用他们。王永江最初给我父亲当警务处长，他在当警务处长时，警察和军队经常发生矛盾，我父亲每次都是向着警察。当时我父亲的大将汤玉麟，看不起文人，更看不起王永江，他们俩有一次因为警察和军队发生冲突，我父亲袒护王永江，大骂汤玉麟，汤玉麟气得把军队都拉走了。”“不过，王永江这人个性也很强，对人很硬。他不单和汤玉麟有矛盾，跟杨宇霆也闹意见，反对杨宇霆鼓动我父亲对关内用兵，后来（1926 年）就辞职回家了。我父亲很重视他的才能，请他出任北京政府的财政部长，一次一次请他，等于派人三顾茅庐似的。”

第六，大义凛然，爱国并不后人。

任巡防营管带的时候，张作霖驻防新民府，新民府距离奉天省城六十多公里，当时铁路修到了新民府，新民府很发达，离省城近。“铁路一通，什么新玩意都来了，妓女、‘洋茄子’都来了，日本兵也来了。新民府驻了一帮日本兵。”

> 有一回，我父亲管的兵去玩妓女，日本兵也去玩妓女，双方打起来了，我父亲的兵被日本兵打死了两个，我父亲不干了，非叫日本人偿命不可。这事儿一直闹到官府，由官府出面来解决，结案的时候，一个兵给赔了五百两银子。我父亲一听火了，一条人命就值五百两银子，我们中国人的命也太不值钱了吧。过了三天，我父亲的兵打死了三个日本人，官府来人了，我父亲说：“一条人命五百，这是你们定的规矩，我照章办事，三条人命，我拿出一千五百两银子，这事儿不就结了嘛！”
>
> 日本人不干啊，这事闹得越来越大，不好收场了。正赶上这个时候，蒙匪起来了，那时候叫蒙匪，实际是蒙古叛乱。上头就把我父亲的部队调离了新民府，让他驻防辽源（1907 年）。

谈到日本人炸死他父亲这段，他说：“北伐军渡过长江，一路向北袭来，阎锡山见风转舵，向我大举进攻，北京政府危在旦夕之际，日本政府乘人之危，向我父亲要求满蒙五大铁路权益。我父亲盛怒之下，对前来索要权益的日本公使恶言相加。”

日本为什么他要炸死我父亲，第一个，我父亲脾气很暴很暴的，他们来办最后交涉的时候，不是为出关的事交涉，是为了满蒙五大铁路。日本要在东北修五条铁路，要往内蒙那边修。日本要去的那个地方，那是东北当时很富庶的地方，不仅矿产很多，还是东北最大的粮仓。日本要把铁路伸到北满，也就是内蒙和黑龙江，意图很明显，用铁路控制整个东北。我父亲把那日本公使芳泽给骂了，因为铁路问题跟芳泽发生了激烈冲突，我父亲故意给他难堪，给他骂了，骂得很凶。具体骂的什么，我不知道，反正是很不客气的话，就是揭露日本干涉中国内政。那时除了交涉铁路，还有什么交涉的事，我现在都记不太清楚了。这是一个原因，第二原因，我判断，日本那些少壮派，感觉我父亲不听话，不给日本做傀儡，再怎么威胁利诱也没什么希望了。因此，他们对我父亲下了死手。①

---

① 逼签这段历史有许多版本，我们认为当时一直在场的日文翻译陈庆云的回忆比较可信。陈庆云回忆：1928 年 5 月上旬的一天，芳泽到中南海见张，寒暄后，芳泽对张说，今天谈一件秘密的事情，不用翻译。两人密谈结束，又让陈庆云回到客厅，翻译道别的话。陈看见张手中拿着一份文件。芳泽走后，张将文件锁在了抽屉里。5 月 17 日深夜，芳泽来中南海，逼张签字。先是诱惑，说："如果你在文件上签了字，日本可以设法阻止北伐军渡过黄河。"张斜眼看一下芳泽，语调和缓地说："这是我们家里的事，就不劳邻居费心了，谢谢贵国好意。"芳泽轻蔑地说："你们打得过北伐军吗?"张作霖不紧不慢地回答："打不过，我们可以退回关外。""恐怕未必回得去吧!"张作霖反问："关外是我们的老家，想回去抬身就走，有什么回不去!"芳泽有点恼羞成怒，开始挑衅："张宗昌的兵在济南杀死日本侨民的事你知道不知道。"张作霖仍然和颜悦色："到现在还没有接到报告。"芳泽提高嗓门："张宗昌是你的部下，你对此事应负一切责任。"话音未落，张作霖从椅子上"噌"地站起来，把手里的翡翠嘴旱烟袋猛地往地上一摔，立马断成两截，张冲着芳泽怒吼："此事一无报告，二无调查，叫我负责，他妈拉个巴子的，岂有此理!"说完撇下芳泽，离开客厅，两人三个多小时的唇枪舌剑不欢而散，"毫无结果"。6 月 2 日，芳泽又来电话催问，张让陈庆云回话，让他明天下午 5 点来取。第二天（6 月 3 日）芳泽提前半小时就来了。张作霖告诉陈庆云把他安排到他的办公室对过客厅等候。陈陪着芳泽静静等候，芳泽不时看一下张作霖办公室的门。门一直没开，突然传来张作霖的骂声："日本人不够朋友，竟在人家危机的时候，掐脖子要好处。我张作霖最讨厌这一套！我是东北人，东北是我的家乡，祖宗坟墓所在地。我不能出卖东北，以免后代骂我张作霖是卖国贼。我什么也不怕，我这个臭皮囊早就不打算要了!"芳泽在客厅里听得清清楚楚，急得团团转。过一会儿，门开了，张作霖人没出来，向陈庆云打个手势，陈庆云跑过去，张作霖从抽屉里拿出一叠文件，**（转下页注）**

重大历史事件如同政治地震，我们看到的就是房倒屋塌，但房倒屋塌的下面是地球内部的矛盾运动。如果把“皇姑屯事件”比作一场地震的话，它是由东京、南京、北京三大政治板块互相碰撞、挤压的结果。

引发“三京板块”碰撞的直接原因我们可以追溯到1927年的“三京换主”。

1927年4月18日，蒋介石在南京另立政府，成为国民政府的主人；两天后，田中义一在东京上台，成为日本第26任首相；6月18日，张作霖在北京上台，就任中华民国北洋政府的第八任总统。

三大政治板块的新主人上台后各自开了一次重要会议，决定了板块运动的方向。

1927年6至7月，田中在东京、大连主持东方会议，提出“满蒙积极政策”，和今天安倍晋三的“积极和平政策”如出一辙，安倍的积极和平是积极破坏和平，田中义一的积极满蒙是加速侵略满蒙，兵锋直指“满蒙王”张作霖，用河本大作的解读就是，张作霖如果答应日本的要求，就让他多活几天，如果不答应，就立即把他干掉。

1928年2月，蒋介石在南京主持国民党二届四中全会，整合了国内政治力量，将冯玉祥、阎锡山、李宗仁军事集团收在麾下，并组成四个集团军合力北伐，矛头也直指张作霖。中日两国两大政治板块一齐向张作霖施行外交、军事挤压，张作霖就成了板块碰撞中最脆弱的那一块。

在和日本的外交较量中，张作霖被日本人逼到了死角，在和北伐军的军事对抗中，被撞向了穷途末路，这种情况下张作霖于1928年5月30日，在北京召开紧急高层会议，决定总退却。最善于趁火打劫的日本强盗抓住了张作霖被南军打得无路可走的机会，开始落井下石。

有人说炸死张作霖是少数日本关东军擅自所为，我们看一看张作霖顾问町野武马和日本首相田中义一的对话，我们就知道了。

町野武马回忆：“1927年4月，田中内阁成立时，田中请我去并对我说，‘这次出来组阁，主要是想解决中国问题。亦即处理满洲的问题。满洲

（接上页注）叫陈庆云交给芳泽。芳泽也可能是被骂晕头了，接过文件放在包里，挟包就走。回到公使馆一看，傻眼了，张作霖在文件上只写了一个“阅”字，既无签名，也无盖章。拿起电话急忙询问，被告知，张作霖已经回奉天了。芳泽这才知道上当了。

是日本的生命线，如果保持满洲的现状，国内会有许多意见，我无法应付下去。若是将爆发战争，但我不希望有战争。不过不得已时，恐怕会发生战争。’我说：‘要用战争解决满洲问题是轻而易举的。换句话说，要在银座强奸一个芳龄美女是很容易的，但万一大哥来干涉的时候，你要怎么办?’‘我想没什么办法。’田中答说：‘如果能够谈成索伦铁路、吉会铁路、长哈铁路和联络中东、吉会二线，一共五条铁路的话，日本方面我可以负责。这样就不会有战争。问题是能不能办得到。‘如果办不到会怎样?’‘战争。’”

日本学者伊原泽周评论说：“其实，日本对张作霖，只是希望他能像日俄战争后那样，为日本‘鞠躬尽瘁’，即使后来张作霖成了‘东北王’，日本也希望他能做个‘儿皇帝’。这样，日本可以通过张作霖独霸满洲，以摆脱华盛顿会议所规定的门户开放、利益均等的束缚。但张作霖不愿寄人篱下，企图做唯我独尊的国家元首，这又是日本当局绝不能容忍的”。这就是日本炸死张作霖的主要原因和大致脉络。

3. 人物“活”，“活”在性格与人格

在现实的生活中，大概人人都有这样的体会，有性格的人总是容易被人过目不忘。因为性格是人性决定的人格，它是人的行为方式、形体特征、情感特点、精神境界、认知能力、人生态度等较稳定的人格外现，是构成一个人个性的核心部分，最能反映人与人之间的个性差异。既然性格是具体的人格的外现、个性的核心，那么，我们欲复活历史人物，首先也应该从性格入手，复活他的性格。

东方古语说：“积行成习，积习成性，积性成命”，意思是说“性格决定命运”；西方也有类似的说法：“播下一个行为，收获一种习惯；播下一种习惯，收获一种性格；播下一种性格，收获一种命运。”可见，东西方对性格的看法都是一样的，人的行为、习惯决定了人的性格，性格又决定着人生的结果，如果把性格复活了，整个人也就“活”了。

在这方面，张学良为我们复活历史人物做了成功的尝试。

郭松龄自己给自己下过八个字的考语：鲁莽、饕餮、跋扈、亲权。“那他真是这样。”“看人专盯着一些碎米糟糠的小事儿，他对我父亲也是这样。他没当上督军，对我父亲很不高兴，……郭松龄这个人呢，虽然是个男人，但心胸有点像女人，甚至不如好女人，嫉妒得很，气量窄呀。”

那时候奉天分派，主要是元老派、士官派和陆大派。郭松龄是陆大派的头儿，杨宇霆是士官派的头儿。郭松龄和杨宇霆之间互相猜疑、忌恨。“有一件事情，我非常看不起他（郭松龄）。只因为一句什么话，好像大家谈话的时候，姜登选开玩笑说，这个郭松龄啊，都是汉卿给宠的，我要是汉卿，早把他枪毙了。一个人把这句话传出来了，这话七拐八拐，就传到郭松龄耳朵里了。‘你把我枪毙，你看着，总有一天，我先把你枪毙了。’一句话，还不知道有没有影，郭松龄就气成这样。后来，这个姜登选呢，真到他手里了。郭松龄倒戈前几天，姜登选坐火车从安徽回奉天，路过滦州火车站时，郭松龄派人把他截住了，从火车上骗下来就把他扣押了。发动倒戈的当天（1925 年 11 月 25 日），郭松龄下令把他枪毙了。[①]没什么理由，就因为一句没影的话，下个条子就把姜登选枪毙了。姜登选那可是一省的督办啊！正因为如此，处理郭松龄时，我就不能替他求情了，不但他叛变（指 1925 年反奉），必须处死刑，他无故枪毙姜登选，也是死罪呀。”

张学良认为，郭松龄倒戈，“主要是因为他心眼太小，他失败，也是因为他平时心胸不够开阔，不宽容人，积怨太多。”

从性格入手分析军人胜败原因，确实是张学良的一大特色。他在分析吴佩孚失败时听来栩栩如生，且不乏深刻。“我刚带兵的时候，是很年轻，我的部下也有管我叫黄嘴丫子团长的，他们叫有一种感情在里面，说我小。比如我那个兵跟我开玩笑，管我叫黄嘴丫子团长，就是我的第二营营长，是当年我爸爸的号兵，我小孩时候他抱过我。吴佩孚管我叫黄口孺子[②]，那

---

① 姜登选之死：郭松龄在滦州筹划举兵返奉之时，正赶上安徽督军姜登选被逐。1925 年 11 月 22 日，姜乘专列自安徽返奉，途经直隶滦州车站时，郭派人登车见姜，佯称：“郭军长现患感冒甚重，不能亲来迎接督办，但希望与督办晤面。”姜说：“茂宸患病，我可到他那里看看。”姜下车即被扣押。郭发动反奉当夜，卫士奉郭之命，以送姜到城里为名，将姜押上汽车，当汽车行至一段沙滩路时，卫士诡称路不好走，请督办下车走几步，等姜下车刚走几步，卫士从背后开枪，将姜打死。姜为人平和，易于共事，郭杀姜登选，大失人心。

② 黄口孺子，此处含贬义。黄口、孺子，指的都是幼童。古代户役制度称小孩为黄，隋代以不满三岁的幼儿为黄，唐代以刚生的婴儿为黄。《淮南子》有“古之伐国，不杀黄口”之句。也称作“黄口小儿”。

就不同了，反映出他的自大心理。所以我不佩服吴佩孚，太轻狂，竟然管对手叫黄口孺子。我们是在打仗，我是你的对手，你这么狂妄，还能不失败?”

读张学良上述口述，容易让人想起这样几句俗语：“树活一层皮，人活一口气”。树能不能活，就看皮是否健康、完满，皮断树定枯；人能不能活，就看他的精气神，“气绝身必亡”。

历史能不能活不也是这样吗？如果把历史人物的性格特征描述得活灵活现，“精神血气，无所不具”，历史人物也就不再是冰冷的僵尸。

写史不必在任何情况下都拘泥于下述思想方法，即史笔只在历史表象上下功夫总是不够的，应当透过现象看其本质。其实，在有些情况下，一个历史学家能把有代表性的历史现象充分描述清楚，也许就够了。许多外在、表象的东西就是各种内在、本质的外现，能把外现出来的表象叙述充分、准确，就是对藏在表象背后本质的东西的一种揭示。完整地叙述某些历史现象也许比单纯的理论分析更具魅力。尤其是历史人物，他有什么样的思想、胸怀、价值观、道德水准，总会表现出来的，一切行为都是受思想支配的，有什么样的人格，就有什么样的性格。一个有坚定思想信仰、明确目标的人，他就不会表现出左右摇摆、缓心而无成，柔茹而寡断的性格；一个道德修养很差的庸人，心不存慎终之规，其口就吐不出“训格之言”，其行一定是“不知其所执”；一个把自己放在天地之间，懂得天道之高、地德之厚的人，不可能表现出目空一切、唯我独尊的表象。

史学是人学，是人文之学，人文则是文史哲的“三位一体”，那么，人文素养就成了史家必备的条件。《新华文摘》刊有台湾作家龙应台的一篇文章，文中提到人文知识和人文素养的区别，说得十分精到。她说：“知识是外在于你的东西，是材料、是工具、是可以量化的知道；必须让知识进入人的认知本体，渗透他的生活与行为，才能称之为素养。人文素养是在涉猎了文、史、哲学之后，更进一步认识到，这些人文‘学’到最后都有一个终极的关怀，对‘人’的关怀。脱离了对‘人’的关怀，你只能有人文知识，不能有人文素养。”文中对文学、史学、哲学的功能也有精彩的论述，她说文学最重要、最实质、最核心的一个作用是“使看不见的东西被看见”；史学就是让人们知道，“沙漠玫瑰”[①] 有它的特定起点，没有一个现象是孤立存在的；那么哲学，就是使你在思想的迷宫里认识星星，从而有了走出迷宫的可能。

4. 历史“死”，“死”在偏见与主观

如何复活历史？通常我们说历史学家的任务首先是复原历史，历史本来是“活”的，那衡量能不能把历史复原的标准就看能否把历史复活了。

复活历史需要史家的史才、史识和史德，按钱穆先生的观点，史才看“两贵”，即贵能分析、贵能综合。历史现象错综复杂，不分析无以知晓来龙去脉；历史无所不包，散如盘沙，不经综合，无以看其梗概因果。史识看“五见”，即能见其全，能见其大，能见其远，能见其深，能见人所不见处。见其全，需要对所述历史的史料一网打尽，了然于胸，方可窥一斑而见全豹；见其大，需要有见微知著、以小见大之工；见其远，需要视野开阔，站得高方能看得远；见其深，需要思考的功夫，还得有独到的思维方式；能见人所不见处，最难，上述四种本事俱在，还得加上拨云开雾、沙里淘金的本领。因此，有史才，不一定有史识，真有史识者鲜矣！钱穆先生讲的史德，是一种心智修养，主要是“四不”，即不抱偏见，不作武断，不凭主观，不求速达。张学良的心智修养如何，学术界褒贬不一，论及颇多，这里不作赘评。他在对待口述历史这一问题，史德水准是有一定高度的。下面按钱穆先生对史德的理解举一些例子，看一看张学良的水准究竟几何。

第一，不抱偏见。

历史的偏见以不充分或不正确的历史的信息为根据而形成的对某人、某群体或某事件的一种片面乃至错误的看法和态度。比如张学良二伯父落草为寇，后来被官府处死了。张学良说，不是的，这是胡说八道，他不仅不是什么“寇”，“寇”就是土匪，他不是土匪，他是打土匪的，也不是被官府处死的，而是打土匪时被土匪打死的。那时为了对付土匪，各地都组织保卫团，当时就叫保卫团。我二伯父就是当地保卫团的团总。我二伯父当保卫团团总的时候，当地土匪闹得很大扯，老百姓惶恐不安啊。我们那

---

① 沙漠玫瑰，生长在热带沙漠里的一种植物，具有超凡的生命力。把它拔起，它就成了形如松枝状的枯草。把它泡在水里，它会复活；从水中捞出，又会渐渐枯干如沙。过一两年，再泡在水里，它又会复活。

个地方几县交界，一般这样的地方治安都不好，坏人作案一般都不在家跟前儿，都是跑到别的地方，抢了就跑，尤其是几县交界的地方，“三不管”，干了坏事也难抓。所以我们那个地方土匪特别猖獗。有一次，土匪进入我二伯父负责的地盘，当时只有三四个土匪，从他负责的那个村子路过，老百姓向他报告，我二伯父很负责任啊，他立即组织人去打土匪，在追剿土匪的路上被土匪打死了。

第二，不作武断。

判断一个人不能武断，要把他对历史的功劳和过错分开来谈。“我佩服汪精卫两样：嘴和手。汪精卫口才真好，用东北话说，那真能把灵繁的说瘸了，能把枝棱的说茶了。文章写的也好，孙中山先生大概不怎么擅长文字，因为他是医生，那汪精卫不同，中文好，哪儿念的书我不知道。提到写文章，我认为，也应该写写汪精卫的老婆陈璧君①，陈璧君也是革命党啊。汪精卫决心要刺杀摄政王，这陈璧君听见了，她说：好，你明天刺杀摄政王，要死了，我没有旁的送给你，我今晚陪陪你。她当初和汪精卫不认识，就搁这儿，后来汪精卫就和她到一起了。这个女人够革命党的资格，应该也写写她。”

第三，不凭主观。

1986 年，西安事变 50 周年前后，张学良和他的晚辈们有一次谈话，当时的谈话录音，辗转到张学良部将吕正操秘书张友坤先生手里，张友坤先生将其整理成文，以“海峡两岸大披露——张学良口述历史”为题，发表于 2001 年 12 月 6 日《南方周末》。文中第一个小标题就是历史观。张学良说：“历史是怎么形成的？什么人有什么人的历史观。比如说，共产党有共产党的历史观，搞哲学的人有他们的历史观，希腊人有希腊人的历史观，中国人有中国人的历史传统，有中国人历史观。我们基督徒有我们基督徒的历史观。”

他接着说，在共产党看来，历史是无产阶级创造的，这是共产党的历史观；在中国传统历史观影响下，中国历史被写成皇帝老爷的家谱。张学良认为历史观是多元的，只有了解了不同团体、不同时代形成的不同历史观，才能把握历史的真实。

---

① 陈璧君（1891—1959），字冰如，祖籍广东新会，出生于马来西亚，南洋巨富陈耕基之女。在日本加入同盟会。1910 年协助汪精卫在北京密谋暗杀清廷摄政王载沣。1912 年与汪精卫在上海结婚。

第四，不求速达。

张学良研究明史十几年，写了不少读书笔记；张学良研究基督教，上美国函授学习了19年；他做口述历史，如果从1986年第一次和晚辈口述算起，他做了近10年，每一件事情都花费了大量的精力，做了很长时间，但他仍认为自己没做好。这就是不求速达的精神。

读了张学良的口述历史，可能不少读者会和我有同样的感觉，历史原本是丰富多彩的，人们觉得历史严肃、刻板，不是历史本身如此，而是因为撰写历史的人更多地关注历史本身，忽略了语言表达方式，张学良却将历史更生动地表达出来。读其他人写张学良的文字不如读张学良口述来得更直观、生动。听过张学良口述录音和看过张学良口述视频的人可能会有这样的体会，读张学良留下的文字不如听他的口述录音，听他的口述录音不如看他的口述视频。张学良留下的文字多为讲话、电报、日记、书信，虽然零碎，语言很简洁，但不乏深刻；张学良留下的口述录音共有100多盘录音带，虽然很长，拉拉扯扯，一会儿说东一会儿说西，但只要是想了解这段历史的人都不愿意拒听，因为录音里讲了许多历史细节是其他文献和回忆录所没有的；看张学良的口述视频更有助于对张学良的历史复原，看视频除了能享受到口述录音对文献的补充作用，更难得的是，可以领略张学良的激情，可以通过视频再现张学良本人的风采。

历史的复原与再现需要多种方式、多种材料，这恐怕是张学良做口述历史的原因之一，这也是他对历史的理解。

四、谁都可以写，但不是谁写了都算

历史好像一座山，看的人打这面看，打那面看，在山底下看，在空中看，人们所看到的是不一样的。各人用各人的眼睛看历史，各人照各人的观念理解问题，你站的角度不同，看到的不可能一样。张学良说：比方说李敖①，他是东北人，是我的同乡，他就骂我，说你对蒋先生应该大骂他一

---

① 李敖，1935年生，曾就读台湾大学历史研究所，担任过东吴大学历史系教授、台湾“立法委员”。著作等身，有《蒋介石研究》（6集）、《蒋介石评传》（上下）等，2000年获诺贝尔文学奖提名。

顿，怎么你还恭维他？他骂我是贱骨头，那这是他看的。那其他人，蒋先生，蒋先生的那些学生，还会有不同的看法。

1. 写历史不能有私心

最难的就是写东西，写东西最难的是摆脱自己的私心。如果抱着对历史负责的态度去写东西，真正站在客观的地位上写东西，那不容易。写东西的人都带着他自己的眼镜，那人家对这事情怎么看，他不大理会的。他带红眼镜写出来就是红的，他带绿眼镜写出来的就是绿的。即使你说是你站在客观的地位上了，但你也总有你的主观思想在里边。“过去我常常教训我的部下，我跟他们说，我说你决定一件事情，你不要想这件事与你怎么样，即使你不想这件事与你怎么样，你决定的这件事也不会把你自己丢掉的。你决定这件事的时候，你要是再想对你自己怎么样，那就不得了了，那就糟糕了。”

写历史和做事情一样，“你决定事情之前，你要把自己的利益丢开，不要想这么办，我可能倒霉；那么办，对我才有利，这样你就会真倒霉了。你把自己的利益看得过重，你肯定办不好这事情，办不好，你的主官不惩罚你吗？假使你尽量克制自私的心理，你做出的决定也有自私的成分，只不过你自己并不以为这是自私而已，你要一点不克制，那还得了哇！写历史也是这样，如果你有私心，即便你写出来了，也是爬到柳树上去摘樱桃——白忙活。没有人相信你那东西，你写也是白写。

耶稣有一句话，一针见血呀，“你要做我的门徒，你就舍己”。你别打你自己的算盘。说舍己，谁舍己了？没人舍己，就耶稣自己舍己。彼拉多不舍己，他决定事情之前，就怕自己倒霉，怕自己要是同情耶稣，罗马政府就要撤他的差，他怕丢掉总督的官位，所以把耶稣杀了。他杀了耶稣，他没倒霉吗？他怕丢官杀了耶稣，最后不仅官丢了，命都没了，放火自杀。现在还在倒霉，全世界都在骂他，倒大霉啦。

2. 当事人说历史，怎么说都是史料

“就是我口述的历史，也只是一种为未来研究这段历史留下点资料。这历史你可以说，但当事人说的不一定就是历史。你自己造历史是造不了的，后人的眼睛是雪亮的。所以是盖棺论定。”

当事人说历史，怎么说都是史料。

但有一条，说的时候你不能骗人。你可以不说，比如NHK来访问，我跟他谈了三天。访问我的那个记者在日本新闻界挺有地位的，我跟他说，你问什么，我说什么，我一点儿也不忌讳。可他问我西安事变，我说那个事我知道，但你问我怎么回事，我不能说，我不会告诉你。我这个人就是这样，不能说的，不说，能说的，我全说，说出来的，就不是假话。

张学良自己认为，他唯一的长处是不作伪，不说假话。“你可以去查，看我说的话，没有前后矛盾的时候。我不鬼鬼祟祟，我不怕人说我对不对，别人说我怎么样，我也不在乎。人家怎么批评，那是人家的批评，就是圣人，也有人批评他。别人怎么批评，那是人家的权利，你说就要说真话。不但为我自己，为旁人我也不造谣，你何必把自己造成个偶像？即便你造出来个偶像，只要有假，早晚是个泥菩萨，你站不住。假话就是假话，你骗人也只能骗一部分人，或者骗大家一会儿，不可能骗人永久。”

当然，话不实，要看他是好意的还是坏意的。“现实中的事，没办法不说点违心的话，不然会造成更恶劣的后果。”这就给后来写历史的人造成了麻烦，当事人说了假话，有可能别人难以发现，这就要求当事人要凭良心说话。“我为什么愿意把我的历史说一点，其中就有这个原因。”“比如，我有个秘书，也是我的学生，他写东西就好瞎扯，说我有一个重要的文件，救命符一样的文件，让我太太（于凤至）带到国外去了，放在国外的保险箱里，万一蒋先生对我怎么样，她就可以把它拿出来，所以，蒋先生不敢对我怎么样。哪有的事儿啊？一个事儿有一毫，他就会说十毫，他当过我的秘书，帮我管过文件，给别人的印象好像我的什么事情他都知道，实际上他说的话是扯淡，没有的事。”

有些人写东西会考虑考虑，写得实一些，有些人捕风捉影，尽在那瞎编，写历史一定得为历史负责任。“我最恨的是那些为了卖钱而胡编的人，为了赶快给报纸写点什么，就乱写一段。有人写我个人的好多事，我自己都不知道，有鼻子有眼儿的，甚至我心里怎么想的他都写出来了，我看了就发笑。”有本书写东北易帜前，说张学良派了三个人到北京去，住在六国饭店，到了北京没人搭理，是李宗仁帮助他们找了几个人。“说这段事情的人，脑子就是糊涂。头一样，那时候我们到北京去，没人去住六国饭店，房费非常贵不说，六国饭店在东交民巷里，干了坏事要避难的人才去住六国饭店。说这话的人，就没弄明白六国饭店是怎么回事。所以我说写书的人，不管他是谁，不能听说一点事儿，就在那添油加醋。另外，李宗仁就不是这样一个人。我的问题是不是说李宗仁，李宗仁这人很和气、很好的一个人，我们要注意谁写的这玩意儿?”

张学良很注意保存资料，他过去与别人的通信，都是一些重要人物的信件，都粘在一个本子上。“我记得，一个是蒋先生给我写的信，一个是陈仪给我写的信，留着很有意思，还有孔祥熙的，这都是他们的亲笔信，我自个儿保存的，大概很有历史价值。我的宝贝东西有的是，我都扔了好多了。”

他同意把这些东西送给哥伦比亚大学，但不同意经过美国大使馆，他担心一经过他们的手，就曝光了，他不愿意经过官方。台湾有人说，“我们要，你为什么给哥大?”他们的意思张学良明白，一是要这些东西，一是看看张学良都说的、写的什么玩意儿?“他们为什么敏感，就是怕我这里边有攻击政府的地方。现在大家都问，‘西安事变’是怎么回事？谁问我，我都不说。”张学良对吴大猷说过：“我不能‘一女两聘’，你早跟我说啊，我已经答应人家了，不能再给你。”他好像说：“你为什么不给我们，给了外国人?”张学良说：“你早说啊，你没跟我接头过这个事呀！我已经答应人家，我不能说再给你呀。”张学良对张之丙说，他的那些东西可以给哥大，可以叫“张学良将军留存的物品”，意思就是张学良自己所有的，但不同意叫张学良元帅。“我对这些东西的权利我需要强调，一是2002年公开；二是不能什么人都随便引用我的东西，更不能断章取义。这些东西放在哥大，可以给人家看，但我不希望搞什么展览。像你（张之丙）说的搞《张学良将军留存文物》纪念册，我也不愿意这样做。我就这点要求，其它条件没有。”

3. 要说咱就说真话

张学良口述历史的原则是，要说咱就说真话，说真实的，不骗人，“我这人性情就这样。我这人的原则跟其他人不同，什么事我也不在乎，那件事就是那样，我一点不在乎。我也不愿掩饰，我这人从来是这样的。换句话，我自己能够做事情的时候我就这个样，我认为这事不可对人言，我绝不做，说人家的事儿也是这样，他都做了，有什么不可以说呢，我们追求的就是真实嘛。”

“我做口述和我原来写东西的原则一样，一共分三种：一种是我耳朵听见的，旁人说的，真假我不知道，这句话不用解释；一个是我亲眼看见的；一个是我亲身经历过的。我不主张我做的事情不可以说，人家做的事情我也不主张不可以说。那事是他做的嘛，是我看见的，那我说他也不为错。”

“我的口述历史和顾维钧的不一样，顾维钧跟我完全不同，我们当军人的，干我们这个玩意儿的，简单明了。比方说，我父亲，什么事都简单明了，我和他比还算比较有点忍耐性。如果有人说话像一般人说那么多，他早就拍桌子了。当头儿的，和当副职的不同，给人家当副职，就得想得周密，那他才能给人当辅佐。当头儿的人只想我就要这么办。像当年，我答应一件事，做不做？责任太大了。一句话下去，也许多少人因为这句话就死在这里头了。我说做人不容易，我再也不想干这个玩意儿了。”

4. 历史不是谁写出来就算的

张学良说，历史上的事情，不只是说中华民国了，包括历史上历朝历代，当朝人写当朝的东西都不足为凭。比如说，每一个皇帝活着的时候，都有他的历史，那他的历史得需要后人研究，历史不是谁写出来就算的。

不真实的历史，写出来也是白写，它有可能被推翻，也有可能引起争论，但不能因为这些就不写。张学良说，听说日本人写的教材，把侵略中国的事情完全改观了，他们内部还在争论。就这一点，我想日本人比我们中国人还强一点，他们还争论，中国连争论都不争论了，因为不写呀，写了准争论。不管日本见解如何，他还有人把他的见解拿出来。

“我口述的历史，对于研究历史能有多大帮助，我不管，我只管说，先把我认为是真实的东西留在那。至于别人说什么，是真是假，后人会去考察，也能考察得出来。但你不能说你说的话都是对的，对不对，人家要拿事实去考证。”

中国过去的历史有多少是完全客观的？这个东西很难判断。看历史一定要考察这历史是谁修的？是怎么修出来的？这很重要。“我举个例子，《清史稿》，大概差不多给烧了吧，因为书里骂孙中山是叛国贼。我们看这个《清史稿》，就要搞清楚它是民国时修的，还是清朝时修的？修这部书的人都是谁？他们在历史上是怎么回事？他们与清朝是什么关系？与民国是什么关系？他们是向着清朝的人？还是反对民国、反对国民党的人？这些事情你不搞清楚，你就抱着《清史稿》在那读，在那引用，再根据它在那写历史，这样的历史还能客观吗？还有价值吗？”所以，张学良认为，书是不可不看，关键是看书不要为书所迷。“我为什么经常提，尽信书则不如无书这句话？你拿着一本东西在那看，你先要看这是谁写的？他写这玩意儿是为了什么？他的背景是什么？搞清了这些，你再看书，才有可能对所看的书做出正确的论断。不过，搞清这些是很难的。”

有些记载，你只从文字上理解，他怎么写，你怎么理解，那可能闹笑话。“我说个小故事，那时候，河南督军叫赵倜，别号叫赵周人①。他呀，是一个私塾出身的青年，因为那时候有一个土匪叫白狼②，白狼把个中原搅得鸡犬不宁，四邻不安，各省都预备剿白狼，就赵周人给白狼抓住了，杀了。赵周人就当上了河南督军，他原来地位不高的，就是因为剿白狼，他起来了。北京督军团开会的时候，他已经是河南督军，可他不愿意出席！什么原因呢？出席会议的人啊，要讨论好多事情，他怕担负什么责任，总而言之，他不愿意出席。于是他自己打了一个电报，请假。赵倜原来是毅军的，是姜桂题③的部下，姜桂题是都统，但他就想当督军，可就是没有督军给他当。他的部下就是赵周人。赵周人这个电报写得很有意思：‘赵督军因病故不能出席。’他自己写的，意思是‘赵督军因有病的缘故，所以不能出席，’他这是托词。这个电报到了北京，北京就有人说赵周人死了，因病

① 赵倜（1871—1933），字周人，河南汝南人。袁世凯时期署河北镇总兵，后入河南追剿白狼起义，因功授河南督军。直皖战争期间，同奉直反皖。第一次奉直战争后，投靠奉张，任顾问。

② 白狼，亦称白郎，河南宝丰人。1912年在鄂豫皖组织农民武装起义，最盛时队伍发展到几万人。1914年提出“逐走袁世凯”，严惩外国传教士，捣毁洋行等口号。袁世凯实行“四省会剿”，起义失败。

③ 姜桂题（1843—1922），字翰卿，安徽亳州人。清同治年间，毅军将领宋庆以其作战勇敢，招至麾下，后任毅军统帅。曾和张作霖一同调停直皖之争。

而故。这个旁人倒没怎么注意，那个姜桂题听见了，他就想当督军啊，于是，就坐车去了河南。一到河南，傻眼了。他对赵周人说：‘人家说你死了，你还没有死啊？’这是真事儿。北京督军团会议，一查就能查出来了。所以写历史一定要认真考察。”

这件事就告诉我们，研究历史是得依靠文献记载，那你文字功夫也得好，不然也会出笑话。那电报应该是可靠的了，你断句断错了，意思整个就反了。

五、尽信书不如无书

“尽信书不如无书”，张学良在对哥伦亚大学口述历史时多次提到这句话，综合观之，这是他历史观中一个较有特点的观点之一。

“尽信书不如无书”这句话最早出自《孟子》，孟子说：我们在读《尚书》时，如果完全相信书中所言，那就不如没有《尚书》啦。孟子举例说：“我对《尚书》中的《武成》篇，只不过采用其中两三段文字罢了。仁德之人天下没有敌手，以周武王这样天下最仁爱的贤君去讨伐纣王那样最不仁爱的暴君，又怎么会发生血流成河，连舂米的大木棒都给漂走的事情呢？”①

孟子的这段话是读《尚书》时的感慨，而且把读书不可尽信的理由说得很清楚。孟子认为，对于孔子整理过的经典著作，尚且不可尽信，何况其他？于是，后世将此话浓缩成“尽信书不如无书”，以此提醒人们读书不可盲从。

张学良引用这句话的用意也是如此，提醒读史不可轻信。他提出：（1）有的书引用的史料本身就是假的，用假的史料写成的史书，自然不足信；（2）有些史书是当事人、当时人写的，当朝人修不了当朝史，历史只待后人评；（3）有些书观点有问题，“成者王侯，败者贼”，他主张历史不应该以成败论英雄；（4）“尽信书不如无书”，不是提倡不看书，正好相反，应该多看书，“历史总还有一个真实性”在里边，看多了，真实性就出来了，不能搞历史虚无主义；（5）外国人写不了中国史。

---

①《孟子》原文为：“尽信《书》，则不如无《书》。吾于《武成》，取二三策而已矣。仁人无敌于天下，以至仁伐至不仁，而何其血之流杵也？”

1. 假作真时真亦假

张学良研究历史感到“费劲”、难懂的时候，他经常会想：“这个事情它怎么会那个样子呢？不可能的吧？”

如何考证真假，张学良提倡不要只信正史或一种史料，要注重私人记载，采取旁敲侧击的方法进行考证。为求真实，要敢于以“私”正“公”，以“野”正“正”。

“你比方说，我是研究明史的，明永乐这段故事，永乐这是一个非常坏的一个人呐，在我看法。那好多历史上，他写得不对呀。那么怎么才能看出来？那么有个旁敲的方法，看旁人记载，那他这个人很不好，很不忠，那甚至于明太祖的儿子到底怎么死的都很难说。不知道。中国的历史上，有私人的信件啊什么，看出一点来，旁的很难看出来。”“史家自然不会瞎眼的。你到底是怎么个人，大多数人会看清楚的。”

文献档案也有假的，当事人会一眼接穿，但对其他人来说，难度就大了。比如，很多人撰写文章，谈读蒋介石“对张杨训词”有感，并以此为依据，大谈蒋介石的人格伟大。张学良口述历史中专门谈到“训词”的真伪问题。

采访者问：“有人说是陈布雷后来改的。”张学良说：“那可能。陈布雷是他的秘书。”采访者从书中找到蒋介石《对张杨训词》原文，指给张学良说：“您看，从109页一直到115页，我给您拿机关枪式的速度来阅读一下。”张学良说：当时在机场，马上要上飞机了，“顶多说了三分钟的话”，怎么冒出这么长的一篇文章？你说没说这么长时间的话，“人家会算得出来的。”①

> 我们做事，要以良心为准则，良心认为应该做的便一定去做，成败得失，非所应计。纵使做得没有结果，受人非难，然清夜自思，尚不致受良心的责备。②

---

① 1936年12月25日，蒋介石从西安上飞机前，对张杨说了一些话，后来把这段话起名叫“蒋委员长对张杨的训词”，发表在12月27日的《中央日报》上。

② 张学良：《行政要义在一秉至诚造福民众》1935年3月4日，武汉，《武汉日报》1935年3月11日。

当一个人受良心责备的时候，比任何惩创都要苦痛。①

2. 历史只待后人评

张学良认为评价历史这个事很难，所以，历史只有后人评。就是对“历史只有后人评”这句话，也有一个如何理解的问题，这后人，也不是说几十年的后人，有的事情，恐怕得由几百年的后人来评。他举例说：“最近斯大林被推翻了，列宁也被推翻了，苏联的整个共产党都没有了，这怎么评价？历史这个事情很难说。”

历史评价问题，主要也是如何做到客观的问题。这也不单说是历史，历史当然更重要了。无论观察一件什么事，能不能够真正站在客观的地位上来观察，这是最重要的。

3. 历史不以成败论英雄

有些史书只以成败论英雄，这是不客观的。

他举太平天国的例子，提醒人们读史时应该注意到，有些史书是受“成者王侯，败者贼”的观念写出来的，阅读时要独立思考。

咱们都说长毛②啊，其实长毛是很了不起的，我个人认为实在是很可以。不单是可以，很开明，很维新啊。它有个女状元③，叫什么名字，如果她成功了，那中国……洪秀全有一个哥哥还是弟弟叫洪仁玕，他写一篇东西，哎呀，那写得好，那科学的脑筋非常高啊，那时候就预备办电报这些玩意儿。

因为他失败了，就败者为寇了。

他们自己后来争权、内讧了，他可以成功，本来已经到了南京，到了北方了，成功了，结果内讧了。

因为他失败了，就说他妖言惑众什么的，这是不对的。

---

① 张学良：《在汉口市第五届市民与第一届中等学校联合运动大会上的讲话》1935年10月28日，武汉，《武汉日报》1935年10月28日。

② 长毛，即太平军。太平军恢复汉民族蓄发不剃的习俗，以对抗清政府剃发留辫的律令，当时被称为“长毛”。

③ 傅善祥，太平天国女试状元。东王杨秀清将其选入东王府，成为其助手。对太平天国的政治、经济发展发挥了重要作用。

4. 历史总还有一个真实性

“历史总还有一个真实性在里边”，不能因为史书记载有些错误，就走向历史虚无主义。

胡适和张学良在20世纪30年代有着密切的来往，至今《胡适全集》里还存有多封致张学良的书信，《张学良文集》中也有多封致胡适的信。他对胡适治学很敬佩，但他对胡适历史中的一个观点提出批评：

> 这个谁说的话我不大承认的，胡适之他说历史是摆钱一样。
>
> 他这个说法很有意思，他说历史就像摆钱一样，摆几个大钱，一个人一个摆法。但是，我说是不对的，它历史总还有一个真实性。至于你是站在哪个立场上看，比方说，古文派，天地君亲师。我就骂我老师，那就罪大恶极了。……
>
> 各人有各人的观点。
>
> 历史的事情很难说，你是左倾的看法，共产党的思想看法，还是顽固派的看法？

5. 外国人写不了中国历史

“外国人他看表面，那件事情到底是怎样发生的？他搞不明白。”

关于郭松龄失败的原因，国外的书分析出好几条，张学良说，这都是全凭臆想，闭门造车，“纯属扯淡”。

外国人的书里说，郭松龄失败的原因主要是：

第一，郭松龄从日本回来后，觉得形势不好，马上决定，准备得不够充分，计划得不周密，太仓促。

第二，郭松龄把日本人想得太简单了，以为他让日本中立，日本就会听他话，结果日本没中立。

第三，郭认为，冯玉祥和李景林会帮助他，因为已经订立了三角同盟，结果三角同盟的那两个人都没践约。

再有，他把东北军的名字改了，改为国民军了，他以为这样好像是迎合了冯玉祥的心理，但他没想到日本人最怕冯玉祥。所以日本没支持他，他失败了。

张学良说：“这个分析一点不合理，这完全是外国人的主观看法，缺乏事实依据，我的分析不这样。这件事与日本人没关系，郭松龄他也没把东北军改名，也没叫国民军，他的失败与他计划周密不周密、发动仓促不仓促更没关系，他再计划几天，这事他可能连发动都发动不起来了，多亏他仓促，下边还没反应过来，他才能走到巨流河。不然，谁跟着他呀？就因为仓促，他才蒙了一些人。所以呀，我说外国人根本分析不了中国的事。"

张学良认为，郭松龄失败，没有那么复杂，也没有那么多条，就一条，"他跟我对敌。"这才是主要的。开始跟着郭松龄走的那些人都没想到这事是跟张学良对敌，那些人是张学良的部下，他们是服从张学良的，郭松龄带着服从张学良的人跟张学良打，那不是自个儿找倒霉吗？东北军是张家军，这就是历史，这就是事实，最后怎么样？"人家明白了，谁都不接受他的命令了，那还怎么打。什么日本啊，冯玉祥啊，李景林啊，仓促啊，通通扯淡！"

"外国人不了解中国是怎么回事，他写不了中国历史，写出来也是驴唇不对马嘴。"

"郭松龄想让我代替老帅，他完全是想利用我的名义，后来大家发觉这事不对，就不打了。什么这个原因，那个原因，打仗的人不打了，才是他打败的原因。"

张学良和郭松龄的关系，跟李宗仁和白崇禧的关系有点相似，他们在一块儿合作会很有前途的。为什么呢？"我这个人吊儿郎当的，不愿意管那些鸡毛蒜皮的小事，大的事情由我来做主，小的事情他去做，他这人心细，地上掉根针他都能听到响动，这样，一粗一细，粗的管大的，细的管小的，多好？我们在一起合作是很好很好的。起初，我们合作得很好，后来他不合作了！这天底下事情也是该着。一个是，他这个人脾气不好，以前我说过了，一个大男人，长个女人的心眼，心胸太不够开阔。这与他出身低微可能有点关系，他把小事儿太当回事儿。二一个，也是要紧的，就是他身边围着一帮像齐世英这样的人，势利小人呐。郭松龄之变是齐世英这帮人鼓动起来的。问题的关键在这儿。他们这些人就想出头，他们怎么出头？地位、人脉、能力都不行，只有郭松龄出头了，他们才能跟着他出头。齐世英过去他就反对我，他是支持国民党的，这也是国民党利用齐世英来反对东北。"

这些个事儿，外国人怎能搞得懂？外国分析那么多条，就一条算贴点边儿，就是郭松龄干事仓促，急呀。郭松龄自己也说，脾气使然。

六、若问山下路，请问过来人

中国共产党已经走过了九十多年的风雨历程，站在今天的时间点上，回望这九十多年，值得总结、回忆、探讨和深思的事情，可谓数不胜数，但有一个话题，长期以来海内外政界和学术界聚论不已，这就是：当年国民党为什么打不过共产党？

近年来，笔者在整理张学良口述史料过程中发现，张学良围绕这一话题从国共两党比较的角度谈了许多看法，比许多人谈得具体、生动、深刻，从中可以看出国民党和共产党的各自特点。

张学良虽然说自己的生命到36岁就结束了，但他从1925年认识孙中山起，就开始和国民党打交道；从1934年任豫鄂皖“剿匪”副总司令开始，就和共产党打仗，对共产党和国民党的军队都有较深的了解。他和国共两党领袖人物也都有过较深的交往，支持过蒋介石也扣押过蒋介石，又和周恩来亲密接触过，直到晚年敬佩之情仍难以磨灭。正因张学良具有不同常人的经历和地位，决定他谈国民党为什么打不过共产党，有其特殊的价值和重要意义。

1. 国民党缺乏信仰，共产党甚至每个兵完全是一个思想——共产主义

历史证明，一个信仰坚定的党，一定有一个共同的目标和统一的思想，共同的目标使四面八方的人走到一起，统一的思想使走到一起的人从此不再分开，而且使更多的人不断地被影响、吸纳，从而使这个党由小变大，由弱变强。而一个没有共同目标和缺乏统一信仰的政党终究是没有前途的，它会使已经走到一起的人散向四面八方，即使它暂时是强大的，也会因共同目标的模糊和信仰的不统一而由大变小，由强变弱。张学良在分析国民党打不过共产党的原因时，对此有着深刻的论述。

一是国民党没有“中心思想”，缺乏统一的信仰。他说国民党“打不过共产党的原因，也就是没有中心思想”。国民党虽一直高唱信仰三民主义，也向他的党员采取各种方法灌输，而张学良认为：“所谓信仰是从内心发出来的，属于自个儿的……信仰不是旁人给你加上的。”只靠硬性灌输是不能

使党员树立起信仰的。“那三民主义，真正的三民主义到底是怎么回事？我可以说多数人不知道。背总理遗嘱，就在那儿背，他的真正彻底的意思在什么地方？谁也没有深刻地研究。”就像“中国的老太婆子，整天嘟嘟囔囔‘阿弥陀佛’，你问她‘阿弥陀佛’什么意思，她不知道”。

二是没有国家思想。国民党的军队没有中心思想，那它靠什么来维系呢？张学良指出，国民党的军队靠“彼此的感情”维系。“彼此的感情并不是指兵啊，是指那军官呐。兵都是招来、募来的。那勇敢点的，就是带兵的，就是军官。”“等于意气用事，你是好汉，我就跟你，你不行了，我还可以跟别人。”国民党的军队“都是自保，他投靠谁，也不是对谁倾心……换句话，有奶便是娘。谁给他奶，谁就是娘。谁拉他一把，给他俩钱，给他个官，他就跑谁那去了。今天他帮着你，明天假如那边给他拉一拉，他就跑那边去了。”“根本没有什么国家的思想。”所以国民党军队，包括中央军“都是雇佣兵，少数的人是团结的，多数人是雇佣兵，今天我可以在你这当兵，明天我也可以到别处去当兵。国民党和共产党的不同之点在这。所以我跟蒋先生讲，我们打不过他们，固然他们人少，我们人多，但他们团结，我们是个盘散沙。”

三是蒋介石的中心思想就是唯我的利益独尊。“人家批评他（蒋介石），说他是买办政治。他确实是这样，投机，就是我能利用我就利用。你要说他有没有中心思想？没有的。他的中心思想就是我，就是他自己。我怎么能得这个权益，我就得。原来我对蒋先生很尊重的，后来就不尊重了，不尊重的原因因为他是完全的自我主义。他就是唯我的利益独尊。”

与国民党正好相反的是共产党，共产党“完全是党的主义，守着党”，共产党“有目的，他相信共产主义，所以他能成功……共产党，红军，他们确实有他们的信仰，共产党信仰他的主义。信仰就是力量啊。”

张学良非常佩服红军二万五千里长征。

> 东北军在豫鄂皖的时候，就已经遭受了挫折，到了西北，又遭受挫折。我们为什么打不过他们？那所谓的二万五千里长征，几万里长征，被包围，没有吃的，那么苦，可是他还在一块，被打散了，他还回来。当然了，他的领导是共产党，没有共产党他也……那是共产党成功了。我对我的部下说，我们都是带兵的，我们问问自己，这万里

长征，你们谁能带？谁能把军队带成这个样子？带得什么情况下都跟你走，如果换成我们，还不早就把兵都带没了。

共产党能这么样统御，他有这个力量。我常常跟我的部下讨论这个事，主要是共产党，红军信仰他的主义，甚至于每一个兵，完全是一个思想——共产主义这是第一样；二一样，他们经历了万里长征，剩下的这些人哪，可以说都是精华呀。也不光是他的官，他的兵也是这样子，这可受不了！

再看看我们这种军队，就连中央的也好，都是雇佣兵，少数的人是团结的，多数人是雇佣兵，今天我可以在你这当兵，明天我也可以到别处去当兵，不同之点在这。所以我跟蒋先生讲，我们打不过他们，固然他们人少，我们人多，但他们团结，我们是一盘散沙。

红军经过二万五千里长途疲惫，还能击败东北军，是值得深思的。

2. 得民心者得天下，国民党不得民心，把老百姓逼得都当共产党了

得民心者得天下，这是千古铁律，张学良对此体会极深。他说："九一八"以后，无论是学生，还是老百姓，抗日情绪都很高哇。"有人说这是受共产党的鼓动，这话我听不明白。老百姓的抗日情绪不能说是共产党鼓动的，这得反过来说，是人民自动，共产党顺应。"

张学良认为共产党之所以能发展壮大，就是因为共产党顺应了民意，并且说到做到。

"既然大家都赞成抗日，那我共产党就去做。共产党的厉害，就是共产党能够看清这事情的趋势，知道民众往哪走，他知道了民众的意思，他就能够真正去那么做。"

张学良是个军人，一生军事生涯虽短，但他和日本打过仗，又是中国高级将领中跟苏联红军打过仗的，和其他旧军阀打得更加激烈，和国民党新军阀也交过手。他说，打了那么多的仗，胜败不论，最不值得的是和红军打仗。他晚年一回想起"剿共"战争，就感到伤心："那所谓'剿匪'，真让人伤心啊，'剿匪'的军队都实行坚壁清野，这可不是胡说八道。我是在后头，前头的军队呀，我也出去视察了，归我管嘛，我一看伤心透了，那房子都给人家烧了，坚壁清野呀！""事实用不着烧房子，为什么烧？因为烧了，军队可以占便宜，可以把好东西都拿走啊。""所以我反

对内战，那内战真是没有人性啊。连我到前线去都没有地方睡觉，房子都被烧了。”

共产党之所以越“剿”越多，就是因为国民党军队对老百姓过于残忍，将老百姓“逼上梁山”：“那时政府真叫不讲理，都是自己的人民，你怎么能把人民当成俘虏看待呢？你是中国军队，怎么能那样看待老百姓？你那不是逼着老百姓上山当共产党吗？”“那真是把老百姓逼到山上去了，逼得老百姓都当共产党了，跟共产党一块儿和我们斗争。那杂牌军没有军饷咱不说，正规军也是一样，连烧带抢啊。老百姓被逼得没办法了，只好投奔共产党，和我们对打，我承认，这是官逼民反！”

老百姓和共产党站在了一起，国民党就陷入了被动挨打的汪洋大海之中。张学良说：“‘剿匪’的事归我管之后，我去各部队巡察，那才知道，共产党真厉害呀！你一不小心，他就来袭击你了。我一个部下，带着一个营的人，让共产党给袭击了。是这样的，他出去，好像为什么事情出去考察去，看见一个老太婆在门口缝鞋呢，她是共产党的侦探、眼线。我们的军队来了，她怎么办？在那地上立有一个杆子，她那个门上有个绳子，她一拉门上的绳拴，杆子就倒下来了，共产党看到了，就知道有军队来了。”

张学良举了许多亲身经历的例子，来说明国民党军队大失民心：“我们的军队在那驻扎，一个小孩，十五六岁的小孩跑来玩儿，一边玩儿，一边他把我们的军队都数了，有多少炮，大概有多少兵，他都给你数了，然后，他跑去向共产党报告。那共产党的玩意儿可多了。”“那个刘殿华的军队，到一个地方，当地的人给他摆上酒席，放鞭炮表示欢迎，但老百姓在鞭炮里面藏着炸弹，鞭炮一响，引燃了炸弹，把刘殿华炸死了，军队首长都被老百姓炸死了呀。”

面对老百姓，国民党军队束手无策。“他们的这些玩意儿最后我们也都知道了，那你知道了也没法子呀，你没法子对付老百姓呀！你上哪儿知道谁是共产党啊？你也区分不出来呀！老百姓和共产党都一样，你怎么区分？所以你没法，你总不能看见老百姓就抓起来呀。”“多数老百姓对中央的军队，也包括我们这些军队不好，恨军队，那时候军队确实有些做得不对的地方，像坚壁清野之类的，那很多了。所以我跟蒋先生说，为什么共产党我们剿不光，就是他得民心，我们不得民心。”“中国的古书上说，天心自有民心，天听自有民听。你不得民心，那你就得等着失败。”“北方的土话说：抖起来了，是你好运气，倒霉是你自己找的。”

国民党把大陆丢了，怎么丢的？“那是自己找的。不是国民党把大陆丢了，是大陆人民不要国民党啦。简单说，国民党在大陆时，把大陆看成征服地一样，没有想到这是自己的国家，什么都要，房子、女人、钱，这帮坏蛋。真让人伤心。”

任何一件事情的成功与失败，都有它的来龙去脉。“这个问题，我现在讲，所以我跟蒋先生言语冲突，就是这个问题。我说你要想剿灭共产党，你剿灭不了他们。蒋先生不承认我这个话，我说，他们共产党怎么能这样？怎么能这样？因为咱们中国的老百姓，多数支持他。”

3. 国民政府内部的高官们只是争权夺利，他们都不是为了国家

中原大战之后，张学良被选为国民党中央委员、南京国民政府委员和国民党中央政治会议委员，但他因军务在身、下野出洋和身体等原因，较少出席会议。1935 年 11 月、12 月他出席了国民党四届六中全会、第五次全国代表大会和五届一中全会，这是他一生中在南京逗留时间最长的一段经历。在此期间，他对南京政府和国民党政治、高官素质有了较为深入的了解。他说：“我不会外交辞令。开始时我对国民政府有好感。我到南京后，大失所望，看得更多，体会更深，不满更强烈。国民政府军队的作风比老式军队还坏，政治比原来的老政客更腐败。国民政府内部只有四个字：争权夺利。他们都不是为了国家。”

张学良通过参加国民党中央委员会会议，看清了国民党中央高官们的真实面目：国民党中央开会“乱七八糟，蒋介石讲话新名词很多，但空洞得很”。

> 那时候蒋先生讲话，最爱说三个词：死干、硬干、快干。
>
> 我们不是有副对联嘛！“大委员委小委员，中委执委监委委实无聊。”
>
> “大委员委小委员”，委员本来一样的嘛。比如蒋先生是大委员啦，“……委小委员，中委，执委，监委，委实无聊”。
>
> 下边不好听了。
>
> “男干事干女干事”，这都用蒋先生的话，“死干，硬干，快干，干

得有趣”。

开会他们发言乱七八糟，大伙儿也不爱听，就尽在那做打油诗呀……

不晓得谁做的了：一生猪狗熊，两眼财权势，三是吹拍骗，四为礼义廉。

一个执政党中央开会，庸俗到如此程度，那基层如何可想而知。

张学良回忆：在南京期间，发生了中央党部事件，即汪精卫遇刺事件，这件事对张学良刺激尤深。国民党四届六中全会开幕那天（1935 年 11 月 1 日），我们开会这些人，先去中山陵谒陵，那天的气氛非常奇怪，蒋先生的一个警卫跟我有联络，他告诉我说，今天的气氛非常紧张，但他并没说有什么事儿，只提醒我要小心。他也不知道具体会发生什么事儿，就是那天的气氛非常的紧张。

开幕式完了，全体参加会议的人到外面去照相，我是站在后边那排很高的地方，张继①他们几个老先生在前排。就要照相了，大家都排好了，在那等着蒋先生。现在说起来很可笑，在后头几排的我们几个人，在那没事，等着嘛，都站在那儿，互相开玩笑。我们总爱拿吴铁城开涮，那时候年轻，在一块儿尽扯淡，开玩笑，就说吴铁城是林森的干儿子，开吴铁城的玩笑。因为吴铁城当年跟林森②在九江待过。张继先生那天穿了一件黄大呢子中山装，大伙就说，呵，你看张先生，今天怎么穿得这么漂亮，原来是等着照相啊。大家在那乱开玩笑，要不然我还没注意那是谁，就那么着，我看见了张溥泉。

那天很奇怪，蒋先生没出来，他并不是有意不出来，没出来的原因，后来我们知道，好像是因为阎锡山进到会场时大家都鼓掌，而汪精卫进来时没人鼓掌，好像这么一回事。还有呢，他跟那个秘书长叶楚伧③生气了，

① 张继（1882—1941），初名溥，字溥泉，河北沧县人。曾任国民党宣传部部长，南京国民政府中央政治会议委员兼北平分会主席。

② 林森（1868—1943），原名林天波，字子超，福建闽侯县人。武昌起义后，林森曾任九江军政府民政长（吴铁城任九江军政府总参议官兼交涉使）。时任国民政府主席。

③ 叶楚伧（1887—1946），江苏吴县人。早年参加同盟会。时任国民党中央政治会议秘书长。

骂了叶楚伧，生气了，所以没出来。就是因为他没参加照相，后来惹出了好多闲话①。

本来大家在外面等着蒋先生出来照相，等了一会儿，有人说他不来了，那大家就不等了，就开始照相。相照完了，正要离开时，枪响了。这一打枪，大家“哗”的一下子都散了。

我没跑，我在高处，在第三层上，回神一看，这人都跑没了，只剩我一个人站在那儿。往下一看，张溥泉老先生跑上去抱住一个人，抱的就是那个凶手。那个凶手也不是太厉害的那种，厉害是拿枪打人厉害，别的不厉害。后来才知道，他用的是一个左轮枪，他的枪里装了三颗子弹，也不四颗子弹。我就看那老先生抱住了那个人，那个人手里还拿着枪。哎呀！这个张溥泉怎么这么大胆子。

我就喊张溥泉，危险呀，我也不知道那刺客枪里还有没有子弹，那个时候也想不了那么多了，霎时间的事，我就冲了下去。我从前学过点武术，学过一点儿，不是学得很好，我上去对着那凶手先给他一个绊脚，啪！他就倒下了，枪也摔在了地上，张溥泉就扑到他身上，就这样，把那凶手抓到了，就这么个经过。

张溥泉我们两个抓的这个凶手，他先动的手。

后来汪精卫给我写了封信，这信可惜我丢掉了。他说：“我们两人本来意见不一样的，是对立的，但患难时你还是救了我。”

其实，我是去救张溥泉，不是去救汪精卫。我帮张溥泉擒拿凶犯，那完全是出于公义，假如一个人因小愤而忘大义，那还算一个男子汉吗？

那时候上海的《申报》报道了这个事，我忘了是怎么报的了，就记得里面有个词儿是“北方之强”。我和张溥泉两个人都是北方人嘛，张溥泉是河北的，他是文人，很粗的一个文人，我是东北的，我是军人，所以报上

---

① 蒋介石一度被怀疑为刺杀汪精卫事件的指使者。其理由是：1. 蒋汪政治上素有矛盾；2. 刺杀案发生于集体合影之时，蒋已到会场却没有参加照相，这种举动反常；3. 当时许多人写文章说，蒋闻讯赶到汪精卫被刺现场时，汪的妻子陈璧君边哭边喊：“你不要汪先生干，汪先生可以不干，为什么派人下此毒手啊？”4. 还有人质疑，刺客能混入警戒严密的国民党中央党部下手，说明背景很深。后来查明，实施刺汪的是爱国人士因不满蒋介石对日妥协，实际准备刺杀蒋介石，因蒋未到场，实施行刺的孙凤鸣临时将枪口对准了汪精卫，汪成了蒋的替死鬼。

就说是一文一武，“北方之强”。

最难得的是那个照电影的，还在那儿照呢。别的人都吓跑了，都跑了，连警察都跑了，什么警卫，那都跑了。

> 那跑的笑话多了，那场面真是丑态百出。凶手都被我和张溥泉抓住了，这个时候跑回来几个警察，这几个警察还在那掰枪栓呢，掰也掰不开。我说算了吧，现在人都抓住了，也不打了，你还掰枪栓干啥？那时警察都归老戴管。所以我就跟老戴讲，等你那警察来了，火都把房子烧没了。
>
> 事儿都完了，警察得清理现场啊，凶手不一定是一个人啊。警察看见一个人在厕所坐着呢，警察就问他：“你在这干什么呢？”那人回答：“在解手。”警察问：“解手你怎么坐在地上啊？”那都吓得……
>
> 警察又问：“你是干什么的？”他回答：“我是中央委员。”“你叫什么名字？把证件拿出来。”那人说：“我证件扔马桶里了。”他怕刺客知道他是中央委员啊。
>
> 说到这，我就想起当年啊，南斯拉夫，那时还不叫南斯拉夫，叫塞尔维亚，他那个王储到法国去，有一部影片拍的就是这个事儿。那人家，枪一响，那些警察拿着刀向刺客冲来，大家都往枪响的地方跑，一块拥过去，一齐抓那个刺客。[①] 咱这可倒好，一遇危险，聋子放炮仗——散了。
>
> 中国人为什么打不过日本人，要紧的时候人都没了。

连中央委员的证件都不敢要了。一个党在这样一群人领导下，又是处于战争年代，失败也就不足为奇了。

4. 国民党政策不公，军队分成“亲儿子”和“干儿子”，把杂牌军都挤到共产党那边去了

众所周知，在整个民国绝大多数时间里，国民党军队从人数、装备、

---

① 此指奥匈帝国王储斐迪南遇刺。1914 年 6 月 28 日，奥匈帝国王储斐迪南大公和他的夫人，在访问塞尔维亚萨拉热窝时，遭到暗杀。这一事件成了第一次世界大战的导火线。

控制的政治和经济资源等方面来看，都远远优于共产党的军队，蒋介石一心想消灭共产党，可就是消灭不了。原因在哪里？除了国民党缺乏信仰和不得民心之外，还丧失了军心。

国民党是怎么丧失军心的？张学良以自己为例，他说：

> 人都是，你对我怎样，我就怎样对你。大家都看出来了，打共军是硬仗，这种硬仗，中央有要紧的军队，你怎么不去打？我现在可以说，当年我对中央是忠心耿耿，中央说的话，我是完全服从，中央怎么说，我就怎么做。后来我发现这不对呀，中央对我不是这么回事！人家那时说我是傻瓜一个，我忠心耿耿那样去做，可你中央不是这样子对我。那孟子说的话一点不错："君视臣如草芥，臣视君如寇仇。"① 你怎么待人家，人家也怎么待你，你用这法待人，人家开始不知道，慢慢知道了，唉！人嘛，当然人家也是人。短时间可以，长时间谁也不从你。所以这种待人的法子不会成功，只会失败。

第一，当东北军在"剿共"战场上被吃掉两个师之后，张学良发现国民党中央对中央军和杂牌军的政策是不一样的。

1935 年末，张学良在南京参加会议期间，陕西前线传来一个令他震惊的消息，他的两个师被红军吃掉了。张学良说：我那两个师整个被共产党打完了，我很痛心。我要补充，没有。可是死这么多人的抚恤呢，除了我个人拿出钱来抚恤外，再报中央依"剿共"阵亡抚恤，但中央分文未拨。那个时候，我有一个营长，"剿共"时受了伤，他说一句话，把我伤心透了。他说："政府给我一个条子，让我回家去领，我家在东北，我上哪去领？只能流亡要饭去了。"这件事使我受刺激非常大。后来，我也公开说了，那个时候中央啊，实在是处置事情不太恰当，完全是一种推诿。因为这事下面起了很大的反感，起了怨望……我们东北人，家都没了，上

---

① 出自《孟子·离娄下》，原文为："孟子告齐宣王曰：'君之视臣如手足，则臣视君如腹心；君之视臣如犬马，则臣视君如国人；君之视臣如土芥，则臣视君如寇仇。"

哪领抚恤？被打死的人领不到抚恤，受伤的人又不能回原籍……中央很不讲理。

“蒋先生啊，他总有一个意识……总是这是我的，这是他的，分得特别清。这个是我自己亲儿子，那个是干儿子，他不把人看成是平等的。”“比方说那时候中央的事情，后来我发现的，我非常难过。我打仗损失了两个师，政府啊，不容许我们杂牌军队招兵，因为军队太多了嘛，他用这种只减不增的方法就不用裁呀。军队减员了也不许招兵，全国都不能招，这不能说不对了，政府下的命令，嘿嘿，那么我们发现，他把我们损失的两个师的番号给撤销了，却暗地里让胡宗南招兵。我们不能招兵，胡宗南可以招兵。胡宗南离我们那么近，我们不会不知道的嘛。亲儿子怎么都行，干儿子怎么都不行，那怎么能行？”

第二，张学良发现蒋介石让杂牌军“剿共”是在“一斧两砍”，借刀杀人。

张学良说：“开始剿共的时候，也不光我们，一般的杂牌军，都是尽心尽力帮他忙，我后来就怀疑了，甚至是愤怒。我现在可以公开，我怀疑蒋先生在利用我们剿共，达到消灭我们军队的目的。不光是消灭我们东北军，还有其他杂牌军队。蒋先生高调主张消灭共产党是抗日的前提，最主要的任务就是消灭共产党，但跟共产党打仗，摆在最前面的部队，不是真正的中央军队，不是蒋先生的嫡系部队，而是我们这些杂牌军，中央军都摆在我们的后面或侧面，他们是在看着我们打。我认为蒋先生在这件事上是在运用政治手段。”

> 这样的阵势谁都看明白了，高级将领不轻易表态，下层军官，包括小兵都在议论，这哪是在打共产党，分明是中央军在当监军，看着共产党消灭我们。比方说我们东北军，我带的军队，我让他们去剿共，他们说，你剿共是冲着蒋先生，我们为什么白白地牺牲？蒋先生要剿共，他自己有军队，他的军队为什么不剿？我们被打死了，谁替我们负责，连你都没地方去筹钱，谁来替我们养家糊口？中央让杂牌军剿共，中央军不剿，杂牌军对中央当然都不满……因为什么？这话我今天可以说，但我不希望记录下来，他就是借刀杀人嘛。
>
> 事情明摆着，谁都明白，这不是让我们去剿共，等于是让共军

消灭我们，借刀杀人。那为什么还打？没起来反抗，已经很客气了。

第三，张学良发现不仅他发现了，几乎所有杂牌军，包括共产党都发现了蒋介石是在“借刀杀人”。

“那时中央不是我说，不公平啊！对人家不公平，谁都看得明明白白。那时两广是陈济棠，青海是马步芳，宁夏是马鸿逵，新疆那会儿是盛世才，华北是宋哲元、韩复榘，陕西是杨虎城。他们都不打呀！谁也不打，我打什么？谁都明白了，这等于用外头的力量来消灭我们。打，你不给我钱，你也不给我弹药；人打没了，你也不给我补充，又不许我自个儿招兵，这干什么呢？”“谁也不是傻瓜。中央军可以招兵，我们不可以，枪械损失也不给补充。你政府用这种手段，等于让杂牌军自消自灭，一箭射三鸟，他怎么能真打呢？傻瓜才去打。”“蒋先生利用剿共消灭杂牌军的这种做法，共产党当然也明白。共产党跟杂牌军也不死乞白咧打，杂牌军也知道共产党不真打。”

国民党中央政策不公，导致“剿共”内战谁也不真打。“我一想起这内战，就难过呀。所以西安内战，我不干了，说什么我也不干了，你跟日本打，我打！你和共产党打，我不干，我不打了，我宁可叛变。我那时候也等于叛变，那就是叛变呐。”

5. 蒋介石只用奴才不用人才，共产党正相反，用人才不用奴才

国民党的失败，在张学良看来，败于党员信仰的缺失，也败于民心和军心的丧失，更败于党内的腐化及蒋介石的独裁。

张学良在晚年做口述历史时，数次引用王新衡对蒋介石的评价：“他不使唤人才，他使唤奴才。”王新衡对奴才的理解是：“奴才就是听他话的，让他高兴的人。”张学良对奴才的理解与王新衡略有不同：“我说什么叫奴才？什么叫人才？怎么分辨？人才首先是有一定人格的人，他有良知，有胸怀，这种人不一定你说什么，他就听什么，他不一定给你当奴才。奴才最大特点就是我要你怎么的，你就怎么的，只要能得到好处就行。真正做事情的人，他不一定要好处，他是要做事情啊！”奴才没有人格，不仅听话，更关键的他是为了满足个人利益才听话。

“蒋先生不光用奴才，他也听奴才的。我举个例子，那时我们开会，研究一个什么事，陈诚他不咋发言，那我们想他一定是同意了，那蒋先生也不吱声，这个事情不就等于决定了嘛。顾祝同跟我说：‘张先生，你信不信？今天这个会议决定的事，明天就会推翻。’我当时还不信。他说：‘会后啊，他（陈诚）一定到蒋先生那嘀咕去，你看，明天这个事情一定不是这个样。’会开完以后，我就去关内去了，有人告诉我说陈诚去蒋先生那了。这我就明白了，顾祝同说得对呀。”“我评论蒋先生，用我们北方话说，蒋先生愿意听小话。你正式跟他说的话，当然他也听，不是不听，但抵不过底下嘀嘀咕咕。”

蒋介石喜欢这种会说小话的人，“所以他用陈诚啊，戴笠啊，他喜欢这种人”。这种人围在蒋介石身边，那真正的人才就不跟他接近了。“咱们中国不是没有人才，这些人才都无处投奔呐。社会上的贤哲，都不在政府里面做事，没有被运用。”

张学良说蒋介石心胸狭窄，不仅用人专用奴才，而且把自己的权力看得过重。西安事变前，“我和蒋先生我们俩吵得最厉害的一个问题，就是‘安内攘外’的问题。要说西安事变有什么秘密的话，最大的秘密就是这几个字。他是先安内后攘外，我是先攘外后安内。……他和我的出发点不同，从个人出发点说，先说我啦，我主要的敌人是日本人，即使共产党跟我们争，他还是中国人。他（蒋）认为日本人可以跟他合作，共产党是他真正的敌人。……我认为共产党是中国人，他认为在中国能够夺取他政权的人，只有共产党。那我就不同了，夺取政权也好，不夺取政权也罢，他（中国共产党）都是中国人，无论如何都是中国人。换句话，这是我说，你的政权就算共产党不夺，也许被旁人夺去呢，你能防得了？”

1936 年 4 月 9 日，张学良和周恩来在肤施会谈，“周恩来有一段话说得特别有意思，他说呀，固然蒋中正他有他的短处，我们对他不是十分赞成，但是我们为抗日非拥护他不行。所以共产党这些地方我佩服，他是为了大局呀。他说，蒋先生如果不剿共，领导全国抗日，还得是他”。

抗日战争一结束，“蒋先生还是要消灭共产党。那时候蒋先生手里有好多的军队，包括重武器啊，像杜聿明，全部美式装备呀。我后来听张治中跟我讲，他说，那时候到东北呀，本来内定是让他去，可后来陈诚不知在里面咋鼓捣的，陈诚去了。张治中说，如果我去，不会落到那样。”张学良的意思是说，蒋介石没有大局观念，只用奴才不用人才。

第七章
宗教观：充满无奈的“天国”世界

我这个人，这些年寂寞惯了，热闹的地方反而不舒服。明朝末年有个人，名字我记不得了，他就住在一座公墓里。

人生在世，有如旅人，回到天国，才是归宿。

——张学良

张学良作为中国近现代史上的政治“流星”，可以说是一个复杂的存在。他虽然是世纪老人，活了 101 岁，用他自己的话说“政治生命到 36 岁就结束了”。他因发动西安事变，政治生命戛然而止，也因此为中华民族做出了巨大贡献。对他 36 岁前政治人生的研究成果可谓汗牛充栋，而对其漫长的宗教人生则鲜有人涉足。究其缘由，有主客观两方面因素，一方面人们将其视为政治人物、“民族英雄”，不愿意触碰他的宗教人生，一提他“执迷”宗教似乎有损于他的政治形象，多数学者主观上不愿意谈此话题；另一方面，关于他与宗教的关系，资料寥寥，学者多囿于“无米之炊”而作罢。

但张学良的宗教观是他思想的重要组成部分，而且特色鲜明。

正如张学良的人生是复杂的、被动的、苦涩的一样，他对宗教的态度也混杂着政治人生的复杂、明显的被动底色和命运的苦涩。他以人生积累起来的经验教训观察宗教历史，从人性出发研究宗教教理，站在宗教的立场上解读现实问题，又以身边冰冷的现实解读宗教的虚幻和温暖，并对命运的不可抗拒性、现实的残酷性和人性的难以掩饰性给出了一套个性特色十足的诠释。

他的人生经历在同时代的政治人物中是独一无二的，特殊的经历铸就了他以盲然、被动开始到多元、执着为基本特色的宗教观。盲然、被动特色体现在接触基督教—放下基督教—研习明儒与佛教—皈依基督教的人生旅程之中；多元特色体现在他对儒学、道教、佛教潜心研究基础之上的比较；执着体现在晚年对基督教的推崇。他的人生苦痛在其宗教观引领下得到了某些缓解与冰释，他的人生体验与追求也在宗教关怀下得到了一定的净化和某种升华。

从学理上讲，张学良的宗教观主体，主要体现的是他晚年思想的超越性和扭曲性的那部分，在他政治上失去自由，人身有牢笼监禁，不能政治发声的情况下，张学良同样以他一贯的倔强，以其独特的方式，通过与神性的交流来完成人性的对话，以此阐发他的心底所思。

一、充满迷茫、无奈的苦涩跋涉

张学良的宗教观与他流星般的政治人生和漫漫长夜般的囚徒生涯相生相伴。

他在十几岁茫然无知的少年时期，加入了奉天基督教青年会，接着是十几年的军旅生涯，伴随他 36 岁后政治囚徒生涯的开始，宗教信奉者或称研读者的漫漫人生也随之起步。

1. 迷茫中走进基督教青年会

如同马克思所说的那样，宗教的本质必须“到宗教的每一个发展阶段的现存物质世界中去寻找”，对于没有浓重宗教色彩的中国人而言，个体的人接近宗教的原因也要到他所生活的客观环境中去寻找。任何人接近宗教或明或暗的总有一个起点。这个起点或者源于生活突遭顿挫，或者突陷茫然与困惑，或者突遇某种机缘。

奉天基督教青年会是张学良接触宗教的起点，起点的背景可追溯至他 11 岁时母亲的去世。亲生母亲去世后，他随其庶母卢氏离开家乡，第一次来到奉天城。当时的奉天城，虽比不上十里洋场的大上海，却也是东北中西文化的交流中心。一直生活在偏僻乡村里的张学良，目睹城里各种带“洋”字的新鲜事物，诸如洋车、洋房、洋货等，感到格外新奇，自此眼界大开，努力学习新知识。他的老师金梁曾评价少年时的张学良：“十三四岁时，初学为文，即下笔千言，尤嗜文艺，锐意革新。”1915 年，父亲张作霖任民国二十七师师长，授陆军中将衔，第二年，任奉天将军，未几，任奉天省长。张作霖虽居高位，却疏通文墨，置身于中西文化碰撞时代的旧式将军、省长，深感读书和向西方学习的重要，他不想文墨不识的窘迫在他儿子身上重演，特让奉天交涉署英文科长徐启东教张学良学习英语。为了培养张学良，经常有意让张学良接触“洋人”。

按北洋时的习惯，每到国庆，省政府都要请客，客人里边有很多外国人，不单是西洋人，东洋人，还有其他国家的。省长张作霖请客时，就让张学良充当招待员。这样，张学良认识了很多外国人，其中有一个英美烟草公司的人，很好玩儿，很活跃，张学良很愿意和他接触，和这个人打高尔夫球。当时在奉天的外国人经常开会，苏格兰人有苏格兰人的会，日本人有日本人的会，有时候这些外国人请张作霖去参加，张作霖不愿意去时，就让张学良代他出席。

苏格兰长老会传教士司督阁在奉天办了一家医院名为施医院，为啥叫施医院呢？因为医院是靠奉天人施舍捐建起来的，张作霖也捐了钱。那时张作霖是民国师长，军队里需要军医，司督阁就把他的学生王少源推荐给了张作霖。王少源就从奉天施医院的医生变成了张作霖军医处处长。“他是苏格兰长老会的会友。那时候在奉天，苏格兰长老会是最活跃的。我受这个人影响很大。换句话说，就是他影响我。”那时有病，张学良身体不大好，16 岁那年大病一场，吐过一次血，数月不起。王少源不但把张学良的肺病治好了，也把他的心病治好了。

那时张学良很悲观，思想消极，为什么悲观？“我看东北在日本的势力下，也没有什么发展了，‘二十一条’那一签，我们东北人差不多是半个亡国奴了，再往前走一步，就是朝鲜人第二了。那时候日本已经是个强国，我国没有什么力量去对抗。那心里非常难过，闷得上，觉得干什么都没啥前途。”王少源一边给张学良看病，一边开导他，所以，张学良说：他影响我很多的事情，思想也逐渐发生了变更。王少源是一位虔诚的基督徒，他当时是奉天基督教青年会董事会里的人。他开导张学良，要经常出去走动走动，到外面散散心，看看外面的世界，不要整天躺在床上看小说。

1916 年 11 月的一天，王少源向张学良介绍说，奉天基督教青年会有一个演讲，并送给他一张演讲入场券。张学良从来没听过演讲，就带着一种好奇又怀疑的心情第一次踏进奉天基督教青年会的大门。演讲开始时，张伯苓首先问大家，中国会不会亡？中国还有没有前途？中国的前途在哪里？然后他提高语调，大声说："中国不会亡，中国的前途有希望，因为有我！"说完，他停了一会儿。"我从来没听过讲演。"听到张伯苓说"中国不会亡，因为有我"，"我火了。我想：'你算什么东西？这说的是什么玩意儿。'……他这篇演讲，简单地说是国家兴亡，匹夫有责。张伯苓这个人很会讲演，我受他的感动很大。他的意思是你不要推这个、那个的，自个也有责任。我受他的影响很大。因此，我跟他就开始接近些了。"

青年会是一个世界性的宗教组织，最初由英国人乔治·威廉斯于1844年创立于伦敦，后传入美国，1895年传入中国。奉天基督教青年会成立于1914年，青年会组织者来自美国、苏格兰和丹麦，经费来源主要靠在当地募捐，由于最初青年会名气小，会员少，经费缺乏，会所是临时租赁的老房子。"很小的，没有多少地方，很简陋一个地方。"张学良因参加青年会思想发生了变化。"我没有事情做的时候都在club里待着"，参加青年会举办的各种学术演讲会、读书报告会、时事报告会以及各种比赛。青年会里的活动比较多，张学良参加最多的活动就是听演讲。只要有演讲，几乎风雨无阻，必去无疑。这也接触了不少中外名人，中国的名人除张伯苓外，还有余日章、程静怡、晏阳初等，余日章是上海基督教青年分会的总干事，蒋介石特勤总管黄仁霖的岳父；程静怡是牧师，1924年曾任中华全国基督教协进会会长；晏阳初是20世纪中国平民教育家和乡村建设家。

这些人的演讲，"对我影响最大的有两个人，一个是张伯苓，还有一个人，就是余日章。我年轻时受他们两个影响很大，因为他们两个对我很看得起，演讲完之后，总找机会跟我谈一谈，给我好多教诲。当然也是青年会里的人特殊引见的结果。张伯苓先生演讲完，他问我，对他的演讲我有什么感想，我就跟他坦白了我前后的心情，他鼓励我，说我是个有为的青年，千万不要自暴自弃，应该奋勉努力。张先生还跟我说，中国有些人只要面子，不要脸。得到个虚伪的金字招牌，就自鸣得意，卖假药欺人害人，无羞耻之心。我们必须努力把这种风气倒过来，要脸，而不在乎面子！他还有几句话，我印象极深，我现在还经常引用，他说：中国社会的习惯是，好人坐在屋子里叹气，坏人在台上唱戏。如果我们扪心自问，你属于好人队伍中的一员，就不要消极地坐在屋子里叹气，而任凭坏人在台上唱戏。也可能张先生不愿意在屋子里叹气的缘故，结果死在了那些在台上唱戏的群魔手掌之中了。”

“余日章先生跟我有一夕之谈，一见面他就鼓励我：‘你这个人将来能做一番事业。’并教诲我，他说了三句话，我信守了一辈子。我现在把他的话说出来，一是算我纪念余日章老先生，二是也让他的教诲能起到垂诸后人的作用，别让这么好的话让我带到棺材里。他告诫：一个人要想干番事业，第一，你不要作伪，你若作伪，伪来伪去，最后非伪到你自己头上不可。我受他教育，所以我这人不作伪啊。第二，要尊重舆论，不要自己假造舆论。现在大多数人都为自己假造舆论，这是一种社会的通病。第三，要勇于牺牲自己，为黎民百姓解决痛苦，不要为了摆脱自己的痛苦而牺牲大众的利益。第三条，最要紧，它像一片阳光跟了我一辈子。”

1995 年 11 月，张学良在夏威夷第一华人基督教公理会做感恩礼拜时，还特别提起一个叫约瑟夫·普赖德（Joseph Platt）的人：“我很敬仰南开学校的校长张伯苓先生和上海青年协会的总干事余日章先生，尤其是那时候奉天基督教青年会的总干事美国人普莱特（即普赖德）先生，他很保护我。”“我这一生对我最要紧的人就是约瑟夫·普赖德。他没有贵族思想，我现在这么想他，他不但是平民思想，我那时候很不愿意做阔少爷，他对我比较同情的。我那时要离开，是他给我买的船票。他是帮我忙了，他赞成我走。那时美国不能打工，他就说介绍教会给我，帮我忙啊，所以我的思想受他影响很大。”张学良因对信基督教的人产生了好感而对基督教也有了好感。时间不长，因张作霖反对他去美国学医，安排他进了奉天讲武堂，他也就离开了青年会。

在张作霖的安排下，19 岁的张学良走进了讲武堂。“没去当军人之前，我已经差不多信教了，差不多。”“我一当军人，这生活就非常的野了，放荡了。”“当了军人之后，可以说关于宗教，完全像抹掉了一样。”和青年会“没有时间来往了”。

与今天信教者多为受家庭、亲戚影响不同的是，张学良宗教意识的启蒙受多方影响：第一，初入城市的好奇心，是他接触基督教的原点。如果没有母亲的去世，他可能还生活在新民县，那可能就接触不到城里的新鲜事物，也接触不到基督教。第二，张作霖的地位和让自己的外文翻译教张学良英语是张学良接触基督教的阶梯。如果张作霖不是民国二十七师师长，不是奉天省省长，他也不一定请外文教师教张学良英语，没有这样的地位，也请不来这么好的外文老师，那样，张学良也不可能对基督教青年会发生兴趣。第三，省长家庭对政治的接触和敏感，尤其是与外国人的接触和外国人、传教士对省长的巴结，为张学良接触基督教创造了便利条件。第四，张学良内心的苦闷和挣脱苦闷的急切心情为他接触基督教提供了内在的动力。这样，他才对信基督的人产生了好感，进而对基督教产生了好感。

此时的张学良，尽管他自己说"差不多信教了"，但他对基督教的印象还处于朦胧、模糊的阶段，充其量是感兴趣，而且这种兴趣更多的是集中于对基督教青年会的新鲜事物，如网球、乒乓球、新鲜杂志、印刷精美的图书、演讲等。他对基督教的教理、教义基本是处于茫然无知的状态，即使对宗教的好感也被少年的苦闷、对新奇事物的吸引厚厚地覆盖着。就是这样的初步印象，在当时的中国处于他这个年龄段的少年也是极其少有的。

2. 苦闷中接近佛学

张学良和佛教的接触主要分三段，在东北时接待九世班禅，在汉口时接触一个叫诺那的呼图克图（活佛），再就是被囚禁期间，辗转各地，颠沛流离，被幽禁的地方多为人烟稀少、交通不便的深山古刹，张学良能见到的人除了身边的"监护"，就只有庙里的和尚了，耳濡目染，佛心渐萌。

"班禅①（九世）跟我关系很好，班禅是密宗的。"张学良说的班禅指的是藏传佛教格鲁派（黄教）第九世班禅，本名仓珠嘉措。九世班禅佛学造诣精深，政治上也很成熟。早期与十三世达赖共同领导了抗英斗争，晚年又积极从事抗日斗争，很有民族气节。1905 年，英国侵略者突然"造访"日喀则，命令九世班禅离开西藏前往印度。班禅当即回称："我往印不难，

---

① 班禅额尔德尼·曲吉尼玛（1883—1937），藏传佛教格鲁派（黄教）第九世班禅额尔德尼，本名仓珠嘉措，中国前藏达布地方噶夏村人。《班禅大师全集》载："寄父名当珍，母名当琼措姆"，"班禅生而母哑"。5 岁（光绪十四年）在布达拉宫经"金瓶掣签"被认定为第九世班禅额尔德尼，当天拜十三世达赖土登嘉措为师，剃发取法名为吉总罗桑曲吉尼玛格勒南结贝桑布，简称曲吉尼玛。19 岁由拉萨返回扎什伦布寺。1915 年，达赖任命僧、俗二人为日喀则基宗（后藏总官），向班禅辖区百姓征收与摊派军粮税款和乌拉。班禅与达赖之间的关系日趋恶化。1923 年，达赖将扎什伦布寺几位负责官员投入监狱。班禅感到大祸临头，逃离西藏。从此，九世班禅在国内各地流浪了整整 14 年之久。1937 年圆寂，享年 54 岁。

但须禀陈钦宪（清朝驻藏大臣），奏知大皇帝朱批照准，方可起程，否则难以从命。”英军则以占领日喀则相威胁。九世班禅到印度后见英皇太子时，英人要班禅跪拜，“班禅未从，当称我只在大皇帝前跪拜，其余不行。仍行执手常礼。”① 班禅是西藏近代史上一位杰出的反帝爱国领袖人物，为维护祖国统一，民族团结很有贡献。21岁那年（1904年）8月，英军攻占拉萨，十三世达赖出走外蒙古。对此，驻藏大臣向清朝政府奏请“弹劾”，清朝政府回电：“著即将达赖喇嘛名号暂行革去，并着班禅额尔德尼暂摄。”② 九世班禅考虑到十三世达赖离藏期间，由他代理达赖职权，会增加其与达赖的隔阂，不利于西藏内部团结。因此，九世班禅接到驻藏大臣的通知后，以“后藏为紧急之区，地方公事须人料理，且后藏距江孜仅二日程，英人出没靡常，尤宜严密防范，若分身前往前藏，恐有顾此失彼之虞”婉拒了代理达赖职务。

1923年，九世班禅因与十三世达赖关系恶化而离开西藏，在国内各地流浪了14年之久。1928年，班禅来到奉天，“那时他与达赖有矛盾，被挤出来了，到处流浪，他去内蒙经过沈阳，后来又回到沈阳，带来好多人，我帮助过他，给他发薪水，住房啊，火车票啊，都免费。”③ 张学良特令省财政厅发给班禅月俸现大洋9000元，并电知四洮铁路局，发给班禅行辕头、二、三等长期免票各三张。1929年初冬，为欢迎班禅再次来沈，张学良令省政府妥善接待，租房66间，免费为招待班禅事务处安设了4部电话，同时，拨款5万多元，于皇寺后楼筹设了招待处。班禅抵沈后，张学良亲自为其设家宴洗尘。九世班禅1930年离沈前，致电张学良：“自去岁来沈，备承优遇，东道隆情，铭感无似。”④ 正在外地的张学良立即复电：“年来台旌驻沈，既疏于招待，不日火车远行，复未能话别。承电言谢，益用歉然。临行时如有所需，尚希见告，幸勿稍存客气也。”可见班禅与张学良交往之密切。

---

①《班禅赴印记略》，第2页，见《清代西藏史料丛刊》第1集，商务印书馆1938年版。

②《德宗实录》卷五三三。

③ 江平等：《第九世班禅额尔德尼·曲吉尼玛评传》，《中国藏学》1997年第3期。

④ 里蓉：《张学良与九世班禅的交往》，《兰台世界》1993年10期。

在汉口任豫鄂皖“剿匪”副总司令期间，张学良认识了诺那呼图克图①。“呼图克图就是活佛，呼图克图这句话怎么翻我不知道，这人的地位是什么地位呢？西藏（在汉地）有两个活佛，他是西康的活佛。”诺那活佛，祖为西康类乌齐人，3 岁被认定为呼图克图，24 岁继承红教祖位，次年兼掌教政大权。清末民国初年，立誓站在中央政府一边。1918 年为藏军所俘，被十三世达赖押解至拉萨，囚于土牢。在土牢之中，以手指掘土，暗挖通道，于 1924 年逃出拉萨，绕道印度至北京，受到段祺瑞、刘湘、戴季陶等政府要人接见。此后便在北京、上海、南京、武汉、成都等弘传佛教。

“我是怎么认识他的呢？他是这样子，蒋总统那时候在四川成都指挥剿匪，要往西边去，大概有需要他的地方，就请他到成都去。那时候张群做湖北省主席，他就给我打个电话，他知道我要到四川去见蒋。那时候我自己有个飞机，他就跟我说，你能不能把他带去？他自己去很麻烦，相当麻烦。那么，我说，好吧，不过，我现在什么时候走没定，我手头的事情没处理完，你让他到我家里来得了，到我家来等我，我走时就跟我一块儿走。”张学良和诺那见面时间应该在 1935 年 2 月末，因 3 月 4 日，张学良就任武昌军事委员会委员长行营主任第三天，对行营全体职员作过一次训话，他提到了诺那活佛：“我对佛学，没有什么研究，但前几天有一位诺那和尚同我谈话，让我很受感动。”②

在奉化雪窦山幽居时，张学良认识了太虚法师。太虚法师生于浙江崇德，俗姓吕，出家于苏州木渎，受戒于宁波天童寺。在广州任双溪寺主持时，与同盟会朱执信等人来往甚密。主编过《觉社丛书》等佛教刊物。1929 年任南京中国佛学会会长，1932 年应蒋介石之邀担任雪窦寺方丈。

① 诺那呼图克图（1865—1936），西康昌都人，其父为藏族，母为汉族。3 岁时被认证为金塘活佛十四世转生的呼图克图。先从格鲁教派学经，再就噶举教派学戒，又学密乘，勤修十余年，其后又学宁玛教法。24 岁继承红教祖位，次年兼掌教政大权。1915 年与十三世达赖发生冲突，后被捕，囚于拉萨。1923 年逃脱，辗转泰国、香港，于 1924 年抵内地，1928 年后，历任南京国民政府立法委员、蒙藏委员会委员、国民党中央候补执行委员、西康建省委员、中国佛学会名誉会长等职，先后在上海、武汉、长江、广州等地主持护国息灾法会。1935 年回西康，企图阻止红军长征。后被红军俘获，经教育转为同情红军。1936 年 5 月在甘孜圆寂。

② 张学良：《在委员长亲身领导下怎样完成我们的任务》1935 年 3 月 4 日，武昌。

“我跟他俩处得不错，我就跟他谈佛教。他说‘我谈佛教，不如另外有一个人’，他就把那个人介绍给我了。我跟那个人谈的并不怎么好，为什么呢？那人是西藏来的，不会说汉语，用西藏话讲教义，我听不懂啊，得需要人翻译，那太麻烦了。”“溪口的太虚，他不是密宗，他是禅宗。”

溪口的雪窦山是江南名山，在中国，名山必有禅，早在晋代，就有比丘尼在山中结庐，北宋时被朝廷敕封为雪窦资圣禅寺，明代列入“天下禅宗十刹”之一。张学良在“禅山”是否奉佛习禅，不可考，依据奉佛习禅者多有禅诗存世。查遍张学良在雪窦山留下的文字，发现他确实写过一首带有禅味的诗——《秋兴》：

山居经四季，
最好是清秋。
气爽风和畅，
登高尽兴游。①

从字面上看，这是一首心情不错时写下的记游之作。张学良突失千军，身陷囹圄，何来秋兴？有学者称，诗里暗藏玄机，这诗分明是写给蒋介石看的，告诉蒋介石：“我已经心游山水，忘怀前嫌，按照你的说法，‘已经觉悟’，怎么还不放我出山呢？”也许，身在“禅山”，出入禅寺，接触禅师，胸中也忽然有了外不着相、内不动心的禅机。

与太虚禅师的交往，张学良没留下更多的记载，但在太虚的诗作中可以找到一些与张学良有关的记录。如太虚曾有一首诗，题目就是“张汉卿邀自亭下坐竹筏到沙堤宴桃花间”：

悠扬妙乐急湍流，
溪上偕乘竹筏游。
万树桃花晒红雨，

---

①《张学良在溪口新说》，宁波档案网2014年8月8日。

无比春色溢枝头。①

禅师就是禅师，两人同坐一筏，一个得到蒋介石宠信才来此做主持，一个遭到蒋介石惩罚才来此做囚徒，真的是禅师不解同筏心不同，还是禅师真的悟到了世事如浮云，听到什么都是“悠扬妙乐”，看到什么都是“桃花晒红雨”，入眼的皆为“春色溢枝头”？无论禅意如何，从考证史实来说，张学良确和太虚同游一溪，接触亲密。

从太虚的诗作中可以发现，张学良在溪口雪窦山的八个多月间，与太虚禅师接触是比较多的，而且常常主动邀游，所以太虚还有一首春游诗，题目叫“张汉卿邀游徐凫岩”：

重睹丹山赤水流，
徐凫岩下逐鱼游。
春光过来清明近，
生趣盎然翠梢头。

张学良的幽居岁月十分漫长，在漫长的黑夜中曾一度和佛学走得比较近，接触过的习佛者、和尚、活佛也不止太虚一人，但对太虚印象深刻。1992年1月15日，92岁高龄的张学良还想起了太虚，此时太虚已经圆寂55年。张学良说：“太虚，我跟他很好，我跟他俩处得不错。……太虚这个人呐，我可以现在讲，他是个政治和尚。”

纵观太虚一生，他宣扬的佛法确实是人间佛法。有人说他是为了佛教利益出入于政界，在张学良眼里，他是为了政治而宣扬佛教，所以说他是“政治和尚”。为了说明他是“政治和尚”，张学良举了两个例子：一次，他俩在一起谈佛，太虚告诉他，他信佛教是一种政治关系。他对佛教“并不信”，最起码“他并不深信”，“虽然他不肯这么说了”。“他说四大金刚什

---

① 印顺主编：《太虚大师全书》第3册，台北，善导寺1980年版，第183页。《太虚大师全书》凡64册。内分佛法总学、五乘共学、三乘共学、大乘通学、法性空慧学、法相唯识学、法界圆觉学、律释、制议、学行、真现实论宗依论、真现实论宗体论、真现实论宗用论、支论、时论、书评、酬对、讲演、文丛、诗存等20编。附册为印顺主编之太虚大师年谱上下册。

么，那都是一种……叫你起一种威，叫你有一种害怕。”其实，四大金刚什么的“完全没有那么回事儿。”还有一次，张学良听太虚讲禅，禅台下的信众都跪在地上听，“他在上头讲禅”，“我也听不懂他的话，他们说的南方话，我不懂。”“他讲了好半天，好半天。”听禅的人都走了，太虚禅师“回屋子吃饭，我吃过饭了，我就问他你讲的什么玩意儿。”太虚说：“唉呀，愚妇愚夫啊。他说，这没什么意思。”因此，张学良认为：“他是个政治和尚”，“想用佛教传政治”。

张学良说太虚是“政治和尚”是有道理的。太虚在国难当头时，并不像有些信教者不问世事，埋头念佛，而是借用佛教的力量，教化众生，积极参与政治。对张学良印象最深的大概是“九一八”事变发生时，太虚曾发表告佛教徒书，号召众僧秉承佛训，反对日本发动的侵略战争；1933 年，日本帝国主义占领山海关，入侵热河，张学良在北方指挥东北军孤军抗战，太虚在上海通电全国各省市佛教会，组织“青年佛教徒护国团”，号召团员从军抗日，积极募捐，支援前线。太虚法师在张学良指挥抗战，陷入困境时，奋然挺身，施以援手，血性汉子张学良不能不为之动容。

一位政治囚徒和一位政治和尚自然有一种天然的因缘。在溪口，一位主张抗日却身陷羑里，一位身在佛界却号召抗日，两人在大山中相见，自然彼此倾心。大概正因为如此，张学良直到晚年还对太虚禅师念念不忘。

有一位佛教法师写了一本《平凡的一生》的自传，书中有这样一段话：“我如一片落叶，在水面上流着，只是随因缘流去。”这位作者是印顺法师，太虚大师任闽南佛学院院长时的弟子。1952 年这片“落叶”“流”到了台湾，比张学良晚到六年。

印顺到台湾后，先住在台北善导寺，受聘为导师。不久，国民党内部刊物登载一条类似公告性的消息：指斥印顺前一年在香港刊行的《佛法概论》，“内容歪曲佛教意义，隐含共匪宣传毒素，希各方严加注意取缔。”台湾“中国佛教会”随之行文各地佛教团体，要求封杀印顺的著作。此后，印顺法师遭到警总与台湾情治单位的注意。本来行事低调的印顺法师行事更加低调。他被迫离开台北，来到张学良在台湾的第一幽居地——新竹，创办了新竹福严精舍。1957 年 2 月，张学良在刘乙光等人的“随护”下来到福严精舍“小坐并午餐”，印顺法师的副手演培和尚相陪。1995 年感恩节那天，张学良在夏威夷华人教堂做礼拜时说：“到了台湾后，我感觉到需要有一个信仰。那时候情报局派到我们那里负责的人是个佛教徒。他就同我谈佛教，也为我安排去见新竹的几位佛教法师。我同他们谈了几次，也买了许多佛教的书来研究，一直到我们搬到高雄要塞。”

监管张学良的特务二组副组长段毓奇曾说：“关于宗教，张先生有过一段心路历程。他一度对佛教极感兴趣，曾请教过印顺法师。我也陪他拜访过罗光主教。”张学良在东北主政时就接待过九世班禅，在武汉接触过藏传佛教的活佛，在溪口接触过太虚大师，在台湾和印顺有过深谈。但他信仰佛教的起点不在东北，也不是从认识印顺开始。他真正对佛教发生兴趣应该在到台湾之后。

心之所向，行之所为，任何事情的发生总得有个原因。1947 年，抗日战争已经结束，张的“十年有期徒刑”也已经到期，蒋介石非但没有释放他的意思，反而把他转押到台湾。这时，张学良基本已经明白了自己的前途，情绪异常低落；特别是“二二八”事件期间，刘乙光甚至想趁乱杀掉他。监禁期间极少发怒的张学良此时也开始发怒了：

> 判刑十年，无话可说，但十年期限已满，如今抗战胜利，日本人都投降了，还把我关下去，这是什么法律？
>
> 今年二月，台湾人闹事（指二二八事件），……那几天，他（刘乙光）恶狠狠地盯住了我，好象要把我吃下去，话都不和我说了。……刘乙光的部下和宪兵方面有人偷偷告诉我说：刘乙光已经作好了准备，如果台湾事变闹到不可收拾的时候，为了防止我越狱逃跑和台湾人民把我劫走，他就采取紧急处置，把我和四小姐开枪打死。①

这种情况下：“我感觉到需要有一个信仰。……也买了许多佛教的书来研究。”1947 年 5 月 17 日，张学良在给在美国的于凤至信中说：“四小姐（赵一荻）现在也不比从前，她和我一样开始信佛。佛门原本不是我们的追求，但我们身边有许多人信佛，佛教作为信仰也可使我们活得有意思一些。”

由此可以看出张学良当时无奈、凄苦和烦躁的心境。

---

① 张严佛：《张学良被军统局监禁略述》，《文史通讯》1981 年第 5 期。

张学良向佛的资料极少，他的日记里有这样两条，文字极为简略：1958 年 12 月在基隆，同大觉寺惠光法师谈过佛。惠光法师是湖南人，先后于湖南、湖北等佛学院求学十四载，对贤、台、性、相、律、净、密、禅等各宗皆有甚深体悟，曾四度掩关阅藏。著有《宗门讲录》、《禅学指南》、《禅学问答》等，1950 年从深圳抵达香港，1958 年应基隆大觉寺住持灵源和尚之请，自港赴台，出任大觉寺首座，主持佛经讲座。1959 年 10 月，拜谒了印顺法师。① “台湾的几个大和尚，有名的和尚差不多我都谈过。”“后来他就沉沦在佛教之中了。”

许多政治人物官场失意之后，为了将无奈、郁闷和枯燥的生活变得有点意思，都曾礼奉向禅。如张学良熟悉的北洋“执政”段祺瑞，与张学良打过骂过也合作过的“秀才将军”吴佩孚，曾与张学良对立，后来又投奔张学良的“五省联军总司令”孙传芳等。官场失意之人为何多向佛？这与佛教进入中国后，经过六朝玄学、宋代程朱理学以及明代理学的作用，基本本土化相关。蒋介石要求张学良学习的宋明理学可以说就是在禅宗思想的直接启发下兴起的，因此有学者称理学实际上是变相的佛教禅学。前面提到的和张学良接触密切的太虚大师就是禅师，他宣扬的佛学是“人间佛学”，佛法与人生打成一片。另外，佛教大概确有“精神鸦片”的作用，它可以抚慰心灵的创伤。

3. 被“引领”下走向基督

处于苦闷、失望中的张学良，一度“有病乱投医”，“沉沦”于佛教。然而，他在参佛礼禅的路上没走多远，就被宋美龄的一句“你又走错路了”而打断。

1995 年 11 月 19 日，张学良在夏威夷第一华人基督教公理会谈了“我信基督教的经过”，他开场即说：“很多人都想要知道，我怎么会信基督教。我现在就把我信基督教的经过，讲一讲。”

“我对佛教很有研究的。那么夫人来到，我在高雄住着的时候，夫人来，跟老先生到高雄来，她到高雄寓所去看我，我就跟夫人讲，我现

① 张学良拜谒惠光和印顺的时间由资深张学良研究专家毕万闻先生提供。毕先生治学严谨，注重考证，曾自费专程赴美哥伦比亚大学，查阅张学良日记及口述，抄录诸多卡片。

在研究佛学。那么夫人来了半天没吱声，她讲：‘汉卿啊，你又走错路了。’”

宋美龄何时说的这句话，张学良没有说具体时间，地点很肯定，是在高雄。张学良在高雄的时间有两段，第一次是 1949 年 2 月至 1950 年 1 月。1949 年 1 月 21 日，蒋介石发表下野声明，副总统李宗仁代行其职权。李宗仁便以“代电”和亲笔信的方式指饬参谋总长顾祝同负责释放张学良和杨虎城，张学良从刘乙光提供的《申报》上也看到了这条消息：“政府明令，余及杨虎城，恢复自由。”蒋为了不让李宗仁找到张学良，密令将张立即送到高雄要塞躲藏起来。2 月 2 日，“夜三点由井上出发，十一点（因候天气）由新竹飞机场起飞，十二点十分抵冈山，再乘汽车至寿山要塞兵舍。”1949 年末，李宗仁逃亡美国，蒋介石复出之局铁定，张学良又搬回新竹井上温泉。显然不是这段时间，这段时间里，宋美龄没去过高雄。

第二次去高雄的时间是 1957 年 10 月 24 日，寓居西子湾，1960 年 4 月 8 日搬迁到台北。据记载，在高雄近两年半的时间里，宋美龄有两次来高雄探望张学良的记录，一次是 1958 年 5 月 17 日，宋美龄突然到访，张学良情绪低落，与宋说：对“‘总统’我非常想念，渴望看他一看。今天看见夫人，我十分快活，但又悲伤。”然后表示：“对人生已经看透，对名禄之心毫无，而罪人受此优渥，十分不安。如能于人类与国家有贡献，则不计一切，只不过今日余已为过去之人，不知能贡献什么?”张学良意在探询自己恢复自由的可能性。宋美龄告诉他，自己即将去美国。对张的探询未做明确回答，只说：“你从来是一爽直之人，你的话我一定转达。”便匆匆离去，两人只谈了约半个小时。显然不是此次。第二次在高雄见到宋美龄的时间是 1960 年 1 月 17 日。当时南越“总统”吴庭艳访问台湾，宋美龄随蒋介石陪同吴到高雄参观，“我们住在要塞里，总统有个别墅也在要塞里”。宋美龄来到“西子湾张学良家中，一同商量一件件‘家事’”。因宋美龄刚从美国回来不久，谈的话题便从张学良在美国存款如何管理谈起，后来又谈到“有关赵一荻与于凤至的事……”，谁来高雄陪读等。据多方考证，宋美龄那句“汉卿，你又走错路了”的话当在此次。

“汉卿，你又走错路了”，宋美龄在这里用了一个“又”字。“他们都讲我当年走错了路”，所以她说“又走错了路。”《张学良口述历史（访谈实录)》中有一段对话：

访　者：过去哪点走错路了。

张学良：就是……

赵一荻：西安事变就是走错路了。

张学良：她这个话很有意思，她说你好不好研究基督教。她就跟我解释说，你大概想我是混蛋，蒋夫人就是说他自己啊，为什么要信基督教呢？

赵一荻：不是混蛋，是傻瓜。蒋夫人说，你可能认为我是个傻瓜。

张学良：傻瓜。她说，我问你呀，上下几千年，永恒几万年，有地位高的国王、有渊博学问的人，这些人为什么都信基督教，我是傻瓜，难道这些人都是傻瓜。她就给我出这个题目，她说我愿意你好好想一想，研究研究，他们为什么要信基督教？

访　者：她给您提出来谁了嘛？哪些人？

张学良：上下几千年，纵横几千里，有地位的、有学问的为什么信基督教。这不能是指谁，所以这句话很动我的心，她说，你想我大概是傻瓜，是不是这些人都是傻瓜？难道说，我是不如你呀！我是傻瓜，难道这些人都不如你聪明。

面对宋美龄带有质问口气的“开导”，张学良回以抱怨：“我对基督教，早年我年轻时也有过接触，我现在上哪儿研究啊？我一个人我研究怎么研究啊？如何研究起呀？”

宋美龄对张学良的抱怨并没有生气，想了一会儿，以商量的口气和张学良说，想请曾约农来陪读。曾约农是清朝名臣曾国藩的嫡系曾孙，早年留学欧洲，英国伦敦大学的博士，20 世纪 50 年代曾为台湾出席联合国教科文组织首席代表，以其博识宏论蜚声国际论坛。“曾约农血压高不能来，那么就说到董显光不刚从美国回来吗？他大使不当了，刚从美国回来。”“后来她说，你认识的董显光在这儿，董显光来跟你，你愿意不愿意？我说可以呀，她说我给董显光打个电话，她打个长途电话，董显光说我很愿意来。”

张学良和董显光早就认识，在北平时，“我们都很熟，我们很熟很熟”。董显光曾在天津办过《庸报》，1928 年张作霖被炸后，董显光在《庸报》上率先指出日本是凶手，揭露了“皇姑屯事件”真相，引起社会各界关注。

董显光是留美博士，留美前即是英语教师，英文好，也信基督教，但“董显光对基督教也不是顶深的”。那宋美龄为什么选董显光来陪读呢？张学良心里十分清楚：“这个董显光和我这一段有很大的关系”。张学良说的“这一段”指的是1960年前后，这段时间对于张学良是至关重要的，张学良遵照蒋介石的要求刚刚写完“忏悔录”，蒋介石也在表面上放松了对张学良的监管力度，此时，蒋介石更在意张学良的“表现”。“董显光是谁呀？董显光是蒋先生的老师。”“蒋先生当年在中学念书的时候，董显光在中学教英文。那么所以他跟蒋先生很接近，很密切。这段事情蒋先生也就问董显光我这儿到底怎么样？”赵一荻说得更直接：“也是让董显光到这儿来考查他的思想什么，跟他接近，有这个意思在里头。不是故意派来，但是董显光这儿看你思想，一切怎么样。”

董显光和蒋介石同年出生，同为宁波人。董显光中学即将毕业时，他的父亲不幸去世，由于家中没有了经济来源，董便到浙江奉化龙津中学任英语教师。他所教的学生中就有蒋介石。董与蒋的师生关系非常短暂，相识四个月，蒋介石就去了日本。此后两人都极少提到龙津中学时的这层关系，但这层关系确为两个人后来的交往奠定了基础。1934年，蒋介石亲自介绍董显光加入国民党，后来提拔他担任过国民政府军事委员会第五部副部长、中国国民党宣传部副部长、台湾驻日本和美国“大使”。蒋介石夫妇出国访问，包括出席开罗会议这样的重大国事活动，董显光都随侍在侧。“董显光的英文很好，蒋夫人那时有时文章给他改。”把这样一个人安排在张学良身边，蒋介石自然可以随时掌握“我这到底怎么样”。

半个月后，董显光来到高雄。“这是转折点。以后就研究基督教。”

其实，这不仅是张学良宗教信仰的转折点，此后，其他方面也多有改变。

第一，离开高雄迁至台北。

信基督两个半月后（1960年4月3日），董显光从台北回到高雄，连夜来到张学良寓所，送来宋美龄的信和书，说“她（宋美龄）对我（张学良）甚为关心”。4月8日，在宋美龄的关照下，张学良搬迁到台北。从井上到高雄，再到台北，整整14年的奔波终于结束。

第二，蒋经国前来祝寿。

1960年5月31日，张学良六十大寿，宋美龄派人送来生日蛋糕。晚十点半，“蒋经国老弟同董（董显光）大使夫妇为我设宴祝寿”。饭后，又一同参观蒋经国别墅。“那时，蒋经国还没做大的事情，我们俩时常在一块儿随便扯。他随便问我什么，我也随便地回答，谈的内容与政治没有多大关系，就是随便扯淡，谈谈闲事，海阔天空。”“六十岁生日过完，算比较自由一点了。我上哪走走路，去哪坐车兜兜风，去百货公司买买东西，到饭馆吃个饭，这都可以了，我要去做这些事，没人管，但有人跟着。除此之外，任何人还是不能跟我们随便接触。”

第三，第一次到士林礼拜堂做礼拜。

同年6月5日“十点五十分，我同董‘大使’到士林礼拜堂做礼拜，由卢牧师祺沃讲马太福音16、13，说明磐石和钥匙之真谛。十一点三十分许礼拜毕，‘总统’返出时，夫人特向余个人握手，使得众人注目……”士林礼拜堂这一幕，让张学良永生难忘。他终于回到人们的视线之中。

第四，漂泊25年，终于有了一个家。

张学良从高雄搬迁至台北之初，蒋经国安排他住在幽雅招待所。一天，宋美龄突然光临，张学良“仓皇出迎”，“夫人再三询问寓所如何，并至卧室小坐。”不久，宋美龄将张学良请到官邸，一见面就说，你要自己选一块地，建一个属于自己的房子，地点自己选，大房小房自己定。后经蒋经国同意，在台北市北投复兴3路70号买了一块地皮，建了一座二层小楼。新居落成时，蒋经国送了一套客房用的家具。“院落很小，房子也很简单，比西安的三栋楼小多了，比北京的顺承王府简单多了，更不能和沈阳的家相比，可心情轻松多了。自从离开西安，二十多年了，一直到处漂泊，始终连个家都没有，这北投的房子一建，我等于二十多年来，第一次有了属于自己的房子，终于算有个安身的家了。”

“我们搬回台北不久董先生夫妇就到美国去了。”后来在士林凯歌堂“认识了周联华牧师。以后他就来帮助我读经和研究神学。因为中译的神学书不合用，周牧师就建议申请美南浸信会的神学函授课程。从此我就研究神学。一共读了十几年，才拿到毕业证书。因为我的英文不好，每次寄来的功课必须由周牧师译为中文，录在录音带上。我听了之后，用中文回答问题，然后再由周牧师译为英文寄回神学院去。有一段时期，周牧师出国，我就自己用字典慢慢地读。所以用了这么长的时间。感谢主，在我读圣经的时候，上帝的光，照到了我的心里，使我明白他的旨意和圣经里的话，他的大能改变了我。他的爱，使我知道他是爱我为我舍己，使我因信耶稣基督而得救。我在1964年受洗。”

“上帝给我所安排的实在是非常奇妙。他先使我跟基督徒接触，又叫他的仆人和使女来带领我，又再给我安静的环境和很长的时间去研究神学，然后给我安排到夏威夷来。我从来也没有想到夏威夷来。来了之后，不久就被我们的亲友带到基督教公理会来做礼拜，听程嘉禾牧师讲道。”

在台湾时，董显光常到张学良家中，先是研究英文，以蒋夫人送给张学良的英文版《相遇于骷髅地》为课本。张跟董显光一边学英文，一边探讨基督教，一边逐字逐句地翻译这本书，最后，把这本书翻译成了中文。出版时署名曾显华，“人家很奇怪，问我‘为什么叫曾显华?’我就告诉他们，‘曾’是曾约农的曾，‘显’是董显光的显，‘华’是周联华的华，三个人的名字中各取一个字，合成我的笔名曾显华，是为了感谢他们三个对我的帮助。”

> 如果没有蒋先生，我这辈子都不可能碰《明儒学案》。
>
> 如果没有蒋夫人，我可能还继续沉迷于佛学之中而不能自拔。
>
> 如果没有曾约农、董显光、周联华三人，我也不会这么快就走上基督之路。
>
> “曾显华”，是我走向基督的领路人。

通过对张学良与宗教关系的梳理，至少我们可以确知他于1964年皈依了基督教。他为何在晚年虔诚地信奉基督，我们需要从更多的角度和更深的层次上来揭示这一现象背后的真正原因：

一是缘于早年青年会的经历。张学良喜欢新鲜事物，十六七岁就在青年会接触了西方基督徒，因对基督徒产生了好感，对基督教也发生了兴趣，这为晚年的皈依打下了基础。

二是缘于他被幽禁54年。54年的无所事事，为他专心研究宗教提供了可能。张学良真正与宗教的关系始于他1937年被幽禁于浙江奉化，自从被幽禁直到2001年离开人世的64年中，前16年以研究儒学、佛学为主，后48年主要研究基督教，这在同时代的政治人物中恐怕没有一个有他这样的“条件”。“我们念神学，念了十九年。如果一天到晚打仗，怎么能念神学?”

三是缘于基督教义和他对自己痛苦人生的某种理解有一个神秘的契合。基督教创立之初原本属于被压迫者的宗教，另外基督教教义宣扬人类从其始祖亚当和夏娃起就犯了罪，只有信仰上帝人类才能获救。被幽禁期间，张学良经常反省，他认为自己有罪，参加内战，“我们对不起中国的老百姓，真是犯罪啊。”西安事变后，“我到南京请罪。我去南京，可以把我枪毙，也应该把我枪毙，我是叛徒。不管西安事变怎么样，那不说，我劫持长官。”这种心理正好和基督教教义的原罪说有一种契合。

四是缘于现实的无奈和宋美龄的“引导”。张学良研究基督教始于失去人身自由、生命操控于蒋氏父子之手的情况下，受宋美龄“引导”所致。他信上帝，一是出于无奈，二是出于自保。如果他不失去自由，他不一定走向神学之路；如果不是宋美龄“引导”，他不一定信基督教；如果他不学习 19 年《圣经》，他不一定成为基督徒。用他自己的话说：“你要是不研究的话，你根本就不会信。”

由此可见，尽管张学良信奉基督，固然是在宋美龄的“引导”、三位“家庭教师”的影响下乃至他当时被幽禁的情况下发生的，但这只是表面的直接原因，而他既往的特殊经历、基督教义本身的内容特质和他对人生的理解与追求产生了某种契合，才是他真正走向神学之路的最深层、最根本的原因。西方一位哲人曾经说过这样的话：“我最初所想的是上帝，以后是理，最后是人。”[①] 所有信教的人未必都是如此，但笔者认为用来概括张学良信教的心路历程却很适宜。通过对张学良宗教历程的梳理，人们会发现他基本上是循着近神、明理、做人这样一条线：从年轻时茫然接近基督教，接着在孤寂中研习佛教，后来又在别人的“安排”下研究基督教，他在研究教义的同时观察现实，在痛苦中反思自己的人生，逐渐认识到仅用世俗的理性是无法解释这满腹是理却无处申冤、满身是能量却不能释放的现实，更无法摆脱明知天上有日月，却昼夜不见光亮，天下路千条却无一条走得通的人生困惑。逐渐逐渐他把目光投向了神秘的遥远，并在遥远深处发现圣光向他射来。他终于走上了一条通往“精神家园”的路，一棵随风飘荡的浮萍终于找到了扎根的泥土。

---

① 傅斯年：《人生问题发端》。

二、没有信仰，你就是棵浮萍

有人之所以接近宗教，是因为他的生活经常处于无法抗拒的强力干预的环境之中；有人之所以悦神，是因为他在无奈之中相信：只有神高兴了，他生活中的现实沉重才能变得轻松。我们也可以说，张学良接近宗教是在无法抗拒的强力干预下的一种迫不得已，也可以说他接近宗教有为了将自己苦闷、沉重的现实生活变得轻松一些，然而，却不能说他接近宗教是为了悦神。如果非要说他是为了悦神，那这个神不是超自然的，而是现实的，是生活在他身边，甚至站在他头顶上，而他又无法抗拒和摆脱的强权。

有人接近宗教，最终走进了神的怀抱，变成了宗教徒。张学良接近佛教是研究佛学，接近基督教是为了研究基督教。“我一度研究佛教，不是信佛教，是研究佛教。”一个从研究视角出发的人是成不了虔诚的教徒的。因为“你要是研究的话，你根本就不会信。”张学良的宗教既不是一个虔诚教徒的宗教，也不是一个神学家的宗教，而是人的宗教，是一个政治家的宗教。

在张学良的整个人生中，思想和行动上不时地显现出一种好奇和反叛精神的特立独行。他出身军阀家庭，但排斥军阀政治；他研究宋明理学，但反对宋明理学。这种内在的气质特性，导致他面对权力、环境施加的种种影响时，表现出不情愿接受又不得不接受和表面接受内心拒斥的心理状态。这样，他的好奇心引导他在被动接受中发现了一些值得思考的人生哲理，反叛的孤傲促使他在拒斥中发现了一些一般人不大容易发现或发现了也不愿意言明的积弊。他如同一个长期被强制灌药的病人，一次一次地挣扎拒斥，大量药物被他拒之口外，一次一次的强制灌输，又总有一些药物流到了体内，长期的渗入，体内积淀的药物也不知不觉地发生了一些作用，他的思想、行为也相应地发生了某些变化。这就是他的宗教观带有明显多元性的根源。

在谈到个人信仰时，张学良不止一次地开玩笑说：“我是三教九流。她也说我是三教九流。”这里的“她”指的是和他相伴 72 年，离他最近的赵一荻女士。张学良虽然是开玩笑，但他以开玩笑的方式说出了他信仰的多元性，也道出了多数中国人的宗教观底色。

中国人的信仰既不像西方基督教国家那样单一，也不像中东伊斯兰教国家那样虔诚。所以有人说，中国几乎是一个没有宗教信仰的国度。

如果从中西比较的角度，以信仰的单一性和仪式上的虔诚性上讲，说中国几乎是一个没有宗教信仰的国度是可以理解的；如果从宗教是一种社会历史文化现象上分析，这样说就有些令人费解。任何一个国家的文化现象都与这个国家的历史相联系，离开了历史，我们无从理解文化，包括宗教。宗教不仅是一种社会现象，而且是一种历史文化现象。也就是说，宗教和任何事物一样，都是一定社会历史条件下的产物，都有其产生、发展直至消亡的过程。

张学良说他的信仰是三教九流，绝大多数中国人何尝不是“三教九流”？我们就生活在“三教九流”的国度之中，信奉“三教九流”是中国人的基本信仰历史。

“三教九流”一词，中国人无人不懂无人不知。“三教”最初指夏、商、周分别信奉的忠、敬、文。“王者设三教者何？承衰救弊，欲民反正道也。三王之有失，故立三教，以相指受。夏人之王教以忠，其失野，救野之失莫如敬。殷人之王教以敬，其失鬼，救鬼之失莫如文。周人之王教以文，其失薄，救薄之失莫如忠。”“教所以三何？法天、地、人，内忠外敬，文饰之，故三而备也。即法天、地、人，各何施？忠法人，敬法地，文法天。人道主忠，人以至道教人，忠之至也；人以忠教，故忠为人教也。地道谦卑，天之所生，地敬养之，以敬为地教也。”① 东汉史学家班固概括儒家对三代历史文化特征的总结，认为夏代崇尚“忠”，商代崇尚“敬”，周代崇尚“文”，便将夏、商、周三代所崇尚的道德规范与礼仪文饰特征“忠”、“敬”、“文”，总称为“三教”。这是关于“三教最早的说法”。印度佛教自东汉初年传入后，与本土儒教、道教发生冲撞，南北朝后期，儒、释、道三教开始露出合流的端倪，到唐宋时期，合流趋势基本成型，到元明清时期达到登峰造极的地步，确立了“以儒治世，以道养生，以佛修心”的“三位一体”、三教并施的模式。

“三教一体而分，不可单行”。为何三教并施、不可单行？“以忠、敬、文无可去者也。”“内忠、外敬、文饰之，故三而备之。”②

---

① 班固：《白虎通》卷七，《三教》。
② 班固：《白虎通》卷七，《三教》。

何谓九流？根据《汉书·艺文志》记载：一曰儒家者流，二曰道家者流，三曰墨家者流，四曰法家者流，五曰名家者流，六曰阴阳家者流，七曰纵横家者流，八曰杂家者流，九曰农家者流。后来，民间又按社会地位，将“九流”分为“上九流”、“中九流”、“下九流”。如：一流帝王相、二流官军将、三流绅贾商、四流派教帮、五流工塾匠、六流医地农、七流巫乞奴、八流盗骗抢、九流耍艺娼。

从“三教九流”的内涵和演变看，中国人在描述自己的思想世界时，既将思想领域的主要成分包括在内，又将现实社会中的思想主体——各阶层的人涵盖其中。这一世界，看似是对不同思想的零散集合，其实，它不是简单无序的罗列，它试图将进入人们头脑中的思想因子组成一个庞大而不杂乱的系统，并将这一庞大的系统作为一个有机整体加以理解与阐释。也可能这一系统的涵盖面过于广泛，这一有机整体的内部结构过于复杂，导致有人得出中国是一个缺乏宗教信仰国度的结论，导致如何阐释都难以给人以清晰答案的印象。不可否认的是中国人将这一系统和有机整体概括为“三教九流”的目的，大概就是有意简化它的复杂。不管人们做何种理解，这就是中国人思想演变的历史事实。

张学良借用这一词汇概括他的信仰大概目的也是如此。不管人们怎么理解张学良所说的“三教九流”指的是什么，他确实道出了他思想信仰的多样性和丰富性，这正是我们应该关注的地方。

张学良生活在中西文化碰撞的时代，但他与中西文化的关系基本分成两段，53 岁之前，生活在以中国传统文化为主的世界里。自幼师从当地名儒，国学素养十分深厚，这从晚年口述历史时对中国古典诗词、历史典故、格言警句信手拈来，运用得恰如其分即可看出他与国学关系之深。53 岁以后，开始研习基督教，开口闭口，不离上帝，买书看书，皆与基督相关，并渐入虔诚之境。由于经历了中西两种文化的熏陶，使张学良以独特的视角游刃于两种世界之中。53 年积聚起来的中国传统文化的底蕴使他抛弃了许多西方神职人员及宗教徒那种排斥异质文化的狭隘观念，48 年研究基督教历程中形成的执着追求使他更加鄙视东方“官文化”中是非随官而转、宗教观念淡薄的思想意识，从而形成了自己独特的、开放的、多元的宗教观。

在他看来，无论是信儒学、道教、佛教，还是基督教，都是一种信仰。

他强调“做人啊！我们一定要有一个信仰”，他批评现在有些人什么都不信，只信钱，“所以社会才这么乱七八糟”，“不管信佛也好，信道教也好，……你就不同。”人没有信仰，“就是一个浮萍。你有了信仰，你无论有什么信仰，你就有一个根”，“至于你那个根扎到哪儿去，那就是你信仰的地方”，“无论你信仰是高等的还是低等的。我们不能说我们基督教是高等的，你就扎到很确实的地方。”“没有信仰的人，就是水里的浮萍。”“我是三教九流，我什么都不排斥”，而且他对各家思想都有独到而深刻的见解。

他对儒家思想有褒有贬，褒其宣扬待人忠厚，贬其压制科学，只为做官。他说：“中国的传统思想就是儒家的思想，儒家思想深入中国人的思想之中”，“这儒家思想对我做事有很大的关系。”“儒家思想……是一种忠厚的思想,……任何事宁可自己吃点亏。”逢事抱着吃亏态度的思想他是赞同的，不过，他对宋儒思想整体上是反对的，认为宋儒思想是“一种政治的学说，不是一种整个的社会学说。”“我认为中国到现在都不能强就是受宋儒的思想影响”，因为它压制科学，不在科学技术上下功夫，“尽在文字上搞”，“比如王阳明说的话，‘我看花，花就在；我不看花，花就不在。’”“我就反对他们这种说法，完全拿你自己的心学为出发点，跟实际上脱开。”“这种思想在我看完全是落伍的玩意儿，那已是过去的玩意儿。”“中国儒家的思想完全是一种做官的思想。……你怎么能做官？你怎么能当官僚呀？完全是这种思想。我是看不起。”

他崇拜老子的道学，认为道教是与佛教互相融合又长期斗争的产物。东汉末年，道教创立之初和佛教传入之始，两教的关系十分密切，后来“佛教、道教分开了”，一般人，“也不知道佛教跟道教有什么联系。”道教的教主是老子，实际上“老子并没传教”，“一部分人，要跟佛［教］斗争，制造出了一个道教”，有教就得有个教主，这才把老子抬到了教主的地位，并奉《道德经》为教义。在他看来，老子是一位了不起的伟大人物，虽然在他执政时，儒学对他有很大影响，但他更欣赏老子。他认为老子思想深奥，风格迷人，“老子这个《道德经》是非常的深啊，他一开始就说得很深，道可道，非常道，就是这种，中国有句话，玄呢。”由此可以看出，张学良特别欣赏老子的道学。

张学良曾经沉迷过佛教，但他拒斥了佛教教义中悲观忍耐、四大皆空、求福于未来的观念，欣赏“我不下地狱，谁下地狱”的救世精神。“你要是为救人，存佛心救人，你可以杀任何人。”“你要杀人为自己私心或私事，那是有罪的。但是你为救人，那你杀人没罪。”“你杀错了人，你就要下地狱”，因此，菩萨说，“我不下地狱，谁下地狱”。他认为佛教和基督教一样，也是讲救人的，但讲得“狭窄，不真切”。佛教也讲“求”，“佛教他最后求的还是自己的福。那么基督教不是，不是求自己的福。”

佛教和基督教的出发点，即对于罪的承认及对人类苦难的关切是接近的，但脱离苦难的方法不同，基督教靠上帝，“佛教不讲神，不讲神学，讲的是社会学。”讲“空即是色，色即是空。”“佛教最高境界，空，没有啦，什么都没有。”如禅学讲的“身非菩提树，心也不是明镜台，既然无一物，何处惹尘埃。这就空了。”他对佛教的结论是：“在我们现在看，这都是没意思的事。”可见，他更偏爱的是基督教的救世理论。

在张学良的宗教观中，他最推崇基督教，认为“基督教比佛教高得太多了”，“我说这句话是站在社会学的宗教观念上来说，不是站在宗教的地位上来说。”站在社会学的宗教观念上，他推崇基督教什么呢？

第一，他推崇基督教为真理而献身的精神。

年轻时他就佩服基督教领袖马丁·路德，他爱不释手的一本传记就是《马丁·路德传》。“当年我对宗教，我对马丁·路德那是很佩服的，所以我就看看它。”还在书上“批了很多的小字”。他最佩服马丁·路德为宗教改革表现出来的大无畏精神，“过去都是天主教嘛。是他改教,……那个时候改教是犯罪的，犯很大罪”，主张改教的人被“烧死两千多人哪”，“他说为正业，为道，他说火我敢走过去”，“我为真理我不在乎。基督徒就是这样。”“那火我走进去，我情愿死。”“你不用问我，我走就是了，不在乎。”

第二，他推崇基督教追求心灵自由的观念。

渴望而不可得的东西，是最为宝贵的，对张学良而言，自由，是他最大的渴望。他对自由的理解，不仅别有一番深意，而且在他的“笑谈”中常人总能感觉有一种凄楚挥之难去。关于什么是自由？怎样才能实现自由？是一个古老的话题，不同时代的人有不同的理解，不同文化背景的人有不同的答案。

张学良对此有自己的理解：“所谓自由，就是你不为你那个私心拘束了。”显然，他说的自由是心灵的自由，不受私欲所累。人最大的私心莫过于对生的渴望和对死亡的恐惧，他认为基督教解决了这一问题。“一般人怕死，……基督徒没有死的思想。”“我们死的思想是什么？不过是我们搬搬家就是。”“死是很光荣的，不仅是光荣，是很快活的。”他常说：“人生在世，有如旅人，回到天国，才是归宿”，对“天国”的向往，对死亡面带微笑的拥抱是基督徒自由信念的主要支撑。关于如何实现自由，他认为只要信上帝就能实现，即“得救”。“得救这两个字，一般人不明白这句话，就是你真正信了上帝，你能认识上帝。”信上帝需要主观争取，如同“火车在那儿摆着，车站有，那你不上车，……上帝也不能拉你上车。”“上帝不能拉着你耳朵，让你上火车。”信了上帝才能不畏生死，有了这种信念，对内在世界的固守就变得更加坚强，对上帝的“信”也会更加虔诚，这才不会受世俗的操纵，不会成为人的奴仆，而成为神的奴仆。

做神的奴仆就是精神自由。张学良说：“我不过是上帝一个仆人，一个工具。”“他怎样使用我们，我们不知道。”我们唯一能做的，就是“把这工具弄得干干净净，等着使用。”“上帝是窑匠，我们都是泥巴，……那个泥巴就由窑匠捏就是了。”“他要把我们做成个杯子，我们就是个杯子。”“他要把我们做成尿盆，我们就是尿盆。”基督徒的自由来源于对上帝的“信”，将一切交托给上帝了，自由也就实现了。我“为什么有自由？就是有耶稣与我同在。我什么都无所畏惧。”

第三，他推崇基督教的博爱观，“宗教信仰就是一个爱字。”

爱是信仰的核心理念。爱包括：（1）爱自己的祖国。1990 年，他在台北祝寿会说：“现在，我虽然是老迈了，假如上帝有什么意旨，我为国家为人民还能效力的，我必尽我的力量，我所能做得到的，我还是照着年轻时一样的情怀［去做］。”① （2）爱自己的工作。“有个人说得好，我非常佩服这句话，他是一个基督徒，他说，‘我做什么事我都给上帝做事。’他是干什么的，他是一个纳鞋底的，做皮鞋的，他说，‘我拉这个绳子，拉得紧紧地，等于给上帝做一样。’简单说，各尽职守。比如说你当一个教授，我尽量看护这些小孩，好好教他们念书，我有多大的知识我都传给你，就完了，这就是各尽职守。”（3）爱自己的身体。“我们基督徒，是［相］信我的身体是殿，我们要清洁我们的殿，准备上帝的圣灵来居住”，“我自己保护我的身体，不是为了我自己多活几天，或者享受，我完全是为［完成］上帝

① 张学良：《在台北祝寿会的讲话》。

的使命。”①

基督徒的“爱”有三种境界，一是爱人如己，他晚年给人写信、题词，用得最多的词汇就是“爱人如己”。二是超越世俗之爱，他认为为了金钱、肉欲、名利而产生的爱都不是真爱。他晚年写的“不怕死不爱钱，丈夫决不受人怜。顶天立地男子汉，光明磊落度残年”一诗是他对超越世俗之爱的最好注脚。三是舍己爱，“爱就是牺牲”，耶稣的爱就是舍己之爱。

第四，他认为基督教不“教”，是真实的历史，是一种事实、一种经验、一种体会。

> 好多人不认识基督教，对基督教有种种错误的认识。在我们基督徒看来，没有基督教这一说，但从社会学眼光看基督教，说基督教是个“教”。就是我们说的“道教”、“佛教”那些“教”。但是我们基督徒不承认基督教是“教”。比如说，我就不承认基督教是“教”，只承认基督教是件事实。是在一千九百多年以前耶稣降生的时候，由他那个人所发生的种种事实。
>
> 至于我们基督教的人，是怎么个信法？这不是迷信，这与一般人的说法完全不一样，讲起来是非常深奥的。看起来基督教好像很简单，其实不然。我们说基督教是一种经验，是一种体会。比如讲我个人，我相信基督教，是我对基督教的体会。
>
> 我们信仰他真有这么一个人，是他所做的事情，而由他身上显示出来上帝的实在。另外，我们从教义上说，他就是上帝的化身。②

这一认识足以证明张学良对基督教的信仰是虔诚的，因为“假如上帝不存在，那么，你崇拜他或向他悔罪，便无任何意义。”③

中国是一个宗教情感比较淡漠的国度，虽然世界三大宗教在中国都有信众，中国自己也有土生土长的道教，到处都有人烧香礼佛、磕头拜神、唱圣歌、读圣经，宗教热情看似温度很高，若问他们宗教是什么，好多人

---

① 张学良：《在台北祝寿会的讲话》。

② 张学良：《答台湾〈华视新闻杂志〉记者问》。

③［英］斯温伯恩：《一个自然神学家的使命》。

会张口结舌，或只能说说某一宗教简单的礼仪、外表的象征，却谈不出内在的本质。即使有些信众也能背背条文，甚至是侃侃而谈，但宗教在他们心中担负的是过多现实的、政治的功利。在多数人那里，宗教要么是政治理想的对比性参照和否定的对象，要么是在为社会伦理或个人痛苦提供宗教注释和止痛良剂。但张学良的宗教观并不是功利性的，也不是表层化、简单化的，它具有提升人生追求目标价值和提高生命质量的意义。剔除了实用主义的功利性，对宗教本质进行理性阐释，是张学良宗教观的一大特征。

张学良宗教观的另一大特征是它的包容性，就像缪勒指出的那样：“只懂一种宗教的人，其实什么宗教也不懂。”这一观点虽然不能说完全正确，但用来评价张学良的宗教观是再恰当不过了。由于他对儒学、道学、佛学、基督教都有认真的研究和较深入的思考，使他的宗教观中既有对儒学现实主义的重视，又有对道教崇尚自然、看淡名利的赞扬，还兼对禅学“我不下地狱，谁下地狱”担当精神的称道，更有对基督教“平等自由”、“爱人如己”和为真理而献身精神的赞美，这种中西交融、多元开放的宗教观，尤其是他对佛教与道教关系的阐述、对佛教与基督教理性的比较，一方面为我们研究他的思想提供了一种新的视角，也为他不自由的人生插上了飞向自由的精神翅膀。

三、上帝那有本账，岂敢乱说

张学良的宗教观为他晚年人生总结提供了一把打开心扉的钥匙和一把衡量是非的标尺，同时也提升了他对往事认知的高度和思想意蕴。张学良的人生如同一部狂想曲：28 岁以前是他的人生序曲，以流浪、异想天开为主题曲，揭开了他短暂而壮烈的政治人生；28 岁时奏出人生的第一乐章：东北易帜，五色旗被彻底摇落，青天白日旗升起，分裂了 16 年的中国形式上复归统一；而立之年，他的一纸通电拉开了第二乐章的帷幕，100 多万人厮杀了 200 多天的中原大战戛然而止；36 岁那年，第三乐章西安事变开场，这是他以全部的政治生命为代价演奏出的最壮烈的乐章，以举世震惊开场，以举国枪口一致对外终场。接着是 54 年的“锁嘴”，直到 1990 年才开口说话，奏响了他人生的最后一个乐章——口述历史。这最后一个乐章是对前三个乐章的总结；没有前三个乐章，这第四乐章不会精彩，没有 54 年的“锁嘴”，第四乐章不会如此之珍贵。还有一点，没有他对宗教的痴迷，恐怕他的嘴不会锁得这么久，不会在此时打开，也不会对往事有一种宗教式的宽容，思想意蕴恐怕也不会那样“圣洁”而丰厚。可以说，张学良的宗教观对他的口述历史是有较深影响的。

第一，口述历史的动机与常人不同，有传播宗教信仰，为上帝“传福音”的因素。

口述动机是口述者接受和完成口述历史的原因与内部动力。它影响着口述者为什么而说，选择什么说，说到什么程度。这就直接关系到口述历史的价值。

自 1936 年底南京军法审判后，张学良就像在人间蒸发了一样，外界听不到他的一点声音。张学良性格耿直，是位有话憋不住的“东北汉子”，他何以能“锁嘴”54 年？当然首先是政治处境不允许他说。关键是他一肚子话憋了 54 年，居然没有憋出毛病来，还活了 101 岁，这就与他的信仰有关了。儒家的“小不忍，则乱大谋”、道家的“多言多败，多事多害”，佛家的“心不动，人不妄动，不动则不伤”，基督教的“爱是恒久忍耐”、“凡事包容，凡事相信，凡事盼望，凡事忍耐”等观念，使他走向顺从、忍耐、忏悔、谦卑之路。他在口述历史时说：“我这个人为什么不说？明白的人用不着和他辩，你和他争辩干什么。人啊，为自己申辩最无耻，评论是别人发出来的，不是你自己。我毫不计较这事情。我喜欢研究历史，这历史的翻案不知道多少回，将来的都不知道了。胡适之也说过，历史看法是因人不同的，这个事情很难说。看他的立脚点、出发点、背景是什么，大家都是不一样的。历史没有定评，要紧的就是一件事情——正义。”“我是个基督徒，有这样句话，‘申冤在我，我必报复。’不用为过去的事情抱不平，上帝会报。”

那他为什么后来又打破了“锁嘴”梦魇，开口说话了呢？一是他认为“要问山下路，须问过来人”。他是“过来人”，应该给“问路人”指个路。二是他在“锁嘴”期间，读了一些书，深感“最近之现代史，疑案重重，记载上多有不真实之处。然此并非皆由写史者，有意歪曲，而真实之史料，实在是难得访求也。有之传闻失实，有之记述讳隐，有之自我夸张，或者泯灭无可察考。此之对于后世之人，诚为重大之遗憾。”三是他把口述历史视为“证道”。“所谓证道，就是你给那件事作个证。”“给上帝做见证。”

他是过来人，有给迷路人指路的义务；其他人说的有失真之处，他有纠正的责任；传播宗教信仰、为上帝“传福音”、“做见证”是基督徒的“天职”。所以，当新闻记者问他为什么开口说话时，他回答：“我接受日本NHK电台访问，我是要对日本青年说几句话，旧的时代已经过去了，现在不要再存过去日本人那种思想……我是劝现代的日本青年，世界上大家都应该和平相处。”

为什么要对年轻人说几句话？他认为“现在的教育是相当的失败，使我们念书的，不论是中学生或大学生，你问他们脑子里是什么？就是没有宗教信仰，……若脑子里有的信仰就是金钱，那问题就大了。”① 劝青年学生爱国、树立信仰，是他开口说话的原因之一。赵一荻解释张学良为何做口述历史时说，“我们传福音就是人得悔改了，叫人不要再崇拜金钱肉欲了。”张学良和张之宇、张之丙多次说过，“我们现在谈话，就跟传福音一样”，口述历史，绝不是“来宣传我自己，我是借着这个来传福音。”“把上帝赐给我们的恩典，讲给人们听。”从他做口述历史的动机看，已经注入了宗教因子。

第二，他以“上帝那有本账”自设威慑，增强了口述历史的真实性。

真实性问题一直是史家漠视口述历史的主要因素。认为口述历史是口述者的个人记忆，它比文字史料的失真性更强。英国著名史学理论家阿瑟·马威克就认为：“不以文字史料为依据的历史虽然也是历史，但不是严谨的和令人满意的历史。”② 史学家对口述史学的漠视，主要是对口述历史的可信度持怀疑态度。

影响口述历史可信度的因素固然很多，但口述者的信仰和人格无疑是最重要的因素。张学良口述历史时，经常说的一句话是“上帝那有本账”，说假话是对上帝的不敬。“我都九十多岁了，我没有对人不能说的事。我要做这件事，我不能对人讲，那我不做。假如说，你指着问哪一件事，那是怎么回事，我都能说。无论对什么事情我都可以说，无论是我的私事，男女的问题，什么问题我都可以说。我自己考量这件事，我不能对人说，我

① 张学良：《对台视观众谈人生信仰》。

② 转引自梁景和、王胜：《关于口述史的思考》，《史学理论研究》2007年第5期。

不做，我这个人是这样的，无事不可对人言。……我从不对人说假话，我顶多不说，我说的话，我自己负责。”他口述历史“不是为着搞什么辩冤白谤，只是替历史留下一点真实的故事。”

当然，他的口述历史是否真实不能以他自我评价为标尺。不过，是不是“辩冤白谤”，是可以验证的。

历史上的名人最重视名，涉及名声问题是实事求是地说，还是刻意维护，确实是判断名人口述历史可信度的试金石。

涉及张学良名声的问题主要有：“中东路事件”是谁挑起的？“九一八”不抵抗命令是谁下的？西安事变后他被判刑是对是错？一般学界都认为，“中东路事件”是苏联挑衅所致，“九一八”不抵抗的命令是蒋介石下的，“西安事变”后张学良被判刑是蒋介石背信弃义。而张学良说：“不是人家挑衅，是我们挑衅。”“这件事我们做得很不好。”“没什么证据，叫人搜集什么呀？”

提到“九一八”不抵抗问题，他说：

“我要郑重地声明，就是关于不抵抗的事情，九一八事变不抵抗，不但书里这样说，现在很多人都在说，说这是中央的命令，来替我洗刷。不是这样的。那个不抵抗的命令是我下的。说不抵抗是中央的命令，不是的，绝对不是的。”

关于西安事变后被判刑，他说：“那蒋先生也没说假话，他后来真是不剿共了……所以自己请罪，那么我应该受死刑，等于叛变了，劫持长官在我们军队里是最厉害的罪，那就是叛变。”

采访者对判刑不理解，说：“不过，过去历史上，不是有将功折罪吗？”

张学良说：“那也不能那么讲，我没有功啊，没有去打仗。”“我自己做的事情，我自己负责任，我不往这人身上推，也不往那人身上推。”

按学术界普遍的说法去说，显然对他的名誉是有利的，也不会有人认为他说的是假话，心里活动，有谁能做出否定的结论？

他的口述历史已经超越了常人思维，一斑可窥全豹。不护己短，不隐己污，常人所不能；揭世人不知之短，晒他人不知之污，纠对己有利成说之误，只有深具宗教情结者方可做到。他以“上帝那有本账”自设威慑，使他在回望历史的同时将探求真理的目光投向了人生彼岸，这或许是张学良口述历史价值形成的一个重要因素。加上他在中国政坛只执政八年，从西安事变直到1990年，大部分时光都是在痛苦的回望、被动的“检讨”中度过的，在一定意义上说，这段时光为他晚年的口述历史做了准备。正因为如此，他的口述历史比同时代的其他人，包括阎锡山、李宗仁、孔祥熙、宋子文等人的更加客观、真实而有价值。

第三，他的口述历史充满了宗教情怀。

“我也是受中国旧教育，儒家教育的。”年轻时在中国传统文化环境中成长起来的张学良，具有强烈的历史使命感，而在强烈的历史使命感的精神寻求中，他在晚年仰慕基督伟大的人格和崇高精神，耶稣成了最终追求的精神楷模。

他在口述历史时极力赞美基督是正义的化身。“日本失败，日本投降了，那我心里很安定，我没有什么。我自己总想圣经上讲的两句话，‘申冤在我，报复在我。你不必为失去抱不平。’那么我就想，日本所得到的什么，两个原子弹，这不是申冤在我，报复在我？谁能让日本变成原子弹实验场，死了那么多人，谁招的呢？自己招的。谁主张，那是上帝主张，谁能做得到呢？怎么两颗原子弹都投到日本，日本死几十万人，所以，申冤在我，报复在我。何必呢？我们人做不到的事情，那么神，他的能力比我们大很多，谁给他做参谋，没有。谁能指挥他呢？我们人哪，做人哪，就是本着我们良心，问心无愧。”像这样赞美正义的话语在张学良口述历史中比比皆是。

他在口述历史时或赞颂宗教式的牺牲精神或以宗教的牺牲观念自喻。1935年11月1日，国民党四届六中全会开幕典礼后，全体中委在门前照例合影，汪精卫突被爱国青年孙凤鸣连击三枪。枪响时，人都跑了，独有张继和张学良上前擒捕刺客。张学良晚年口述历史时对此慨叹，“我在法国，有一次，看见刺客枪杀一位亲王。枪一响，那些警察、老百姓都向前跑，去抓那个刺客。而我们中央党部那次刺杀汪精卫时，枪一响，人全向后跑了，刹那间人就没有了。”回忆西安事变时，他提到宋美龄对他的评价：她说，“西安事变不要钱，不要地盘，要什么呢？要去牺牲。”“所以蒋夫人对我很好，很了解我。她说我是Gentleman。”他以宗教的牺牲观念自喻，以宗教的情怀解释自己以往的行动，以此呼吁人们燃烧自己，温暖他人。

他用以德报怨的宽恕精神来化解个人恩怨。无论是中国的儒家、佛教，还是基督教，都教人以“己所不欲，勿施于人”的态度对待他人，以宽恕的胸怀原谅他人的过错，以博大的爱心化解恩怨情仇。在此影响下，他以回忆的方式奏响了对宽恕精神的赞歌。他对监管他的特务们宽容。“他也是受命令所做的，我得原谅他。他也是很为难，很为难。一方面，他要不要得罪我，一方面他还要达到任务。”他对不理解他的人宽容。“我向来什么事情，尽到问心无愧就完了，旁的我不管。我不但不管，我还要原谅别人。人家也是人啊，人家不能像我一样傻瓜，人家不能不为自己打算打算。”他对治他罪的人宽容。“我去南京，可以把我枪毙，也应该把我枪毙，……不管西安事变怎么样，那不说，我劫持长官。”

在命运的播弄面前，他以宗教的胸怀，宽以待人，他用一腔的真诚热烈地讴歌着宽恕精神，呼唤着崇高。

在对宗教人格进行赞颂的同时，他以宗教忏悔情结所内含的批判精神为武器，对自己的灵魂进行了拷问，对宗教的阴暗面进行了挞伐。如他说：“我这个人放荡啊，我不愿意受拘束。”“我没有女人差不多我不能活啊。”纪晓岚的一句话“影响我很大，他说‘生我的我不忍，我生的我不淫，其余无可无不可。’”“我这一生啊，没有坏的事情，就这个事情乱七八糟的。所以我跟我的部下，部下太太不来往。一个是我躲避嫌疑，一个是我这人乱七八糟。”他以自我反省的方式，忏悔着情欲的迷狂，以自我晾晒的方式鞭挞着灵魂的丑恶，这种不留情面地自我解剖，恐怕在所有民国要人口述历史中是绝无仅有的。他还对有些基督徒的虚伪进行了挞伐。“别认为基督教徒都是好人，基督徒也是人，他也有野心。……他一样的犯罪，他说不犯罪只有耶稣基督一个人。”

他还对来华的传教士进行了揭露，说有些传教士就是为了钱，不给他钱，他也不会来。

四、他究竟是基督徒，还是基督教研究者

捧读浸润着宗教色彩的《张学良口述历史》，我们强烈地感受到他那感人至深的宽恕精神和光明磊落的人格，一位历经磨难、受过千般委屈的老人并没有因被幽禁半个多世纪而沮丧、怨恨，相反，我们看到的是一颗平静、安宁和感恩的心灵、一双看破红尘的慧眼、一个豁达超然的胸怀，前尘往事多被视为过眼云烟，功名利禄、恩怨情仇化为了虚幻空无。

一位民族英雄居然在成熟的壮年信奉起宗教，而且达到了痴迷的程度；一位自称“我就是共产党”的唯物主义者，经历了半个多世纪的幽禁生涯之后，笃信起基督教，这确实是个颇为有趣而又发人深思的现象。究竟如何解释这一现象？他是基督徒还是一个基督教研究者？视他为基督徒真的就有损于他的形象吗？

笔者认为，张学良是基督徒，还是基督教研究者，是真的相信上帝，还是他信奉基督纯粹是为了寻求一种精神支柱，都无损于他作为一位爱国者的形象。爱国和信教并不是一对矛盾，相反，它更使我们感觉到张学良是位可亲、可爱、率性、易于接近、不刻意维护名誉的伟人。既然人们并没有因为孙中山曾皈依基督而否定他创立民国的功绩，既然人们并没有因为牛顿“视《圣经》为至高无上的哲学”而看轻他发现的万有引力定律，既然人们并没有因爱迪生深信上帝的存在而贬低他在科学发明史上的地位，那么，我们就有理由相信人们不会因为张学良在被幽禁期间信奉宗教而损害他作为一个爱国者的光辉形象。

在看待张学良信教的问题上，有一点是不应该忽视的，那就是他信教的背景。如果不把这一问题放回到当时的历史背景下去考察，不考察他信教的背景，就违背了马克思主义的基本原理。马克思主义的基本原理是具体问题具体分析，把历史问题放回到当时的政治环境和社会条件之下。对张学良信教问题，我们应给予充分的理解。他痴迷佛教、皈依基督都起于政治压力，是在失去自由的情况下发生的，是在研究基础上走向痴迷和皈依的，宗教的力量人所共知，善良的人、弱势群体、追求信仰的人们是宗教生根开花最肥沃的土壤。张学良研究专家张友坤先生说：据说赵四小姐对基督已是相当虔诚，如痴如迷。张将军是否也像夫人那样虔诚，就很难说了。赵四小姐经常告诫张学良：“不要背着基督进孔庙”，就是张皈依基督的最好注解，也说明中国的传统文化在张学良身上是根深蒂固的。作为知识渊博、身经百战、历经磨难的张学良，他真的相信是上帝在娘胎里就造就了他吗？未必如此。他信奉基督，笔者认为纯粹是为了寻求一种精神支柱而已。

宗教是一把双刃剑，它可以净化人们的心灵，提升人们的品位，也可以消沉人们的意志，消磨人们的进取精神。对于张学良来说，更多的则是前者而不是后者。我们应该看到，张学良痴迷过佛教，最后皈依了基督教，每一段都很虔诚，但他没有失去理性，更没有陷入狂热和偏执。他信教虽然起于被动，但很快即在研究的基础上将信奉纳入了完善个人人格和追求真理的轨道。他将信教作为一种信仰，但从未滑入盲目崇拜的地步；他对佛教、基督等教义既有汲取，也有舍弃，甚至是批判；他对佛教徒、基督徒既有赞美，也有善意的批评，甚至是激烈的抨击；他信奉外来宗教，但不排斥本土宗教，更不拒斥中国的儒家文化。在他的宗教生涯中，他始终没有因为信奉哪一种宗教而丧失自己鲜明的主体意识和冷静的理性精神。他对宗教的这种态度对于我们今天正确地对待西方文化，具有一定的示范作用。

结语
如果从人格角度解读……

你可以恨我、爱我，就是不能可怜我。

不怕死，不爱钱，丈夫绝不受人怜，顶天立地男儿汉，磊落光明度余年。

——张学良

以张学良人生的复杂和对历史的贡献之大，后人要想走近他，必定是一个艰难跋涉的过程。但鉴于以往我们对张学良研究成果的分析以及研究路向的探寻，有必要提出“走近张学良”的话题。因为，从一定意义上讲，以往研究成果和基本路向，更多的是囿于张学良之外的客观因素，正如张学良自己所言：“外面说的，一直是在给我解过。”毫无疑问，以往的研究是必要的，其成绩是毋庸置疑的，为以后深入研究打下了坚实的基础。但总有一种模糊的感觉，即拿张学良当“百科全书”，外部需要什么，就到他那里去找什么。我们强调“走近张学良”，意在重视张学良自身，强调他身上最恒定的，最富个性色彩的“DNA”。

张学良人生图谱的“DNA”主要是他独特的思想人格。正是他独特的思想人格，决定了他是张学良，而不是其他人，正是他独特的思想人格决定了他特有的精神、气质、思维方式和他的人生色彩。研究张学良的思想人格，是走近张学良众多路径之一。

张学良的人格魅力是他人生色彩中最独特的一部分，而他的人生图谱中有一个最大的特点，这就是思想人格的双重性。

一、人生“DNA”图谱扫描

张学良的思想人生颇为复杂且充满悲剧色彩。他忠君近愚，爱国若狂，但关键时刻又“忠”“爱”相悖；他顺亲至孝，重情举义，但时常“孝”“义”背反；他光明磊落，轻虚鄙伪，但往往“神”“形”有异；他耿介拔俗，放荡不羁，但终生“狂”“忍”同体；他因荫入仕，因“罪”而隐，但内心“仕”“隐”互煎。全面而准确地把握张学良思想人生的双重性，是客观公正评价、走近张学良的前提和关键。

1. “忠”“爱”相悖

张学良思想人格的双重性，首当其冲的是他“忠君”外壳下的依附性裂变与爱国内核独立性稳定的矛盾。这种矛盾到了西安事变时达到冲突的顶点。

在张学良一生中，对“君”的“忠”和对国的爱经常处于既统一又矛盾之中，当然，这种统一与矛盾是随着他的个人认知水平、“君”的表现以及“国运”的变化而变化的。他认为“君”代表国家最高利益时或只有维护“君”的地位才能对国有利的情况下，他表现出的便是“以道事君”、“事君以敬”；在君王之所为偏离了国家方向、不代表国家利益或者有违国家利益的时候，他表现出的便是“忠臣事君，莫先于谏。”①

他的“忠”“爱”意识，不同时期有不同的表现。从东北易帜到中原大战，表现为浓厚的“忠君”即“爱国”，即维护国家统一就要维护国家领袖的威严，依附与独立重合；从“九一八”事变到下野留洋，他对蒋介石的独裁有所醒悟，对蒋介石不抵抗主义和能否领导全国抗战表示怀疑，依附性动摇；旅欧期间，由于受到法西斯的影响，回国之后，“忠君”与爱国又回复相一，奉蒋为“唯一领袖”，主张“佩服一人，赞成一事”，要“无条件跟着（领袖）走”，“有力者领导于上，知识阶级辅佐于其间，民众服从于下，一心一德，共同奋斗，故能拨乱世而反之正”，依附性突显；直到日军在华北兴风作浪，不断南犯，蒋介石一味叫嚷“攘外必先安内”之时，

①《忠经·忠谏章第十五》。

他才觉得“君”不为国谋，国将毁之于“君”手，在谏则不行，言则不听，仁至义尽的情况下，才最终决定兵谏，独立性思想人格的魅力光环压倒了依附性的懦弱。

从这里，我们看到张学良的“忠”“爱”观、“君”“国”观经常处于矛盾状态，但他在关键时刻能够以爱国为前提，国家第一，“君王”第二，以非凡的勇气，做出惊世骇俗之义举，已超越了传统的忠臣之“忠”，也实实在在地遭到了“朕即国家”的戏弄，“为国获罪”，踏入了54年被囚的悲剧人生。

2. “孝”“义”背反

张学良思想人格双重性的第二个特征，是他对“孝”的感性认知和对“义”的理性思考的矛盾。这种矛盾在他的青年时期表现得最为突出。

孔子说：“父在，观其志；父殁，观其行；三年无改于父之道，可谓孝矣。”① 按照孔子的三条标准衡量，张学良可谓不孝之子。父亲在世时，其父向武他向文（主张学医、学画，不从军），志向不同；其父死后，不仅没有继承其父业，反而将其父经营起来的东北悉数献给了曾经与他父亲为敌的国民党新军阀；至于“父之道”，不仅不是三年不改，而是不到一年就发动了东北易帜。按传统标准，他是典型的“叛逆”。

但张学良确实又是个孝子，对父母感情至深，自幼即帮助父亲挑起了管理家庭的重担。他年轻时即经常向弟弟妹妹们讲家风，告诫他们：“为人要正派，千万不要仗势欺人。”“要和老百姓讲团结”，“给老张家增光”，“爸爸太忙，年纪大了，有时顾不过来，我要替爸爸管教你们”。张学良的孝顺也使张作霖对他疼爱有加，使他年仅20岁，即统领数万大军，26岁，即官拜中央政府的“良威上将军”。张学良统领大军之前，他的孝顺基本达到了“受长上诃责，不论是非”，“俯首默受”，与父“荣损与共”、“扬名显亲”的“上孝”境界。

按照卢梭在《社会契约论》中所讲，一切社会中最古老而又唯一自然的社会，就是家庭。在家庭中，孩子只有在离不开父亲的时候，才依附于父亲。一旦孩子达到理智的年龄，就会按照自己的判断行事。从他达到理智的年龄，即不再依附于其父。当张学良随父东讨西征，目睹了因军阀混

①《论语·学而》。

战给国家和民族带来的无穷灾难之后，他对孝的感性认知逐渐向理性跃升，依附性的“孝”开始表现为独立性的“义”，不再事事“俯首默受”、“不论是非”。1924 年张学良随父率兵参加奉直战争，进军京畿，听闻当地百姓讥讽奉军：“头戴风沿帽，身挎盒子炮，妈拉巴子是免票，后脑勺子是护照”，他即在军官会议上提出：“改善军风，一定要把东北军的歪风邪气扭转过来。”“要设个军警稽查处……如果谁敢砸戏园子，砸窑子，搅闹街局，一定要枪毙!”张作霖当场摇头反对。张学良“没理父亲，仍然异常严肃地接着说。”这是他走出“俯首默受”依附心态的一小步。

孝主要是针对父子关系而言，“孝”的核心在于服从，“义”主要针对个人与社会而言，义的核心在于理，这是中国传统文化所特有的。它既是一种伦理道德规范，也是一种人格的价值取向。宋代司马光说：“若以父母之命为非，而直行己志，虽所执皆是，犹为不顺之子。”[①] 元代许衡说：“不听父母命则为不孝”。[②] 张学良在奉直战争中当众抗命，有违“不顺乎亲，不可以为子”之大戒。尤其在郭松龄反奉前后，他的“不孝”之举愈益彰显。举事前郭向他谴责其父罪错，他非但不辩，反而同情于郭，有违“子为父隐”之规；郭松龄筹划以武力逼其父交权“谋反”，他非但知情不举，反而离开军营逃到秦皇岛躲避，有违“义不背父”之道。郭松龄被捕后，其父下令就地枪决，他“以父命为非，直行己志”，为郭求情，有违“尊亲”“敬长”之孝。

在中国社会里，几乎人人肩头之上都有一副孝的重担，不孝者受到社会普遍的谴责和无情的鞭挞，张学良的不孝虽然没有受到社会的谴责，相反却受到社会的赞许，但他肩头上的这副重担并没有因为社会的赞许而有些许的减轻。“孝”“逆”两彰的人格矛盾使他的心灵深处备受煎熬。他孝顺他的父亲，在感情上百依百顺，但在“治世”的舞台上又时常背“孝”而“义”。他虽然有时远离了“孝”的圆心，跨入了“义”的门槛，却往往在关键时刻又回归于“孝”。

冲破“孝”的樊篱他又回望于“孝”，回归于“孝”，他又回望于“义”，“孝”与“义”是设在他心灵深处的两堵高墙。他从“义”，“背父

① 《书议 · 居家杂议》。

② 《许鲁斋语录》。

而逆”时，受着“孝”的煎熬；他“背义而孝”时，又受着“义”的烘烤。从郭松龄反奉开始，到战争善后事宜的结束，张学良一直徘徊在父亲和朋友，即“孝”“义”之间。他同情郭，出于义而背其孝，和郭一同指责他父亲的过错；从其父，出于孝而背其义，率兵打败了郭。

在整个过程中，他的内心自始至终处于矛盾之中。他说：“我本不应该批评我父亲”。也不应该举兵攻打我的老师郭松龄，但“从公的方面来说，老帅是我的长官；从私的方面，他又是我的父亲。我这一仗不打，将来闹个不忠不孝。”当时的心情“忧心如捣，五内如焚”，“弥觉椎心”。

感情与正义的矛盾折磨着张学良的内心世界，长期的折磨内化成人格分裂。这种人格分裂带来的痛苦一直折磨了他整整一生。直到晚年，一提起郭松龄他就“心里难过”。

3. “神”“形”有异

在张学良一生中心怀三恨：一恨日本侵略者；二恨背信弃义；三恨逆祖忘乡。但令人不解的是，他最恨日本侵略者，当日本侵略者进犯东北之时，他又放弃抵抗，落下个“不抵抗将军”的骂名；他最恨背信弃义，当蒋介石一次次食言，他表面上非但不恨，反而仍然崇敬有加；他最恨数典忘祖，他“自由”了，却不回大陆，连尸骨都埋在了异国他乡。

其心深藏三恨，其身背负“三污”，“三恨”与“三污”构成了他人格的两面：“神”“形”背向。

1990 年 6 月 17 日，张学良接受了日本 NHK 电视台的采访。这是他沉默了半个多世纪后第一次公开开口说话。他说的第一句话就是他最恨日本帝国主义，他与日本有不共戴天之仇。一位心已归皈基督的 90 岁老人，一切在他眼中都已是云淡风轻，但对日本帝国主义的恨仍在流血，可见其恨之深，其仇之巨。他可以饶恕任何人，但他永远不饶恕日本侵略者。人们尊敬他的爱憎分明，人们崇敬他在西安事变中表现出来的爱国之举，人们同情他 54 年的囚徒生涯，人们可怜他晚年的飘零之苦，但人们不能原谅他在“九一八”事变中的“不抵抗”之罪。他身为封疆大吏，口口声声“天不怕地不怕”，麾下有数十万大军，一万余侵略者进家了，他竟然不打，将八十多万平方公里的国土拱手相让于侵略强盗。纵使他说出千百条理由，这也是一种“神”“形”背向的人生悲剧。

如果说他在“九一八”事变时的“神”“形”背向（一是他判断错误，

没想到日本会大规模武装入侵；二是有蒋介石的“攘外必先安内”政策。个人主观的失误与中央政府客观的政策压力促使他“神”“形”背向）是因为时势所致，是被迫的，那么，在与蒋介石的关系上、对蒋介石背信弃义的评价上所表现出来的“神”“形”相异就不能说是简单的被迫的了。

在五光十色的中国历史上，在20世纪纷纭复杂的当国者政治恩仇录上，再没有比张蒋两家的是是非非、恩恩怨怨纠缠时间更长的了。自从1928年东北易帜到1988年蒋经国去世整整一甲子。在这60年中，张学良多次救蒋于危难。第一次是东北易帜，使蒋介石不费一枪一弹，即在形式上统一了中国；第二次是中原大战，使蒋介石摆脱了“四打一”（汪精卫、李宗仁、冯玉祥、阎锡山对蒋介石）的困境；第三次即是送蒋回宁，“擦亮了”蒋介石这盏灯泡，使他重新树立了威信，得以重振“朝纲”。但蒋介石，包括其子蒋经国却一直对张学良背信弃义。“中东路事件”中，蒋介石有言在先，一旦东北军与苏军开战，中央政府即派援军十万，可直到战争结束，东北军遭到惨败，蒋也未发一兵一卒相援；西安事变时，蒋介石以人格作担保，许诺保护张学良的安全，可一到南京，就扣押了张学良，一押就是54年。蒋介石如此不仁不义，在张学良内心深处的积聚“宛若仇雠”，但他很少揭露或斥责过蒋的背信弃义，在蒋逝世时，张学良仍说“关怀之殷，情同骨肉”。

第三个明显的“神”“形”背向是他生不回大陆，死不葬家乡。

人到了晚年，身体和心理朝着两个不同的方向疾驰。器官向老化的方向行进，心理却瞄准了童年的方向飞奔。而且随着器官老化速度的加快，心理向童年方向飞奔的速度也在加快。张学良复出之后，最大的心愿是回大陆、回东北、回老家看看。每次记者采访，或会见友人，一提到这一话题，老人就表现出无限的痛苦。但直到逝世，张学良也没能实现他的愿望。

因此，人们有理由提出了许多问号：“张学良为什么不回大陆？”“为什么定居夏威夷？”“生不能回大陆，为什么死后连尸骨也不能回大陆？”是他不想还是不能？说他不想，于常理于事实不符。2000年8月，张学良在夏威夷的住所前接待了一批来自东北的老乡，会见快要结束时，老人低头不语，一阵长时间沉默后，突然抬起头，泪水涟涟地大声说：“我想念我的家，想念我的家呀！”感动得在场的好几十人泪流满面。心里想家为什么在“自由”之后的10年里不见诸行动？说他身体不好，为什么可以飞赴美国不能飞返大陆？说他不自由，那生前不自由连死后葬身何处的自由也没有吗？不管多少客观“理由”，这种“神”“形”背向的矛盾是明显的。

4. “狂”“忍”同体

张学良自称是位“顶天立地的男儿汉”，有“敢把天捅个窟窿”的气概，实际上也是勇敢过人。他年方28岁，敢枪杀杨常；仅靠东北一隅之兵，敢与军事强国苏军开战；身为下属，敢扣押“国王”，都反映出他“顶天立地”的大丈夫之勇。但他在许多事情上又表现出令人难以理解的“忍耐”。

“九一八”事变之后，东北沦丧的责任一股脑都扣在他一个人的头上，举国骂声四起，本来“不抵抗”的发明人不是他，他只是个执行者，但他不辩一词；1933年，蒋介石把他削职为民，这种不公平的革职，无不使时人和史家为之惊叹，当时《大公报》的一篇社评说：“拥众十数万之大军领袖，经保定车中一席谈，居然放下兵权……中国军界之一创例也”；① 他蒙冤54年，在失去自由的情况下，默默地忍受是出于无奈，人们可以理解，令人不解的是，他多次声言“我无话不可对人言”，可自由之后，又表现出“三不”之忍：不爱见记者，不爱谈政治，不爱谈西安事变，连口述实录都要等他死后才能公布。

张学良有时“不拘礼法”，任性狂放，常常口出狂言，惊世骇俗，而行动上则事亲“至孝”，“口不臧否”，尤其是在晚年，只要涉及政治权要，则缄默不言。他在短暂的政治生涯中和漫长的个人生活里，时而是个奇人狂士，以至迹近“颠纲常”、“倒伦理”，时而又是个善忍之人，善忍到了“喜怒不形于色”的程度。他以“狂放”、“痴傲”来蔑视和挑战礼教、权威，以沉默、“锁嘴”来压抑其狂放的人格，以忍耐、顺从躲避蒋家和政敌更残酷的迫害，正是“神”“形”上的任性狂放与内心的至慎极忍的冲突。狂与忍又不可分割地统一在张学良的身上，使他成为一个人格激烈矛盾和冲突的集合体。正因为人格的严重分裂，导致他终生处在矛盾与冲突之中，内心充满痛苦的煎熬；又因为“狂”“忍”统一于一体，又使他内心的矛盾与冲突得以缓解，精神上的痛苦得以部分消释。

5. “仕”“隐”互煎

张学良的一生以36岁为界，分成“仕”、“隐”两个时期。不到而立之年

---

① 天津《大公报》社评：《行矣张汉卿》1933年3月13日。

即执掌一方，未及不惑之年，又“隐没山林”。他因何而仕？缘何而隐？众所周知。因其父是“东北王”，他承荫出仕；缘其“君”是“专制魔头”，“获罪”而隐。无论“仕”还是“隐”，起初均不是他所愿，都是以被迫开头，此后又在两个时期的终点将“入仕之志”和“出世之心”推向极点：他年轻时无心入仕为官，只想当名医生或画家，可入仕之后，为拯国难，壮怀激烈，西安事变，一举将入仕之志推向极致，“以身殉道”；被幽禁之初，他数次请缨赴死，要求“戴罪立功”，数请遭拒，万念俱灰，转而避世从佛，最后皈依基督，其心，恬淡无他，甚至达及“至人无已”之境。一般来说，张学良“入仕”，官及臣首；“出世”，“心向天国”，心中应该无苦可言。但可悲的是在张学良的内心世界里始终是“仕”“隐”互煎。

36岁前，也就是他为官之时，他在官场上看到的是“入仕之志”的毁灭而不是自我价值的实现。因此，数次申请辞官归隐，自寻逍遥，结果又被逼留在官场，但他在情感上却仍然试图冲破世俗的束缚，在政争之外去寻找逍遥，包括他位居一人之下万人之上之时，不然他不会吸毒成瘾；他在幽居期间，又不甘心于空怀壮志，因此，常想入世做事，为国效力，就是在90岁以后，他仍想为两岸统一做点贡献，结果又被逼回“山野”。他在理智上虽然知道“入世”无望，但在情感上仍未放弃走出幽隐，在幽居、漂泊之外去寻找入世之门和定居之所，包括他“心向天国”之后，不然他不会留下数千页的档案资料。

这就使得他深陷恶性循环的怪圈：在为官时感觉不到为官之荣，想隐退；在幽隐时不堪幽隐之苦，盼入世，“仕”“隐”两念互相煎熬。所以，张学良的自我意识是分裂的意识，苦恼的意识。正是这种自我意识和人格的分裂，造成了张学良的真正人生悲剧。按照歌德对悲剧的论述：悲剧的关键在于有冲突而得不到解决。

张学良正是为官想隐，欲求解脱而不能；为囚不隐，逆来顺受又不适，感伤、悲痛、愤怒、焦急、忧虑、绝望，灵魂经受各种煎熬，使他的人生充满了无边的忧愤和深重的哀伤。

二、他的思想人生如同一条不靠岸的船

思想文化是人格的沃土，人格是个人对特定思想文化内化的果实，时

代特点、地域（包括家庭对个人的影响）差别和个人社会角色及其经历是形成个体人格区别于他人的色素。

张学良所处的时代是中西思想文化激烈碰撞的时代，思想文化的二元性决定了张学良思想人格的双重性；而出身“东北王”和北洋政府末代元首家庭的“显赫”与所处环境的政治晦暗和世俗的巨大反差，自我角色定位的矛盾以及大起大落的人生阅历决定了他心理特征和行为特质的冲突性与个性。

第一，中西思想文化的碰撞及其二元性的特点突出了他独立人格与依附人格的对立。

张学良生活在中西双重思想文化激烈碰撞的环境中，一方面他被中国传统思想文化伸出的条条绳索所禁锢，一方面又被西方思想文化射进来的点点光亮所吸引。这样，在他的人格结构中，一方面承接了中国传统思想中的“忠”、“孝”、“忍”等传统成分，一方面又吸纳了西方思想中的“民主、自由、平等”等现代因素，这两种思想文化在同一体内的碰撞，形成了张学良依附和独立倾向双重并显的人格特征。

张学良自幼念过私塾，系统地接受过传统教育，又参加过基督教会，懂英文，去过日本，有长时间的旅欧经历，交了许多外国朋友，他对西方思想文化的了解，和同时代人相比算是比较多的，影响也比较大。一般来说，张学良思想人格中的依附性和人生价值的判断标准主要来源于中国传统，而人格中的独立性与外向性特点更多的则是受西方影响。如果说他对“君”的忠，对父的孝，对苦难的忍，对“心性”的“炼”，是受传统文化中的道德至上、团体优先的价值判断和权威崇拜的思维习惯及他控行为模式的日濡月染的话，那么他性格中表现出来的“天不怕，地不怕”的冒险精神，敢与“皇帝”、“父帅”“平起平坐”蔑视权威的自控行为模式则更多地表现出西方思想文化的特点。

在中西思想文化碰撞的时代，大致有三种人：一种是不受外来思想所惑，固守着传统，“任凭风浪起，稳坐钓鱼台”，独享固守之乐；一种是在外来思想汹涌而来时，立即扬帆起航，毫不犹豫地扑向对岸，“全盘西化”，享受着摆脱束缚之后的欢愉；第三种人，就是张学良这种人，起锚之后，任凭风浪打，就是不靠岸。其结果是：一方面，他张扬的个性，狂放的行为方式使他在排解心中痛苦时得到了一种“不起锚者”欲得不敢的心理欢畅；另一方面，他又没有完全摆脱中国传统的羁绊，瞬间的欢畅之后又不得不长时间地忍受中西文化的直接冲突所带来的心理上的呻吟。

他总是处于两难之间，想去还留，欲爱又憎，摇摆不定，去留之念，爱憎之情搅得他的内心宛若怒涛中的一叶扁舟，时而飘向东，时而撞向西，始终没有靠岸。

这第三种人是最痛苦的，他们在情感上执着于千百年来的历史与传统，在理智上有时又献身于外来的价值判断，在行为方式上“土洋参半”，于是，这就带来了思想人格的分裂和二元化。人格的分裂和二元化必然给人带来心理折磨，在中西思想文化碰撞的时代，这种人虽多，但张学良最苦，因为他始终生活在风口浪尖上，他是一个典型的二元思想人格的双向“殉道”者。

第二，家庭出身的显赫和所处政治环境的晦暗强化了他显性人格和隐性人格的矛盾。

心理学家研究表明，一个人人格形成的关键时期是成年以前，而在这一时期主要是受家庭中父母的影响。父母的影响主要表现在三个方面：一是父母营造的家庭环境，如地位、财产等，对孩子需求动机的影响；二是父母的行为对孩子的示范作用，如父母的追求、处事方式、性格气质等；三是父母对孩子未来的设计及规范强制。

众所周知，张学良的父亲出身微贱，经过个人奋斗，走上了“东北王”、北洋政府末代元首的位置。张学良自幼视父亲为心中的偶像，他不仅继承了“东北王”的权力、家产、军队、地盘，还从他父亲那里继承了勇气、豪气、侠气、义气和大气，并将其发展演变成大英雄之气。

经过张作霖的培养，张学良聪颖出众，在讲武堂学习时曾拿过四个第一；勇猛惊人，当团长时冒着枪林弹雨，身先士卒；豪气冲天，做事果决，说一不二；行侠仗义，敢为知己者死；为人大气磅礴，视富贵如浮云，一派大丈夫之气概。但他性格也有另一面，天真率直，狂放任性，高傲孤独，遇事缺乏耐心。这样的特性一方面与粗犷的关东地域文化有关，最重要的就是他父亲的影响。

他所继承的财、权、利、名，如同一串穿好的珍珠，而且是一夜承袭。“当时我还年轻，什么也不知道，迎面飞来的权力，我只是双手把它接住而已。”实际上他接住的每颗珍珠的获得他父亲都经过了千辛万苦的努力，也正是这千辛万苦的努力和长期的断杀才造就了他父亲的性格和能力。而张学良没有经历过挖掘、寻找、与对手争抢珍珠的锻炼就轻易得到了这一切，自然虽有其父之财之权之遗风，却没有其父的狡黠、老道和经验。他只有其父之名，而无其父之实，就是气质也是模仿而得，不是实践锻炼的结果。

由于张作霖被炸身亡，死时连和他儿子说句话的机会都没有，28 岁的张学良戴着他父亲留给他的那串耀眼的珍珠，过早地、突然地被卷入了中国政治漩涡的中心。当时中国政坛一片黑暗，政争屡起，各派人物互相倾轧，尔虞我诈，而他的对手都和他父亲一样的狡黠、老道。突然的变化，使他的人格逐渐扭曲。

他所承袭的"贵族"之气，常常遭到世俗的奚落；他所承袭的仗义行侠，常常被狡诈者所利用；他的天真率直，常常被老道者所嘲笑；他的高傲狂放，常常在政治倾轧中遭到围攻；他的"宁让天下人负我，我不负天下人"，常常让势利小人钻空子；他所承袭的那串珍珠，吸引了众多贪婪的视线，经常有人欲"图财害命"。

虎落平川的严酷之中，暴露了他短炼的弱点。自他离开其父庇荫独自支撑东北危局的三年多一点的时间里，他即将他父亲用十多年的时间积攒起来的家底几乎丢个精光：家产、东北大学、白山黑水之间的那片黑土地和黑土地上的百姓。此后，他尝尽了失家之苦，丢地之恨，损兵折将之丑。

在这样一种政治晦暗、权术风行的环境下，具有性格直率、秉性刚阳的显性人物往往是第一批受伤者。对张学良来说，受伤最深的莫过于心上有了刀痕，遂转而为"忍"、"隐"。其人格也随之分裂为显性和隐性。一方面他继续执着于自己的抱负，与黑暗势力作无情的搏杀，轻贱权贵，鄙视小人，遏制邪恶，寻觅光明，如毙杨常，扣蒋介石，追寻共产党。一方面"忍怒以全阴气"，如 1933 年主动辞官旅欧；以逆向掩其志向，有志装无志，如欧洲归来，向蒋介石再三表白不想回东北军，愿留在蒋的身边，甘遭诽笑，求免疑猜；佯狂避世，以物隐心，如在被幽禁期间莳花弄草，养鸭垂钓，给以人"玩物丧志"的表象；等等。这些都属于显性人格的逆向反映，是显赫家庭带来的一帆风顺和恶劣环境中实际的一波三折作用于心的结果。

第三，他大起大落、大荣大辱的人生悲喜剧加重了他理想人格和现实人格的冲突。

一个人的阅历对人格的形成至关重要。一个人的思想人格特征除了带有深刻的文化特征和家庭印痕之外，最重要的就是他的阅历特征。人格特征在社会实践中形成，所以，从人格特征中总能找到人生阅历的影子，从人生阅历的特点中总能发现与之相契合的人格特征。

人在一生中扮演的角色复杂，即人生阅历复杂，他的人格特征也一定是五彩缤纷的；反过来，平淡无奇的人生，人格特征也不会明显。如果一个人的人生是大起大落的，他的人格一定是矛盾重重；如果一个人的人格是冲突对立的，他的人生一定是一波三折。总之，人格特征是人生色彩的标签。

张学良的人生是大起大落的人生，而且有许多神秘色彩。如绪论中所言，两个“九一八”：一荣一辱；两个1月13日：一个是正式被囚的起点，一个是实际自由的起点；两个36年：72年真爱如歌，一半时间“非法”；两个8年：看着都自由，实际都不幸福；两条“辫子”：生前留一条“不抵抗”的辫子，死后留一条，叶落不归根的辫子；等等。

这一串巧合看似神秘和偶然，其实，这偶然之中隐含着无穷的历史必然。这种偶然突显必然深藏的特性，一方面为我们走近张学良增加了难度，同时，也为我们多角度研究张学良展现了一个广阔无垠的研究空间。

他的这些偶然可以通过不同的路径寻找其中必然的答案。但通过思想人格的路径，我们可以发现，张学良人生中的悲喜相重、荣辱相叠、洁污相复、福祸相缠的偶然之花正好是他人格中的忠爱相悖、孝义两彰、狂忍同体、神形有异、才性相离、仕隐互煎的必然之果。在一定意义上说，如果他忠君不是近乎愚、爱国不是近乎狂，就没有两个“九一八”的荣辱相叠。如果没有第一个“九一八”之荣，张学良当不上全国陆海空军副司令，他也不会对蒋言听计从；没有蒋介石的不抵抗命令，也就没有张学良的“不抵抗”之辱；如果不是他在西安事变中忠爱相悖，就没有他一生的悲喜相重；如果不是他的狂忍同体、神形相异，就不会有他72年的真爱如歌，一半“非法”的洁污相复；如果不是他的才性相离和仕隐互煎，就没有他人生看之似福，其实是祸的两个8年，也不会留下那两条辫子任人摇拽不已。

正是张学良思想人格中有那么多的双重性才筑就了他人生中那么多的两极相重，也正是因为张学良的人生是复杂的人生才使他的思想人格有那么多色彩。

张学良与20世纪同生同行，经历和目睹了一个完整的世纪。中华民族在20世纪里经历了多少腥风血雨，经历了多少艰难曲折，有多少愧对祖先的遗憾，有多少激励后人的悲歌……他几乎都了然在胸。封建王朝大厦坍塌的巨响，中华民国成立的礼炮，他都亲耳听过；北洋军阀混战的疆场，国民党新军阀厮杀的战场，他都上过；他亲自指挥过与苏军作战，与日军作战，与叛军作战，与红军作战……他的一生是复杂的，是多姿多彩的，也是矛盾的。

他与蒋介石是拜把兄弟，做过政治搭档，最后他活捉了蒋介石；他“追剿”过红军，但最后与红军领导人周恩来成了知心朋友；他去过日本，与日本法西斯分子本庄繁私交不错，他游历过欧洲，见过法西斯鼻祖墨索里尼，见过德国法西斯的二号人物戈林，最后他曾多次下决心恨不得战死在反法西斯的战场上。

他出身封建军阀家庭，但反对军阀统治；他继承了“东北王”统治的东北，但不自立为“王”，归顺了南京；他身经百战，不畏强敌，但力主对内罢战息兵，主张和平统一；他是位军人，但热衷于科教兴邦、兴厂办学；他麾下曾有数十万精兵相卫，脚下曾有过北方八省两市辖区，且手握全国陆海空军副司令权杖，但为避免内战再起，弃权柄如丢一双穿烂的鞋，毫不犹豫；他曾奉命挥兵30万，“围剿”后有追兵，前无接应，已进入危境的三万余红军，但出于对红军政治主张的敬赞，令前线将士朝天放枪，并解私囊以助红军；他代行蒋介石“剿匪”总司令之职，却驾机深入“匪”区，与“匪首”周恩来密商逼蒋抗日之大计，最后演出西安事变伟剧，也正是因为这个原因，他打破了作为一名民族功臣被囚时间最长的世界纪录。直到晚年，孤悬海外，最想听乡音的年龄听不到乡音，最想叶落归根的人在海外买下了墓地，最孝顺的儿子直到死也未能到父亲的坟头看上一眼。

纵观张学良的百年人生，无论是他生命中的许多巧合，还是他人生中所呈现出的色彩，都有一个共同的鲜明的特色，他的大起大落、大荣大辱似乎都互为因果，好像他为国家、民族一次次推开“天堂”之门的同时他个人走向“地狱”的大门也被打开了。

“天堂”之门的开启，是张学良理想的实现；“地狱”之门的打开，是张学良追求理想所付出的现实代价；“天堂”之门和“地狱”之门同时被打开，是张学良理想人格和现实人格矛盾冲突的结果。

通过对张学良百年思想人生的扫描，似可以得出如下结论：在张学良内心深层，存在着双重思想人格。一是理想人格，一是现实人格。理想人格主要源于他热爱祖国、追求国家统一、唯大英雄最重本色、是真名士自古风流的人格理想。其内涵是以国家利益高于一切的理念和追求为国立功的积极入世态度来调解国家、集团和个人之间，各政治集团之间的矛盾。以国家利益为本位、淡泊名利的理想人格决定了他做事无怨无悔、坦荡面对人生的态度和光明磊落、无所畏惧的精神境界，这一人生态度和精神境界使他的人生始终贯穿着自我拯救、不断超越的过程，从而创造了他人生的一个个辉煌，赢得了“伟大的爱国者”、“民族英雄”的评价。他的现实人格主要源于年轻时的挫折，半个多世纪的幽居和晚年漂泊海外所形成的顾忌重重的性格倾向和悲观失落反转超然的矛盾情结。顾忌重重的性格倾向决定了他无论年轻时面对政治高压，还是晚年回首历史或决定身埋何处等问题上都摆脱不了人生孤独的困境，迫使他在人生的大部分时间里从精神上选择了一个守静固淡、回避纠缠的超然归宿，从而，留下了许多人生遗憾，使人们在评价他的时候，总是忘不了“但是”。

张学良的人生，是十足的百年人生，但始终未能走出孤独。

张学良的思想，是人生经验的积淀，但一直在追求着超越。

主要参考资料

一、张学良主要著作

张友坤主编：《张学良口述历史（访谈实录）》，当代中国出版社 2014 年

张学良口述，王海晨、郭俊胜编撰：《张学良口述自传》（手稿）

张学良原著，张之宇校注：《杂忆随感漫录——张学良自传体遗著》，台北，历史智库出版股份有限公司 2002 年

张学良：《西安事变回忆录》（原载台北《希望》杂志创刊号，1964 年 7 月）

张学良：《张副司令讲演集》（1—3），武汉，1934、1935 年

张学良、杨虎城：《抗日救国言论集》，西安，1936 年

毕万闻主编：《张学良文集》（1、2），新华出版社 1992 年

周毅、张友坤等主编：《张学良文集》（上下），香港同泽出版社 1996 年

毕万闻主编：《张学良赵一荻合集》（1—6），时代文艺出版社 2000 年

窦应泰编：《张学良遗稿——幽禁期间自述、日记和信函》，作家出版社 2005 年

张学良口述，唐德刚撰写：《张学良口述历史》，中国档案出版社 2007 年

张学良口述，王书君撰编：《张学良的今生今世》（上下），团结出版社 2011 年

访谈录者唐德刚，著述者王书君：《口述实录——张学良世纪传奇》，山东友谊出版社 2002 年

［日］NHK 记者专访录：《缄默 50 余年张学良开口说话》，管宁、张友坤译注，辽宁人民出版社 1992 年

［日］臼井胜美著，NHK 采访制作：《张学良与日本》，陈鹏仁译，台湾联经出版事业公司 1994 年

［日］臼井胜美著，NHK 采访制作：《日本昭和史的最后证人张学良》，刘立善译，辽宁大学出版社 1993 年

二、与张学良相关的馆藏档案

美国哥伦比亚大学“毅荻书斋”存藏：《张学良口述历史》访谈录音。（145 盘录音带，7000 多分钟）

辽宁省档案馆馆藏：张学良日记、信函档（胶片）、奉天省公署档、东北政务委员

会档案文书、东北交通委员会档案文书、辽宁省政府公报（1930 年）、奉天交涉总局档、日本侵华专题档、军督部堂档、南满洲铁道株式会社档（总体部、调查部、铁道部案卷）、满铁档（原存满铁调查部资料室副本）、满铁调查部关于东北铁路交通的调查资料（铅印本）、《满洲年鉴》（1932—1933）、《日本外交年表及主要文书》（1840—1945 年）、《南满铁路》（英文）、《大元帅张作霖》（1928 年日文版）、满铁调查部编《满蒙全书》（1922 年）、《东北大学概览》（1929 年）、《东北大学年鉴》（1929 年）

沈阳张氏帅府博物馆藏：《奉系军阀文电集》、《中华民国陆海军大元帅公行状》、《张大元帅哀挽录》

三、与张学良相关的档案资料汇编

辽宁省档案馆：《辽宁档案馆珍藏张学良档案》，广西师范大学出版社 1999 年

辽宁省档案馆：《奉系军阀档案史料汇编》，江苏古籍出版社、香港地平线出版社 1990 年

辽宁省档案馆：《奉系军阀密信》，中华书局 1985 年

辽宁省档案馆：《奉系军阀密电》，中华书局 1985 年

董惠云、张秀春：《张学良与东北新建设资料选》，香港同泽出版社 1998 年

中央档案馆：《中国共产党关于西安事变档案史料选编》，中国档案出版社 1997 年

中国第二历史档案馆、陕西省档案馆等：《西安事变档案史料选编》，中国档案出版社 1986 年

西安事变研究会资料室：《西安事变电文选》，陕西师范大学出版社 1986 年

中共中央统战部、中央档案馆：《中共中央抗日民族统一战线文件选编》，中国档案出版社 1984 年

中国第二历史档案馆：《中华民国史档案资料汇编》，江苏古籍出版社 1991 年

中国第二历史档案馆：《直皖战争》档案资料，江苏人民出版社 1980 年

秦孝仪主编：《中华民国重要史料初编·对日抗战时期》，台北，“中央”文物供应社 1981 年

秦孝仪主编：《西安事变史料》，台湾“中国国民党”党史委员会 1983 年

王铁崖编：《中外旧约章汇编》，三联书店 1982 年

褚德新等主编：《中外约章汇要（1689—1949）》，黑龙江人民出版社 1991 年

李毓澍：《中日关系史料》，台湾“中央研究院”近代史研究所 1961 年

黑龙江省档案馆，黑龙江省社会科学院历史研究所编印：《日本向中国东北移民（档案资料选编）》，1989 年

黑龙江省档案馆编：《中东铁路》（内部发行），1987 年

吉林省社会科学院《满铁史资料》编辑组编：《满铁史资料》，中华书局 1979 年
辽宁省档案馆、辽宁省社会科学院编：《九一八事变前后的日本与中国东北——满铁秘档选编》，辽宁人民出版社 1991 年
陈进金：《地方实力派与中原大战》，国史馆 2002 年
国联调查委员会：《国联调查委员会调查报告》，世界书局 1933 年
程道德、郑月明、饶戈平编：《中华民国外交史资料选编》，北京大学出版 1985 年

四、与张学良相关的报刊及文史资料

沈阳《东北新建设》（1928 年 10 月创刊，张学良亲笔题写刊名）
沈阳《东北大学校刊》（1928—1936 年，张学良曾为该刊题词：“奋起直追”）
天津《北洋画报》（1926 年 7 月 7 日至 1937 年 7 月 29 日，张学良秘书创办）
沈阳《东北经济月刊》（1925 年，辽宁省档案馆藏）
西安《西京日报》（1933 年 3 月 21 日至 1936 年 12 月 12 日）
西安《解放日报》（1936 年 12 月 13 日至 1937 年 2 月 8 日）
沈阳《盛京时报》（1906 年 10 月 18 日至 1944 年 9 月 14 日，日本人办的中文报纸）
上海《东方杂志》（1904 年 3 月至 1948 年 12 月）
天津《大公报》（1902 年 6 月 17 日至 1949 年）
天津《益世报》（1915 年 10 月 10 日至 1949 年 1 月 15 日）
上海《申报》（1872 年 4 月 30 日至 1949 年 5 月 27 日）
上海《国闻周报》（1924 年 8 月 3 日至 1937 年 12 月 27 日）
上海《密勒氏评论周报》（英文版）（1917 年 6 月 9 日至 1941 年 12 月）
全国《文史资料选辑》
《辽宁文史资料》
《吉林文史资料》
《沈阳文史资料》
《帅府苑》
台湾《传记文学》

五、与张学良相关的回忆录

王卓然：《张学良到底是个怎样人》，《王卓然史料集》，辽宁人民出版社 1993 年
姚东藩等撰，徐彻整理：《郭松龄反奉见闻》，中华书局 2008 年
于凤至：《我与汉卿的一生》，团结出版社 2007 年
张闾蘅、张雅蕙、陈海滨：《张学良、赵一荻私人相册——温泉幽禁岁月》（1946—1960），生活·读书·新知三联书店 2006 年

辽宁省政协文史资料研究会：《在同张学良相处的日子里》，辽宁人民出版社 1986 年
司马桑敦：《张老帅与张少帅》，台湾传记文学出版社 1984 年
文思主编：《我所知道的张学良》，中国文史出版社 2003 年
大风编：《张学良的东北岁月——少帅传奇生涯纪实》，光明日报出版社 1991 年
蒋介石：《西安半月记》，台湾《革命文献》，第 94 辑
宋美龄：《西安事变回忆录》，台湾《革命文献》，第 94 辑
孔祥熙：《西安事变回忆录》，台北正中书局 1961 年
何应钦：《西安事变三忆》，澳门，大地出版社 1962 年
申伯纯：《西安事变纪实》，人民出版社 1979 年
中国社会科学院近代史研究所：《西安事变资料选辑》，人民出版社 1980 年
中国社会科学院现代史研究室：《西安事变资料选辑》，人民出版社 1981 年
西北大学历史系等编：《西安事变档案史料选辑》，1979 年内部印刷
宋黎：《张学良和他的将军们》，辽宁人民出版社 1993 年
郭增恺：《西安事变三忆》，澳门，大地出版社 1962 年
应德田：《张学良与西安事变》，中华书局 1986 年
吴福章：《西安事变亲历记》，中国文史出版社 1986 年
李金洲：《西安事变亲历记》，台北传记文学社 1972 年
高存信、白竞凡：《西安事变与二二事件》，香港同泽出版社 1995 年
惠德安：《张学良将军戎幕见闻》，辽宁人民出版社 1993 年
惠德安：《张学良将军轶事》，辽宁人民出版社 1985 年
刘既白、王天骥：《张学良将军台湾生涯四十五年》，光明日报出版社 1991 年
郭冠英：《张学良侧写》，台北传记文学出版社 1992 年
高山流：《张学良幽居生活实录》，香港，春秋出版社 1967 年
张治中：《张治中回忆录》，中国文史出版社 1985 年
刘健群：《银河忆往》，台北传记文学社 1966 年
东亚同文会编：《对华回忆录》，胡锡年译，商务印书馆 1964 年
张弛主编：《少帅今昔》，新华社参考新闻编辑部 1991 年

六、张学良综合研究著作

张友坤、钱进、李学群编著：《张学良年谱》，社会科学文献出版社 2009 年
陈崇桥、胡玉海：《张学良外传》，江西人民出版社 1980 年
张魁堂：《张学良传》，东方出版社 1991 年
王海晨、胡玉海：《世纪情怀：张学良全传》（上下），人民出版社、广东人民出版

社 2011 年
张友坤：《伟大的爱国者张学良》，东北大学出版社 2006 年
张友坤：《张学良世纪风采》，华文出版社 2000 年
郭俊胜：《张学良史事笺证》，辽宁人民出版社 2010 年
武育文、王维远、杨玉芝：《张学良将军传略》，辽宁大学出版社 1988 年
刘恩铭：《张学良将军》，中国文联出版公司 1988 年
刘长春、赵杰：《张学良》，中央文献出版社 2008 年
王永存编：《张学良人格面面观》，哈尔滨工业大学出版社 2000 年
窦应泰：《张学良身后十大谜团》，作家出版社 2011 年
刘恩铭：《张学良将军生活纪事》，辽宁大学出版社 1990 年
漠笛主编：《张学良生涯论集——海内外专家论文精选》，光明日报出版社 1991 年
赵高山编：《张学良轶闻趣事》，台北，天工书局 2006 年
［日］西村成雄：《张学良》，中国社会科学出版社 1999 年
［日］松本一男：《张学良与中国》，台湾，新潮社文化事业有限公司 1992 年

七、张学良专题研究著作

［美］傅虹霖：《张学良的政治生涯》，王海晨、胥波译，辽宁大学出版社 1988 年
［美］傅虹霖：《张学良的政治生涯》（修订版），王海晨、胥波译，浙江大学出版社 2013 年
［美］傅虹霖：《张学良与西安事变》，王海晨、胥波译，香港中华书局 2014 年
王海晨主编：《九一八研究》，吉林文史出版社 2001 年
梁敬錞：《九一八事变史述》，台北，世纪书局 1968 年
刘心皇：《张学良进关秘录》，台北传记文学出版社 1990 年
郭俊胜、胡玉海主编：《张学良与东北易帜》，辽宁人民出版社 2008 年
郭俊胜、胡玉海主编：《张学良口述历史研究》，辽宁人民出版社 2010 年
郭俊胜主编：《走进大帅府，走近张学良》，辽宁人民出版社 2010 年
郭俊胜、胡玉海主编：《张学良与九一八研究》，辽宁人民出版社 2011 年
郭俊胜、胡玉海主编：《张学良与中东路事件》，辽宁人民出版社 2012 年
郭春修、胡玉海主编：《张氏父子与东北近代化》，辽宁人民出版社 2013 年
张魁堂：《挽救危亡的史诗：西安事变》，广西师范大学出版社 1994 年
西安事变编辑组：《西安事变简史》，中国文史出版社 1986 年
杨奎松：《西安事变新探——张学良与中共关系之谜》，江苏人民出版社 2006 年
王充闾：《张学良人格图谱》，东方出版社 2009 年
阎宝航：《张学良和东北军》，中国文史出版社 1986 年

陆军、杜连庆：《张学良与东北军》，辽宁人民出版社 1991 年
方正、俞兴茂、纪红民：《张学良与东北军》，中国文史出版社 1986 年
李义彬：《震惊世界的一幕：张学良与西安事变》，上海人民出版社 1998 年
李云汉：《西安事变始末之研究》，台北，近代中国出版社 1985 年
杨翰主编：《海峡两岸西安事变学术研讨会论文选》，2013 年
西安事变研究会等：《西安事变研究新论》，陕西人民出版社 1998 年
毕万闻：《英雄本色：张学良口述历史解密》，中国文史出版社 2002 年。
张之宇：《张学良探微：晚年记事》，江苏人民出版社 2004 年
张魁堂：《张学良在台湾》，新华出版社 1990 年
窦应泰：《张学良在美国》，河南文艺出版社 1999 年
赵杰：《留住张学良——赴美采访实录》，辽宁人民出版社 2002 年
赵杰：《张学良：毁誉由人》，中国文史出版社 2007 年
赵杰：《张学良在美国的最后岁月》，中国文史出版社 2012 年
丁晓春：《张学良与东北大学》，东北大学出版社 1996 年
孙静斋：《张学良将军诗词注释》，辽宁大学出版社 1988 年
姜铁城、杨景华主编：《张学良旧居》，辽宁画报出版社 1999 年

八、其他相关资料

陈崇桥、胡玉海：《从草莽英雄到大元帅——张作霖》，辽宁人民出版社 1991 年
徐彻、徐悦：《张作霖传》，百花文艺出版社 2004 年
常城：《张作霖》，辽宁人民出版社 1980 年
陈崇桥、耿丽华：《张作霖真传》，辽宁古籍出版社 1997 年
郭俊胜主编：《张作霖与日本关系》，辽宁人民出版社 2008 年
龚德柏：《日本人谋杀张作霖》，沈阳，常春出版社 1929 年
胡玉海：《奉系军阀全书》（6 卷），辽海出版社 2000 年
胡玉海、里蓉编：《奉系军阀大事记》，辽宁民族出版社 2005 年
翟文选、臧式毅：《奉天通志》，1934 年
东北大学：《东北要览》，东北大学 1944 年印行
东北文化社编印处：《东北年鉴》，奉天，东北文化社 1931 年
佟冬：《中国东北史》（6 卷），吉林文史出版社 2006 年
王铁汉：《东北军事史略》，台湾传记文学出版社 1982 年
张德良、周毅：《东北军史》，辽宁大学出版社 1987 年
刘祖荫、周毅主编：《东北军十四年抗战史》，香港同泽出版社 1995 年
吉林省社会科学院编：《满铁史资料》，吉林人民出版社 1990 年

江文汉：《满洲移民》，世界书局 1932 年
华企云：《满蒙问题》，上海，大东书局 1929 年
孔经纬：《东北经济史》，四川人民出版社 1986 年
王慕宁：《东三省之实况》，上海书局 1929 年
王芸生：《六十年来中国与日本》（1—7），三联书店 1980 年
许兴凯：《日本帝国主义与东三省》，上海昆仑书店 1930 年
陈觉：《日本侵略东北史》，商务印书馆 1929 年
陈觉：《九一八痛史资料》，上海书店 1932 年
谭译：《九一八抗战史》，辽宁人民出版社 1991 年
罗瑞卿、吕正操、王炳南：《西安事变与周恩来同志》，人民出版社 1978 年
《蒋介石在西安事变中——一个贴身侍卫官目击记》，中共中央党校出版社 1994 年
胡玉海：《奉系纵横》，辽海出版社 2001 年
日本防卫厅编：《日本帝国主义侵华资料长编》，天津政协编译委员会译，四川人民出版社 1987 年
政协陕西省文史资料研究委员会编：《回忆杨虎城将军》，陕西人民出版社 1986 年
中国社会科学院近代史研究所：《顾维钧回忆录》，中华书局 1983 年
王金林：《日本天皇制及其精神构造》，天津人民出版社 2001 年
苏崇民：《满铁史》，中华书局 1990 年版
佟东主编：《沙俄与东北》，吉林文史出版社 1989 年
陈本善主编：《日本侵略中国东北史》，吉林大学出版社 1989 年
朱庭光：《法西斯新论》，重庆出版社 1991 年
郭洪茂、刘信君：《日本侵华与中国抗战研究》，吉林文史出版社 2006 年
高乐才：《日本“满洲移民”研究》，人民出版社 2000 年
冯天瑜：《“千岁丸”上海行——日本人 1862 年的中国观察》，商务印书馆 2001 年
徐世昌：《东三省政略》（1911 年铅印本，辽宁大学历史系资料室藏）
徐曦：《东三省纪略》（1914 年铅印本，辽宁大学历史系资料室藏）
叶恭绰：《交通救国论》，上海商务印书馆 1924 年
王振乾等：《东北大学史稿》，东北师范大学出版社 1988 年
邓野：《联合政府与一党训政》，中国社会科学出版社 2003 年
杨天石：《蒋介石与南京国民政府》，中国人民大学出版社 2007 年
王兆刚：《国民党训政体制研究》，中国社会科学出版社 2004 年
张皓：《派系斗争与国民党政府运转关系研究》，商务印书馆 2006 年
[英] 加文·麦柯马克：《张作霖在东北》，毕万闻译，吉林文史出版社 1988 年
[美] 约翰·托兰：《日本帝国的衰亡》，新华出版社 1982 年

[美] 埃德温·赖肖尔：《当今日本人——变化及其延续》，上海译文出版社 1998 年
[美] 赫伯特·比克斯：《真相：裕仁天皇与侵华战争》，王丽萍、孙盛萍译，新华出版社 2004 年
[日] 西村成雄：《中国外交与国联的成立》，法律出版社 2004 年
[日] 井上清：《天皇的战争责任》，商务印书馆 1983 年
[日] 若槻泰雄：《日本的战争责任》，社会科学文献出版社 1999 年
[苏] 阿瓦林：《帝国主义在满洲》，商务印书馆 1980 年
[日] 水野明：《所谓"满蒙悬案交涉"及张作霖对策》（铅印稿）
[澳] 端纳口述，符致兴编著：《端纳与民国政坛秘闻》，湖南出版社 1991 年
[日] 河本大作：《我杀死了张作霖》，陈鹏仁译，吉林文史出版社 1986 年
[日] 森义彪：《炸死张作霖与町野武马》，陈鹏仁译，《张作霖与日本》，台北，水牛图书出版事业有限公司 1988 年
[日] 林久治郎：《九一八事变——奉天总领事林久治郎遗稿》，王也平译，辽宁教育出版社 1987 年

九、一般参考资料

《马克思恩格斯选集》
《中共中央文件选集》
《毛泽东书信集》
《周恩来书信选集》
《蒋总统集》，台北，中正书局 1961 年
张其昀：《先总统蒋公全集》，台北，中国文化大学出版部 1984 年
《冯玉祥文集》，人民出版社 1985 年
傅斯年：《史料论略及其他》，辽宁教育出版社 1997 年
陈垣：《通鉴胡注表微·校勘篇》，辽宁教育出版社 1997 年
黎德清编，王星贤点校：《朱子语类》，中华书局 1986 年
章学诚：《章学诚遗书》，文物出版社 1985 年
何兆武：《历史理论与史学理论》，商务印书馆 1999 年
傅斯年：《史料论略及其他》，辽宁教育出版社 1997 年
何兆武等：《中国思想发展史》，湖北人民出版社 2007 年
李中华：《中国人思想史》，北京出版社 2005 年
蔡少卿主编：《再现过去：社会史的理论视野》，浙江人民出版社 1988 年
吴惕安、俞可平：《当代西方国家理论评析》，陕西人民出版社 1994 年

万峰：《日本近代史》，中国社会科学出版社 1981 年
黄遵宪：《日本国志》，天津人民出版社 2005 年
张廷玉等撰：《明史・日本传》，中华书局 1974 年
徐水生：《中国古代哲学与日本近代文化》，台北，文津出版社，1993 年
林景渊：《武士道与日本传统精神》，台北，自立报系，1990 年
宋德宣、陈弢：《中日思维方式演变比较研究》，沈阳出版社 1991 年
魏常海：《日本文化概论》，世界知识出版社 1996 年
戴季陶：《日本论》，九州出版社 2005 年
王守华、卞崇道：《日本哲学史教程》，山东大学出版社 1989 年
周作人：《周作人论日本》，陕西师范大学出版社 2005 年
钟叔河编：《走向世界丛书：日本日记・甲午以前日本游记五种・扶桑日记・日本杂事诗》，岳麓书社 1985 年
胡梦华等：《中国现代史论文选辑》，台湾，华世出版社 1987 年
《歌德谈话录》，朱光潜译，人民文学出版社 1982 年
《英雄和英雄崇拜——卡莱尔讲演集》，张锋、吕霞译，上海三联书店 1988 年
Cicero. On The Commonwealth and On The Laws. Edited by James EG. Zetzel，中国政法大学出版社 2003 年
［日］井上清：《日本历史》，天津人民出版社 1976 年
［日］井上清：《日本军国主义》，商务印书馆 1985 年
［日］井上清：《日本帝国主义的形成》，人民出版社 1984 年
［美］伯顿・史蒂文森主编：《世界名言博引词典》，辽宁人民出版社 1990 年
［德］卡尔・雅顿贝斯：《生存的哲学》，王玖兴译，上海译文出版社 1994 年
［英］沃尔什：《历史哲学导论》，何兆武、张文杰译，北京大学出版社 2008 年
［英］利昂・庞帕：《维柯著作选》，商务印书馆 1997 年
［美］莫蒂斯・艾德曼、查尔斯・范多伦编：《西方思想宝库》，本书编委会译编，吉林人民出版社 1989 年
［美］菲利克斯・格罗斯：《公民与国家》，王建娥、魏强译，新华出版社 2003 年
［美］汤普森：《历史著作史》，孙秉莹、谢德风译，商务印书馆 1996 年
［日］信夫清三郎：《日本政治史》，上海译文出版社 1982 年
［日］信夫清三郎：《日本外交史》，商务印书馆 1980 年
［日］福泽谕吉：《文明论概略》，商务印书馆 1995 年
［日］新渡户稻造：《武士道》，张俊彦译，商务印书馆 1993 年
［日］纐缬厚：《近代日本政军关系研究——日本发动侵华战争的历史渊源》，顾令仪、申荷丽译，社会科学文献出版社 2012 年

［日］铃木隆史：《日本帝国主义对中国东北的侵略》，吉林省伪皇宫陈列馆译，吉林教育出版社 1996 年
［日］内藤湖南：《日本文化史研究》，储无熹、卞铁坚译，商务印书馆 1997 年
［日］曾根俊虎：《北清国纪行·清国漫游志》，中华书局 2007 年
［日］中根千枝：《日本社会》，天津人民出版社 1982 年
［日］古屋奎二：《蒋总统秘录》，台北，"中央"日报社 1976 年
［德］克劳塞维茨：《战争论》，中国人民解放军军事科学院译，解放军出版社 1994 年
［德］斯宾格勒：《西方的没落》，商务印书馆 1963 年
［英］麦克斯·缪勒：《宗教学导论》，上海人民出版社 1989 年

十、外文参考资料

英文、法文部分

Remer, C. F. A Study of Chang Hsueh – liang. Baltimore: Johns Hopkins Press, 1933.
Wang Chi, "The Young Marshal Chang Hsueh – liang, 1928 – 1931." Unpublished ph. D. thesis at Georgetown University, 1969.
Earle Selle, Donald of China. New York: 1945.
O Edmund clapper, China and Russia: The Great Game. New York: 1971.
Philosophers Who Believe: the Spiritual Journeys of 11 Leading Thinkers, Inter Varsity Press, 1993.
B. H. Liddell-Hart, Strategy: The Indirect Approach Faber and Faber 1967.
Gray B, Ostrower, Collective Insecurity: The United States and the League of Nations During the Early the Thirties, London: Associated University Press, 1933.
Scheindlin, Shira A. "The Political Career of Chang Hsueh-liang, 1928 – 1936." Unpublished Master's thesis at Columbia University, 1969.
Chang, Kuo-t'ao. The Rise of the Chinese Communist Party, Autobiography of Chang Kuo-t'ao. 2 vols. Lawrence, Kansas: University of Kansas Press, 1971 – 1972.
Abend, Hallet Edwards. My Life in China: 1926 – 1941. New York: Harcourt, Brace & Co., 1943.
American Committee for Justice to China. The Case for China: A Summary of Recent Events in Manchuria (New York): American Committee for Justice to China, 1933.
André Beaufre, An Introduction to Strategy. Fabre and Faber, 1963.
Bassett, Reginald. Democracy and Foreign policy: A Case History, the Sino – Japanese Dispute, 1931 – 1933. London: London School of Economic and political Science. Uni-

versity of London. New York: Longmans, Green, 1952.

Bisson T. A. Japan in China. New York: Macmillan Co. , 1938.

Cutlack, Federick Morley. The Manchurian Arena: An Australian view of the Far Eastern Conflict. Sydney: Augus & Robertson, 1934.

Ekins, Herbert R. China Fights her Life. New York: McGrawHill. 1938.

Ellinger, werner B. and Rosinski, Herbert. Sea Power in the Pacific: 1936 – 1941 (A selected bibliography of books, Periodicals and maps). Princeton: Princeton University Press, 1942.

Gotheim, Georg. China and Japan: A World Coalition Against Japan. London: Hamilton Press, 1934.

Hall, Henry. War in the Far East. New York: International Pamphlets, 1930.

Hu, Shih. The Issues Behind the Far Eastern Conflict. "An address delivered before the Foreign Policy Association, New York, November 13, 1937." New York: China Institute in America, 1937.

Hudson, Manlay O. (ed.). The Verdict of League: China and Japan in Manchuria. Boston: World Peace Foundation, 1933.

Inahara, Katsuyi. Japan's Continental Policy. Tokyo: Foreign Affairs Association of Japan, 1938.

Institute of Pacific Relations American Council. Conflict in the Far East, 1931 – 1932. New York, 1932.

Johnson, Julia Emily camp. Chinese-Japanese War, 1937. New York, H. W. Wilson Co. , 1938.

Kawakami, Kiyoshi Karl. Japan Speaks on the Sino-Japanese Crisis with an Introduction by Tsuyoshi Inukair. New York: Macmillan, 1932.

King, Wensz. Development of the Crisis in the Far East in the last six Years brought by Continuous Japanese Aggression against China. Brussels: The Press of the Chinese Delegation, 1937.

Koo, V. K. Wellington. Memoranda Presented to the Lytton Commission. 2 vols. New York: The Chinese Cultural Society, 1932.

League of Nations, Specialty Assembly, 1932. The verdict of the League: China and Japan in Indochina, the Official Documents with Notes, and an introduction by Manley O. Hudson. Boston: World Peace Foundation, 1933.

Meng, Chih. China speaks on the Conflict between China and Japan. New York: Macmillan, 1932.

Moore, Harriet L. Soviet Far Eastern Policy, 1931 – 1945. Princeton: Princeton University Press, 1945.

Rine, Victor. Machiavelli of Nippon. New York: The Wandering Eye, 1932.

Royal Institute of International Affairs. China & Japan. 3rd Ed. London: Royal Institute of International Affairs (Oxford University Press), 1941.

Sharman, Lyon. Sun Yat-sen, His Life and its Meaning. Stanford: Stanford University Press, 1934.

Snow Edgar. The Far Eastern Front. New York: H. Smith and R. Haas, 1933.

Sokolsky, George Ephraim. The Tinder Box of Asia. Garden City, N. Y.: Doubleday, Doran & Co., 1932.

Stimson, Henry L. The Far Eastern Crisis: Recollection and Observations. New York: Harper and Bros., 1936.

Tanaka, Gichi. Tanaka Memorial: Japanese Imperialism Stripped. The Secret Memorandum of Tanaka, Premier of Japan. New York: Workers' Library Publishers' 1927.

Tanaka Gichi. Japan's Positive policy in Manchuria. (N. P., 1931)

Tang, Peter S. H, Russian and Soviet policy in Manchuria and Outer Mongolia, 1911 – 1931. Durham, N. C.: Duke University Press, 1959.

The Herald Press. Sino-Japanese Entanglement, 1931 – 1932. Tokyo: The Herald Press, 1932.

Walsh, Tom. The Sino-Japanese Conflict. Sydney and London: Augus and Robertson, 1939.

Willoughby, Westel W. The Sino-Japanese Controversy and the League of Nations. Baltimore: Johns Hopkins Press, 1935.

Young Carl W. Japan's Special Position in Manchuria. Baltimore: Johns Hopkins Press, 1931.

日文部分

外務省編纂，日本外交年表竝主要文書，東京，原書房，1972

黒沢文貴，侍従武官長奈良武次日記・回顧録，東京，柏書房，2000

林屋辰三郎編集代表，史料大系・日本の歴史，大阪書籍株式會社，1985

林屋辰三郎，年表・日本の歴史，東京，筑摩書房，1980

黑田展之，天皇制國家形成の史構造，株式會社法律文化社，1993

土肥昭夫，戸村政博，天皇の代替わりとわたしにち，東京：日本基督教団出版局，1988

宮崎市定，天皇なる稱號の由來にっぃて，宮崎市定全集，東京，岩波書店，1993

戸部良一，五味俊樹，井上勇一，昭和史——その遺産と負債，朝日出版社，1989
筒井清忠，昭和期日本の構造，有斐閣，1984
山川曉，皇帝溥儀と關東軍，フットワーク出版株式會社，1992
西原征夫，全記録ハルビン特務機關，毎日新聞社，1980
軍事史學會，大本営陸軍部戦争指導班機密戦争日誌，錦正社，1998
楚天輝，共産陣營の対日戦略，東京，富士書房，1953
楚天輝，中共の内幕，東京，世界社，1952
羽田謙一，滿洲十字軍の題ょ，東京，時事新聞社，1931
羽田謙一，汪兆铭を語る，東京，青年書房，1939
長野弘，西安事变中國現代の轉迴点，東京，三一書房，1975
園田一木，奉天派の新人舊人張作霖を中心とに，奉天新聞社，1923
園田一亀，怪傑張作霖，東京，ソゴロ書房，1922
東洋協會調査部，西安事變の全貎，東京，東洋協會調查部，1937
はんらんそうしゅじん，張作霖，東京，昭和出版社，1928
NHK 採訪組，張學良の昭和史最後の證言，角川書店，1991
本田稔ほか，私はラバウルの撃墜王だった－証言？昭和の戦争，東京，光人社，1995
加瀬俊一，第二次世界大戦秘史一外務省情報部長が綴る歴史の謎，東京，光人社，1997
大山梓，山縣有朋意見書，東京，原書房，1966
田中義一伝記刊行会，田中義一伝記，東京，原書房，1981
北岡伸一，後藤新平，中央公論社，1988
角田順，宇垣一成日記，みすず書房，1968
纐纈厚，田中義一——総力戦國家の先導者，芙蓉書房，2009
林久治郎，滿洲事變と奉天總領事，原書房，1978
中野雅夫，橋本大佐の手記，みすず書房，1963
神島二郎，北一輝著作集，みすず書房，1959
滝村隆一，北一輝－日本の國家社會主義，東京，勁草書房，1973
川田稔，浜口雄幸と永田鉄山，東京，講談社，2009
福沢諭吉全集，東京，岩波書店，1967
片倉衷，戰陣隨錄——滿洲事變から太平洋戰爭まで，經濟往來社，1972
滿洲史研究會，日本帝國主義下の滿洲，禦茶水書房，1972
小林英夫，滿鐵——知の集團の誕生と死，吉川弘文館，1996
秦鬱彦，昭和史の軍人たち，文藝春秋社，1982

馬場伸也，滿洲事變への道——幣原外交と田中外交》，中央公論社，1972
緒方貞子，滿洲事變と政策の形成過程，原書房，1981
松本健一等，日本改造法案大綱，みすず書房，1972
丸山真男，原型、古層、執拗抵音——日本思想史方法論匯についての私の歩み，丸山真男全集，東京，岩波書店，1996
田左右吉，シナ思想と日本，東京，岩波書店，1973
末木文美士，中世の神と仏，東京，山川出版社，2003
黒田俊雄，神道の語義，日本思想大系・中世神道論，東京，岩波書店，1977
宮崎市定，天皇なる稱號の由來につぃて，宮崎市定全集，東京，岩波書店，1993
松本健一，中國ナショナリズムのただなかへ，東京，岩波書店，2004
小林龍夫、島田俊彦，現代史資料 7 滿州事変，みすず書房，1964
山口重次，消えた帝国・滿州，毎日新聞社，1967
防衛廳防衛研究所戰史室，大本營陸軍部，朝雲新聞社，1969
纐纈厚，総力戦體制研究——日本陸軍の國家総動員構想，東京，三一書房，1981
纐纈厚，近代日本政軍関係の研究，東京，岩波書店，2005
纐纈厚，私たちの戦爭責任——昭和初期二〇年と平成期二〇年の歴史的考察，凱風社，2009
江口圭一，十五年戦爭小史，青木書店，1986
江口圭一，日本の侵略と日本人の戦爭観，岩波ブックレット，1995
江口圭一，大系日本の歴史，二つの大戦，小学館，1989
江口圭一，まぐれの日本近現代史研究，校倉書房，2003
田左右吉，シナ思想と日本，津田左右吉全集，東京，岩波書店，1973
葛生能久，東亞先覺志士記伝，黑龍會出版部，1934
山本義彦，近代日本経済史，ミネルヴァ書房，1994

附录 是什么在影响口述历史的真实性

18 世纪英国学者约翰逊说："所有的历史最初都是以口述的形式存在的。"① 但口述历史也被一些人蔑视为民俗、神话一类的资料，只配让热心有余、专业学识不足的业余学者和古董收藏家作参考。② 直到 20 世纪 80 年代，英国著名史学理论家阿瑟·马威克仍然认为："不以文字史料为依据的历史虽然也是历史，但不是严谨的和令人满意的历史。"③ 在中国，也有人认为口述史料比文字史料的失真性更强。

关于口述史料真实性的争议是历史真实性问题的一部分，这一问题的争论无疑有助于口述史学的健康发展。由于笔者参与了当代中国出版社出版的《张学良口述历史全集》（以下引文未注明者均出自该书）的后期整理工作，深感有诸多具体问题急待从理论层面予以回应或解答，现围绕影响口述历史真实性的因素作一探讨，祈望对口述历史研究有所裨益。

1. 影响口述史料真实性的口述者因素

口述历史真实性的源头来自口述者的真话。影响口述者说不说真话的因素是多方面的，包括口述者的记忆、人格、对事物的价值判断，及口述者口述时的环境（政治、法律环境）、心境、情绪、对采访者的信任程度和对口述后果的预判等。

第一，口述者的人格因素。

影响口述者说不说真话，说多少真话，在哪些地方说真话的因素固然不止一个，但口述者的人格无疑是最重要的因素之一。以张学良为例，他

---

①〔美〕唐纳德·里奇：《大家来做口述历史》，王芝芝、姚力译，当代中国出版社 2006 年版，第 3—4 页。

② Peter Novick, That Noble Dream: The ‘Objectivity Question’ and the American Historical Profession, Cambridge University Press, 1988, pp. 21 –46.

③ Arthur Marwich, *The Nature of History*, Basingstoke: Macmillan, 1981, p. 141.

以“不说假话、不伤害他人、不丑表功、说就说真话、要不就不说”为他口述的标准。不过，一个人的“说”是可以通过他的行为来验证的。关于“中东路事件”，以往都说是苏联挑衅，从苏联领事馆里搜出大量违法文件，然后苏联武装侵略，张学良才被迫应战。张学良却说：“不是人家挑衅，是我们挑衅”。“这件事我们做得很不好”。“没什么证据，叫人搜集什么呀?”“那时我看，日本我们自己打不败了，所以我的目标是要跟俄国打……我就想站起来……显摆显摆……也是对日本一个表示，我敢打。”对于私生活的态度，最能看出一个人是否真实。赵一荻对他忠贞不渝，弃子相从，陪他坐牢 54 年，他对赵也是感激不尽。但口述历史时，他当着赵的面说：“她是对我最好的，但不是我最爱的，我最爱的在纽约。”

第二，口述者与所谈事情的亲密程度因素。

口述者人格对口述真实性的影响是整体的、宏观的和不知不觉的，而口述者与所谈事情的亲密程度则是具体的、直接的和感性的。一般口述者在口述历史时，谈的都很杂，笔者将张学良口述历史概括为“三亲”、“五事”、“一评”，这样的概括对多数口述历史也是适用的。“三亲”（亲历、亲见、亲闻），既是采访者为口述者“说什么”而划定的范围，也是口述者“怎么说”的标准。“五事”（政事、家事、情事、心事、琐事），既是口述者口述的具体内容，也是对内容的事后分类，同时，也可作为评价口述历史真实性程度的参考系数。“一评”，即口述者对历史、人物的评价。对口述者所谈事情真实性的判断，主要看他所谈事情与他的亲密程度，一般来说，谈亲历事情的真实性高于亲见，亲见又高于亲闻；谈政事的真实性低于谈家事，家事低于情事，情事低于心事，至于琐事需要做综合判断。如张学良谈抓蒋的决策过程，要比谈抓蒋现场可信；他谈他和蒋介石的关系要比谈张作霖和孙中山的交往可信；他谈和蒋士云的感情纠葛，要比他谈顾维钧的婚外风波可信。

第三，口述者价值取向因素。

口述者与所谈事情亲密程度对于口述真实性的影响属于个人记忆力范畴，口述者价值取向对口述史真实性的影响，则偏向群体记忆力范畴。口述者谈的所有事情的出发点都是自己，而任何个人都生活在一定群体（如党、团体、民族）之中，他所在群体的价值观必然影响到他的价值取向。口述历史的过程实际上是口述者从自己的立场出发，通过回忆自己的经历逐渐走向所在群体价值追求的过程，他在叙述历史时不断地用群体价值观校正自己的价值判断，因为他是这个群体的一员。群体记忆有时可以促使个人记忆接近真实，有时导致偏离真实，尤其对于创造历史的风云人物来说，群体记忆的影响有时远远大于对普通民众的影响，这也是埋藏在百姓头脑中的个人记忆常常比政治人物的记忆更接近真实的原因之一。如张学良在回忆西安事变时，经常会询问采访者，东北军将领怎么说，大陆的书籍怎么记载，台湾学者持什么观点，有时十几分钟不发一言，静静地听采访者给他读书。他在静听的同时不排除他在搜寻和校正自己的记忆。

第四，口述者口述的动机因素。

口述动机是口述者完成口述历史的原因与内部动力。它影响着口述者为什么而说，选择什么说，说到什么程度。这直接关系到口述历史的真实程度。

口述者的动机可以分出许多种类型。如：辩诬白谤型，在历史上受过冤屈，遭到过他人误解，为了洗刷自己，主动或被动地口述自己的经历。如刘鼎、黎天才等在狱中留下的回忆录、庭审记录。获取报酬型，为了得到社会的赞扬或得到某种物质利益而口述。维护正义型，如日本在华暴行调查、慰安妇的控诉等。自我表功型，只谈对自己有利的事情，回避与己不利的事情。感恩赞美型，对有恩于自己的长官、长辈、恩师，有情于自己的朋友、情人、家人，有利于自己的伙伴、合作者、利益攸关方等的回忆，常常谈好不谈坏。以史明鉴型，如回忆长征、“文革”记忆等。公益事业型，如鼠疫、霍乱传播途径的调查等。历史责任型，如张学良口述历史的目的“不是为着搞什么辩冤白谤，只是替历史留下一点真实的故事。”①

由于受访者口述历史的出发点不同，自然会影响口述历史的质量和真实性。

第五，口述者的信仰因素。

口述历史是否可信，与口述者有无信仰、信仰什么有一定关联。让一个什么信仰都没有，只信金钱的人讲诚信，是困难的。一个人如果有着坚

---

① 张学良口述，唐德刚撰写：《张学良口述历史》，中国档案出版社 2007 年版，第 14 页。

定的信仰，一定会有自己一以贯之的追求，这种人的口述真实性常常高于没有信仰的人。如张学良年轻时就参加了青年基督教会，晚年学习基督教14年，他在口述历史时常说："上帝那有份账"，你说什么，做什么，上帝都知道。"我原来写东西我就是分三种，一种是我耳朵听见的，旁人说的，真假我不知道，这句话不用解释；一个是我亲眼看见的，我也不一定说得对；一个是我亲身经过的。"他的口述历史也确实是这样。他的亲身经历说得多而详，亲眼见到的和听到的说得少而粗，他还经常提示采访者，"这是我听别人说的，不一定准。"张学良口述历史有没有错误，记忆原因导致的错误一定是有的，但故意编造的错误至今尚未发现。

第六，口述者的记忆因素。

信仰神的人，相信"举头三尺有神明"，由于对神的敬畏，帮了口述历史的大忙，减少了许多错误，但这减少的是故意错误，记忆错误仍然难免。从张学良口述历史来看，他的记忆是有选择的，记忆性错误也有规律可循。他记得比较准确的有以下几点：（1）军队的事儿，如部将的姓名、字、号，军队的番号，哪场战争怎么指挥的，缴获多少枪支，因为他是军人、东北军的统帅，他的名誉、地位都与这支军队连在一起，记忆比较深刻。（2）和重要政治人物的对话，如1933年，长城抗战前在北平他和汪精卫的对话；1936年4月，肤施会谈时，和周恩来的对话；1937年12月，他在军事法庭上和李烈钧的对话，因为他是政治人物，影响他政治生命的关键点他不会忘记。（3）心灵受到创伤的事情，张作霖被炸、枪毙杨常、"九一八"不抵抗问题、幽禁期间发生的大事等，他记得清清楚楚。记忆上错误最多的是对时间的记忆，他自己也说，他没有时间概念；其次是地名，经常搞混；再次是情节平淡的事情。记忆模式可能每个人都有差别，但仍有普遍性规律可以总结。

第七，口述者所处政治环境的因素。

口述者都生活在一定的环境之中，环境不同，对口述者选择记忆、叙事角度、评价历史、褒贬人物等有着难以抗拒的影响。如张学良在1989年至1991年，刚刚获得自由，但仍然生活在被政治管束54年的阴影里，口述内容大多在谈"九一八"事变之前的家事、童年之事，被问到"九一八"以后的事情时，也只是谈一些与政治无关的闲事。1992年，他准备离开台湾，才逐渐谈论西安事变、与共产党的关系等问题，对历史及历史人物的评价也常有激烈言词。

第八，口述者对采访者信任程度的因素。

说口述者对采访者的信任程度会影响口述历史的真实性，大概不会有人提出疑义。谁都能想到，如果蒋介石、蒋经国以采访者身份采访张学良，让他谈西安事变捉蒋问题，人们对这样环境下形成的口述历史能不怀疑它的真实性吗？有人可能嘲笑提出这样的问题实在无聊，不可能有这样的事情发生，事实上，这样的事情确确实实发生过，而且不止一次。1957 年至 1959 年，张学良奉蒋介石之命，三次回忆西安事变，形成的文字稿每次都由蒋经国逐字逐句删订，这三次奉命之作，均已经出版，并冠上《张学良西安事变回忆录》、《张学良自传体遗著》的书名。这个例子可能有些极端，不过，口述者对采访者的信任问题确实事关口述历史的真实性。

第九，口述者对口述后果预判的因素。

口述者承担着帮助史家书写历史的重任，而且口述者多数会被告知，“你说的将成为历史”。这份开口就有责任的光荣，会使口述者变得比做其他工作要谨慎得多，他在开口说话前一定会对他所说的后果作出各种预判。他说的“能被其他知情者否定吗?”“能伤害到自己不应该伤害的人吗?”“能损害到自己的人格形象吗?”“能被史家采信吗?”等等。以张学良为例，他在做口述历史过程中，就提出明确要求，他的口述历史要等到 2002 年才能公开。他没有说为什么，学者推断，他预判到 2002 年，西安事变最后两个知情人（他和宋美龄）都已离开人世。对口述后果做理性预判的现象在口述者中带有普遍性。对口述后果的预判会使口述者在口述过程中隐瞒一些历史真相，甚至会编造历史。

2. 影响口述史料真实性的采访者因素

口述历史是口述者和采访者共同完成的，采访者在挖掘口述者记忆时因方法不当也会大大影响口述历史的真实性。

一是采访者的不当干预，会使口述者的记忆变形。

让历史的亲历者“有一说一，有二说二”，“他知道什么就说什么”，这决定着口述历史的本真性和原生性。或者说，口述历史的本真性和原生性是通过忠于口述者的历史记忆、忠于口述者亲历的体验和感受来实现的。

变口述者的记忆为口述者的言说需要一定条件。最基本的、也是最重要的条件是创设一种让口述者感觉到舒服而不被束缚、感觉到被尊重而不是被摆布、感觉到他是口述历史的主人而不是被讯问的对象的言说环境与氛围。只有在这样的环境和氛围之中，口述者才有可能自愿地、主动地将最隐秘的那道记忆闸门开启。口述者的记忆闸门是多重的，他是根据环境、心境、情绪来决定把哪道闸门打开，一般的口述者只要接受了采访，理性的记忆闸门就会自动开启，关键是开启口述者心中那道感性的、难以开启的闸门。美国口述史学家唐纳德·里奇所说的“与记忆力打交道是有风险的事”,[①] 笔者理解就有这层含义。感性的闸门是十分敏感的，打开极难，关上极易；口述者感觉有一点不舒服，瞬间就会把它关上，一旦关上后，第二次开启的可能性就微乎其微。张学良批评蒋介石都是引用别人的话，听不到他自己的评价，他只在和朋友喝酒的时候偶尔露出几句，这就说明了口述环境的重要。藏有隐秘较多的口述者，多为在历史上受过伤害的人，一朝被蛇咬，十年怕井绳，是他们永远绕不过去的心理障碍。采访者只能用真诚甚至是圣洁的崇拜才可能帮助口述者撬开那道门。如果采访者试图借助理性的力量、行政的力量向其施压，只能使他的那道记忆闸门越关越紧。

一些采访者为取得口述者的信任，常常在口述者面前展示自己的学识、大谈自己做口述史多么的内行，偶尔介绍别的口述者如何配合，以此来引导口述者向自己设计的轨道靠拢，甚至以专业、权威的口气，以经常打断口述者正常叙述的方式来纠正口述者的错误、补充口述的薄弱环节，其实际效果正好和采访者的设计相反。

口述者口述的是他心中的历史，是他自己说自己，虽然采访者可以按自己的采访提纲提问、插话，但在口述采访过程中的角色更多地是倾听者、记忆搜集者、帮助回忆者，而不是评论者、批评者，偶尔可以当把“侦探”，但绝不是法官。历史的真实是一种判断，口述历史首先是口述者的判断。一些采访者常常试图以自己的判断标准来影响口述者的判断，试图让口述者表达一些采访者的观点，这样做的结果必然破坏个人记忆的完整性和纯粹性，它可能使口述所得接近了采访者心中的真实，却偏离了口述者心中的真实。这就从根本上背离了口述史的基本出发点。

---

①〔美〕唐纳德·里奇：《大家来做口述历史》，王芝芝、姚力译，当代中国出版社 2006 年版，第 16 页。

二是采访者越俎代庖，使口述历史变成了口述者的口读历史。

口述历史中采、述双方的地位是平等的，是合作关系。无论口述者以前的身份、地位、学养有多高，口述时，好多事情要依赖采访者。如口述历史的整体策划、具体问题设计、辅助资料的查找、录音、录音后的整理、对内容的取舍与诠释、最后定稿，还有筹款等，这就使得有些采访者产生了优越的心理，觉得自己掌握着口述成败的财权、辩诬雪谤分白黑的毁誉之权。在口述过程中，受访者常常处于被讯问、被纠正、被要求、甚至是被教训的地位。如唐德刚本为胡适的学生，和胡适私交甚深，在做口述采访时，胡适生活拮据。唐德刚说："我跟哥大讲好了，给他三千块钱一年。胡适高兴死了，那时候三千是笔巨款。所以胡适和我两个人合作，他说'你怎么着都好'，我要他签字他就签字。""像我跟胡适合作，我写，你读，所以胡适留在哥伦比亚的原版录音带其实是我的稿子，胡适照着念的。"①

当受访者完全服从于采访者的背景被口述史使用者了解之后，当人们知晓存藏于档案馆里的胡适口述原版录音带，只是胡适在读别人写好的稿子留下来的声音时，不管这部口述史价值如何，它在人们心目中的真实性和可信度也会大打折扣，甚至会引起人们对更多口述历史客观性的怀疑。

三是采访者删除采访者的提问，使口述历史变成了口述者的自述。

艾伦·内文斯在哥伦比亚最早创立的口述模式就是自述式。原本在提示、提问、追问情况下才说出来的一段一段的内容被处理成了从未被打断的连续性叙述。不久，哥伦比亚大学发现了这种模式的弊端，口述文本变成了问答式。但是许多书刊在公开口述历史时仍将问答式改为自述式。有的历史专业人员也随意改变口述史的原始形态。如2007年中国档案出版社出版的、唐德刚撰写的《张学良口述历史》仍然是非问答式的。

这种形态的改变，事实上改变了口述史最主要的特征，变成了与一般回忆录，甚或文本文件差别不大的史料。导致这种现象的出现，一是出版者、保存者为了节省空间；二是采访者可能出于方便普通读者阅读的考虑；三是采访者另有隐情，不愿暴露采访过程中可能不利于采访者的问题。但这样就严重影响了口述历史的真实。人们无法判断口述者是在什么情况下讲述的，是主动的？被动的？诱导的？客观讲述？愤怒时的气话？如张学

---

①〔美〕唐德刚：《活在别人的历史里》，《书摘》2009年第7期。

良点评历史人物的地方特别多，都是在访问者给他读书或讲故事，他针对某件事，评价某个人，有感而发，是有特指的，删除了访问者说的话，就会误解口述者的本意。不将口述者放回到当时的语言环境中去，就无法判断他为什么要这样讲。

四是采访者对口述历史理解的不同，模糊了人们对口述历史真实性的判断。

唐德刚教授说："所谓口述历史并不是一个人讲一个人写就能完成的，而且口述部分只是其中史料的一部分而已。一般而言，大学者的口述史料大概有百分之五十、六十；非学术人士的口述史料只有百分之十五、二十左右。"① 而其余的史料，需要史家到档案馆、图书馆去查阅档案、图书、报刊等加以补充。唐德刚谈到《李宗仁回忆录》时说，李宗仁先生口述史料只占 15%，而剩下的 85% 都是从档案馆、图书馆、报社等处找来的。唐德刚的弟子王书君出版的《张学良世纪传奇——口述实录》，洋洋 90 万字，书的封面赫然写着张学良口述实录，翻开内容，张学良的口述不到 15%。如果口述史料只在口述史著作中占 15% 以下，还有没有必要冠上口述史的名字？如果口述史著作都是这样的，如何理解口述历史的独立性？这就给口述史理论家们提出一连串的问题，如何来定义口述历史？这种认识上的模糊有没有理论上模糊的因素？它给口述历史学科的构建与发展带来的是什么？

3. 影响口述史料真实性的整理者因素

口述历史整理是口述历史形成过程中的最后一道工序，这道工序如果出现偏差直接影响口述历史的生命力。这道工序包括录音整理、文本转换、纠正错讹、补充口述中史实方面的背景资料、核对引文、学术考证、添加大小标题、撰写标题下的内容提要、编制各种索引、介绍口述背景、向读者交代整理原则及整理过程出现的问题，等等。其烦琐程度不次于采访前的设计及准备，其重要程度在某种意义上说甚至超过采访设计及准备。采访设计可以在口述进行中依据实际情况做调整，因采访准备不足留下的遗憾可在下一道工序中得以弥补，整理就不同了，整理的错误将成为口述成品的一部分而直面使用者，稍有不慎，就像接生婆在婴儿身上留下的刀痕

① 唐德刚：《文学与口述历史》，台湾《传记文学》1984 年 45 卷 4 期。

一样，将伴随婴儿终身。因此，口述整理问题更值得探讨。由于篇幅的原因，这里只从整理者的角度探讨几个认识上的误区。

误区之一，只有历史专业人员录下的问答式采访才是口述历史。

口述历史现已在国内持续升温。升温的标志之一，越来越多的史学专业人员关注并转入以口述史研究为主的领域；标志之二，越来越多的社会名流、企业家、商人纷纷口述自己的历史；标志之三，冠以“口述”字样的书籍越来越多。

但必须看到，口述史升温的背后，暴露了人们对什么是口述历史理解的分歧和口述史理论指导口述实践在实际作用上的有效与有限。有效表现在口述历史理论对口述史价值与特点的研究成果使更多的人认识到了口述史的特殊魅力；有限表现在人们从事具体口述历史工作或使用口述史概念时并没有真正理解其内涵。造成这种“有限”的因素是多方面的，诸如参与口述史工作的人员构成复杂，有史学工作者，也有记者、作家。有一些没有经过口述史学训练的人参与，不可避免地会模糊历史真实与文学虚构的界限，除此类因素外，史学界对口述史概念界定的不一致也不容忽视。

史学界对什么是口述历史的表述不一致。如唐纳德·里奇认为：“口述历史是以录音访谈（interview）的方式搜集口传记忆以及具有历史意义的个人观点。”① 路易斯·斯塔尔则说：“口述历史是通过有准备、以录音机为工具的采访，记述人们口述所得的具有保存价值和迄今尚未得到的原始资料。”② 国内口述史理论家对什么是口述历史的理解也多源于上述定义。上述对口述历史概念的界定似有如下不足：

（1）对口述历史的本质特征揭示不够。口述史的第一特征是获取口传记忆，至于口述者口传记忆时是有准备的还是没有准备的，和口述内容的价值比起来并不重要，人们往往在没有准备的情况下、非正式场合说出来的东西更有价值，所以路易斯·斯塔尔强调口述历史是有准备说出来的观点不严密。

①〔美〕唐纳德·里奇：《大家来做口述历史》，王芝芝、姚力译，当代中国出版社2006年版，第2页。

② David K. Dunaway and Willa K. Baum，Oral History：An Interdisciplinary Anthology，Nashville：American Association for State and Local History，1984，p. 4.

（2）过分强调获取口传记忆的录音工具有欠科学。通过何种方式搜集、保存口传记忆只是手段，而且这种手段将伴随人类科技的发展与进步不断变化，录音设备出现后，强调录音；摄像设备出现后，强调摄像；如果再出现比录音、摄像更先进的设备呢？

（3）界定概念的目的不明确。概念的界定考虑排他性、特殊性是对的，但科学性、准确性更为重要。基本概念是否准确与科学会直接影响它的使用，也会引发人们对史家为什么要提出这一概念的目的性产生怀疑。

一个概念的提出，首先应该考虑它的相对性，没有文字史学也就没有口述史学。其次，要考虑概念的共有属性。口述史与文字史，口述资料与文献资料，两者的属性是共同的，所以《现代史学分支学科概论》一书中指出："口述史学又称口碑史学或口头史学，是以口述史料和口述史作为主要研究对象的史学，从形态上与文字史学并列，在实质上与文字为主的史学一致。"① 再次，要考虑概念的客观需要性。任何一个概念的产生是与人类社会的客观需要紧密相连的，之所以出现口述历史的概念，不是因为人们以前没有发现口述史料在历史研究中的作用，只是录音机的发明使人们增强了这种需要，并使这种需要的满足多了一项实现的条件。相对性、共有属性、客观需要是我们理解口述历史概念时需要把握的因素。如果过度地从口述历史的形成过程和工具作用方面给它下定义，就有可能模糊它的本质特征。

口述程序在一定意义上决定口述内容的真实性，但不是绝对的。习惯于撒谎的人不会畏惧对面坐的是谁，也不会因为有录音机他就能说真话。历史学家要的是口述内容，至于口述者说的是真是假，历史学家会按照自己的知识储备和判断标准作出相应的判断，他不会因为口述者的话是从录音机里出来的而放弃对其真实性的考证。

误区之二，口述录音只是半成品，没必要保存，更没必要出版，只看文本就行了。

对口述历史的原始笔录、录音、录像等进行加工整理的意义是重大的，它可以使无序的资料有序化，它可以减少原始资料中许多史实性错误，它

---

① 于沛主编：《现代史学分支学科概论》，中国社会科学出版社 1988 年版，第 229 页。

可以方便读者使用。但我们必须看到，对原始资料的加工整理在减少错误的同时也会出现新的错误，特别是口语转换成文字的过程中，由于整理者专业知识、加工程序、设备质量等原因会造成许多原始资料中本来没有的错误。

口述中形成的原始笔录、录音带、录像带，相当于档案，本应受到研究者的重视。但令人遗憾的是，目前的口述史整理者将更多的精力投向了录音录像的载体转换上，根据录音录像转化成文本，再出版文本、使用文本，很少能看到文本的母本——录音带、录像带或光盘等。更有甚者，文本转换完之后，毁掉了文本的母本。即使没有毁掉，也不知存于何处，使用者无从查证。

对于普通读者来说，可能没有查阅原始声音的要求，但对史学研究者来说，在使用文本口述资料时，一定要查核原始声音资料。因为再科学的载体转换，也会在转换过程中丢掉大量原始信息，再好的文本抄本也是二手资料。它无法还原口述者的语气是悲是喜还是怒，是犹豫还是坚定；声调是高还是低—高，是因为激动还是故意加重语气，以引起注意，低，意味着对此事漠然还是意味着自责；语速是慢还是快，慢，是因为所述之事重要还是意味着心情矛盾导致的表述困难，快，是因为对所述之事记忆深刻、烂熟于胸还是认为所述之事无足轻重，才一语带过。这些附着在声音上的含义会在转换文字时丢失。而这些因素正是分析口述者当时心理变化、情绪起伏的最好依据，是文本资料所不具备的。因此，冀图以文本代替声像母本的想法，如同以白话文译本代替《诗经》、《道德经》等典籍，以翻译作品代替原著一样，作为一般了解看看尚可，作为以事实为根据的史学研究看不到原始资料就是大问题了。

误区之三，口述录音转成文字时，不仅应该消灭史实错误，还应该符合语法规范。

口述历史在转换成文字时，无法还原口语的障碍，不只是因为文字无法表达口语语境，障碍还来自于语言学、文字学、出版者，也包括部分口述史专家。他们认为口述录音既然转成了文字，它和其他文字史料就没什么区别了，既然是文字，就得符合语法规范。

有的专家提出，文字版口述历史面对的是全国读者，主张消灭方言、俚语；有的专家提出，口语可以有半截话，文字稿出版时，就应该消灭半截话，主张把口述者没说出来的那一半增补完整；有的专家提出，作为出版物，要给读者提供正确信息，主张将口述者说错的地方直接改过来；有的提出，内容重复是口述历史的一大弊端，主张将重复的内容删除。

口述史理论界应加强对口述史分类研究，并给予分类指导。口述历史的种类繁多，不宜用一种方法进行整理。以《张学良口述历史》为例，如果按照上述观点整理，就会大大降低张氏口述历史的价值，甚至扭曲张学良的本意。如，张学良是东北人，东北口音浓重，说话幽默，充满比喻、隐喻、俏皮话、反话，若按语法、文字规范推敲，大多精彩之处都得改。试想，这些都改了，还是张学良说的话吗？不同的人对这种语言风格可以有不同的看法，不管是褒是贬，都会承认通过他的语言个性可以看到他的思维特点，可以看到一个活生生的张学良。关于补全半截话问题，已经超出语言的范围，关涉口述史的真实性。有些半截话，是没有办法补的。不补，给读者留下了一个想象空间，补，有可能就多了一处错误。关于口述史中的明显错误，改起来有时也有难度，一不小心就会改错。如张学良谈“九一八”不抵抗的责任问题，他语气坚定地说，当时“蒋先生下野了”，中央不是蒋掌权，这显然是史实性错误。“九一八”对他来说，是最大的心灵创伤，他都能记住当时外交部长、北大校长是谁，能记不住蒋介石下野没下野？此处当有玄机。

笔者不是主张口述历史里的错误不能改，而是主张可改可不改，不改；可删可不删，不删；没有十分把握不可轻易下笔，宁可看着半成品里留遗憾，不可在成品中添加新的遗憾。整理者对口述者的叙述有疑问，应在属于自己的天地里下笔，以注释的方式提出自己的不同观点，或以介绍史学界研究成果的方式加以纠正，尽量不在口述者的天地里直接代劳。对于文字问题，笔者主张只要能看懂的，不必削足适履，宁留语法十句错，不让风格一扫无。对于半截话，宁可留下半截话让人猜，也不能让句子补完整了遭人骂。

总之，千方百计保留口述的原貌，应成为口述资料的整理原则。在一定意义上说，错、断、散、重、怪，是口述史不可避免的弱点，而口述者心中的“真实”正是夹杂在错、断、散、重、怪中间才得以冲破理性的阻挠，溜出记忆之谷的。口述史的“活力”也正是通过这种个性语言的瞬间言说、未经深思熟虑的感性表达体现出来的。卡尔曾强调：“历史学家的世界并不是真实世界的一张照片，而是一种模型。历史学家是通过这个模型来了解和熟悉真实世界的。”① 口述者的世界更不是一张反映事物全貌的照片，而是一块块不完整的、残缺的、历史的碎片，但它是史家构筑模型的原材料，口述史家就是通过搜集这些碎片来完成模型构筑的。因此，不要去责怪口述者的叙述怎么不完整、不系统，怎么那么杂乱，他能提供的只有碎片，构筑完整的模型是历史学家的事情。

① 于沛：《史学思潮和社会思潮——关于史学社会价值的理论思考》，北京师范大学出版社 2007 年版，第 251 页。

后记 放下了方知并未曾拿起

把这部书稿写完，闭上眼睛，缓缓地伸了一个懒腰，上扬的双手仿佛被一场春雨洗尽疲劳后的两枝新绿，在微风中摇曳出淡淡的“终于放下了”的轻松和惬意。

醉意渐浓时，脑海里突然想起两句话：

一句是最了解我的一位知心朋友经常说、都快把我的耳朵磨出老茧的话：“你胆子也太大了。”

一句来自刚见面的一位朋友。前几天去中央电视台录制节目，录制完，在演播大厅闲聊的时候，编导问我最近在忙啥，我说在写《张学良的思想人生》。她说：“哎呀，这可是块硬骨头啊！”

…………

我直起腰，晃动一下鼠标，电脑荧屏又亮了，我也有点儿醒了：是啊，胆子也太大了，敢啃张学良思想人生这块硬骨头！我是不是有点不自量力呀!?

赶紧返回目录从头快速浏览，果然发现：这确实是块难啃的硬骨头！啃时觉得都啃到了，回头一看，还有许多该啃的地方没有啃到，更不用说，啃过的地方是深是浅了。

从书的框架看，就缺少了许多应立专章而未立者。比如，张学良的民族观，虽有涉及，并无专章，作为一位民族英雄，没有专章论述其民族观，怎么说都是一个缺憾。比如领袖观，张学良发表过数次讲话，专谈民族领袖与民族生命的关系、领袖人格与国格的关系、民众对领袖的服从与领袖成就的关系，领袖虚心纳谏与独断专行的后果，等等，都阐述得有理有据，非无米也，乃余非“巧妇”也。还有党派观、外交观、教育观、人生观、人才观、平民观，等等，皆属应立专章而未立者。

写张学良的思想人生，接近于思想评传，之所以未敢称本书为《张学良思想评传》，自知理论功底是自己治学的软肋。笔者虽为历史专业出身，但读大学时，就爱好哲学，留校从教后，更对有关思想家、思想史的书爱不释手，无奈，天生愚笨，虽作努力，结果还是只得其皮毛，未得精髓。这种理论上的欠缺，无疑会影响本研究的学术深度。

我自知自己是一位爱争论的“三季人”，如果遇不到像孔子、庄子那样深知“井蛙不可以语于海者”、“夏虫不可以语于冰者”、“曲士不可以语于道者”的雅量贤圣，我会因“拘于虚”、“笃于时”、“束于教”而自作聪明，爱发怪论，且常出口伤人。如若在本书中笔者说了一些“井蛙”之语，谈了一些“夏虫”之词，发了一些“曲士”之论，且因而伤了哪位方家，敬请海涵。本为“三季人”，“春生秋灭，何知冬乎?”

按合同规定，本书必须交稿了。

此时的腰只能深深地弯下，等待着同仁们的批评指正！

此时的双手再不敢上扬，内心更没有了什么轻松，什么惬意，有的只是忐忑。

不过，我会继续努力，知道自己未曾真正拿起。佛说：“未曾拿起，何谈放下。”

书稿付梓，不是放下，张学良思想人生之研究，对于我来说，只是刚刚起步，对于学界，也是第一本。之所以斗胆付梓，一是为了履约，一是为了抛砖引玉。

本书错处一定多多，此时想起一则《吕氏春秋》里的寓言，权作自慰：

一楚人上山打猎把弓丢了，有人劝他回头去找。楚人说：“算了吧，找它干吗？楚人失之，楚人得之，也没丢到别处去，谁捡到弓不照样去打猎。”

孔子听说此事后说：“把楚人这句话去掉个‘楚’字就好了，不如说：‘人失之，人得之。’”

老子听后评论说：“再去掉个‘人’字更好，那样就是‘失之，得之’。这才是至道！”

感谢温州大学领导、同事，尤其是陈安金、方益权、颜翔林老师的鼓励和支持。

感谢中国社会科学院资深研究员张友坤老师、张学良研究会会长胡玉海老师在百忙之中，审读书稿并为之作序。

感谢台湾郭冠英先生将亲访张学良老人的私藏资料（未公开部分）无私提供给我。

感谢当代中国出版社周五一社长、张永副总编，感谢本书责任编辑姜楷杰及其他编校人员为本书付出的辛劳。

王海晨

2014 年 9 月 8 日于沈阳